PCT-Handbuch

Texte – Zusammenhänge – Erläuterungen

von

Dr. Malte Köllner
Patentanwalt, Frankfurt/Main

13. Auflage

Carl Heymanns Verlag 2019

Zitiervorschlag: Köllner, PCT-Handbuch, 13. Auflage, S. 100

Bibliografische Information der Deutschen Nationalbibliothek

Die Deutsche Nationalbibliothek verzeichnet diese Publikation in der Deutschen Nationalbibliografie; detaillierte bibliografische Daten sind im Internet über http://dnb.d-nb.de abrufbar.

ISBN 978-3-452-29095-3

www.wolterskluwer.de
www.carl-heymanns.de

© 2018 by Wolters Kluwer Deutschland, Luxemburger Str. 449, 50939 Köln

Das Werk ist urheberrechtlich geschützt. Die dadurch begründeten Rechte, insbesondere die der Übersetzung, des Nachdrucks, der Entnahme von Abbildungen, der Funksendung, der Wiedergabe auf photomechanischem oder ähnlichem Wege, und der Speicherung in Datenverarbeitungsanlagen, bleiben vorbehalten.

Verlag und Autoren übernehmen keine Haftung für inhaltliche oder drucktechnische Fehler.

Umschlagkonzeption: Martina Busch, Grafikdesign, Homburg Kirrberg
Satz: Wendt-Media Text-Processing GmbH, Birkenau
Druck und Weiterverarbeitung: Williams Lea & Tag GmbH, München

Gedruckt auf säurefreiem, alterungsbeständigem und chlorfreiem Papier.

Bearbeiter

Dr. Malte Köllner, Patentanwalt, Frankfurt/Main
Barbara Heidecke, Rechtsanwältin, Frankfurt/Main

Vorwort zur 13. Auflage

Die 13. Auflage enthält die Regeländerungen des PCT, die zum 01.07.2018 in Kraft traten, ebenso die bis zu diesem Zeitpunkt angekündigten Änderungen. Der Rechtsstand entspricht dem Stand am 23.08.2018.

Grundsätzlich finden die geänderten Regelungen Anwendung auf internationale Anmeldungen mit einem Anmeldedatum ab dem 01.07.2018. Auf Besonderheiten hinsichtlich der Übergangsregelungen wird bei der betroffenen Norm hingewiesen.

Frankfurt am Main, August 2018
Dr. Malte Köllner
Barbara Heidecke

Vorwort zur 1. Auflage

Das Arbeiten mit dem PCT ist einfach. Es steht alles drin, man muss nur wissen wo.

Anders als bei den meisten Gesetzen, gibt es zum PCT praktisch keine Rechtsprechung. Es gibt auch keine Beschwerdeinstanz, die angerufen werden kann – mit Ausnahme zu Fragen der Einheitlichkeit. Die Folge ist, dass alle strittigen Fragen durch die Mitgliedsstaaten entschieden wurden und im Normtext selbst durch eine Regelung kodiert wurden.

Dadurch wurde der Normtext lang und unübersichtlich, weshalb das Arbeiten mit dem PCT von vielen als schwierig und unangenehm eingeschätzt und in der Folge gemieden wird. Dies ist bedauerlich, denn die internationale Patentanmeldung nach dem PCT ist von enormer und weiter steigender praktischer Bedeutung, folgt doch auf die Erstanmeldung in der Mehrzahl der Fälle als Auslandsanmeldung die internationale Anmeldung nach dem PCT.

Diesem bedauerlichen Zustand abzuhelfen ist der Zweck dieses Buchs. Es ist kein Kommentar zum PCT. Es ist eine Arbeitshilfe. Es hat im Wesentlichen eine einzige Aufgabe: die Beantwortung der Frage: Wo steht was im PCT?. Entsprechend ist es aufgebaut.

Hierarchisch aufgebaute, detaillierte Inhaltsverzeichnisse und ein alphabetisches Sachregister führen den Nutzer bzw. die Nutzerin schnell zu der gesuchten Regel, in der die Antwort auf die Frage steht. Zum Normtext finden sich Erläuterungen und Querverweise auf Artikel und Regeln, die mit dem Normtext in Zusammenhang stehen. Sie verweisen etwa auf Regeln, in denen Fristen, Nachfristen, Zuschläge und ähnliches kodiert sind. Die Hinweise sind in der Regel kondensiert formuliert. Sie verwenden Abkürzungen und beschränken sich auf das Wesentliche, z. B. auf den Titel der zitierten Norm. Details können in den zitierten Normen selbst nachgelesen werden.

Das Buch soll eine Hilfe bei der praktischen Arbeit sein. Es ist ebenso eine Hilfe für die europäische Eignungsprüfung, für die es ursprünglich als Skript geschrieben wurde.

Das Buch ist kein Lehrbuch. Es fehlen allgemeine Einführungen in das Verfahren nach dem PCT. Es wendet sich an Leser, denen die Grundzüge des PCT vertraut sind. Es ersetzt nicht den sog. PCT-Leitfaden für Anmelder (PCT-Applicant's Guide). Details der diversen nationalen Rechte werden nur an wichtigen Stellen erwähnt.

Über Verbesserungsvorschläge und Hinweise auf korrekturbedürftige Stellen würde ich mich freuen.

Danken möchte ich Frau Anna Schüttler, Frau Kristin Göbel und den Mitarbeitern des Carl Heymanns Verlags, insbesondere Herrn Dr. Kai Endlich, die am Zustandekommen dieses Buchs mitgewirkt haben. Mein besonderer Dank gilt auch Patentanwalt Prof. Dr. Uwe Dreiss für seine initiale Ermutigung.

Frankfurt am Main, November 2006 *Patentanwalt Dr. Malte Köllner*

Inhaltsverzeichnis

Bearbeiter	V
Vorwort zur 13. Auflage	VII
Vorwort zur 1. Auflage	VIII
Benutzungshinweise	XI
Abkürzungsverzeichnis	XV
Einleitung: Grundzüge des PCT	XVII
Inhaltsverzeichnis der Artikel des PCT	1
Präambel	13
Artikel	15
Ausführungsordnung PCT	103
Inhaltsverzeichnis der Regeln der AusfO zum PCT	105
Regeln	119
Gebühren	313
Gebührenverzeichnis	313
Gebührenermäßigungen	315
Gebührenübersicht	321
Mitgliedsstaaten des PCT	329
Territorien-Liste	335
Übersichten	351
Fehlende Unterschrift	351
Berichtigung von Mängeln	351
Änderungen	352
Übermittlungen	354
Akteneinsicht/Veröffentlichungen	358
Sachregister	363

Benutzungshinweise

Bedeutung des grau unterlegten Textes:
Grundsätzlich handelt es sich beim grau unterlegten Text um Normtexte des PCT und der AusfO des PCT, bei Kursivdruck jedoch um Anmerkungen der Bearbeiter. Letzteres gilt auch für hochgestellte Ziffern, diese verweisen auf Fußnoten bzw. Anmerkungen.

Bedeutung des weiß unterlegten Textes:
Anmerkungen der Bearbeiter, Querverweise und Ähnliches.

Die Übersichten am Ende des Buchs enthalten übersichtliche Auflistungen der wichtigen Normen zu bestimmten Themen.

Um dem Nutzer einen möglichst schnellen Zugang zur Information zu verschaffen, wurde das alphabetische Sachregister in der aus dem PCT-Leitfaden für Anmelder (PCT-Applicant's Guide) bekannten Struktur aufgebaut, jedoch direkt mit Angabe der Normen versehen und zum Teil ergänzt.

Nachfolgend sind verwendete und weitere relevante Quellen im Internet und deren Inhalt aufgeführt:

Allgemein:
www.wipo.int/pct/guide/en/index.jsp (PCT-Applicant's Guide). Dieser ist aktueller als die deutsche Version, der PCT-Leitfaden.
www.wipo.int/pct/guide/en/gdvol1/pdf/gdvol1.pdf (sichtbare Änderungen des PCT-Applicant's Guide bezüglich der Einleitung zur internationalen Phase, Stand 25.08.2016)
www.wipo.int/pct/en/guide/pdf/concordance_ip.pdf (in 2010 geänderte Ziffern)
www.wipo.int/edocs/mdocs/govbody/en/pct_a_49/pct_a_49_4.pdf (für 2018 geplante Änderungen)
www.wipo.int/edocs/mdocs/govbody/en/pct_a_48/pct_a_48_5.pdf (Beschlossene Änderungen der AusfO zum 01.07.2017 entsprechend PCT Notification No. 211)
www.wipo.int/edocs/mdocs/govbody/en/pct_a_47/pct_a_47_4_rev.pdf (Geplante beschlossene Änderungen der AusfO zum 01.07.2016 und 01.07.2017, entsprechend PCT Notification No. 207)
Abkürzungen für Länder (two letter country code) siehe Tabelle Mitglieder PCT, Paris Convention, WTO (nachfolgend) oder WIPO Seite: IP Services, Patents, Filing, PCT-Applicant's Guide
www.wipo.int/pct/de/pct_contracting_states.html (Contracting states)
www.wipo.int/pct/en/texts/time_limits.html (Fristen zum Eintritt in die nationale Phase nach Ländern, Stand 29.03.2018)
www.wipo.int/pct/en/access/isa_ipea_agreements.html (Nationale oder regionale Ämter die als ISA oder IPEA fungieren, Stand für EP: 01.04.2018)
www.wipo.int/pct/en/forms/index.html (Formulare der WIPO)
www.epo.org/law-practice/legal-texts/official-journal_de.html (Amtsblatt des EPA)
www.epo.org/law-practice/legal-texts/guidelines_de.html (EPÜ-RiLi »Richtlinien für die Prüfung im EPA«, Stand 01.11.2017 ABl. 2017, A75)
www.epo.org/law-practice/legal-texts/guidelines-pct_de.html (PCT-EPA-Richtlinien für die Recherche und Prüfung im EPA als PCT-Behörde, Stand 01.11.2017, ABl. 2017, A76)
www.epo.org/applying/international/guide-for-applicants_de.html (»Euro-PCT-Leitfaden« des EPA, Internationale Phase und Eintritt in die europäische Phase, Stand 01.01.2018)

Benutzungshinweise

www.wipo.int/pct/en/official_notices/index.html (Veröffentlichungen in PCT Gazette)

www.wipo.int/pct/de/texts/reservations/res_incomp.html (Veröffentlichungen des IB über Mitteilungen der Ämter bezüglich Artikel, Regeln und VV; Stand 11.04.2017)

www.wipo.int/pct/en/texts/access_iper.html (Ausgewählte Staaten, die das IB mit der Übermittlung von Kopien beauftragt haben, Stand 29.11.2007 unverändert)

www.wipo.int/pct/en/texts/reg_des.html (Länderliste der Staaten, für die regionale Patente über PCT zu erhalten sind, Stand 01.03.2018, Aktualisierung durch Liste Schutzrechtsarten, s.u.)

www.wipo.int/pct/en/texts/waivers.html (Liste der Ämter, die auf Einreichung von Vollmachten verzichten, Stand 01.04.2018 aber Aktualisierung in PCT Gazette)

www.wipo.int/pct/en/texts/pdf/typesprotection.pdf (Liste Schutzrechtsarten, Stand 20.03.2018)

www.wipo.int/pct/en/texts/restoration.html (Liste der Voraussetzungen für Wiederherstellung Prioritätsrecht, Stand 11.04.2018)

Artikel:
www.wipo.int/pct/de/texts/pdf/pct.pdf (aktuelle deutsche Version)

Regeln:
http://www.wipo.int/export/sites/www/pct/de/texts/pdf/pct_regs2018.pdf (AusfO seit 01.07.2018 in Deutsch)

www.wipo.int / export / sites / www / pct / de / texts / pdf / pct_regs2017.pdf (AusfO seit 01.07.2017 in Deutsch)

www.wipo.int / export / sites / www / pct / de / texts / pdf /pct_regs2016.pdf (AusfO seit 01.07.2016 in Deutsch)

www.wipo.int / pct / de / texts / ppt / rule_changes_archive.html (Änderungsübersichten in Deutsch für Änderungen der Ausführungsordnung)

www.wipo.int/export/sites/www/pct/de/seminar/basic_1/document.pdf (Überblick zum PCT, Stand 29.06.2018)

www.wipo.int/export/sites/www/pct/de/texts/ppt/sis.ppt (Erläuterungen zur »Ergänzenden internationalen Recherche«)

http: // www.wipo.int / treaties / en / notifications / pct / treaty_pct_213-annex1.html (»Amendments«, Auflistung der Änderungen ab 01.07.2018 in Englisch)

www.wipo.int / treaties / en / notifications / pct / treaty_pct_211-annex1.html (»Amendments«, Auflistung zusätzlicher Änderungen ab 01.07.2017 in Englisch)

www.wipo.int / treaties / en / notifications / pct / treaty_pct_207-annex2.html (»Amendments«, Auflistung der Änderungen ab 01.07.2017 in Englisch)

www.wipo.int / treaties / en / notifications / pct /treaty_pct_207-annex1.html (»Amendments«, Auflistung der Änderungen ab 01.07.2016 in Englisch)

Verwaltungsvorschriften:
www.wipo.int/export/sites/www/pct/en/texts/pdf/ai.pdf (Änderungen des Hauptteils zum 01.07.2017)

www.wipo.int/export/sites/www/pct/en/texts/pdf/ai_dtd.pdf (Zum 01.07.2017 geänderter Appendix 1 zu Annex F)

www.wipo.int / export / sites / www / pct / en / texts / pdf / ai_17.pdf (Änderungen zum 15.12.2016)

www.wipo.int / export / sites / www / pct / en / texts / pdf / ai_16add.pdf (Änderungen zum 01.07.2016)

www.wipo.int/export/sites/www/pct/en/texts/pdf/ai.pdf (Hauptteil seit 01.07.2015)

www.wipo.int/export/sites/www/pct/en/texts/pdf/ai_dtd.pdf (seit 01.07.2015 geänderter Anhang zu Annex F)

www.wipo.int/export/sites/www/pct/en/texts/pdf/ai_anf.pdf (Annex F seit 01.07.2010) www.wipo.int/pct/en/texts/pdf/ai_15.pdf (seit 16.09.2012 Dokument PCT/AI/15 (VV 214), nur in Englisch)

www.wipo.int/export/sites/www/pct/en/texts/pdf/ai_dtd_10.pdf (seit 01.07.2014 geänderter Annex F, PCT-Newsletter 7-8/2014, S. 10)

Rechtsauskünfte zum EPÜ:
Frühere nach Nummer geordnete Rechtsauskünfte des EPA wurden durch Beschluss vom 31.05.2012 (ABl. 2012, 446) mit Wirkung vom 20.06.2012 aufgehoben, da die zum dem Zeitpunkt noch relevanten Informationen in die Prüfungsrichtlinien 2012 des EPA aufgenommen wurden.

Abkürzungsverzeichnis

Hinweise:
Artikel oder Regeln ohne Angabe des Gesetzes beziehen sich stets auf das PCT. Angaben von Absätzen ohne Nennung des zugehörigen Artikels oder der zugehörigen Regel beziehen sich auf den Artikel bzw. die Regel, in dem / der die jeweilige Angabe steht.

An Stellen, wo es zu Verwirrungen kommen kann, ist zur Klarstellung das EPÜ mit dem Zusatz EPÜ 2000 oder EPÜ a.F. (also EPÜ 1973) ergänzt. Ansonsten steht die alleinige Nennung des EPÜ ohne Ergänzung stets für das EPÜ 2000.

Zur Bezeichnung der Länder wird der Zwei-Buchstaben-Code der WIPO verwendet.

Zitate der einzelnen Normen folgen dem nachstehenden Beispiel: R 40.2 (1) c) 2 bedeutet Regel 40.2 Absatz 1 Buchstabe c) Satz 2.

a.F.	alte Fassung
ABl.	Amtsblatt des EPA
AIVP	Antrag auf internationale vorläufige Prüfung
Anm.	Anmerkung
Applicant's Guide	PCT-Applicant's Guide der WIPO, englische Version des PCT-Leitfadens für Anmelder
Applicant's Guide Nr.	ohne weitere Angabe: Nr. des Absatzes der Allgemeinen Informationen
ARIPO	Afrikanische regionale Organisation für geistiges Eigentum
Art	Artikel des PCT
AT	Anmeldetag
AusfO	Ausführungsordnung zum PCT
BA	Bestimmungsamt
BIRPI	Vereinigte Internationale Büros für den Schutz des geistigen Eigentums
BlPMZ	Blatt für Patent-, Muster-, und Zeichenwesen
BOT	British Overseas Territories
CON	Commonwealth of Nations
DPMA	Deutsches Patent- und Markenamt
EPA	Europäisches Patentamt
ePCT	elektronische WIPO-Akte zur Internationalen Anmeldung
EPO	Europäische Patentorganisation
EPÜ	Europäisches Patentübereinkommen
EPÜ-RiLi	Richtlinien für die Prüfung im Europäischen Patentamt (ABl. 2017, A75); nicht zu verwechseln mit den PCT-EPA-Richtlinien (ABl. 2017, A76)
Euro-PCT-Leitfaden	Leitfaden zum PCT-Verfahren im EPA, Internationale Phase und Eintritt in die europäische Phase (Leitfaden für Anmelder), hieß vorher Teil 2 des Leitfadens des EPA »Der Weg zum europäischen Patent«; nicht zu verwechseln mit dem Leitfaden für Anmelder bezüglich der europäischen Phase: »Der Weg zum europäischen Patent«
ff.	und nachfolgende Seiten
FN	Fußnote
G	Entscheidung der Großen Beschwerdekammer des EPA
GCC	Gulf Cooperation Council
GebO	Gebührenordnung zum EPÜ
GebV	Gebührenverzeichnis zum PCT (R 96)
i.V.m.	in Verbindung mit
IVP	internationale vorläufige Prüfung
IB	Internationales Büro
int. P.	internationale Phase
IntPatÜG	Gesetz über internationale Patentübereinkommen
IPC	Internationale Patentklassifikation
IPEA	mit der internationalen vorläufigen Prüfung beauftrage Behörde
IPER	vom EPA verwendete Abkürzung für IPRP II, (englisch: International Preliminary Examination Report) R 70

Abkürzungsverzeichnis

IPRP I	internationaler vorläufiger Bericht der ISA zur Patentfähigkeit nach Kapitel I gem. R 44bis (englisch: International Preliminary Report on Patentability by the ISA)
IPRP II	internationaler vorläufiger Prüfungsbericht der IPEA nach Kapitel II gem. R 70 (englisch: International Preliminary Report on Patentability by the IPEA)
IRB	Internationale Recherchenbehörde (englisch: ISA)
IR-Bericht	internationaler Recherchenbericht (englisch: ISR)
ISA	Internationalen Recherchenbehörde
ISR	Internationaler Recherchenbericht
J	Entscheidung der juristischen Beschwerdekammer des EPA
k.A.	keine Angabe
Leitfaden	PCT-Leitfaden für Anmelder (Applicant's Guide)
Leitfaden Nr.	Nr. des Absatzes der Allgemeinen Informationen für Benutzer des PCT im PCT-Leitfaden für Anmelder
m.w.N.	mit weiteren Nachweisen
nat. P.	nationale Phase
NPI	Nordic Patent Institut (DK, IS, NO, SE)
PatG	Patentgesetz
PatKostG	Patentkostengesetz
PatKostZV	Patentkostenzahlungsverordnung
PCT	Vertrag über die Zusammenarbeit auf dem Gebiet des Patentwesens
PCTa	internationale Anmeldung
PCT-EPA-RiLi	Richtlinien für die Recherche und Prüfung im EPA als PCT-Behörde (ABl. 2017, A76)
PT	Prioritätstag
PTOM	Pays et territoires d'outre-mer, französische Gebiete, die nicht zur EU gehören
PVÜ	Pariser Verbandsübereinkunft zum Schutze des gewerblichen Eigentums von 1883
R	Regel
RA	Rechtsauskunft des EPA, seit 20.06.2012 aufgehoben, in Prüfungsrichtlinien und Euro-PCT-Leitfaden aufgenommen
Rn	Randnummer
RUP	Région ultrapéripheriques, französische Gebiete, die zur EU gehören
S.	Satz
SIS	Supplementary International Search (Ergänzende Internationale Recherche)
SISA	SIS-Authority (Behörde für ergänzende Recherche)
SISR	Suplementary international Search Report (Ergänzender internationaler Recherchenbericht)
st. Rspr.	ständige Rechtsprechung
TRIPS	TRIPS-Vertrag
usw.	und so weiter
USPTO	Patent- und Markenamt der Vereinigten Staaten von Amerika
vgl.	vergleiche mit
VPI	Visegrad Patent Institute (CZ, HU, PL, SK)
VV	Verwaltungsvorschriften zum PCT nach R 89
W	Entscheidung des EPA in Widersprüchen nach dem PCT; Zitierweise: Entscheidungsnummer/Jahr
WIPO	Weltorganisation für geistiges Eigentum
WO-ISA	Bezeichnung des EPA für Bescheid der ISA nach R 43bis
WTO	World Trade Organization
XN	Nordic Patent Institute
XV	Visegrad Patent Institute

Einleitung: Grundzüge des PCT[1]

1. Ziel und Zweck des PCT[2]

Abgesehen von den regionalen Patentsystemen muss normalerweise für jedes Land, für das Patentschutz begehrt wird, eine einzelne Patentanmeldung eingereicht werden.

Dabei nimmt jedes Anmeldeamt eine eigene Formalprüfung vor und ggf. auch eine eigene Recherche und Prüfung. Regelmäßig gelten in den einzelnen Ländern dazu unterschiedliche Vorschriften.

Die Einführung des PCT-Systems sollte das Verfahren der Hinterlegung einer Patentanmeldung in mehreren Ländern und die Zusammenarbeit der beteiligten Behörden und Staaten vereinfachen. Das PCT regelt diesbezüglich die einheitliche Einreichung der Anmeldung bei nur einem Amt mit Wirkung für alle, die Eingangsprüfung, die Recherche und die Durchführung der nicht bindenden vorläufigen Prüfung (IVP). Es soll den nationalen Ämtern Doppelarbeit und dem Anmelder Aufwand und Kosten ersparen.

Das Verfahren des PCT bezieht sich nicht auf die Patenterteilung. Die Zuständigkeit für die Erteilung bleibt bei den nationalen/regionalen Ämtern. Es kann kein internationales Patent erteilt werden.

2. Stellung des PCT im Normensystem

Die PVÜ bezweckt die erleichterte Ausdehnung der Wirkung von Schutzrechten auf andere Mitgliedsstaaten, da die rechtliche Wirkung eines Schutzrechts zunächst nur auf ein Territorium beschränkt ist. Es soll den Zeitrang der ersten Hinterlegung bzw. die Priorität für spätere Nachanmeldungen in anderen Staaten sichern. Die PVÜ hat Vorrang vor Regelungen der Mitgliedsstaaten, z.B. gegenüber dem PatG und gegenüber Regelungen von Sonderverbänden gemäß Art 19 PVÜ.[3]

Der PCT ist ein Sonderübereinkommen im Rahmen von Art 19 PVÜ. Die Mitgliedsstaaten bilden einen Sonderverband der PVÜ (siehe Art 1 (2) PCT). Er ist ein Anmeldeverband. Durch eine einzige Anmeldung werden mehrere Anmelde- und Erteilungsverfahren in verschiedenen Staaten in Gang gesetzt.[4]

Das Europäische Patentübereinkommen (EPÜ) ist gleichermaßen ein Sonderübereinkommen im Rahmen von Art 19 PVÜ. Die Mitgliedsstaaten des EPÜ bilden dementsprechend ebenfalls einen Sonderverband gemäß Art 19 PVÜ, allerdings einen Erteilungsverband.[5]

Aus der Perspektive des PCT ist das EPÜ ein regionaler Patentvertrag nach Art 45 PCT,[6] d.h. Anmelder erhalten durch eine internationale Anmeldung eine wirksame europäische Patentanmeldung.

Der PCT hat grundsätzlich Vorrang gegenüber dem EPÜ (Art 150 (2) EPÜ) und nationalem Recht (z.B. Art III 1 (3) IntPatÜG), sofern nicht ein gemäß Art 64 PCT zugelassener Vorbehalt von einem Staat erklärt wurde. Das EPÜ findet ergänzende An-

---

1 Der Abdruck dieser Einleitung erfolgt mit Zustimmung der FernUniversität in Hagen, für deren Studienangebot der Autor eine ähnliche Einleitung verfasst hat.
2 Vgl. PCT-Applicant's Guide int. P. Nr. 2.002, 4.007 ff.
  Kraßer, Patentrecht, 5. Aufl. 2004, § 7.I. a)–c).
3 Vgl. Kraßer, Patentrecht, 5. Aufl., § 7 I. b).
4 Hesper in Singer/Stauder, EPÜ, 7. Aufl. 2016, Vor Art 150–153 Rn 56, 63.
5 Stauder in Singer/Stauder, EPÜ, 7. Aufl., Art 2 Rn 2 EPÜ.
6 Hesper in Singer/Stauder, EPÜ, 7. Aufl., Vor Art 150–153 Rn 38 EPÜ.

Einleitung: Grundzüge des PCT

wendung. Der PCT hat Vorrang in Bezug auf das Verfahren, z.B. in Bezug auf die Form und den Inhalt der Anmeldung (Art 27 (1) PCT), außer wenn er die ausdrückliche Anwendbarkeit nationaler/regionaler Vorschriften vorschreibt (z.B. Art 27 (2) – (8), R 51bis PCT). Bezüglich der materiellen Voraussetzungen der Patentfähigkeit haben jedoch nationales Recht und EPÜ Vorrang vor dem PCT (Art 27 (5) PCT). Der Grund dafür ist, dass sich die Erteilung nach nationalem bzw. regionalem Recht richtet.[7]

Siehe hierzu die folgende Grafik.

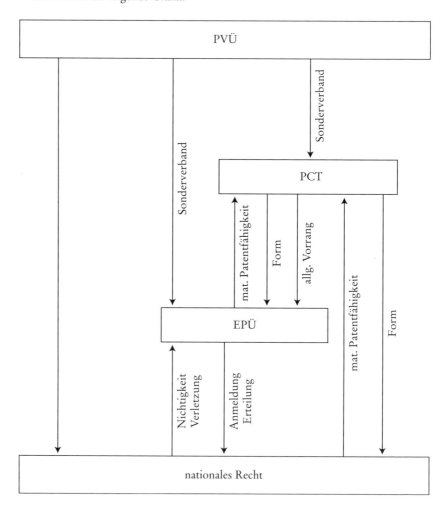

3. Einteilung in internationale und nationale Phase

Nach einer nationalen oder regionalen Anmeldung – oder direkt ohne eine solche vorherige Anmeldung – beginnt das PCT-Verfahren durch die Einreichung der internationalen Anmeldung. Dies eröffnet die internationale Phase der Patentanmeldung.

Die internationale Phase besteht aus der Einreichung der internationalen Anmeldung, der internationalen Recherche, dem internationalen Recherchenbericht und dem schriftlichen Bescheid der Internationalen Recherchenbehörde (ISA), ggf. der er-

---

[7] Euro-PCT-Leitfaden A Rn 16, Hesper in Singer/Stauder, EPÜ, 7. Aufl., Art 150 Rn 17, 24 ff.

Einleitung: Grundzüge des PCT

gänzenden Recherche, der internationalen Veröffentlichung und ggf. der internationalen vorläufigen Prüfung (IVP) durch die mit der internationalen vorläufigen Prüfung beauftragten Behörde (IPEA). Näheres hierzu unter Punkt 4.

Es schließt sich eine nationale/regionale Phase an, in der über die Erteilung des Patents entschieden wird.

Siehe hierzu die folgende Grafik.

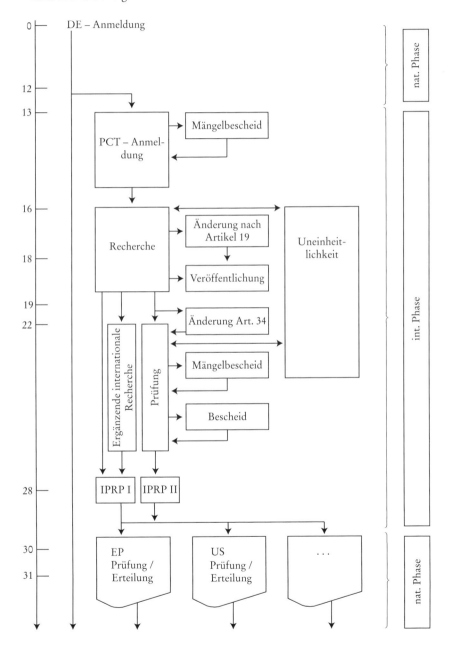

Die internationale Phase schiebt den Beginn der nationalen Phase auf und ermöglicht es, in dieser Zeit eine bessere Entscheidung darüber zu treffen, ob und wo das Verfahren fortgeführt werden soll.[8] Für den Eintritt in die nationale Phase muss der Anmelder Handlungen vornehmen, etwa Gebühren zahlen und ggf. Übersetzungen einreichen. Meist beträgt die Frist hierfür 30 oder 31 Monate seit dem Prioritätstag.[9]

In der nationalen Phase kann nur verlangt werden, dass bestimmte zusätzliche Erfordernisse erfüllt werden müssen, die aber auch nach Ablauf der 30/31-Monatsfrist vorgenommen werden können.[10]

Die Überprüfung von nachteiligen Entscheidungen während der internationalen Phase, Wiedereinsetzung oder Heilung von Fristversäumnissen sind in der nationalen Phase zusätzlich möglich und richten sich nach nationalen Vorschriften (siehe z. B. Art 24, 25, 26, 48 (2) PCT).[11]

4. Kapitel I und II PCT

Innerhalb der internationalen Phase ist das Verfahren unterteilt in Kapitel I (ab Art 3, R 3 PCT), das bis zur Recherche einschließlich Bericht und Veröffentlichung reicht, sowie in Kapitel II (ab Art 31, R 53 PCT), das mit der Antragstellung auf internationale vorläufige Prüfung (IVP) beginnt.

Die internationale Recherchenbehörde (ISA) erstellt einen Bericht nach R 43 (ISR) und einen Bescheid nach R 43bis (vom EPA WO-ISA genannt). Der Anmelder muss am Ende des Verfahrens nach Kapitel I die Entscheidung treffen, ob er einen Antrag auf IVP stellen will, um einen internationalen vorläufigen Bericht zur Patentfähigkeit nach R 70 PCT (IPRP II) zu erhalten, oder ob er einen Antrag auf ergänzende internationale Recherche bei einem anderen Amt stellen will. Er kann auch beides unterlassen.

Der IPRP II bietet den Vorteil, eine vorläufige Bewertung der Erfolgsaussichten in Hinblick auf die Beurteilung der Neuheit und Erfindungshöhe (Art 33 PCT) zu erhalten, die zudem von einigen nationalen und regionalen Ämtern für höchst überzeugend gehalten wird. Außerdem ist es in diesem Verfahren möglich, durch Gegenvorstellungen oder Änderungen z.B. der Ansprüche Einfluss zu nehmen.[12]

Die ergänzende internationale Recherche bietet den Vorteil, dass frühzeitig der sprachliche und technische Umfang der Recherche erweitert werden kann und die Recherche in einem Staat erfolgen kann, in dem der Anmelder in die nationale Phase eintreten will, sofern sich der Informationsgewinn im Verhältnis zu den zusätzlichen Kosten lohnt.[13]

Wird kein Antrag auf IVP gestellt, erstellt die ISA auf Grundlage des Bescheids nach R 43bis den Bericht nach R 44bis.1 (IPRP I), stellt der Anmelder einen Antrag auf IVP, wird von der IPEA auf der Grundlage des Bescheids nach R 43bis der Bericht nach R 66.1^{bis}, 70 (IPRP II) erstellt. Nach Erhalt des IPRP II oder des Berichts über die ergänzende Recherche muss der Anmelder auf der Grundlage der dort genannten Ergebnisse entscheiden, ob er in die nationale/regionale Phase eintreten will.[14]

---

8 PCT-Applicant's Guide int. P. 1 Nr. 2.002.
9 Übersicht zum Verfahren in:
  PCT-Applicant's Guide int. P. Nr. 3.001 ff.
  Euro-PCT-Leitfaden E.II.
10 PCT-Applicant's Guide nat. P. Nr. 5.001.
11 Hesper in Singer/Stauder, EPÜ, 7. Aufl., Art 150 EPÜ Rn 43 ff.
12 PCT-Applicant's Guide int. P. Nr. 4.004 ff. (4.006, 4.013).
  Euro-PCT-Leitfaden D.I. Rn 295-303.
13 PCT-Applicant's Guide int. P. Nr. 8002.
14 Euro-PCT-Leitfaden D.II. Rn 403, 409.

Inhaltsverzeichnis Artikel

Präambel

Einleitende Bestimmungen

Art 1		Bildung eines Verbands
	R 1	Abkürzungen
		1.1 Bedeutung der Abkürzungen
Art 2		Begriffsbestimmungen
	R 2	Auslegung bestimmter Bezeichnungen
		2.1 »Anmelder«
		2.2 »Anwalt«
		2.2^{bis} »Gemeinsamer Vertreter«
		2.3 »Unterschrift«
		2.4 »Prioritätsfrist«

Kapitel I. Internationale Anmeldung und internationale Recherche

Art 3		Die internationale Anmeldung
	R 12	Sprache
	R 12bis	Einreichung von zu einer früheren Recherche gehörenden Unterlagen durch den Anmelder
	R 14	Die Übermittlungsgebühr
		14.1 Übermittlungsgebühr
	R 15	Die internationale Anmeldegebühr
		15.1 Die internationale Anmeldegebühr
		15.2 Betrag
		15.3 Zahlungsfrist; zu zahlender Betrag
		15.4 Rückerstattung
	R 16bis	Verlängerung der Fristen für die Zahlung von Gebühren
		16bis.1 Aufforderung durch das Anmeldeamt
		16bis.2 Gebühr für verspätete Zahlung
	R 40	Mangelnde Einheitlichkeit der Erfindung
		40.1 Aufforderung zur Zahlung zusätzlicher Gebühren; Frist
		40.2 Zusätzliche Gebühren
	R 68	Mangelnde Einheitlichkeit der Erfindung (internationale vorläufige Prüfung)
		68.1 Keine Aufforderung zur Einschränkung oder Zahlung
		68.2 Aufforderung zur Einschränkung oder Zahlung
		68.3 Zusätzliche Gebühren
		68.4 Verfahren im Fall der nicht ausreichenden Einschränkung der Ansprüche
		68.5 Haupterfindung
	R 92.4	Benutzung des Telegrafen, Fernschreibers, Telefaxgeräts usw.
Art 4		Der Antrag
	R 3	Der Antrag (Formblatt)
		3.1 Form des Antrags
		3.2 Ausgabe von Formblättern
		3.3 Kontrollliste
		3.4 Gestaltung des Antrags im einzelnen
	R 4	Der Antrag (Inhalt)
		4.1 Vorgeschriebener und wahlweiser Inhalt; Unterschrift
		4.2 Antragsersuchen
		4.3 Bezeichnung der Erfindung
		4.4 Namen und Anschriften

		4.5 Anmelder
		4.6 Erfinder
		4.7 Anwalt
		4.8 Gemeinsamer Vertreter
		4.9 Bestimmung von Staaten; Schutzrechtsarten; nationale und regionale Patente
		4.10 Prioritätsanspruch
		4.11 Bezugnahme auf eine Fortsetzung oder Teilfortsetzung oder Hauptanmeldung oder Hauptpatent
		4.12 Berücksichtigung der Ergebnisse einer früheren Recherche
		4.14^{bis} Wahl der Internationalen Recherchenbehörde
		4.15 Unterschrift
		4.16 Transkription oder Übersetzung bestimmter Wörter
		4.17 Erklärungen im Hinblick auf nationale Erfordernisse nach Regel 51bis.1 Absatz a Ziffern i bis v
		4.18 Erklärung über die Einbeziehung durch Verweis
		4.19 Weitere Angaben
	R 15	Die internationale Anmeldegebühr
		15.1 Die internationale Anmeldegebühr
		15.2 Betrag
		15.3 Zahlungsfrist; zu zahlender Betrag
		15.4 Rückerstattung
Art 5		**Die Beschreibung**
	R 5	Die Beschreibung
		5.1 Art der Beschreibung
		5.2 Offenbarung von Nucleotid- und/oder Aminosäuresequenzen
		13ter Gebühr für verspätete Einreichung eines Sequenzprotokolls
	R 9	Nicht zu verwendende Ausdrücke
		9.1 Begriffsbestimmung
		9.2 Feststellung der Zuwiderhandlung
		9.3 Bezugnahme auf Art 21 (6)
	R 10	Terminologie und Zeichen
		10.1 Terminologie und Zeichen
		10.2 Einheitlichkeit
	R 11	Bestimmungen über die äußere Form der internationalen Anmeldung
		11.1 Anzahl von Exemplaren
		11.2 Vervielfältigungsfähigkeit
		11.3 Zu verwendendes Material
		11.4 Einzelne Blätter
		11.5 Blattformat
		11.6 Ränder
		11.7 Nummerierung der Blätter
		11.8 Nummerierung von Zeilen
		11.9 Schreibweise von Texten
		11.10 Zeichnungen, Formeln und Tabellen innerhalb des Textes
		11.11 Erläuterungen in Zeichnungen
		11.12 Änderungen und Ähnliches
		11.13 Besondere Bestimmungen für Zeichnungen
		11.14 Nachgereichte Unterlagen
Art 6		**Die Ansprüche**
	R 6	Die Ansprüche
		6.1 Zahl und Nummerierung der Ansprüche
		6.2 Bezugnahme auf andere Teile der Anmeldung
		6.3 Formulierung der Ansprüche
		6.4 Abhängige Ansprüche
		6.5 Gebrauchsmuster

Inhaltsverzeichnis Artikel

Art 7		Die Zeichnungen
	Art 14	Bestimmte Mängel der internationalen Anmeldung
	R 7	Die Zeichnungen
		7.1 Flussdiagramme und Diagramme
		7.2 Frist
	R 11	Bestimmungen über die äußere Form der internationalen Anmeldung
		11.10 Zeichnungen, Formeln und Tabellen innerhalb des Textes
		11.11 Erläuterungen in Zeichnungen
		11.12 Änderungen und Ähnliches
		11.13 Besondere Bestimmungen für Zeichnungen
		11.14 Nachgereichte Unterlagen
	R 20	Internationales Anmeldedatum
		20.5 Fehlende Teile
	R 26	Prüfung und Berichtigung bestimmter Bestandteile
Art 8		Die Inanspruchnahme von Prioritäten
	Art 2 xi)	Prioritätsdatum
		b) bei mehreren Prioritäten
	R 4.10	Prioritätsanspruch
	R 17	Der Prioritätsbeleg
		17.1 Verpflichtung zur Einreichung einer Abschrift der früheren nationalen oder internationalen Anmeldung
		17.2 Bereitstellung von Abschriften
Art 9		Der Anmelder
	R 18	Der Anmelder
		18.1 Sitz, Wohnsitz und Staatsangehörigkeit
		18.3 Zwei oder mehr Anmelder
		18.4 Informationen über nationale Erfordernisse in Bezug auf den Anmelder
	R 19	Zuständigkeit des Anmeldeamts
		19.1 Zuständiges Anmeldeamt
Art 10		Das Anmeldeamt
	R 19	Zuständigkeit des Anmeldeamts
		19.1 Zuständiges Anmeldeamt
		19.2 Zwei oder mehr Anmelder
		19.3 Veröffentlichung der Übertragung von Aufgaben des Anmeldeamts
		19.4 Übermittlung an das Internationale Büro als Anmeldeamt
Art 11		Das Anmeldedatum und die Wirkungen der internationalen Anmeldung
	R 20	Internationales Anmeldedatum
		20.1 Feststellung nach Artikel 11 Absatz 1
		20.2 Positive Feststellung nach Artikel 11 Absatz 1
		20.3 Mängel nach Artikel 11 Absatz 1
		20.4 Negative Feststellung nach Artikel 11 Absatz 1
		20.5 Fehlende Teile
		20.6 Bestätigung der Einbeziehung von Bestandteilen und Teilen durch Verweis
		20.7 Frist
		20.8 Unvereinbarkeit mit nationalem Recht
	R 21	Herstellung von Exemplaren
		21.1 Aufgabe des Anmeldeamts
Art 12		Übermittlung der internationalen Anmeldung an das Internationale Büro und die Internationale Recherchenbehörde
	R 22	Übermittlung des Aktenexemplars
		22.1 Verfahren
		22.3 Frist gemäß Art 12 (3)
	R 23	Übermittlung des Recherchenexemplars, der Übersetzung und des Sequenzprotokolls
		23.1 Verfahren

Inhaltsverzeichnis Artikel

	R 23bis	Übermittlung von zu einer früheren Recherche oder Klassifikation gehörenden Unterlagen
		23bis.1 Übermittlung von zu einer früheren Recherche gehörenden Unterlagen bei einem Antrag nach Regel 4.12
		23bis.2 Übermittlung von zu einer früheren Recherche oder Klassifikation gehörenden Unterlagen für die Zwecke der Regel 41.2
	R 24	Eingang des Aktenexemplars beim Internationalen Büro
		24.2 Mitteilung über den Eingang des Aktenexemplars
	R 25	Eingang des Rechercheexemplars bei der Internationalen Recherchenbehörde
		25.1 Benachrichtigung über den Eingang des Rechercheexemplars
Art 13		Übermittlung eines Exemplars der internationalen Anmeldung an die Bestimmungsämter
	R 31	Nach Art 13 erforderliche Exemplare
		31.1 Anforderung der Exemplare
		31.2 Herstellung der Exemplare (siehe auch Blatt zur Übermittlung im Anhang)
	R 93bis	Art der Übermittlung von Unterlagen
Art 14		Bestimmte Mängel der internationalen Anmeldung
	R 20	Internationales Anmeldedatum
		20.1 Feststellung nach Artikel 11 Absatz 1
		20.2 Positive Feststellung nach Artikel 11 Absatz 1
		20.3 Mängel nach Artikel 11 Absatz 1
		20.4 Negative Feststellung nach Artikel 11 Absatz 1
		20.5 Fehlende Teile
		20.6 Bestätigung der Einbeziehung von Bestandteilen und Teilen durch Verweis
		20.7 Frist
		20.8 Unvereinbarkeit mit nationalem Recht
	R 26bis	Berichtigung oder Hinzufügung eines Prioritätsanspruchs
		26bis.1 Berichtigung oder Hinzufügung eines Prioritätsanspruchs
		26bis.2 Mängel in Prioritätsansprüchen
		26bis.3 Wiederherstellung des Prioritätsrechts durch das Anmeldeamt
	R 27	Unterlassene Gebührenzahlung
		27.1 Gebühren
	R 28	Mängel, die durch das Internationale Büro festgestellt werden
		28.1 Mitteilung über bestimmte Mängel
	R 29	Internationale Anmeldungen, die als zurückgenommen gelten
		29.1 Feststellung durch das Anmeldeamt
		29.3 Hinweis des Anmeldeamts auf bestimmte Tatsachen
		29.4 Mitteilung der Absicht, eine Erklärung nach Art 14 (4) abzugeben
	R 91	Berichtigung offensichtlicher Fehler in der internationalen Anmeldung und in anderen Schriftstücken
		91.1 Berichtigung offensichtlicher Fehler
		91.2 Anträge auf Berichtigung
		91.3 Zustimmung zu und Wirkung von Berichtigungen
	R 30	Frist gemäß Art 14 (4)
		30.1 Frist
	R 49ter	Wirkung der Wiederherstellung des Prioritätsrechts durch das Anmeldeamt; Wiederherstellung des Prioritätsrechts durch das Bestimmungsamt
		49ter.1 Wirkung der Wiederherstellung des Prioritätsrechts durch das Anmeldeamt
		49ter.2 Wiederherstellung des Prioritätsrechts durch das Bestimmungsamt
Art 15		Die internationale Recherche
	R 33	Einschlägiger Stand der Technik für die internationale Recherche
		33.1 Einschlägiger Stand der Technik für die internationale Recherche
		33.2 Bei der internationalen Recherche zu berücksichtigende Sachgebiete
		33.3 Ausrichtung der internationalen Recherche
	R 34	Mindestprüfstoff
		34.1 Begriffsbestimmung

Inhaltsverzeichnis Artikel

- **Art 16** Die Internationale Recherchenbehörde
  - R 35 Zuständige Internationale Recherchenbehörde
    - 35.1 Zuständigkeit nur einer Internationalen Recherchenbehörde
    - 35.2 Zuständigkeit mehrerer Internationaler Recherchenbehörden
    - 35.3 Zuständigkeit, wenn das Internationale Büro nach R 19.1 a) iii) Anmeldeamt ist
  - R 36 Mindestanforderungen an die Internationale Recherchenbehörde
    - 36.1 Aufzählung der Mindestanforderungen
  - R 45bis Ergänzende internationale Recherche

- **Art 17** Verfahren vor der Internationalen Recherchenbehörde
  - R 37 Fehlende oder mangelhafte Bezeichnung
    - 37.1 Fehlen der Bezeichnung
    - 37.2 Erstellung der Bezeichnung
  - R 38 Fehlende oder mangelhafte Zusammenfassung
    - 38.1 Fehlende Zusammenfassung
    - 38.2 Erstellung der Zusammenfassung
    - 38.3 Änderung der Zusammenfassung
  - R 39 Anmeldungsgegenstand nach Art 17 (2) a) i)
    - 39.1 Begriffsbestimmung
  - R 40 Mangelnde Einheitlichkeit der Erfindung (internationale Recherche)
    - 40.1 Aufforderung zur Zahlung zusätzlicher Gebühren; Frist
    - 40.2 Zusätzliche Gebühren
  - R 41 Berücksichtigung der Ergebnisse einer früheren Recherche und Klassifikation
    - 41.1 Berücksichtigung der Ergebnisse einer früheren Recherche bei einem Antrag nach Regel 4.12
    - 41.2 Berücksichtigung der Ergebnisse einer früheren Recherche und Klassifikation in anderen Fällen
  - R 45bis Ergänzende internationale Recherche

- **Art 18** Der internationale Recherchenbericht
  - R 42 Frist für die internationale Recherche
    - 42.1 Frist für die internationale Recherche
  - R 43 Der internationale Recherchenbericht
    - 43.1 Angaben
    - 43.2 Daten
    - 43.3 Klassifikation
    - 43.4 Sprache
    - 43.5 Angabe der Unterlagen
    - 43.6 Recherchierte Sachgebiete
    - 43.6^{bis} Berücksichtigung von Berichtigungen offensichtlicher Fehler
    - 43.7 Bemerkungen zur Einheitlichkeit der Erfindung
    - 43.8 Zuständiger Bediensteter
    - 43.9 Zusätzliche Angaben
    - 43.10 Form
  - R 43bis Schriftlicher Bescheid der Internationalen Recherchenbehörde
  - R 44 Übermittlung des internationalen Recherchenberichts, des schriftlichen Bescheids usw.
    - 44.1 Kopien des Berichts oder der Erklärung und des schriftlichen Bescheids
    - 44.2 Bezeichnung oder Zusammenfassung
    - 44.3 Kopien angegebener Unterlagen
  - R 44bis Internationaler vorläufiger Bericht der Internationalen Recherchenbehörde zur Patentfähigkeit
  - R 45 Übersetzung des internationalen Recherchenberichts
    - 45.1 Sprachen
  - R 62bis Übersetzung des schriftlichen Bescheids der Internationalen Recherchenbehörde für die mit der internationalen vorläufigen Prüfung beauftragte Behörde
  - R 66.1^{bis} Schriftlicher Bescheid der Internationalen Recherchenbehörde

Inhaltsverzeichnis Artikel

Art 19   Änderung der Ansprüche im Verfahren vor dem Internationalen Büro
- R 46   Änderung von Ansprüchen vor dem internationalen Büro
  - 46.1 Frist
  - 46.2 Wo sind die Änderungen einzureichen?
  - 46.3 Sprache der Änderungen
  - 46.4 Erklärung
  - 46.5 Form der Änderungen
- R 48.2   Inhalt *(der internationalen Veröffentlichung)*
- R 62   Kopie des schriftlichen Bescheids der Internationalen Recherchenbehörde und der Änderungen nach Art 19 für die mit der internationalen vorläufigen Prüfung beauftragte Behörde
  - 62.1 Kopie des schriftlichen Bescheids der Internationalen Recherchenbehörde und der vor Antragstellung eingereichten Änderungen
  - 62.2 Nach Antragstellung eingereichte Änderungen

Art 20   Übermittlung an die Bestimmungsämter
- R 47   Übermittlung an die Bestimmungsämter
  - 47.1 Verfahren
  - 47.2 Kopien
  - 47.3 Sprachen
  - 47.4 Ausdrücklicher Antrag nach Art 23 (2) vor der internationalen Veröffentlichung
- R 93bis Art der Übermittlung von Unterlagen

Art 21   Internationale Veröffentlichung
- R 48   Internationale Veröffentlichung
  - 48.1 Form und Art und Weise
  - 48.2 Inhalt
  - 48.3 Veröffentlichungssprachen
  - 48.4 Vorzeitige Veröffentlichung auf Antrag des Anmelders
  - 48.5 Unterrichtung über die nationale Veröffentlichung
  - 48.6 Veröffentlichung bestimmter Tatsachen

Art 22   Übermittlung eines Exemplars und einer Übersetzung der Anmeldung sowie Gebührenzahlung an die Bestimmungsämter
- R 49   Übermittlung eines Exemplars und einer Übersetzung der Anmeldung sowie Gebührenzahlung nach Art 22
  - 49.1 Mitteilung
  - 49.2 Sprachen
  - 49.3 Erklärungen nach Art 19, Angaben nach R 13bis.4
  - 49.4 Verwendung eines nationalen Formblatts
  - 49.5 Inhalt und äußere Form der Übersetzung
- R 49bis Angaben zum Schutzbegehren für die Zwecke des nationalen Verfahrens
- R 49ter Wirkung der Wiederherstellung des Prioritätsrechts durch das Anmeldeamt; Wiederherstellung des Prioritätsrechts durch das Bestimmungsamt
  - 49ter.1 Wirkung der Wiederherstellung des Prioritätsrechts durch das Anmeldeamt
  - 49ter.2 Wiederherstellung des Prioritätsrechts durch das Bestimmungsamt
- R 50   Befugnis nach Art 22bis (3)
  - 50.1 Ausübung der Befugnis

Art 23   Aussetzung des nationalen Verfahrens
- R 47.4   Ausdrücklicher Antrag nach Art 23 (2) vor der internationalen Veröffentlichung

Art 24   Möglicher Verlust der Wirkung in den Bestimmungsstaaten
- Art 48   Fristenüberschreitungen in einzelnen Fällen
- R 82bis Vom Bestimmungsstaat oder ausgewählten Staat zu entschuldigende Fristüberschreitungen
  - 82bis.1 Bedeutung von »Frist« in Art 48 (2)
  - 82bis.2 Wiedereinsetzung in den vorigen Stand und andere Vorschriften, auf die Art 48 (2) anzuwenden ist

R 82^{quater}.1c) Entschuldigung von Fristüberschreitungen, Berücksichtigung durch Bestimmungsamt oder ausgewähltes Amt

Art 25		Nachprüfung durch die Bestimmungsämter
	R 51	Nachprüfung durch die Bestimmungsämter

51.1 Frist zur Stellung des Antrags auf Übersendung von Kopien
51.2 Kopie der Mitteilung
51.3 Frist zur Zahlung der nationalen Gebühr und zur Vorlegung einer Übersetzung

Art 26 Möglichkeit der Berichtigung vor den Bestimmungsämtern

Art 27 Nationale Erfordernisse
  R 51bis Nach Art 27 zulässige nationale Erfordernisse
    51bis.1 Zulässige nationale Erfordernisse
    51bis.2 Erfüllung der nationalen Erfordernisse

Art 28 Änderung der Ansprüche, der Beschreibung und der Zeichnungen im Verfahren vor den Bestimmungsämtern
  R 52 Änderung der Ansprüche, der Beschreibung und der Zeichnung vor den Bestimmungsämtern
    52.1 Frist

Art 29 Die Wirkungen der internationalen Veröffentlichung

Art 30 Vertraulicher Charakter einer internationalen Anmeldung
  R 94 Akteneinsicht
    94.1 Akteneinsicht beim Internationalen Büro
    94.1^{bis} Akteneinsicht beim Anmeldeamt
    94.1^{ter} Akteneinsicht bei der internationalen Recherchenbehörde
    94.1^{ter} d) Akteneinsicht bei der mit der ergänzenden internationalen Recherche bestimmten Behörde
    94.2 Akteneinsicht bei der mit der internationalen vorläufigen Prüfung beauftragten Behörde
    94.2^{bis} Akteneinsicht beim Bestimmungsamt
    94.3 Akteneinsicht beim ausgewählten Amt

Kapitel II. Die internationale vorläufige Prüfung

Art 31 Antrag auf internationale vorläufige Prüfung
  R 53 Der Antrag
    53.1 Formblatt
    53.2 Inhalt
    53.3 Gesuch
    53.4 Anmelder
    53.5 Anwalt oder gemeinsamer Vertreter
    53.6 Kennzeichnung der internationalen Anmeldung
    53.7 Benennung von Staaten als ausgewählte Staaten
    53.8 Unterschrift
    53.9 Erklärung betreffend Änderungen
  R 54 Der antragsberechtigte Anmelder
    54.1 Sitz, Wohnsitz und Staatsangehörigkeit
    54.2 Berechtigung zur Antragstellung
    54.3 Beim Internationalen Büro als Anmeldeamt eingereichte internationale Anmeldungen
    54.4 Zur Antragstellung nicht berechtigter Anmelder
  R 54bis.1 Frist für die Antragstellung
  R 55 Sprachen (internationale vorläufige Prüfung)
    55.1 Sprache des Antrags
    55.2 Übersetzung der internationalen Anmeldung
    55.3 Sprache und Übersetzung von Änderungen und Begleitschreiben

Inhaltsverzeichnis Artikel

- R 57 Bearbeitungsgebühr
  - 57.1 Gebührenpflicht
  - 57.2 Betrag
  - 57.3 Zahlungsfrist; zu zahlender Betrag
  - 57.4 Rückerstattung
- R 58 Gebühr für die vorläufige Prüfung
  - 58.1 Befugnis zur Erhebung einer Gebühr
  - 58.3 Rückerstattung
- R 60 Bestimmte Mängel des Antrags
  - 60.1 Mängel des Antrags
- R 61 Mitteilung über den Antrag und die Auswahlerklärung
  - 61.1 Mitteilungen an das Internationale Büro und den Anmelder
  - 61.2 Mitteilung an die ausgewählten Ämter
  - 61.3 Unterrichtung des Anmelders
  - 61.4 Veröffentlichung im Blatt
- R 62 Kopie des schriftlichen Bescheids der Internationalen Recherchenbehörde und der Änderungen nach Art 19 für die mit der internationalen vorläufigen Prüfung beauftragte Behörde
  - 62.1 Kopie des schriftlichen Bescheids der Internationalen Recherchenbehörde und der vor Antragstellung eingereichten Änderungen
  - 62.2 Nach Antragstellung eingereichte Änderungen
- R 62bis Übersetzung des schriftlichen Bescheids der Internationalen Recherchenbehörde für die mit der internationalen vorläufigen Prüfung beauftragte Behörde
- R 92 Schriftverkehr
  - 92.4 Benutzung des Telegrafen, Fernschreibers, Telefaxgeräts usw.

Art 32 Die mit der internationalen vorläufigen Prüfung beauftragte Behörde
- R 59 Zuständige mit der internationalen vorläufigen Prüfung beauftragte Behörde
  - 59.1 Anträge nach Art 31 (2) a)
  - 59.2 Anträge nach Art 31 (2) b)
  - 59.3 Übermittlung des Antrags an die zuständige mit der internationalen vorläufigen Prüfung beauftragte Behörde
- R 63 Mindestanforderungen für die mit der internationalen vorläufigen Prüfung beauftragten Behörden
  - 63.1 Aufzählung der Mindestanforderungen

Art 33 Die internationale vorläufige Prüfung
- R 64 Stand der Technik für die internationale vorläufige Prüfung
  - 64.1 Stand der Technik
  - 64.2 Nicht-schriftliche Offenbarungen
  - 64.3 Bestimmte veröffentlichte Unterlagen
- R 65 Erfinderische Tätigkeit oder Nichtoffensichtlichkeit
  - 65.1 Bewertung des Standes der Technik
  - 65.2 Maßgeblicher Zeitpunkt

Art 34 Das Verfahren vor der mit der internationalen vorläufigen Prüfung beauftragten Behörde
- R 66 Verfahren vor der mit der internationalen vorläufigen Prüfung beauftragten Behörde
  - 66.1 Grundlagen der internationalen vorläufigen Prüfung
  - 66.1[bis] Schriftlicher Bescheid der Internationalen Recherchenbehörde
  - 66.1[ter] Zusätzliche Recherche
  - 66.2 Schriftlicher Bescheid der mit der internationalen vorläufigen Prüfung beauftragten Behörde
  - 66.3 Förmliche Stellungnahme gegenüber der mit der internationalen vorläufigen Prüfung beauftragten Behörde
  - 66.4 Zusätzliche Möglichkeit zur Einreichung von Änderungen oder Gegenvorstellungen
  - 66.4[bis] Berücksichtigung von Änderungen, Gegenvorstellungen und Berichtigung offensichtlicher Fehler

	66.5	Änderungen
	66.6	Formlose Erörterungen mit dem Anmelder
	66.7	Kopie und Übersetzung der früheren Anmeldung, deren Priorität beansprucht wird
	66.8	Form der Änderungen
R 67		Anmeldungsgegenstand nach Art 34 (4) a) i)
	67.1	Begriffsbestimmung
R 68		Mangelnde Einheitlichkeit der Erfindung (internationale vorläufige Prüfung)
	68.1	Keine Aufforderung zur Einschränkung oder Zahlung
	68.2	Aufforderung zur Einschränkung oder Zahlung
	68.3	Zusätzliche Gebühren
	68.4	Verfahren im Fall der nicht ausreichenden Einschränkung der Ansprüche
	68.5	Haupterfindung
R 69		Beginn und Prüfungsfrist für die internationale vorläufige Prüfung
	69.1	Beginn der internationalen vorläufigen Prüfung
	69.2	Frist für die internationale vorläufige Prüfung

Art 35 Der internationale vorläufige Prüfungsbericht

R 70 Der internationale vorläufige Bericht zur Patentfähigkeit seitens der mit der internationalen vorläufigen Prüfung beauftragten Behörde (Internationaler vorläufiger Prüfungsbericht)
70.1 Begriffsbestimmung
70.2 Grundlage für den Bericht
70.3 Angaben
70.4 Daten
70.5 Klassifikation
70.6 Feststellung nach Art 35 (2)
70.7 Angabe der Unterlagen nach Art 35 (2)
70.8 Erläuterung nach Art 35 (2)
70.9 Nicht-schriftliche Offenbarungen
70.10 Bestimmte veröffentlichte Unterlagen
70.11 Hinweis auf Änderungen
70.12 Erwähnung bestimmter Mängel und anderer Sachverhalte
70.13 Bemerkung in bezug auf die Einheitlichkeit der Erfindung
70.14 Zuständiger Bediensteter
70.15 Form; Titel
70.16 Anlagen zum Bericht
70.17 Sprache des Berichts und der Anlagen

Art 36 Übermittlung, Übersetzung und Übersendung des internationalen vorläufigen Prüfungsberichts

R 71 Übersendung des internationalen vorläufigen Prüfungsberichts
71.1 Empfänger
71.2 Kopien angegebener Unterlagen

R 72 Übersetzung des internationalen vorläufigen Prüfungsberichts und des schriftlichen Bescheids der Internationalen Recherchenbehörde
72.1 Sprachen
72.2 Kopie der Übersetzung für den Anmelder
72.2^{bis} Übersetzung des nach Regel 43bis.1 erstellten schriftlichen Bescheids der Internationalen Recherchenbehörde
72.3 Stellungnahme zu der Übersetzung

R 73 Übersendung des internationalen vorläufigen Prüfungsberichts oder des schriftlichen Bescheids der Internationalen Recherchenbehörde
73.1 Herstellung der Kopien
73.2 Übersendung an die ausgewählten Ämter

R 74 Übersetzung der Anlagen des internationalen vorläufigen Prüfungsberichts und ihre Übermittlung
74.1 Inhalt der Übersetzung und Frist für Übermittlung

Inhaltsverzeichnis Artikel

Art 37   Zurücknahme eines Antrags oder einer Auswahlerklärung
  R 90bis Zurücknahmen
    90bis.4 Zurücknahme des Antrags oder von Auswahlerklärungen

Art 38   Vertraulicher Charakter der internationalen vorläufigen Prüfung
  R 94   Akteneinsicht
    94.1 Akteneinsicht beim Internationalen Büro
    94.1^{bis} Akteneinsicht beim Anmeldeamt
    94.1^{ter} Akteneinsicht bei der internationalen Recherchenbehörde
    94.1^{ter} d) Akteneinsicht bei der mit der ergänzenden internationalen Recherche bestimmten Behörde
    94.2 Akteneinsicht bei der mit der internationalen vorläufigen Prüfung beauftragten Behörde
    94.2^{bis} Akteneinsicht beim Bestimmungsamt
    94.3 Akteneinsicht beim ausgewählten Amt

Art 39   Übermittlung eines Exemplars und einer Übersetzung der Anmeldung sowie Gebührenzahlung an das ausgewählte Amt
  R 76   Übersetzung des Prioritätsbelegs; Anwendung bestimmter Regeln auf Verfahren vor den ausgewählten Ämtern
    76.4 Frist für die Übersetzung des Prioritätsbelegs
    76.5 Anwendung bestimmter Regeln auf das Verfahren vor den ausgewählten Ämtern
  R 77   Befugnis nach Art 39 (1) b)
    77.1 Ausübung der Befugnis
  R 95   Angaben und Übersetzungen von Bestimmungsämtern und ausgewählten Ämtern
    95.1 Angaben betreffend Ereignisse bei Bestimmungsämtern und ausgewählten Ämtern
    95.2 Kopien der Übersetzungen

Art 40   Aussetzung der nationalen Prüfung und des sonstigen Verfahrens

Art 41   Änderung der Ansprüche, der Beschreibung und der Zeichnungen vor dem ausgewählten Amt
  R 78   Änderung der Ansprüche, der Beschreibung und der Zeichnung vor den ausgewählten Ämtern
    78.1 Frist
    78.3 Gebrauchsmuster

Art 42   Ergebnisse nationaler Prüfungen durch ausgewählte Ämter

Kapitel III. Gemeinsame Bestimmungen

Art 43   Nachsuchen um bestimmte Schutzrechte
  R 4   Der Antrag (Inhalt)

Art 44   Nachsuchen um zwei Schutzrechtsarten
  R 15   Die internationale Anmeldegebühr

Art 45   Regionale Patentverträge
  R 15   Die internationale Anmeldegebühr

Art 46   Unrichtige Übersetzung einer internationalen Anmeldung

Art 47   Fristen
  R 79   Zeitrechnung
    79.1 Angabe von Daten
  R 80   Berechnung der Fristen
    80.1 In Jahren bestimmte Fristen
    80.2 In Monaten bestimmte Fristen
    80.3 In Tagen bestimmte Fristen
    80.4 Örtliche Daten

	80.5 Ablauf an einem anderen Tag als einem Werktag oder an einem offiziellen Feiertag
	80.6 Datum von Schriftstücken
	80.7 Ende eines Werktags
R 81	Änderung von im Vertrag festgesetzten Fristen
	81.1 Änderungsvorschlag
	81.2 Entscheidung der Versammlung
	81.3 Schriftliche Abstimmung

Art 48	Überschreitung bestimmter Fristen
R 16bis	Verlängerung der Fristen für die Zahlung von Gebühren
	16bis.1 Aufforderung durch das Anmeldeamt
	16bis.2 Gebühr für verspätete Zahlung
R 82	Störungen im Postdienst
	82.1 Verzögerung oder Verlust bei der Postzustellung
	82.2 [gestrichen]
R 82bis	Vom Bestimmungsstaat oder ausgewählten Staat zu entschuldigende Fristüberschreitungen
	82bis.1 Bedeutung von »Frist« in Art 48 (2)
	82bis.2 Wiedereinsetzung in den vorigen Stand und andere Vorschriften, auf die Art 48 (2) anzuwenden ist
R 82^{quater}.1	Entschuldigung von Fristüberschreitungen

Art 49	Das Recht zum Auftreten vor den internationalen Behörden
R 83	Das Recht zum Auftreten vor internationalen Behörden
	83.1 Nachweis des Rechts
	83.1^{bis} Das Internationale Büro als Anmeldeamt
	83.2 Mitteilung
R 90	Anwälte und gemeinsame Vertreter
	90.1 Bestellung als Anwalt
	90.2 Gemeinsamer Vertreter
	90.3 Wirkung von Handlungen, die durch Anwälte und gemeinsame Vertreter oder diesen gegenüber vorgenommen werden
	90.4 Bestellung eines Anwalts oder gemeinsamen Vertreters (Vollmacht)
	90.5 Allgemeine Vollmacht
	90.6 Widerruf und Verzicht

Kapitel IV. Technische Dienste

Art 50	Patentinformationsdienste
Art 51	Technische Hilfe
Art 52	Beziehungen zu anderen Vertragsbestimmungen

Kapitel V. Verwaltungsbestimmungen

Art 53	Die Versammlung
R 85	Fehlen des Quorums in der Versammlung
Art 54	Der Exekutivausschuss
Art 55	Das Internationale Büro
R 86	Blatt
R 48	Internationale Veröffentlichung
R 95	Angaben und Übersetzungen von Bestimmungsämtern und ausgewählten Ämtern
Art 56	Der Ausschuss für technische Zusammenarbeit
Art 57	Finanzen

Inhaltsverzeichnis Artikel

Art 58 Die Ausführungsordnung
  R 88 Änderung der Ausführungsordnung
  R 89 Verwaltungsvorschriften

Kapitel VI. Streitigkeiten

Art 59 Beilegung von Streitigkeiten

Kapitel VII. Revision und Änderungen

Art 60 Revision des Vertrags

Art 61 Änderung einzelner Bestimmungen des Vertrags

Kapitel VIII. Schlussbestimmungen

Art 62 Möglichkeiten, Vertragspartei zu werden

Art 63 Inkrafttreten des Vertrags

Art 64 Vorbehalte
  Art 11 (3) Eingeschränkte Wirkung als nationale Anmeldung

Art 65 Schrittweise Anwendung

Art 66 Kündigung

Art 67 Unterzeichnung und Sprachen

Art 68 Hinterlegung

Art 69 Notifikationen

PCT

Präambel

Die Vertragsstaaten,
   in dem Wunsch, einen Beitrag für den Fortschritt von Wissenschaft und Technik zu leisten, in dem Wunsch, den Schutz von Erfindungen zu vervollkommnen,
   in dem Wunsch, den Schutz von Erfindungen, wenn um Schutz in mehreren Ländern nachgesucht wird, zu erleichtern und wirtschaftlicher zu gestalten,
   in dem Wunsch, der Öffentlichkeit den Zugang zu technischen Informationen, die in Dokumenten enthalten sind, in denen neue Erfindungen beschrieben werden, zu erleichtern und zu beschleunigen,
   in dem Wunsch, den wirtschaftlichen Fortschritt der Entwicklungsländer zu fördern und zu beschleunigen, durch die Annahme von Maßnahmen, die bestimmt sind, die Wirksamkeit der auf nationaler oder regionaler Ebene für den Schutz von Erfindungen entwickelten Rechtssysteme dadurch zu erhöhen, dass leicht erreichbare Informationen über die Verfügbarkeit technischer Lösungen, die auf ihre besonderen Bedürfnisse zugeschnitten sind, zur Verfügung gestellt werden und dass der Zugang zu der in ständigem Wachstum begriffenen modernen Technik erleichtert wird,
   in der Überzeugung, dass die internationale Zusammenarbeit die Verwirklichung dieser Ziele in hohem Maße fördern wird,
   haben diesen Vertrag geschlossen.

Einleitende Bestimmungen

Artikel 1 Bildung eines Verbands

(1) Die Mitgliedstaaten dieses Vertrags (nachstehend als »Vertragsstaaten« bezeichnet) bilden einen **Verband** für die Zusammenarbeit bei der Einreichung, der Recherche und der Prüfung von Anmeldungen für den Schutz von Erfindungen und für die Leistung besonderer technischer Dienste. Der Verband trägt die Bezeichnung Verband für die internationale Zusammenarbeit auf dem Gebiet des Patentwesens.

Art 1   Welches Gebiet zu einem Vertragsstaat gehört, richtet sich nach dessen Verfassung und allgemeinem Völkerrecht. Bei Verträgen ist es möglich, dass der Geltungsbereich aufgrund von Erklärungen von Vertragsstaaten nur bestimmte Hoheitsgebiete eines Vertragsstaates umfasst. Eine Übersicht über die Gebiete, die zur Europäischen Union gehören, findet sich unter de.wikipedia.org/wiki/Gebiet_der_Europ%C3%A4ischen_Union. Danach gehören folgende besondere Gebiete zum EU-Territorium: Athos zu GR, Helgoland zu DE, Azoren und Madeira zu PT, Kanarische Inseln, Ceuta und Melilla zu ES, jedoch Nordzypern nicht zu CY. Die übrigen dort erwähnten besonderen Gebiete werden in den nächsten Absätzen genauer aufgeführt.

Die Frage, welches Territorium zu einem Vertragsstaat gehört, ist abzugrenzen von der Frage, ob die Wirkung des PCT oder eines regionalen Patentübereinkommens auf Gebiete außerhalb des Hoheitsgebietes eines Mitgliedstaats durch nationales, regionales oder internationales Recht erstreckt werden kann, und von der Frage, ob Territorien ein einheitliches Rechtsgebiet in Bezug auf das Patentrecht darstellen.

Weiter hinten findet sich eine Territorien-Liste über alle nicht leicht zuordenbaren Territorien der Welt mit Angaben über das jeweils geltende Patentrecht.

Art 168 EPÜ Der räumliche Geltungsbereich des PCT deckt sich nicht immer mit der Gesamtheit der Hoheitsgebiete eines EPÜ-Staates. Einige EPÜ-Vertragsstaaten haben erklärt, dass der PCT und/oder das EPÜ auf bestimmte Hoheitsgebiete anzuwenden bzw. nicht anzuwenden ist. Zur Frage, ob ein PCT-Anmelder Schutz über ein validiertes europäisches Patent erlangen kann, gibt die Anlage zu ABl. 2014, A33 Auskunft. Sofern dort für das Hoheitsgebiet eine Anwendung des EPÜ ausgeschlossen ist, kommen nur eine direkte nationale Patentanmeldung oder der Eintritt in die nationale Phase nach dem PCT-Verfahren in Betracht.

Letzteres ist ausgeschlossen, wenn ein Staat generell den Eintritt in die nationale Phase geschlossen hat und nur ein regionaler Patentschutz möglich ist (bezüglich EP z.B. FR und NL) Informationen dazu finden sich in der Liste der WIPO unter www.wipo.int/pct/en/texts/reg_des.html) Diese Länder sind unter Art 45 in diesem Buch erwähnt (s.a. Mitnahmeeffekt).

DK PCT-EP erreicht **nicht**: Färöer (FO) und Grönland (GL), da das EPÜ auf diese Gebiete nicht anwendbar ist.

FR PCT-EP erreicht auch Übersee-Regionen/Départements: Mayotte (YT), Französisch-Guayana (GF), Guadeloupe (GP), Martinique (MQ), Réunion (RE) und die Übersee-Territorien Französisch Polynesien (PF), Französische Südpolar- u. Arktisgebiete (TF), Neukaledonien (NC), Saint-Barthélemy (BL), Saint-Martin (MF), St. Pierre und Miquelon (PM), Wallis und Futuna (WF). Das unter http://de.wikipedia.org/wiki/ISO_3166-2:FR als abhängi-

	ges Gebiet bezeichnete Territorium Clipperton (CF) ist in der Mitteilung des EPA nicht genannt.
GB	PCT-EP erreicht das Vereinigte Königreich Großbritannien und Nordirland einschließlich Insel Man (IM), jedoch zunächst **nicht** (weil PCT nicht anwendbar): Guernsey (GG), Jersey (JE); Überseegebiete Britische Jungferninseln (VG bzw. BVI), Bermuda (BM), Kaimaninseln (KY), Falklandinseln (FK), Turks- und Caicosinseln (TC), Anguilla (AL), Gibraltar (GI), Montserrat (MS), Pitcairn (PN), St. Helena, Ascension und Tristan da Cunha (SH), Südgeorgien und die Südlichen Sandwichinseln (GS) (s. Anlage zu ABl. 2014, A33).

GB	Für erteilte europäische Patente mit Wirkung für GB gibt es **jedoch** die Möglichkeit der nachträglichen Registrierung in folgenden Gebieten:
	– innerhalb von zwei Jahren ab Erteilung:
	  – Westsamoa (WS)
	– innerhalb von drei Jahren ab Erteilung:
	  – Anguilla (AL)
	  – Belize (BZ)
	  – Bermuda (BM)
	  – Britische Jungferninseln (VG bzw. BVI)
	  – Brunei Darussalam (BN)
	  – Falklandinseln (FK)
	  – Fidschi (FJ)
	  – Gambia (GM)
	  – Gibraltar (GI)
	  – Grenada (GD)
	  – Jersey (JE)
	  – Kiribati (KI)
	  – Salomonen (SB)
	  – St. Vincent und die Grenadinen (VC)
	  – Tuvalu (TV)
	  – Uganda (UG)
	  – Vanuatu (VU)
	– innerhalb von fünf Jahren ab Erteilung
	  – Turks- und Caicosinseln (TC)
	– jederzeit
	  – Guernsey (GG)
	  – Kaimaninseln (KY)
	In jedem Fall endet die Laufzeit des Patents mit der des europäischen Patents mit Wirkung für GB (ABl. 2004, 179).

GB	vermutlich gilt gleiches für PCTa, da nach Art 11 (3) PCT i.V.m. Art 153 (2) EPÜ eine PCTa einer EP Anmeldung entspricht. Über den Weg der nachträglichen Registrierung ist daher vermutlich auch für diese genannten Gebiete Patentschutz für eine PCTa zu erlangen.
GB	Welche Territorien über eine nationale GB Patentanmeldung oder über die Einleitung der nationalen Phase in GB erreichbar sind, findet sich auf der Homepage des britischen Patentamts unter dem Stichwort »Extending UK IP rights abroad« (s. www.gov.uk/government/publications/extension-of-uk-intellectual-property-rights-abroad). Anscheinend sollen hier die gleichen Territorien und Staaten erreichbar sein wie bei europäischen Patenten mit Wirkung für GB.
NL	PCT-EP erreicht auch Teile des Königreichs der Niederlande: Curaçao (CW), Sint Maarten (SX) sowie Gemeinden von NL: Bonaire, Sint Eustatius und Saba (BQ), jedoch:

PCT-EP erreicht **nicht**: Aruba (AW), da NL das EPÜ nicht dorthin erstreckt hat. Außerdem kann man nicht über den PCT in die nationale Phase eintreten da NL generell diese Möglichkeit ausgeschlossen hat und nur ein regionales Patent nach PCT möglich ist.

Besondere Anforderungen für den Eintritt in die nationale/regionale Phase finden sich im Applicant's Guide jeweils im Summary unter nat. Phase, nat. Chapter. Abweichungen bestehen z.B. in Bezug auf die Frist für den Eintritt in diese Phase. Siehe hierzu die Liste der WIPO unter www.wipo.int/pct/en/texts/time_limits.html sowie die Übersicht der Mitgliedsstaaten des PCT in diesem Buch.

Art 9, R 18 Berechtigung des Anmelders zur Einreichung PCTa abhängig vom Vertragsstaat.
Art 10, R 19 Zuständiges Anmeldeamt
Art 11 Maßgeblicher Zeitpunkt der Angaben

(2) Keine Bestimmung dieses Vertrags ist so auszulegen, dass sie die Rechte aus der **Pariser Verbandsübereinkunft** zum Schutz des gewerblichen Eigentums der Personen beeinträchtigt, die die Staatsangehörigkeit eines Mitgliedslands dieser Übereinkunft besitzen oder in einem solchen Land ihren Sitz oder Wohnsitz haben.

Artikel 2 Begriffsbestimmungen

Im Sinne dieses Vertrags und der Ausführungsordnung und sofern nicht ausdrücklich etwas anderes bestimmt wird:

R 1 Abkürzungen
    R 1.1 Bedeutung der Abkürzungen
R 2 Auslegung bestimmter Bezeichnungen
    R 2.1 »Anmelder«
    R 2.2 »Anwalt«
    R 2.2^{bis} »Gemeinsamer Vertreter«
    R 2.3 »Unterschrift«
    R 2.4 »Prioritätsfrist«

i) bedeutet »**Anmeldung**« eine Anmeldung für den Schutz einer Erfindung; Bezugnahmen auf eine »Anmeldung« sind zu verstehen als Bezugnahme auf Anmeldungen für Erfindungspatente, für Erfinderscheine, für Gebrauchszertifikate, für **Gebrauchsmuster**, für Zusatzpatente oder -zertifikate, für Zusatzerfinderscheine und Zusatzgebrauchszertifikate; *Anmeldung*

Art 43 Wahl von Schutzrechtsarten
Art 44 Nachsuchen um zwei Schutzrechtarten auf nationaler Ebene
R 6.5 Gebrauchsmuster; es werden keine Geschmacksmuster berücksichtigt.

ii) sind Bezugnahmen auf ein »**Patent**« zu verstehen als Bezugnahmen auf Erfindungspatente, auf Erfinderscheine, auf Gebrauchszertifikate, auf Gebrauchsmuster (*R 6.5 Gebrauchsmuster*), auf Zusatzpatente oder -zertifikate, auf Zusatzerfinderscheine und auf Zusatzgebrauchszertifikate; *Patent*

iii) bedeutet »**nationales Patent**« ein von einem nationalen Amt erteiltes Patent; *nationales Patent*

iv) bedeutet »**regionales Patent**« ein von einem nationalen Amt oder von einer zwischenstaatlichen Behörde erteiltes Patent, wenn das Amt oder die Behörde die Befugnis hat, Patente zu erteilen, die in mehr als in einem Staat (*z.B. EPA, ARIPO, OAPI, Eurasisches Patentübereinkommen*) Wirkung entfalten; *regionales Patent*

Einleitende Bestimmungen

regionale Anmeldung v) bedeutet »**regionale Anmeldung**« eine Anmeldung für die Erteilung eines regionalen Patents;

nationale Anmeldung vi) sind Bezugnahmen auf eine »**nationale Anmeldung**« zu verstehen als Bezugnahmen auf Anmeldungen für die Erteilung nationaler oder regionaler Patente, sofern die Anmeldungen nicht nach diesem Vertrag eingereicht werden;

internationale Anmeldung vii) bedeutet »**internationale Anmeldung**« eine nach diesem Vertrag eingereichte Anmeldung;

viii) sind Bezugnahmen auf eine »**Anmeldung**« zu verstehen als Bezugnahmen auf internationale Anmeldungen und nationale Anmeldungen;

ix) sind Bezugnahmen auf ein »**Patent**« zu verstehen als Bezugnahmen auf nationale und regionale Patente;

x) sind Bezugnahmen auf das »**nationale Recht**« zu verstehen als Bezugnahmen auf das nationale Recht eines Vertragsstaats oder, wenn es sich um eine regionale Anmeldung oder ein regionales Patent handelt, als Bezugnahmen auf den Vertrag, der die Einreichung regionaler Anmeldungen oder die Erteilung regionaler Patente vorsieht;

xi) bedeutet »**Prioritätsdatum**« für die Berechnung der in diesem Vertrag und der Ausführungsordnung vorgesehenen Fristen:

Priorität
Art 8   Inanspruchnahme von Prioritäten
R 4.10   Prioritätsanspruch
R 17   Der Prioritätsbeleg
    R 17.1   Verpflichtung zur Einreichung einer Abschrift der früheren nationalen oder internationalen Anmeldung
    R 17.2   Bereitstellung von Abschriften

a) wenn für die internationale Anmeldung **eine Priorität** nach Artikel 8 beansprucht wird, das Anmeldedatum der Anmeldung, deren Priorität in Anspruch genommen wird;

b) wenn für die internationale Anmeldung **mehrere Prioritäten** nach Artikel 8 in Anspruch genommen werden, das Anmeldedatum der ältesten Anmeldung, deren Priorität in Anspruch genommen wird;

ältestes Prioritätsdatum bestimmt den Lauf der Fristen

c) wenn für die internationale Anmeldung **keine Priorität** nach Artikel 8 in Anspruch genommen wird, das internationale Anmeldedatum dieser Anmeldung;

nationales Amt xii) bedeutet »**nationales Amt**« die mit der Erteilung von Patenten beauftragte Regierungsbehörde eines Vertragsstaats; Bezugnahmen auf ein »nationales Amt« sollen **auch eine zwischenstaatliche Behörde** einschließen, die mehrere Staaten mit der Erteilung regionaler Patente beauftragt haben, sofern mindestens einer dieser Staaten ein Vertragsstaat ist und sofern die genannten Staaten die Behörde ermächtigt haben, die Pflichten zu übernehmen und die Rechte auszuüben, die dieser Vertrag und die Ausführungsordnung für nationale Ämter vorsehen;

Bestimmungsamt xiii) bedeutet »**Bestimmungsamt**« das nationale Amt des Staates, den der Anmelder nach Kapitel I dieses Vertrags bestimmt hat, oder das für diesen Staat handelnde nationale Amt;

Art 4 (3) Bestimmung
Ist es geplant, eine internationale Anmeldung in der nationalen oder regionalen Phase vor einem Amt weiter zu führen, so wird das Amt, das die PCTa danach, also in der nationalen oder regionalen Phase, behandeln soll als »Bestimmungsamt« oder »ausgewähltes Amt« bezeichnet. Der Begriff »Bestimmungsamt« (BA) wird verwendet, wenn die regionale oder nationale Phase im Anschluss an Kapitel I eingeleitet werden soll, also ohne Stellung des Prüfungsantrags (IVP). Der Begriff »ausgewähltes Amt« wird

verwendet, wenn der Antrag auf IVP gestellt wird und erst danach die nationale oder regionale Phase eingeleitet werden soll. Siehe auch Euro-PCT-Leitfaden A. Rn 30.

Art 153 (2) EPÜ bei PCTa mit EPA als BA oder ausgewähltes Amt, gilt diese als europäische Patentanmeldung

xiv) bedeutet »**ausgewähltes Amt**« das nationale Amt des Staates, den der Anmelder nach Kapitel II dieses Vertrags ausgewählt hat, oder das für diesen Staat handelnde nationale Amt;

ausgewähltes Amt

VV 107 Bezeichnung der internationalen Behörden, Bestimmungsämter und ausgewählten Ämter

Die Begriffe »Bestimmungsamt« und »ausgewähltes Amt« bezeichnen die Ämter der Länder/Organisationen während der internationalen Phase. Der Begriff »ausgewähltes Amt« wird verwendet, wenn der Antrag auf IVP wirksam gestellt wurde. Siehe auch Euro-PCT-Leitfaden A. Rn 30 (Art 153 (2) EPÜ).

xv) bedeutet »**Anmeldeamt**« das nationale Amt oder die zwischenstaatliche Organisation, bei der die internationale Anmeldung eingereicht worden ist;

Anmeldeamt

xvi) bedeutet »**Verband**« den Verband für die internationale Zusammenarbeit auf dem Gebiet des Patentwesens;

Verband

xvii) bedeutet »**Versammlung**« die Versammlung des Verbands;

Versammlung

xviii) bedeutet »**Organisation**« die Weltorganisation für geistiges Eigentum;

Organisation

xix) bedeutet »**Internationales Büro**« das Internationale Büro der Organisation und – für die Dauer ihres Bestehens – die Vereinigten Internationalen Büros für den Schutz des geistigen Eigentums (BIRPI);

Internationales Büro

xx) bedeutet »**Generaldirektor**« den Generaldirektor der Organisation und – für die Dauer des Bestehens der BIRPI – den Direktor der BIRPI.

Generaldirektor

Kapitel I. Internationale Anmeldung und internationale Recherche

Artikel 3 Die internationale Anmeldung

(1) Anmeldungen zum Schutz von Erfindungen in jedem der Vertragsstaaten können als internationale Anmeldungen im Sinne dieses Vertrags eingereicht werden.

R 92.4   Benutzung des Telegrafen, Fernschreibers, Telefaxgeräts und anderer technischer Geräte
EPA   Euro-PCT-Leitfaden Teil B

Antrag
Beschreibung
Ansprüche
Zeichnungen
Zusammen-
fassung

(2) Eine internationale Anmeldung hat in der in diesem Vertrag und der Ausführungsordnung festgelegten Form einen **Antrag** *(Art 4, R 4)*, eine **Beschreibung** *(Art 5, R 5)*, einen oder mehrere **Ansprüche** *(Art 6, R 6)*, eine oder mehrere **Zeichnungen** *(Art 7, R 7)* (soweit erforderlich) und eine **Zusammenfassung** *(R 8)* zu enthalten.

(3) Die **Zusammenfassung** *(R 8)* dient ausschließlich der technischen Information und kann nicht für andere Zwecke, insbesondere nicht für die Bestimmung des Umfangs des begehrten Schutzes herangezogen werden.

(4) Die internationale Anmeldung:
    i) muss in einer vorgeschriebenen **Sprache** abgefasst sein;

Sprache   R 12   Vorgeschriebene Sprache ist maßgeblich für das Anmeldedatum (Art 11 (1) ii))
R 19.4 a) ii) Möglichkeit der Heilung bei falscher Sprache
R 26.3^{ter} Zusammenfassung oder Zeichnungen in einer anderen Sprache

    ii) hat den vorgeschriebenen **Form**erfordernissen *(R 11)* zu entsprechen;

Einheitlichkeit   iii) hat den vorgeschriebenen Anforderungen an die **Einheitlichkeit** *(Art 17, R 13)* der Erfindung zu entsprechen;

R 40   Mangelnde Einheitlichkeit der Erfindung (internationale Recherche)
    R 40.1   Aufforderung zur Zahlung zusätzlicher Gebühren; Frist
    R 40.2   Zusätzliche Gebühren
R 68   Mangelnde Einheitlichkeit der Erfindung (internationale vorläufige Prüfung)
    R 68.1   Keine Aufforderung zur Einschränkung oder Zahlung
    R 68.2   Aufforderung zur Einschränkung oder Zahlung
    R 68.3   Zusätzliche Gebühren
    R 68.4   Verfahren im Fall der nicht ausreichenden Einschränkung der Ansprüche
    R 68.5   Haupterfindung

Gebühren   iv) verpflichtet zur Zahlung der vorgeschriebenen **Gebühren**.

Art 14 (3) Rechtsfolge bei Nichtzahlung der Gebühren ist die Fiktion der Zurücknahme der Anmeldung
R 4.9   Bestimmung von Staaten; Schutzrechtsarten; nationale und regionale Patente
R 15   Die internationale Gebühr
    R 15.1   Internationale Anmeldegebühr
    R 15.2   Betrag (siehe auch Gebührenverzeichnis)
    R 15.3   Zahlungsfrist; zu zahlender Betrag
    R 15.4   Rückerstattung
R 16bis Nachfrist für Gebührenzahlung

R 13ter.1 Gebühr für verspätete Einreichung eines Sequenzprotokolls R 5.2 als Teil der Beschreibung Art 5
R 27.1 Aufzählung der Gebühren gemäß Art 14 (3)
– Internationale Anmeldegebühr (R 15) (Art 4 (2), R 15.1, R 15.3, R 16bis)
– Übermittlungsgebühr (R 14)
– Recherchengebühr (R 16)
Mangels ausdrücklicher Regelung im PCT und in der AusfO gelten die Vorschriften des PatKostG und der PatKostZV auch für Gebühren, die vom DPMA als Anmeldeamt zugunsten des IB bzw. der Internationalen Recherchenbehörde erhoben werden (BPatG, Beschluss vom 08.07.2004 – 10 W (pat) 56/03) in BlPMZ 2005, S. 80 ff.).

Eine detaillierte Aufstellung der anfallenden Gebühren befindet sich in der Gebührenübersicht.

Artikel 4 Der Antrag

(1) Der Antrag hat zu enthalten:
   i) ein Gesuch auf Behandlung der internationalen Anmeldung nach diesem Vertrag[1];
   ii) die **Bestimmung** des Vertragsstaats oder der Vertragsstaaten, in denen Schutz für die Erfindung auf der Grundlage der internationalen Anmeldung begehrt wird (Bestimmungsstaaten); kann mit Wirkung für einen Bestimmungsstaat ein regionales Patent erteilt werden und wünscht der Anmelder **ein regionales Patent an Stelle eines nationalen Patents**, so ist im Antrag hierauf hinzuweisen; kann der Anmelder nach dem das regionale Patent betreffenden Vertrag seine Anmeldung nicht auf einzelne der Vertragsstaaten des genannten Vertrags beschränken, so wird die Bestimmung eines dieser Staaten in Verbindung mit dem Hinweis auf den Wunsch, ein regionales Patent zu erhalten, als Bestimmung aller Vertragsstaaten des genannten Vertrags behandelt *(EPÜ, ARIPO)*; hat nach dem nationalen Recht eines Bestimmungsstaates die Bestimmung dieses Staates die Wirkung einer Anmeldung für ein regionales Patent, so wird die Bestimmung dieses Staates als Hinweis auf den Wunsch, ein regionales Patent zu erhalten, behandelt[2];
   iii) den **Namen des Anmelders** und (soweit vorhanden) des **Anwalts** sowie andere diese Personen betreffende vorgeschriebene Angaben *(R 4.5 d) für verschiedene Anmelder sind verschiedene Bestimmungen möglich*[3]*)*;
   iv) die **Bezeichnung** der Erfindung[4];
   v) den **Namen des Erfinders** und andere den Erfinder betreffende vorgeschriebene Angaben, wenn das nationale Recht mindestens eines Bestimmungsstaats verlangt, dass diese Angaben im Zeitpunkt der nationalen Anmeldung eingereicht werden. In anderen Fällen können die genannten Angaben entweder in dem Antrag oder in besonderen Mitteilungen gemacht werden, die an jedes Bestimmungsamt zu richten sind, dessen nationales Recht die genannten Angaben verlangt, jedoch gestattet, dass sie zu einem späteren Zeitpunkt als dem Zeitpunkt der nationalen Anmeldung eingereicht werden[5].

[1]

Mögliche Rechtsfolgen bei **Mängeln** *Mängel*
Art 11 (1) iii) a) Verlust des Anmeldedatums
Art 14 Mängelrüge
R 3 Der Antrag (Formblatt)
   R 3.1 Form des Antrags
   R 3.2 Ausgabe von Formblättern

Internationale Anmeldung und internationale Recherche

               R 3.3   Kontrollliste
               R 3.4   Gestaltung des Antrags im Einzelnen
R 4   Der Antrag (Inhalt)
               R 4.1   Vorgeschriebener und wahlweiser Inhalt; **Unterschrift**
               R 4.2   Antragsersuchen
               Art 8, R 4.10 Prioritätsanspruch
               R 4.11   Bezugnahme auf eine Fortsetzung oder Teilfortsetzung oder Hauptanmeldung oder Hauptpatent
               R 4.11 a) i) Zusatzpatent, -zertifikat, -erfinderschein, -gebrauchszertifikat
               R 4.11 a) ii) Fortsetzung oder Teilfortsetzung
               R 4.12   Berücksichtigung der Ergebnisse einer früheren Recherche
               R 4.14^{bis} Wahl der Internationalen Recherchenbehörde
               R 4.15   **Unterschrift**
               R 4.16   Transkription oder Übersetzung bestimmter Wörter
               R 4.17   Erklärungen im Hinblick auf nationale Erfordernisse nach Regel 51bis.1 Absatz a Ziffern i bis vii
               R 4.18   Einbeziehung fehlender Bestandteile durch Verweis auf frühere Anmeldung
               R 4.19   Weitere Angaben

Bestimmung [2]

               R 4.9   Bestimmung von Staaten; Schutzrechtsarten; nationale und regionale Patente
               Art 45   Regionale Patentverträge
               Art 153 EPÜ Das Europäische Patentamt als Bestimmungsamt
               J 30/90 EPÜ Das EPA ist nur für die Staaten Bestimmungsamt, für die bereits am internationalen Anmeldedatum das EPÜ und das PCT in Kraft getreten waren (Art 4 (1) ii) PCT i.V.m. Art 153 (1) EPÜ)

Mitnahmeeffekt Art 153 (1) EPÜ, Art 45 (2) PCT Regionale Patentverträge: Die Bestimmung von folgenden Staaten, für die nur ein regionales Patent erreicht werden kann, d.h. BE, CY, FR, GR, IE, IT, LV, LT ab 04.09.2014) MC, MT, NL, SI gilt als Bestimmung von EP (Mitnahmeeffekt); die Bestimmung von SZ gilt als Bestimmung von ARIPO, die Bestimmung von BF, BJ, CF, CG, CI, CM, GA, GN, GQ, GW, KM, ML, MR, NE, SN, TD, TG gilt als Bestimmung von OAPI, siehe www.wipo.int/pct/en/texts/reg_des.html.

Erstreckung EPÜ-RiLi A-III 12.1 Erstreckung europäischer Patentanmeldungen und europäischer Patente auf Nichtvertragsstaaten des EPÜ, für die ein Erstreckungsabkommen in Kraft getreten ist. Für die **Erstreckungsstaaten** ist eine nationale Bestimmung notwendig. Ein Antrag auf Erstreckung gilt für jede europäische Anmeldung als gestellt, die nach dem Inkrafttreten der jeweiligen Erstreckungsvereinbarung eingereicht wird. Dies gilt auch für Euro-PCT-Anmeldungen, sofern in der internationalen Anmeldung das EPA für ein europäisches Patent **und der Erstreckungsstaat für ein nationales Patent** bestimmt wurden. Allgemeine Informationen zum Erstreckungssystem siehe www.epo.org/law-practice/legal-texts/extension-validation-system_de.html. Erstreckung kann für folgende Staaten beantragt werden:
Bosnien-Herzegowina (BA) seit 01.12.2004,
Montenegro (ME, seit 03.06.2006 unabhängig) neues Abkommen in Kraft seit 01.03.2010. Für vorherige Anmeldungen kann sich eine vergleichbare Wirkung aufgrund des Abkommens mit YU (ABl. 2007, 407) ergeben (ABl. 2010, 10).
Für inzwischen zum EPÜ beigetretene Staaten gilt das Erstreckungs-Abkommen für bis zum Stichtag eingereichte PCTa:

Serbien (RS) vom 05.06.2006 bis 30.09.2010, als Rechtsnachfolger der ehemaligen Staatsunion Serbien und Montenegro (YU), seit 01.11.2004. Erklärung der Verbindlichkeit des PCT (BlPMZ 2008, 170) und der Wirksamkeit von Handlungen vor und von der vor dem 03.06.2006 zuständigen Behörde (PCT Newsletter 6/2007, S. 3; 12/2008, S. 4)

AL vom 01.02.1996 bis 30.04.2010; HR vom 01.04.2004 bis 31.12.2007; LT vom 05.07.1994 bis 30.11.2004; LV vom 01.05.1995 bis 30.06.2005; ehemalige jugoslawische Republik Mazedonien (MK) vom 01.11.1997 bis 31.12.2008; RO vom 15.10.1996 bis 28.02.2003; SI vom 01.03.1994 bis 30.11.2002 (www.epo.org / law-practice / legal-texts / extension-validation-system_de.html).

Aufgrund von Abkommen zwischen EPO und Nichtmitgliedern ist eine Validierung möglich in
– Tunesien seit dem 01.03.2018 (ABl. 2017, A85),
– Marokko seit dem 01.03.2015,
– Republik Moldau seit dem 01.11.2015 (ABl. 2015, A85; 2016, A67),
– Kambodscha seit dem 01.03.2018 (ABl. 2018, A16).

Validierung

[3]

R 4.4   Namen und Anschriften
R 4.5   Anmelder
R 4.7   Anwalt
R 4.8   Gemeinsamer Vertreter

Namen

[4]

R 4.3   Bezeichnung der Erfindung

[5]

R 4.1 a) iv) und c) i) Angaben über den Erfinder
R 4.6   Erfinder
Art 4 (4) Fehlen der Erfinderbenennung

Erfinderbenennung

(2) Für jede **Bestimmung** ist die vorgeschriebene **Gebühr** innerhalb der vorgeschriebenen Zeit zu zahlen.

Art 4 (1) ii), R 4.9 Bestimmung von Staaten; Schutzrechtsarten; nationale und regionale Patente
Art 4 (2), R 15.1 frühere Bestimmungsgebühr ist in Art 4 (2) erhalten geblieben

Bestimmung

(3) Die **Bestimmung** bedeutet, dass das Schutzbegehren auf die Erteilung eines Patents in dem oder für den Bestimmungsstaat gerichtet ist, sofern der Anmelder nicht eine andere Schutzart nach Artikel 43 begehrt. Für die Anwendung dieses Absatzes gilt Artikel 2 Ziffer ii nicht.

(4) **Fehlt in dem Antrag der Name des Erfinders** oder andere den Erfinder betreffende Angaben, so hat dies keine Folgen für Bestimmungsstaaten, deren nationales Recht diese Angaben zwar verlangt, jedoch gestattet, dass sie zu einem späteren Zeitpunkt als dem Zeitpunkt der nationalen Anmeldung eingereicht werden. Werden die genannten Angaben nicht in einer besonderen Mitteilung gemacht, so hat dies keine Folgen in einem Bestimmungsstaat, dessen nationales Recht diese Angaben nicht verlangt.

Art 90 (5) EPÜ, R 60 EPÜ (bis 12.12.2007 thematisch in Art 91 (5) EPÜ geregelt). Die Erfinderbenennung ist 16 Monate ab dem Prioritätsdatum einzureichen. Falls diese schon abgelaufen sind, können sie nachgereicht werden (Art 27 (2) ii), R 51bis.1 a) i) PCT (Nationale Erfordernisse) i.V.m. R 163 EPÜ).

Fehlen der Erfinderbenennung

Internationale Anmeldung und internationale Recherche

Bei der Benennung der USA als ausgewähltem Amt oder BA können Name und Adresse des Erfinders im Antrag genannt werden oder nachgereicht werden. Liegen die Angaben selbst nach Eintritt in die nationale Phase in den USA noch nicht vor, fordert das USPTO zur Einreichung der Erfinderdaten auf (Applicant's Guide int. P. Annex B1 (US), Stand 29.03.2018).

Artikel 5   Die Beschreibung

In der Beschreibung ist die Erfindung so deutlich und vollständig **zu offenbaren**, dass ein Fachmann sie danach ausführen kann.

R 5	Die Beschreibung
	R 5.1 Art der Beschreibung
	R 5.2 Offenbarung von Nucleotid- oder Aminosäuresequenzen
R 13ter	Protokoll der Nucleotid- und/oder Aminosäuresequenzen
	R 13ter.1 Gebühr für verspätete Einreichung eines Sequenzprotokolls
R 9	Nicht zu verwendende Ausdrücke
	R 9.1 Begriffsbestimmung
	R 9.2 Feststellung der Zuwiderhandlung
	R 9.3 Bezugnahme auf Art 21 (6) Internationale Veröffentlichung
R 10	Terminologie und Zeichen
	R 10.1 Terminologie und Zeichen
	R 10.2 Einheitlichkeit

äußere Form   R 11   Bestimmungen über die äußere Form der internationalen Anmeldung
- R 11.1   Anzahl von Exemplaren
- R 11.2   Vervielfältigungsfähigkeit
- R 11.3   Zu verwendendes Material
- R 11.4   Einzelne Blätter
- R 11.5   Blattformat
- R 11.6   Ränder
- R 11.7   Nummerierung der Blätter
- R 11.8   Nummerierung von Zeilen
- R 11.9   Schreibweise des Textes
- R 11.10   Zeichnungen, Formeln und Tabellen innerhalb des Textes
- R 11.11   Erläuterungen in Zeichnungen
- R 11.12   Änderungen und Ähnliches
- R 11.13   Besondere Bestimmungen für Zeichnungen
- R 11.14   Nachgereichte Unterlagen

R 12.1   Für die Einreichung internationaler Anmeldungen zugelassene Sprachen

Artikel 6   Die Ansprüche

Der Anspruch oder die Ansprüche haben den Gegenstand anzugeben, für den Schutz begehrt wird. Die Ansprüche sind **klar und knapp** zu fassen. Sie müssen in vollem Umfang durch die Beschreibung gestützt werden.

R 6   Die Ansprüche
- R 6.1   Zahl und Nummerierung der Ansprüche
- R 6.2   Bezugnahme auf andere Teile der Anmeldung
- R 6.3   Formulierung der Ansprüche
- R 6.4   Abhängige Ansprüche
- R 6.5   Gebrauchsmuster

R 11   Bestimmungen über die äußere Form der internationalen Anmeldung
R 12.1 Für die Einreichung internationaler Anmeldungen zugelassene Sprachen

Artikel 7 Die Zeichnungen

(1) Zeichnungen sind vorbehaltlich des Absatzes 2 Ziffer ii erforderlich, wenn sie für das Verständnis der Erfindung notwendig sind.

(2) Sind Zeichnungen für das Verständnis der Erfindung nicht notwendig, ist die Erfindung aber ihrer Art nach der Erläuterung durch Zeichnungen zugänglich,

i) so kann der Anmelder solche Zeichnungen bei Einreichung der internationalen Anmeldung beifügen,

ii) so kann jedes Bestimmungsamt verlangen, dass der Anmelder solche Zeichnungen innerhalb der vorgeschriebenen Frist nachreicht *(R 7.2 Die Zeichnungen sind mindestens 2 Monate ab Aufforderung nachzureichen).*

Art 14 (2) Rechtsfolgen bei fehlender Zeichnung   *fehlende Zeich-*
R 7   Die Zeichnungen   *nungen*
         R 7.1   Flussdiagramme und Diagramme
         R 7.2   Frist
R 11   Bestimmungen über die **äußere Form** der Anmeldung
         R 11.11 Erläuterungen in Zeichnungen
         R 11.13 Besondere Bestimmungen für Zeichnungen
R 26.3^{ter}, R 26.5 Falsche Sprache der Zeichnung ist ein Mangel im Sinne des Art 14   *Sprache*
R 20.5   fehlende Zeichnungen

Artikel 8 Die Inanspruchnahme von Prioritäten

(1) Die internationale Anmeldung kann eine Erklärung der in der Ausführungsordnung näher bestimmten Art enthalten, mit der die Priorität einer oder **mehrerer** in einem oder für einen Mitgliedstaat der **Pariser Verbandsübereinkunft** *(ab 01.01.2000 jeder WTO Staat, R 4.10 a))* zum Schutz des gewerblichen Eigentums eingereichter früherer Anmeldungen beansprucht wird.

Eine Liste der Mitgliedsstaaten der PVÜ und der WTO findet sich in den Übersichten, insbesondere in den Quellenangaben zur Territorien-Liste.

Art 2 xi) b) Mehrere Prioritäten
Art 11   Das **Anmeldedatum** und die **Wirkungen** der internationalen Anmeldung
R 4.10   Prioritätsanspruch (mit weiteren Anmerkungen)
R 17   **Prioritätsbeleg**   *Prioritätsbeleg*
         R 17.1   Verpflichtung zur Einreichung einer Abschrift der früheren nationalen oder internationalen Anmeldung
         R 17.2   Bereitstellung von Abschriften
R 26bis Berichtigung oder Hinzufügung eines Prioritätsanspruches
         R 26bis.3 Wiederherstellung Prioritätsrecht bei Ablauf Prioritätsfrist
R 49ter.2 Wiederherstellung des Prioritätsrechts durch Bestimmungsamt
R 66.7   Kopie und Übersetzung der früheren Anmeldung, deren Priorität beansprucht wird (Prioritätsbeleg) für internationale vorläufige Prüfung
R 76.4   Frist für die Übersetzung des Prioritätsbelegs
R 90bis.3 Zurücknahme von Prioritätsansprüchen

(2) a) Vorbehaltlich des Buchstaben b richten sich Voraussetzungen und Wirkung einer nach Absatz 1 abgegebenen Prioritätserklärung nach Artikel 4 der Stockholmer Fassung der **Pariser Verbandsübereinkunft** zum Schutz des gewerblichen Eigentums.

Art 4 PVÜ Art 4 c) PVÜ Die Prioritätsfristen des PCT ergeben sich aus der PVÜ.
Art 87 EPÜ EPA erkennt prioritätsbegründende Wirkung der vorläufigen US-Patentanmeldung an (ABl. 1996, 81).

b) In der internationalen Anmeldung, für die die Priorität einer oder mehrerer in einem oder für einen Vertragsstaat eingereichter früherer Anmeldungen beansprucht wird, kann dieser Staat als Bestimmungsstaat benannt werden. Wird für die internationale Anmeldung die Priorität einer oder mehrerer früherer in einem oder für einen Bestimmungsstaat eingereichter nationaler Anmeldungen beansprucht oder wird die Priorität einer internationalen Anmeldung beansprucht, in der **nur ein Staat als Bestimmungsstaat benannt ist** *(innere Priorität)*, so richten sich Voraussetzungen und Wirkung des Prioritätsanspruchs in diesem Staat nach dessen nationalem Recht.

R 4.9 Bestimmung, innere Priorität und Rücknahmefiktion
§ 40 PatG Priorität einer früheren inländischen Patentanmeldung (innere Priorität) mit der Wirkung der Rücknahmefiktion
Art 4 PVÜ Priorität für eine Erstanmeldung im Ausland (äußere Priorität)

Artikel 9   Der Anmelder

(1) Jeder **Staatsangehörige** eines Vertragsstaats sowie jeder, der in einem Vertragsstaat seinen **Sitz oder Wohnsitz** *(R 18.1)* hat *(PCT-Angehöriger)*, kann eine internationale Anmeldung einreichen.

Art 1 Begriff Vertragsstaat
Das Gebiet eines Vertragsstaates bezieht sich auf das oder die Hoheitsgebiete eines Vertragsstaates. Der PCT erstreckt sich nicht immer auf alle Hoheitsgebiete der Staaten. Einige EPÜ-Vertragsstaaten haben erklärt, dass der PCT und/oder das EPÜ nur auf einzelne dieser Hoheitsgebiete anzuwenden ist (ABl. 2014, A33 und Anlage dazu). Siehe die Fußnoten zu Art 1.

Art 9 Die Berechtigung bezieht sich hier zunächst nur auf das Recht, eine PCTa einzureichen, also auf den »Einreicher«. Mit Anmelder wird jedoch im gesamten PCT der Inhaber des Rechts bezeichnet. Nach Mitteilung des EPA in ABl. 2014, A33 wäre eine Anmeldeberechtigung nicht gegeben, wenn ein Erfinder die Rechte an der Erfindung zum Zeitpunkt der Einreichung bereits an seinen Arbeitgeber abgetreten hätte, der keine Anmeldeberechtigung hat.

R 18.3 Bei zwei oder mehreren Anmeldern muss mindestens einer berechtigt sein im Sinne des PCT. Es können verschiedene Anmelder für verschiedene Staaten benannt werden. Applicant's Guide int. P. Nr. 11.018C: Eine Übertragung der PCTa nach erfolgter Anmeldung auf einen Nicht-PCT-Angehörigen kann erfolgen. Bei Inanspruchnahme des Prioritätsrechts einer früheren Anmeldung reicht es, wenn es sich bei einem von mehreren PCT-Anmeldern um den Anmelder der früheren Anmeldung oder dessen Rechtsnachfolger handelt, ABl. 2014, A33.

R 18.4 Informationen über nationale Erfordernisse in Bezug auf den Anmelder

Berechtigung (2) Die Versammlung der Vertragsstaaten kann bestimmen, dass **Staatsangehörige von nicht zu den Vertragsstaaten gehörigen Mitgliedstaaten der Pariser Verbandsübereinkunft** zum Schutz des gewerblichen Eigentums sowie Personen mit Sitz oder

Wohnsitz in solchen Staaten ebenfalls internationale Anmeldungen einreichen können.

Die Versammlung hat bisher keinen entsprechenden Beschluss gefasst.
R 19.1 c) Bestimmung des zuständigen Anmeldeamts

(3) Die Begriffe »**Sitz**«, »**Wohnsitz**« und »**Staatsangehörigkeit**« sowie die Anwendung der Begriffe in Fällen, in denen mehrere Anmelder vorhanden sind oder die Anmelder für alle Bestimmungsstaaten nicht die gleichen sind, sind in der Ausführungsordnung festgelegt.

R 18.1   Sitz, Wohnsitz und Staatsangehörigkeit

Artikel 10   Das Anmeldeamt

Die internationale Anmeldung ist bei dem vorgeschriebenen Anmeldeamt einzureichen, das sie entsprechend diesem Vertrag und der Ausführungsordnung überprüft und bearbeitet.

R 19.1   Zuständiges Anmeldeamt   *Zuständigkeit*
R 19.1 b), Art 151, R 157 EPÜ Das EPA ist zuständig, wenn Anmelder PCT- **und** EPÜ-Angehöriger ist.
Art 11   Maßgeblich für die Feststellung des zuständigen Anmeldeamtes sind die Angaben zu Staatsangehörigkeit, Sitz oder Wohnsitz des Anmelders am Datum nach Art 11 PCT, irrelevant sind Angaben zum Erfinder, ABl. 2014, A33.
R 19.2   Bei zwei oder **mehreren Anmeldern muss mindestens einer berechtigt sein im Sinne des PCT.**
R 19.4 a) i), b) Eine **Heilung** bei unzuständigem Anmeldeamt erfolgt durch Übersendung an das Internationale Büro.
R 20   Eingang der internationalen Anmeldung
R 26   Prüfung und Berichtigung bestimmter Bestandteile der internationalen Anmeldung vor dem Anmeldeamt
R 21   Herstellung von Exemplaren
R 22   **Übermittlung** des Aktenexemplars
R 23   **Übermittlung** des Recherchenexemplars, der Übersetzung und des Sequenzprotokolls
R 23bis   Weiterleitung von Unterlagen zu früherer Recherche zwischen Behörden
Art 27 (7) PCT Soweit ein Anmelder nicht EPÜ Angehöriger ist, muss für diese Person ein **Vertreter** bestellt werden.   *Vertretung*
Art 49   Das Recht zum Auftreten vor den internationalen Behörden

Artikel 11   Das Anmeldedatum und die Wirkungen der internationalen Anmeldung
(Eingangsprüfung)

(1) Das Anmeldeamt erkennt als internationales **Anmeldedatum** das Datum des Eingangs der internationalen Anmeldung zu, vorausgesetzt, dass das Amt festgestellt hat, dass im Zeitpunkt des Eingangs *(R 20.2 Feststellung des Anmeldedatums)*[1]:
   i) der Anmelder aus Gründen des Sitzes, des Wohnsitzes oder der Staatsangehörigkeit nicht offensichtlich unberechtigt ist, eine internationale Anmeldung bei diesem **Anmeldeamt** einzureichen[2],

> ii) die internationale Anmeldung in der vorgeschriebenen Sprache abgefasst ist[3],
> iii) die internationale Anmeldung wenigstens folgende **Bestandteile** enthält:
> a) einen Hinweis darauf, dass die Anmeldung als internationale Anmeldung behandelt werden soll,
> b) die **Bestimmung** mindestens eines Vertragsstaats,
> c) den **Namen** des Anmelders, wie vorgeschrieben[4],
> d) einen Teil, der dem Anschein nach als **Beschreibung** angesehen werden kann,
> e) einen Teil, der dem Anschein nach als **Anspruch** oder als Ansprüche angesehen werden kann.

[1]

Art 14 (4) Feststellung eines Mangels nach der Zuerkennung eines Anmeldedatums
R 20 Internationales Anmeldedatum
    R 20.1 Feststellung nach Artikel 11 Absatz 1
    R 20.2 Positive Feststellung nach Artikel 11 Absatz 1
    R 20.3 Mängel nach Artikel 11 Absatz 1
    R 20.4 Negative Feststellung nach Artikel 11 Absatz 1
    R 20.5 Fehlende Teile
    R 20.6 Bestätigung der Einbeziehung von Bestandteilen und Teilen durch Verweis
    R 20.7 Frist
    R 20.8 Unvereinbarkeit mit nationalem Recht
VV 301, 307 Mitteilung des Eingangs der vorgeblichen internationalen Anmeldung

[2]

Art 9, R 18 Der Anmelder
Art 10 Das Anmeldeamt
R 19 Zuständigkeit des Anmeldeamts
    R 19.4 Bei Übermittlung an das Internationale Büro gilt dieses als Anmeldeamt
    R 19.4 a) i) Heilung durch Übersendung an das Internationale Büro
VV 329 Berichtigung von Angaben über den Wohnsitz oder die Staatsangehörigkeit des Anmelders

Sprache [3]

R 12 Sprache
    R 12.3 Sprache für die internationale Recherche
    R 12.3 a) Frist für Übersetzung 1 Monat nach Anmeldedatum
    R 12.3 c) Nachfrist
R 20.1 c) wenigstens Ansprüche und Beschreibung müssen in einer Sprache sein
R 26.3[ter] Zusammenfassung oder Zeichnungen in einer anderen Sprache sind möglich
Art 14, R 20.1 c), d) Mängel
R 19.4 Heilung

Mängel bei der Namensangabe [4]

R 20.1 b) Identifizierbarkeit und Heilung von Mängeln bei der Namensangabe
R 89bis Elektronische Einreichung

> (2) a) Stellt das Anmeldeamt fest, dass die internationale Anmeldung im Zeitpunkt des Eingangs die Erfordernisse des Absatzes 1 nicht erfüllt hat, so hat es entsprechend der Ausführungsordnung *(R 20.3 a))* den Anmelder aufzufordern, die erforderliche Richtigstellung nachzureichen.

Art 14 (2) Nachgereichte Zeichnungen
Art 14   Sonstige Mängel *sonstige Mängel*
R 26   Prüfung und Berichtigung bestimmter Bestandteile der internationalen Anmeldung vor dem Anmeldeamt
R 20.6 a) Anmeldeamt kann auch die Einbeziehung bestätigen
R 20.4   Kommt der Anmelder der Aufforderung nicht nach, so handelt es sich nicht um eine Anmeldung
R 16.2 i), R 15.6 i) Ein Anspruch auf Rückerstattung von Gebühren ist gegeben

> b) Kommt der Anmelder der Aufforderung entsprechend der Ausführungsordnung nach, so erkennt das Anmeldeamt der Anmeldung das **Datum des Eingangs der erforderlichen Richtigstellung zu** *(R 20.3 b) Berichtigung des Anmeldedatums, bei Einbeziehung nach R 4.18, 20.6 a) bleibt Anmeldedatum erhalten).*
>
> (3) Jede internationale Anmeldung, die die Erfordernisse der Ziffern i bis iii des Absatzes 1 erfüllt und der ein internationales Anmeldedatum zuerkannt worden ist, hat vorbehaltlich des Artikels 64 Absatz 4 in jedem Bestimmungsstaat die **Wirkung** einer vorschriftsmäßigen nationalen Anmeldung mit dem internationalen Anmeldedatum; das **internationale Anmeldedatum gilt als das tatsächliche Anmeldedatum in jedem Bestimmungsstaat**.

Art 24 (1) Folgen von nicht ordnungsgemäßer Anmeldung
Art 64 (4) a) Wirkung als nationale Hinterlegung. Jedoch bestand in den USA ein Vorbehalt nach Art 64 (4) a) (Hilmer Doktrin). Zur Vermeidung der Problematik, die aus der Hilmer Doktrin resultiert, ist eine vorzeitige Einleitung der nationalen Phase nach Art 23 (2) (Aussetzung) oder Einreichung und Veröffentlichung der Anmeldung in englischer Sprache sinnvoll. Der *America Invents Act* hat die Hilmer-Doktrin jedoch abgeschafft. »Das neue Recht zum Stand der Technik wie auch zur Grace Period gilt für alle US Anmeldungen ab Anmeldetag 16. März 2013. Das neue Recht gilt auch für US Anmeldungen, welche zu irgendeinem Zeitpunkt mindestens einen Anspruch aufweisen, dessen Gegenstand einen effektiven Anmeldetag nach dem 16. März aufweist. *35 U.S.C. 102 and 103 in effect on March 16, 2013, will apply to any application that ever contains a claim that has an effective filing date on or after 16, 2013.*« (VPP-Rundbrief Nr. 3/2012, S. 140)
Art 29   Wirkung der Veröffentlichung
Art 153 (2) EPÜ Wirkung als europäische Patentanmeldung
Art 76 (1), R 36 EPÜ Rechtsfiktion des Art 11 (3) PCT reicht nicht für Anhängigkeit i.S.d. R 36 EPÜ, Erfordernisse des Art 22 PCT müssen erfüllt sein, EPA J 18/09 (ABl. 10/2011, 480 ergänzt durch Mitteilung vom 21.02.2013, ABl. 2013, 156)

> (4) Jede internationale Anmeldung, die die Erfordernisse der Ziffern i bis iii des Absatzes 1 erfüllt, **steht einer vorschriftsmäßigen nationalen Anmeldung** im Sinne der Pariser Verbandsübereinkunft zum Schutz des gewerblichen Eigentums **gleich**.

R 4.10   Die PCT-Anmeldung als Grundlage eines Prioritätsanspruches

Artikel 12   Übermittlung der internationalen Anmeldung an das Internationale Büro und die Internationale Recherchenbehörde

(1) Ein Exemplar der internationalen Anmeldung verbleibt beim Anmeldeamt (»Anmeldeamtsexemplar«), ein Exemplar (»Aktenexemplar«) wird dem Internatio-

len Büro übermittelt, ein weiteres Exemplar (»Recherchenexemplar«) wird der zuständigen Internationalen Recherchenbehörde (Artikel 16) nach den Vorschriften der Ausführungsordnung übermittelt.

Übermittlung	R 21	Herstellung von Exemplaren
	R 22	Übermittlung des Aktenexemplars an das Internationale Büro
	R 24	Eingang des Aktenexemplars beim Internationalen Büro
	R 23	Übermittlung des Rechercheexemplars, der Übersetzung und des Sequenzprotokolls an die ISA
	R 23bis	Weiterleitung von Unterlagen zu früherer Recherche zwischen Behörden
	R 25	Eingang des Rechercheexemplars bei der ISA

(2) Das Aktenexemplar gilt als das **maßgebende Exemplar** der internationalen Anmeldung.

(3) Die internationale Anmeldung gilt als **zurückgenommen**, falls das Aktenexemplar dem Internationalen Büro nicht innerhalb der vorgeschriebenen **Frist** zugeht.

R 22.3 Frist für den Zugang des Aktenexemplars an das Internationale Büro. In der Regel erfolgt der Zugang innerhalb von 17 Monaten ab dem Prioritätsdatum. Diese Frist setzt sich aus der dreimonatigen Frist nach der Mitteilung (R 22.1 b)) und dem Zeitraum des Versands der Mitteilung zusammen. Eine Mitteilung wird gemäß R 22.1 b) nach 14 Monaten versandt.

(Eine Übersicht über die Übermittlungen findet sich im hinteren Teil des Buchs.)

Artikel 13 Übermittlung eines Exemplars der internationalen Anmeldung an die Bestimmungsämter

(1) Jedes Bestimmungsamt kann das Internationale Büro **auffordern**, ihm vor der in Artikel 20 vorgesehenen Übermittlung ein Exemplar der internationalen Anmeldung zuzuleiten; das Internationale Büro übermittelt es dem Bestimmungsamt so bald wie möglich nach Ablauf eines Jahres ab Prioritätsdatum.

(2) a) Der **Anmelder** kann jederzeit jedem Bestimmungsamt ein Exemplar seiner internationalen Anmeldung übermitteln.

b) Der **Anmelder kann jederzeit das Internationale Büro auffordern**, ein Exemplar seiner internationalen Anmeldung einem Bestimmungsamt zuzuleiten; das Internationale Büro übermittelt ein solches Exemplar so bald wie möglich dem Bestimmungsamt.

c) Jedes nationale Amt kann dem Internationalen Büro notifizieren, dass es nicht wünscht, gemäß Buchstabe b Exemplare der internationalen Anmeldung zu erhalten; in diesem Fall findet Buchstabe b auf dieses Amt keine Anwendung.

R 31	Nach Art 13 erforderliche Exemplare
	R 31.1 Anforderung der Exemplare
	R 31.2 Herstellung der Exemplare
R 93bis	beachte: eingeschränkte Übermittlung, ggf. elektronischer Download, Übermittlung nur auf Anforderung und zum bestimmten Zeitpunkt und ggf. in elektronischer Form

(Eine Übersicht über die Übermittlungen findet sich im hinteren Teil des Buchs.)

Artikel 14 Bestimmte Mängel der internationalen Anmeldung
(Formalprüfung)

(1) a) Das Anmeldeamt prüft, ob die internationale Anmeldung einen der nachstehend aufgeführten Mängel aufweist, nämlich ob sie

Art 24	Rechtsfolge bei Fristversäumung	
R 4.10 b)	Berichtigung **offensichtlicher Fehler** in der Prioritätserklärung	*offensichtliche Fehler*
R 9	Nicht zu verwendende Ausdrücke	
R 26	Prüfung und Berichtigung bestimmter Bestandteile der internationalen Anmeldung vor dem Anmeldeamt	

    R 26.1   Aufforderung zur Mängelbeseitigung nach Artikel 14 Absatz 1 Buchstabe b
    R 26.2   Frist für die Mängelbeseitigung
    R 26.2^{bis} Unterzeichnung, Angaben eines von mehreren Anmeldern
    R 26.4   Verfahren
    R 26.5   Entscheidung des Anmeldeamts

R 43.6^{bis} Berücksichtigung der Berichtigung offensichtlicher Fehler durch IRB
R 66.1 d)^{bis}, R 70.2 e) Berücksichtigung der Berichtigungen offensichtlicher Fehler durch IPEA
R 70.16 Berichtigung **offensichtlicher Fehler** als Anlage zum IPRP II
R 91.1 Berichtigung **offensichtlicher Fehler** in Schriftstücken
R 91.2 Anträge auf Berichtigung
R 91.3 Zustimmung zu und Wirkung von Berichtigungen
VV 325 und 413 Berichtigungen von Mängeln nach Regel 26.4 und von offensichtlichen Fehlern nach Regel 91
VV 217 Berichtigungen nach Regel 9.2.

    i) **nicht entsprechend der Ausführungsordnung unterzeichnet** ist;

Art 14 (1) b)	Aufforderung zur Mängelbeseitigung, R 26	*Unterschrift*
Art 49	**Fehlende Vertretung** führt zur Fiktion der fehlenden Unterschrift	
R 4.1 d)	Unterschrift des Anmelders	
R 4.15	Alle Anmelder haben zu unterzeichnen	
R 26.2^{bis} a)	erlaubt jedoch die Unterzeichnung durch lediglich einen Anmelder.	
R 4.15 b)	Spezifische Unterzeichnungsanforderungen für die USA vor dem 16.09.2012	
R 51bis.1 a) vi)	Nachforderung fehlender Unterschriften durch BA	
R 60.1 a)^{ter}	entsprechende Formerfordernisse für Antrag nach Kapitel II	
R 90.3	Anwalt und Vertreter	
R 90.4	Das Fehlen einer Vollmacht wird als Fehlen der Unterschrift fingiert. Es kann gemäß R 90.4 d), e) auf das Anfordern einer zusätzlichen Vollmacht verzichtet werden.	
R 90bis	kein Verzicht bei Rücknahmeerklärung	
VV 316	Verfahren beim **Fehlen der vorgeschriebenen Unterschrift** für die internationale Anmeldung	

    ii) nicht die vorgeschriebenen **Angaben über den Anmelder** enthält;

R 4.5	Anmelder	*Anmelder*
R 26.2^{bis} b)	fehlende Angabe kein Formmangel	
R 60.1 a)^{bis}	kein Formmangel beim Antrag nach Kapitel II	
VV 329	Berichtigung von **Angaben über den Wohnsitz** oder die Staatsangehörigkeit des Anmelders	

Internationale Anmeldung und internationale Recherche

iii) keine **Bezeichnung der Erfindung** enthält;

R 37.1 Fehlen der Bezeichnung der Erfindung
R 37.2 Erstellung der Bezeichnung der Erfindung

iv) keine **Zusammenfassung** enthält;

Zusammen- R 8 Zusammenfassung
fassung R 38.1 Fehlende Zusammenfassung
R 38.2 Erstellung der Zusammenfassung
R 38.3 Änderung der Zusammenfassung

v) den **Formerfordernissen** in dem von der Ausführungsordnung vorgesehenen Umfang nicht entspricht.

R 9 Nicht zu verwendende Ausdrücke
R 10 Terminologie und Zeichen
R 11 Bestimmungen über die äußere Form der internationalen Anmeldung
R 26.3 Prüfung der Formerfordernisse nach Art 14 (1) a) v) (Mängel) hinsichtlich einer Veröffentlichung

b) Stellt das **Anmeldeamt** einen dieser Mängel fest, so fordert es den Anmelder auf, die internationale Anmeldung **innerhalb der vorgesehenen Frist** (R 26.2 zwei Monate, verlängerbar) zu berichtigen; kommt der Anmelder dieser Aufforderung nicht nach, so **gilt diese Anmeldung als zurückgenommen** und wird vom Anmeldeamt für zurückgenommen erklärt (R 26.5, Art 24 (1) ii) Rechtsfolgen; Art 25 Heilung).

Mängel R 28 Mängel, die **durch das Internationale Büro festgestellt werden**
R 26.1 Aufforderung zur Mängelbeseitigung nach Art 14 (1) b) (**Frist** für die Prüfung und Möglichkeit der Stellungnahme)
R 26.2 Die **Frist** für die Berichtigung beträgt 2 Monate ab Aufforderung (verlängerbar)
R 26.3[bis] Aufforderung nach Art 14.1 b) zur Beseitigung von Mängeln nach R 11 (**äußere Form der internationalen Anmeldung**)
R 26.3[ter] Aufforderung zur Mängelbeseitigung nach Art 3(4) i) (**Sprache**); Verfahren bei einer Zusammenfassung oder einer Zeichnung in einer anderen Sprache als der vorgeschriebenen
R 29 Anmeldungen, die als **zurückgenommen** gelten, Heilung auf nationaler Ebene. Ein Wiederaufleben auf nationaler Ebene wird im Detail bei Art 25 beschrieben. Eine Überprüfung nach Art 25 erfolgt durch die Bestimmungsämter.
Art 24 (2), Art 48 (2) Möglichkeiten der Aufrechterhaltung und deren Wirkung bei Fristüberschreitungen: Eine Möglichkeit vor dem EPA besteht in der Weiterbehandlung nach Art 121, R 135 EPÜ i.V.m. R 51.3 (Zahlungsfrist), R 51.1 (Frist zur Antragstellung), Art 25 (1) a) und (2) (Nachprüfung). Eine weitere Möglichkeit stellt die Wiedereinsetzung dar. Weitere Hinweise sind dem Euro-PCT-Leitfaden E.XIV. Rn 651 ff. zu entnehmen (R 159 (2) EPÜ).
VV 414 **Mitteilung** an die mit der internationalen vorläufigen Prüfung beauftragte Behörde, wenn die internationale Anmeldung oder die Bestimmungen aller ausgewählten Staaten als zurückgenommen gelten
VV 312 **Mitteilung der Entscheidung**, die internationale Anmeldung nicht für zurückgenommen zu erklären

(2) Ist in der internationalen Anmeldung auf **Zeichnungen** Bezug genommen, die tatsächlich nicht beigefügt sind, so benachrichtigt das Anmeldeamt den Anmelder

hiervon; er kann sie innerhalb der vorgeschriebenen Frist nachreichen, und in diesem Falle gilt als internationales **Anmeldedatum der Tag, an dem die Zeichnungen beim Anmeldeamt eingehen.** Andernfalls gilt jede Bezugnahme auf diese Zeichnungen als nicht erfolgt.

R 20.5 **Fehlende Zeichnungen**: Einbeziehung durch Referenz, früherer Anmeldetag bleibt erhalten — *fehlende Zeichnungen*

(3) a) Stellt das Anmeldeamt fest, dass die gemäß Artikel 3 Absatz 4 Ziffer iv vorgeschriebenen **Gebühren** nicht oder die gemäß Artikel 4 Absatz 2 vorgeschriebene Gebühr **für keinen Bestimmungsstaat** innerhalb der vorgeschriebenen Fristen *(R 16bis), d), e) Umfasst ebenfalls die Nachfristen)* eingezahlt worden sind, so gilt die internationale Anmeldung als **zurückgenommen** und wird vom Anmeldeamt für zurückgenommen erklärt.

Art 3 (4) iv), R 27.1 a) Vorgeschriebene Gebühren
R 14   Übermittlungsgebühr — *Gebühren*
R 15.1 internationale Anmeldegebühr
R 16   Recherchengebühr
R 16bis.2 Gebühr für verspätete Zahlung

b) Stellt das Anmeldeamt fest, dass die gemäß Artikel 4 Absatz 2 vorgeschriebene Gebühr **für einzelne (jedoch nicht alle) Bestimmungsstaaten** innerhalb der vorgeschriebenen Frist eingezahlt worden ist, so gilt die Bestimmung der Staaten, für welche die Gebühr innerhalb der vorgeschriebenen Frist nicht gezahlt worden ist, als zurückgenommen und wird vom Anmeldeamt für zurückgenommen erklärt *(Art 24 (1) ii) Rechtsfolge ist das Erlöschen der Wirkung in einem Bestimmungsstaat)*.

R 16bis.2 Gebühr für verspätete Zahlung — *Bestimmungsgebühr*
R 15.3 Frist
R 16bis Nachfrist
R 29   Anmeldungen, die als **zurückgenommen** gelten
VV 414 **Mitteilung** an die mit der internationalen vorläufigen Prüfung beauftragte Behörde, wenn die internationale Anmeldung oder die Bestimmungen aller ausgewählten Staaten als zurückgenommen gelten
VV 312 **Mitteilung der Entscheidung**, die internationale Anmeldung nicht für zurückgenommen zu erklären

(4) Stellt das Anmeldeamt, nachdem es der internationalen Anmeldung ein internationales Anmeldedatum zuerkannt hat, innerhalb der vorgeschriebenen Frist *(R 30.1 vier Monate ab AT)* fest, dass ein unter Ziffern i bis iii des Artikels 11 Absatz 1 aufgeführtes Erfordernis zum Anmeldezeitpunkt nicht erfüllt war, so gilt die Anmeldung als zurückgenommen und wird vom Anmeldeamt für **zurückgenommen** erklärt.

R 29   Anmeldungen, die als **zurückgenommen** gelten — *zurückgenommen*
    R 29.4 Mitteilung der Absicht, eine Erklärung nach Art 14 (4) abzugeben. Der Anmelder hat zwei Monate zur Gegendarstellung und wird zur Bestätigung der Einbeziehung aufgefordert.
R 30.1 Die Frist gemäß Art 14 (4) beträgt vier Monate ab dem Anmeldedatum.
VV 414 Mitteilung an die mit der internationalen vorläufigen Prüfung beauftragte Behörde, wenn die internationale Anmeldung als zurückgenommen gilt

Artikel 15 Die internationale Recherche

(1) Für jede internationale Anmeldung wird eine internationale Recherche durchgeführt.

Art 17 Rechercheverfahren, Gegenstand
R 35 Internationalen Recherche, durchgeführt durch die ISA
R 45bis.9 Ergänzende internationale Recherche, durchgeführt durch die ISA als SISA
R 66.1^{ter} Zusätzliche Recherche, durchgeführt durch die IPEA

(2) Die internationale Recherche dient der Ermittlung des einschlägigen Standes der Technik.
(3) Die internationale Recherche wird auf der Grundlage der Ansprüche unter angemessener Berücksichtigung der Beschreibung und der Zeichnungen (falls vorhanden) durchgeführt.
(4) Die in Artikel 16 genannte Internationale Recherchenbehörde bemüht sich, den Stand der Technik so weit zu ermitteln, wie es ihre Möglichkeiten erlauben, und berücksichtigt auf jeden Fall den in der Ausführungsordnung festgelegten Prüfstoff.

R 33 Einschlägiger **Stand der Technik** für die internationale **Recherche**
    R 33.1 Einschlägiger Stand der Technik für die internationale Recherche
    R 33.2 Bei der internationalen Recherche zu berücksichtigende Sachgebiete
    R 33.3 Ausrichtung der internationalen Recherche
R 34 Mindestprüfstoff
VV 801 ff. Einwendungen Dritter zum Stand der Technik

(5) a) Der Anmelder, der eine nationale Anmeldung bei dem nationalen Amt eines Vertragsstaats oder bei einem für einen Vertragsstaat handelnden Amt einreicht, kann, wenn das nationale Recht dieses Staates es gestattet und unter den nach diesem Recht vorgesehenen Bedingungen, beantragen, dass für diese Anmeldung eine der internationalen Recherche ähnliche Recherche (»**Recherche internationaler Art**«) durchgeführt wird.

R 19.1 Zuständiges Anmeldeamt

b) Das nationale Amt eines Vertragsstaats oder das für einen Vertragsstaat handelnde Amt kann, wenn das Recht dieses Staates es gestattet, jede bei ihm eingereichte nationale Anmeldung einer Recherche internationaler Art unterwerfen.
c) Die Recherche internationaler Art wird von der in Artikel 16 genannten Internationalen Recherchenbehörde durchgeführt, die für eine internationale Recherche zuständig wäre, wenn es sich um eine bei dem in den Buchstaben a und b genannten Amt eingereichte internationale Anmeldung handeln würde. Ist die nationale Anmeldung in einer Sprache eingereicht worden, in der sie die Internationale Recherchenbehörde nicht glaubt bearbeiten zu können, so wird die Recherche internationaler Art auf der Grundlage einer Übersetzung durchgeführt, die der Anmelder in einer Sprache eingereicht hat, die für internationale Anmeldungen vorgeschrieben ist und in der die Internationale Recherchenbehörde entsprechend der von ihr übernommenen Verpflichtung internationale Anmeldungen entgegenzunehmen hat. Die nationale Anmeldung und eine Übersetzung, falls diese verlangt wird, sind in der für internationale Anmeldungen vorgeschriebenen Form vorzulegen.

Je nachdem, welche Behörde die internationale Recherche durchgeführt hat, können sich in der regionalen Phase vor dem EPA Gebührenermäßigungen für die ergänzende europäische Recherche ergeben (Art 153 (7) EPÜ). Die sich ggf. ergebenden Gebührenermäßigungen sind im Anhang im Abschnitt »Gebührenermäßigungen in der internationalen und regionalen Phase vor dem EPA« aufgeführt.

Artikel 16   Die Internationale Recherchenbehörde

(1) Die internationale Recherche wird von der Internationalen Recherchenbehörde durchgeführt, die entweder ein nationales Amt sein kann oder eine zwischenstaatliche Organisation, wie das Internationale Patentinstitut, zu deren Aufgabe die Erstellung von dokumentarischen Recherchenberichten über den Stand der Technik für Erfindungen gehört, die Gegenstand von Patentanmeldungen sind.

(2) Solange bis zur Errichtung einer einzigen Internationalen Recherchenbehörde mehrere Internationale Recherchenbehörden bestehen, bestimmt jedes Anmeldeamt – in Übereinstimmung mit der anwendbaren, in Absatz 3 Buchstabe b genannten Vereinbarung – für die bei ihm eingereichten internationalen Anmeldungen die zuständige Internationale Recherchenbehörde oder die zuständigen Internationalen Recherchenbehörden.

Annex C des Applicant's Guide nennt zuständige ISAs, die das jeweilige Anmeldeamt bestimmt hat. Das ist z.B. in DE das EPA. Auch Anmelder aus einigen nicht-europäischen Ländern können das EPA als ISA bestimmen (z.B. JP und US). Anmeldeämter, die am 01.01.2017 nicht das EPA bestimmt hatten, sind AE, AU, CA, CN, DM, KN, KP, KR, PG (Euro-PCT-Leitfaden Rn 199). Insgesamt haben 141 Anmeldeämter das EPA als ISA bestimmt.

Die Wahl des Anmeldeamtes und der ISA kann Einfluss auf die zuständige IPEA haben, denn die IPEA bestimmt ihren Zuständigkeitsbereich in den Vereinbarungen mit der WIPO. Das EPA handelt nur als IPEA, falls ISA das EPA oder das Amt für gewerblichen Rechtsschutz eines EPÜ-Vertragsstaates, also AT, FI, ES, XN, XV, TR oder SE war (Euro-PCT-Leitfaden Rn 203, Applicant's Guide int. P. Annex E (EP) FN 1, Stand 01.04.2018). Das EPA hat seine Zuständigkeit als IPEA nicht auf Anmeldeämter aus EPÜ-Mitgliedstaaten beschränkt.

Seit dem 01.01.2015 können US-Staats- bzw. Wohnsitzangehörige, die eine PCTa beim US Anmeldeamt oder dem IB eingereicht haben, **unabhängig vom technischen Gebiet**, in dem die Anmeldung klassifiziert ist, das EPA als ISA oder IPEA auswählen (ABl. 2014, A117; PCT Gazette 20.11.2014). Bisher gab es diesbezüglich Beschränkungen. Sofern der Gegenstand mit Geschäftsmethoden in Zusammenhang steht, jedoch technische Mittel betrifft, wird das EPA für die Teile, die mehr als reine Geschäftsmethoden betreffen, einen Recherchenbericht erstellen unabhängig von Nationalität oder Wohnsitz des Anmelders (Euro-PCT-Leitfaden C.III Rn 259). Siehe auch die Anmerkungen zu R 39.1 und Art 17 (mangelnde Einheitlichkeit). Das entspricht ohnehin bisheriger, aufgrund von Rechtsprechung etablierter Praxis und wird nun auch für Anträge aus den USA gelten. Zu den Hintergründen der Änderung siehe http://documents.epo.org/projects/babylon/eponet.nsf/0/fe9b7f7048bf6529c1257d79 00469114/$FILE/No_more_limitations_to_PCT_work_de.PDF.

Art 17   Rechercheverfahren, Gegenstand
Art 32   Die mit der internationalen vorläufigen Prüfung beauftragte Behörde
R 35   Zuständige Internationale Recherchenbehörde
    R 35.1   Zuständigkeit nur **einer** Internationalen Recherchenbehörde
    R 35.2   Zuständigkeit **mehrerer** internationaler Recherchenbehörden
    R 35.3   Zuständigkeit, wenn das Internationale Büro nach R 19.1 a) iii) Anmeldeamt ist
    ISA sind die Ämter von AT, AU, BR, CA, CL (seit 22.10.2014), CN, EG (seit 01.04.2013) EP, ES, FI, IL, IN (seit 15.10.2013), JP, KR, RU, SE, SG (seit 01.09.2015), TR (seit 08.03.2017), UA (seit 05.02.2016), US. DK, IS und NO haben seit Juli 2006 eine gemeinsame Patentbehörde, Nordic Patent Institute (NPI, Ab- *Ämter, die als ISA handeln*

kürzung: XN), errichtet, die seit 01.01.2008 als ISA handelt (PCT Gazette vom 13.12.2007, S. 272 und 13.03.2008, S. 24). Seit dem 01.01.2013 handelt sie auch für SE (PCT Gazette vom 01.11.2012). Die gemeinsame Patentbehörde Visegrad Patent Institut (VPI) der Ämter von CZ, HU, PL und SK handelt unter dem Länderkürzel XV seit dem 01.07.2016 (PCT Gazette 23.06.2016) als ISA.

R 45bis.9 Durchführung einer ergänzenden Recherche durch ISA als SISA
R 66.1^{ter} Durchführung einer zusätzlichen Recherche durch die IPEA

> (3) a) Internationale Recherchenbehörden werden durch die Versammlung eingesetzt. Jedes nationale Amt und jede zwischenstaatliche Organisation, die die in Buchstabe c genannten Voraussetzungen erfüllen, können als Internationale Recherchenbehörde eingesetzt werden.
>
> b) Die **Einsetzung** als Internationale Recherchenbehörde bedarf der Zustimmung der einzusetzenden nationalen Behörde oder zwischenstaatlichen Organisation und setzt den Abschluss einer von der Versammlung gebilligten Vereinbarung zwischen dieser Behörde oder Organisation und dem Internationalen Büro voraus. In der Vereinbarung sind die Rechte und Pflichten der Vertragspartner im einzelnen festzulegen, insbesondere die ausdrückliche Verpflichtung dieser Behörde oder Organisation, dass sie die gemeinsamen Regeln für die Durchführung von internationalen Recherchen anwenden und beachten wird.

Vereinbarung zwischen der WIPO und dem EPA u.a. über die Zuständigkeit des EPA für internationale Recherchen. Aktuelle Version in Kraft seit dem 01.01.2018, ABl. 2017, A115 zur Verlängerung der Vereinbarung ABl. 2007, 617, geändert in ABl. 2010, 304. Weitere Änderungen betreffen die Anhänge. Teilweise wurden diese zum 01.01.2018 in der Reihenfolge verändert, neu eingefügt, geändert. Änderung in Anhang A zum 01.04.2018, ABl. 2018, A24, A17 hinsichtlich der Streichung des belgischen Amtes. Vorher geändert zum 01.04.2017, Zusatzpublikation ABl. 2017, A28: Streichung der nicht mehr durchgeführten Standardrecherchen im früheren Anhang C Abs. 3 und des Prozentsatzes für die Gebührenrückerstattung bei Rücknahme der PCTa oder des IVP Antrags vor Beginn der IVP im früheren Anhang C Abs. 5, siehe auch PCT Gazette 16.03.2017. Änderung 01.04.2016 bezüglich Gebühren im früheren Anhang C, ABl. 2016, A30. Davor Änderung zum 01.01.2015 (PCT Gazette 20.11.2014, Änderung im früheren Anhang A; ABl. 2014, A117.

Ämter, die als SISA handeln

Nach R 45bis.9 für die Durchführung der ergänzenden internationalen Recherche zuständige Behörde (SISA) aufgrund Vereinbarung mit WIPO, in neueren Vereinbarungen jeweils Art 3 (4), Anhang B statt E:
– SE, RU, XN seit 01.01.2009
– FI seit 01.01.2010 (PCT Newsletter 12/2009, S. 1).
– EP seit 01.07.2010 (Vereinbarung WIPO-EPA ABl. 2010, 304) aktuelle Version seit 01.01.2018, ABl. 2017, A115. Details siehe oben.
– AT seit 01.08.2010 (PCT Newsletter 7-8/2010, S. 1). (www.wipo.int/pct/en/access/isa_ipea_agreements.html und Annex SISA, Applicant's Guide, www.wipo.int/pct/guide/en/index.jsp).
– SG seit 01.09.2015 (PCT Gazette 20.08.2015).
– UA seit 05.02.2016 (PCT Gazette 21.01.2016)
– Die gemeinsame Patentbehörde Visegrad Patent Institut (VPI) der Ämter von CZ, HU, PL und SK handelt unter dem Länderkürzel XV seit dem 01.07.2016 (PCT Gazette 23.06.2016).
– TR seit 08.03.2017 (PCT Gazette 16.03.2017).

Wenn das EPA als ISA oder ISA und IPEA tätig war, kann der Anmelder in bestimm- *PPH*
ten Ländern die beschleunigte Prüfung im Rahmen des Pilotprogramms »**Patent Prosecution Highway (PPH)**« beim Eintritt in die nationale Phase beantragen (sog. PCT-PPH). Das gilt auch umgekehrt beim Eintritt in die europäische Phase beim EPA, ABl. 2014, A8 ersetzt durch ABl. 2016, A106.

Das Pilotprogramm bezweckt eine Beschleunigung der Prüfung für den Anmelder in der nationalen Erteilungsphase (was gelingt) und eine Arbeitsentlastung der kooperierenden Ämter durch die Nutzung vorhandener Arbeitsergebnisse durch das Amt der Nachanmeldung (was typischerweise nicht umgesetzt wird). Dies können nationale oder internationale Arbeitsergebnisse sein.

Die Nutzung von **nationalen** Arbeitsergebnissen war zunächst in bilateralen PPH-Abkommen geregelt. Am 06.07.2015 ist das DPMA dem globalen PPH-System beigetreten, so dass die Zahl der kooperierenden Ämter erweitert wurde. Die vorherigen Vereinbarungen wurden ersetzt mit Ausnahme derjenigen mit CN. Neu am Globalen PPH ist, dass ein PPH-Antrag beim DPMA auch auf PCT-Arbeitsergebnisse gestützt werden kann, BlPMZ 2015, 225. Die teilnehmenden Länder finden sich unter www.jpo.go.jp/ppph-portal/globalpph.htm.

In Bezug auf den PCT sind diese zu nutzenden **internationalen** Arbeitsergebnisse der jeweils positiv beschiedene internationale Recherchenbericht (WO-ISA) oder der IPRP II. Hat das EPA diese erstellt, kann eine Beschleunigung bei den kooperierenden Ämtern von JP, KR, CN oder US (multilaterales Abkommen seit 06.01.2014, www.fiveipoffices.org/activities/ws/ip5pph.html), ABl. 2016, A106 sowie den weiteren Ämtern von AU, CA, CO, IL, MX, MY, PH, RU, SG, EA (bilaterale Abkommen) nach den dort geltenden Voraussetzungen beantragt werden, Euro-PCT-Leitfaden Rn 250, 305. Gleiches gilt umgekehrt z.B. für den Weg von Japan über eine PCT-JP-Anmeldung bei Eintritt in die regionale Phase vor dem EPA, dann allerdings nach den vom EPA aufgestellten formalen Anforderungen für einen PPH-Antrag (www.wipo.int/pct/en/filing/pct_pph.html).

Ein Antrag ist grundsätzlich möglich, wenn die Arbeitsergebnisse entweder im Rahmen einer PCTa erfolgten, die ins nationale Verfahren führt oder wenn die Arbeitsergebnisse aufgrund einer Anmeldung erfolgten, für die eine Priorität in Anspruch genommen wird sowie bei einer Teilanmeldung. Die verschiedenen Varianten sind in der Anlage zu ABl. 2016, A106 (ersetzt ABl. 2014, A8, vorher ABl. 2012, 60, 75, 89) dargestellt. Danach erfolgt weiterhin die beschleunigte Bearbeitung bei Formalprüfung, Erstellung des ergänzenden europäischen Recherchenberichts und bei der Sachprüfung beim EPA entsprechend dem PACE-Programm (ABl. 2015, A93; Sonderbeilage Nr. 3 zu ABl. 2007, 102; ABl. 2012, 89, 94; ABl. 2010, 352). Der Antrag auf die Beschleunigung im Rahmen des PACE-Programms ist unabhängig vom PPH-Verfahren (Euro-PCT-Leitfaden Rn 252). Siehe auch ABl. 2015, A94 zu weiteren Beschleunigungsmöglichkeiten beim Eintritt oder in der europäischen Phase beim EPA. Eine Anfrage beim EPA zum Bearbeitungsstand bewirkt zwar keine allgemeine Beschleunigung der Bearbeitung europäischer Patentanmeldungen, aber das EPA muss in wenigen bestimmten Fällen den nächsten Verfahrensschritt innerhalb eines Monats bzw. innerhalb von 6 Monaten nach Anfrage seit dem 01.11.2016 vornehmen, ABl. 2016, A66.

Siehe zu den Optionen zur PPH-Teilnahme auch den Aufsatz »Patent Prosecution Highway – Lohnt sich der Aufwand?« von Rieck/Köllner in den Mitteilungen der deutschen Patentanwälte Heft 12, 2013, S. 525.

c) In der Ausführungsordnung werden die Mindestanforderungen vorgeschrieben, die jede Behörde oder Organisation insbesondere hinsichtlich ihrer personellen

Internationale Anmeldung und internationale Recherche

Besetzung und ihres Prüfstoffs erfüllen muss, damit sie als Internationale Recherchenbehörde eingesetzt werden und weiterhin tätig bleiben kann.

R 36 Mindestanforderungen an die Internationale Recherchenbehörde

d) Die Einsetzung erfolgt für eine bestimmte Zeit und kann verlängert werden.

e) Vor einem Beschluss über die Einsetzung einer nationalen Behörde oder zwischenstaatlichen Organisation als Internationale Recherchenbehörde oder über die Verlängerung oder Aufhebung der Einsetzung hört die Versammlung die in Betracht kommende Behörde oder Organisation an und holt die Stellungnahme des in Artikel 56 genannten Ausschusses für technische Zusammenarbeit ein, sobald dieser Ausschuss eingesetzt ist.

Artikel 17 Verfahren vor der Internationalen Recherchenbehörde *(Mangelnde Einheitlichkeit)*[5]

(1) Das **Verfahren** vor der Internationalen Recherchenbehörde richtet sich nach den Bestimmungen dieses Vertrags und der Ausführungsordnung sowie nach der Vereinbarung, die das Internationale Büro mit dieser Behörde in Übereinstimmung mit diesem Vertrag und der Ausführungsordnung abschließt.

R 12.3	Es gibt mehr Recherchesprachen als Sprachen, in denen die Anmeldung veröffentlicht wird (R 48.3). **Übersetzung** für die Zwecke der internationalen Recherche. Die Frist für die Einreichung der Übersetzung beträgt 1 Monat ab AT (R 12.3 a)). Nachfrist: R 12.3 c) und R 12.3 d) S. 2.
Stand der Technik R 33	Einschlägiger **Stand der Technik** für die internationale **Recherche** (zu unterscheiden ist der Stand der Technik, der in R 64 erwähnt wird, der sich auf den einschlägigen **Stand der Technik für die vorläufige Prüfung** bezieht)
R 37	Erstellung der fehlenden oder mangelhaften **Bezeichnung** durch ISA
R 38	Erstellung der fehlenden oder mangelhaften **Zusammenfassung** durch ISA
R 41	Berücksichtigung der Ergebnisse einer früheren Recherche
R 16.3	Teilweise Rückerstattung der Recherchengebühr
R 42	Frist für die Erstellung des internationalen Recherchenberichts. Typischerweise beträgt die Frist 16 Monate ab Prioritätstag.
R 43	Der internationale Recherchenbericht
R 43bis	Schriftlicher Bescheid der Internationalen Recherchenbehörde (seit 01.04.2005 für Erklärung nach Art 17 (2) a)).
R 44	Übermittlung des internationalen Recherchenberichts, des schriftlichen Bescheids und so weiter (Fristlauf für Antrag auf internationale vorläufige Prüfung R 54bis)
R 44bis	Internationaler vorläufiger Bericht der Internationalen Recherchenbehörde zur Patentfähigkeit
R 45	Übersetzung des internationalen Recherchenberichts
G 1/89	»Richtlinien zur Durchführung der internationalen vorläufigen Prüfung nach dem PCT« der WIPO ist für das EPA als mit der internationalen vorläufigen Prüfung beauftragte Behörde verbindlich.
G 2/89	ISA bildet sich eine vorläufige Meinung über Neuheit und erf. Tätigkeit **ohne Bindung** für Prüfungsverfahren
VV 420	Kopie der internationalen Anmeldung, des internationalen Recherchenberichts und des ergänzenden internationalen Recherchenberichts für die mit der internationalen vorläufigen Prüfung beauftragte Behörde

Artikel 17

(2) a) Falls nach Auffassung der Internationalen Recherchenbehörde
   i) die internationale Anmeldung einen **Gegenstand** betrifft, in bezug auf den die Internationale Recherchenbehörde nach der Ausführungsordnung **nicht verpflichtet** ist, eine Recherche durchzuführen, und im vorliegenden Fall beschließt, keine Recherche durchzuführen,

R 39.1 Anmeldungsgegenstand nicht technisch, nicht gewerblich   *Gegenstand*
R 43bis.1 Der Anmelder kann hierzu eine informelle Stellungnahme einreichen
Art 152 EPÜ R 158 (1) EPÜ, EPA als ISA: ABl. 1999, 300;. Die Recherchen für die USA sind eingeschränkt worden. Hiernach wurden keine Recherchen für Erfindungen durchgeführt, die sich auf Biotechnologie und Geschäftsmethoden beziehen (Mitteilung des Präsidenten des Europäischen Patentamts vom 26.11.2001 über die Beschränkung der Zuständigkeit des Europäischen Patentamts als PCT-Behörde, ABl. 2002, 52). Anwendbarkeit der Beschränkung auf parallele europäische Direktanmeldung und Antrag für regionale Phase (ABl. 2002, 52 ff.). Aufhebung bezüglich Biotechnologie ab 01.01.2004 (Mitteilung vom 31.10.2003, ABl. 2003, 633). Verlängert bezüglich Geschäftsmethoden bis zum 01.03.2009 (Mitteilung vom 01.12.2004, ABl. 2005, 149 und vom 27.07.2006, ABl. 10/2006, 555). Änderung durch IPC seit 01.01.2006: G 06F17/60 entspricht G06Q, G06Q 10/00, 30/00, 40/00, 50/00, 90/00, 99/00 (ABl. 2006, 149). Geschäftsmethoden entsprechend den genannten IPCs werden weiterhin nicht recherchiert. Die Einschränkung der Zuständigkeit der ISA in Bezug auf Geschäftsmethoden ist zwar seit dem 01.01.2015 in der WIPO-EPA Vereinbarung gestrichen, die Mitteilung über Geschäftsmethoden in ABl. 2007, 592 ist aber nach der Mitteilung des EPA (ABl. 2014, A117) weiterhin anzuwenden, siehe dazu die Anm. zu Art 16 (2).
EPA   es sei denn, EPA würde es als europäische Patentanmeldung prüfen (Anhang C der Vereinbarung WIPO/EPA, siehe Anm. zu Art 16 (3) b)
R 45bis.5 e) Ergänzende internationaler Recherche
R 45bis.9 c) Beschränkung des Umfangs durch SISA

   ii) die Beschreibung, die Ansprüche oder die Zeichnungen **den vorgeschriebenen Anforderungen so wenig entsprechen**, dass eine sinnvolle Recherche nicht durchgeführt werden kann,
   so stellt die Internationale Recherchenbehörde diesen Tatbestand in einer Erklärung fest und teilt dem Anmelder und dem Internationalen Büro mit, dass kein internationaler Recherchenbericht erstellt wird.

R 42   Die Frist für die Erklärung nach Art 17 (2) a) (Mangelnde Einheitlichkeit) beträgt 3 Monate.
R 45bis.5 e) Ergänzende internationaler Recherche
R 16.2   Rückerstattung der Recherchengebühr
Art 34 (4) a) i) i.V.m. R 67 Keine internationale vorläufige Prüfung von Gegenständen, die von der Patentierbarkeit ausgeschlossen sind
R 66.1 e) Patentansprüche für die kein ISR erstellt wird, können nicht Gegenstand der IVP sein. Bei Mängelbehebung ist in der regionalen Phase vor dem EPA im Zuge der Prüfung eine Recherche möglich (PCT-EPA-RiLi C-IV 4.2).
R 66.1^{ter} keine zusätzliche Recherche, wenn kein Gegenstand der IVP, R 66.1 e)
R 66.1^{ter} Keine zusätzliche Recherche im Fall des Art 34 (3) oder (4).
EPA   Wenn das EPA als ISA eine standardisierte Nicht-Recherche-Erklärung nach Art 17 (2), R 39 abgegeben und in der europäischen Phase keine Nachrecherche durchgeführt hat, erfolgt keine Rückerstattung der Recherchengebühr. Es gibt keine Rechtsgrundlage für eine Erstattung in diesem Fall, weder

Internationale Anmeldung und internationale Recherche

im PCT noch in der WIPO-EPA-Vereinbarung oder in einem Beschluss des EPA (T 0506/08). Es gibt auch keine Beschwerdemöglichkeit (T 0506/08). Es gibt keine Bestimmung, die eine Überprüfung der Entscheidung der ISA hinsichtlich der Nicht-Recherche durch die IPEA oder eine Beschwerde dagegen vorsieht PCT-EPA-RiLi C-IV 4.2.

Art 152, 153 (6) EPÜ Erklärung ersetzt europäischen Recherchenbericht

EPA als ISA: bei Unklarheiten fordert es informell zur Klarstellung innerhalb von 2 Wochen auf und erstellt ggf. bei Nichtaufklärung einen unvollständigen oder keinen Recherchenbericht (Nr. 9.34 und 9.35 der internen PCT-Richtlinie für die internationale Recherche und IVP, Mitteilung v. 01.03.2011, ABl. 2011, 327)

> b) Wird einer der in Buchstabe a aufgeführten Fälle nur **in Bezug auf bestimmte Ansprüche** festgestellt, so ist in den internationalen Recherchenbericht im Hinblick auf diese Ansprüche lediglich ein entsprechender Hinweis aufzunehmen, während für die anderen Ansprüche ein Recherchenbericht nach Artikel 18 erstellt wird.
>
> (3) a) Entspricht nach Auffassung der Internationalen **Recherchenbehörde** die internationale Anmeldung nicht den in der Ausführungsordnung festgelegten Anforderungen an die **Einheitlichkeit** der Erfindung, so fordert die Recherchenbehörde den Anmelder auf, **zusätzliche Gebühren** zu zahlen. Die Internationale Recherchenbehörde erstellt den internationalen Recherchenbericht für die Teile der internationalen Anmeldung, die sich auf die in den Ansprüchen zuerst erwähnte Erfindung beziehen (»Haupterfindung«), und, wenn die angeforderten zusätzlichen Gebühren **fristgerecht** entrichtet worden sind, für die Teile der internationalen Anmeldung, die sich auf die Erfindung beziehen, für die die genannten Gebühren entrichtet worden sind.

Einheitlichkeit R 40.2 a) Aufforderung zur Zahlung zusätzlicher Gebühren bei Uneinheitlichkeit
R 158 (1) EPÜ Zusätzliche internationale Recherchengebühr
Art 17, R 40 Mangelnde Einheitlichkeit der Erfindung (**internationale Recherche**)
R 45bis.1 d) R 45bis.5 b) Mangelnde Einheitlichkeit der Erfindung (**ergänzende internationale Recherche**)
Art 34 (3) a), R 68 Mangelnde Einheitlichkeit der Erfindung (**internationale vorläufige Prüfung**)
Art 3 (4) iii) **Einheitlichkeit** der Erfindung
R 13   **Einheitlichkeit** der Erfindung
    R 13.1 Erfordernis (der Einheitlichkeit)
    R 13.2 Fälle, in denen das Erfordernis der Einheitlichkeit der Erfindung als erfüllt gilt. Kurz ausgedrückt: bei **übereinstimmenden kennzeichnenden Merkmalen**. Sehr ausführliche Beispiele finden sich in den VV Anlage B.
    R 13.3 Feststellung der Einheitlichkeit der Erfindung unabhängig von der Fassung der Ansprüche
    R 13.4 Abhängige Ansprüche sind einheitlich
    R 13.5 Gebrauchsmuster

Uneinheitlichkeit »a priori« W 52/92 Für die Feststellung der **Uneinheitlichkeit** »a priori« (**vor der Recherche**) ist die Aufgabe anhand der Beschreibung und des darin aus Sicht des Anmelders gewürdigten Stand der Technik zu ermitteln.

Uneinheitlichkeit »a posteriori« W 8/87 Nach R 13.1 PCT kann die Uneinheitlichkeit »**a posteriori**« (nach der Recherche) festgestellt werden, d.h. nach Prüfung der gemeinsamen kennzeichnenden Merkmale.

G 2/89 Die Uneinheitlichkeit kann »a priori« oder »a posteriori« – mit der Aufforderung zur Zahlung einer weiteren Gebühr – festgestellt werden.
R 40   Mangelnde Einheitlichkeit der Erfindung (**internationale Recherche**)

Aufforderung R 40.1 **Aufforderung** zur Zahlung einer zusätzlichen Gebühr

EPA   Neues Verfahren seit dem 01.04.2017 gemäß ABl. 2017, A20, PCT/WG/ 10/14: Statt erst mit dem WO-ISA R 43bis.1 nach Zahlung zusätzlicher Gebühren, erhält der Anmelder nun früher, nämlich zusammen mit der Aufforderung zur Entrichtung zusätzlicher Gebühren und den Ergebnissen der Teilrecherche, eine **vorläufige Stellungnahme zur Patentierbarkeit** der in den Ansprüchen zuerst genannten Erfindung (oder einheitlichen Gruppe von Erfindungen) zwecks Information. Eine Erwiderung hierauf ist nicht erforderlich. Es bleibt bei den bisherigen Möglichkeiten nach Erhalt des endgültigen internationalen Recherchenbericht und des WO-ISA zu reagieren (siehe diesbezüglich Anm. zu R 43bis.1 c). Die vorläufige Stellungnahme ist über Online-Akteneinsicht öffentlich zugänglich.

W 9/86   mit der Aufforderung nach Art 17 (3) a) muss in »a posteriori«-Fällen das Recherchenergebnis mitgeteilt werden.

G 1/89   Das EPA kann als ISA gemäß Art 17 (3) a) PCT eine zusätzliche Recherchengebühr fordern, wenn es die Anmeldung *a posteriori* für nicht einheitlich hält. Die diesbezügliche Mitteilung nach R 40.1 PCT muss neben der **Aufzählung** der in den neuen unabhängigen Ansprüchen (die aus der Kombination des gefallenen Haupt- oder nebengeordneten Anspruchs hervorgehen) definierten **Erfindungen** und der Aufforderung zur Zahlung weiterer Recherchengebühren nach Art 17 (3) a) PCT **auch die Gründe für die Feststellung der mangelnden Einheitlichkeit** enthalten (st. Rspr.). Eine Zahlungsaufforderung, die diese Gründe nicht enthält, ist im Hinblick auf die oben genannte *a posteriori* festgestellte mangelnde Einheitlichkeit **nicht rechtsverbindlich** (st. Rspr., z.B. W 8/87, W 15/00). Die Aufforderung nach Art 17 (3) a) PCT zur Zahlung zusätzlicher Gebühren ist nur dann rechtswirksam, wenn die mangelnde Einheitlichkeit **ausreichend begründet** ist. Denn nach R 40.1 i) sind in der Aufforderung die Gründe für mangelnde Einheitlichkeit anzugeben.

W 21/03   Die Gebühr darf nur in »klaren Fällen« erhoben werden. Was ein »klarer Fall« ist, sollte sich an den PCT Richtlinien für die internationale Recherche, III-7.6 orientieren.

W 6/96   Zweifel bei der Frage der Einheitlichkeit der Erfindung wirken sich zugunsten des Anmelders aus.

W 1/97   Es ist gemäß PCT-Rechercherichtlinien K VII 2 Satz 2 möglich, mehrere Aufforderungen abzusenden, jedoch ist
– der zu zahlende Betrag zu nennen, und
– der Recherchenbericht für diejenigen Erfindungen zu erstellen, für die zusätzliche Gebühren entrichtet worden sind.

R 40.2 a) Die ISA legt die **Höhe** der zusätzlichen Gebühr fest. *Zusätzliche*
R 40.2 b) Die **zusätzliche Gebühr** steht der ISA zu. *Gebühren*
R 40.1 ii) i.V.m. Art 17 (3) a) Die **Frist** zur Zahlung der zusätzlichen Gebühren beträgt 1 Monat ab Aufforderung. Falls die zusätzliche **Gebühr nicht gezahlt** wurde, wählte das EPA bisher in der regionalen Phase die erste Gruppe von Erfindungen aus oder forderte zur Vorlage geeigneter Ansprüche auf (R 164 EPÜ 2000). Weitere Recherche- bzw. Prüfungsgebühren konnten nicht gefordert werden. Es blieb allein die Hinterlegung einer Teilanmeldung. Seit dem 01.04.2014 ist die zeitliche Beschränkung zur Einreichung von Teilanmeldungen (R 36 EPÜ) aufgehoben worden. Seit dem 01.11.2014 besteht bei in der internationalen Phase beanstandeter Uneinheitlichkeit die Möglichkeit, in der regionalen Phase weitere Recherchengebühren einzuzahlen. Die Möglichkeit besteht unabhängig davon, welche Behörde vorher als ISA recherchiert hat. Bei Fristversäumnis ist Weiterbehandlung nach der ab 01.11.2014 geltenden R 135 (2) EPÜ möglich. Hat das EPA als ISA recher- *Frist*

Internationale Anmeldung und internationale Recherche

chiert, gilt dies, wenn bis zum 01.11.2014 noch kein Prüfungsbescheid ergangen ist. In anderen Fällen gilt dies, wenn noch kein ergänzender europäische Recherchenbericht bis zum 01.11.2014 erstellt wurde. (ABl. 2013, 503; ABl. 2014, A70)

Widerspruch R 40.2 c) Gegen die Aufforderung ist ein (zu begründender) **Widerspruch** möglich, bei gleichzeitiger Zahlung der geforderten zusätzlichen Gebühr – unter Widerspruch.

W 16/92 Die Widerspruchsbegründung des Anmelders nach R 40.2 c) muss nachvollziehbare Gründe enthalten. Die bloße Behauptung, die Anmeldung sei einheitlich, reicht nicht aus, um zu vermeiden, dass der Widerspruch als **unzulässig** verworfen wird.

VV 403 Übermittlung des Widerspruchs gegen die Zahlung einer zusätzlichen Gebühr und Entscheidung hierüber bei mangelnder Einheitlichkeit der Erfindung der internationalen Anmeldung.

Widerspruchs- R 40.1 iii) Mit dem Widerspruch ist eine Widerspruchsgebühr zu entrichten.
gebühr R 40.2 e) Satz 2 Wird die Widerspruchsgebühr nicht rechtzeitig entrichtet, so gilt der Widerspruch als nicht erhoben. Es gibt keine Nachfrist. Die zusätzliche Recherchengebühr wird nicht zurückerstattet. Stattdessen wird die zusätzliche Recherche erstellt.

Frist Die Frist zur Einlegung des Widerspruchs und zur Zahlung der Widerspruchsgebühr beträgt 1 Monat ab Aufforderung nach Art 17 (3) a). Hiervon wich das EPA jedoch bis zum Inkrafttreten des EPÜ 2000 ab. Das bisherige zweistufige Verfahren gilt für Anmeldungen, die zum Zeitpunkt des Inkrafttretens des EPÜ 2000 anhängig waren. **Für internationale Anmeldungen, die seit dem Zeitpunkt des Inkrafttretens des EPÜ 2000 (13.12.2007) eingereicht werden, gilt das einstufige Verfahren** (Mitteilung v. 01.03.2005 ABl. 2005, 225), ersetzt durch Mitteilung v. 24.06.2007 (Sonderausgabe Nr. 3 ABl. 2007, 142 ff.), ersetzt durch Beschluss v. 24.06.2010 (ABl. 5/2010, 320), der sich nicht auf das Verfahren vor dem EPA als ISA und IPEA auswirkt, sondern nur die Anwendbarkeit auf das EPA als SISA neu regelt (Mitteilung v. 24.06.2010, ABl. 5/2010, 322). Zuletzt wurde dieser wiederum ersetzt durch den Beschluss v. 09.06.2015 (ABl. 2015, A59), welcher die Zusammensetzung der Überprüfungsstelle neu regelt.

einstufiges **Einstufiges Verfahren**
Verfahren Die aufgrund des Beschlusses eingerichtete Überprüfungsstelle (siehe auch unten Begriff »Überprüfungsgremium«) ist die einzige Instanz für die Prüfung eines Widerspruchs. Werden zusätzliche Gebühren unter Widerspruch gezahlt und wird die Widerspruchsgebühr ordnungsgemäß entrichtet, so wird der Widerspruch der Überprüfungsstelle zur Entscheidung vorgelegt.
1. Stellt die Überprüfungsstelle fest, dass der Widerspruch in vollem Umfang berechtigt war, so werden die zusätzlichen Gebühren und die Widerspruchsgebühr zurückerstattet.
2. Stellt die Überprüfungsstelle fest, dass der Widerspruch nur teilweise berechtigt war, so werden die entsprechenden zusätzlichen Gebühren, nicht aber die Widerspruchsgebühr, zurückerstattet.

W 20/01 Hat ein Anmelder die zusätzlichen Gebühren unter Widerspruch verspätet entrichtet, muss der Widerspruch trotzdem berücksichtigt werden, wenn die ISA die ergänzende Recherche durchgeführt hat, als wären die zusätzlichen Gebühren rechtzeitig gezahlt worden.

Wiederein- W 3/93 Für die Frist nach R 40.1 ii) (Zahlung zusätzlicher Gebühren) ist die Wiedereinsetzung zulässig, obwohl sich Art 48 (2) nicht auf die Internationale Recherchenbehörde bezieht, d.h. Wiedereinsetzung im PCT **ohne** Einleitung der nationalen Phase nach Art 25 (2).

G 1/89 Das Verfahren bei Widerspruch ist ein Verfahren wie bei der normalen Recherche und Prüfung nach dem EPÜ durch das EPA.

R 40.2 c) Satz 2 Der Widerspruch wird durch ein **Überprüfungsgremium** geprüft. Vorgehen des EPA: siehe oben. *Überprüfung*

R 40.2 c) Satz 2 Halbsatz 2 Evtl. wird die zusätzliche Recherchengebühr zurück gezahlt.

W 4/93 Ein **Nachschieben von neuen Gründen** und Beweismitteln anlässlich der Mitteilung des Überprüfungsergebnisses ist grundsätzlich unzulässig. *neue Gründe*

Ein Mangel der Begründung in der Aufforderung zur Zahlung zusätzlicher Gebühren wird nicht durch das **Nachschieben von Gründen** in der Mitteilung des Ergebnisses der Überprüfung des Widerspruchs geheilt.

W 11/93 z.B. Art 154 (3) EPÜ a.F. Die »**Überprüfungsgremien**« gemäß R 40.2 c) Satz 2 sind die Beschwerdekammern für alle vor Inkrafttreten des EPÜ 2000 (13.12.2007) eingereichten Anmeldungen. Die Beschwerdekammer kann nicht **von Amts wegen** untersuchen, ob mangelnde Einheitlichkeit aus anderen als in der Aufforderung genannten Gründen gegeben ist. Es besteht kein Anspruch auf eine **mündliche Verhandlung**. Eine formlose Anhörung nach R 66.6 PCT ist in der Regel nicht sachdienlich. *Überprüfungsgremien*

Für alle ab dem Zeitpunkt des Inkrafttretens des EPÜ 2000 (13.12.2007) eingereichten Anmeldungen ist das »Überprüfungsgremium« eine Überprüfungsstelle, die aus drei Mitgliedern besteht, wobei einer den Vorsitz führt und ein anderer der Prüfer ist, der die Aufforderung zur Zahlung zusätzlicher Gebühren nach Art 17 (3) a) oder 34 (3) a) erließ oder den SISR oder die Benachrichtigung nach R 45bis.6 a) ii) erstellte. Der Beschluss v. 24.06.2007 (Sonderausgabe Nr. 3 ABl. 2007, 140) ersetzt den Beschluss v. 25.08.1992 (ABl. 1992, 547) für die ab dem 13.12.2007 eingereichten PCTa und stützt sich auf Art 10 EPÜ 2000, R 11 (2), 158 (3) EPÜ 2000. Erneut zum 01.07.2010 ersetzt durch Beschluss v. 24.06.2010 (ABl. 5/2010, 320), der sich nicht auf das Verfahren vor dem EPA als ISA und IPEA auswirkt, sondern nur die Anwendbarkeit auf das EPA als SISA neu regelt (Mitteilung v. 24.06.2010, ABl. 5/2010, 322). Zuletzt wurde dieser wiederum ersetzt durch den Beschluss v. 09.06.2015 (ABl. 2015, A59), welcher die Zusammensetzung der Überprüfungsstelle neu regelt.

W 3/02 Auf ein vor der Beschwerdekammer anhängiges Widerspruchsverfahren erstreckt sich nicht die Aussetzung des Erteilungsverfahrens nach R 14 EPÜ (Vindikation) nach Eintritt in die regionale Phase vor dem EPA.

R 40.2 c) Satz 2 Halbsatz 2 Evtl. Rückzahlung der zusätzlichen Recherchengebühr, falls der Widerspruch berechtigt war. *Rückzahlung*

R 40.2 e) Satz 4 Ebenso Rückzahlung der Widerspruchsgebühr, falls der Widerspruch in vollem Umfang berechtigt war (siehe oben ein- und zweistufiges Verfahren). R 40.2 c) Satz 3 Der Widerspruch und die Entscheidung darüber werden auf Antrag an die Bestimmungsämter übermittelt.

R 40.2 c) Satz 4 Übersetzung von Widerspruch und Entscheidung mit Art 22 bei Bestimmungsämtern einreichen. Allerdings bestehen nur wenige Ämter darauf.

> b) Das nationale Recht eines Bestimmungsstaats kann vorschreiben, dass in den Fällen, in denen das nationale Amt dieses Staates die in Buchstabe a genannte Aufforderung der Internationalen Recherchenbehörde als gerechtfertigt ansieht und der Anmelder **nicht alle zusätzlichen Gebühren entrichtet** hat, die Teile der internationalen Anmeldung, für die eine Recherche nicht durchgeführt worden ist, hinsichtlich der Rechtswirkungen in jenem Staat als **zurückgenommen** gelten, sofern der Anmelder nicht eine besondere Gebühr an dieses Amt zahlt.

Internationale Anmeldung und internationale Recherche

Das Fehlen eines internationalen Recherchenberichts oder von Teilen davon ist ohne Bedeutung für die Gültigkeit der internationalen Anmeldung. Dies folgt implizit aus Art 22 (1) und (2) (Frist: 30 Monate ab Prioritätsdatum), Art 15 (2) (Ermittlung von Stand der Technik) und Art 27 (5) (Nationale Erfordernisse). Schwächere Konsequenzen sieht beispielsweise R 164 EPÜ vor.

Artikel 18 Der internationale Recherchenbericht

(1) Der internationale Recherchenbericht wird innerhalb der vorgeschriebenen Frist *(R 42 drei Monate nach Eingang des Rechercheexemplars bzw. 9 Monate nach Priorität)* und in der vorgeschriebenen Form erstellt.

(2) Der internationale Recherchenbericht wird, sobald er erstellt ist, von der Internationalen Recherchenbehörde dem Anmelder und dem Internationalen Büro übermittelt.

R 43   Der internationale Recherchenbericht
     R 43.1   Angaben
     R 43.2   Daten im internationalen Recherchenbericht
     R 43.3   Klassifikation
     R 43.4   **Sprache**
     R 43.5   Angabe der Unterlagen, d.h. der veröffentlichten PCTa
     R 43.6   Recherchierte Sachgebiete
     R 43.6[bis] Berücksichtigung von Berichtigungen offensichtlicher Fehler
     R 43.7   **Bemerkungen zur Einheitlichkeit** der Erfindung
     R 43.8   Zuständiger Bediensteter
     R 43.9   Zusätzliche Angaben
     R 43.10   Form
R 43bis.1 Schriftlicher Bescheid der Recherchenbehörde
R 44   Übermittlung des internationalen Recherchenberichts, des schriftlichen Bescheids und so weiter
R 44bis Internationaler vorläufiger Bericht der Internationalen Recherchenbehörde zur Patentfähigkeit
R 62bis Übersetzung des schriftlichen Bescheids der Internationalen Recherchenbehörde für die mit der internationalen Prüfung beauftragte Behörde
Art 152, 153 (6) EPÜ Internationaler Recherchenbericht ersetzt europäischen Recherchenbericht

(3) Der internationale Recherchenbericht oder die in Artikel 17 Absatz 2 Buchstabe a genannte Erklärung werden wie in der Ausführungsordnung bestimmt **übersetzt**. Die Übersetzungen werden von dem Internationalen Büro oder unter seiner Verantwortung angefertigt.

Art 17 (2) Nichterstellung des Internationalen Recherchenberichts wegen des Gegenstandes oder mangelhafter Unterlagen
R 45   Übersetzung des internationalen Recherchenberichts ins Englische

Artikel 19 Änderung der Ansprüche im Verfahren vor dem Internationalen Büro

(1) Nach Eingang (= *Übermittlung, R 46.1)* des internationalen Recherchenberichts ist der Anmelder befugt, einmal die **Ansprüche** der internationalen Anmeldung durch Einreichung von Änderungen beim Internationalen Büro innerhalb der vorgeschriebenen **Frist**[1] zu ändern. Er kann gleichzeitig eine kurze, in der Ausführungsordnung nä-

her bestimmte Erklärung einreichen, mit der er die Änderungen erklären und ihre Auswirkungen auf die Beschreibung und die Zeichnungen darlegen kann.

(2) Die Änderungen dürfen nicht über den **Offenbarungsgehalt** der internationalen Anmeldung im Anmeldezeitpunkt hinausgehen.

(3) In einem Bestimmungsstaat, nach dessen nationalem Recht Änderungen über den Offenbarungsgehalt der Anmeldung hinausgehen dürfen, hat die Nichtbeachtung des Absatzes 2 keine Folgen.

[1]

Frist nach R 46.1: Zwei Monate seit der Übermittlung des internationalen Recherchenberichts oder 16 Monate seit dem Prioritätsdatum, je nachdem, welche Frist später abläuft.

R 11.12 Änderungen und Ähnliches der Anmeldung
R 12.2 Sprache von Änderungen in der internationalen Anmeldung
R 46.4 Sprache von Änderungen nach Art 19

Änderungen in Kapitel I:

Art 19 Änderung der **Ansprüche** im Verfahren **vor dem Internationalen Büro** werden veröffentlicht (R 48.2 a) vi), sowie f)). Damit genießen diese auch den vorläufigen Schutz, der ihnen nach einzelnen nationalen Rechten zusteht.

Änderungen vor ISA

Die Möglichkeiten, nach Art 19 oder Art 34 Änderungen vorzunehmen, bestehen unabhängig voneinander. Unterschiede bestehen hinsichtlich der Voraussetzungen und Wirkungen. Änderungen nach Art 19 können einmalig ab Eingang des Recherchenberichts beim Anmelder und vor Fristablauf nach R 46.1. erfolgen. Änderungen nach Art 34 erfordern den Antrag auf internationale vorläufige Prüfung und sind mehrmals bis zur Erstellung des internationalen vorläufigen Prüfungsberichts gemäß R 66.1 b) möglich. Weitere Unterschiede bestehen bezüglich Adressat (Art 19: IB; Art 34: IPEA), bezüglich Gegenstand der Änderung (Art 19: nur Ansprüche; Art 34 auch Beschreibungen und Zeichnungen), bezüglich der Sprache (Art 19, R 12: Veröffentlichungssprache; Art 34, R 55.3 Veröffentlichungssprache bzw. Übersetzungssprache der PCTa). Relevante Unterschiede hinsichtlich der Wirkungen bestehen darin, dass Änderungen nach Art 19 mit der Anmeldung gemäß Art 21, R 48.2 f) und h) veröffentlicht werden. Für Art 34 ist dies nicht vorgesehen. Dadurch kann bei Art 19 in Hinblick auf einen geänderten Umfang der Ansprüche im Vergleich zur Anmeldung eine andere Schutzwirkung nach Art 29 erzielt werden. Die Vertraulichkeit ist bei Art 19 bis zur Veröffentlichung der PCTa gegeben, bei Art 34 bis zur Akteneinsicht Dritter in die Akten der IVP gemäß R 94.

R 46 Änderung von Ansprüchen vor dem Internationalen Büro
    R 46.1 Die **Frist** beträgt in der Regel **2 Monate** seit Übermittlung des internationalen Recherchenberichts
    R 46.2 Die Änderungen sind beim Internationalen Büro einzureichen.
    R 46.3 Sprache der Änderungen ist die Veröffentlichungssprache nach R 48.3
    R 46.4 Erklärung der Änderungen
    R 46.5 Form der Änderungen

R 62 Übermittlung einer Kopie der Änderungen nach Art 19 durch das Internationale Büro an die mit der internationalen vorläufigen Prüfung beauftragten Behörde
    R 62.1 Vor Stellung des Prüfungsantrags eingereichte Änderungen

Internationale Anmeldung und internationale Recherche

R 91.1b), g) Die Berichtigung offensichtlicher Fehler in Änderungen nach Art 19 ist ausgeschlossen, wenn kein Prüfungsantrag gestellt wurde.
VV 205   Nummerierung und Bezeichnung geänderter Ansprüche
VV 417   Verfahren bei Änderungen nach Art 19

Änderung vor Bestimmungsämtern

Änderungen im nationalen Verfahren im Anschluss an Kapitel I:

Art 28   Änderung der **Ansprüche, der Beschreibung und der Zeichnungen** im Verfahren **vor den Bestimmungsämtern**

R 52   Änderung der Ansprüche, der Beschreibung und der Zeichnung vor den Bestimmungsämtern
   R 52.1   Frist für die Einreichung von Änderungen. Diese beträgt z.B. 1 Monat ab Einleitung der nationalen Phase.

R 159 (1) b) EPÜ: Einreichen neuer Änderungen oder Angabe der Aufrechterhaltung von vorgenommenen Änderungen beim Eintritt in die regionale Phase, Verwendung Formblatt 1200 wird empfohlen (Merkblatt zum Formblatt EPA 1200, Euro-PCT-Leitfaden E.I Rn 424)

R 161 EPÜ Erneute Änderungsmöglichkeit während Euro-PCT-Phase innerhalb Frist von 6 Monaten seit Mitteilung unter Beachtung von R 137 (4) EPÜ (Merkblatt zum Formblatt 1200, ABl. 2011, 354, ABl. 2010, 406 mit weiteren Details, EPÜ-RiLi E- VIII 3.).

R 137 (5) EPÜ: EPÜ: Änderungen nach Erhalt des ergänzenden europäischen Recherchenberichts, EPÜ-RiLi E- VIII 4.2.

Änderungen vor IPEA

Änderungen in Kapitel II:

Art 34 (2) b) Änderung der **Ansprüche, der Beschreibung und der Zeichnungen vor der mit der internationalen vorläufigen Prüfung beauftragten Behörde**

R 53   Der Antrag auf vorläufige internationale Prüfung
   R 53.9   Erklärung betreffend Änderungen nach Art 19

R 55.3   Sprache und Übersetzung von Änderungen und Begleitschreiben

R 62   Kopie der Änderungen nach Art 19 für die mit der internationalen vorläufigen Prüfung beauftragten Behörde
   R 62.2   Nach Antragstellung eingereichte Änderungen

R 66   Verfahren vor der mit der internationalen vorläufigen Prüfung beauftragten Behörde
   R 66.4   Zusätzliche Möglichkeit zur Einreichung von Änderungen oder Gegenvorstellungen
   R 66.4^{bis} Berücksichtigung von Änderungen, Gegenvorstellungen und Berichtigungen offensichtlicher Fehler
   R 66.5   Änderungen
   R 66.8   Form der Änderungen

R 70.11   Hinweis im vorläufigen internationalen Prüfungsbericht auf Änderungen

R 91.1b), g) Berichtigung offensichtlicher Fehler in Änderungen nach Art 19 möglich, wenn Prüfungsantrag gestellt wurde.

Änderung vor ausgewähltem Amt

Änderung im nationalen Verfahren im Anschluss an Kapitel II:

Art 41   Änderungen der **Ansprüche, der Beschreibung und der Zeichnungen** vor dem ausgewählten Amt

R 78   Änderung der Ansprüche, der Beschreibung und der Zeichnungen vor den **ausgewählten Ämtern**
   R 78.1   Frist für die Einreichung von Änderungen. Diese beträgt grundsätzlich 1 Monat ab Einleitung der nationalen Phase.
   R 78.3   Entsprechendes für Gebrauchsmuster

R 159 (1) b) EPÜ: Einreichen neuer Änderungen oder Angabe der Aufrechterhaltung von vorgenommenen Änderungen beim Eintritt in die regionale Phase, Verwendung Formblatt 1200 wird empfohlen (Merkblatt zum Formblatt EPA 1200, Euro-PCT-Leitfaden E.I Rn 424)

R 161 EPÜ Erneute Änderungsmöglichkeit während Euro-PCT-Phase innerhalb einer Frist von 6 Monaten seit Mitteilung unter Beachtung von R 137 (4) EPÜ (Merkblatt zum Formblatt 1200, ABl. 2011, 354, 2010, 406 mit weiteren Details, EPÜ-RiLi E-VIII 3.).

R 137 (5) EPÜ: Änderungen nach Erhalt des ergänzenden europäischen Recherchenberichts, EPÜ-RiLi E-VIII 4.2.

Artikel 20   Übermittlung an die Bestimmungsämter

(1) a) Die internationale Anmeldung wird zusammen mit dem internationalen Recherchenbericht (einschließlich eines möglichen Hinweises gemäß Artikel 17 Absatz 2 Buchstabe b) oder der Erklärung gemäß Artikel 17 Absatz 2 Buchstabe a jedem Bestimmungsamt nach Maßgabe der Ausführungsordnung übermittelt, sofern das Bestimmungsamt hierauf nicht ganz oder zum Teil verzichtet.

Eine »First Notice« (Form PCT/IB/308) wird nach Ablauf von 19 Monaten nach dem Prioritätstag versandt, mit der der Anmelder informiert wird, an welche BA, die die 20-Monatsfrist für den Eintritt in die nationale Phase anwenden, die PCTa übermittelt wurde. Mit der »Second and supplementary Notice« wird der Anmelder entsprechend in Bezug auf BA informiert, welche die 30-Monatsfrist anwenden, welchen BA die PCTa elektronisch übersandt wurde, und welche die Übersendung nicht verlangen. In beiden Fällen muss der Anmelder keine Kopie der PCTa an diese Ämter versenden, PCT-Newsletter 11/2013, S. 10. Die meisten Länder haben auf diese Übermittlung verzichtet (dies ist u.a. aus dem ausgefüllten Formular PCT/IB/308, Second and supplementary Notice, ersichtlich, das in einer PCTa 28 Monate nach dem Prioritätstag versendet wird). Ca. 17 Länder, darunter auch CN und EP haben nicht verzichtet. Diese Länder sind: AZ, BY, CN, EP, HU, KG, KP, KR, MD, MK, MZ, NA, NG, PG, RU, SY, TM. Ihnen übermittelt das IB die Anmeldung auf elektronischem Wege gemäß R 47 und R 93bis.

R 47   Übermittlung an die Bestimmungsämter:

R 45bis.8 b) Übermittlung des ergänzenden internationalen Recherchenberichts wie internationaler Recherchenbericht nach Art 20 (1), R 47 durch SISA an BA

R 45bis.6 e) Übermittlung Überprüfungsantrag und -entscheidung (Mangelnde Einheitlichkeit der ergänzenden Recherche) entsprechend R 45bis.8 b)

R 93bis weitere Einschränkung der Übermittlung: Übermittlung nur auf Anforderung, zum bestimmten Zeitpunkt und ggf. in elektronischer Form
Der Anmelder kann Unterlagen nach Art 20 (1), (2) auch ohne Vertreter an das Bestimmungsamt wirksam übermitteln. Erläuterungen zu wirksamen Handlungen eines auswärtigen Anmelders vor dem EPA (R 159 EPÜ) finden sich unter Euro-PCT-Leitfaden E.III. Rn 464 ff.

b) Außerdem wird die vorgeschriebene Übersetzung des genannten Berichts und der genannten Erklärung übermittelt.

(2) Sind die **Ansprüche** gemäß Artikel 19 Absatz 1 **geändert** worden, werden entweder der vollständige Wortlaut der Ansprüche in der ursprünglichen und der geänderten Fassung oder der vollständige Wortlaut der Ansprüche in der ursprünglichen Fassung und eine genaue Angabe der Änderungen sowie gegebenenfalls die in Artikel 19 Absatz 1 genannte Erklärung übersandt.

Internationale Anmeldung und internationale Recherche

(3) Auf Verlangen des Bestimmungsamts oder des Anmelders übersendet die Internationale Recherchenbehörde diesem Amt oder dem Anmelder, wie in der Ausführungsordnung vorgesehen, **Kopien der Unterlagen, die im internationalen Recherchenbericht** genannt sind.

R 44.3 Es sind Kopien der angegebenen Unterlagen innerhalb von 7 Jahren ab Anmeldedatum der internationalen Patentanmeldung anforderbar; von besonderem Interesse sind Kopien der ermittelten Entgegenhaltungen, insbesondere bei Nicht-Patent-Literatur.

Artikel 21   Internationale Veröffentlichung

(1) Das Internationale Büro veröffentlicht die internationale Anmeldung.

Art 153 (3) EPÜ Internationale Veröffentlichung ersetzt Veröffentlichung der europäischen Patentanmeldung

(2) a) Jede internationale Anmeldung wird vorbehaltlich der in Buchstabe b und in Artikel 64 Absatz 3 bestimmten Ausnahmen unverzüglich nach Ablauf von 18 Monaten seit dem Prioritätsdatum der Anmeldung veröffentlicht[1].
b) Der Anmelder kann beim Internationalen Büro beantragen, seine internationale Anmeldung jederzeit vor Ablauf der nach Buchstabe a maßgeblichen Frist zu veröffentlichen. Das Internationale Büro entspricht diesem Antrag gemäß der Ausführungsordnung[2].
(3) Der internationale **Recherchenbericht** oder die in Artikel 17 Absatz 2 Buchstabe a genannte Erklärung werden, wie in der Ausführungsordnung vorgesehen, veröffentlicht[3].
(4) Die **Sprache** und Form der internationalen Veröffentlichung sowie andere Einzelheiten sind in der Ausführungsordnung festgelegt[4].
(5) Eine internationale Veröffentlichung findet nicht statt, wenn die internationale Anmeldung vor dem Abschluss der **technischen Vorbereitungen** für die Veröffentlichung zurückgenommen worden ist oder als zurückgenommen gilt[5].
(6) Enthält die internationale Anmeldung Ausdrücke oder Zeichnungen, die nach Auffassung des Internationalen Büros **gegen die guten Sitten** oder die öffentliche Ordnung verstoßen, oder enthält die internationale Anmeldung nach seiner Meinung herabsetzende Äußerungen der durch die Ausführungsordnung gekennzeichneten Art, so kann das Internationale Büro solche Ausdrücke, Zeichnungen und Äußerungen von seinen Veröffentlichungen ausschließen; es gibt dabei die Stelle der Auslassung und die Zahl der ausgelassenen Wörter und Zeichnungen an und stellt auf Antrag einzelne Kopien der ausgelassenen Stellen zur Verfügung[6].

[1]
Die Veröffentlichung der internationalen Anmeldung und der amtlichen Mitteilungen erfolgt normalerweise donnerstags, wenn das IB nicht geschlossen ist. Für diesen Fall wird empfohlen, sich beim IB zu erkundigen www.wipo.int/export/sites/www/pct/de/seminar/basic_1/document.pdf, S. 123. Früherer Abschluss der technischen Vorbereitung wird rechtzeitig im PCT-Newsletter angekündigt.

R 48 Internationale Veröffentlichung
    R 48.1   Form und Art und Weise der internationalen Veröffentlichung
    R 48.2   Inhalt
    R 48.5   Unterrichtung über die nationale Veröffentlichung
Zurücknahmen   R 48.6   Veröffentlichung bestimmter Tatsachen über **Zurücknahmen**

R 17.2 b) Kopie des Prioritätsbelegs darf nicht vor der Veröffentlichung bekannt gemacht werden.
R 34.1 (b) ii) Ab internationalem Veröffentlichungsdatum zählt PCTa zum Stand der Technik
VV 801 ff. Einwendungen Dritter zum Stand der Technik ab Datum der internationalen Veröffentlichung bis zum Ablauf von 28 Monaten seit Prioritätsdatum über ePCT. Nach Prüfung durch das IB wird die Bemerkung ohne die entsprechenden Dokumente sowie eine Stellungnahme des Anmelders veröffentlicht, siehe auch Nr. 11.109 ff. Applicant's Guide int. P.

[2]

R 48.4   **Vorzeitige Veröffentlichung** auf Antrag des Anmelders nur gegen eine Veröffentlichungsgebühr. — *Vorzeitige Veröffentlichung*

[3]

R 48.2 a) v) Veröffentlichung des internationalen Recherchenberichts
R 48.2 g) Sofern der internationale Recherchenbericht bei Offenlegung noch nicht vorliegt, erfolgt eine separate ergänzende Veröffentlichung.
VV 404 Internationale Veröffentlichungsnummer der internationalen Anmeldung; wird im europäischen Patentregister nach R 143 EPÜ eingetragen (ABl. 2014, A86).

[4]

R 48.1   Form und Art und Weise der Veröffentlichung — *Veröffentlichungssprache*
R 48.3   **Veröffentlichungssprache**

[5]

R 90bis.1 c) Verhinderung der Veröffentlichung durch Zurücknahme der internationalen Anmeldung
R 90bis.3 d), e) Aufschieben der Veröffentlichung durch Rücknahme des frühesten Prioritätsanspruchs mit der Folge der Neuberechnung der Fristen (www.wipo.int/export/sites/www/pct/de/seminar/basic_1/document.pdf, S. 126)
R 48.6 c) Zurücknahme einer Bestimmung oder der Priorität nach Abschluss der technischen Vorbereitung.
Die technischen Vorbereitungen für die Veröffentlichung sind nach Amtspraxis i.d.R. 15 Tage vorher abgeschlossen (Applicant's Guide int. P. Nr. 9.013). Früherer Abschluss, wenn Veröffentlichungsdatum auf einen Donnerstag fällt, an denen das IB nicht für Amtsgeschäfte geöffnet ist oder falls offizielle Feiertage in die 15-Tagesfrist fallen. Es wird empfohlen, im Zweifel das IB um Auskunft zu bitten (www.wipo.int/export/sites/www/pct/de/seminar/basic_1/document.pdf, S. 123. Ein früherer Abschluss der technischen Vorbereitung wird rechtzeitig im PCT-Newsletter angekündigt.

[6]

R 9   Nicht zu verwendende Ausdrücke

Artikel 22   Übermittlung eines Exemplars und einer Übersetzung der Anmeldung sowie Gebührenzahlung an die Bestimmungsämter

(1) Der Anmelder muss jedem Bestimmungsamt spätestens mit dem **Ablauf von 30 Monaten** seit dem Prioritätsdatum ein **Exemplar** der internationalen Anmeldung **(soweit es nicht bereits gemäß Artikel 20 übermittelt worden ist)** und eine Übersetzung[1] der Anmeldung (wie vorgeschrieben) zuleiten[2] sowie die nationale Gebühr[3] (falls eine solche erhoben wird) zahlen. Verlangt das nationale Recht des Bestim-

mungsstaats die Mitteilung des **Namens des Erfinders** und andere den Erfinder betreffende, vorgeschriebene Angaben, gestattet es jedoch, dass diese Angaben zu einem späteren Zeitpunkt als dem Zeitpunkt der Einreichung einer nationalen Anmeldung gemacht werden, so hat der Anmelder diese Angaben, wenn sie nicht bereits in dem Antrag enthalten sind, dem nationalen Amt des Staates oder dem für den Staat handelnden Amt spätestens bis zum Ablauf von 30 Monaten ab Prioritätsdatum zu übermitteln *(Art 39 i.V.m. Art 24 (1) iii) Rechtsfolge bei Fristversäumung ist die Fiktion der Zurücknahme).*

Fristversäumung Die seit 01.04.2002 geltende 30-Monatsfrist gilt nicht für Bestimmungsämter die dem IB die Unvereinbarkeit mit nationalem Recht mitgeteilt haben. Für sie gilt, solange die Unvereinbarkeit besteht, die 20- bzw. 21-Monatsfrist weiter. Veröffentlicht werden die Mitteilungen unter www.wipo.int/pct/de/texts/reservations/res_incomp.html. Derzeit sind dies die Ämter LU, UG und TZ (siehe auch www.wipo.int/pct/en/texts/time_limits.html).

Art 24 (1) iii) Im Falle der **Fristversäumung** greift die Fiktion der Zurücknahme.

Angaben Schutz- R 49bis.1 Bei Vornahme der in Art 22 genannten Handlungen des Anmelders muss er
rechtsart weitere Angaben machen, falls er eine bestimmte Schutzrechtsart wünscht. Eine bestimmte Angabe kann sich im Wege der Auslegung durch Zahlung einer entsprechenden Gebühr ergeben.

R 49bis.2 Zeitpunkt der Übermittlung entsprechender Angaben.

R 49.6 Wiedereinsetzung nach Versäumung der Vornahme der Handlungen nach Artikel 22

R 82^{quater}.1 c) Entschuldigung von Fristüberschreitungen

Art 76 (1), R 36 EPÜ Rechtsfiktion des Art 11 (3) PCT reicht nicht für Anhängigkeit i.S.d. R 36 EPÜ, Erfordernisse des Art 22 PCT müssen erfüllt sein, EPA J 18/09 (ABl. 10/2011, 480 ergänzt durch Mitteilung vom 21.02.2013, ABl. 2013, 156)

Heilung Art 153, R 159 EPÜ Gilt die internationale Anmeldung durch Erklärung des Anmeldeamts (Art 14 (1) b) PCT) als zurückgenommen, so kann das **Nachprüfungsverfahren** nach den Artikeln 25 und 24 (2) in Verbindung mit Artikel 48 (2) PCT in Anspruch genommen werden. Macht der Anmelder von einem vergleichbaren europäischen Rechtsbehelf (d.h. dem Antrag auf Weiterbehandlung der Anmeldung nach Art 121 EPÜ) Gebrauch, so müssen auch die Bedingungen für die Anwendung dieses Rechtsbehelfs vor dem EPA als Bestimmungsamt erfüllt werden. Daher müssen zusätzlich zu der innerhalb der 2-Monatsfrist nach Regel 51.1 PCT gegenüber dem Internationalen Büro vorzunehmenden Handlung (Art 25 (1) a) PCT) auch die Handlungen nach Artikel 25 (2) a) PCT gegenüber dem EPA als Bestimmungsamt innerhalb der 2-Monatsfrist nach Regel 51.3 PCT vorgenommen werden (siehe hierzu Entscheidung der Prüfungsabteilung 125 vom 5. Juni 1984, ABl. 1984, 565). Die Frist nach Artikel 22 PCT gilt nicht für den Fall einer vorzeitigen Beendigung der internationalen Phase.

Art 153, R 159 EPÜ Fußnote 4 Bei einer **Verzögerung der Postzustellung** oder einem Verlust von Schriftstücken bei der Postzustellung kann sich der Anmelder auf Regel 82 PCT berufen, wobei er die dort vorgesehenen Bedingungen einzuhalten hat (insbesondere muss er nachweisen, dass er das Schriftstück fünf Tage vor Ablauf der Frist als Einschreiben per Luftpost verschickt hat). Beachte seit dem 01.07.2012 R 82^{quater} für den Fall höherer Gewalt. Für die übrigen Fristen, die sich nicht unmittelbar aus dem PCT ergeben, gelten die einschlägigen Vorschriften des EPÜ (insbesondere die Regeln 83 und 85).

Artikel 22

R 3, R 4 EPÜ Übermittlung in der Amtssprache: Wechsel der Amtssprache bei Eintritt in die regionale Phase vor dem EPA ist nicht möglich (G 4/08), ABl. 2010, 572

[1]

R 49.5   Inhalt und äußere Form der Übersetzung *Übersetzung*
R 95   Angaben zum Eintritt in die nationale Phase und Vorlage von Übersetzungen an das Internationale Büro
Art 153, R 159 EPÜ Bestandteile der Übersetzung
R 40.2 c) 4 Die Übersetzung vom Widerspruch gegen die Feststellung der Uneinheitlichkeit und die Entscheidung darüber muss innerhalb der Frist gemäß Art 22 bei den Bestimmungsämtern eingereicht werden. Allerdings bestehen nur wenige Ämter darauf.
R 45bis.6 e) Einreichen der Übersetzung des ergänzenden internationalen Recherchenberichts zusammen mit Übersetzung der internationalen Anmeldung.
EPÜ-RiLi E-VIII 2.7. Das EPA verlangt eine Übermittlung eines Anmeldeexemplars nach Art 22 (1) PCT vom Anmelder auch dann nicht, wenn eine Übermittlung vom Internationalen Büro an das EPA unterblieb (R 49.1 a^{bis}) PCT, EPÜ-RiLi E-VIII 2.1.2. PCT Gazette 14/1986, 2367; R 159 (1), 160. Es erfolgt keine Mitteilung der WIPO an den Anmelder nach R 47.1 c) PCT.
EPÜ-RiLi E-VIII 2.1.2 Ist die PCTa in einer Amtssprache des EPA eingereicht worden, also in DE, FR oder GB, so bleibt es bei dieser Sprache als Verfahrenssprache nach der Einleitung der regionalen Phase vor dem EPA. Die Verfahrenssprache kann bei der Einleitung der regionalen Phase vor dem EPA nicht im Wege der Einreichung einer Übersetzung geändert werden (G 4/08).
Art 14 (3) EPÜ Verfahrenssprache der Anmeldung

[2]

R 49   **Übermittlung** eines Exemplars und einer Übersetzung der Anmeldung sowie Gebührenzahlung nach Art 22 *Übermittlung*
   R 49.1   Mitteilung
   R 49.2   **Sprachen** *Sprachen*
   R 49.3   Erklärungen nach Art 19 (Änderungen der Ansprüche); Angaben nach R 13bis.4 (Frist)
   R 49.4   Verwendung eines nationalen Formblatts

[3]

Art 153, R 159 EPÜ (1) an das EPA zu zahlende Gebühren. Mitteilung der fiktiven Zurücknahme nach R 160 (3) EPÜ an Anmelder im Falle der Nichtzahlung und falls er nicht auf Mitteilung durch Ankreuzen im Formblatt 1200 verzichtet hat. Zu den sonstigen Erfordernissen beim Eintritt in die europäische Phase vor dem EPA siehe EPÜ-RiLi E-VIII 2.2. und Euro-PCT-Leitfaden E.II. Rn 447, 451 ff. und Merkblatt zum Formblatt EPA 1200. *Gebühr*
R 135 EPÜ (R 85a EPÜ a.F Zahlungsaufforderung für Gebühren wird im Euro-PCT Verfahren verdrängt durch R 108 (3), (4) EPÜ a.F., R 160 EPÜ 2000). Im EPÜ 2000 wird dies über die Weiterbehandlung (R 135 EPÜ 2000) geregelt (Mitteilungen der deutschen Patentanwälte 2009, 10, 12).

(2) Erklärt die Internationale Recherchenbehörde gemäß Artikel 17 Absatz 2 Buchstabe a, dass **kein internationaler Recherchenbericht** erstellt wird, so gilt für die Vornahme der in Absatz 1 genannten Handlungen dieselbe Frist wie in Absatz 1.

Internationale Anmeldung und internationale Recherche

> (3) Das **nationale Recht** kann für die Vornahme der in den Absätzen 1 oder 2 genannten Handlungen Fristen setzen, die später als die in diesen Absätzen bestimmten Fristen ablaufen.

Art 39 (1) Aufschub bei Stellung Prüfungsantrag

Durch regionale Anmeldung über EPÜ bzw. ARIPO (Frist jeweils 31 Monate) kann für Anmelder aus LU (EPÜ) sowie TZ und UG (ARIPO), für die noch die 20 bzw. 21 Monats-Frist in Art 22 (1) (Chapter I) gilt, eine 31-Monats-Frist erreicht werden.

Eine nach Ländern geordnete Übersicht der Fristen einschließlich Nachfristen findet sich in diesem Buch unter »Mitgliedsstaaten des PCT« und unter www.wipo.int/pct/en/texts/time_limits.html.

R 49.6 eine Wiedereinsetzung nach Versäumung der Vornahme von Handlungen nach Art 22 ist grundsätzlich möglich

Artikel 23 Aussetzung des nationalen Verfahrens
(Bearbeitungsverbot)

Bearbeitungsverbot
Antrag auf vorzeitige Bearbeitung

> (1) Ein Bestimmungsamt darf die internationale Anmeldung vor dem Ablauf der nach Artikel 22 maßgeblichen Frist nicht prüfen oder bearbeiten.
> (2) Unbeschadet des Absatzes 1 kann jedes Bestimmungsamt auf ausdrücklichen Antrag des Anmelders die Bearbeitung oder Prüfung der internationalen Anmeldung jederzeit aufnehmen.

EPA Die Voraussetzungen eines wirksamen Antrags auf vorzeitige Bearbeitung hängen auch davon ab, an welchem Tag die vorzeitige Bearbeitung beantragt wird. Zu den Erfordernissen und Folgen siehe Mitteilung des EPA ABl. 2015, A94, S. 3, ABl. 2013, 156, das ABl. 2011, 48 ergänzt sowie Euro-PCT-Leitfaden E.I. Rn 431.

Art 25 Vorzeitige Einleitung der nationalen regionalen Phase, die gemäß Art 40 (2) auch während der vorläufigen internationalen Prüfung eingeleitet werden kann.

Art 40 (1) entsprechende Regelung für das ausgewählte Amt

R 49ter.2 b) Frist des Antrags auf Wiederherstellung des Prioritätsrechts

R 159 EPÜ Erfordernisse für einen wirksamen Antrag auf vorzeitige Bearbeitung

Artikel 24 Möglicher Verlust der Wirkung in den Bestimmungsstaaten
(Rücknahme der Bestimmung)

> (1) Vorbehaltlich des Artikels 25 in den Fällen der Ziffer ii endet die in Artikel 11 Absatz 3 vorgesehene Wirkung der internationalen Anmeldung in einem Bestimmungsstaat mit den gleichen Folgen wie die Zurücknahme einer nationalen Anmeldung,
> i) wenn der Anmelder seine internationale Anmeldung oder die Bestimmung dieses Staates **zurücknimmt** *(R 90^{bis}b)*;
> ii) wenn die internationale Anmeldung auf Grund von Artikel 12 Absatz 3, Artikel 14 Absatz 1 Buchstabe b, Artikel 14 Absatz 3 Buchstabe a oder Artikel 14 Absatz 4 oder die Bestimmung dieses Staates auf Grund des Artikels 14 Absatz 3 Buchstabe b **als zurückgenommen** gilt;

Art 11 (3) Wirkung einer vorschriftsmäßigen nationalen Anmeldung

Zurücknahmen R 90bis **Zurücknahmen**

R 90bis.1 Zurücknahme der internationalen Anmeldung

R 90bis.2 Zurücknahme von Bestimmungen
R 90bis.5 Unterschrift
R 90bis.6 Wirkung der Zurücknahme

Art 12 (3) Das Aktenexemplar muss dem Internationalen Büro innerhalb von 17 Monaten ab dem Prioritätsdatum (R 22.3) zugehen.

Art 14   Mängelbeseitigung

iii) wenn der Anmelder die in Artikel 22 genannten Handlungen nicht innerhalb der maßgeblichen Frist vornimmt.

Art 22   Zu diesen Handlungen gehört die Übermittlung (falls nicht schon nach Art 20 durch das Internationale Büro erfolgt) eines Exemplars und einer Übersetzung der Anmeldung sowie die Gebührenzahlung an die Bestimmungsämter innerhalb von 30 Monaten, soweit die Ämter keine anderen Regelungen getroffen haben (Art 22 (3)).

VV 112   Erlöschen der Wirkung nach den Art 24 (1) iii) und Art 39 (2), Nachprüfung nach Art 25 (2) und Aufrechterhaltung der Wirkung nach den Art 24 (2) und Art 39 (3).

(2) Unbeschadet des Absatzes 1 kann jedes Bestimmungsamt die in Artikel 11 Absatz 3 bestimmte Wirkung aufrechterhalten, auch wenn diese Wirkung auf Grund des Artikels 25 Absatz 2 nicht aufrechterhalten werden muss.

Art 11 (3) Wirkung einer vorschriftsmäßigen nationalen Anmeldung

Art 48 (2) a), R 82bis (2) Ermöglicht eine nationale/regionale **Abhilfe**, wobei sich das Verfahren nach Art 25 richtet. Im Wesentlichen erfolgt eine Überprüfung des Sachverhalts durch die Bestimmungsämter.   *Abhilfe*

VV 112   Erlöschen der Wirkung nach den Art 24 (1) iii) und Art 39(2), Nachprüfung nach Art 25(2) und Aufrechterhaltung der Wirkung nach den Art 24(2) und Art 39(3).

Artikel 25   Nachprüfung durch die Bestimmungsämter

(1) a) Hat das Anmeldeamt die **Zuerkennung eines internationalen Anmeldedatums abgelehnt** oder hat es erklärt, dass die internationale **Anmeldung als zurückgenommen gilt,** oder hat das Internationale Büro eine Feststellung nach Artikel 12 Absatz 3 getroffen, so übersendet das Internationale Büro **auf Antrag des Anmelders** unverzüglich Kopien jedes bei den Akten befindlichen Schriftstücks an jedes vom Anmelder benannte Bestimmungsamt.

b) Hat das Anmeldeamt erklärt, dass die **Bestimmung** eines Staates als zurückgenommen gilt, so übersendet das Internationale Büro auf Antrag des Anmelders unverzüglich Kopien jedes bei den Akten befindlichen Schriftstücks an das nationale Amt dieses Staates.

Art 12 (3) Das Aktenexemplar muss dem Internationalen Büro innerhalb von 17 Monaten ab Prioritätsdatum (R 22.3) zugehen.

Art 26   Möglichkeit der Berichtigung vor den Bestimmungsämtern
Art 48   Fristüberschreitungen in einzelnen Fällen
R 82bis Vom Bestimmungsstaat oder ausgewählten Staat zu entschuldigende Fristüberschreitungen
R 82bis.1 Bedeutung von »Frist« in Art 48 (2)
R 82bis.2 **Wiedereinsetzung** in den vorigen Stand und andere Vorschriften, auf die Art 48 (2) anzuwenden ist.   *Wiedereinsetzung*
R 82^{quater}.1 Entschuldigung von Fristüberschreitungen

Internationale Anmeldung und internationale Recherche

c) Der Antrag nach Buchstabe a oder b ist innerhalb der vorgeschriebenen **Frist** zu stellen.

Frist   R 51.1   Die **Frist** zur Stellung des Antrags auf Übersendung von Kopien nach Art 25 (1) beträgt **2 Monate** ab Mitteilung der negativen Feststellung. Eine Wiedereinsetzung nach dem EPÜ ist gegeben. Zur Berechnung der Frist ist R 80.6 zu berücksichtigen.

R 51.3   Die **Frist** zur Zahlung der nationalen Gebühr und zur Vorlegung einer Übersetzung beträgt 2 Monate ab Mitteilung der negativen Feststellung. Zur Berechnung der Frist ist R 80.6 zu berücksichtigen. Entscheidung der EPA Prüfungsabteilung 25, ABl. 1984, 565, Entscheidungsgrund Nr. 9: Der Ablauf der Frist ist das Ende der internationalen Phase.

Art 23 (2) Vorzeitige Aufnahme der Bearbeitung oder Prüfung der internationalen Anmeldung

Handlungen vor dem Bestimmungsamt

(2) a) Vorbehaltlich des Buchstaben b trifft jedes Bestimmungsamt, vorausgesetzt, dass innerhalb der vorgeschriebenen **Frist** *(R 51.3, 51.1: 2 Monate ab Datum des Schriftstücks (R 80.6))* die nationale **Gebühr** (falls sie erhoben wird) bezahlt und eine geeignete **Übersetzung** (wie vorgeschrieben) übermittelt worden ist, eine Entscheidung darüber, ob die Ablehnung, die Erklärung oder die Feststellung, auf die sich Absatz 1 bezieht, nach diesem Vertrag und der Ausführungsordnung zu Recht getroffen worden sind; stellt es fest, dass die Ablehnung oder die Erklärung auf eine **versehentliche Maßnahme oder Unterlassung des Anmeldeamts**, beziehungsweise die Feststellung auf eine **versehentliche Maßnahme oder Unterlassung des Internationalen Büros** zurückzuführen sind *(Art 24 (2) Fehler des Amts; Fehler des Anmelders)*, so behandelt es die internationale Anmeldung, was die Wirkungen in dem Staat dieses Bestimmungsamts betrifft, so, als wäre das Versehen nicht vorgekommen *(Art 24 (2), Art 48 (2) nationale Ämter können Fristversäumnis entschuldigen)*.

Das BA muss eine Entscheidung treffen.
1. Hat das Anmeldeamt einen Fehler begangen, **muss** die Anmeldung aufrechterhalten werden (Art 25 (2) a)).
2. Hat das Anmeldeamt rechtmäßig gehandelt, liegt also ein Versäumnis des Anmelders vor, und
    2.1   der Fehler bestand **nicht** in einer Fristversäumnis, **kann** die Anmeldung aufrechterhalten werden (Art 24 (2)).
    2.2   eine Frist wurde nicht eingehalten, so
    2.2.1 **muss** die Anmeldung, gemäß nationalem Recht (Art 48 (2) b), Art 24 (2)) aufrecht erhalten bleiben, sofern die jeweiligen Bestimmungen greifen, z.B. Wiedereinsetzung zu gewähren ist oder Weiterbehandlung greift.
    2.2.2 **kann** die Anmeldung auch aus anderen Gründen, die sich nicht aus nationalem Recht ergeben (Art 48 (2) b), Art 24 (2)) aufrecht erhalten bleiben.

Art 20 (3) Übersendung von **Vervielfältigungen der Unterlagen, die im internationalen Recherchenbericht** genannt sind

R 51.2   Weiterhin ist eine Kopie der negativen Feststellung, dass es sich nicht um eine Anmeldung handelt (R 20.4), zu übersenden. Alternative Möglichkeiten sind:
1. eine Neuanmeldung unter Inanspruchnahme der Priorität, falls diese noch nicht abgelaufen ist;
2. eine Beantragung der Wiedereinsetzung oder Weiterbehandlung.

Handlungen vor EPA   Art 121 und R 135 EPÜ 2000 Weiterbehandlung (Art 121 EPÜ a.F.)
Entscheidung der EPA Prüfungsabteilung 25 (ABl. 1984, 565). Das EPA kann als Bestimmungsamt Versäumung von Fristen im Verfahren nach dem PCT wegen Formmängeln gemäß Art 14 (1) b) und R 26.2 entschuldigen

(R 159 (2) EPÜ). Der Anmelder hat innerhalb von 2 Monaten folgende **Handlungen** auszuführen:
    a) die WIPO auffordern, die Dokumente gemäß Art 25 (1) a) oder b, R 51.1 zu übersenden,
    b) an das EPA die nationalen Gebühren (Anmelde-, Benennungs-, Recherchengebühr) (R 159 (1) EPÜ) entrichten (keine Wiedereinsetzung in die Zahlungsfristen G 5/93) und ggf. eine Übersetzung (Wiedereinsetzung möglich) der Anmeldung einzureichen (Art 25 (2), R 51.3 PCT, R 159 (1) a) EPÜ)
    c) Antrag auf Weiterbehandlung/Wiedereinsetzung stellen, der die Zahlung der Weiterbehandlung/Wiedereinsetzungs-Gebühr umfasst; weiterhin die versäumten Handlungen vornehmen (eine Wiedereinsetzung für fehlende Bestimmung G 3/91 ist nicht gegeben) nach Art 24 (2) und Art 48 (2), R 82bis (2), Art 121, 122 EPÜ.

VV 112 Erlöschen der Wirkung nach den Art 24(1) iii) und Art 39(2), Nachprüfung nach Art 25 (2) und Aufrechterhaltung der Wirkung nach den Art 24 (2) und Art 39 (3).

    b) Hat das Internationale Büro das Aktenexemplar wegen einer versehentlichen Maßnahme oder **Unterlassung des Anmelders** erst nach Ablauf der in Artikel 12 Absatz 3 genannten Frist erhalten, so greifen die Vorschriften des Buchstaben a nur unter den in Artikel 48 Absatz 2 genannten Bedingungen ein.

Art 12 (3) Das Aktenexemplar muss dem Internationalen Büro innerhalb von 17 Monaten ab Prioritätsdatum (R 22.3) zugehen.

Art 48 (2) Entschuldigung von Versäumnissen durch nationales Amt nach nationalem Recht (Wiedereinsetzung/Weiterbehandlung).

Artikel 26   Möglichkeit der Berichtigung vor den Bestimmungsämtern

Ein Bestimmungsamt darf eine internationale Anmeldung wegen Nichtbeachtung von Vorschriften dieses Vertrags oder der Ausführungsordnung nicht zurückweisen, ohne dem Anmelder zuvor Gelegenheit zu geben, die Anmeldung in dem nach dem nationalen Recht für gleiche und vergleichbare Fälle bei nationalen Anmeldungen vorgesehenen Umfang und Verfahren zu berichtigen.

Ergänzende Anwendung von nationalem/regionalem Recht, z.B. EPÜ (Singer/Stauder 6. Aufl. Art 150 EPÜ Rn 29).

Artikel 27   Nationale Erfordernisse

(1) Das nationale Recht darf hinsichtlich **Form und Inhalt der internationalen Anmeldung** nicht die Erfüllung anderer Erfordernisse verlangen, als sie im Vertrag und der Ausführungsordnung vorgesehen sind, oder zusätzliche Anforderungen stellen.

Art 150 EPÜ Grundsätzlicher Vorrang und ergänzende Wirkung des PCT im Verhältnis zum EPÜ

(2) Absatz 1 steht weder der Anwendung des Artikels 7 Absatz 2 entgegen noch hindert er einen Staat daran, in seinem nationalen Recht nach dem Beginn der Bearbeitung der internationalen Anmeldung in dem Bestimmungsamt zu verlangen:
    i) wenn der Anmelder eine juristische Person ist, die Angabe des Namens eines Verantwortlichen, der berechtigt ist, diese juristische Person zu vertreten,
    ii) die Vorlage von Unterlagen, die nicht Bestandteile der internationalen Anmeldung sind, zum Beweis der Richtigkeit von Äußerungen und Erklärungen, ein-

schließlich der Bestätigung der internationalen Anmeldung durch die Unterschrift des Anmelders, wenn die eingereichte Anmeldung von einem Vertreter oder Anwalt unterzeichnet worden war.

R 51bis Nach Art 27 (1), (2), (6), (7) zulässige nationale Erfordernisse
R 51bis.1 Zulässige nationale Erfordernisse
R 51bis.2 Erfüllung der nationalen Erfordernisse
R 51bis.1 a) iv) i.V.m. R 163 EPÜ Erfinderbenennung (R 4.6)
R 51bis.1 a) ii) Rechtsübergang, Berechtigung des Anmelders

(3) Wenn der Anmelder für die Zwecke eines Bestimmungsstaats in Bezug auf das nationale Recht dieses Staates mangels Erfindereigenschaft nicht berechtigt ist, eine nationale Anmeldung einzureichen, so kann die internationale Anmeldung vom Bestimmungsamt zurückgewiesen werden.

Bis zum 15.09.2012 (PCT-Newsletter 7-8/2012, S. 1) muss bei Bestimmung der USA der Erfinder Anmelder sein. Ein Rechtsübergang vom Erfinder auf z.B. seinen Arbeitgeber kann jedoch nachträglich erfolgen bzw. durch Unterzeichnung des PCT-Antrags in Verbindung mit einer Übertragungserklärung (assignment) (R 4.17 ii)).
R 18.4 Informationen über nationale Erfordernisse hinsichtlich der Erfinder

(4) Enthält das nationale Recht eines Bestimmungsstaats in Bezug auf **Form und Inhalt nationaler Anmeldungen** Vorschriften, die aus der Sicht des Anmelders **milder** sind als die in diesem Vertrag und in der Ausführungsordnung enthaltenen Vorschriften in Bezug auf internationale Anmeldungen, so können das nationale Amt, die Gerichte und andere zuständige Stellen dieses Staates sowie die für diesen Staat handelnden Stellen auf internationale Anmeldungen die zuerst genannten Vorschriften statt der zuletzt genannten anwenden, sofern der Anmelder nicht darauf besteht, dass die Vorschriften dieses Vertrags und der Ausführungsordnung auf seine internationale Anmeldung angewendet werden.
(5) Der Vertrag und die Ausführungsordnung können nicht dahin verstanden werden, dass sie die Freiheit eines Vertragsstaats zur freien Bestimmung der **materiellen Voraussetzungen der Patentfähigkeit** einschränken. Insbesondere dient jede den Begriff des Standes der Technik betreffende Vorschrift dieses Vertrags und der Ausführungsordnung ausschließlich den Zwecken des internationalen Verfahrens, und es steht demzufolge jedem Vertragsstaat bei der Prüfung der Patentfähigkeit einer den Gegenstand einer internationalen Anmeldung bildenden Erfindung frei, die Begriffe des Standes der Technik und anderer Voraussetzungen der Patentfähigkeit, sofern sie nicht Form und Inhalt von Anmeldungen betreffen, so anzuwenden, wie sie nach seinem Recht verstanden werden.
(6) Nach dem nationalen Recht kann verlangt werden, dass der Anmelder für jede nach dem nationalen Recht dieses Staates vorgeschriebene materielle Voraussetzung der Patentfähigkeit Beweis erbringt.
(7) Jedes Anmeldeamt und jedes Bestimmungsamt, das mit der Bearbeitung der Anmeldung begonnen hat, können das nationale Recht anwenden, soweit dieses verlangt, dass der Anmelder durch einen zur **Vertretung** vor diesem Amt befugten **Anwalt** vertreten ist und gegebenenfalls für den Empfang von Mitteilungen eine Anschrift in dem Bestimmungsstaat angibt.

R 4.4 d) Zustellanschrift
R 51bis.1 b) i) Angabe eines Anwalts oder einer Anschrift im Bestimmungsstaat

Vertreter vor EPA Art 133 EPÜ Die Einreichung einer Anmeldung ist auch ohne Vertreter wirksam, jedoch ist im folgenden Verfahren ein Vertreter zu bestellen.

(8) Der Vertrag und die Ausführungsordnung können nicht dahin verstanden werden, dass sie die Freiheit eines Vertragsstaats beeinträchtigen, die notwendigen Maßnahmen zum Schutz seiner **nationalen Sicherheit** zu ergreifen oder im Interesse des Schutzes seiner allgemeinen wirtschaftlichen Interessen das Recht seiner eigenen Staatsangehörigen oder Personen mit Sitz oder Wohnsitz in diesem Staat zur Einreichung internationaler Anmeldungen einzuschränken.

Liste der Vorschriften zur nationalen Sicherheit unter www.wipo.int/pct/en/texts/nat_sec.html.

Artikel 28 Änderung der Ansprüche, der Beschreibung und der Zeichnungen im Verfahren vor den Bestimmungsämtern

(1) Dem Anmelder muss die Möglichkeit gegeben werden, die Ansprüche, die Beschreibung und die Zeichnungen im Verfahren vor dem Bestimmungsamt innerhalb der vorgeschriebenen Frist zu ändern. Kein Bestimmungsamt darf ohne Zustimmung des Anmelders ein Patent erteilen oder die Erteilung eines Patents ablehnen, bevor diese Frist abgelaufen ist.

(2) Die Änderungen dürfen nicht über den Offenbarungsgehalt der internationalen Anmeldung im Anmeldezeitpunkt hinausgehen, sofern es das nationale Recht des Bestimmungsstaats nicht zulässt, dass sie darüber hinausgehen.

(3) Soweit der Vertrag und die Ausführungsordnung keine ausdrückliche Regelung treffen, müssen die Änderungen in jeder Hinsicht dem nationalen Recht des Bestimmungsstaats entsprechen.

(4) Verlangt das Bestimmungsamt eine Übersetzung der internationalen Anmeldung, so müssen die Änderungen in der Sprache der Übersetzung eingereicht werden.

R 11.12 Änderungen und Ähnliches der Anmeldung
R 12.2   Sprache von Änderungen in der internationalen Anmeldung

Änderungen in Kapitel I: *Änderungen vor ISA*
Art 19   Änderung der **Ansprüche** im Verfahren **vor dem Internationalen Büro** werden veröffentlicht (R 48 a) vi), f))
R 46   Änderung von Ansprüchen vor dem Internationalen Büro
    R 46.1   Die **Frist** beträgt in der Regel **2 Monate** seit Übermittlung des internationalen Recherchenberichts
    R 46.2   Die Änderungen sind beim Internationalen Büro einzureichen.
    R 46.3   Sprache der Änderungen ist die Veröffentlichungssprache nach R 48.3
    R 46.4   Erklärung der Änderungen
    R 46.5   Form der Änderungen
R 62   Übermittlung einer Kopie der Änderungen nach Art 19 durch das Internationale Büro an die mit der internationalen vorläufigen Prüfung beauftragte Behörde mit Kopie des schriftlichen Bescheids der Internationalen Recherchenbehörde
    R 62.1   Vor Stellung des Prüfungsantrags eingereichte Änderungen
    R 62.2   Nach Stellung des Prüfungsantrags eingereichte Änderungen
VV 205   Nummerierung und Bezeichnung geänderter Ansprüche
VV 417   Verfahren bei Änderungen nach Art 19

Änderungen im nationalen Verfahren im Anschluss an Kapitel I: *Änderung vor Bestimmungsämtern*
Art 28   Änderung der **Ansprüche, der Beschreibung und der Zeichnungen** im Verfahren **vor den Bestimmungsämtern**

Internationale Anmeldung und internationale Recherche

R 52 Änderung der Ansprüche, der Beschreibung und der Zeichnungen vor den Bestimmungsämtern
    R 52.1 Frist für die Einreichung von Änderungen. Diese beträgt z.B. 1 Monat ab Einleitung der nationalen Phase.
R 159 (1) b) EPÜ: Einreichen neuer Änderungen oder Angabe der Aufrechterhaltung von vorgenommenen Änderungen beim Eintritt in die regionale Phase, Verwendung Formblatt 1200 wird empfohlen (Merkblatt zum Formblatt EPA 1200, Euro-PCT-Leitfaden E.I Rn 424).
R 161 EPÜ Erneute Änderungsmöglichkeit während Euro-PCT-Phase innerhalb Frist von 6 Monaten seit Mitteilung unter Beachtung von R 137 (4) EPÜ (Merkblatt zum Formblatt 1200, ABl. 2011, 354, ABl. 2010, 406 mit weiteren Details, EPÜ-RiLi E-VIII 3.).
R 137 (5) EPÜ: Änderungen nach Erhalt des ergänzenden europäischen Recherchenberichts, EPÜ-RiLi E-VIII 4.2.

Änderungen vor IPEA

Änderungen in Kapitel II:
Art 34 (2) b) Änderung der **Ansprüche, der Beschreibung und der Zeichnungen vor der mit der internationalen vorläufigen Prüfung beauftragten Behörde**
R 53 Der Antrag auf vorläufige internationale Prüfung
    R 53.9 Erklärung betreffend Änderungen nach Art 19
R 55.3 Sprache und Übersetzung von Änderungen und Begleitschreiben
R 62 Kopie der Änderungen nach Art 19 für die mit der internationalen vorläufigen Prüfung beauftragte Behörde mit Kopie des schriftlichen Bescheids der Internationalen Recherchenbehörde
    R 62.2 Nach Antragstellung eingereichte Änderungen
R 66 Verfahren vor der mit der internationalen vorläufigen Prüfung beauftragten Behörde
    R 66.4 Zusätzliche Möglichkeit zur Einreichung von Änderungen oder Gegenvorstellungen
    R 66.4^{bis} Berücksichtigung von Änderungen, Gegenvorstellungen und Berichtigungen offensichtlicher Fehler
    R 66.5 Änderungen
    R 66.8 Form der Änderungen
    R 66.9 Sprache der Änderungen
R 70.11 Hinweis im vorläufigen internationalen Prüfungsbericht auf Änderungen

Änderung vor ausgewähltem Amt

Änderung im nationalen Verfahren im Anschluss an Kapitel II:
Art 41 Änderungen der **Ansprüche, der Beschreibung und der Zeichnungen** vor dem ausgewählten Amt
R 78 Änderung der Ansprüche, der Beschreibung und der Zeichnungen vor den **ausgewählten Ämtern**
    R 78.1 Frist für die Einreichung von Änderungen. Diese beträgt grundsätzlich 1 Monat ab Einleitung der nationalen Phase.
    R 78.3 entsprechendes für Gebrauchsmuster
R 159 (1) b) EPÜ: Einreichen neuer Änderungen oder Angabe der Aufrechterhaltung von vorgenommenen Änderungen beim Eintritt in die regionale Phase, Verwendung Formblatt 1200 wird empfohlen (Merkblatt zum Formblatt EPA 1200, Euro-PCT-Leitfaden E.I Rn 424).
R 161 EPÜ Erneute Änderungsmöglichkeit während Euro-PCT-Phase innerhalb Frist von 6 Monaten seit Mitteilung unter Beachtung von R 137 (4) EPÜ (Merkblatt zum Formblatt 1200, ABl. 2011, 354, ABl. 2010, 406 mit weiteren Details, EPÜ-RiLi E-VIII 4.3).

R 137 (5) EPÜ: Änderungen nach Erhalt des ergänzenden europäischen Recherchenberichts, EPÜ-RiLi E-VIII 4.2.

Artikel 29 Die Wirkungen der internationalen Veröffentlichung

(1) Die Wirkungen der internationalen Veröffentlichung einer internationalen Anmeldung sind, was den Schutz der Rechte des Anmelders in einem Bestimmungsstaat betrifft, vorbehaltlich der Absätze 2 bis 4 die gleichen, wie sie nach dem nationalen Recht dieses Bestimmungsstaats der gesetzlich vorgeschriebenen inländischen Veröffentlichung einer ungeprüften nationalen Anmeldung zukommen.

Art 11 (3), (4) Wirkung der Anmeldung

(2) Unterscheidet sich die **Sprache**[2], in der die internationale Veröffentlichung erfolgt ist, von der Sprache, in welcher nationale Anmeldungen in einem Bestimmungsstaat veröffentlicht werden, so kann das nationale Recht dieses Staates bestimmen, dass die in Absatz 1 vorgesehene Wirkung erst von dem Zeitpunkt an eintritt, an dem[3]:
 i) eine **Übersetzung** in die letztgenannte Sprache nach den Bestimmungen des nationalen Rechts **veröffentlicht** worden ist oder
 ii) eine **Übersetzung** in die letztgenannte Sprache der Öffentlichkeit nach den Bestimmungen des nationalen Rechts durch Offenlegung zur **Einsichtnahme** zugänglich gemacht worden ist oder
 iii) eine **Übersetzung** in die letztgenannte Sprache vom Anmelder einem tatsächlichen oder mutmaßlichen unberechtigten **Benutzer** der Erfindung, die Gegenstand der internationalen Anmeldung ist, **übermittelt** worden ist oder
 iv) die **beiden** unter Ziffern i und iii oder die beiden unter Ziffern ii und iii angegebenen Maßnahmen getroffen worden sind.

[2]

R 48.3 Veröffentlichungssprachen sind Arabisch, Chinesisch, Deutsch, Englisch, Französisch, Japanisch, Koreanisch, Portugiesisch, Russisch, Spanisch
Art 46 Unrichtige Übersetzung einer internationalen Anmeldung (Verbindliche Fassung der Anmeldung)
R 17 Der Prioritätsbeleg
 R 17.2 Bereitstellung von Kopien
R 48 Internationale Veröffentlichung
Art 67 EPÜ Rechte aus der europäischen Patentanmeldung nach der Veröffentlichung

[3]

Art 67, 153 (3)-(5) EPÜ Rechte aus der europäischen Patentanmeldung nach der Veröffentlichung; Veröffentlichung der internationalen Anmeldung und ihre Übermittlung an das EPA.

(3) Das nationale Recht jedes Bestimmungsstaats kann vorschreiben, dass dann, wenn die internationale **Veröffentlichung** auf Antrag des Anmelders **vor dem Ablauf von 18 Monaten** seit dem Prioritätsdatum durchgeführt worden ist, die in Absatz 1 genannten Wirkungen erst mit dem Ablauf von 18 Monaten seit dem Prioritätsdatum eintreten.
(4) Im nationalen Recht eines Bestimmungsstaats kann vorgesehen werden, dass die Wirkungen nach Absatz 1 erst von dem Zeitpunkt an eintreten, zu dem das nationale Amt oder das für diesen Staat handelnde Amt **ein Exemplar der nach Artikel 21 ver-**

Internationale Anmeldung und internationale Recherche

öffentlichten internationalen **Anmeldung** erhalten hat. Das genannte Amt veröffentlicht das Empfangsdatum in seinem Blatt so früh wie möglich.

Artikel 30 Vertraulicher Charakter einer internationalen Anmeldung

(1) a) Außer auf Antrag des Anmelders oder mit seiner Einwilligung dürfen, vorbehaltlich des Buchstaben b, das **Internationale Büro** und die Internationalen Recherchenbehörden keiner Person oder Behörde Einsicht in eine internationale Anmeldung gewähren, bevor die internationale Veröffentlichung der Anmeldung erfolgt ist.

Art 38   Vertraulicher Charakter der internationalen vorläufigen Prüfung
R 94.3   Akteneinsicht beim ausgewählten Amt nach internationaler Veröffentlichung und auch in Akte zu Kapitel II, wenn der IPER erstellt wurde (EPÜ-RiLi E-VIII, 2.10) (siehe die Übersicht über die Möglichkeiten der Akteneinsicht im Anhang zu diesem Buch)
Art 153 (3)-(5), R 159 (1) a) EPÜ; EPÜ-RiLi E-VIII, 2.10. Das EPA als Bestimmungsamt gewährt Akteneinsicht nach der internationalen Veröffentlichung. Wurde die Euro-PCT Anmeldung vom IB in einer anderen als einer Amtssprache des EPA veröffentlicht, so veröffentlicht das EPA die beim Eintritt in die europäische Phase eingereichte Übersetzung Euro-PCT-Leitfaden E.XVI. Rn 672.

b) Buchstabe a ist auf Übermittlungen an die zuständige Internationale Recherchenbehörde sowie auf Übermittlungen nach Artikel 13 und nach Artikel 20 nicht anzuwenden.

(2) a) Kein **nationales Amt** gewährt Dritten ohne Antrag oder Genehmigung des Anmelders Einsicht in die internationale Anmeldung vor dem frühesten der nachstehend angegebenen Zeitpunkte:
 i) dem Zeitpunkt der **internationalen Veröffentlichung** der internationalen Anmeldung,
 ii) dem Zeitpunkt des Eingangs der Übermittlung der internationalen Anmeldung nach Artikel 20,
 iii) dem Zeitpunkt des Eingangs eines Exemplars der internationalen Anmeldung nach Artikel 22.
 b) Buchstabe a hindert kein **nationales Amt**, Dritte davon zu unterrichten, dass **es bestimmt worden ist**, oder diese Tatsache zu veröffentlichen. Eine solche Mitteilung oder Veröffentlichung darf jedoch nur folgende Angaben enthalten: Bezeichnung des Anmeldeamts, Name des Anmelders, internationales Anmeldedatum, internationales Aktenzeichen und Bezeichnung der Erfindung.
 c) Buchstabe a hindert kein Bestimmungsamt, **Gerichtsbehörden** Einsicht in die internationale Anmeldung zu gestatten.

(3) Absatz 2 Buchstabe a gilt für jedes **Anmeldeamt**, sofern es sich nicht um **Übermittlungen** nach Artikel 12 Absatz 1 handelt.

(4) Im Sinne dieses Artikels umfasst der Begriff »**Einsichtnahme**« alle Möglichkeiten für Dritte, Kenntnis zu erlangen, einschließlich persönlicher Mitteilungen und allgemeiner Veröffentlichungen; jedoch darf **kein nationales Amt** eine internationale Anmeldung oder eine Übersetzung dieser Anmeldung **allgemein veröffentlichen**, bevor die internationale Veröffentlichung erfolgt ist oder, wenn die internationale Veröffentlichung bei Ablauf von 20 Monaten ab Prioritätsdatum noch nicht stattgefunden hat, **vor Ablauf von 20 Monaten** nach diesem Prioritätsdatum.

Kapitel II. Die internationale vorläufige Prüfung

Artikel 31   Antrag auf internationale vorläufige Prüfung

(1) Auf Antrag des Anmelders erfolgt eine internationale vorläufige Prüfung der Anmeldung nach Maßgabe der folgenden Vorschriften und der Ausführungsordnung.

Der Antrag ist zu stellen: *Antrag*
Wo: Art 31 (6) Der Antrag ist bei der mit der internationalen vorläufigen Prüfung beauftragten Behörde zu stellen, die durch das Anmeldeamt nach R 59.1 a) bestimmt wird.
Wann: R 54bis Frist für die Antragstellung 22 Monate ab Prioritätsdatum oder 3 Monate ab Zustellung des Recherchenberichts. Die spätere Frist zählt.
(bis 31.12.2003: Art 39 (1) a) Der Antrag ist innerhalb von 19 Monaten ab dem Prioritätsdatum zu stellen).
Wie: Art 39 (1) und (3) Es ist ein gesonderter Antrag einzureichen. Der Antrag kann per FAX eingereicht werden (R 92.1 (4)). Der Antrag ist durch den Anmelder oder seinen Anwalt (R 53.2 b), R 90.3) zu unterzeichnen. Bei mehreren Anmeldern haben alle zu unterzeichnen (R 53.8) oder der ordnungsgemäß bestellte gemeinsame Anwalt oder Vertreter (R 90.3).
Gebühr: Art 31 (5), R 57 bestimmt die Bearbeitungsgebühr, für die WIPO.
R 58   Prüfungsgebühr, für die IPEA
R 57.3 Die Frist zur Entrichtung der Bearbeitungsgebühr und der Prüfungsgebühr beträgt 1 Monat ab Einreichung des Antrages bzw. 22 Monate ab Prioritätsdatum. Die Nachfrist ist 1 Monat ab Aufforderung (R 58bis).
Berechtigung: Art 31 (2) a), R 54.2
Sprache des Antrages (R 55.1): in der Regel die Veröffentlichungssprache
Mängel: R 60 Bestimmte Mängel des Antrags
R 60.1 Berichtigung des Antrages
Veröffentlichung: R 61.4 Veröffentlichung des Antrages
Rücknahme des Antrages: R 90bis (5) b) iii)
Art 31 (4) a) **Auswahl** von Ländern
Art 31 (6) b) **nachträgliche Auswahl** von Ländern

(2) a) Jeder Anmelder, der im Sinne der Ausführungsordnung seinen Sitz oder Wohnsitz in einem Vertragsstaat hat oder Staatsangehöriger eines Vertragsstaats ist *(R 54.2 PCT wenigstens ein Anmelder muss Angehöriger eines Kap II-PCT-Staates sein)*, für den Kapitel II verbindlich ist, **und** dessen internationale Anmeldung bei dem **Anmeldeamt** dieses Staates oder dem für diesen Staat handelnden Anmeldeamt eingereicht worden ist, kann einen Antrag auf internationale vorläufige Prüfung stellen.

Art 64 (1) a) Ablauf von Vorbehalten in Bezug auf Kapitel II: *Vorbehalte*
– Spanien (ES) kann seit dem 06.09.97 ausgewählt werden, unabhängig vom internationalen Anmeldedatum
– Griechenland (GR) kann ausgewählt werden, unabhängig vom internationalen Anmeldedatum
– Lichtenstein (LI) kann seit dem 01.09.1995 ausgewählt werden, unabhängig vom internationalen Anmeldedatum
– Schweiz (CH) kann seit dem 01.09.1995 ausgewählt werden, unabhängig vom internationalen Anmeldedatum
Für CH/LI geht jedoch Art 153 (1) EPÜ (Mitnahmeeffekt) vor, d.h. die Auswahl von einem der beiden Staaten CH oder LI gilt als Auswahl beider

Staaten aufgrund des Patentschutzvertrages vom 22.12.1978, ABl. 1980, 407 als regionaler Vertrag i.S.d. Art 45.

Berechtigung	R 54	Der antragsberechtigte Anmelder
	R 54.1	Sitz, Wohnsitz und Staatsangehörigkeit
	R 54.2	Berechtigung zur Antragstellung
	R 54.3	Beim Internationalen Büro als Anmeldeamt eingereichte internationale Anmeldungen
	R 54.4	Zur Antragstellung nicht berechtigter Anmelder

b) Die Versammlung kann durch Beschluss zur Einreichung internationaler Anmeldungen befugten Personen gestatten, einen Antrag auf internationale vorläufige Prüfung zu stellen, auch wenn sie in einem Staat ihren Sitz oder Wohnsitz haben oder Angehörige eines Staates sind, der nicht Mitglied dieses Vertrags ist oder für den Kapitel II nicht verbindlich ist.

(3) Der **Antrag** auf internationale vorläufige Prüfung ist gesondert von der internationalen Anmeldung zu stellen. Der Antrag hat die vorgeschriebenen Angaben zu enthalten und muss in der vorgeschriebenen **Sprache und Form** abgefasst sein.

	R 55.1	**Sprache** des Antrags
	R 53	Der **Antrag**
Form	R 53.1	Formblatt
	R 53.2	Inhalt
	R 53.3	Gesuch
	R 53.4	Anmelder
	R 53.5	Anwalt oder gemeinsamer Vertreter
	R 53.6	Kennzeichnung der internationalen Anmeldung
	R 53.7	Bestimmung von Staaten als ausgewählte Staaten
	R 53.8	Unterschrift
	R 53.9	Erklärung betreffend Änderungen
	R 60.1	**Mängel** des Antrags
	R 62	Kopie der Änderungen nach Art 19 für die mit der internationalen vorläufigen Prüfung beauftragte Behörde mit Kopie des schriftlichen Bescheids der Internationalen Recherchenbehörde
	R 62.1	Vor Antragstellung eingereichte Änderungen
	R 62.2	Nach Antragstellung eingereichte Änderungen
	R 92bis	Eintragung von **Änderungen** bestimmter Angaben im Antrag oder im Antrag auf internationale vorläufige Prüfung
	R 92bis.1	Eintragung von **Änderungen durch das Internationale Büro**

(4) a) In dem Antrag sind die **Vertragsstaaten anzugeben**, in denen der Anmelder die Ergebnisse der internationalen vorläufigen Prüfung verwenden will (»**ausgewählte Staaten**«). Weitere Vertragsstaaten können nachträglich ausgewählt werden. Die Auswahlerklärung kann sich nur auf solche Vertragsstaaten beziehen, die nach Artikel 4 bereits Bestimmungsstaaten sind.

b) Die in Absatz 2 Buchstabe a genannten Anmelder können jeden Vertragsstaat, für den Kapitel II verbindlich ist, **auswählen**. Die in Absatz 2 Buchstabe b genannten Anmelder können nur solche Vertragsstaaten, für die Kapitel II verbindlich ist, auswählen, die eine Erklärung abgegeben haben, dass sie bereit sind, von diesen Anmeldern ausgewählt zu werden.

	Art 1	Begriff Vertragsstaat
	R 53.7	Benennung von Staaten als ausgewählte Staaten

Artikel 31

(5) Für den Antrag sind die vorgeschriebenen **Gebühren** innerhalb der vorgeschriebenen Frist zu zahlen.

Gebühren

R 57 Bearbeitungsgebühr
    R 57.1   Gebührenpflicht
    R 57.2   Betrag
    R 57.3   Die **Zahlungsfrist** beträgt 1 Monat ab Einreichung des Antrages bzw. 22 Monate ab Prioritätsdatum (R 57.3); es wird eine Nachfrist von einem Monat ab Aufforderung jedoch mit Zuschlag gewährt (R 58bis)
    R 57.4   Rückerstattung

R 58 Gebühr für die vorläufige Prüfung
    R 58.1   Befugnis zur Erhebung einer Gebühr
    R 58.1 b), 57.3   Die **Zahlungsfrist** beträgt 1 Monat ab Einreichung des Antrages bzw. 22 Monate ab Prioritätsdatum; es wird eine Nachfrist von einem Monat ab Aufforderung jedoch mit Zuschlag gewährt (R 58bis). Das EPA verzichtet auf den Zuschlag, sofern die Gebühr innerhalb 1 Monats ab Zustellung des internationalen Recherchenberichts entrichtet wird.
    R 58.3   **Rückerstattung**

R 58bis **Verlängerung der Fristen** zur Zahlung von Gebühren
    R 58bis.1   Aufforderung zur Zahlung durch die mit der internationalen vorläufigen Prüfung beauftragte Behörde
    R 58bis.1 b)   Bei einem Zahlungsversäumnis gilt die Fiktion der Nichtstellung des Antrages
    R 58bis.2   Gebühr für die **verspätete Zahlung**

(6) a) Der Antrag ist bei der in Artikel 32 genannten, zuständigen, mit der internationalen vorläufigen Prüfung beauftragten Behörde einzureichen *(für Europa in der Regel beim EPA)*.

Art 16 (2) Zuständige internationale Recherchebehörde
R 59 Zuständige mit der internationalen vorläufigen Prüfung beauftragten Behörde
    R 59.1   Anträge nach Art 31(2) a)
    R 59.2   Anträge nach Art 31(2) b)
    R 59.3   Übermittlung des Antrags an die zuständige mit der internationalen vorläufigen Prüfung beauftragte Behörde

IPEA

b) Jede **nachträgliche Auswahlerklärung** ist beim Internationalen Büro einzureichen.

Diese Norm ist überflüssig geworden, seitdem gemäß R 53.7 automatisch alle Länder ausgewählt sind.

(7) Jedes **ausgewählte Amt** ist über seine Benennung als ausgewähltes Amt zu benachrichtigen.

R 61 Mitteilung über den Antrag und die Auswahlerklärung
    R 61.1   Mitteilungen an das **Internationale Büro** und den **Anmelder**
    R 61.2   Mitteilung an die **ausgewählten Ämter**
    R 61.3   Unterrichtung des **Anmelders**
    R 61.4   **Veröffentlichung** im Blatt

J 7/93 Auch bei Versäumnis der Mitteilung der Auswahl eines europäischen Patentes für die vorläufige Prüfung durch das Internationale Büro nach Art 31 (7) und R 61.2 gilt die 31 Monats-Frist; es gibt keine Rechtsgrundlage für eine Mitteilung nach R 85 a) EPÜ a.F., die sich auf die 21 Monats-Frist bezieht.

VV 418 Mitteilungen an die ausgewählten Ämter, wenn der Antrag auf internationale vorläufige Prüfung als nicht eingereicht gilt.

Artikel 32 Die mit der internationalen vorläufigen Prüfung beauftragte Behörde

(1) Die internationale vorläufige Prüfung wird durch die mit der internationalen vorläufigen Prüfung beauftragte Behörde durchgeführt.

Ämter, die als IPEA handeln
IPEA sind die Ämter von AT, AU, BR, CA, CL (seit 22.10.2014), CN, EG (seit 01.04.2013), EP, ES, FI, IL (seit 01.06.2012), IN (seit 15.10.2013), JP, KR, RU, SE, SG (seit 01.09.2015), TR (seit 08.03.2017), UA (seit 05.02.2016), US. DK, IS und NO haben seit Juli 2006 eine gemeinsame Patentbehörde, Nordic Patent Institute (NPI, Abkürzung: XN), errichtet, die seit 01.04.2008 als IPEA handelt. Seit dem 01.01.2013 handelt sie auch für SE (PCT Gazette vom 01.11.2012). Die gemeinsame Patentbehörde Visegrad Patent Institut (VPI) der Ämter von CZ, HU, PL und SK handelt unter dem Länderkürzel XV seit dem 01.07.2016 (PCT Gazette 23.06.2016) als IPEA. EPA handelt nur als IPEA, falls ISA das EPA, das Amt in AT, FI, ES, XN, XV, TR oder SE war (FN 1 Applicant's Guide int. P. Annex E (EP), Stand 01.04.2018). Siehe WIPO-Vereinbarungen unter www.wipo.int/pct/en/access/isa_ipea_agreements.html und Applicant's Guide jeweils Annex E, aktualisiert durch PCT Gazette. Siehe auch Anmerkungen zu Art 16 3 b).

Art 152 EPÜ R 158 (2) EPÜ: EPA als IPEA

(2) Für die in Artikel 31 Absatz 2 Buchstabe a genannten Anträge bestimmt das Anmeldeamt, für die in Artikel 31 Absatz 2 Buchstabe b genannten Anträge bestimmt die Versammlung die mit der internationalen vorläufigen Prüfung beauftragte Behörde oder Behörden, die für die vorläufige Prüfung zuständig sind, in Übereinstimmung mit der anwendbaren Vereinbarung zwischen der interessierten mit der internationalen vorläufigen Prüfung beauftragten Behörde oder den interessierten mit der internationalen vorläufigen Prüfung beauftragten Behörden und dem Internationalen Büro.

Art 16 ISA, Wahl der ISA kann Auswirkung auf Zuständigkeit der IPEA haben
Art 34 (4) Verfahren vor der IPEA, ausgeschlossener Gegenstand
R 59 Zuständige mit der internationalen vorläufigen Prüfung beauftragte Behörde, vgl. Art 16 (2) für EPÜ-Staaten
Das EPA ist für Anmeldungen als ISA zuständig, für die das zuständige Anmeldeamt das EPA als ISA bestimmt hat. Dies ist nicht auf Anmeldeämter aus EPÜ-Mitgliedstaaten beschränkt. Der aktuellste diesbezügliche Stand findet sich in Annex C des Applicant's Guide int. P.
Als IPEA wird es jedoch nur tätig, falls ISA das EPA, das Amt in AT, FI, ES, XN, XV, TR oder SE war (FN1 Applicant's Guide int. P. Annex E (EP), Stand 01.04.2018).

(3) Art 16 Absatz 3 *(Einsetzung. Mindestanforderung)* ist sinngemäß auf die mit der internationalen vorläufigen Prüfung beauftragten Behörden anzuwenden.

R 63 Mindestanforderungen für die mit der internationalen vorläufigen Prüfung beauftragten Behörden
R 63.1 Aufzählung der Mindestanforderungen

Artikel 33 Die internationale vorläufige Prüfung
(Stand der Technik und erfinderische Tätigkeit)

(1) Gegenstand der internationalen vorläufigen Prüfung ist die Erstellung eines vorläufigen und **nicht bindenden** Gutachtens darüber, ob die beanspruchte Erfindung als neu, auf erfinderischer Tätigkeit beruhend (nicht offensichtlich) und gewerblich anwendbar anzusehen ist.

R 55	Sprachen der internationalen vorläufigen Prüfung	*Sprachen*
	R 55.2 Übersetzung der internationalen Anmeldung	
	R 55.3 Sprache und Übersetzung von Änderungen und Begleitschreiben	*Zuständigkeit*

R 70.1 und .15 Bezeichnung des Gutachtens
    R 70.1 verschiedene Begriffe sind synonym: »Bericht«, »internationaler vorläufiger Prüfungsbericht« und »internationaler vorläufiger Bericht zur Patentfähigkeit« (siehe Überschrift von R 70)
    R 70.15 IPRP II

EPÜ-RiLi, C-VIII 1. Hiernach ist lediglich ein Prüfer für die internationale vorläufige Prüfung zuständig (Art 35, R 70.14); insofern keine Abweichung von den Vorschriften für die Prüfung europäischer Anmeldungen.

EPÜ-RiLi E-VIII 4.3.3. Internationaler vorläufiger Prüfungsbericht bildet Grundlage für den Prüfungsbescheid; Abweichungen hiervon erfolgen nur im Ausnahmefall.

(2) Für die Zwecke der internationalen vorläufigen Prüfung gilt eine beanspruchte Erfindung als **neu**, wenn sie nicht durch den Stand der Technik, wie er in der Ausführungsordnung umschrieben ist, vorweggenommen ist.

R 64	Stand der Technik für die internationale vorläufige Prüfung	*Stand der Technik*
	R 64.1 Stand der Technik	
	R 64.2 Nicht-schriftliche Offenbarungen erst in nationaler/regionaler Phase	
	R 64.3 Bestimmte veröffentlichte Unterlagen werden erst ältere Rechte in der nationalen/regionalen Phase.	

VV 801 ff. Einwendungen Dritter zum Stand der Technik

(3) Für die Zwecke der internationalen vorläufigen Prüfung gilt eine beanspruchte Erfindung als auf einer **erfinderischen Tätigkeit** beruhend, wenn sie für einen Fachmann nach dem Stand der Technik, wie er in der Ausführungsordnung umschrieben ist, nicht zu dem vorgeschriebenen maßgeblichen Zeitpunkt als naheliegend anzusehen ist.

R 64	Stand der Technik für die internationale vorläufige Prüfung	*Erfinderische Tätigkeit*
R 65	Erfinderische Tätigkeit oder Nichtoffensichtlichkeit	
	R 65.1 Bewertung des Standes der Technik	
	R 65.2 Maßgeblicher Zeitpunkt	

(4) Für die Zwecke der internationalen vorläufigen Prüfung gilt eine beanspruchte Erfindung als **gewerblich anwendbar**, wenn ihr Gegenstand dem Wesen der Erfindung nach auf irgendeinem gewerblichen Gebiet hergestellt oder (im technischen Sinne) benutzt werden kann. Der Ausdruck »gewerbliches Gebiet« ist entsprechend der Pariser Verbandsübereinkunft zum Schutz des gewerblichen Eigentums im weitesten Sinne zu verstehen.

R 67   Anmeldungsgegenstand nach Art 34(4) a) i)
    R 67.1 Begriffsbestimmung
    R 67.1 i)–iv) Nicht technische, nicht gewerbliche Erfindungen

(5) Die zuvor aufgeführten Begriffe haben nur für die internationale vorläufige Prüfung Bedeutung. Jeder Vertragsstaat kann für die Entscheidung über die Patentfähigkeit der beanspruchten Erfindung in diesem Staat zusätzliche oder abweichende Merkmale aufstellen.
(6) Bei der internationalen vorläufigen Prüfung sind alle Unterlagen zu berücksichtigen, die im internationalen Recherchenbericht aufgeführt sind. Es kann auch jede **weitere Unterlage** in Betracht gezogen werden, die in dem betreffenden Fall als einschlägig anzusehen ist.

Artikel 34 Das Verfahren vor der mit der internationalen vorläufigen Prüfung beauftragten Behörde

(1) Das Verfahren vor der mit der internationalen vorläufigen Prüfung beauftragten Behörde regelt sich nach den Bestimmungen dieses Vertrags, der Ausführungsordnung und nach der Vereinbarung, die das Internationale Büro im Rahmen des Vertrags und der Ausführungsordnung mit dieser Behörde schließt.

R 66 Verfahren vor der mit der internationalen vorläufigen Prüfung beauftragten Behörde
R 66.1^{ter} Zusätzliche Recherche
R 69 Beginn und Prüfungsfrist für die internationale vorläufige Prüfung
   R 69.1 Beginn der internationalen vorläufigen Prüfung

(2) a) Der Anmelder hat das Recht, mündlich und schriftlich mit der mit der internationalen vorläufigen Prüfung beauftragten Behörde zu verkehren.

Art 14 (2) c) und d) schriftlicher Bescheid
W 4/93 Aus Art 34 (2) a) PCT, der eine mündliche Anhörung ermöglicht, ist kein Anspruch auf mündliche Verhandlung abzuleiten. Eine formlose Anhörung nach R 66.6 ist im Widerspruchsverfahren in der Regel nicht sachdienlich.

b) Der Anmelder hat das Recht, die **Ansprüche, die Beschreibung und die Zeichnungen** in der vorgeschriebenen Weise und innerhalb der vorgeschriebenen Frist *(R 66.1 b))* vor der Erstellung des internationalen vorläufigen Prüfungsberichts *(heißt jetzt Internationaler vorläufiger Bericht zur Patentfähigkeit, IPRP, R 70.15)* zu **ändern**. Die Änderung darf nicht über den **Offenbarungsgehalt** der internationalen Anmeldung im Anmeldezeitpunkt hinausgehen *(unzulässige Erweiterung)*.

Änderungen vor IPEA **Änderungen in Kapitel II:**
Art 34 (2) b) Änderung der **Ansprüche, der Beschreibung und der Zeichnungen** vor der mit der internationalen vorläufigen Prüfung beauftragten Behörde
R 53 Der Antrag auf vorläufige internationale Prüfung
   R 53.9 Erklärung betreffend Änderungen nach Art 19

Die Möglichkeiten, nach Art 19 oder Art 34 Änderungen vorzunehmen, bestehen unabhängig voneinander. Unterschiede bestehen hinsichtlich der Voraussetzungen und Wirkungen. Änderungen nach Art 19 können einmalig ab Eingang des Recherchenberichts beim Anmelder und vor Fristablauf nach R 46.1. erfolgen. Änderungen nach Art 34 erfordern den Antrag auf internationale vorläufige Prüfung und sind mehrmals bis zur Erstellung des internationalen vorläufigen Prüfungsberichts gemäß R 66.1 b) möglich. Weitere Unterschiede bestehen bezüglich Adressat (Art 19: IB; Art 34: IPEA), bezüglich Gegenstand der Änderung (Art 19: nur Ansprüche; Art 34 auch Beschreibungen und Zeichnungen), bezüglich der Sprache (Art 19, R 12: Veröffentlichungssprache; Art 34, R 55.3 Veröffentlichungssprache bzw. Übersetzungssprache der PCTa). Relevante Unterschiede hinsichtlich der Wirkungen bestehen darin, dass Änderungen nach

Art 19 mit der Anmeldung gemäß Art 21, R 48.2 f) und h) veröffentlicht werden. Für Art 34 ist dies nicht vorgesehen. Dadurch kann bei Art 19 in Hinblick auf einen geänderten Umfang der Ansprüche im Vergleich zur Anmeldung eine andere Schutzwirkung nach Art 29 erzielt werden. Die Vertraulichkeit ist bei Art 19 bis zur Veröffentlichung der PCTa gegeben, bei Art 34 bis zur Akteneinsicht Dritter in die Akten der IVP gemäß R 94.

R 13ter.1 e) Einreichung eines Sequenzprotokolls nach dem Anmeldezeitpunkt nach Art 34

R 55.3   Sprache und Übersetzung von Änderungen und Begleitschreiben

R 62   Kopie der Änderungen nach Art 19 für die mit der internationalen vorläufigen Prüfung beauftragten Behörde mit Kopie des schriftlichen Bescheids der Internationalen Recherchenbehörde

    R 62.2   Vor der Stellung des Prüfungsantrags eingereichte Änderungen

    R 62.2   Nach der Stellung des Prüfungsantrags eingereichte Änderungen

R 66   Verfahren vor der mit der internationalen vorläufigen Prüfung beauftragte Behörde

    R 66.1 d^{bis}) Berücksichtigung der Berichtigung offensichtlicher Fehler

    R 66.4   Zusätzliche Möglichkeit zur Einreichung von Änderungen oder Gegenvorstellungen

    R 66.4^{bis} Berücksichtigung von Änderungen, Gegenvorstellungen und Berichtigungen offensichtlicher Fehler

    R 66.5   Änderungen

    R 66.8   Form der Änderungen

R 70.11   Hinweis im vorläufigen internationalen Prüfungsbericht auf Änderungen

R 91   Berichtigung offensichtlicher Fehler in Änderungen nach Art 34

Änderung im nationalen Verfahren im Anschluss an Kapitel II: *Änderung vor ausgewähltem Amt*

Art 41   Änderungen der **Ansprüche, der Beschreibung und der Zeichnungen** vor dem ausgewählten Amt

R 78   Änderung der Ansprüche, der Beschreibung und der Zeichnungen vor den **ausgewählten Ämtern**

    R 78.1   Frist für die Einreichung von Änderungen. Diese beträgt grundsätzlich 1 Monat ab Einleitung der nationalen Phase.

    R 78.3   entsprechendes für Gebrauchsmuster

R 159 (1) b) EPÜ: Einreichen neuer Änderungen oder Angabe der Aufrechterhaltung von vorgenommenen Änderungen beim Eintritt in die regionale Phase, Verwendung Formblatt 1200 wird empfohlen (Merkblatt zum Formblatt EPA 1200, Euro-PCT-Leitfaden E.I Rn 424).

R 161 EPÜ Erneute Änderungsmöglichkeit während Euro-PCT-Phase innerhalb Frist von 6 Monaten seit Mitteilung unter Beachtung von R 137 (4) EPÜ (Merkblatt zum Formblatt 1200, ABl. 2011, 354, ABl. 2010, 406 mit weiteren Details, EPÜ-RiLi E-VIII 3.).

R 137 (5) EPÜ: Änderungen nach Erhalt des ergänzenden europäischen Recherchenberichts, EPÜ-RiLi E-VIII 4.2.

    c) Der Anmelder erhält von der mit der internationalen vorläufigen Prüfung beauftragten Behörde wenigstens einen schriftlichen **Bescheid**, es sei denn, dass nach Ansicht dieser Behörde alle folgenden Voraussetzungen erfüllt sind:

    i) die Erfindung entspricht den in Artikel 33 Absatz 1 genannten Anforderungen,

    ii) die internationale Anmeldung genügt den Erfordernissen dieses Vertrags und der Ausführungsordnung, soweit sie von der genannten Behörde geprüft worden sind,

Die internationale vorläufige Prüfung

iii) es sind keine Bemerkungen nach Artikel 35 Absatz 2 letzter Satz beabsichtigt.

schriftlicher Bescheid
R 66.1 Grundlagen der internationalen vorläufigen Prüfung
R 66.1^{bis} Schriftlicher Bescheid der Internationalen Recherchenbehörde
R 66.2 Schriftlicher Bescheid der mit der internationalen vorläufigen Prüfung beauftragten Behörde
R 66.4 Zusätzliche Möglichkeit zur Einreichung von Änderungen oder Gegenvorstellungen
R 66.4^{bis} Berücksichtigung von Änderungen, Gegenvorstellungen und Berichtigungen offensichtlicher Fehler

d) Der Anmelder kann zu dem schriftlichen Bescheid Stellung nehmen.

R 66.3 Förmliche Stellungnahme gegenüber der mit der internationalen vorläufigen Prüfung beauftragten Behörde
R 66.6 formlose Erörterung mit dem Anmelder, Anhörung

(3) a) Genügt nach der Auffassung der mit der internationalen vorläufigen Prüfung beauftragten Behörde die internationale Anmeldung den in der Ausführungsordnung festgesetzten Anforderungen an die **Einheitlichkeit** der Erfindung nicht, so kann diese Behörde den Anmelder auffordern, nach seiner Wahl entweder die Ansprüche einzuschränken, um sie auf diese Weise mit den Anforderungen in Übereinstimmung zu bringen, oder **zusätzliche Gebühren** zu bezahlen.

R 66.1^{ter} Auswirkung auf Umfang der zusätzlichen internationalen Recherche
R 68.2 Aufforderung zur Einschränkung oder Zahlung zusätzlicher Gebühren bei Uneinheitlichkeit
R 68.3 Zusätzliche Gebühren
R 158 (1) EPÜ Zusätzliche internationale Prüfungsgebühr

b) Das **nationale Recht** jedes ausgewählten Staates kann bestimmen, dass dann, wenn der Anmelder sich entschließt, die Ansprüche gemäß Buchstabe a) einzuschränken, jene Teile der internationalen Anmeldung, für die wegen der Einschränkung eine internationale vorläufige Prüfung nicht durchgeführt wird, hinsichtlich der Rechtswirkungen in diesem Staat als **zurückgenommen gelten, falls der Anmelder nicht eine besondere Gebühr** an das nationale Amt dieses Staates zahlt.

Art 17, R 40 Mangelnde Einheitlichkeit der Erfindung (**internationale Recherche**)
Art 34 (3) a), R 68 Mangelnde Einheitlichkeit der Erfindung (**internationale vorläufige Prüfung**)
Art 3 (4) iii) **Einheitlichkeit** der Erfindung

Einheitlichkeit
R 13 **Einheitlichkeit** der Erfindung
    R 13.1 Erfordernis (der Einheitlichkeit)
    R 13.2 Fälle, in denen das Erfordernis der Einheitlichkeit der Erfindung als erfüllt gilt. Kurz ausgedrückt: bei **übereinstimmenden kennzeichnenden Merkmalen**. Sehr ausführliche Beispiele finden sich in den VV Anlage B.
    R 13.3 Feststellung der Einheitlichkeit der Erfindung unabhängig von der Fassung der Ansprüche
    R 13.4 Abhängige Ansprüche sind einheitlich
    R 13.5 Gebrauchsmuster

Uneinheitlichkeit »a priori«
W 52/92 Für die Feststellung der **Uneinheitlichkeit »a priori«** (**vor der Recherche**) ist die Aufgabe anhand der Beschreibung und des darin aus Sicht des Anmelders gewürdigten Stand der Technik zu ermitteln.

W 8/87	Nach R 13.1 PCT kann die **Uneinheitlichkeit »a posteriori« (nach der Recherche)** festgestellt werden, d.h. nach Prüfung der gemeinsamen kennzeichnenden Merkmale.	*Uneinheitlichkeit »a posteriori«*
G 2/89	Die Uneinheitlichkeit kann »a priori« oder »a posteriori« – mit der Aufforderung zur Zahlung einer weiteren Gebühr – festgestellt werden.	
R 68	Mangelnde Einheitlichkeit der Erfindung	
	R 68.1 Keine Aufforderung zur Einschränkung oder Zahlung möglich, trotz mangelnder Einheitlichkeit.	*Aufforderung*
	R 68.2 **Aufforderung** zur Einschränkung oder Zahlung. Inhalt: – Der Anmelder darf wählen zwischen Einschränkung der Ansprüche oder Entrichtung zusätzlicher Gebühren. – Angaben zur Möglichkeit der Einschränkung – Höhe der zusätzlichen Gebühren – Gründe für mangelnde Einheitlichkeit – Frist zur Erfüllung: 1 Monat ab Aufforderung – Es gibt die Möglichkeit des Widerspruchs nach R 68.3 c (siehe unten). – Frist zur Zahlung der Widerspruchsgebühr: 1 Monat ab Aufforderung – Höhe der Widerspruchsgebühr legt IPEA fest. st. Rspr. (z.B. W 8/87) Die Aufforderung nach Art 34 (3) a) PCT zur Zahlung zusätzlicher Gebühren ist nur dann rechtswirksam, wenn die mangelnde Einheitlichkeit **ausreichend begründet** ist. Denn nach R 68.2 ii) sind in der Aufforderung die Gründe für mangelnde Einheitlichkeit anzugeben.	
W 6/99	Vor einer Aufforderung nach R 68.2 muss ein schriftlicher Bescheid mit dem »a posteriori« erhobenen Einwand der Uneinheitlichkeit versandt werden und die Antwort des Anmelders abgewartet werden.	
G 1/89	Das EPA kann als ISA gemäß Art 17 (3) a) PCT eine zusätzliche Recherchengebühr fordern, wenn es die Anmeldung *a posteriori* für nicht einheitlich hält. Die diesbezügliche Mitteilung nach R 40.1 PCT muss neben der **Aufzählung** der in den neuen unabhängigen Ansprüchen (die aus der Kombination des gefallenen Haupt- oder nebengeordneten Anspruchs hervorgehen) definierten **Erfindungen** und der Aufforderung zur Zahlung weiterer Recherchengebühren nach Art 17 (3) a) PCT **auch die Gründe für die Feststellung der mangelnden Einheitlichkeit** enthalten. Eine Zahlungsaufforderung, die diese Gründe nicht enthält, ist im Hinblick auf die oben genannte a posteriori festgestellte mangelnde Einheitlichkeit **nicht rechtsverbindlich**.	
W 21/03	Die Gebühr darf nur in »klaren Fällen« erhoben werden. Was ein »klarer Fall« ist, sollte sich an den PCT Richtlinien für die internationale Recherche, III-7.6 orientieren.	
W 6/96	Zweifel bei der Frage der Einheitlichkeit der Erfindung wirken sich zugunsten des Anmelders aus.	
W 3/03	Die Beanstandung sollte spätestens mit dem ersten schriftlichen Bescheid ergehen und nicht erst in einem eventuellen zweiten.	
R 68.3 a)	Die Höhe der zusätzlichen Gebühr bestimmt die IPEA. Sie entspricht der Höhe nach der Gebühr für die internationale vorläufige Prüfung (R 158 (2) EPÜ, Art 2 (1) Nr. 19 GebO).	*Zusätzliche Gebühren*
R 68.3 b)	Die zusätzliche Gebühr steht der IPEA zu. Die **Frist** zur Zahlung der zusätzlichen Gebühren beträgt 1 Monat ab Aufforderung.	

Falls die zusätzliche **Gebühr nicht gezahlt** wurde, wählte das EPA bisher in der regionalen Phase die erste Gruppe von Erfindungen aus oder forderte zur Vorlage geeigneter

Die internationale vorläufige Prüfung

Ansprüche auf (R 164 EPÜ 2000). Weitere Recherche- bzw. Prüfungsgebühren konnten nicht gefordert werden. Es blieb allein die Hinterlegung einer Teilanmeldung.

Seit dem 01.11.2014 besteht bei in der internationalen Phase beanstandeter Uneinheitlichkeit die Möglichkeit, in der regionalen Phase **weitere Recherchengebühren** einzuzahlen. Die Möglichkeit besteht unabhängig davon, welche Behörde vorher als ISA recherchiert hat. Bei Fristversäumnis ist Weiterbehandlung nach der ab 01.11.2014 geltenden R 135 (2) EPÜ möglich. Hat das EPA als ISA recherchiert, gilt dies, wenn bis zum 01.11.2014 noch kein Prüfungsbescheid ergangen ist. In anderen Fällen gilt dies, wenn der ergänzende europäische Recherchenbericht ab dem 01.11.2014 erstellt wurde. (ABl. 2013, 503; ABl. 2014, A70).

Seit dem 01.04.2014 ist die zeitliche Beschränkung zur Einreichung von **Teilanmeldungen** R 36 EPÜ aufgehoben worden. Geltung der Teilungsmöglichkeit für alle anhängigen europäischen oder Euro-PCT-Anmeldungen, die in die europäische Phase eingetreten sind oder für die ein wirksamer Antrag auf vorzeitige Bearbeitung gestellt wurde, auch wenn die zwischen dem 01.04.2010 und 31.03.2014 geltenden Fristen bereits abgelaufen sind, ABl. 2014 A109 und A22.

Frist R 68.2 iii) Frist zur Zahlung der zusätzlichen Gebühren beträgt 1 Monat ab Aufforderung gemäß Art 34 (3) a).

Widerspruch R 68.3 c) Gegen die Aufforderung ist ein (zu begründender) **Widerspruch** möglich, bei gleichzeitiger Zahlung der geforderten zusätzlichen Gebühr – unter Widerspruch – und Zahlung der Widerspruchsgebühr

W 16/92 Die Widerspruchsbegründung des Anmelders muss nachvollziehbare Gründe enthalten. Die bloße Behauptung, die Anmeldung sei einheitlich, reicht nicht aus, um zu vermeiden, dass der Widerspruch als **unzulässig** verworfen wird.

G 2/89 Die Entscheidung der ISA hinsichtlich der Einheitlichkeit ist für die IPEA nicht bindend.

W 9/94 Beanstandet die IPEA die Einheitlichkeit, so ist eine Widerspruchsbegründung, die sich allein auf Nichtbeanstandung durch die ISA stützt regelmäßig nicht ausreichend im Sinne von R 68.3 c).

Widerspruchs- R 68.2 v) Mit dem Widerspruch ist eine Widerspruchsgebühr zu entrichten.
gebühr R 68.3 e) Wird die Widerspruchsgebühr nicht rechtzeitig entrichtet, so gilt der Widerspruch als nicht erhoben. Es gibt keine Nachfrist. Die zusätzliche Gebühr wird nicht zurückerstattet. Stattdessen wird die zusätzliche Prüfung durchgeführt.

Frist Die Frist zur Einlegung des Widerspruchs und zur Zahlung der Widerspruchsgebühr beträgt 1 Monat ab Aufforderung nach Art 34 (3) a). Hiervon wich das EPA jedoch bis zum Inkrafttreten des EPÜ 2000 ab. Das bisherige zweistufige Verfahren galt für Anmeldungen, die zum Zeitpunkt des Inkrafttretens des EPÜ 2000 anhängig waren. **Für internationale Anmeldungen, die seit dem Zeitpunkt des Inkrafttretens des EPÜ 2000 (13.12.2007) eingereicht werden, gilt das einstufige Verfahren** und die nachfolgend zitierte Mitteilung v. 01.03.2005 (ABl. 2005, 225), ersetzt durch Mitteilung v. 24.06.2007 (Sonderausgabe Nr. 3 ABl. 2007, 142 ff.) und zum 01.07.2010 ersetzt durch Beschluss v. 24.06.2010 (ABl. 5/2010, 320), der sich nicht auf das Verfahren vor dem EPA als ISA und IPEA auswirkt, sondern nur die Anwendbarkeit auf das EPA als SISA neu regelt (Mitteilung v. 24.06.2010, ABl. 5/2010, 322). Zuletzt wurde dieser wiederum ersetzt durch den Beschluss v. 09.06.2015 (ABl. 2015, A59), welcher die Zusammensetzung der Überprüfungsstelle neu regelt.

einstufiges **Einstufiges Verfahren**
Verfahren Die aufgrund des Beschlusses eingerichtete Überprüfungsstelle (siehe auch unten Begriff »Überprüfungsgremium«) ist die einzige Instanz für die Prüfung eines Widerspruchs.

Werden zusätzliche Gebühren unter Widerspruch gezahlt und wird die Widerspruchsgebühr ordnungsgemäß entrichtet, so wird der Widerspruch der Überprüfungsstelle zur Entscheidung vorgelegt.
1. Stellt die Überprüfungsstelle fest, dass der Widerspruch in vollem Umfang berechtigt war, so werden die zusätzlichen Gebühren und die Widerspruchsgebühr zurückerstattet.
2. Stellt die Überprüfungsstelle fest, dass der Widerspruch nur teilweise berechtigt war, so werden die entsprechenden zusätzlichen Gebühren, nicht aber die Widerspruchsgebühr zurückerstattet.

W 20/01 Hat ein Anmelder die zusätzlichen Gebühren unter Widerspruch verspätet entrichtet, muss der Widerspruch trotzdem berücksichtigt werden, wenn die ISA die ergänzende Recherche durchgeführt hat, als wären die zusätzlichen Gebühren rechtzeitig gezahlt worden.

W 3/93 Für die Frist nach R 40.1 ii) (Zahlung zusätzlicher Gebühren bei internationaler Recherche) ist die Wiedereinsetzung zulässig, obwohl sich Art 48 (2) nicht auf die Internationale Recherchenbehörde bezieht, d.h. Wiedereinsetzung im PCT **ohne** Einleitung der nationalen Phase nach Art 25 (2). Analog anwendbar für R 68.3 (Zusätzliche Gebühren bei internationaler vorläufiger Prüfung). *Wiedereinsetzung*

G 1/89 Das Verfahren bei Widerspruch ist ein Verfahren wie bei der normalen Recherche und Prüfung nach dem EPÜ durch das EPA.

R 68.3 c) Satz 2 Der Widerspruch wird durch ein **Überprüfungsgremium** geprüft. *Überprüfung*

R 68.3 c) 2 Halbsatz 2 Evtl. wird die zusätzliche Recherchengebühr zurück gezahlt.

W 4/93 Ein **Nachschieben von neuen Gründen** und Beweismitteln anlässlich der Mitteilung des Überprüfungsergebnisses ist grundsätzlich unzulässig. *neue Gründe*
Ein Mangel der Begründung in der Aufforderung zur Zahlung zusätzlicher Gebühren wird nicht durch das **Nachschieben von Gründen** in der Mitteilung des Ergebnisses der Überprüfung des Widerspruchs geheilt.

W 11/93 z.B. Art 155 (3) EPÜ a.F. Die »**Überprüfungsgremien**« gemäß R 68.3 c) Satz 2 sind die Beschwerdekammern für alle vor Inkrafttreten des EPÜ 2000 (13.12.2007) eingereichten Anmeldungen. Die Beschwerdekammer kann nicht **von Amts wegen** untersuchen, ob mangelnde Einheitlichkeit aus anderen als in der Aufforderung genannten Gründen gegeben ist. *Überprüfungsgremien*
Für alle ab dem Zeitpunkt des Inkrafttretens des EPÜ 2000 (13.12.2007) eingereichten Anmeldungen ist das »Überprüfungsgremium« eine Überprüfungsstelle, die aus drei Mitgliedern besteht, wobei einer den Vorsitz führt und ein anderer der Prüfer ist, der die Aufforderung zur Zahlung zusätzlicher Gebühren nach Art 17 (3) a) oder 34 (3) a) erließ oder den SISR oder die Benachrichtigung nach R 45bis.6 a) ii) erstellte (Beschluss v. 09.06.2015, ABl. 2015, A59).

W 4/93 Recht nach Art 34 (2) a) PCT mit der mit der internationalen vorläufigen Prüfung beauftragten Behörde mündlich zu verkehren beinhaltet keinen Anspruch auf mündliche Verhandlung. Formlose Anhörung nach R 66.6 ist im **Widerspruchsverfahren** in der Regel nicht sachdienlich.

W 4/94 Sollten in der Widerspruchsbegründung keine neuen Argumente vorgebracht worden sein, so ist eine Begründung der Behörde unter Rückbeziehung auf die Ergebnisse der Überprüfung nach R 68.3 c) nicht zu beanstanden.

W 3/02 Auf ein vor der Beschwerdekammer anhängiges Widerspruchsverfahren erstreckt sich nicht die Aussetzung des Erteilungsverfahrens nach R 14 EPÜ (Vindikation) nach Eintritt in die regionale Phase vor dem EPA.

R 68.3 c) 2 Halbsatz 2 Evtl. Rückzahlung der zusätzlichen Gebühr, falls der Widerspruch berechtigt war. *Rückzahlung*

R 68.3 e) Satz 3 Ebenso Rückzahlung der Widerspruchsgebühr, falls der Widerspruch in vollem Umfang berechtigt war. siehe ein- und zweistufiges Verfahren

R 68.3 c) 3, VV 403 und 603 Der Widerspruch und die Entscheidung darüber werden auf Antrag des Anmelders an die ausgewählten Ämter übermittelt. Übersetzung des Widerspruchs und der Entscheidung darüber bei den ausgewählten Ämtern einreichen, unter Anwendung von R 40.2 c) 4 analog, und zwar mit Einleitung der nationalen / regionalen Phasen.

c) Kommt der Anmelder der in Buchstabe a genannten Aufforderung nicht innerhalb der vorgeschriebenen Frist nach, so erstellt die mit der internationalen vorläufigen Prüfung beauftragte Behörde einen internationalen vorläufigen Prüfungsbericht über jene Teile der internationalen Anmeldung, die sich auf das beziehen, was als **Haupterfindung** anzusehen ist, und nimmt einen entsprechenden Hinweis in den Bericht auf. Das nationale Recht jedes ausgewählten Staates kann vorsehen, dass dann, wenn sein nationales Amt die Aufforderung der mit der internationalen vorläufigen Prüfung beauftragten Behörde für gerechtfertigt hält, solche Teile der internationalen Anmeldung, die sich nicht auf die Haupterfindung beziehen, hinsichtlich der Rechtswirkungen in diesem Staat als zurückgenommen gelten, falls der Anmelder keine besondere Gebühr an dieses Amt zahlt.

R 68.4   Verfahren im Fall der nicht ausreichenden Einschränkung der Ansprüche
R 68.5   Haupterfindung
R 70.13 Ermäßigung der Prüfungsgebühr beim EPA nach Art 14 (2) GebO um 75 %, wenn Prüfung für den im IPRP behandelten Gegenstand durchgeführt werden soll, Zusatzpublikation ABl. 2/2018, ABl. 2018, A4. Siehe auch Abschnitt Gebührenermäßigungen im Anhang.

(4) a) Falls nach Auffassung der mit der internationalen vorläufigen Prüfung beauftragten Behörde

i) die internationale Anmeldung einen Gegenstand betrifft, in Bezug auf den die mit der internationalen vorläufigen Prüfung beauftragte Behörde nach der Ausführungsordnung nicht verpflichtet ist, eine internationale vorläufige Prüfung durchzuführen und im vorliegenden Fall auch beschließt, keine solche Prüfung durchzuführen, oder

fehlende Technizität

R 67   Anmeldungsgegenstand nach Art 34 (4) a) i)
    R 67.1   Nicht technische und nicht gewerblich anwendbare Erfindungen werden nicht geprüft. Eine Ausnahme hiervon ist dann gegeben, wenn das EPA eine Prüfung im europäischen Verfahren vornehmen würde (Anhang C der Vereinbarung WIPO-EPA, siehe Anm. Art 16 (3) b)).
R 39   Nicht zu recherchierende Gegenstände im Verfahren vor der ISA
R 66.1 e) Auswirkung ISR Gegenstand auf Umfang der IVP
Art 152 EPÜ Siehe hierzu zunächst die frühere Vereinbarung zwischen EPO und WIPO nach dem PCT in der Fassung vom 01.11.2001 (ABl. 2001, 601 ff., ABl. 2007, 617 ff.) und die Mitteilung des Präsidenten des EPA vom 26.11.2001 über die Beschränkung der Zuständigkeit des EPA als PCT-Behörde für Anmelder aus US im Hinblick auf Biotechnologie, Geschäftsmethoden und Telekommunikation und Anwendbarkeit der Beschränkung auf parallele europäische Direktanmeldung und Antrag für regionale Phase (ABl. 2002, 52 ff.). Aufhebung bezüglich Biotechnologie und Telekommunikation ab 01.01.2004 (Mitteilung vom 31.10.2003, ABl. 2003, 633). Verlängert bezüglich Geschäftsmethoden bis zum 01.03.2009 (Mitteilung vom 01.12.2004, ABl. 2005, 149 und vom 27.07.2006, ABl. 10/2006, 555). Än-

derung durch IPC seit 01.01.2006: G 06F17/60 entspricht G06Q, G06Q 10/00, 30/00, 40/00, 50/00, 90/00, 99/00 (ABl. 2006, 149). Änderung durch IPC seit 01.01.2006: G 06F17/60 entspricht G06Q, G06Q 10/00, 30/00, 40/00, 50/00, 90/00, 99/00 (ABl. 2006, 149). Änderungen zum 01.03.2009 in Anhang A der WIPO-EPA Vereinbarung, PCT Gazette 26.02.2009, ABl. 2010, 304, 2014, A40, Zusatzpublikation 4/2016, S. 402. Geschäftsmethoden entsprechend den genannten IPCs werden weiterhin nicht recherchiert. Die Einschränkung für Geschäftsmethoden ist zwar seit dem 01.01.2015 in der WIPO-EPA Vereinbarung gestrichen (PCT Gazette 20.11.2014, S. 175), die Mitteilung über Geschäftsmethoden in ABl. 2007, 592 ist aber nach der Mitteilung des EPA (ABl. 2014, A117) weiterhin anzuwenden, siehe auch Anm. zu Art 16 (2).

R 66.1^{ter} Auswirkung auf Umfang der zusätzlichen internationalen Recherche

ii) die Beschreibung, die Ansprüche oder die Zeichnungen so unklar sind oder die Ansprüche so unzureichend durch die Beschreibung gestützt sind, dass kein sinnvolles Gutachten über die Neuheit, über das Beruhen auf einer erfinderischen Tätigkeit (Nichtoffensichtlichkeit) oder über die gewerbliche Anwendbarkeit der beanspruchten Erfindung möglich ist, *Unklare Anmeldung*

so prüft die Behörde nicht, ob die in Artikel 33 Absatz 1 aufgeführten Merkmale vorliegen, und teilt dem Anmelder ihre Auffassung und die Gründe dafür mit (*Art 35 (3) a), b) Aufnahme von entsprechenden Hinweisen im Prüfungsbericht*).

b) Ist einer der in Buchstabe a) aufgeführten Umstände nur bei oder im Zusammenhang mit einzelnen Ansprüchen festzustellen, so ist dieser Absatz nur auf die in Betracht kommenden Ansprüche anzuwenden.

Artikel 35   Der internationale vorläufige Prüfungsbericht

(1) Der internationale vorläufige Prüfungsbericht wird innerhalb der vorgeschriebenen Frist und in der vorgeschriebenen Form erstellt.

(2) Der internationale vorläufige Prüfungsbericht darf keine Feststellungen über die Frage enthalten, ob die beanspruchte Erfindung nach irgendeinem nationalen Recht patentfähig oder nicht patentfähig ist oder zu sein scheint. Er bringt lediglich, vorbehaltlich des Absatzes 3, in Bezug auf jeden Anspruch zum Ausdruck, ob dieser Anspruch die Merkmale der Neuheit, des Beruhens auf einer erfinderischen Tätigkeit (Nichtoffensichtlichkeit) und der gewerblichen Anwendbarkeit zu erfüllen scheint, wie sie für die Zwecke der internationalen vorläufigen Prüfung in Artikel 33 Absätze 1 bis 4 festgelegt sind. Diese Feststellung wird durch die Anführung der Unterlagen, auf welche sich die Beurteilung stützt, sowie durch Erklärungen ergänzt, die nach den Umständen erforderlich sind. Die Feststellung ist ferner durch andere in der Ausführungsordnung vorgesehene Bemerkungen zu ergänzen.

(3) a) Lassen sich zur Zeit der Erstellung des internationalen vorläufigen Prüfungsberichts nach Auffassung der mit der internationalen vorläufigen Prüfung beauftragten Behörde irgendwelche der unter Artikel 34 Absatz 4 Buchstabe a aufgeführten Umstände feststellen, so wird auf diese Auffassung in dem Bericht unter Angabe von Gründen hingewiesen. Der Bericht darf in diesem Falle keine Feststellungen der in Absatz 2 angeführten Art enthalten.

b) Lässt sich ein in Artikel 34 Absatz 4 Buchstabe b aufgeführter Umstand feststellen, so wird in den internationalen vorläufigen Prüfungsbericht im Hinblick auf die in Betracht kommenden Ansprüche der in Buchstabe a vorgesehene Hinweis aufgenommen, während im Hinblick auf die anderen Ansprüche eine Feststellung nach Absatz 2 getroffen wird.

Frist R 69.2 Die **Frist** für die Erstellung des internationalen Prüfungsberichts beträgt i.d.R. 28 Monate ab dem Prioritätsdatum wenn der Antrag vor Ablauf von 19 Monaten gestellt wurde; bzw. 6 Monate nach Aufnahme der internationalen Prüfung oder Eingang der Übersetzung, falls diese Frist später abläuft.

IPRP II R 70 Der internationale vorläufige Bericht zur Patentfähigkeit seitens der mit der internationalen vorläufigen Prüfung beauftragten Behörde (Internationaler vorläufiger Prüfungsbericht)

Prüfungsbericht
R 70.1 Begriffsbestimmung
R 70.2 **Grundlage** für den Bericht sind die geänderten Ansprüche
R 70.3 Angaben
R 70.4 Daten
R 70.5 Klassifikation
R 70.9 **Nicht-schriftliche Offenbarungen**
R 70.10 Bestimmte veröffentlichte Unterlagen
R 70.11 Hinweis auf **Änderungen** der Unterlagen
R 70.12 Erwähnung bestimmter **Mängel** und anderer Sachverhalte
R 70.13 Bemerkungen in Bezug auf die **Einheitlichkeit** der Erfindung
R 70.14 **Zuständiger Bediensteter** (s.u.)
R 70.15 Form; **Titel**: internationaler vorläufiger Bericht zur Patentfähigkeit (Kapitel II des Vertrags über die internationale Zusammenarbeit auf dem Gebiet des Patentwesens)

Form R 70.16 **Anlagen zum Bericht**
R 70.17 **Sprache** des Berichts und der Anlagen
VV 612 **Zuständiger Bediensteter**
EPÜ-RiLi C-VIII 1. EPA als IPEA: Die **Zuständigkeit** für die internationale vorläufige Prüfung liegt bei einem Prüfer (Art 35 (Prüfungsbericht), R 70.14 (Zuständiger Bediensteter)); insofern keine Abweichung von Vorschriften für die Prüfung europäischer Patentanmeldungen
EPÜ-RiLi E-VIII 4.3.3. Internationaler vorläufiger Prüfungsbericht bildet Grundlage für Prüfungsbescheid des EPA in der regionalen Phase; Abweichungen nur im Ausnahmefall
R 70.6 Feststellung nach Art 35(2) im internationalen vorläufigen Prüfungsbericht
R 70.7 Angabe der Unterlagen nach Art 35(2) im internationalen vorläufigen Prüfungsbericht
R 70.8 Erläuterung nach Art 35(2) im internationalen vorläufigen Prüfungsbericht
Art 34(6) Unklare Ansprüche bzw. keine Verpflichtung zur Prüfung

---

Artikel 36 Übermittlung, Übersetzung und Übersendung des internationalen vorläufigen Prüfungsberichts

(1) Der internationale vorläufige Prüfungsbericht wird mit den vorgeschriebenen Anlagen **dem Anmelder und dem Internationalen Büro** übermittelt.

Art 39 Übermittlung eines Exemplars und einer Übersetzung der Anmeldung sowie Gebührenzahlung an das ausgewählte Amt. (siehe Übersicht)
R 71 Übersendung des internationalen vorläufigen Prüfungsberichts oder des schriftlichen Bescheids der Internationalen Recherchenbehörde
R 73.1 Herstellung der Kopien
R 73.2 Es hat grundsätzlich eine unverzügliche Übermittlung zu erfolgen.
Formular PCT/IPEA/409

(2) a) Der internationale vorläufige Prüfungsbericht und seine Anlagen werden in die vorgeschriebenen **Sprachen übersetzt**.

b) Jede **Übersetzung** des Berichts selbst erfolgt **durch das Internationale Büro** oder unter seiner Verantwortung, während eine **Übersetzung der Anlagen durch den Anmelder** vorzunehmen ist.

R 70.2 Geänderte Ansprüche als Grundlage für den Bericht

R 70.16 Anlagen zum Bericht: Ersatzblätter und Begleitschreiben bzgl. Änderungen nach Art 19 oder Art 34, offensichtlicher Fehler, Nichtberücksichtigung wegen hinausgehenden Offenbarungsgehalts oder fehlender Begleitschreiben

R 72 Übersetzung des internationalen vorläufigen Prüfungsberichts und des schriftlichen Bescheids der Internationalen Recherchenbehörde

    R 72.1 Das ausgewählte Amt kann die Sprache bestimmen, wenn der Prüfungsbericht nicht in englischer Sprache vorliegt.

    R 72.2^{bis} betrifft den schriftlichen Bescheid der Internationalen Recherchenbehörde

    R 72.2 Kopie der Übersetzung für den Anmelder

    R 72.3 Stellungnahme zu der Übersetzung

Übersetzung

(3) a) Der internationale vorläufige Prüfungsbericht wird mit seiner Übersetzung (wie vorgeschrieben) und seinen Anlagen (in der Originalsprache) durch das Internationale Büro jedem ausgewählten Amt übersandt.

b) Die vorgeschriebene **Übersetzung der Anlagen** wird innerhalb der vorgeschriebenen **Frist** vom Anmelder den ausgewählten Ämtern übermittelt.

R 74 Übersetzung der Anlagen des internationalen vorläufigen Prüfungsberichts und ihre Übermittlung

    R 74.1 Inhalt der Übersetzung: Die Frist für die Übermittlung beträgt 30/31 Monate (Art 39).

Anlagen

(4) Auf Kopien der im internationalen vorläufigen Prüfungsbericht genannten Unterlagen, die nicht bereits im internationalen Recherchenbericht genannt sind, findet Artikel 20 Absatz 3 *(Kopien der Entgegenhaltung)* entsprechende Anwendung.

R 71.2 a) Kopien von angegebenen Unterlagen sind noch 7 Jahre ab dem Anmeldedatum der internationalen Patentanmeldung einsehbar.

R 71.2 b) Kosten der Herstellung und Versendung der Kopien können verlangt werden.

Artikel 37 Zurücknahme eines Antrags oder einer Auswahlerklärung

(1) Der Anmelder kann jede einzelne oder auch alle Auswahlerklärungen zurücknehmen.

(2) Wird die Auswahlerklärung für alle ausgewählten Staaten zurückgenommen, so gilt der Antrag als zurückgenommen.

(3) a) Die Zurücknahme ist **dem Internationalen Büro** mitzuteilen.

b) Das Internationale Büro unterrichtet jedes betroffene ausgewählte Amt und die mit der internationalen vorläufigen Prüfung beauftragte Behörde von der Zurücknahme.

R 90bis.4 Zurücknahme des Antrags oder von Auswahlerklärungen

R 90bis.5 Unterschrift

R 90bis.6 Wirkung der Zurücknahme

Zurücknahme des Antrags

> (4) a) Vorbehaltlich des Buchstaben b gilt die **Zurücknahme eines Antrags** oder der Auswahlerklärung, falls das nationale Recht dieses Staates nichts anderes bestimmt, mit Wirkung für diesen Staat als **Zurücknahme der internationalen Anmeldung**.

Zurücknahme der internationalen Anmeldung

R 90bis.1 Zurücknahme der internationalen Anmeldung
R 90bis.2 Zurücknahme von Bestimmungen
R 90bis.3 Zurücknahme von Prioritätsansprüchen
R 90bis.3bis Zurücknahme des Antrags auf eine ergänzende Recherche
R 90bis.5 Unterschrift
R 90bis.6 Wirkung der Zurücknahme

> b) Erfolgt die Zurücknahme des Antrags oder die Zurücknahme der Auswahlerklärung **vor Ablauf der jeweils anwendbaren Frist nach Artikel 22, so gilt sie nicht als Zurücknahme der internationalen** Anmeldung; jedoch kann das Recht jedes Vertragsstaats vorsehen, dass diese Vergünstigung nur dann gilt, wenn sein nationales Amt innerhalb der vorgenannten Frist ein Exemplar der internationalen Anmeldung mit einer Übersetzung (wie vorgeschrieben) erhalten hat und die nationalen Gebühren gezahlt worden sind.

Es gibt keinen Vorbehalt nach Art 37 (4) b) bzw. R 90bis.7.

Die Frist nach Art 22 beträgt i.d.R. 30 Monate. D.h. i.d.R gilt die Zurücknahme des Antrags auf IVP nicht als Zurücknahme der PCTa. Erfolgt die Zurücknahme vor Beginn der Prüfung, erfolgt ggf. eine Erstattung der internationalen vorläufigen Prüfungsgebühr. Das EPA erstattet in dem Fall 75 % der Prüfungsgebühr (Euro-PCT-Leitfaden Rn 353.

Artikel 38   Vertraulicher Charakter der internationalen vorläufigen Prüfung

(1) Weder das Internationale Büro noch die mit der internationalen vorläufigen Prüfung beauftragte Behörde dürfen außer auf Antrag des Anmelders oder mit seiner Einwilligung Personen oder Behörden zu irgendeiner Zeit Einsicht im Sinne und unter dem Vorbehalt des Artikels 30 Absatz 4 **in die Akten der vorläufigen internationalen Prüfung** gewähren; **das gilt nicht für die ausgewählten Ämter**, sobald der vorläufige internationale Prüfungsbericht erstellt worden ist.

(2) Vorbehaltlich des Absatzes 1, des Artikels 36 Absätze 1 und 3 *(Übermittlung IVP-Bericht an Anmelder, IB, ausgewähltes Amt)* und des Artikels 37 Absatz 3 Buchstabe b *(Unterrichtung des ausgewählten Amtes und IPEA durch IB über Zurücknahme der Auswahlerklärung)* dürfen weder das Internationale Büro noch die mit der internationalen vorläufigen Prüfung beauftragte Behörde ohne Antrag oder Einwilligung des Anmelders Auskünfte darüber erteilen, ob ein vorläufiger internationaler Prüfungsbericht erstellt oder nicht erstellt und ob ein Antrag auf internationale vorläufige Prüfung oder die Benennung eines Staates als ausgewählter Staat zurückgenommen oder nicht zurückgenommen ist.

Siehe auch Übersicht zur Akteneinsicht/Veröffentlichungen
Art 30   Vertraulicher Charakter der Anmeldung
R 94   Akteneinsicht
R 61.4   Jedoch wird der Antrag auf internationale Prüfung veröffentlicht

Artikel 39 Übermittlung eines Exemplars und einer Übersetzung der Anmeldung sowie Gebührenzahlung an das ausgewählte Amt

(1) a) Ist ein Vertragsstaat vor dem Ablauf des **19. Monats**[1] seit dem Prioritätsdatum ausgewählt worden *(Art 31 Antrag auf vorläufige internationale Prüfung)*[2], so ist Artikel 22 auf einen solchen Staat nicht anzuwenden, und **der Anmelder** hat jedem ausgewählten Amt vor dem Ablauf von **30 Monaten** seit dem Prioritätsdatum ein Exemplar der internationalen Anmeldung (**sofern diese nicht bereits nach Artikel 20 übermittelt worden ist**) und eine **Übersetzung**[3] hiervon (wie vorgeschrieben) zuzuleiten und die nationale Gebühr (falls sie erhoben wird) zu bezahlen *(Art 158(2) EPÜ a.F., Art 153 (3), (4) EPÜ 2000 Übermittlung der Anmeldung in der Amtssprache und Zahlung der Gebühren).*

R 57	Bearbeitungsgebühr	
R 58	Gebühr für die internationale Prüfung. Es besteht bei Versäumnis aller Fristen zur Zahlung der Gebühren kein Rechtsbehelf in der internationalen Phase, sondern nur auf nationaler Ebene.	*Gebühr*
R 49	Bestimmungen zu Übersetzungen, die anzufertigen sind	
R 76	Übersetzung des Prioritätsbelegs; Anwendung bestimmter Regeln auf Verfahren vor den ausgewählten Ämtern	

    R 76.4   Frist für die Übersetzung des Prioritätsbelegs bestimmt sich nach Art 39

    R 76.5   Anwendung der R 13ter.3 (standardisiertes Sequenzprotokoll), R 20.8 (Einbeziehung von Bestandteilen, Anmeldedatum), R 22.1 g) (Aktenexemplar), R 47.1 (Übermittlung internationaler Anmeldung und Recherchenbericht durch IB), R 49 (Übermittlung, Übersetzung und Gebührenzahlung), R 49bis (Angaben zum Schutzbegehren), R 49ter.2 (Wirkung der Wiederherstellung des Prioritätsrechts) und R 51bis (Nationale Erfordernisse)

R 82^{quater}.1 Entschuldigung von Fristüberschreitungen

Art 153 (1) EPÜ Die Auswahl eines EPÜ-Staates führt zur Auswahl aller Staaten (»Mitnahmeeffekt«).

[1]

Die Bedeutung des Art 39 liegt in der Verlängerung der aufschiebenden Wirkung nach Art 22, 23 für die Länder, die die Unvereinbarkeit des Art 22 mit nationalem Recht erklärt haben und für die die 20- bzw. 21-Monatsfrist gilt (siehe Anmerkungen zu Art 22). Um die aufschiebende Wirkung für den Eintritt in die nationale Phase für diese Länder zu erzielen, muss der Antrag auf internationale vorläufige Prüfung trotz der Bestimmung der R 54bis vor Ablauf von 19 Monaten gestellt werden (Applicant's Guide int. P. Nr. 5.006, 10.010). Die aufschiebende Wirkung kann allerdings auch dadurch erreicht werden, dass diese Länder nicht für die nationale Phase ausgewählt werden, sondern über die regionale Phase (siehe Anmerkung zu Art 22 am Ende und PCT Newsletter 02/2005, 6).

[2]

Art 64 (1) a) Ablauf von Vorbehalten bezüglich Kap. II
- Spanien (ES) kann seit dem 06.09.97 ausgewählt werden, unabhängig vom internationalen Anmeldedatum
- Griechenland (GR) kann ausgewählt werden, unabhängig vom internationalen Anmeldedatum
- Lichtenstein (LI) kann seit dem 01.09.1995 ausgewählt werden, unabhängig vom internationalen Anmeldedatum

– Schweiz (CH) kann ab 01.09.1995 ausgewählt werden, unabhängig vom internationalen Anmeldedatum

[3]

R 95   Angaben zum Eintritt in die nationale Phase und Vorlage von Übersetzungen an das Internationale Büro

R 70.16 Änderungen gemäß Art 19 PCT (nach Zustellung des Recherchenberichts) und R 66.8 PCT (während des internationalen vorläufigen Prüfungsverfahrens) werden dem vorläufigen Prüfungsbericht angeschlossen und sind somit nach R 49.5 PCT Gegenstand der Übersetzung

G 4/08 Ist die PCTa in einer Amtssprache des EPA eingereicht worden, also in DE, FR oder GB, so bleibt es bei dieser Sprache als Verfahrenssprache nach der Einleitung der regionalen Phase vor dem EPA. Die Verfahrenssprache kann bei der Einleitung der regionalen Phase vor dem EPA nicht im Wege der Einreichung einer Übersetzung geändert werden (EPÜ-RiLi E-VIII 2.1.2.).

b) Das nationale Recht kann für die Vornahme der unter Buchstabe a genannten Handlungen **Fristen** setzen, die **später** als die in jenem Absatz bestimmten Fristen ablaufen.

Die verlängerten Fristen, die das nationale Recht nach Art 39 (1) b) gestattet, stimmen in einigen Fällen nicht mit den verlängerten Fristen nach Art 22 (3) überein.

Art 22   Fristen und Nachfristen für Bestimmungsämter
         Eine nach Ländern geordnete Übersicht der Fristen einschließlich Nachfristen findet sich unter »Mitgliedsstaaten des PCT« und unter www.wipo.int/pct/en/texts/time_limits.html.

Art 48 (2), R 82bis.2 Wiedereinsetzung nach Versäumnis der Handlungen nach Art 39
R 77.1   Ausübung der Befugnis nach Art 39 (1) b)

(2) Die in Artikel 11 Absatz 3 genannte **Wirkung** endet in dem ausgewählten Staat mit den gleichen Folgen wie die **Zurücknahme** einer nationalen Anmeldung in diesem Staat, falls der Anmelder die in Absatz 1 Buchstabe a vorgesehenen Handlungen nicht innerhalb der gemäß Absatz 1 Buchstaben a oder b maßgeblichen Frist vornimmt.

R 160 EPÜ Rechtsfolge ist die Rücknahmefiktion
VV 112 Erlöschen der Wirkung nach den Art 24(1) (iii) und Art 39(2), Nachprüfung nach Art 25(2) und Aufrechterhaltung der Wirkung nach den Art 24(2) und Art 39(3)

(3) Jedes ausgewählte Amt kann die in Artikel 11 Absatz 3 genannte **Wirkung** auch für den Fall **aufrechterhalten**, dass der Anmelder die Erfordernisse des Absatzes 1 Buchstaben a oder b nicht erfüllt *(Art 48 (Weiterbehandlung, Wiedereinsetzung))*.

Art 24   (2) umfasst eine entsprechende Regelung.
Art 25   (2) umfasst eine entsprechende Regelung.
VV 112 Erlöschen der Wirkung nach den Art 24(1) (iii) und Art 39(2), **Nachprüfung nach Art 25(2)** und Aufrechterhaltung der Wirkung nach den Art 24(2) und Art 39(3)

Artikel 40   Aussetzung der nationalen Prüfung und des sonstigen Verfahrens
(Bearbeitungsverbot)

(1) Ist ein Vertragsstaat vor dem Ablauf des 19. Monats seit dem Prioritätsdatum als ausgewählter Staat benannt worden, so ist Artikel 23 auf einen solchen Staat nicht an-

wendbar; das nationale Amt dieses Staates oder das für diesen Staat handelnde Amt darf die internationale Anmeldung vorbehaltlich des Absatzes 2 nicht vor dem Ablauf der nach Artikel 39 maßgeblichen Frist *(30/31 Monate)* prüfen oder bearbeiten.

(2) Unbeschadet des Absatzes 1 kann auf ausdrücklichen Antrag des Anmelders jedes ausgewählte Amt die Prüfung und Bearbeitung der internationalen Anmeldung jederzeit aufnehmen.

EPA Die Voraussetzungen eines wirksamen Antrags auf vorzeitige Bearbeitung hängen auch davon ab, an welchem Tag die vorzeitige Bearbeitung beantragt wird. Zu den Erfordernissen und Folgen siehe Mitteilung des EPA ABl. 2015, A94 S. 3, ABl. 2013, 156, das ABl. 2011, 48 ergänzt sowie Euro-PCT-Leitfaden E.I. Rn 431.

Art 23 (2) umfasst eine entsprechende Regelung

R 49ter.2 b) Frist des Antrags auf Wiederherstellung des Prioritätsrechts

R 159 EPÜ Erfordernisse für einen wirksamen Antrag auf vorzeitige Bearbeitung

Artikel 41 Änderung der Ansprüche, der Beschreibung und der Zeichnungen vor dem ausgewählten Amt

(1) Dem Anmelder muss die Möglichkeit gegeben werden, die Ansprüche, die Beschreibung und die Zeichnungen im Verfahren vor jedem ausgewählten Amt innerhalb der vorgeschriebenen Frist zu ändern. Kein ausgewähltes Amt darf vor Ablauf dieser Frist außer mit ausdrücklicher Zustimmung des Anmelders ein Patent erteilen oder die Erteilung eines Patents ablehnen.

(2) Die Änderungen dürfen nicht über den **Offenbarungsgehalt** der internationalen Anmeldung im Anmeldezeitpunkt hinausgehen, sofern das nationale Recht des ausgewählten Staates nicht zulässt, dass sie über den genannten Offenbarungsgehalt hinausgehen.

(3) Soweit in diesem Vertrag und der Ausführungsordnung keine ausdrückliche Bestimmung getroffen ist, müssen die Änderungen dem **nationalen Recht des ausgewählten Staates entsprechen**.

(4) Verlangt der ausgewählte Staat eine Übersetzung der internationalen Anmeldung, so müssen **die Änderungen in der Sprache** der Übersetzung eingereicht werden.

R 11.12 Änderungen der Anmeldung
R 12.2   Sprache von Änderungen in der internationalen Anmeldung
R 92bis Eintragung von Änderungen bestimmter Angaben im Antrag oder im Antrag auf internationale vorläufige Prüfung

Kapitel I: *Änderungen in Kapitel I*
Art 19 Änderung der **Ansprüche** im Verfahren **vor dem Internationalen Büro**
R 46   Änderung von Ansprüchen vor dem Internationalen Büro
    R 46.1 Die Frist zur Einreichung von Änderungen beträgt 2 Monate ab Zustellung des Recherchenberichts oder 16 Monate ab dem Prioritätsdatum.
    R 46.2 Änderungen sind bei Internationalen Büro einzureichen
    R 46.3 Die Sprache der Änderungen ist die Veröffentlichungssprache (R 48.3)
    R 46.4 Erklärung nach Art 19 (1)
    R 46.5 Form der Änderungen
R 62   Kopie der Änderungen nach Art 19 für die mit der internationalen vorläufigen Prüfung beauftragte Behörde mit Kopie des schriftlichen Bescheids der Internationalen Recherchenbehörde

Die internationale vorläufige Prüfung

        R 62.1   Vor der Antragstellung eingereichte Änderungen
VV 205 Nummerierung und Bezeichnung geänderter Ansprüche
VV 417 Verfahren bei Änderungen nach Art 19

Änderungen im Anschluss an Kapitel I

National im Anschluss an Kapitel I:

Art 28 Änderung der **Ansprüche, der Beschreibung und der Zeichnungen** im Verfahren **vor den Bestimmungsämtern**

R 52   Änderung der Ansprüche, der Beschreibung und der Zeichnungen vor den Bestimmungsämtern
        R 52.1   Die Frist beträgt 1 Monat ab Einleitung der nationalen Phase

R 159 (1) b) EPÜ: Einreichen neuer Änderungen oder Angabe der Aufrechterhaltung von vorgenommenen Änderungen beim Eintritt in die regionale Phase, Verwendung Formblatt 1200 wird empfohlen (Merkblatt zum Formblatt EPA 1200, Euro-PCT-Leitfaden E.I Rn 424).

R 161 EPÜ Erneute Änderungsmöglichkeit während Euro-PCT-Phase innerhalb Frist von 6 Monaten seit Mitteilung unter Beachtung von R 137 (4) EPÜ (Merkblatt zum Formblatt 1200, ABl. 2011, 354, ABl. 2010, 406 mit weiteren Details, EPÜ-RiLi E- VIII 3.).

R 137 (5) EPÜ: Änderungen nach Erhalt des ergänzenden europäischen Recherchenberichts, EPÜ-RiLi E-VIII 4.2.

Änderungen in Kapitel II

Kapitel II:

Art 34 (2) b) **Änderung der Ansprüche, der Beschreibung und der Zeichnungen vor mit der internationalen vorläufigen Prüfung beauftragten Behörde**

R 53   Der Antrag auf internationale vorläufige Prüfung
        R 53.9   Erklärung betreffend Änderungen nach Art 19

R 55.3 Sprache und Übersetzung von Änderungen und Begleitschreiben

R 62   Kopie der Änderungen nach Art 19 für die mit der internationalen vorläufigen Prüfung beauftragte Behörde mit Kopie des schriftlichen Bescheids der Internationalen Recherchenbehörde
        R 62.2   Nach Antragstellung eingereichte Änderungen

R 66.4 Zusätzliche Möglichkeit zur Einreichung von Änderungen oder Gegenvorstellungen

R 66.4^{bis} Berücksichtigung von Änderungen, Gegenvorstellungen und Berichtigungen offensichtlicher Fehler

R 66.5 Änderungen

R 66.8 Form der Änderungen

R 70.11 Hinweis im internationalen vorläufigen Prüfungsberichts auf Änderungen

national

National im Anschluss an Kapitel II:

R 78   Änderung der Ansprüche, der Beschreibung und der Zeichnungen **vor den ausgewählten Ämtern**
        R 78.1   Die Frist beträgt grundsätzlich 1 Monat nach Erfüllung der Erfordernisse des Art 39 (1) a)
        R 78.3   Gebrauchsmuster

R 159 (1) b) EPÜ: Einreichen neuer Änderungen oder Angabe der Aufrechterhaltung von vorgenommenen Änderungen beim Eintritt in die regionale Phase, Verwendung Formblatt 1200 wird empfohlen (Merkblatt zum Formblatt EPA 1200, Euro-PCT-Leitfaden E.I Rn 424).

R 161 EPÜ Erneute Änderungsmöglichkeit während Euro-PCT-Phase innerhalb Frist von 6 Monaten seit Mitteilung unter Beachtung von R 137 (4) EPÜ (Merkblatt zum Formblatt 1200, ABl. 2011, 354, ABl. 2010, 406 mit weiteren Details, EPÜ-RiLi E-VIII 3.).

R 137 (5) EPÜ: Änderungen nach Erhalt des ergänzenden europäischen Recherchenberichts, EPÜ-RiLi E-VIII 4.2.

Artikel 42 Ergebnisse nationaler Prüfungen durch ausgewählte Ämter

Ein ausgewähltes Amt, das den internationalen vorläufigen Prüfungsbericht erhält, kann nicht verlangen, dass der Anmelder Kopien oder Auskünfte über den Inhalt von Unterlagen zur Verfügung stellt, die sich auf die Prüfung der gleichen internationalen Anmeldung durch ein anderes ausgewähltes Amt beziehen.

In der Gesetzesbegründung zum PCT, abgefasst während der Washingtoner Konferenz 1970, abzurufen unter www.wipo.int/export/sites/www/pct/en/texts/pdf/washington_p1_to_162.pdf, heißt es zu Art 42:

»NOTES ON ARTICLE 42

SOLE PARAGRAPH: There is a growing tendency in examining Offices to obligate the applicant to produce copies, or information on the contents, of any papers connected with the examination of the same invention in other examining Offices. Sometimes it is even required that the applicant furnish translations of such papers. Such requirements may become extremely costly and vexatious for the applicant. Article 42 would exclude such requirements, provided the other Offices were also elected under Chapter II. Such other Offices would hardly lose anything because, instead of the said papers, they would receive the international preliminary examination report, which generally will be more valuable to them as it is prepared according to agreed international criteria.

On the other hand, nothing in this Article prevents any elected Office from asking any other elected Office to exchange with it – direct, that is, without the intervention of the applicant and without placing any burden on him – information on the examination results in the national phase, provided such exchange is permitted by the applicable laws.«

Damit ist klar, dass die Anmelder von der Last der sog. »*information disclosure statement*« (IDS) befreit werden sollen. Die Ämter sollen ggf. Informationen direkt untereinander austauschen.

Nach gegenwärtigem Erkenntnisstand verstoßen die folgenden Länder gegen Art 42, da sie auch für Anmeldungen, die die IVP durchlaufen haben, ein IDS verlangen (können): BR, CA, CO, GB, IE, IL, IN, MX, MY, NO und US. In einigen dieser Länder ist die Anforderung eines IDS jedoch nur eine Option für den Prüfer, so dass eine Verletzung von Art 42 nicht stets vorkommt.

Regelmäßig wird Art 42 verletzt von GB, IL, IN, US. Dabei ist US von erheblicher praktischer Relevanz.

Kapitel III. Gemeinsame Bestimmungen

Artikel 43 Nachsuchen um bestimmte Schutzrechtsarten
(Wahl von Schutzrechtsarten)

Wird ein Staat bestimmt oder ausgewählt, dessen Recht die Erteilung von Erfinderscheinen, Gebrauchszertifikaten, Gebrauchsmustern, Zusatzpatenten, Zusatzzertifikaten, Zusatzerfinderscheinen oder Zusatzgebrauchszertifikaten vorsieht, so kann der Anmelder, wie in der Ausführungsordnung vorgesehen, angeben, dass mit seiner internationalen Anmeldung in diesem Staat an Stelle der Erteilung eines Patents die Erteilung eines Erfinderscheins, eines Gebrauchszertifikats oder eines Gebrauchsmusters beantragt wird oder dass die Anmeldung auf die Erteilung eines Zusatzpatents, Zusatzzertifikats, Zusatzerfinderscheins oder Zusatzgebrauchszertifikats gerichtet ist; die Wirkung richtet sich nach der Wahl des Anmelders. Für die Zwecke dieses Artikels und jede dazugehörige Regel ist Artikel 2 Ziffer ii nicht anzuwenden.

Artikel 44 Nachsuchen um zwei Schutzrechtsarten
(Auf nationaler Ebene)

Wird ein Staat bestimmt oder ausgewählt, nach dessen Recht neben einem Antrag auf Erteilung eines Patents oder eines der sonstigen in Artikel 43 genannten Schutzrechte zusätzlich die Erteilung eines anderen Schutzrechts der genannten Art beantragt werden kann, so kann der Anmelder die beiden Schutzrechte, um die er nachsucht, gemäß der Ausführungsordnung angeben; die Wirkung richtet sich nach den Angaben des Anmelders. Für die Zwecke dieses Artikels ist Artikel 2 Ziffer ii nicht anzuwenden.

Liste der WIPO über Rechtsschutzrechtsarten: www.wipo.int/export/sites/www/pct/en/texts/pdf/typesprotection.pdf, Abschaffung des Zusatzpatents in DE mit Wirkung vom 01.04.2014.

Art 43   Nachsuchen um zwei Schutzrechtsarten auf regionaler Ebene

Artikel 45 Regionale Patentverträge

(1) In einem Vertrag, in dem die Erteilung regionaler Patente vorgesehen ist (»regionaler Patentvertrag«) und nach dem alle gemäß Artikel 9 zur Einreichung internationaler Patentanmeldungen befugten Personen das Recht haben, die Erteilung eines solchen regionalen Patents zu beantragen, kann bestimmt werden, dass internationale Anmeldungen, durch die ein Mitgliedstaat sowohl des regionalen Patentvertrags als auch dieses Vertrags als Bestimmungsstaat oder ausgewählter Staat benannt wird, als Anmeldungen für die Erteilung regionaler Patente eingereicht werden können.

(2) In dem nationalen Recht des genannten Bestimmungsstaats oder ausgewählten Staates kann vorgesehen werden, dass jede Bestimmung oder Auswahl eines solchen Staates in der internationalen Anmeldung als Hinweis auf den Wunsch anzusehen ist, ein regionales Patent nach dem regionalen Patentvertrag zu erhalten.

Mitnahmeeffekt **PCT Vertragsstaaten, für die regionale Patente angemeldet werden können:**
(veröffentlicht unter www.wipo.int/pct/en/texts/reg_des.html, www.wipo.int/pct/en/texts/pdf/typesprotection.pdf)

Regionale Verbände, die PCT Mitglieder sind:

AP ARIPO Patent
- nur regionale Phase, nicht nationale Phase für: SZ
- regionale oder nationale Phase für: BW, GH, GM, KE, LR (für internationale Anmeldungen seit 24.03.2010), LS, MW, MZ, NA, RW (für internationale Anmeldungen seit 24.09.2011), SD, SL, ST (für internationale Anmeldungen seit 19.08.2014), TZ, UG, ZM, ZW

EA Eurasisches Patent
- regionale oder nationale Phase für: AM, AZ, BY, KG, KZ, MD (für internationale Anmeldungen bis zum 25.04.2012, PCT Gazette 16.02.2012), RU, TJ, TM

EP Europäisches Patent
- nur regionale, nicht nationale Phase für: BE, CY, FR, GR, IE, IT, LV, MT (für LV und MT: Anmeldungen seit 01.03.2007) (für LT seit 04.09.2014, PCT-Newsletter 2/2012, S. 1), MC, NL, SI (Art 4 (1) ii) PCT, Art 153 (1) EPÜ)
- regionale oder nationale Phase für: AL (für internationale Anmeldungen seit 01.05.2010) AT, BG, CH, CZ, DE, DK, EE, ES, FI, GB, HR (für internationale Anmeldungen seit 01.01.2008), HU, IS (IS für internationale Anmeldungen seit 01.11.2004), LI, LT (LT für internationale Anmeldungen vom 01.12.2004 bis 03.09.2014), LU, LV, MT (LV und MT: für internationale Anmeldungen vom 01.07.2005 bis 28.02.2007), MK (für internationale Anmeldungen seit dem 01.01.2009) NO (NO für internationale Anmeldungen seit 01.01.2008), PL (für internationale Anmeldungen seit 01.03.2004), PT, RO, RS (für internationale Anmeldungen seit 01.10.2010, PCT Gazette 05.08.2010, S. 137), SE, SK, SM (für internationale Anmeldungen seit 01.07.2009), TR
- Erstreckungsstaaten, d.h. Staaten die nicht unter die Bestimmung EP fallen, aber potentielle Beitrittskandidaten sind: für die am internationalen Anmeldedatum ein Erstreckungsabkommen in Kraft ist und die dem PCT angehören: AL vom 01.02.1996 bis 30.04.2010, BA seit 01.12.2004, HR vom 01.04.2004 bis 31.12.2007, LT vom 05.07.1994 bis 30.11.2004, LV vom 01.05.1995 bis 30.06.2005, MK vom 01.11.1997 bis 31.12.2008, RO vom 15.10.1996 bis 28.02.2003; SI vom 01.03.1994 bis 30.11.2002. RS als Rechtsnachfolger (ab 05.06.2006) der ehemaligen Staatsunion Serbien und Montenegro (YU), vom 01.11.2004 bis 30.09.2010. Erklärung der Verbindlichkeit des PCT (BIPMZ 2008, 170) und der Wirksamkeit von Handlungen vor und von der vor dem 03.06.2006 zuständigen Behörde (PCT Newsletter 06/2007, S. 3; 12/2008, S. 4). Mit Montenegro (ME unabhängig seit 03.06.2006) seit 01.03.2010 neues Abkommen in Kraft. Für vorherige Anmeldungen kann sich eine vergleichbare Wirkung aufgrund des Abkommens mit YU (ABl. 6/2007, 406) ergeben (ABl. 1/2010, 10).
- Validierungsabkommen, d.h. Abkommen mit Staaten, für die kein EPÜ Beitritt vorgesehen ist. Für die ab dem Geltungszeitpunkt eingereichten europäischen oder internationalen Patentanmeldungen gilt ein Antrag auf Validierung in dem entsprechenden Land als gestellt. Für Marokko (MA) ab dem 01.03.2015 (ABl. 2016, A5), für die Republik Moldau (MD) ab dem 01.11.2015 (ABl. 2015, A85; 2016, A67), für Tunesien (TN) ab dem 01.12.2017 (ABl. 2017, A85), für Kambodscha (KH) ab dem 01.03.2018 (ABl. 2018, A16).

OA OAPI Patent
- nur regionale, nicht nationale Phase für: BF, BJ, CF, CG, CI, CM, GA, GN, GQ, GW, KM (für internationale Anmeldungen seit 25.03.2013), ML, MR, NE, SN, TD, TG

Verbände, die nicht PCT-Mitglied sind:
Bilateraler Vertrag
- CH – LI einheitliches Rechtsgebiet aufgrund des Patentschutzvertrages vom 22.12.1978, ABl. 1980, 407. CH und LI sind Mitglieder im PCT, nicht aber der Zusammenschluss, der ein einheitliches Rechtsgebiet bildet.

Multilateraler Vertrag
- einheitliches Patent des Golfkooperationsrats (GCC). Mitglieder sind: Bahrain (BH), Katar (QA), Kuwait (KW), Oman (OM), Saudi Arabien (SA), Vereinigte Arabische Emirate (AE). Siehe J. Wrede: »Das GCC-Patent«, Mitteilungen der deutschen Patentanwälte 2014, 385.

Artikel 46 Unrichtige Übersetzung der internationalen Anmeldung

Geht als Folge einer unrichtigen Übersetzung der internationalen Anmeldung der Umfang eines auf die Anmeldung erteilten Patents über den Umfang der internationalen Anmeldung in der Originalsprache hinaus, so können die zuständigen Behörden des betreffenden Vertragsstaats den Umfang des Patents **mit rückwirkender Kraft entsprechend einschränken** und es insoweit für nichtig erklären, wie sein Umfang den Umfang der internationalen Anmeldung in der Originalsprache übersteigt.

Artikel 47 Fristen

(1) Die Einzelheiten für die Berechnung der in diesem Vertrag festgesetzten Fristen ergeben sich aus der Ausführungsordnung.

R 79	Zeitrechnung	
	R 79.1	Angabe von Daten
R 80	Berechnung der **Fristen**	
	R 80.1	In **Jahren** bestimmte Fristen
	R 80.2	In **Monaten** bestimmte Fristen
	R 80.3	In **Tagen** bestimmte Fristen
	R 80.4	**Örtliche Daten**
	R 80.5	Ablauf an einem anderen Tag als einem Werktag (**Feiertag**)
	R 80.6	Datum von Schriftstücken (**Zustellung**)
	R 80.7	Ende eines Werktags
Art 48	Überschreitung bestimmter Fristen	
	R 82	Störungen im Postdienst
	R 82^{quater}.1	Entschuldigung von Fristüberschreitungen

(2) a) Alle in den Kapiteln I und II dieses Vertrags festgesetzten Fristen können unabhängig von einer Revision nach Artikel 60 durch einen Beschluss der Vertragsstaaten geändert werden.
  b) Der Beschluss wird in der Versammlung oder im schriftlichen Verfahren gefasst und bedarf der Einstimmigkeit.
  c) Die Einzelheiten dieses Verfahrens ergeben sich aus der Ausführungsordnung.

R 81 Änderung von im Vertrag festgesetzten Fristen
　　R 81.1　Änderungsvorschlag
　　R 81.2　Entscheidung der Versammlung
　　R 81.3　Schriftliche Abstimmung

Artikel 48　Überschreitung bestimmter Fristen

(1) Wird eine in diesem Vertrag oder der Ausführungsordnung festgesetzte Frist infolge einer **Unterbrechung des Postdiensts** oder infolge eines unvermeidbaren Verlusts oder einer Verzögerung bei der Postzustellung überschritten, so gilt diese Frist in den in der Ausführungsordnung vorgesehenen Fällen als gewahrt, sofern die dort vorgeschriebenen Nachweise erbracht und die dort erwähnten sonstigen Voraussetzungen erfüllt sind.

R 82　Störungen im Postdienst
　　R 82.1　Verzögerung oder Verlust bei der Postzustellung
　　R 82.2　Unterbrechung des Postdiensts
R 82^{quater}.1 Entschuldigung von Fristüberschreitungen

(2) a) Jeder Vertragsstaat sieht, soweit er betroffen ist, eine **Fristüberschreitung** als entschuldigt an, wenn Gründe vorliegen, die **nach seinem nationalen Recht** zugelassen sind.

b) Jeder Vertragsstaat kann, soweit er betroffen ist, eine Fristüberschreitung auch aus anderen Gründen als den in Buchstabe a genannten als entschuldigt ansehen.

Siehe Applicant's Guide, nat. P. Nr. 6.022
Sogenannte entscheidbare Fristen
R 82bis　Vom Bestimmungsstaat oder ausgewählten Staat zu entschuldigende Fristüberschreitungen
　　R 82bis.1　Bedeutung von »Frist« in Art 48 (2) (Fristüberschreitung nach nationalem Recht)
　　R 82bis.2　Wiedereinsetzung in den vorigen Stand und andere Vorschriften, auf die Art 48(2) anzuwenden ist
R 82^{quater}.1 Entschuldigung von Fristüberschreitungen
Art 25, 24 Abbruch der internationalen Phase, Heilung vor nationalem Amt
J 5/80　Art 48 (2) a) ist weit auszulegen. Art 121 EPÜ a.F., Art 122 EPÜ a.F. und R 85 a) EPÜ a.F. gelten bei Übergang in die nationale Phase. Die Frist wird behandelt, als sei sie vor dem EPA nach dem EPÜ abgelaufen. Anmerkung: R 85a EPÜ a.F Zahlungsaufforderung für Gebühren wird im Euro-PCT Verfahren allerdings verdrängt durch R 108 (3), (4) EPÜ a.F., R 160 EPÜ 2000 Im EPÜ 2000 wird dies über die Weiterbehandlung (R 135 EPÜ 2000) geregelt.
T 227/97 Eine Wiedereinsetzung ist immer dann gegeben wenn sie im EPÜ gegeben ist. R 31 (2) a) EPÜ und R 13bis (2) a) PCT sind gleich zu setzen.

Artikel 49　Das Recht zum Auftreten vor den internationalen Behörden

Rechtsanwälte, Patentanwälte oder andere Personen, welche befugt sind, vor dem nationalen Amt aufzutreten, bei dem die internationale Anmeldung eingereicht worden ist, haben auch das Recht, vor dem **Internationalen Büro**, der zuständigen **Internationalen Recherchenbehörde** und der zuständigen mit der **internationalen vorläufigen Prüfung beauftragten Behörde** in bezug auf diese Anmeldung aufzutreten.

Gemeinsame Bestimmungen

Die Befugnis nach nationalen Vorschriften ist im Summary – nat. P. – national Chapter und in Annex C des Applicant's Guide erwähnt.

Art 10   Anmeldeamt
Art 27 (7) Vertretung (Achtung): soweit ein Anmelder nicht EPÜ Angehöriger ist, muss vor dem EPA als Anmeldeamt ein Vertreter bestellt werden!
R 18.1   Anmelder
R 18.1 c) Einreichung bei der internationalen Behörde
R 83   Das Recht zum Auftreten vor internationalen Behörden
   R 83.1   Nachweis des Rechts
   R 83.2   Mitteilung über das Recht zum Auftreten
   R 83.1^{bis} (a) Das Recht zum Auftreten vor dem Internationalen Büro als Anmeldeamt: Aus diesem Recht ergibt sich auch das Recht zum Auftreten vor ISA und IPEA (R 83.1 ^{bis} (b)).
R 90   Anwälte und gemeinsame Vertreter
   R 90.1   Bestellung als Anwalt
   R 90.2   **Gemeinsamer Vertreter**
   R 90.3   Wirkungen von Handlungen, die durch Anwälte und gemeinsame Vertreter oder diesen gegenüber vorgenommen werden
   R 90.4   Bestellung eines Anwalts oder gemeinsamen Vertreters (Vollmacht)
   R 90.5   Allgemeine Vollmacht
   R 90.6   Widerruf und Verzicht

Kapitel IV. Technische Dienste

Artikel 50 Patentinformationsdienste

(1) Das Internationale Büro kann Dienste einrichten, durch die technische und andere geeignete Informationen, die ihm auf der Grundlage veröffentlichter Unterlagen, insbesondere von Patenten und veröffentlichten Patentanmeldungen zugänglich sind, zur Verfügung gestellt werden (in diesem Artikel als »Informationsdienste« bezeichnet).

(2) Das Internationale Büro stellt diese Informationsdienste entweder unmittelbar oder durch eine oder mehrere Internationale Recherchenbehörden oder durch besondere nationale oder internationale Einrichtungen, mit denen es eine Vereinbarung treffen kann, zur Verfügung.

(3) Die Informationsdienste werden in einer Weise betrieben, dass sie es besonders den Vertragsstaaten, die Entwicklungsländer sind, ermöglichen, technische Kenntnisse und technologisches Wissen unter Einschluss von zugänglichem veröffentlichtem Know-how zu erlangen.

(4) Die Informationsdienste stehen den Regierungen der Vertragsstaaten sowie Personen zur Verfügung, die die Staatsangehörigkeit von Vertragsstaaten besitzen oder in einem Vertragsstaat ihren Sitz oder Wohnsitz haben. Die Versammlung kann beschließen, dass diese Dienste auch anderen zur Verfügung gestellt werden.

(5) a) Jede Dienstleistung an Regierungen der Vertragsstaaten wird gegen Erstattung der Selbstkosten erbracht; handelt es sich um die Regierung eines Vertragsstaats, der ein Entwicklungsland ist, so wird die Dienstleistung unter Selbstkostenpreis erbracht, wenn der Fehlbetrag aus Gewinnen gedeckt werden kann, die aus Dienstleistungen an Empfänger, die nicht Regierungen der Vertragsstaaten sind, erzielt werden, oder wenn zur Deckung Mittel der in Artikel 51 Absatz 4 genannten Art zur Verfügung stehen.

b) Als Selbstkosten im Sinne des Buchstaben a sind Beträge zu verstehen, die über das hinausgehen, was ein nationales Amt oder eine Internationale Recherchenbehörde auf jeden Fall normalerweise für die Erfüllung seiner Aufgaben aufwenden muss.

(6) Die Einzelheiten der Anwendung dieses Artikels werden durch Beschlüsse der Versammlung oder – im Rahmen der von der Versammlung gezogenen Grenzen – durch Beschlüsse von Arbeitsgruppen geregelt, die die Versammlung zu diesem Zweck einsetzen kann.

(7) Die Versammlung empfiehlt, wenn sie dies für erforderlich erachtet, zusätzliche Finanzierungsmaßnahmen in Ergänzung zu den in Absatz 5 vorgesehenen Finanzierungsmöglichkeiten.

Artikel 51 Technische Hilfe

(1) Die Versammlung bildet einen Ausschuss für technische Hilfe (in diesem Artikel als »der Ausschuss« bezeichnet).

(2) a) Die Mitglieder des Ausschusses sind aus dem Kreis der Vertragsstaaten auszuwählen; eine angemessene Vertretung der Entwicklungsländer ist sicherzustellen.

b) Der Generaldirektor lädt auf eigene Initiative oder auf Antrag des Ausschusses zur Teilnahme an den Arbeiten des Ausschusses Vertreter zwischenstaatlicher Organisationen ein, die sich mit technischer Hilfe für Entwicklungsländer befassen.

(3) a) Der Ausschuss hat die Aufgabe, die technische Hilfe für die Entwicklungsländer unter den Vertragsstaaten bei der Entwicklung ihrer Patentsysteme auf nationaler oder regionaler Ebene in die Wege zu leiten und zu überwachen.

b) Die technische Hilfe umfasst unter anderem die Ausbildung von Fachleuten, die Entsendung von Sachverständigen und die Lieferung von Lehr- und Arbeitsmitteln.

(4) Im Hinblick auf die Finanzierung von Vorhaben, die sich aus diesem Artikel ergeben, wird sich das Internationale Büro bemühen, einerseits mit internationalen Finanzierungsorganisationen und zwischenstaatlichen Organisationen, insbesondere den Vereinten Nationen, ihren Unterorganen und Sonderorganisationen, soweit sie mit technischer Hilfe befasst sind, und andererseits mit den Regierungen der Empfängerstaaten der technischen Hilfe Vereinbarungen abzuschließen.

(5) Die Einzelheiten der Anwendung dieses Artikels werden durch Beschlüsse der Versammlung oder – im Rahmen der von der Versammlung gezogenen Grenzen – durch Beschlüsse von Arbeitsgruppen geregelt, die die Versammlung zu diesem Zweck einsetzen kann.

Artikel 52 Beziehungen zu anderen Vertragsbestimmungen

Dieses Kapitel lässt die in anderen Kapiteln dieses Vertrags enthaltenen finanziellen Bestimmungen unberührt. Diese Bestimmungen sind auf das vorstehende Kapitel und seine Durchführung nicht anwendbar.

Kapitel V. Verwaltungsbestimmungen

Artikel 53   Die Versammlung

(1) a) Die Versammlung setzt sich vorbehaltlich des Artikels 57 Absatz 8 aus den Vertragsstaaten zusammen.

b) Die Regierung jedes Vertragsstaats wird durch einen Delegierten vertreten, der von Stellvertretern, Beratern und Sachverständigen unterstützt werden kann.

(2) a) Die Versammlung

i) behandelt alle Fragen betreffend die Erhaltung und die Entwicklung des Verbands sowie die Anwendung dieses Vertrags;

ii) erfüllt die Aufgaben, die ihr durch andere Bestimmungen dieses Vertrags zugewiesen sind;

iii) erteilt dem Internationalen Büro Weisungen für die Vorbereitung von Revisionskonferenzen;

iv) prüft und billigt die Berichte und die Tätigkeit des Generaldirektors betreffend den Verband und erteilt ihm alle zweckdienlichen Weisungen in Fragen, die in die Zuständigkeit des Verbands fallen;

v) prüft und billigt die Berichte und Tätigkeiten des nach Absatz 9 eingesetzten Exekutivausschusses und erteilt dem Ausschuss Weisungen;

vi) legt das Programm fest, beschließt den Dreijahres-Haushaltsplan des Verbands und billigt seine Rechnungsabschlüsse;

Seit 1980 hat der Verband einen Zweijahres-Haushaltsplan.

vii) beschließt die Finanzvorschriften des Verbands;

viii) bildet die Ausschüsse und Arbeitsgruppen, die sie zur Verwirklichung der Ziele des Verbands für zweckdienlich hält;

ix) bestimmt, welche Staaten, die nicht Vertragsstaaten sind, und, vorbehaltlich des Absatzes 8, welche zwischenstaatlichen und internationalen nichtstaatlichen Organisationen zu ihren Sitzungen als Beobachter zugelassen werden;

x) nimmt jede geeignete Handlung vor, die der Förderung der Ziele des Verbands dient, und nimmt alle anderen Aufgaben wahr, die im Rahmen dieses Vertrags zweckdienlich sind.

b) Über Fragen, die auch für andere von der Organisation verwaltete Verbände von Interesse sind, entscheidet die Versammlung nach Anhörung des Koordinierungsausschusses der Organisation.

(3) Ein Delegierter kann nur einen Staat vertreten und nur im Namen eines Staates stimmen.

(4) Jeder Vertragsstaat verfügt über eine Stimme.

(5) a) Die Hälfte der Vertragsstaaten bildet das Quorum *(die für die Beschlussfähigkeit erforderliche Mindestzahl)*.

b) Kommt das Quorum nicht zustande, so kann die Versammlung Beschlüsse fassen, die jedoch – abgesehen von Beschlüssen, die das eigene Verfahren betreffen – nur wirksam werden, wenn das Quorum und die erforderliche Mehrheit im schriftlichen Verfahren, wie es in der Ausführungsordnung vorgesehen ist, herbeigeführt wird.

R 85   Fehlen des Quorums in der Versammlung
    R 85.1   Schriftliche Abstimmung

(6) a) Vorbehaltlich Artikel 47 Absatz 2 Buchstabe b, Artikel 58 Absatz 2 Buchstabe b, Artikel 58 Absatz 3 und Artikel 61 Absatz 2 Buchstabe b fasst die Versammlung ihre Beschlüsse mit einer Mehrheit von zwei Dritteln der abgegebenen Stimmen.

b) Stimmenthaltung gilt nicht als Stimmabgabe.

(7) Für Sachgebiete, die ausschließlich für die nach Kapitel II verpflichteten Staaten von Interesse sind, gilt jede Bezugnahme auf Vertragsstaaten in den Absätzen 4, 5 und 6 lediglich als Bezugnahme auf nach Kapitel II verpflichtete Staaten.

(8) Jede zwischenstaatliche Organisation, die als Internationale Recherchenbehörde oder als mit der internationalen vorläufigen Prüfung beauftragte Behörde eingesetzt ist, wird als Beobachter zur Versammlung zugelassen.

(9) Übersteigt die Zahl der Vertragsstaaten vierzig, so bildet die Versammlung einen Exekutivausschuss. Jede Bezugnahme in diesem Vertrag und der Ausführungsordnung auf den Exekutivausschuss ist als Bezugnahme auf den Exekutivausschuss nach seiner Bildung zu verstehen.

(10) Bis zur Bildung des Exekutivausschusses stellt die Versammlung im Rahmen des Programms und des Dreijahres-Haushaltsplans *(Seit 1980 hat der Verband ein Zweijahres-Programm und einen Zweijahres-Haushaltsplan.)* die vom Generaldirektor vorbereiteten Jahresprogramme und Jahreshaushaltspläne auf.

(11) a) Die Versammlung tritt nach Einberufung durch den Generaldirektor alle zwei Jahre zu einer ordentlichen Tagung zusammen, und zwar, abgesehen von außergewöhnlichen Fällen, zu derselben Zeit und an demselben Ort wie die Generalversammlung der Organisation.

b) Die Versammlung tritt nach Einberufung durch den Generaldirektor zu einer außerordentlichen Tagung zusammen, wenn der Exekutivausschuss *(nach seiner Bildung)* oder ein Viertel der Vertragsstaaten es verlangen.

(12) Die Versammlung gibt sich eine Geschäftsordnung.

Artikel 54   Der Exekutivausschuss

(1) Der Exekutivausschuss unterliegt nach seiner Bildung durch die Versammlung den nachfolgenden Bestimmungen.

(2) a) Vorbehaltlich des Artikels 57 Absatz 8 setzt sich der Exekutivausschuss aus den von der Versammlung aus dem Kreis ihrer Mitgliedstaaten gewählten Staaten zusammen.

b) Die Regierung jedes Mitgliedstaats des Exekutivausschusses wird durch einen Delegierten vertreten, der von Stellvertretern, Beratern und Sachverständigen unterstützt werden kann.

(3) Die Zahl der Mitgliedstaaten des Exekutivausschusses entspricht einem Viertel der Zahl der Mitgliedstaaten der Versammlung. Bei der Berechnung der zu vergebenden Sitze wird der nach Teilung durch vier verbleibende Rest nicht berücksichtigt.

(4) Bei der Wahl der Mitglieder des Exekutivausschusses trägt die Versammlung einer angemessenen geographischen Verteilung Rechnung.

(5) a) Die Mitglieder des Exekutivausschusses üben ihr Amt vom Schluss der Tagung der Versammlung, in deren Verlauf sie gewählt worden sind, bis zum Ende der darauffolgenden ordentlichen Tagung der Versammlung aus.

b) Höchstens zwei Drittel der Mitglieder des Exekutivausschusses können wiedergewählt werden.

c) Die Versammlung regelt die Einzelheiten der Wahl und der etwaigen Wiederwahl der Mitglieder des Exekutivausschusses.

(6) a) Der Exekutivausschuss

i) bereitet den Entwurf der Tagesordnung der Versammlung vor;

ii) unterbreitet der Versammlung Vorschläge zu den vom Generaldirektor vorbereiteten Entwürfen des Programms und des Zweijahres-Haushaltsplans des Verbands;

iii) [gestrichen],

iv) unterbreitet der Versammlung mit entsprechenden Bemerkungen die periodischen Berichte des Generaldirektors und die jährlichen Berichte der Rechnungsprüfung;

v) trifft alle zweckdienlichen Maßnahmen zur Durchführung des Programms des Verbands durch den Generaldirektor in Übereinstimmung mit den Beschlüssen der Versammlung und unter Berücksichtigung der zwischen zwei ordentlichen Tagungen der Versammlung eintretenden Umstände;

vi) nimmt alle anderen Aufgaben wahr, die ihm im Rahmen dieses Vertrags übertragen werden.

b) Über Fragen, die auch für andere von der Organisation verwaltete Verbände von Interesse sind, entscheidet der Exekutivausschuss nach Anhörung des Koordinierungsausschusses der Organisation.

(7) a) Der Exekutivausschuss tritt nach Einberufung durch den Generaldirektor jedes Jahr einmal zu einer ordentlichen Tagung zusammen, und zwar möglichst zu derselben Zeit und an demselben Ort wie der Koordinierungsausschuss der Organisation.

b) Der Exekutivausschuss tritt nach Einberufung durch den Generaldirektor zu einer außerordentlichen Tagung zusammen, entweder auf Initiative des Generaldirektors oder wenn der Vorsitzende oder ein Viertel der Mitglieder des Exekutivausschusses es verlangt.

(8) a) Jeder Mitgliedstaat des Exekutivausschusses verfügt über eine Stimme.

b) Die Hälfte der Mitglieder des Exekutivausschusses bildet das Quorum.

c) Die Beschlüsse werden mit einfacher Mehrheit der abgegebenen Stimmen gefasst.

d) Stimmenthaltung gilt nicht als Stimmabgabe.

e) Ein Delegierter kann nur einen Staat vertreten und nur in dessen Namen abstimmen.

(9) Die Vertragsstaaten, die nicht Mitglied des Exekutivausschusses sind, sowie zwischenstaatliche Organisationen, die als Internationale Recherchenbehörden oder als mit der internationalen vorläufigen Prüfung beauftragte Behörden eingesetzt sind, werden zu den Sitzungen des Exekutivausschusses als Beobachter zugelassen.

(10) Der Exekutivausschuss gibt sich eine Geschäftsordnung.

Artikel 55 Das Internationale Büro

(1) Die Verwaltungsaufgaben des Verbands werden vom Internationalen Büro wahrgenommen.

(2) Das Internationale Büro besorgt das Sekretariat der verschiedenen Organe des Verbands.

(3) Der Generaldirektor ist der höchste Beamte des Verbands und vertritt den Verband.

(4) Das Internationale Büro gibt ein Blatt sowie die anderen Veröffentlichungen heraus, die in der Ausführungsordnung vorgesehen sind oder von der Versammlung angeordnet werden.

R 86   Blatt
R 48   Internationale Veröffentlichung

(5) Die Ausführungsordnung bestimmt, welche Leistungen die nationalen Ämter erbringen, um das Internationale Büro, die Internationalen Recherchenbehörden und die mit der internationalen vorläufigen Prüfung beauftragten Behörden bei der Erfüllung ihrer Aufgaben nach diesem Vertrag zu unterstützen.

R 95   Z.B. Vorlage von Übersetzungen

(6) Der Generaldirektor und die von ihm bestimmten Mitglieder des Personals nehmen ohne Stimmrecht an allen Sitzungen der Versammlung sowie aller Ausschüsse und Arbeitsgruppen teil, die nach diesem Vertrag und der Ausführungsordnung gebildet werden. Der Generaldirektor oder ein von ihm bestimmtes Mitglied des Personals ist von Amts wegen Sekretär dieser Organe.

(7) a) Das Internationale Büro bereitet in Übereinstimmung mit den Anweisungen der Versammlung und in Zusammenarbeit mit dem Exekutivausschuss die Revisionskonferenzen vor.

b) Das Internationale Büro kann bei der Vorbereitung der Revisionskonferenzen zwischenstaatliche sowie internationale nichtstaatliche Organisationen konsultieren.

c) Der Generaldirektor und die von ihm bestimmten Personen nehmen ohne Stimmrecht an den Beratungen der Revisionskonferenzen teil.

(8) Das Internationale Büro nimmt alle anderen Aufgaben wahr, die ihm übertragen werden.

Artikel 56 Der Ausschuss für technische Zusammenarbeit

(1) Die Versammlung bildet einen Ausschuss für technische Zusammenarbeit (in diesem Artikel als »Ausschuss« bezeichnet).

(2) a) Die Versammlung bestimmt die Zusammensetzung des Ausschusses und ernennt seine Mitglieder; hierbei ist einer angemessenen Vertretung der Entwicklungsländer Rechnung zu tragen.

b) Die Internationalen Recherchenbehörden und die mit der internationalen vorläufigen Prüfung beauftragten Behörden sind von Amts wegen Mitglieder des Ausschusses. Ist eine solche Behörde das nationale Amt eines Vertragsstaats, so darf dieser Staat in dem Ausschuss nicht zusätzlich vertreten sein.

c) Sofern die Zahl der Vertragsstaaten dies gestattet, soll die Gesamtzahl der Ausschussmitglieder mehr als doppelt so groß sein wie die Zahl der Mitglieder von Amts wegen.

d) Der Generaldirektor lädt auf eigene Initiative oder auf Antrag des Ausschusses Vertreter von interessierten Organisationen ein, an den Erörterungen, die sie interessieren, teilzunehmen.

(3) Der Ausschuss hat die Aufgabe, durch Rat und Empfehlungen dazu beizutragen,

i) dass die in diesem Vertrag vorgesehenen Dienste ständig verbessert werden,

ii) dass bei Vorhandensein mehrerer Internationaler Recherchenbehörden und mehrerer mit der internationalen vorläufigen Prüfung beauftragten Behörden der höchstmögliche Grad an Einheitlichkeit im Prüfstoff und in den Arbeitsmethoden und ein einheitlich hoher Stand der Berichte gewährleistet werden, und

iii) – auf Initiative der Versammlung oder des Exekutivausschusses – dass die technischen Probleme gelöst werden, die sich in besonderem Maße bei der Einsetzung einer einzigen Internationalen Recherchenbehörde stellen.

(4) Jeder Vertragsstaat und jede interessierte internationale Organisation kann sich schriftlich an den Ausschuss mit Fragen wenden, die in den Zuständigkeitsbereich des Ausschusses fallen.

(5) Der Ausschuss kann seinen Rat und seine Empfehlungen an den Generaldirektor oder durch diesen an die Versammlung, den Exekutivausschuss, alle oder einzelne Internationale Recherchenbehörden oder mit der internationalen vorläufigen Prüfung beauftragten Behörden und an alle oder einzelne Anmeldeämter richten.

(6) a) Der Generaldirektor übermittelt dem Exekutivausschuss in allen Fällen den Wortlaut aller Ratschläge oder Empfehlungen des Ausschusses. Er kann hierzu Stellung nehmen.

b) Der Exekutivausschuss kann sich zu dem Rat, der Empfehlung oder zu jeder anderen Maßnahme des Ausschusses äußern und kann den Ausschuss bitten, in dessen Aufgabenbereich fallende Fragen zu prüfen und über sie zu berichten. Der Exekutivausschuss kann der Versammlung den Rat, die Empfehlungen und den Bericht des Ausschusses mit sachdienlichen Bemerkungen übermitteln.

(7) Bis zur Bildung des Exekutivausschusses gelten die in Absatz 6 enthaltenen Bezugnahmen auf den Exekutivausschuss als Bezugnahme auf die Versammlung.

(8) Die Einzelheiten des Verfahrens des Ausschusses werden durch Beschlüsse der Versammlung bestimmt.

Artikel 57   Finanzen

(1) a) Der Verband hat einen Haushaltsplan.

b) Der Haushaltsplan des Verbands umfasst die eigenen Einnahmen und Ausgaben des Verbands und dessen Beitrag zum Haushaltsplan der gemeinsamen Ausgaben der Verbände, die von der Organisation verwaltet werden.

c) Als gemeinsame Ausgaben der Verbände gelten die Ausgaben, die nicht ausschließlich dem Verband, sondern auch einem oder mehreren anderen von der Organisation verwalteten Verbänden zuzurechnen sind. Der Anteil des Verbands an diesen gemeinsamen Ausgaben entspricht dem Interesse, das der Verband an ihnen hat.

(2) Der Haushaltsplan des Verbands wird unter Berücksichtigung der Notwendigkeit seiner Abstimmung mit den Haushaltsplänen der anderen von der Organisation verwalteten Verbände aufgestellt.

(3) Vorbehaltlich des Absatzes 5 umfasst der Haushaltsplan des Verbands folgende Einnahmen:

i) Gebühren und Beiträge für Dienstleistungen des Internationalen Büros im Rahmen des Verbands;

ii) Verkaufserlöse und andere Einkünfte aus Veröffentlichungen des Internationalen Büros, die den Verband betreffen;

iii) Schenkungen, Vermächtnisse und Zuwendungen;

iv) Mieten, Zinsen und andere verschiedene Einkünfte.

(4) Die Höhe der Gebühren und Beträge für Dienstleistungen des Internationalen Büros und die Preise für seine Veröffentlichungen werden so festgesetzt, dass sie unter normalen Umständen ausreichen, um alle Ausgaben des Internationalen Büros im Zusammenhang mit der Verwaltung des Vertrags zu decken.

(5) a) Schließt ein Rechnungsjahr mit einem Defizit ab, so haben die Mitgliedstaaten, vorbehaltlich der Buchstaben b und c, Zuschüsse zur Deckung dieses Defizits zu leisten.

b) Die Höhe dieser Zuschüsse jedes Vertragsstaats wird von der Versammlung unter gebührender Berücksichtigung der Anzahl der internationalen Anmeldungen, die in dem betreffenden Jahr in jedem dieser Staaten eingereicht werden, festgesetzt.

c) Falls andere Möglichkeiten bestehen, ein Defizit oder einen Teil desselben vorläufig abzudecken, so kann die Versammlung beschließen, das Defizit vorläufig vorzutragen und die Vertragsstaaten nicht aufzufordern, Zuschüsse zu leisten.

d) Falls die finanzielle Lage des Verbands es gestattet, kann die Versammlung beschließen, dass nach Buchstabe a geleistete Zuschüsse den Vertragsstaaten, die sie geleistet haben, zurückgezahlt werden.

e) Ein Vertragsstaat, welcher innerhalb von zwei Jahren nach dem Fälligkeitsdatum, das durch die Versammlung festgelegt wurde, keine Zahlungen nach Buchstabe b vorgenommen hat, kann sein Stimmrecht in keinem Organ des Verbands ausüben. Jedoch kann jedes Organ des Verbands einem solchen Staat die Ausübung des Stimmrechts in diesem Organ weiterhin gestatten, falls und solange es überzeugt ist, dass der Zahlungsverzug auf unvermeidbare außergewöhnliche Umstände zurückzuführen ist.

(6) Wird der Haushaltsplan nicht vor Beginn eines neuen Rechnungsjahrs beschlossen, so wird der Haushaltsplan des Vorjahrs nach Maßgabe der Finanzvorschriften übernommen.

(7) a) Der Verband hat einen Betriebsmittelfonds, der durch eine einmalige Zahlung jedes Vertragsstaats gebildet wird. Reicht der Fonds nicht mehr aus, so trifft die Versammlung Vorkehrungen, ihn zu erhöhen. Nicht mehr benötigte Teile des Fonds werden zurückerstattet.

b) Die Höhe der erstmaligen Zahlung jedes Vertragsstaats zu diesem Fonds oder sein Anteil an dessen Erhöhung wird von der Versammlung unter Zugrundelegung ähnlicher Gesichtspunkte wie der in Absatz 5 Buchstabe b genannten bestimmt.

c) Die Zahlungsbedingungen werden von der Versammlung auf Vorschlag des Generaldirektors und nach Anhörung des Koordinierungsausschusses der Organisation festgesetzt.

d) Rückerstattungen haben proportional im Verhältnis zu den Beträgen zu stehen, die durch jeden Vertragsstaat eingezahlt worden sind, wobei der Zahlungszeitpunkt zu berücksichtigen ist.

(8) a) In dem Abkommen über den Sitz, das mit dem Staat geschlossen wird, in dessen Hoheitsgebiet die Organisation ihren Sitz hat, ist vorzusehen, dass dieser Staat Vorschüsse gewährt, wenn der Betriebsmittelfonds nicht ausreicht. Die Höhe dieser Vorschüsse und die Bedingungen, unter denen sie gewährt werden, sind in jedem Fall Gegenstand besonderer Vereinbarungen zwischen diesem Staat und der Organisation. Solange dieser Staat verpflichtet ist, Vorschüsse zu gewähren, hat er von Amts wegen einen Sitz in der Versammlung und im Exekutivausschuss.

b) Der in Buchstabe a bezeichnete Staat und die Organisation sind berechtigt, die Verpflichtung zur Gewährung von Vorschüssen durch schriftliche Notifikation zu kündigen. Die Kündigung wird drei Jahre nach Ablauf des Jahres wirksam, in dem sie notifiziert worden ist.

(9) Die Rechnungsprüfung wird nach Maßgabe der Finanzvorschriften von einem oder mehreren Vertragsstaaten oder von außenstehenden Rechnungsprüfern vorgenommen. Diese werden mit ihrer Zustimmung von der Versammlung bestimmt.

Artikel 58   Die Ausführungsordnung

(1) Die diesem Vertrag beigefügte Ausführungsordnung enthält Regeln über:

i) Fragen, hinsichtlich derer der Vertrag ausdrücklich auf die Ausführungsordnung verweist oder ausdrücklich vorsieht, dass sie vorgeschrieben sind oder vorgeschrieben werden,

ii) verwaltungstechnische Erfordernisse, Angelegenheiten oder Verfahren,

iii) Einzelheiten, die für die Durchführung des Vertrags zweckmäßig sind.

(2) a) Die Versammlung kann die Ausführungsordnung ändern.

b) Vorbehaltlich des Absatzes 3 erfordern Änderungen eine Mehrheit von drei Vierteln der abgegebenen Stimmen.

(3) a) Die Ausführungsordnung bestimmt Regeln,

i) die nur durch einstimmigen Beschluss geändert werden können **oder**

R 88   Änderung der Ausführungsordnung
  R 88.1   Erfordernis der Einstimmigkeit

ii) die nur geändert werden können, wenn kein Vertragsstaat dagegen stimmt, dessen nationales Amt als Internationale Recherchenbehörde oder als mit der internationalen vorläufigen Prüfung beauftragte Behörde tätig ist, und – falls die Aufgaben einer solchen Behörde durch eine zwischenstaatliche Organisation wahrgenommen werden – wenn der dieser Organisation angehörende Vertragsstaat, der zu diesem Zweck von den anderen Mitgliedstaaten in dem zuständigen Organ der Organisation ermächtigt worden ist, nicht dagegen stimmt.

R 88 Änderung der Ausführungsordnung
    R 88.3   Erfordernis, dass bestimmte Staaten nicht widersprechen
    R 88.4   Verfahren

b) Der künftige Ausschluss einer solchen Regel von dem betreffenden Erfordernis bedarf der Einhaltung der hierfür in Buchstabe a Ziffer i oder Buchstabe a Ziffer ii jeweils vorgesehenen Bedingungen.

c) Die künftige Unterwerfung einer Regel unter das eine oder andere in Buchstabe a genannte Erfordernis bedarf einstimmiger Zustimmung.

(4) Die Ausführungsordnung sieht den Erlass von Verwaltungsvorschriften durch den Generaldirektor unter Aufsicht der Versammlung vor.

R 89 Verwaltungsvorschriften
    R 89.1   Umfang
    R 89.2   Entstehung
    R 89.3   Erlass und Inkrafttreten

(5) Im Falle mangelnder Übereinstimmung zwischen den Bestimmungen des Vertrags und den Bestimmungen der Ausführungsordnung haben die Bestimmungen des Vertrags den Vorrang.

Kapitel VI. Streitigkeiten

Artikel 59 Beilegung von Streitigkeiten

Vorbehaltlich des Artikels 64 Absatz 5 kann jede Streitigkeit zwischen zwei oder mehreren Vertragsstaaten über die Auslegung oder die Anwendung des Vertrags oder der Ausführungsordnung, die nicht auf dem Verhandlungsweg beigelegt wird, von jedem beteiligten Staat durch eine Klage, die gemäß dem Statut des Internationalen Gerichtshofs zu erheben ist, vor den Internationalen Gerichtshof gebracht werden, sofern die beteiligten Staaten nicht eine andere Regelung vereinbaren. Der Vertragsstaat, der die Streitigkeit vor den Internationalen Gerichtshof bringt, hat dies dem Internationalen Büro mitzuteilen; dieses setzt die anderen Vertragsstaaten davon in Kenntnis.

Kapitel VII. Revision und Änderungen

Artikel 60   Revision des Vertrags

(1) Dieser Vertrag kann von Zeit zu Zeit von einer besonderen Konferenz der Vertragsstaaten Revisionen unterzogen werden.

(2) Die Einberufung einer Revisionskonferenz wird von der Versammlung beschlossen.

(3) Jede zwischenstaatliche Organisation, die als Internationale Recherchenbehörde oder als mit der internationalen vorläufigen Prüfung beauftragte Behörde eingesetzt worden ist, wird als Beobachter zu jeder Revisionskonferenz zugelassen.

(4) Artikel 53 Absätze 5, 9 und 11, Artikel 54, Artikel 55 Absätze 4 bis 8, Artikel 56 und Artikel 57 können entweder durch eine Revisionskonferenz oder nach Artikel 61 geändert werden.

Artikel 61   Änderung einzelner Bestimmungen des Vertrags

(1) a) Vorschläge für die Änderung der Artikel 53 Absätze 5, 9 und 11, Artikel 54, Artikel 55 Absätze 4 bis 8, Artikel 56 und Artikel 57 können von jedem Mitgliedstaat der Versammlung, vom Exekutivausschuss oder vom Generaldirektor unterbreitet werden.

   b) Diese Vorschläge werden vom Generaldirektor mindestens sechs Monate, bevor sie in der Versammlung beraten werden, den Vertragsstaaten mitgeteilt.

(2) a) Änderungen der in Absatz 1 genannten Artikel werden durch die Versammlung beschlossen.

   b) Der Beschluss erfordert drei Viertel der abgegebenen Stimmen.

(3) a) Jede Änderung der in Absatz 1 genannten Artikel tritt einen Monat nach dem Zeitpunkt in Kraft, zu dem die schriftliche Notifikation der verfassungsmäßig zustande gekommenen Annahme des Änderungsvorschlags von drei Vierteln der Mitgliedstaaten der Versammlung im Zeitpunkt der Beschlussfassung beim Generaldirektor eingegangen sind.

   b) Jede auf diese Weise angenommene Änderung bindet alle Staaten, die im Zeitpunkt des Inkrafttretens der Änderung Mitglieder der Versammlung sind; jedoch bindet eine Änderung, die die finanziellen Verpflichtungen der Mitgliedstaaten erweitert, nur die Staaten, die die Annahme dieser Änderung notifiziert haben.

   c) Jede in Übereinstimmung mit Buchstabe a angenommene Änderung bindet alle Staaten, die nach dem Zeitpunkt, in dem die Änderung in Übereinstimmung mit Buchstabe a in Kraft getreten ist, Mitglieder der Versammlung werden.

Kapitel VIII. Schlussbestimmungen

Artikel 62   Möglichkeiten, Vertragspartei zu werden

(1) Jeder Mitgliedstaat der Pariser Verbandsübereinkunft zum Schutz des gewerblichen Eigentums kann Vertragspartei dieses Vertrags werden durch
   i) Unterzeichnung und nachfolgende Hinterlegung der Ratifikationsurkunde oder
   ii) Hinterlegung einer Beitrittsurkunde.

(2) Die Ratifikations- oder Beitrittsurkunden werden beim Generaldirektor hinterlegt.

(3) Artikel 24 der Stockholmer Fassung der Pariser Verbandsübereinkunft zum Schutz des gewerblichen Eigentums ist auf diesen Vertrag anzuwenden.

(4) Absatz 3 darf nicht dahin verstanden werden, dass er die Anerkennung oder stillschweigende Hinnahme der tatsächlichen Lage eines Gebiets, auf das dieser Vertrag durch einen Vertragsstaat auf Grund des genannten Absatzes anwendbar gemacht wird, durch einen anderen Vertragsstaat in sich schließt.

Artikel 63   Inkrafttreten des Vertrags

(1) a) Vorbehaltlich des Absatzes 3 tritt dieser Vertrag drei Monate nach dem Zeitpunkt in Kraft, zu dem acht Staaten ihre Ratifikations- oder Beitrittsurkunden hinterlegt haben, sofern wenigstens vier dieser Staaten gesondert eine der nachfolgenden Bedingungen erfüllen:
   i) die Zahl der in diesem Staat eingereichten Anmeldungen hat nach den jüngsten vom Internationalen Büro veröffentlichten Jahresstatistiken 40 000 überschritten;
   ii) die Staatsangehörigen dieses Staates oder die Personen mit Sitz oder Wohnsitz in diesem Staat haben nach den jüngsten vom Internationalen Büro veröffentlichten Jahresstatistiken mindestens 1000 Anmeldungen in einem einzigen ausländischen Staat eingereicht;
   iii) das nationale Amt des Staates hat nach den jüngsten vom Internationalen Büro veröffentlichten Jahresstatistiken mindestens 10 000 Anmeldungen von Staatsangehörigen ausländischer Staaten oder Personen mit Sitz oder Wohnsitz in diesen Staaten erhalten.
   b) Für die Anwendung dieses Absatzes umfasst der Begriff »Anmeldungen« nicht Gebrauchsmusteranmeldungen.

(2) Vorbehaltlich des Absatzes 3 tritt der Vertrag für jeden Staat, der nicht bei Inkrafttreten des Vertrags nach Absatz 1 Mitglied wird, drei Monate nach Hinterlegung seiner Ratifikations- oder Beitrittsurkunde in Kraft.

(3) Kapitel II und die sich darauf beziehenden Bestimmungen der diesem Vertrag beigefügten Ausführungsordnung werden erst mit dem Tage anwendbar, zu dem drei Staaten, die jeder für sich wenigstens eine der in Absatz 1 genannten Bedingungen erfüllen, Mitglieder des Vertrags werden, ohne nach Artikel 64 Absatz 1 erklärt zu haben, dass Kapitel II für sie nicht verbindlich sein soll. Dieser Zeitpunkt darf jedoch nicht früher liegen als der Zeitpunkt des ersten Inkrafttretens des Vertrags nach Absatz 1.

Artikel 64 Vorbehalte

(1) a) Jeder Staat kann erklären, dass Kapitel II für ihn nicht verbindlich sein soll.

Art 64 (1) a) Ablauf von Vorbehalten bezüglich Kapitel II: Spanien (ES) kann ab 06.09.97 ausgewählt werden, unabhängig von internationalem Anmeldedatum, Griechenland (GR) kann ausgewählt werden, unabhängig von internationalem Anmeldedatum, Liechtenstein (LI) kann ab 01.09.1995 ausgewählt werden, unabhängig von internationalem Anmeldedatum, Schweiz (CH) kann ab 01.09.1995 ausgewählt werden, unabhängig von internationalem Anmeldedatum, Ab 01.09.1995 können LI/CH-Angehörige Antrag auf internationale vorläufige Prüfung stellen. Im Effekt gibt es jetzt keine Vorbehalte mehr nach Art 64 (1) a)

b) Staaten, die eine Erklärung nach Buchstabe a abgeben, sind durch die Bestimmungen des genannten Kapitels und durch die entsprechenden Bestimmungen der Ausführungsordnung nicht gebunden.

(2) a) Jeder Staat, der keine Erklärung nach Absatz 1 Buchstabe a abgegeben hat, kann erklären,

i) dass die Bestimmungen des Artikel 39 Absatz 1 hinsichtlich der Zuleitung eines Exemplars der internationalen Anmeldung und einer Übersetzung hiervon (wie vorgeschrieben) für ihn nicht verbindlich sind,

Es gibt keine Vorbehalte nach Art 64 (2) a) i).

ii) dass die in Artikel 40 vorgesehene Verpflichtung zur Aussetzung des nationalen Verfahrens einer Veröffentlichung der internationalen Anmeldung oder einer Übersetzung hiervon durch sein nationales Amt oder durch Vermittlung dieses Amtes nicht entgegensteht, wodurch das Amt aber nicht von den in Artikeln 30 und 38 vorgesehenen Verpflichtungen freigestellt wird.

Eine Erklärung bezüglich Art 64 (2) a) ii) haben abgegeben: FI, NO, PL, SE.

b) Staaten, die eine solche Erklärung abgegeben haben, sind entsprechend gebunden.

(3) a) Jeder Staat kann erklären, dass, soweit er betroffen ist, eine internationale Veröffentlichung einer internationalen Anmeldung nicht erforderlich ist.

Eine solche Erklärung abgegeben haben die USA.

b) Enthält die internationale Anmeldung beim Ablauf von 18 Monaten seit dem Prioritätsdatum nur Bestimmungen solcher Staaten, die Erklärungen nach Buchstabe a abgegeben haben, so unterbleibt die Veröffentlichung der Anmeldung nach Artikel 21 Absatz 2.

c) Im Fall des Buchstabens b wird die internationale Anmeldung gleichwohl vom Internationalen Büro veröffentlicht:

i) auf Antrag des Anmelders gemäß den Bestimmungen der Ausführungsordnung,

ii) wenn eine nationale Anmeldung oder ein Patent, die auf der internationalen Anmeldung beruhen, durch das nationale Amt eines Bestimmungsstaats, der eine Erklärung nach Buchstabe a abgegeben hat, oder auf Veranlassung eines solchen Amtes veröffentlicht wird, unverzüglich nach einer derartigen Veröffentlichung, jedoch nicht vor dem Ablauf von 18 Monaten seit dem Prioritätsdatum

(4) a) Jeder Staat, dessen nationales Recht Patenten zu einem früheren Zeitpunkt als dem Zeitpunkt ihrer Veröffentlichung Bedeutung für den Stand der Technik beimisst, jedoch für Zwecke der Bestimmung des Standes der Technik das Prioritätsdatum nach

der Pariser Verbandsübereinkunft zum Schutz des gewerblichen Eigentums nicht dem tatsächlichen Anmeldedatum in diesem Staat gleichstellt, kann erklären, dass die Einreichung einer internationalen Anmeldung außerhalb dieses Staates, in der der Staat als Bestimmungsstaat benannt wird, für Zwecke der Bestimmung des Standes der Technik nicht einer tatsächlichen Anmeldung in diesem Staat gleichgestellt wird.

Eine solche Erklärung abgegeben haben die USA.

Art 11 (3) Eingeschränkte Wirkung als nationale Anmeldung: Z.B. in den USA: die auswärtige PCT Anmeldung bleibt neu gegenüber späteren anderen Anmeldungen (nach Art 4 PVÜ, Priorität). Jedoch ist sie keine ältere Anmeldung ab internationalem Anmeldedatum gegenüber späteren anderen Anmeldungen in den USA (Hilmer-Doktrin), es sei denn, die internationale Anmeldung wurde in Englisch veröffentlicht. Die Hilmer-Doktrin wurde jedoch durch den *America Invents Act* abgeschafft. »Das neue Recht zum Stand der Technik wie auch zur Grace Period gilt für alle US Anmeldungen ab Anmeldetag 16. März 2013. Das neue Recht gilt auch für US Anmeldungen, welche zu irgendeinem Zeitpunkt mindestens einen Anspruch aufweisen, dessen Gegenstand einen effektiven Anmeldetag nach dem 16. März 2013 aufweist. *35 U.S.C. 102 and 103 in effect on March 16, 2013, will apply to any application that ever contains a claim that has an effective filing date on or after 16, 2013.*« (VPP-Rundbrief Nr. 3/2012, S. 140)

Im Applicant's Guide Annex B1 (US) S.2, Stand 29.03.2018 steht hierzu neuerdings Folgendes: »However, this declaration only applies to applications that are not subject to the First Inventor to File provisions of the America Invents Act, that is, applications that contain or ever contained a claim having an effective filing date prior to 16 March 2013.«

b) Jeder Staat, der eine Erklärung nach Buchstabe a abgibt, ist insoweit nicht durch Artikel 11 Absatz 3 gebunden.

c) Jeder Staat, der eine Erklärung nach Buchstabe a abgibt, hat gleichzeitig schriftlich mitzuteilen, von welchem Zeitpunkt an und unter welchen Bedingungen internationale Anmeldungen, in denen dieser Staat als Bestimmungsstaat benannt ist, in diesem Staat als zum Stand der Technik gehörend gelten. Diese Erklärung kann jederzeit durch Notifikation an den Generaldirektor geändert werden.

(5) Jeder Staat kann erklären, dass er sich durch Artikel 59 nicht als gebunden betrachtet. Auf Streitigkeiten zwischen einem Vertragsstaat, der eine solche Erklärung abgegeben hat, und jedem anderen Vertragsstaat ist Artikel 59 nicht anzuwenden.

Eine solche Erklärung abgegeben haben: DZ, AM, BH, BY, CL, CU, FR, GE, HU, IN, ID, KZ, KG, LA, MT, MY, MZ, OM, MD, QA, RO, RU, LC, VC, ZA, TH, TJ, TN, TM, UA, UZ.

(6) a) Jede Erklärung nach diesem Artikel muss schriftlich abgegeben werden. Sie kann zum Zeitpunkt der Unterzeichnung des Vertrags oder der Hinterlegung der Ratifikations- und Beitrittsurkunde oder außer in dem in Absatz 5 bezeichneten Fall zu einem späteren Zeitpunkt durch Notifikation an den Generaldirektor abgegeben werden. Im Fall einer solchen Notifikation wird die Erklärung sechs Monate nach dem Tag wirksam, an dem der Generaldirektor die Notifikation erhalten hat, und hat für internationale Anmeldungen, die vor dem Ablauf dieser Sechs-Monats-Frist eingereicht worden sind, keine Wirkung.

b) Jede Erklärung nach diesem Artikel kann jederzeit durch Notifikation an den Generaldirektor zurückgenommen werden. Diese Rücknahme wird drei Monate nach dem Tag wirksam, an dem der Generaldirektor die Notifikation erhalten hat, und hat im Fall der Rücknahme einer gemäß Absatz 3 abgegebenen Erklärung für internationale Anmeldungen, die vor dem Ablauf dieser Drei-Monats-Frist eingereicht worden sind, keine Wirkung.

(7) Andere Vorbehalte zu diesem Vertrag als die in den Absätzen 1 bis 5 genannten Vorbehalte sind nicht zulässig.

Artikel 65 Schrittweise Anwendung

(1) Wird in der Vereinbarung mit einer Internationalen Recherchenbehörde oder einer mit der internationalen vorläufigen Prüfung beauftragten Behörde vorübergehend vorgesehen, dass die Zahl oder die Art der internationalen Anmeldungen, zu deren Bearbeitung sich diese Behörde verpflichtet, beschränkt wird, so beschließt die Versammlung die notwendigen Maßnahmen für die schrittweise Anwendung des Vertrags und der Ausführungsordnung in bezug auf bestimmte Gruppen von internationalen Anmeldungen. Diese Bestimmung ist auch auf Anträge auf eine Recherche internationaler Art nach Artikel 15 Absatz 5 anzuwenden.

(2) Die Versammlung setzt die Zeitpunkte fest, von denen an vorbehaltlich des Absatzes 1 internationale Anmeldungen eingereicht und Anträge auf eine internationale vorläufige Prüfung gestellt werden können. Diese Zeitpunkte dürfen nicht später liegen als – je nach Lage des Falls – entweder sechs Monate nach Inkrafttreten dieses Vertrags gemäß Artikel 63 Absatz 1 oder sechs Monate, nachdem Kapitel II gemäß Artikel 63 Absatz 3 verbindlich geworden ist.

Artikel 66 Kündigung

(1) Jeder Mitgliedstaat kann diesen Vertrag durch eine an den Generaldirektor gerichtete Notifikation kündigen.

(2) Die Kündigung wird sechs Monate nach dem Zeitpunkt wirksam, zu dem die Notifikation beim Generaldirektor eingegangen ist. Sie lässt die Wirkungen der internationalen Anmeldung in dem kündigenden Staat unberührt, falls die internationale Anmeldung vor dem Ablauf der erwähnten Sechs-Monats-Frist eingereicht und, wenn der kündigende Staat ausgewählt worden ist, die Auswahlerklärung vor dem Ablauf dieser Frist abgegeben worden ist.

Artikel 67 Unterzeichnung und Sprachen

(1) a) Dieser Vertrag wird in einer Urschrift in englischer und französischer Sprache unterzeichnet, wobei jeder Wortlaut gleichermaßen verbindlich ist.

b) Amtliche Texte werden vom Generaldirektor nach Beratung mit den beteiligten Regierungen in deutscher, japanischer, portugiesischer, russischer und spanischer Sprache sowie in anderen Sprachen hergestellt, die die Versammlung bestimmen kann.

(2) Dieser Vertrag liegt bis zum 31.12.1970 in Washington zur Unterzeichnung auf.

Artikel 68 Hinterlegung

(1) Die Urschrift dieses Vertrags wird, nachdem sie nicht mehr zur Unterzeichnung auf liegt, beim Generaldirektor hinterlegt.

(2) Der Generaldirektor übermittelt je zwei von ihm beglaubigte Abschriften dieses Vertrags und der diesem Vertrag beigefügten Ausführungsordnung den Regierungen aller Mitgliedstaaten der Pariser Verbandsübereinkunft zum Schutz des gewerblichen Eigentums und der Regierung jedes anderen Staates, die es verlangt.

Schlussbestimmungen

(3) Der Generaldirektor lässt diesen Vertrag beim Sekretariat der Vereinten Nationen registrieren.

(4) Der Generaldirektor übermittelt zwei von ihm beglaubigte Ausfertigungen jeder Änderung dieses Vertrags oder der Ausführungsordnung an die Regierungen aller Vertragsstaaten und, auf Antrag, an die Regierung jedes anderen Staates.

Artikel 69   Notifikationen

Der Generaldirektor notifiziert den Regierungen aller Mitgliedstaaten der Pariser Verbandsübereinkunft zum Schutz des gewerblichen Eigentums:

i) die Unterzeichnung nach Artikel 62,

ii) die Hinterlegungen von Ratifikations- oder Beitrittsurkunden nach Artikel 62,

iii) den Tag des Inkrafttretens des Vertrages und den Tag, von dem an Kapitel II nach Artikel 63 Absatz 3 anwendbar wird,

iv) Erklärungen nach Artikel 64 Absätze 1 bis 5,

v) Zurücknahmen von Erklärungen nach Artikel 64 Absatz 6 Buchstabe b,

vi) Kündigungen, die nach Artikel 66 zugehen, und

vii) Erklärungen nach Artikel 31 Absatz 4.

Ausführungsordnung PCT

Ausführungsordnung zum Vertrag über die internationale Zusammenarbeit auf dem Gebiet des Patentwesens

Inhaltsverzeichnis Regeln

		Seite

TEIL A: Einleitende Regeln

Regel 1	Abkürzungen	119
1.1	Bedeutung der Abkürzungen	119
Regel 2	Auslegung bestimmter Bezeichnungen	119
2.1	»Anmelder«	119
2.2	»Anwalt«	119
2.2bis	»Gemeinsamer Vertreter«	119
2.3	»Unterschrift«	119
2.4	»Prioritätsfrist«	119

TEIL B: Regeln zu Kapitel I des Vertrags

Regel 3	Der Antrag (Form)	121
3.1	Form des Antrags	121
3.2	Ausgabe von Formblättern	121
3.3	Kontrollliste	121
3.4	Gestaltung des Antrags im Einzelnen	121
Regel 4	Der Antrag (Inhalt)	121
4.1	Vorgeschriebener und wahlweiser Inhalt; Unterschrift	121
4.2	Antragsersuchen	123
4.3	Bezeichnung der Erfindung	123
4.4	Namen und Anschriften	123
4.5	Anmelder	124
4.6	Erfinder	125
4.7	Anwalt	125
4.8	Gemeinsamer Vertreter	125
4.9	Bestimmung von Staaten, Schutzrechtsarten; nationale und regionale Patente	126
4.10	Prioritätsanspruch	127
4.11	Bezugnahme auf eine Fortsetzung oder Teilfortsetzung oder Hauptanmeldung oder Hauptpatent	128
4.12	Berücksichtigung der Ergebnisse einer früheren Recherche	129
4.13	[gestrichen]	129
4.14	[gestrichen]	129
4.14bis	Wahl der Internationalen Recherchenbehörde	129
4.15	Unterschrift	129
4.16	Transkription oder Übersetzung bestimmter Wörter	130
4.17	Erklärungen im Hinblick auf nationale Erfordernisse nach Regel 51bis.1 Absatz a Ziffern i bis v	130
4.18	Erklärung über die Einbeziehung durch Verweis	131
4.19	Weitere Angaben	132
Regel 5	Die Beschreibung	132
5.1	Art der Beschreibung	132
5.2	Offenbarung von Nucleotid- und/oder Aminosäuresequenzen	133
Regel 6	Die Ansprüche	133
6.1	Zahl und Nummerierung der Ansprüche	133
6.2	Bezugnahme auf andere Teile der Anmeldung	134
6.3	Formulierung der Ansprüche	134

Inhaltsverzeichnis Regeln

6.4	Abhängige Ansprüche	134
6.5	Gebrauchsmuster	135
Regel 7	**Die Zeichnungen**	**135**
7.1	Flussdiagramme und Diagramme	135
7.2	Frist	135
Regel 8	**Die Zusammenfassung**	**135**
8.1	Inhalt und Form der Zusammenfassung	135
8.2	Abbildung	136
8.3	Richtlinien für die Abfassung	136
Regel 9	**Nicht zu verwendende Ausdrücke usw.**	**136**
9.1	Begriffsbestimmung	136
9.2	Feststellung der Zuwiderhandlung	137
9.3	Bezugnahme auf Artikel 21 Absatz 6	137
Regel 10	**Terminologie und Zeichen**	**137**
10.1	Terminologie und Zeichen	137
10.2	Einheitlichkeit	138
Regel 11	**Bestimmungen über die äußere Form der internationalen Anmeldung**	**138**
11.1	Anzahl von Exemplaren	138
11.2	Vervielfältigungsfähigkeit	138
11.3	Zu verwendendes Material	138
11.4	Einzelne Blätter usw.	138
11.5	Blattformat	139
11.6	Ränder	139
11.7	Nummerierung der Blätter	139
11.8	Nummerierung von Zeilen	140
11.9	Schreibweise von Texten	140
11.10	Zeichnungen, Formeln und Tabellen innerhalb des Textes	140
11.11	Erläuterungen in Zeichnungen	140
11.12	Änderungen usw.	140
11.13	Besondere Bestimmungen für Zeichnungen	141
11.14	Nachgereichte Unterlagen	142
Regel 12	**Sprache der internationalen Anmeldung und Übersetzungen für die Zwecke der internationalen Recherche und der internationalen Veröffentlichung**	**142**
12.1	Für die Einreichung internationaler Anmeldungen zugelassene Sprachen	142
12.1^{bis}	Sprache der nach Regel 20.3, 20.5 oder 20.6 eingereichten Bestandteile und Teile	143
12.1^{ter}	Sprache der nach Regel 13bis.4 eingereichten Angaben	143
12.2	Sprache von Änderungen in der internationalen Anmeldung	143
12.3	Übersetzung für die Zwecke der internationalen Recherche	143
12.4	Übersetzung für die Zwecke der internationalen Veröffentlichung	145
Regel 12bis	**Einreichung von zu einer früheren Recherche gehörenden Unterlagen durch den Anmelder**	**145**
12bis.1	Einreichung von zu einer früheren Recherche gehörenden Unterlagen durch den Anmelder bei einem Antrag nach Regel 4.12	146
12bis.2	Aufforderung durch die Internationale Recherchenbehörde zur Einreichung von zu einer früheren Recherche gehörenden Unterlagen bei einem Antrag nach Regel 4.12	148
Regel 13	**Einheitlichkeit der Erfindung**	**149**
13.1	Erfordernis	149
13.2	Fälle, in denen das Erfordernis der Einheitlichkeit der Erfindung als erfüllt gilt	149

Inhaltsverzeichnis Regeln

13.3	Feststellung der Einheitlichkeit der Erfindung unabhängig von der Fassung der Ansprüche	149
13.4	Abhängige Ansprüche	149
13.5	Gebrauchsmuster	149
Regel 13bis	**Erfindungen, die sich auf biologisches Material beziehen**	**150**
13bis.1	Begriffsbestimmung	150
13bis.2	Bezugnahmen (Allgemeines)	150
13bis.3	Bezugnahmen: Inhalt; Fehlen einer Bezugnahme oder Angabe	150
13bis.4	Bezugnahmen: Frist zur Einreichung von Angaben	150
13bis.5	Bezugnahmen und Angaben für die Zwecke eines oder mehrerer Bestimmungsstaaten; verschiedene Hinterlegungen für verschiedene Bestimmungsstaaten; bei anderen als den mitgeteilten Hinterlegungsstellen vorgenommene Hinterlegungen	151
13bis.6	Abgabe von Proben	151
13bis.7	Nationale Erfordernisse: Mitteilung und Veröffentlichung	152
Regel 13ter	**Protokoll der Nucleotid- und/oder Aminosäuresequenzen**	**152**
13ter.1	Verfahren vor der Internationalen Recherchenbehörde	152
13ter.2	Verfahren vor der mit der internationalen vorläufigen Prüfung beauftragten Behörde	154
13ter.3	Sequenzprotokoll für das Bestimmungsamt	154
Regel 14	**Die Übermittlungsgebühr**	**154**
14.1	Übermittlungsgebühr	154
Regel 15	**Die internationale Anmeldegebühr**	**155**
15.1	Die internationale Anmeldegebühr	155
15.2	Betrag	155
15.3	Zahlungsfrist; zu zahlender Betrag	156
15.4	Rückerstattung	156
15.5	[gestrichen]	156
15.6	[gestrichen]	156
Regel 16	**Die Recherchengebühr**	**156**
16.1	Befugnis zur Erhebung einer Gebühr	157
16.2	Rückerstattung	158
16.3	Teilweise Rückerstattung	158
Regel 16bis	**Verlängerung von Fristen für die Zahlung von Gebühren**	**158**
16bis.1	Aufforderung durch das Anmeldeamt	158
16bis.2	Gebühr für verspätete Zahlung	159
Regel 17	**Der Prioritätsbeleg**	**159**
17.1	Verpflichtung zur Einreichung einer Abschrift der früheren nationalen oder internationalen Anmeldung	159
17.2	Bereitstellung von Abschriften	161
Regel 18	**Der Anmelder**	**162**
18.1	Sitz, Wohnsitz und Staatsangehörigkeit	162
18.2	[gestrichen]	162
18.3	Zwei oder mehr Anmelder	162
18.4	Informationen über nationale Erfordernisse in Bezug auf Anmelder	162
Regel 19	**Zuständigkeit des Anmeldeamts**	**163**
19.1	Zuständiges Anmeldeamt	163
19.2	Zwei oder mehr Anmelder	164
19.3	Veröffentlichung der Übertragung von Aufgaben des Anmeldeamts	164
19.4	Übermittlung an das Internationale Büro als Anmeldeamt	164

Inhaltsverzeichnis Regeln

Regel 20	**Internationales Anmeldedatum**	165
20.1	Feststellung nach Artikel 11 Absatz 1	165
20.2	Positive Feststellung nach Artikel 11 Absatz 1	165
20.3	Mängel nach Artikel 11 Absatz 1	166
20.3bis	[gestrichen]	167
20.4	Negative Feststellung nach Artikel 11 Absatz 1	167
20.5	**Fehlende Teile**	167
20.6	Bestätigung der Einbeziehung von Bestandteilen und Teilen durch Verweis	169
20.7	Frist	170
20.8	Unvereinbarkeit mit nationalem Recht	170
Regel 21	**Herstellung von Exemplaren**	171
21.1	Aufgabe des Anmeldeamts	171
21.2	Beglaubigte Kopie für den Anmelder	172
Regel 22	**Übermittlung des Aktenexemplars und der Übersetzung**	172
22.1	Verfahren	172
22.2	[gestrichen]	173
22.3	Frist gemäß Artikel 12 Absatz 3	173
Regel 23	**Übermittlung des Recherchenexemplars, der Übersetzung und des Sequenzprotokolls**	173
23.1	Verfahren	173
Regel 23bis	**Übermittlung von zu einer früheren Recherche oder Klassifikation gehörenden Unterlagen**	174
23bis.1	Übermittlung von zu einer früheren Recherche gehörenden Unterlagen bei einem Antrag nach Regel 4.12	174
23bis.2	Übermittlung von zu einer früheren Recherche oder Klassifikation gehörenden Unterlagen für die Zwecke nach Regel 41.2	174
Regel 24	**Eingang des Aktenexemplars beim Internationalen Büro**	176
24.1	[gestrichen]	176
24.2	Mitteilung über den Eingang des Aktenexemplars	176
Regel 25	**Eingang des Recherchenexemplars bei der Internationalen Recherchenbehörde**	176
25.1	Benachrichtigung über den Eingang des Recherchenexemplars	176
Regel 26	**Prüfung und Berichtigung bestimmter Bestandteile der internationalen Anmeldung vor dem Anmeldeamt**	177
26.1	Aufforderung zur Mängelbeseitigung nach Artikel 14 Absatz 1 Buchstabe b	177
26.2	**Frist** für die Mängelbeseitigung	177
26.2bis	Prüfung der Erfordernisse nach Artikel 14 Absatz 1 Buchstabe a Ziffern i und ii	177
26.3	Prüfung der Formerfordernisse nach Artikel 14 Absatz 1 Buchstabe a Ziffer v	177
26.3bis	Aufforderung nach Artikel 14 Absatz 1 Buchstabe b zur Beseitigung von Mängeln nach Regel 11	178
26.3ter	Aufforderung zur Mängelbeseitigung nach Artikel 3 Absatz 4 Ziffer i	178
26.4	Verfahren	179
26.5	Entscheidung des Anmeldeamts	179
26.6	[gestrichen]	179
Regel 26bis	**Berichtigung oder Hinzufügung eines Prioritätsanspruchs**	179
26bis.1	Berichtigung oder Hinzufügung eines Prioritätsanspruchs	179
26bis.2	Mängel in Prioritätsansprüchen	180
26bis.3	Wiederherstellung des Prioritätsrechts durch das Anmeldeamt	181
Regel 26ter	**Berichtigung oder Hinzufügung von Erklärungen nach Regel 4.17**	185
26ter.1	Berichtigung oder Hinzufügung von Erklärungen	185
26ter.2	Behandlung von Erklärungen	185

Regel 27	Unterlassene Gebührenzahlung		185
27.1	Gebühren		185
Regel 28	Mängel, die durch das Internationale Büro festgestellt werden		185
28.1	Mitteilung über bestimmte Mängel		186
Regel 29	Internationale Anmeldungen, die als zurückgenommen gelten		186
29.1	Feststellung durch das Anmeldeamt		186
29.2	[gestrichen]		186
29.3	Hinweis des Anmeldeamts auf bestimmte Tatsachen		186
29.4	Mitteilung der Absicht, eine Erklärung nach Artikel 14 Absatz 4 abzugeben		187
Regel 30	Frist gemäß Artikel 14 Absatz 4		187
30.1	Frist		187
Regel 31	Nach Artikel 13 erforderliche Exemplare		187
31.1	Anforderung der Exemplare		187
31.2	Herstellung der Exemplare		187
Regel 32	Erstreckung der Wirkungen der internationalen Anmeldung auf bestimmte Nachfolgestaaten		188
32.1	Erstreckung der internationalen Anmeldung auf den Nachfolgestaat		188
32.2	Wirkungen der Erstreckung auf den Nachfolgestaat		188
Regel 33	Einschlägiger Stand der Technik für die internationale Recherche		188
33.1	Einschlägiger Stand der Technik für die internationale Recherche		188
33.2	Bei der internationalen Recherche zu berücksichtigende Sachgebiete		189
33.3	Ausrichtung der internationalen Recherche		189
Regel 34	Mindestprüfstoff		190
34.1	Begriffsbestimmung		190
Regel 35	Zuständige Internationale Recherchenbehörde		191
35.1	Zuständigkeit nur einer Internationalen Recherchenbehörde		191
35.2	Zuständigkeit mehrerer Internationaler Recherchenbehörden		191
35.3	Zuständigkeit, wenn das Internationale Büro nach Regel 19.1 Absatz a Ziffer iii Anmeldeamt ist		192
Regel 36	Mindestanforderungen an die Internationale Recherchenbehörde		192
36.1	Aufzählung der Mindestanforderungen		192
Regel 37	Fehlende oder mangelhafte Bezeichnung		192
37.1	Fehlen der Bezeichnung		193
37.2	Erstellung der Bezeichnung		193
Regel 38	Fehlende oder mangelhafte Zusammenfassung		193
38.1	Fehlende Zusammenfassung		193
38.2	Erstellung der Zusammenfassung		193
38.3	Änderung der Zusammenfassung		193
Regel 39	Anmeldungsgegenstand nach Artikel 17 Absatz 2 Buchstabe a Ziffer i		194
39.1	Begriffsbestimmung		194
Regel 40	Mangelnde Einheitlichkeit der Erfindung (internationale Recherche)		195
40.1	Aufforderung zur Zahlung zusätzlicher Gebühren; Frist		195
40.2	Zusätzliche Gebühren		195
40.3	[gestrichen]		196

Inhaltsverzeichnis Regeln

Regel 41	Berücksichtigung der Ergebnisse einer früheren Recherche und Klassifikation	196
41.1	Berücksichtigung der Ergebnisse einer früheren Recherche bei einem Antrag nach Regel 4.12	196
41.2	Berücksichtigung der Ergebnisse einer früheren Recherche und Klassifikation in anderen Fällen	197
Regel 42	Frist für die internationale Recherche	197
42.1	Frist für die internationale Recherche	197
Regel 43	Der internationale Recherchenbericht	198
43.1	Angaben	198
43.2	Daten	198
43.3	Klassifikation	198
43.4	Sprache	198
43.5	Angabe der Unterlagen	198
43.6	Recherchierte Sachgebiete	199
43.6^{bis}	Berücksichtigung von Berichtigungen offensichtlicher Fehler	199
43.7	Bemerkungen zur Einheitlichkeit der Erfindung	199
43.8	Zuständiger Bediensteter	200
43.9	Zusätzliche Angaben	200
43.10	Form	200
Regel 43bis	Schriftlicher Bescheid der Internationalen Recherchenbehörde	200
43bis.1	Schriftlicher Bescheid	200
Regel 44	Übermittlung des internationalen Recherchenberichts, des schriftlichen Bescheids und so weiter	202
44.1	Kopien des Berichts oder der Erklärung und des schriftlichen Bescheids	202
44.2	Bezeichnung oder Zusammenfassung	202
44.3	Kopien angegebener Unterlagen	202
Regel 44bis	Internationaler vorläufiger Bericht der Internationalen Recherchenbehörde zur Patentfähigkeit	202
44bis.1	Erstellung des Berichts; Übermittlung an den Anmelder	202
44bis.2	Übermittlung an die Bestimmungsämter	203
44bis.3	Übersetzung für die Bestimmungsämter	203
44bis.4	Stellungnahme zu der Übersetzung	203
Regel 44ter	[gestrichen]	204
Regel 45	Übersetzung des internationalen Recherchenberichts	204
45.1	Sprachen	204
Regel 45bis	Ergänzende internationale Recherchen	204
45bis.1	Antrag auf eine ergänzende Recherche	204
45bis.2	Bearbeitungsgebühr für die ergänzende Recherche	206
45bis.3	Gebühr für die ergänzende Recherche	206
45bis.4	Prüfung des Antrags auf eine ergänzende Recherche; Mängelbeseitigung; verspätete Entrichtung der Gebühren; Übermittlung an die für die ergänzende Recherche bestimmte Behörde	207
45bis.5	Beginn, Grundlage und Umfang der ergänzenden internationalen Recherche	208
45bis.6	Einheitlichkeit der Erfindung	210
45bis.7	Ergänzender internationaler Recherchenbericht	212
45bis.8	Übermittlung und Wirkung des ergänzenden internationalen Recherchenberichts	213
45bis.9	Für die Durchführung einer ergänzenden internationalen Recherche zuständige Internationale Recherchenbehörden	214

Inhaltsverzeichnis Regeln

Regel 46	Änderung von Ansprüchen vor dem Internationalen Büro........	215
46.1	Frist...	215
46.2	Wo sind die Änderungen einzureichen?......................	215
46.3	Sprache der Änderungen..................................	215
46.4	Erklärung...	216
46.5	Form der Änderungen	216
Regel 47	Übermittlung an die Bestimmungsämter......................	216
47.1	Verfahren...	216
47.2	Kopien..	218
47.3	Sprachen	218
47.4	Ausdrücklicher Antrag nach Artikel 23 Absatz 2 vor der internationalen Veröffentlichung..	218
Regel 48	Internationale Veröffentlichung	218
48.1	Form und Art und Weise	218
48.2	Inhalt...	218
48.3	Veröffentlichungssprachen.................................	222
48.4	Vorzeitige Veröffentlichung auf Antrag des Anmelders...........	223
48.5	Unterrichtung über die nationale Veröffentlichung	223
48.6	Veröffentlichung bestimmter Tatsachen......................	223
Regel 49	Übermittlung eines Exemplars und einer Übersetzung der Anmeldung sowie Gebührenzahlung nach Artikel 22	223
49.1	Mitteilung	223
49.2	Sprachen	224
49.3	**Erklärungen nach Artikel 19**; Angaben nach Regel 13bis.4	224
49.4	Verwendung eines nationalen Formblatts.....................	224
49.5	Inhalt und äußere Form der Übersetzung	225
49.6	Wiedereinsetzung nach Versäumung der Vornahme der Handlungen nach Artikel 22...	226
Regel 49bis	Angaben zum Schutzbegehren für die Zwecke des nationalen Verfahrens	227
49bis.1	Wahl bestimmter Schutzrechtsarten	227
49bis.2	Zeitpunkt der Übermittlung von Angaben.....................	228
Regel 49ter	Wirkung der Wiederherstellung des Prioritätsrechts durch das Anmeldeamt; Wiederherstellung des Prioritätsrechts durch das Bestimmungsamt	228
49ter.1	Wirkung der Wiederherstellung des Prioritätsrechts durch das Anmeldeamt	228
49ter.2	Wiederherstellung des Prioritätsrechts durch Bestimmungsamt.........	229
Regel 50	Befugnis nach Artikel 22 Absatz 3...........................	231
50.1	Ausübung der Befugnis....................................	231
Regel 51	Nachprüfung durch die Bestimmungsämter	232
51.1	Frist zur Stellung des Antrags auf Übersendung von Kopien.......	232
51.2	Kopie der Mitteilung	232
51.3	Frist zur Zahlung der nationalen Gebühr und zur Vorlegung einer Übersetzung...	232
Regel 51bis	Nach Artikel 27 zulässige nationale Erfordernisse	232
51bis.1	Zulässige nationale Erfordernisse	232
51bis.2	Umstände, unter denen Unterlagen oder Nachweise nicht verlangt werden dürfen...	234
51bis.3	Gelegenheit, nationale Erfordernisse zu erfüllen	235
Regel 52	Änderung der Ansprüche, der Beschreibung und der Zeichnungen vor den Bestimmungsämtern	236
52.1	Frist..	236

111

Inhaltsverzeichnis Regeln

TEIL C: Regeln zu Kapitel II des Vertrags

Regel 53	Der Antrag	237
53.1	Formblatt	237
53.2	Inhalt	237
53.3	Gesuch	237
53.4	Anmelder	237
53.5	Anwalt oder gemeinsamer Vertreter	237
53.6	Kennzeichnung der internationalen Anmeldung	238
53.7	Benennung von Staaten als ausgewählte Staaten	238
53.8	Unterschrift	238
53.9	Erklärung betreffend Änderungen	238
Regel 54	Zur Antragstellung berechtigter Anmelder	239
54.1	Sitz, Wohnsitz und Staatsangehörigkeit	239
54.2	Berechtigung zur Antragstellung	239
54.3	Beim Internationalen Büro als Anmeldeamt eingereichte internationale Anmeldungen	240
54.4	Zur Antragstellung nicht berechtigter Anmelder	240
Regel 54bis	Frist für die Antragstellung	240
54bis.1	Frist für die Antragstellung	240
Regel 55	Sprachen (internationale vorläufige Prüfung)	241
55.1	Sprache des Antrags	241
55.2	Übersetzung der internationalen Anmeldung	241
55.3	Sprache und Übersetzung von Änderungen und Begleitschreiben	242
Regel 56	[gestrichen]	243
Regel 57	Bearbeitungsgebühr	243
57.1	Gebührenpflicht	243
57.2	Betrag	243
57.3	Zahlungsfrist; zu zahlender Betrag	244
57.4	Rückerstattung	245
57.5	[gestrichen]	245
57.6	[gestrichen]	245
Regel 58	Gebühr für die vorläufige Prüfung	245
58.1	Befugnis zur Erhebung einer Gebühr	245
58.2	[gestrichen]	245
58.3	Rückerstattung	245
Regel 58bis	Verlängerung der Fristen für die Zahlung von Gebühren	246
58bis.1	Aufforderung durch die mit der internationalen vorläufigen Prüfung beauftragte Behörde	246
58bis.2	Gebühr für verspätete Zahlung	246
Regel 59	Zuständige mit der internationalen vorläufigen Prüfung beauftragte Behörde	247
59.1	Anträge nach Artikel 31 Absatz 2 Buchstabe a	247
59.2	Anträge nach Artikel 31 Absatz 2 Buchstabe b	247
59.3	Übermittlung des Antrags an die zuständige mit der internationalen vorläufigen Prüfung beauftragte Behörde	248
Regel 60	Bestimmte Mängel des Antrags	248
60.1	Mängel des Antrags	248
60.2	[gestrichen]	249
Regel 61	Mitteilung über den Antrag und die Auswahlerklärung	249
61.1	Mitteilung an das Internationale Büro und den Anmelder	249
61.2	Mitteilung an die ausgewählten Ämter	250

Inhaltsverzeichnis Regeln

61.3	Unterrichtung des Anmelders	250
61.4	Veröffentlichung im Blatt	250
Regel 62	**Kopie des schriftlichen Bescheids der Internationalen Recherchenbehörde und der Änderungen nach Artikel 19 für die mit der internationalen vorläufigen Prüfung beauftragte Behörde**	251
62.1	Kopie des schriftlichen Bescheids der Internationalen Recherchenbehörde und der vor Antragstellung eingereichten Änderungen	251
62.2	Nach Antragstellung eingereichte Änderungen	251
Regel 62bis	**Übersetzung des schriftlichen Bescheids der Internationalen Recherchenbehörde für die mit der internationalen vorläufigen Prüfung beauftragte Behörde**	251
62bis.1	Übersetzung und Stellungnahme	251
Regel 63	**Mindestanforderungen für die mit der internationalen vorläufigen Prüfung beauftragten Behörden**	252
63.1	Aufzählung der Mindestanforderungen	252
Regel 64	**Stand der Technik für die internationale vorläufige Prüfung**	252
64.1	Stand der Technik	252
64.2	Nicht-schriftliche Offenbarungen	253
64.3	Bestimmte veröffentlichte Unterlagen	253
Regel 65	**Erfinderische Tätigkeit oder Nichtoffensichtlichkeit**	253
65.1	Bewertung des Standes der Technik	253
65.2	Maßgeblicher Zeitpunkt	253
Regel 66	**Verfahren vor der mit der internationalen vorläufigen Prüfung beauftragten Behörde**	253
66.1	Grundlagen der internationalen vorläufigen Prüfung	253
66.1^{bis}	Schriftlicher Bescheid der Internationalen Recherchenbehörde	254
66.1^{ter}	Zusätzliche Recherche	255
66.2	Schriftlicher Bescheid der mit der internationalen vorläufigen Prüfung beauftragten Behörde	256
66.3	Förmliche Stellungnahme gegenüber der mit der internationalen vorläufigen Prüfung beauftragten Behörde	257
66.4	Zusätzliche Möglichkeit zur Einreichung von Änderungen oder Gegenvorstellungen	257
66.4^{bis}	Berücksichtigung von Änderungen, Gegenvorstellungen und Berichtigungen offensichtlicher Fehler	258
66.5	Änderungen	258
66.6	Formlose Erörterungen mit dem Anmelder	258
66.7	Kopie und Übersetzung der früheren Anmeldung, deren Priorität beansprucht wird	258
66.8	Form der Änderungen	259
66.9	[gestrichen]	259
Regel 67	**Anmeldungsgegenstand nach Artikel 34 Absatz 4 Buchstabe a Ziffer i**	259
67.1	Begriffsbestimmung	260
Regel 68	**Mangelnde Einheitlichkeit der Erfindung (internationale vorläufige Prüfung)**	260
68.1	Keine Aufforderung zur Einschränkung oder Zahlung	260
68.2	Aufforderung zur Einschränkung oder Zahlung	261
68.3	Zusätzliche Gebühren	262
68.4	Verfahren im Fall der nicht ausreichenden Einschränkung der Ansprüche	262
68.5	Hauptfindung	263

Regel 69	Beginn der internationalen vorläufigen Prüfung und Prüfungsfrist	263
69.1	Beginn der internationalen vorläufigen Prüfung	263
69.2	Frist für die internationale vorläufige Prüfung	264
Regel 70	Der internationale vorläufige Bericht zur Patentfähigkeit seitens der mit der internationalen vorläufigen Prüfung beauftragten Behörde (Internationaler vorläufiger Prüfungsbericht)	264
70.1	Begriffsbestimmung	264
70.2	Grundlage für den Bericht	264
70.3	Angaben	265
70.4	Daten	265
70.5	Klassifikation	266
70.6	Feststellung nach Artikel 35 Absatz 2	266
70.7	Angabe der Unterlagen nach Artikel 35 Absatz 2	266
70.8	Erläuterung nach Artikel 35 Absatz 2	266
70.9	Nicht-schriftliche Offenbarungen	267
70.10	Bestimmte veröffentlichte Unterlagen	267
70.11	Hinweis auf Änderungen	267
70.12	Erwähnung bestimmter Mängel und anderer Sachverhalte	267
70.13	Bemerkungen in bezug auf die Einheitlichkeit der Erfindung	267
70.14	Zuständiger Bediensteter	268
70.15	Form; Titel	268
70.16	Anlagen zum Bericht	268
70.17	Sprache des Berichts und der Anlagen	269
Regel 71	Übersendung des internationalen vorläufigen Prüfungsberichts	269
71.1	Empfänger	269
71.2	Kopien angegebener Unterlagen	269
Regel 72	Übersetzung des internationalen vorläufigen Prüfungsberichts und des schriftlichen Bescheids der Internationalen Recherchenbehörde	270
72.1	Sprachen	270
72.2	Kopie der Übersetzung für den Anmelder	270
72.2^{bis}	Übersetzung des nach Regel 43bis.1 erstellten schriftlichen Bescheids der Internationalen Recherchenbehörde	270
72.3	Stellungnahme zu der Übersetzung	270
Regel 73	Übersendung des internationalen vorläufigen Prüfungsberichts oder des schriftlichen Bescheids der Internationalen Recherchenbehörde	270
73.1	Herstellung der Kopien	270
73.2	Übersendung an die ausgewählten Ämter	271
Regel 74	Übersetzung der Anlagen des internationalen vorläufigen Prüfungsberichts und ihre Übermittlung	271
74.1	Inhalt der Übersetzung und Frist für ihre Übermittlung	271
Regel 75	[gestrichen]	271
Regel 76	Übersetzung des Prioritätsbelegs; Anwendung bestimmter Regeln auf Verfahren vor den ausgewählten Ämtern	272
76.1, 76.2 und 76.3	[gestrichen]	272
76.4	Frist für die Übersetzung des Prioritätsbelegs	272
76.5	Anwendung bestimmter Regeln auf das Verfahren vor den ausgewählten Ämtern	272
76.6	[gestrichen]	272
Regel 77	Befugnis nach Artikel 39 Absatz 1 Buchstabe b	272
77.1	Ausübung der Befugnis	272

Inhaltsverzeichnis Regeln

Regel 78	Änderung der Ansprüche, der Beschreibung und der Zeichnungen vor den ausgewählten Ämtern	272
78.1	Frist	273
78.2	[gestrichen]	273
78.3	Gebrauchsmuster	273

TEIL D: Regeln zu Kapitel III des Vertrags

Regel 79	Zeitrechnung	274
79.1	Angabe von Daten	274
Regel 80	Berechnung der Fristen	274
80.1	In Jahren bestimmte Fristen	274
80.2	In Monaten bestimmte Fristen	274
80.3	In Tagen bestimmte Fristen	274
80.4	Örtliche Daten	274
80.5	Ablauf an einem anderen Tag als einem Werktag oder an einem offiziellen Feiertag	275
80.6	Datum von Schriftstücken	275
80.7	Ende eines Werktags	276
Regel 81	Änderung von im Vertrag festgesetzten Fristen	276
81.1	Änderungsvorschlag	276
81.2	Entscheidung der Versammlung	276
81.3	Schriftliche Abstimmung	277
Regel 82	Störungen im Postdienst	277
82.1	Verzögerung oder Verlust bei der Postzustellung	277
82.2	[gestrichen]	278
Regel 82bis	Vom Bestimmungsstaat oder ausgewählten Staat zu entschuldigende Fristüberschreitungen	278
82bis.1	Bedeutung von »Frist« in Artikel 48 Absatz 2	278
82bis.2	Wiedereinsetzung in den vorigen Stand und andere Vorschriften, auf die Artikel 48 Absatz 2 anzuwenden ist	279
Regel 82ter	Berichtigung von Fehlern des Anmeldeamts oder des Internationalen Büros	279
82ter.1	Fehler hinsichtlich des internationalen Anmeldedatums oder des Prioritätsanspruchs	279
Regel 82^{quater}	Entschuldigung von Fristüberschreitungen	280
82^{quater}.1	Entschuldigung von Fristüberschreitungen	280
Regel 83	Das Recht zum Auftreten vor internationalen Behörden	282
83.1	Nachweis des Rechts	282
83.1^{bis}	Das Internationale Büro als Anmeldeamt	282
83.2	Mitteilung	282

TEIL E: Regeln zu Kapitel V des Vertrags

Regel 84	Kosten der Delegationen	283
84.1	Kostentragung durch Regierungen	283
Regel 85	Fehlen des Quorums in der Versammlung	283
85.1	Schriftliche Abstimmung	283
Regel 86	Blatt	283
86.1	Inhalt	283
86.2	Sprachen; Form und Art und Weise der Veröffentlichung; Zeitvorgaben	284
86.3	Erscheinungsfolge	284

Inhaltsverzeichnis Regeln

86.4	Verkauf	284
86.5	Titel	285
86.6	Weitere Einzelheiten	285
Regel 87	Übermittlung von Veröffentlichungen	285
87.1	Übermittlung von Veröffentlichungen auf Antrag	285
Regel 88	Änderung der Ausführungsordnung	285
88.1	Erfordernis der Einstimmigkeit	285
88.2	[gestrichen]	285
88.3	Erfordernis, dass bestimmte Staaten nicht widersprechen	285
88.4	Verfahren	286
Regel 89	Verwaltungsvorschriften	286
89.1	Umfang	286
89.2	Entstehung	286
89.3	Erlass und Inkrafttreten	286

TEIL F: Regeln zu mehreren Kapiteln des Vertrags

Regel 89bis	Einreichung, Bearbeitung und Übermittlung internationaler Anmeldungen und anderer Schriftstücke in elektronischer Form oder mit elektronischen Mitteln	287
89bis.1	Internationale Anmeldungen	287
89bis.2	Andere Schriftstücke	288
89bis.3	Übermittlung zwischen Ämtern	289
Regel 89ter	Kopien in elektronischer Form von auf Papier eingereichten Schriftstücken	289
89ter.1	Kopien in elektronischer Form von auf Papier eingereichten Schriftstücken	289
Regel 90	Anwälte und gemeinsame Vertreter	289
90.1	Bestellung als Anwalt	289
90.2	Gemeinsamer Vertreter	290
90.3	Wirkungen von Handlungen, die durch Anwälte und gemeinsame Vertreter oder diesen gegenüber vorgenommen werden	291
90.4	Bestellung eines Anwalts oder gemeinsamen Vertreters	291
90.5	Allgemeine Vollmacht	292
90.6	Widerruf und Verzicht	293
Regel 90bis	Zurücknahmen	293
90bis.1	Zurücknahme der internationalen Anmeldung	293
90bis.2	Zurücknahme von Bestimmungen	294
90bis.3	Zurücknahme von Prioritätsansprüchen	295
90bis.3bis	Zurücknahme des Antrags auf eine ergänzende Recherche	295
90bis.4	Zurücknahme des Antrags oder von Auswahlerklärungen	296
90bis.5	Unterschrift	296
90bis.6	Wirkung der Zurücknahme	296
90bis.7	Regelung nach Artikel 37 Absatz 4 Buchstabe b	297
Regel 91	Berichtigung offensichtlicher Fehler in der internationalen Anmeldung und in anderen Schriftstücken	297
91.1	Berichtigung offensichtlicher Fehler	297
91.2	Anträge auf Berichtigung	299
91.3	Zustimmung zu und Wirkung von Berichtigungen	299
Regel 92	Schriftverkehr	300
92.1	Erfordernis von Begleitschreiben und Unterschriften	300
92.2	Sprachen	301

92.3	Postversand durch nationale Ämter oder zwischenstaatliche Organisationen	302
92.4	Benutzung des Telegrafen, Fernschreibers, Telefaxgeräts usw.	302
Regel 92bis	Eintragung von Änderungen bestimmter Angaben im Antrag oder im Antrag auf internationale vorläufige Prüfung	304
92bis.1	Eintragung von Änderungen durch das Internationale Büro	304
Regel 93	Aufbewahrung von Vorgängen und Akten	305
93.1	Das Anmeldeamt	305
93.2	Das Internationale Büro	305
93.3	Die Internationalen Recherchenbehörden und die mit der internationalen vorläufigen Prüfung beauftragten Behörden	305
93.4	Vervielfältigungen	305
Regel 93bis	Art der Übermittlung von Unterlagen	305
93bis.1	Übermittlung auf Antrag; Übermittlung über eine digitale Bibliothek	306
Regel 94	Akteneinsicht	306
94.1	Akteneinsicht beim Internationalen Büro	306
94.1^{bis}	Akteneinsicht beim Anmeldeamt	308
94.1^{ter}	Akteneinsicht bei der Internationalen Recherchenbehörde	309
94.2	Akteneinsicht bei der mit der internationalen vorläufigen Prüfung beauftragten Behörde	309
94.2^{bis}	Akteneinsicht beim Bestimmungsamt	310
94.3	Akteneinsicht beim ausgewählten Amt	310
Regel 95	Angaben und Übersetzungen von Bestimmungsämtern und ausgewählten Ämtern	311
95.1	Angaben betreffend Ereignisse bei Bestimmungsämtern und ausgewählten Ämtern	311
95.2	Kopien der Übersetzungen	312
Regel 96	Gebührenverzeichnis	312
96.1	Gebührenverzeichnis im Anhang zur Ausführungsordnung	312

TEIL A: Einleitende Regeln

Regel 1 Abkürzungen

1.1 Bedeutung der Abkürzungen

a) In dieser Ausführungsordnung wird die Bezeichnung »Vertrag« für den Vertrag über die internationale Zusammenarbeit auf dem Gebiet des Patentwesens verwendet.

b) In dieser Ausführungsordnung verweisen die Bezeichnungen »Kapitel« und »Artikel« auf die jeweils angegebenen Kapitel und Artikel des Vertrags.

Regel 2 Auslegung bestimmter Bezeichnungen

2.1 »Anmelder«

Die Bezeichnung »Anmelder« ist so auszulegen, dass sie auch einen Anwalt oder anderen Vertreter des Anmelders umfasst, sofern sich das Gegenteil nicht eindeutig aus der Fassung oder der Art der Bestimmung oder aus dem Zusammenhang ergibt, in dem diese Bezeichnung verwendet wird, wie beispielsweise in den Fällen, in denen sich die Bestimmung auf den Sitz, den Wohnsitz oder die Staatsangehörigkeit des Anmelders bezieht.

2.2 »Anwalt«

Die Bezeichnung »Anwalt« ist so auszulegen, dass sie einen nach Regel 90.1 bestellten Anwalt umfasst, sofern sich das Gegenteil nicht eindeutig aus der Fassung oder der Art der Bestimmung oder aus dem Zusammenhang ergibt, in dem die Bezeichnung verwendet wird.

2.2^{bis} »Gemeinsamer Vertreter«

Die Bezeichnung »gemeinsamer Vertreter« ist so auszulegen, dass sie einen Anmelder umfasst, der nach Regel 90.2 als gemeinsamer Vertreter bestellt ist oder gilt.

R 151 EPÜ Die EPÜ-Definition entspricht nicht der Definition des PCT für die Bestimmung des gemeinsamen Vertreters.

2.3 »Unterschrift«

Die Bezeichnung »Unterschrift« ist dahin zu verstehen, dass sie, falls das nationale Recht, das vom Anmeldeamt oder von der zuständigen Internationalen Recherchenbehörde oder von der mit der internationalen vorläufigen Prüfung beauftragten Behörde angewendet wird, die Verwendung eines Siegels an Stelle einer Unterschrift vorschreibt, für die Zwecke dieses Amtes oder dieser Behörde Siegel bedeutet.

Die Siegelverwendung ist vorgeschrieben in JP und KR, auch möglich ist sie in CN.
Art 2   Begriffsbestimmung

2.4 »Prioritätsfrist«

a) Die Bezeichnung »Prioritätsfrist« in bezug auf einen Prioritätsanspruch ist so auszulegen, dass sie den Zeitraum von 12 Monaten ab Anmeldedatum der früheren An-

meldung, deren Priorität beansprucht wird, umfasst. Der Tag der Einreichung der früheren Anmeldung ist nicht in diesen Zeitraum einzuschließen.
b) Regel 80.5 ist auf die Prioritätsfrist entsprechend anzuwenden.

R 80.5 Ablauf an einem anderen Tag als einem Werktag oder an einem offiziellen Feiertag

TEIL B: Regeln zu Kapitel I des Vertrags

Regel 3 Der Antrag (Form)

3.1 Form des Antrags *Antragsform*

Der Antrag ist auf einem gedruckten Formblatt zu stellen oder als Computerausdruck einzureichen.

3.2 Ausgabe von Formblättern

Vorgedruckte Formblätter werden den Anmeldern vom Anmeldeamt oder, auf Wunsch des Anmeldeamtes, vom Internationalen Büro gebührenfrei zur Verfügung gestellt.

VV 102 Verwendung der Formblätter

3.3 Kontrollliste

a) Der Antrag hat eine Liste zu enthalten, die angibt:
  i) die Gesamtblattzahl der internationalen Anmeldung und die Blattzahl jedes Bestandteils der internationalen Anmeldung: Antrag, Beschreibung (die Blattzahl eines Sequenzprotokollteils *(Regel 13ter)* der Beschreibung ist gesondert anzugeben), Ansprüche, Zeichnungen, Zusammenfassung;
  ii) gegebenenfalls, dass der internationalen Anmeldung im Anmeldezeitpunkt eine Vollmacht (d.h. ein Schriftstück, in dem ein Anwalt oder ein gemeinsamer Vertreter ernannt wird), eine Kopie einer allgemeinen Vollmacht, ein Prioritätsbeleg, ein Sequenzprotokoll *(Regel 13ter)* in elektronischer Form, ein Schriftstück über die Gebührenzahlung oder etwaige andere Unterlagen (die in der Kontrollliste im einzelnen aufzuführen sind) beigefügt sind;
  iii) die Nummer der Abbildung der Zeichnungen, die nach Vorschlag des Anmelders mit der Zusammenfassung bei ihrer Veröffentlichung abgedruckt werden soll; in Ausnahmefällen kann der Anmelder mehr als eine Abbildung vorschlagen.
b) Die Liste wird vom Anmelder erstellt; unterlässt er dies, macht das Anmeldeamt die notwendigen Angaben; jedoch ist die in Absatz a Ziffer iii genannte Nummer vom Anmeldeamt nicht anzugeben.

3.4 Gestaltung des Antrags im Einzelnen

Die Gestaltung, des vorgedruckten Antragsformblatts und eines als Computerausdruck eingereichten Antrags wird vorbehaltlich Regel 3.3 durch die Verwaltungsvorschriften vorgeschrieben.

Regel 4 Der Antrag (Inhalt)

4.1 Vorgeschriebener und wahlweiser Inhalt; Unterschrift *(R 4.15)*

Art 3   Die internationale Anmeldung
Art 4   Der Antrag
Art 14   Bestimmte Mängel der internationalen Anmeldung
PCT/IB/382 Seit 01.01.2012 besteht jederzeit bis zum Ablauf von 30 Monaten ab
           Prioritätsdatum die Möglichkeit, widerruflich die Lizenzbereitschaft zu er-

klären. Die Erklärung kann auf dem genannten Formular erfolgen, sie ist aber weder Bestandteil der PCTa noch der internationalen Veröffentlichung (PCT-Newsletter 12/2011, S. 1). Die Erklärung ist als Teil der Akte des IB einsehbar unter https://patentscope patentscope.wipo.int/search/de/structuredSearch.jsf. (Details siehe Nr. 11.102 ff. Applicant's Guide int. P.)

> a) Der Antrag hat zu enthalten:
> i) ein Antragsersuchen,
> ii) die Bezeichnung der Erfindung,
> iii) Angaben über den Anmelder und gegebenenfalls den Anwalt,
> iv) Angaben über den Erfinder[2], wenn das nationale Recht wenigstens eines Bestimmungsstaats die Erfindernennung zum Anmeldezeitpunkt verlangt.

R 4.1 a) iv), 4.6 a) Zu den Möglichkeiten, trotz R 48.2 b) i) die Veröffentlichung der Angaben zu vermeiden, siehe PCT Newsletter 08/2007, 8

> b) Der Antrag hat gegebenenfalls zu enthalten:
> i) einen Prioritätsanspruch *(R 4.10)*,
> ii) *(seit 01.07.2018)* Angaben zu einer früheren Recherche gemäß Regeln 4.12 Ziffer i und 12bis.1 Absätze b und d *(mit der Folge einer möglichen Rückerstattung der Recherchengebühr, siehe Anhang)*,
> ii) *(bis 30.06.2018)* Angaben zu einer früheren Recherche gemäß Regeln 4.12 Ziffer i und 12bis.1 Absätze c und f *(mit der Folge einer möglichen Rückerstattung der Recherchengebühr, siehe Anhang)*,

Es handelt sich um eine Korrektur zur Anpassung an Änderungen im Jahr 2017.

R 41 Berücksichtigung der Ergebnisse einer früheren Recherche: bei Durchführung durch dieselbe ISA muss, bei Durchführung durch andere ISA oder anderes Amt kann berücksichtigt werden (mit der Folge einer möglichen Rückerstattung der Recherchengebühr, siehe Anhang).

R 12bis.1 Einreichung von zu einer früheren Recherche gehörenden Unterlagen durch den Anmelder

> iii) eine Bezugnahme auf die Hauptanmeldung oder das Hauptpatent *(R 4.13)*,
> iv) die Angabe der vom Anmelder gewählten zuständigen Internationalen Recherchenbehörde,
> c) Der Antrag kann enthalten:
> i) Angaben über den Erfinder, wenn das nationale Recht keines Bestimmungsstaates die Erfindernennung im Anmeldezeitpunkt verlangt,

Art 4 (1) v) Name des Erfinders
Art 4 (4) Fehlen der Erfinderbenennung
R 4.6 Erfinder

> ii) einen Antrag an das Anmeldeamt auf Erstellung und Übermittlung des Prioritätsbelegs an das Internationale Büro, wenn die Anmeldung, deren Priorität beansprucht wird, bei dem nationalen Amt oder der zwischenstaatlichen Behörde eingereicht wurde, das oder die das Anmeldeamt ist,
> iii) Erklärungen gemäß Regel 4.17 *(Erfinderbenennung, Declaration, etc.)*.
> iv) eine Erklärung gemäß Regel 4.18,

R 4.18 Erklärung über die Einbeziehung der Prioritätsanmeldung durch Verweis. Eine solche Erklärung ist im Antragsformular PCT/RO/101, Feld VI vorsorglich enthalten.

v) einen Antrag auf Wiederherstellung des Prioritätsrechts *(R 26bis.3),*
vi) eine Erklärung gemäß Regel 4.12 Ziffer ii.
d) Der Antrag muss unterzeichnet sein.

Art 14 (1) a) i) Fehlende Unterschrift
Art 14 (1) b) Mängelbeseitigung, R 26
Art 49   Die fehlende Unterschrift führt zur fehlenden Vertretung.
R 4.15   Der Antrag ist von allen Anmeldern zu unterschreiben oder
R 90.3, Art 49 Der Antrag ist vom gemeinsamen Anwalt bzw. Vertreter zu unterzeichnen.
R 53.8 Art 14 (1) b) Das Fehlen der Unterschrift unter dem Prüfungsantrag stellt einen nachholbaren Mangel dar.
R 92.1 b), Art 14 (1) a) i) Die Unterschrift unter dem Begleitschreiben ist nachholbar.
VV 316   Verfahren bei **Fehlen der vorgeschriebenen Unterschrift** für die internationale Anmeldung

Fehlende Vertretung

4.2 Antragsersuchen

Das Antragsersuchen soll sinngemäß folgendes zum Ausdruck bringen und ist vorzugsweise wie folgt zu fassen: »Der Unterzeichnete beantragt, dass die vorliegende internationale Anmeldung nach dem Vertrag über die internationale Zusammenarbeit auf dem Gebiet des Patentwesens behandelt wird.«

4.3 Bezeichnung der Erfindung

Die Bezeichnung der Erfindung ist kurz (vorzugsweise zwei bis sieben Wörter, wenn in englischer Sprache abgefasst oder in die englische Sprache übersetzt) und genau zu fassen.

4.4 Namen und Anschriften

a) Bei natürlichen Personen sind der Familienname und der Vorname oder die Vornamen anzugeben; der Familienname ist vor dem oder den Vornamen anzugeben.
b) Bei juristischen Personen ist die volle amtliche Bezeichnung anzugeben.
c) Anschriften sind in der Weise anzugeben, dass sie die üblichen Anforderungen für eine schnelle Postzustellung an die angegebene Anschrift erfüllen, und müssen in jedem Fall alle maßgeblichen Verwaltungseinheiten, gegebenenfalls einschließlich der Hausnummer, enthalten. Schreibt das nationale Recht des Bestimmungsstaates die Angabe der Hausnummer nicht vor, so hat die Nichtangabe der Nummer in diesem Staat keine Folgen. Um eine schnelle Kommunikation mit dem Anmelder zu ermöglichen, wird empfohlen, eine Fernschreibanschrift, die Telefon- und Telefaxnummern oder entsprechende Angaben zu ähnlichen Einrichtungen zur Nachrichtenübermittlung des Anmelders oder gegebenenfalls des Anwalts oder gemeinsamen Vertreters anzugeben.

Seit dem 01.07.2008 bestehen weitergehende Möglichkeiten der E-Mail-Kommunikation durch Anpassung der Formblätter und VV 706, 710. Die E-Mail-Adresse kann auch gemäß R 92bis hinzugefügt oder geändert werden. Es handelt sich um einen zusätzlichen Service und ersetzt nicht die eigentlichen Schriftstücke. Wird diese Möglichkeit nicht genutzt, wird die E-Mail-Adresse nur nach Absatz c) Satz 3 verwendet. Derzeit akzeptiert das IB keine Antworten per E-Mail (PCT Newsletter 5/2008, 10). Zur Benachrichtigung per E-Mail durch die Behörde siehe Applicant's Guide int. P. Nr. 5.028, 5029

Beim EPA haben im Verfahren nach dem PCT E-Mails des Anmelders keine Rechtskraft, eine elektronische Einreichung der PCTa und anderer Unterlagen nach R 89bis ist aber möglich (Euro-PCT-Leitfaden B. Rn 75, 83).

> d) Für jeden Anmelder, Erfinder oder Anwalt darf nur eine Anschrift angegeben werden; ist jedoch zur Vertretung des Anmelders oder, bei mehreren Anmeldern, aller Anmelder kein Anwalt bestellt worden, so kann der Anmelder oder, bei mehreren Anmeldern, der gemeinsame Vertreter zusätzlich zu den im Antrag angegebenen Anschriften eine Zustellanschrift angeben.

EPA   Das EPA sendet nur Mitteilungen an eine Zustellanschrift, wenn kein zugelassener Vertreter oder Anwalt bestellt ist. Die Zustellanschrift kann seit dem 01.11.2014 auch von natürlichen Personen und nicht nur von juristischen Personen verwendet werden. Für die internationale Phase gilt, dass die Anschrift einer beliebigen Person in einem beliebigen Land angegeben werden darf. Für die europäische Phase muss die eigene Anschrift der handelnden Person angegeben werden, die in einem EPÜ-Vertragsstaat liegt (Zu Details siehe ABl. 2014, A99).

Art 27 (7) Nationale Erfordernisse: Die Verwendung von Zustellanschriften unterliegt dem für die Vertretung geltenden Recht.

R 90.1   Bestellung als Anwalt

R 92bis.1   Eintragung der Zustellanschrift durch das IB

Art 134 EPÜ Bestellung eines zugelassenen Vertreters ist notwendig wenn der Anmelder nicht seinen Sitz oder Wohnsitz in einem EPÜ-Vertragsstaat hat (für PCTa in der europäischen Phase oder bei europäischen Direktanmeldungen).

Art 151 EPÜ Mehrere Anmelder

4.5 Anmelder

> a) Der Antrag hat zu enthalten:
> i) Namen
> ii) Anschrift und
> iii) Staatsangehörigkeit sowie Sitz oder Wohnsitz *(R 18.1)*
> des Anmelders oder, bei mehreren Anmeldern, jedes Anmelders.
> b) Die Staatsangehörigkeit *(R 18.1)* des Anmelders ist durch Angabe des Namens des Staates, dem der Anmelder angehört, anzugeben.

zwei oder mehr Anmelder

R 26.2^{bis} b) Für die Zwecke des Art 14 (1) a) ii) reicht es in Bezug auf R 4.4 und 4.5 bei mehreren Anmeldern aus, wenn die nach R 4.5 a) ii) und iii) verlangten Angaben für einen von ihnen gemacht werden, der nach R 19 berechtigt ist, die Anmeldung einzureichen (Hinweis Nr. 2 im Anhang A des Formulars PCT/RO/106)

R 51bis.1 a) vii) BA kann Nachreichen verlangen (Hinweis im Nr. 2 im Anhang A des Formulars PCT/RO/106)

VV 105   Kennzeichnung einer internationalen Anmeldung mit zwei oder mehr Anmeldern

> c) Der Sitz oder Wohnsitz des Anmelders ist durch Angabe des Staates, in dem der Anmelder seinen Sitz oder Wohnsitz *(R 18.1)* hat, anzugeben.
> d) Im Antrag können für **verschiedene Bestimmungsstaaten verschiedene Anmelder** angegeben werden. In diesem Fall sind der oder die Anmelder für jeden Bestimmungsstaat oder jede Gruppe von Bestimmungsstaaten anzugeben.

e) Ist der Anmelder bei dem als Anmeldeamt handelnden nationalen Amt registriert, so kann der Antrag die Nummer oder sonstige Angabe enthalten, unter welcher der Anmelder registriert ist.

R 18.4   Nationale Erfordernisse in Bezug auf den Anmelder. So muss z.B. in den USA nur bis zum 15.09.2012 (PCT Anmeldetag) für die PCTa der Erfinder Anmelder sein. (Siehe auch Anmerkung zu R 4.17 iv)). Hinweis in Newsletter 7-8/2012, dass es keinen Mangel darstellt, wenn der Erfinder als Anmelder angegeben ist, weil die Möglichkeit besteht, für verschiedene Staaten verschiedene Anmelder anzugeben. Das IB wird auf die geänderten Erfordernisse und die Möglichkeit der Änderung nach R 92bis in Bezug auf die Ersetzung von »Anmelder und Erfinder« durch »nur Erfinder« und von »alle Bestimmungsstaaten mit Ausnahme der Vereinigten Staaten von Amerika« durch »alle Bestimmungsstaaten« hinweisen.
VV 203   Verschiedene Anmelder für verschiedene Bestimmungsstaaten

4.6 Erfinder

a) Findet Regel 4.1 Absatz a Ziffer iv oder Absatz c Ziffer i Anwendung, so sind im Antrag Name und Anschrift des Erfinders oder, bei mehreren Erfindern, der Erfinder anzugeben.

R 4.1 a) iv), 4.6 a) Zu den Möglichkeiten, trotz R 48.2 b) i) die Veröffentlichung der Angaben zu vermeiden, siehe PCT Newsletter 08/2007, 8
Art 4 (1) v) Angaben zu den Erfindern im Antrag. Bzgl. verspäteten Angaben zu den Erfindern s. dort FN [5] und [7].
Art 4 (4) Fehlen der Erfinderbenennung

b) Ist der Anmelder zugleich der Erfinder, so hat der Antrag an Stelle der Angabe nach Absatz a eine entsprechende Erklärung zu enthalten.
c) Der Antrag kann verschiedene Personen für verschiedene Bestimmungsstaaten als Erfinder nennen *(R 4.5 d))*, wenn in dieser Hinsicht die Voraussetzungen des nationalen Rechts der Bestimmungsstaaten nicht übereinstimmen. In diesem Fall hat der Antrag eine besondere Erklärung für jeden Bestimmungsstaat oder jede Staatengruppe zu enthalten, in denen eine bestimmte Person oder die gleiche Person als Erfinder angesehen wird oder in denen bestimmte Personen oder die gleichen Personen als Erfinder angesehen werden.

4.7 Anwalt

a) Ist ein Anwalt bestellt worden, so hat der Antrag eine entsprechende Angabe sowie den Namen und die Anschrift des Anwalts zu enthalten.
b) Ist ein Anwalt bei dem als Anmeldeamt handelnden nationalen Amt registriert, so kann der Antrag auch die Nummer oder sonstige Angabe enthalten, unter welcher der Anwalt registriert ist.

R 90   Anwälte und gemeinsame Vertreter   *Vollmacht*
R 90.4   Die Vollmacht ist jedoch auch dann erteilt, wenn das Antragsformular durch die Anmelder unterschrieben ist.
R 90.4 a) Die Vollmacht ist von allen Anmeldern zu unterschreiben.

4.8 Gemeinsamer Vertreter *(R 90.2)*

Ist ein gemeinsamer Vertreter bestellt worden, so hat der Antrag eine entsprechende Angabe zu enthalten.

4.9 Bestimmung von Staaten, Schutzrechtsarten; nationale und regionale Patente

a) Die Einreichung eines Antrags umfasst:
i) die Bestimmung aller Vertragsstaaten, für die der Vertrag am internationalen Anmeldedatum verbindlich ist;
ii) eine Angabe, dass mit der internationalen Anmeldung für jeden Bestimmungsstaat, auf den Artikel 43 oder 44 Anwendung findet, jede Art von Schutzrecht beantragt wird, die durch Bestimmung des betreffenden Staats zugänglich ist;
iii) eine Angabe, dass mit der internationalen Anmeldung für jeden Bestimmungsstaat, auf den Artikel 45 Absatz 1 Anwendung findet, ein regionales Patent und, sofern nicht Artikel 45 Absatz 2 Anwendung findet, ein nationales Patent beantragt wird.

Art 44   Schutzrechtsarten
Art 45   Regionale Verträge
R 4.5 d) Verschiedene Anmelder für verschieden Staaten
R 49bis.1 Die Angabe bestimmter Schutzrechtsarten ist erst bei Eintritt in die nationale Phase gegenüber den BA möglich. Ohne weitere Angaben handelt es sich um eine Patentanmeldung.
Art 9 (3), R 18.4 (c) Die Bestimmung ist auch dann wirksam, wenn bei mehreren Anmeldern ein allein nicht berechtigter Anmelder (PCT-Ausländer) für einen Bestimmungsstaat als Alleinanmelder bestimmt ist.

b) Wenn das nationale Recht eines Vertragsstaats am 5. Oktober 2005 vorsieht, dass die Einreichung einer internationalen Anmeldung, die diesen Staat bestimmt und die Priorität einer in diesem Staat wirksamen früheren nationalen Anmeldung in Anspruch nimmt *(innere Priorität)*, dazu führt, dass die Wirkung der früheren nationalen Anmeldung mit denselben Folgen endet wie die Zurücknahme der früheren nationalen Anmeldung, kann jeder Antrag, in dem die Priorität einer früheren in diesem Staat eingereichten nationalen Anmeldung in Anspruch genommen wird, unbeschadet des Absatzes a Ziffer i eine Angabe enthalten, wonach die Bestimmung dieses Staats nicht vorgenommen wird, sofern das Bestimmungsamt das Internationale Büro bis zum 5. Januar 2006 davon unterrichtet, dass dieser Absatz auf Bestimmungen des betreffenden Staats Anwendung findet und die Benachrichtigung am internationalen Anmeldedatum noch in Kraft ist. Diese Mitteilung wird vom Internationalen Büro unverzüglich im Blatt veröffentlicht.

Art 8   Inanspruchnahme von Prioritäten
§ 40 PatG Priorität einer früheren inländischen Patentanmeldung (innere Priorität) mit der Wirkung der Rücknahmefiktion
Art 4 PVÜ Priorität für eine Erstanmeldung im Ausland (äußere Priorität)

Eine Vorschrift zur Rücknahmefiktion bei Inanspruchnahme der inneren Priorität haben derzeit die Länder: DE, JP und KR. Veröffentlicht wurden entsprechende Mitteilungen dieser Länder (zu finden z.B. unter www.wipo.int/pct/de/texts/reservations/res_incomp.html). RU hat mit Wirkung vom 05.06.2009 die Mitteilung widerrufen (PCT Gazette 20.08.2009, S. 140).

Für DE gilt: Die innere Priorität ist für eine internationale Patentanmeldung erst dann wirksam gemäß Art III § 4 (3) IntPatÜG beansprucht, wenn alle Voraussetzungen nach Art III § 4 (2), § 6 (2) IntPatÜG erfüllt sind, insbesondere die nationale (Anmelde-)Gebühr bei Eintritt in die internationale Phase gezahlt ist (BlPMZ 2001, 220). Die Anmeldegebühr gilt aber nach Art III § 4 (2) 2 IntPatÜG mit der Zahlung der Übermittlungsgebühr als entrichtet, wenn das DPMA Anmeldeamt für die PCTa war. D.h. der Fall der unbeabsichtigten Rücknahme aufgrund der Rücknahmefiktion bei Inanspruchnahme der Priorität einer deutschen Anmeldung kann nur auftreten, wenn die Anmeldung beim DPMA eingereicht wird, nicht aber beim EPA. Für den Fall, dass die Anmeldung beim DPMA eingereicht wurde, kann die Rücknahmefiktion durch die Ausnahme der Bestimmung DE im PCT Antrag vermieden werden, insoweit aber nur insgesamt. Bezogen auf bestimmte Schutzrechtsarten ist die Rücknahme einer PCTa nach R 90bis.2. vor Ablauf von 30 Monaten ab Prioritätsdatum möglich.

Für JP gilt: Für PCTa mit Anmeldedatum ab 01.04.2015 erfolgt die Rücknahmefiktion nach Ablauf von 16 Monaten gerechnet ab dem Anmeldedatum der früheren Anmeldung anstelle von den vorher geltenden 15 Monaten. Innerhalb dieser Frist kann die Rücknahme der Bestimmung von JP erfolgen (PCT-Newsletter, 4/2015, S.5 und Applicant's Guide int. P. Annex B1 (JP) FN 2, Stand 10.03.2016).

Für KR gilt eine Frist von 15 Monaten ab Prioritätsdatum (Applicant's Guide int. P. Annex B1 (KR) Stand 22.12.2016).

R 90bis.2 Für alle anderen Staaten als DE, JP und KR kann die Bestimmung nur nach dieser Regel zurückgenommen werden.
VV 319 Verfahren gemäß R 4.9 b)
PCT/RO/101 Anmerkungen zu Feld V

4.10 Prioritätsanspruch

Art 8 Inanspruchnahme der Priorität *Priorität*
R 17 Prioritätsbeleg

a) Jede Erklärung nach Artikel 8 Absatz 1 (»Prioritätsanspruch«) kann die Priorität einer oder mehrerer früherer Anmeldungen beanspruchen, die in einem oder für ein Verbandsland der Pariser Verbandsübereinkunft zum Schutz des gewerblichen Eigentums oder in einem oder für ein Mitglied der Welthandelsorganisation, das nicht Verbandsland dieser Übereinkunft ist, eingereicht wurden. Jeder Prioritätsanspruch muss im Antrag abgegeben werden; er besteht aus einer Erklärung des Inhalts, dass die Priorität einer früheren Anmeldung in Anspruch genommen wird, und muss enthalten:

Eine Liste der Mitgliedsstaaten der PVÜ und der WTO findet sich in der Territorien-Liste und in den dortigen Quellenangaben.

R 26bis Berichtigen, Nachreichen
R 90bis.3 Zurücknahme
R 17 Prioritätsbeleg
VV 302, 409 Prioritätsanspruch, der als nicht erhoben gilt
VV 314, 402 Berichtigung oder Hinzufügung eines Prioritätsanspruchs gemäß R 26bis

  i) das Datum, an dem die frühere Anmeldung eingereicht worden ist;
  ii) das Aktenzeichen der früheren Anmeldung;

R 26bis.2 c) i) Die Berichtigung des Aktenzeichens nach Fristablauf hat keine Nichtigkeit des Prioritätsanspruchs zur Folge.
VV 408 Aktenzeichen der Prioritätsanmeldung

  iii) wenn die frühere Anmeldung eine nationale Anmeldung ist, das Verbandsland der Pariser Verbandsübereinkunft zum Schutz des gewerblichen Eigentums oder das Mitglied der Welthandelsorganisation, das nicht Verbandsland dieser Übereinkunft ist, in dem sie eingereicht worden ist;
  iv) wenn die frühere Anmeldung eine **regionale Anmeldung** ist, die Behörde, die nach dem jeweiligen regionalen Patentvertrag mit der Erteilung regionaler Patente beauftragt ist *(Absatz b) ii) beachten)*;
  v) wenn die frühere Anmeldung eine **internationale Anmeldung** ist, das Anmeldeamt, bei dem sie eingereicht worden ist.

Regeln zu Kapitel I des Vertrags

ein oder mehrere Verbandsländer

b) Zusätzlich zu den nach Absatz a Ziffer iv oder v erforderlichen Angaben

i) können im Prioritätsanspruch **ein oder mehrere** Verbandsländer der Pariser Verbandsübereinkunft zum Schutz des gewerblichen Eigentums angegeben werden, für die die frühere Anmeldung eingereicht worden ist, wenn diese eine regionale oder internationale Anmeldung ist;

ii) ist die frühere Anmeldung eine regionale Anmeldung und ist mindestens einer der Mitgliedstaaten des regionalen Patentvertrags weder Verbandsland der Pariser Verbandsübereinkunft zum Schutz des geistigen Eigentums **noch Mitglied der Welthandelsorganisation**, so ist im Prioritätsanspruch mindestens ein Verbandsland dieser Übereinkunft oder ein Mitglied dieser Organisation anzugeben, für das die frühere Anmeldung eingereicht worden ist.

c) Artikel 2 Ziffer vi ist auf die Absätze a und b nicht anzuwenden.

d) *(seit 01.07.2017)* [gestrichen]

d) *(bis 30.06.2017)* Sind am 29.09.1999 die mit Wirkung ab 01.01.2000 geänderten Absätze a und b nicht mit dem von einem Bestimmungsamt anzuwendenden nationalen Recht vereinbar, so gelten diese Absätze weiterhin in ihrer bis 31.12.1999 gültigen Fassung für dieses Bestimmungsamt, solange die Unvereinbarkeit dieser geänderten Absätze mit diesem Recht besteht, sofern dieses Amt das Internationale Büro bis zum 31.10.1999 davon unterrichtet. Diese Mitteilung wird vom Internationalen Büro unverzüglich im Blatt veröffentlicht.

Die Änderungen in Absatz d) treten am 01.07.2017 in Kraft (PCT/A/48/5 Annex 2). Die Übergangsregelung in Absatz d) für Ämter, die Vorbehalte erklärt hatten, wurde gestrichen, da keine Vorbehalte mehr in Kraft sind (PCT/WG/9/12).

Die Priorität einer Anmeldung, die in einem oder mit Wirkung für ein WTO-Mitglied eingereicht wurde, das nicht der PVÜ angehört, kann beim EPA als BA für Anmeldungen ab dem 13.12.2007 beansprucht werden, Euro-PCT-Leitfaden B. Rn 133.

Der Nachweis der Berechtigung zur Inanspruchnahme der Priorität kann mit einer Erklärung nach R 4.17 ii) geführt werden. Diese wird vom Anmeldeamt nicht auf Ihre Korrektheit geprüft.

Bezugnahme auf Fortsetzung, Teilfortsetzung, Hauptanmeldung, Hauptpatent

4.11 Bezugnahme auf eine Fortsetzung oder Teilfortsetzung oder Hauptanmeldung oder Hauptpatent

a) Wenn

i) der Anmelder beabsichtigt gemäß Regel 49bis.1 Absatz a oder b den Wunsch zu äußern, dass die internationale Anmeldung in einem Bestimmungsstaat als Anmeldung für ein Zusatzpatent oder -zertifikat, einen Zusatzerfinderschein oder ein Zusatzgebrauchszertifikat behandelt wird, oder

ii) der Anmelder beabsichtigt, gemäß Regel 49bis.1 Absatz d den Wunsch zu äußern, dass die internationale Anmeldung in einem Bestimmungsstaat als eine Fortsetzung oder Teilfortsetzung einer früheren Anmeldung behandelt wird,

iii) [gestrichen]

iv) [gestrichen]

so hat der Antrag eine entsprechende Angabe zu enthalten und die einschlägige Hauptanmeldung, das einschlägige Hauptpatent oder ein anderes Hauptschutzrecht anzugeben.

b) Die Aufnahme einer Angabe in den Antrag gemäß Absatz a hat keine Auswirkung auf die Durchführung der Regel 4.9.

4.12 Berücksichtigung der Ergebnisse einer früheren Recherche

Berücksichtigung einer früheren Recherche

Wenn der Anmelder wünscht, dass die Internationale Recherchenbehörde bei der Durchführung der internationalen Recherche die Ergebnisse einer früheren internationalen Recherche, einer früheren Recherche internationaler Art oder einer früheren nationalen Recherche berücksichtigt, die von derselben oder einer anderen Internationalen Recherchenbehörde oder von einem nationalen Amt durchgeführt wurde (»frühere Recherche«),

  i) so hat der Antrag eine entsprechende Angabe zu enthalten und die betreffende Behörde oder das betreffende Amt und die Anmeldung, hinsichtlich der die frühere Recherche durchgeführt worden ist, zu bezeichnen;

  ii) so kann der Antrag gegebenenfalls eine Erklärung enthalten, dass die internationale Anmeldung die gleiche oder im wesentlichen gleiche ist wie die Anmeldung, hinsichtlich der die frühere Recherche durchgeführt wurde, oder dass die internationale Anmeldung die gleiche oder im wesentlichen gleiche wie diese frühere Anmeldung ist, außer dass sie in einer anderen Sprache eingereicht worden ist.

R 4.12   »frühere Recherche« beinhaltet sowohl die von der Behörde oder dem Amt selbst durchgeführte als auch eine in Auftrag gegebene Recherche (Bericht der PCT-Versammlung PCT/A/36/13, auch zur Auslegung des Begriffs »im wesentlichen gleiche« in Absatz ii))

R 12bis.1 Einreichung von zu einer früheren Recherche gehörenden Unterlagen bei einem Antrag nach R 4.12: a) Kopien der Ergebnisse b) ausnahmsweise reicht Antrag, dass Anmeldeamt weiterleitet c) und d) Ausnahmen zur Einreichungspflicht

R 12bis.2 Einreichung von Unterlagen bezüglich früherer Recherche: a) nach Aufforderung durch ISA, möglich auch bezüglich zusätzlicher Unterlagen b) und c) es sei denn Unterlagen sind dort verfügbar.

R 23bis Weiterleitung von Unterlagen vom Anmeldeamt an ISA

R 41   Berücksichtigung der Ergebnisse einer früheren Recherche im Falle des Antrags nach R 4.12: bei Durchführung durch dieselbe ISA muss, bei Durchführung durch andere ISA oder anderes Amt kann berücksichtigt werden. Außerdem sind die Rechercheergebnisse im Falle der beanspruchten Priorität einer früheren Anmeldung zu berücksichtigen. In sonstigen Fällen kann die ISA die Ergebnisse nach R 41.2 b) berücksichtigen.

4.13 und 4.14 [gestrichen]

4.14^{bis} Wahl der Internationalen Recherchenbehörde

Sind zwei oder mehr Internationale Recherchenbehörden für die Durchführung der Recherche zur internationalen Anmeldung zuständig, so hat der Anmelder die von ihm gewählte Internationale Recherchenbehörde im Antrag anzugeben.

Art 16 (2) Bestimmung der ISA durch die Anmeldeämter

4.15 Unterschrift

Der Antrag ist vom Anmelder oder bei mehreren Anmeldern von allen Anmeldern zu unterzeichnen.

R 4.17 iv) Erfindererklärung

Unterschrift

R 4.15   Der Antrag ist von allen Anmeldern zu unterschreiben. Bei Zurücknahmen in Bezug auf PCTa mit der Bestimmung US wird seit dem 16.09.2012 nur noch die Unterschrift des Anmelders verlangt (PCT-Newsletter 7-8/2012, S. 1)

R 51bis.1 a) vi) Nachforderung fehlender Unterschriften durch BA (Hinweis Nr. 2 im Formular Anhang A PCT/RO/106)

R 60.1 a)^{ter} entsprechende Formerfordernisse für Antrag nach Kapitel II

R 53.8 Unterschrift unter den Antrag auf vorläufige Prüfung

R 90.3, Art 49 Vom gemeinsamen Anwalt, Vertreter vorgenommene Handlungen

Fehlende Vertretung Art 14 (1) a) i) Fehlende Unterschrift führt zur fehlenden Vertretung

R 92.1 b), Art 14 (1) a) i) Die Unterschrift unter das Begleitschreiben ist nachholbar.

VV 316 Verfahren bei **Fehlen der vorgeschriebenen Unterschrift** für die internationale Anmeldung

4.16 Transkription oder Übersetzung bestimmter Wörter

a) Werden Namen oder Anschriften in anderen Buchstaben als denen des lateinischen Alphabets geschrieben, so sind sie auch in Buchstaben des lateinischen Alphabets anzugeben, und zwar als bloße Transkription oder durch Übersetzung in die englische Sprache. Der Anmelder hat zu bestimmen, welche Wörter lediglich transkribiert und welche Wörter übersetzt werden.

b) Der Name eines Landes, der in anderen Buchstaben als denen des lateinischen Alphabets angegeben ist, ist auch in englischer Sprache anzugeben.

4.17 Erklärungen im Hinblick auf nationale Erfordernisse nach Regel 51bis.1 Absatz a Ziffern i bis v.

Für die Zwecke des in einem oder mehreren Bestimmungsstaaten geltenden nationalen Rechts kann der Antrag eine oder mehrere der folgenden Erklärungen mit dem in den Verwaltungsvorschriften vorgeschriebenen Wortlaut enthalten:

i) eine Erklärung hinsichtlich der Identität des Erfinders nach Regel 51bis.1 Absatz a Ziffer i *(Erfinderbenennung)*;

ii) eine Erklärung nach Regel 51bis.1 Absatz a Ziffer ii hinsichtlich der Berechtigung des Anmelders, zum Zeitpunkt des internationalen Anmeldedatums, ein Patent zu beantragen und zu erhalten *(»assignment« für die USA)*;

iii) eine Erklärung nach Regel 51bis.1 Absatz a Ziffer iii hinsichtlich der Berechtigung des Anmelders, zum Zeitpunkt des internationalen Anmeldedatums, die Priorität einer früheren Anmeldung zu beanspruchen;

iv) eine Erfindererklärung nach Regel 51bis.1 Absatz a Ziffer iv, die nach Maßgabe der Verwaltungsvorschriften unterzeichnet sein muss *(»declaration of inventorship« für die USA)*;

R 4.17 iv) Eine Erfindererklärung für die USA erfordert zwingend die Unterschrift des Erfinders. Auch für den Fall, dass der Erfinder den PCT-Antrag persönlich unterschrieben hat (Formblatt PCT/RO/101, letztes Blatt) und die Erfindererklärung als Teil der Anmeldung zusammen mit dem PCT-Antrag eingereicht wird, ist diese gesonderte Unterschrift auf der Erklärung (Formblatt PCT/RO101, Erklärungsblatt iv) erforderlich. Obwohl die USA seit dem 16.09.2012 für die PCTa akzeptieren, dass der Anmelder eine andere Person, als der Erfinder ist, bleibt die Verpflichtung zur Übersendung einer Erklärung – mit geänderten Anforderungen – jedoch für das nationale Verfahren bestehen. (PCT-Newsletter 7-8/2012, S.1).

VV 211–215 Wortlaut der Erklärungen zur Identität des Erfinders bzw. zur Berechtigung; Der Wortlaut der Erklärung unter VV 214 wurde wegen Änderungen im US-Recht zum 16.09.2012 angepasst (PCT Gazette v. 23.08.2012, PCT-Newsletter 7-8/2012, S. 1).

v) eine Erklärung nach Regel 51bis.1 Absatz a Ziffer v hinsichtlich unschädlicher Offenbarungen oder Ausnahmen von der Neuheitsschädlichkeit.

R 26ter Berichtigung oder Hinzufügung von Erklärungen nach Regel 4.17

R 26ter.1 Bei Berichtigung oder Hinzufügungen bezüglich Erklärungen nach R 4.17 gilt eine Frist von 16 Monaten ab Prioritätsdatum bzw. vor Abschluss der technischen Vorbereitungen für die Veröffentlichung (Applicant's Guide int. P. Nr. 6.045). Die technischen Vorbereitungen werden i.d.R. 15 Tage vor dem Veröffentlichungsdatum abgeschlossen, siehe Anmerkung 5 zu Art 21 (5). Die Mitteilung ist ans IB zu senden. Bei Eingang nach Fristablauf unterrichtet das IB den Anmelder. Es veröffentlicht die Erklärung nicht und übermittelt sie auch nicht dem BA. Es teilt dem Anmelder mit, dass derartige Erklärungen unmittelbar beim BA einzureichen sind. Eine von mindestens einem Erfinder unterschriebene Erfindererklärung sendet das IB zurück (VV 419 (d), Applicant's Guide int. P Nr. 6.050).

R 26ter.2 a) Aufforderung durch Anmeldeamt oder IB innerhalb der obigen Frist Mängel zu beseitigen

R 48.2 a) x) Rechtzeitig eingereichte Erklärungen werden mit der Offenlegung A1 veröffentlicht (Frist R 26ter.1: 16 Monate).

R 48.2 b) iv) Die Veröffentlichung erfolgt unabhängig von der Frage, ob die Erklärung nach R 4.17 ordnungsgemäß erfolgte.

R 51bis.2 verbotene weitere Nachweise zu den Erklärungen nach R 4.17

VV 303 Keine Streichung von Angaben zu R 4.17 von Amts wegen

VV 327 Keine Berichtigung von Angaben zu R 4.17 von Amts wegen

VV 406 Alle internationalen Anmeldungen und Erklärungen werden in elektronischer Form veröffentlicht. Seit dem 01.04.2006 ist jede Erklärung des Anmelders nach R 4.17 für jedes Bestimmungsamt per Internet verfügbar (abrufbar unter https://patentscope.wipo.int/search/en/search.jsf). Daher braucht der Anmelder nicht anzugeben, auf welches Bestimmungsamt sich die Erklärung bezieht. Des Weiteren braucht auch das IB die Erklärungen nicht an die Bestimmungsämter zu senden (PCT Newsletter 11/2006, 7). Der Anmelder wird mit dem Formular (PCT/IB/311) über die Veröffentlichung informiert. Auf Anfrage ist die Veröffentlichung in Papierform verfügbar.

VV 419 Verfahren bei Fristablauf nach R 26ter

4.18 Erklärung über die Einbeziehung durch Verweis

Beansprucht die internationale Anmeldung zu dem Zeitpunkt, an dem ein oder mehrere in Artikel 11 Absatz 1 Ziffer iii genannte Bestandteile erstmals beim Anmeldeamt eingegangen sind, die Priorität einer früheren Anmeldung, so kann der Antrag eine **Erklärung** des Inhalts enthalten, dass, wenn ein in Artikel 11 Absatz 1 Ziffer iii Buchstabe d oder e genannter Bestandteil *(Beschreibung oder Ansprüche im Ganzen)* der internationalen Anmeldung oder ein **Teil der Beschreibung, der Ansprüche, oder der Zeichnungen** *(als Ganzes oder Teile)*, auf den in Regel 20.5 Absatz a Bezug genommen wird, nicht in sonstiger Weise in der internationalen Anmeldung, aber **vollständig in der früheren Anmeldung enthalten ist**, dieser Bestandteil oder Teil, vorbehaltlich einer Bestätigung gemäß Regel 20.6, durch Verweis in die internationale Anmeldung, für die Zwecke der Regel 20.6 *(Sicherung des internationalen Anmeldedatums)*, **einbezogen** ist. Eine solche Erklärung kann, falls sie zu diesem Zeitpunkt nicht im Antrag enthalten war, dem Antrag hinzugefügt werden, wenn und nur wenn sie in sonstiger Weise in der internationalen Anmeldung enthalten war oder zusammen mit der internationalen Anmeldung zu diesem Zeitpunkt eingereicht wurde.

R 4.18　Einbeziehung bei Einreichung durch Erklärung. Sie ist im Antragsformular PCT/RO/101 unter Feld VI am Ende vorsorglich enthalten. Sie kann nicht nachgereicht werden.

R 20.6, R 20.7　Bestätigung innerhalb von 2 Monaten und Nachreichen von Unterlagen

VV 309 f　Verfahren bei nachgereichten Blättern eingereicht für die Zwecke der Einbeziehung durch Verweis

4.19 Weitere Angaben

a) Der Antrag darf keine weiteren als die in den Regeln 4.1 bis 4.18 aufgeführten Angaben enthalten; die Verwaltungsvorschriften können die Aufnahme weiterer dort aufgeführter Angaben im Antrag gestatten, jedoch nicht zwingend vorschreiben.

b) Enthält der Antrag andere als die in den Regeln 4.1 bis 4.18 aufgeführten oder gemäß Absatz a nach den Verwaltungsvorschriften zulässige Angaben, so streicht das Anmeldeamt von Amts wegen diese zusätzlichen Angaben.

VV 303　Streichung zusätzlicher Angaben im Antrag

Regel 5　Die Beschreibung

5.1 Art der Beschreibung

Sprache der Beschreibung

Art 3　Die internationale Anmeldung
Art 5　Die Beschreibung
R 12　Sprache

a) In der Beschreibung ist zunächst die im Antrag angegebene Bezeichnung der Erfindung *(R 4.3)* zu nennen; ferner

i) ist das technische Gebiet, auf das sich die Erfindung bezieht, anzugeben;

Stand der Technik

ii) ist der zugrundeliegende **Stand der Technik** anzugeben, soweit er nach der Kenntnis des Anmelders für das Verständnis der Erfindung, für die Recherche und die Prüfung als nützlich angesehen werden kann; vorzugsweise sind auch Fundstellen anzugeben, aus denen sich dieser Stand der Technik ergibt;

Aufgabe

iii) ist die Erfindung, wie sie in den Ansprüchen gekennzeichnet ist, so darzustellen, dass danach die **technische Aufgabe** (auch wenn nicht ausdrücklich als solche genannt) und deren Lösung verstanden werden können; außerdem sind gegebenenfalls die **vorteilhaften Wirkungen** der Erfindung unter Bezugnahme auf den zugrundeliegenden Stand der Technik anzugeben;

iv) sind die Abbildungen der Zeichnungen, falls solche vorhanden sind, kurz zu beschreiben;

»best mode«

v) ist wenigstens der nach Ansicht des Anmelders **beste Weg** (»best mode« in den USA) zur Ausführung der beanspruchten Erfindung anzugeben; dies soll, wo es angebracht ist, durch Beispiele und gegebenenfalls unter Bezugnahme auf Zeichnungen geschehen; fordert das nationale Recht eines Bestimmungsstaats nicht die Beschreibung des besten Weges, sondern lässt es die Beschreibung irgendeines Weges zur Ausführung (gleichgültig, ob er als der beste angesehen wird) genügen, so hat die Nichtangabe des besten Weges zur Ausführung in diesem Staat keine Folgen;

vi) ist im einzelnen anzugeben, falls dies nicht nach der Beschreibung oder der Natur der Erfindung offensichtlich ist, in welcher Weise der Gegenstand der Erfindung **gewerblich verwertet**, hergestellt und verwendet werden kann oder, wenn er nur verwendet werden kann, auf welche Weise er verwendet werden kann; der Begriff »gewerblich« ist im weitesten Sinne wie in der Pariser Verbandsübereinkunft zum Schutz des gewerblichen Eigentums zu verstehen.

b) Die im Absatz a festgelegte Form und **Reihenfolge** sind einzuhalten, außer wenn wegen der Art der Erfindung eine abweichende Form oder Reihenfolge zu einem besseren Verständnis oder zu einer knapperen Darstellung führen würde.

c) Vorbehaltlich des Absatzes b soll möglichst jedem der in Absatz a genannten Teile eine geeignete Überschrift vorangestellt werden, wie sie in den Verwaltungsvorschriften vorgeschlagen wird. *Überschriften*

R 89 Verwaltungsvorschriften (VV)
VV 204 Überschriften der Teile der Beschreibung

5.2 Offenbarung von Nucleotid- und/oder Aminosäuresequenzen

a) Offenbart die internationale Anmeldung eine oder mehrere Nucleotid- und/oder Aminosäuresequenzen, so muss die Beschreibung ein Sequenzprotokoll *(R 13ter)* enthalten, das dem in den Verwaltungsvorschriften vorgeschriebenen Standard entspricht und diesem Standard entsprechend als gesonderter Teil der Beschreibung abgefasst ist. *Sequenzprotokoll*

VV 707 a-bis), Anlage C. 40: Bei Verwendung des Formats wird das Sequenzprotokoll bei der Berechnung der internationalen Anmeldegebühr für internationale Anmeldungen ab dem 01.07.2009 nicht berücksichtigt. Davor galt insoweit eine Pauschale unabhängig von der Blattzahl gemäß VV 803 ii), FN3 unter PCT-Newsletter 7-8/2009, S. 19: »For international applications filed before 1 July 2009: where the application as filed contains a sequence listing part in computer readable form only, or both in that form and on paper, under Section 801 of the Administrative Instructions under the PCT, and where that application is filed with a receiving Office which is prepared to accept such filings, a fixed component of 400 times the fee per sheet over 30 is payable for the sequence listing part, irrespective of the actual length of that part (see the Administrative Instructions, Section 803(ii)). For international applications filed on or after 1 July 2009: where a sequence listing is contained in an international application filed in electronic form, the calculation of the international filing fee should not take into account any sheet of the sequence listing if that listing is presented as a separate part of the description in accordance with PCT Rule 5.2(a) and is in the electronic document format specified in the Administrative Instructions under the PCT, Annex C, paragraph 40 (that is, in text format).«

EPA Übersetzung in der nationalen Phase, wenn es für das EPA nicht in Englisch zur Verfügung steht (Applicant's Guide – Nat. P. – Nat. Chapter – EP.03)

b) Enthält der Sequenzprotokollteil der Beschreibung freien Text im Sinne des in den Verwaltungsvorschriften vorgeschriebenen Standards, so muss dieser freie Text auch im Hauptteil der Beschreibung in deren Sprache erscheinen.

Regel 6 Die Ansprüche

6.1 Zahl und Nummerierung der Ansprüche *(Art 6, Art 3)*

a) Die Anzahl der Ansprüche hat sich bei Berücksichtigung der Art der beanspruchten Erfindung in **vertretbaren Grenzen** zu halten.

b) Mehrere Ansprüche sind fortlaufend mit arabischen Zahlen zu nummerieren.

c) Die Art und Weise der Nummerierung im Falle der Änderung von Ansprüchen wird durch die Verwaltungsvorschriften geregelt.

VV 205 Nummerierung und Bezeichnung geänderter Ansprüche

6.2 Bezugnahme auf andere Teile der Anmeldung

Zeichnungen mit Bezugszeichen

a) Ansprüche dürfen sich, wenn dies nicht unbedingt erforderlich ist, im Hinblick auf die technischen Merkmale der Erfindung **nicht** auf **Bezugnahmen** auf die Beschreibung oder die Zeichnungen stützen. Sie dürfen sich insbesondere nicht auf Hinweise stützen wie: »wie beschrieben in Teil ... der Beschreibung« oder »wie in Abbildung ... der Zeichnung dargestellt.«

b) Sind der internationalen Anmeldung **Zeichnungen** beigefügt, so sind die in den Ansprüchen genannten technischen Merkmale vorzugsweise mit **Bezugszeichen** zu versehen, die auf diese Merkmale hinweisen. Die Bezugszeichen sind vorzugsweise in Klammern zu setzen. Ermöglichen die Bezugszeichen kein schnelleres Verständnis des Anspruchs, so sollen sie nicht aufgenommen werden. Bezugszeichen können durch ein Bestimmungsamt für die Zwecke der Veröffentlichung durch dieses Amt entfernt werden.

Formulierung der Ansprüche

6.3 Formulierung der Ansprüche

a) Der Gegenstand des Schutzbegehrens ist durch Angabe der technischen Merkmale der Erfindung festzulegen.

b) Wo es zweckdienlich ist *(Im Umkehrschluss sind auch einteilige Ansprüche zulässig)*, haben die Ansprüche zu enthalten:

    i) die Angabe der technischen Merkmale, die für die Festlegung des beanspruchten Gegenstands der Erfindung notwendig sind, jedoch – in Verbindung miteinander – zum Stand der Technik gehören,

    ii) einen **kennzeichnenden Teil** – eingeleitet durch die Worte »dadurch gekennzeichnet«, »gekennzeichnet durch«, »wobei die Verbesserung darin besteht« oder durch eine andere Formulierung mit der gleichen Bedeutung –, der in gedrängter Form die technischen Merkmale bezeichnet, für die in Verbindung mit den unter Ziffer i angegebenen Merkmalen Schutz begehrt wird.

c) Fordert das nationale Recht des Bestimmungsstaats die in Absatz b vorgeschriebene Art der Formulierung der Ansprüche nicht, so hat der Nichtgebrauch dieser Formulierung in diesem Staat keine Folgen, sofern die Art der Formulierung der Ansprüche, dem nationalen Recht dieses Staates genügt.

Abhängige Ansprüche

6.4 Abhängige Ansprüche

a) Jeder Anspruch, der alle Merkmale eines oder mehrerer anderer Ansprüche enthält (Anspruch in abhängiger Form, nachfolgend bezeichnet als »abhängiger Anspruch«), hat vorzugsweise am Anfang eine **Bezugnahme auf den oder die anderen Ansprüche** zu enthalten und nachfolgend die zusätzlich beanspruchten Merkmale anzugeben. Jeder abhängige Anspruch, der auf mehr als einen anderen Anspruch verweist (»mehrfach abhängiger Anspruch«), darf nur in Form **einer Alternative** auf andere Ansprüche verweisen. **Mehrfach abhängige Ansprüche dürfen nicht als Grundlage für andere mehrfach abhängige Ansprüche dienen.** Gestattet es das nationale Recht des als Internationale Recherchenbehörde tätigen nationalen Amtes nicht, dass mehrfach abhängige Ansprüche, anders als in den beiden vorstehenden Sätzen bestimmt, abgefasst werden, so kann in den internationalen Recherchenbericht ein Hinweis nach Artikel 17 Absatz 2 Buchstabe b aufgenommen werden, wenn Ansprüche diesen Bestimmungen nicht entsprechen. Der Umstand, dass die Ansprüche nicht entsprechend diesen Bestimmungen abgefasst sind, hat in einem Bestimmungsstaat keine Folgen, wenn die Ansprüche entsprechend dem nationalen Recht dieses Staates abgefasst sind.

b) Jeder abhängige Anspruch ist dahin zu verstehen, dass er alle Beschränkungen des Anspruchs enthält, auf den er sich bezieht, oder im Falle mehrfacher Abhängigkeit alle Beschränkungen des Anspruchs, mit dem er im Einzelfall in Verbindung gebracht wird.

c) Alle abhängigen Ansprüche, die sich auf einen oder mehrere vorangehende Ansprüche rückbeziehen, sind soweit möglich und auf die zweckmäßigste Weise zu gruppieren.

6.5 Gebrauchsmuster *(Art 2 ii), Art 3, Art 44)*

Jeder Bestimmungsstaat, in dem auf der Grundlage einer internationalen Anmeldung um die Erteilung eines Gebrauchsmusters nachgesucht wird, kann hinsichtlich der in den Regeln 6.1 bis 6.4 geregelten Fragen an Stelle dieser Regeln sein **nationales Gebrauchsmusterrecht** anwenden, sobald mit der Bearbeitung der internationalen Anmeldung in diesem Staat begonnen worden ist, unter der Voraussetzung, dass dem Anmelder eine Frist von mindestens **zwei Monaten** nach Ablauf der nach Artikel 22 maßgeblichen Frist gewährt wird, damit er seine Anmeldung den genannten Bestimmungen des nationalen Rechts **anpassen** kann.

Regel 7   Die Zeichnungen

7.1 Flussdiagramme und Diagramme *(Art 3, Art 7)*

Flussdiagramme und Diagramme gelten als Zeichnungen.

7.2 Frist

Die in Artikel 7 Absatz 2 Ziffer ii genannte Frist muss unter Berücksichtigung der Umstände des Falles angemessen sein und darf in keinem Falle kürzer bemessen werden als **zwei Monate** seit dem Zeitpunkt, in dem die Nachreichung von Zeichnungen oder von zusätzlichen Zeichnungen nach der genannten Vorschrift schriftlich verlangt worden ist.

R 11.13   Besondere Bestimmungen für Zeichnungen
Art 14 (2) Fehlende Zeichnung

Fehlende Zeichnung

Regel 8   Die Zusammenfassung

8.1 Inhalt und Form der Zusammenfassung *(R 48.2 Veröffentlichung der Zusammenfassung)*

a) Die Zusammenfassung hat zu bestehen:

i) aus einer Kurzfassung der in der Beschreibung, den Ansprüchen und Zeichnungen enthaltenen Offenbarung; die Kurzfassung soll das technische Gebiet der Erfindung angeben und so gefasst sein, dass sie ein klares Verständnis des technischen Problems, des entscheidenden Punktes der Lösung durch die Erfindung und der hauptsächlichen Verwendungsmöglichkeiten ermöglicht;

ii) gegebenenfalls aus der chemischen Formel, die unter allen in der internationalen Anmeldung enthaltenen Formeln die Erfindung am besten kennzeichnet.

b) Die Zusammenfassung hat so kurz zu sein, wie es die Offenbarung erlaubt (vorzugsweise **50 bis 150 Wörter**, wenn in englischer Sprache abgefasst oder in die englische Sprache übersetzt).

c) Die Zusammenfassung darf keine Behauptungen über **angebliche Vorzüge** oder den Wert der beanspruchten Erfindung oder über deren theoretische Anwendungsmöglichkeiten enthalten.

d) Jedem in der Zusammenfassung erwähnten und in einer der Anmeldung beigefügten Zeichnung veranschaulichten technischen Merkmal hat **in Klammern** ein **Bezugszeichen** zu folgen.

Fehlende oder mangelhafte Zusammenfassung

R 38 Fehlende oder mangelhafte Zusammenfassung
Art 3 (2) und (3) Zusammenfassung als Teil der Anmeldeunterlagen, die ausschließlich der technischen Information dient.
VV 207 Anordnung der Bestandteile und Nummerierung der Blätter der internationalen Anmeldung

8.2 Abbildung

a) Macht der Anmelder die in Regel 3.3 Absatz a Ziffer iii erwähnte Angabe nicht oder kommt die Internationale Recherchenbehörde zu dem Ergebnis, dass eine oder mehrere andere Abbildungen als die vom Anmelder vorgeschlagene von allen Abbildungen aller **Zeichnungen** die Erfindung besser kennzeichnen, so soll sie vorbehaltlich Absatz b die Abbildung oder Abbildungen angeben, die vom Internationalen Büro zusammen mit der Zusammenfassung veröffentlicht werden sollen. In diesem Fall wird die Zusammenfassung mit der oder den von der Internationalen Recherchenbehörde angegebenen Abbildungen veröffentlicht. Andernfalls wird die Zusammenfassung vorbehaltlich Absatz b mit der oder den vom Anmelder vorgeschlagenen Abbildungen veröffentlicht.

Veröffentlichung der Zusammenfassung ohne Abbildungen

b) Kommt die Internationale Recherchenbehörde zu dem Ergebnis, dass keine Abbildung der Zeichnungen für das Verständnis der Zusammenfassung nützlich ist, so teilt sie dies dem Internationalen Büro mit. In diesem Fall wird die Zusammenfassung vom Internationalen Büro ohne eine Abbildung der Zeichnungen veröffentlicht, auch wenn der Anmelder einen Vorschlag nach Regel 3.3 Absatz a Ziffer iii gemacht hat.

8.3 Richtlinien für die Abfassung

Die Zusammenfassung ist so zu formulieren, dass sie auf dem jeweiligen Fachgebiet als brauchbare Handhabe zur Nachsuche dienen kann, insbesondere dem Wissenschaftler, dem Ingenieur oder dem Rechercheur dabei hilft, sich eine Meinung darüber zu bilden, ob es notwendig ist, die internationale Anmeldung selbst einzusehen.

Regel 9 Nicht zu verwendende Ausdrücke usw.

9.1 Begriffsbestimmung

Die internationale Anmeldung darf nicht enthalten:
i) Ausdrücke oder Zeichnungen, die gegen die guten Sitten verstoßen;
ii) Ausdrücke oder Zeichnungen, die gegen die öffentliche Ordnung verstoßen;
iii) herabsetzende Äußerungen über Erzeugnisse oder Verfahren Dritter oder den Wert oder die Gültigkeit von Anmeldungen oder Patenten Dritter (bloße Vergleiche mit dem Stand der Technik gelten als solche nicht als herabsetzend);

iv) jede den Umständen nach offensichtlich belanglose oder unnötige Äußerung oder sonstige Angabe.

VV 217 c) Berichtigungen nach R 9.1

9.2 Feststellung der Zuwiderhandlung

(seit 01.07.2016) Das Anmeldeamt, die Internationale Recherchenbehörde, die für die ergänzende internationale Recherche bestimmte Behörde und das Internationale Büro können eine Zuwiderhandlung gegen Regel 9.1 feststellen und können dem Anmelder vorschlagen, seine internationale Anmeldung freiwillig entsprechend zu ändern; in diesem Fall werden, sofern zutreffend, das Anmeldeamt, die zuständige Internationale Recherchenbehörde, die zuständige für die ergänzende Recherche bestimmte Behörde und das Internationale Büro von dem Vorschlag unterrichtet.
(bis 30.06.2016) Das Anmeldeamt und die Internationale Recherchenbehörde können eine Zuwiderhandlung gegen die Regel 9.1 feststellen und können dem Anmelder vorschlagen, seine internationale Anmeldung freiwillig entsprechend zu ändern. Ist die Zuwiderhandlung vom Anmeldeamt festgestellt worden, so unterrichtet dieses die zuständige Internationale Recherchenbehörde und das Internationale Büro; war sie von der Internationalen Recherchenbehörde festgestellt worden, so unterrichtet diese das Anmeldeamt und das Internationale Büro.

Die Änderungen gelten für internationale Anmeldungen mit Anmeldedatum ab dem 01.07.2016 (PCT/A47/9).

Die Änderung steht im Zusammenhang mit der Erweiterung der Möglichkeiten, sensible persönliche Informationen von der Veröffentlichung der Anmeldung mangels vorrangigen öffentlichen Interesses auszuschließen. Alle Behörden erhalten die Möglichkeit, den Anmelder darauf hinzuweisen. PCT/WG/7/30 Seite 85, Nr. 409.

Art 21 (6) Streichung von Passagen, die gegen die guten Sitten verstoßen.
R 48.2 l)–n) Ausschluss bestimmter Inhalte von der internationalen Veröffentlichung
R 94   Akteneinsicht
VV 217   Berichtigungen nach R 9.2

9.3 Bezugnahme auf Artikel 21 Absatz 6

(bis 30.06.2016) Der Ausdruck »herabsetzende Äußerungen« in Artikel 21 Absatz 6 hat die in Regel 9.1 Ziffer iii festgelegte Bedeutung.

Regel 10   Terminologie und Zeichen

10.1 Terminologie und Zeichen

a) Gewichts- und Maßeinheiten sind nach dem **metrischen System** anzugeben oder jedenfalls auch in diesem System, falls den Angaben ein anderes System zugrunde liegt.
b) Temperaturen sind in **Grad Celsius** oder, falls den Angaben ein anderes System zugrunde liegt, auch in Grad Celsius anzugeben.
c) [gestrichen]
d) Für Angaben über Wärme, Energie, Licht, Schall und Magnetismus sowie für mathematische Formeln und elektrische Einheiten sind die in der internationalen Praxis anerkannten Regeln zu beachten; für chemische Formeln sind die allgemein üblichen Symbole, Atomgewichte und Molekularformeln zu verwenden.
e) Allgemein sind nur solche technischen Bezeichnungen, Zeichen und Symbole zu verwenden, wie sie allgemein auf dem Fachgebiet anerkannt sind.

f) Der Beginn von Dezimalstellen ist, wenn die internationale Anmeldung oder ihre Übersetzung in chinesischer, englischer oder japanischer Sprache abgefasst ist, durch einen Punkt und, wenn die internationale Anmeldung oder ihre Übersetzung in einer anderen Sprache abgefasst ist, durch ein Komma zu kennzeichnen.

Einheitlichkeit 10.2 Einheitlichkeit

Terminologie und Zeichen sind in der gesamten internationalen Anmeldung **einheitlich** zu verwenden.

Regel 11 Bestimmungen über die äußere Form der internationalen Anmeldung

11.1 Anzahl von Exemplaren

a) Vorbehaltlich des Absatzes b sind die internationale Anmeldung und jede der in der Liste (Regel 3.3 Absatz a Ziffer ii) genannten Unterlagen in einem Exemplar einzureichen.
b) Jedes Anmeldeamt kann verlangen, dass die internationale Anmeldung und jede der in der Kontrollliste (Regel 3.3 Absatz a Ziffer ii) genannten Unterlagen mit Ausnahme der Gebührenquittung und des Schecks für die Gebührenzahlung **in zwei oder drei Exemplaren** eingereicht wird. In diesem Fall ist das Anmeldeamt für die Feststellung der Übereinstimmung des zweiten und dritten Exemplars mit dem Aktenexemplar verantwortlich.

R 157 (2) EPÜ Beim EPA ist 1 Exemplar einzureichen, bei Einreichung per Fax ist auch ein Bestätigungsschreiben einzureichen (Euro-PCT-Leitfaden B. Rn 64)

Vervielfältigungsfähigkeit 11.2 Vervielfältigungsfähigkeit

a) Alle Teile der internationalen Anmeldung (d.h. der Antrag, die Beschreibung, die Ansprüche, die Zeichnungen und die Zusammenfassung) sind in einer Form einzureichen, die eine unmittelbare Vervielfältigung durch Fotografie, elektrostatisches Verfahren, Foto-Offsetdruck und Mikroverfilmung in einer unbeschränkten Anzahl von Exemplaren gestattet.
b) Die Blätter müssen glatt, knitterfrei und ungefaltet sein.
c) Die Blätter sind **einseitig zu beschriften**.
d) Vorbehaltlich der Regel 11.10 Absatz d und der Regel 11.13 Absatz j ist jedes Blatt im Hochformat zu verwenden (d.h. die kurzen Seiten oben und unten).

11.3 Zu verwendendes Material

Alle Bestandteile der internationalen Anmeldung sind auf biegsamen, festem, weißem, glattem, mattem und widerstandsfähigem Papier einzureichen.

11.4 Einzelne Blätter usw.

a) Jeder Teil der internationalen Anmeldung (Antrag, Beschreibung, Ansprüche, Zeichnungen, Zusammenfassung) hat auf **einem neuen Blatt zu beginnen**.
b) Alle Blätter der internationalen Anmeldung haben so miteinander verbunden zu sein, dass sie beim Einsehen leicht gewendet werden können und leicht zu entfernen und wieder einzuordnen sind, wenn sie zu Zwecken der Vervielfältigung entnommen werden sollen.

11.5 Blattformat *Blattformat*

Als Blattgröße ist das Format A4 (29,7 cm × 21 cm) zu verwenden. Jedoch können die Anmeldeämter internationale Anmeldungen auf Blättern von anderem Format zulassen, vorausgesetzt, dass das Aktenexemplar, wie es dem Internationalen Büro übermittelt wird, und, falls es die zuständige Internationale Recherchenbehörde so wünscht, auch das Recherchenexemplar das Format A4 aufweisen.

11.6 Ränder

a) Als **Mindestränder** sind auf den Blättern der Beschreibung, der Ansprüche und der Zusammenfassung folgende Abstände einzuhalten:
- Oben: 2 cm
- Links: 2,5 cm
- Rechts: 2 cm
- Unten: 2 cm

b) Die empfohlenen Höchstmaße für die Ränder nach Absatz a sind folgende Abstände:
- Oben: 4 cm
- Links: 4 cm
- Rechts: 3 cm
- Unten: 3 cm

c) Auf Blättern, die **Zeichnungen** enthalten, darf die benutzte Fläche 26,2 × 17 cm nicht überschreiten. Die benutzbare oder benutzte Fläche der Blätter darf nicht umrandet sein. Als Mindestränder sind folgende Abstände einzuhalten:
- Oben: 2,5 cm
- Links: 2,5 cm
- Rechts: 1,5 cm
- Unten: 1 cm

d) Die in den Absätzen a bis c genannten Ränder beziehen sich auf Blätter vom A4-Format, so dass, selbst wenn das Anmeldeamt andere Formate zulässt, auch dem das A4-Format aufweisenden Aktenexemplar und, falls gefordert, dem das A4-Format aufweisenden Recherchenexemplar noch die vorgeschriebenen Ränder verbleiben müssen.

e) Vorbehaltlich Absatz f und Regel 11.8 Absatz b müssen die Ränder der internationalen Anmeldung bei ihrer Einreichung vollständig frei sein.

f) Der Oberrand darf in der linken Ecke die Angabe des Aktenzeichens des Anmelders enthalten, sofern es nicht mehr als 1,5 cm vom oberen Blattrand entfernt eingetragen ist. Die für das Aktenzeichen des Anmelders verwendete Anzahl von Zeichen darf die in den Verwaltungsvorschriften festgelegte Höchstzahl nicht überschreiten.

VV 109 Das Aktenzeichen darf höchstens aus insgesamt 12 (gemäß Circular 1526 *Höchstzahl*
vorgeschlagene, aber gemäß Circular 1443 noch nicht wirksame Änderung
auf 25) lateinischen Buchstaben und/oder arabischen Ziffern bestehen.

11.7 Nummerierung der Blätter

a) Alle Blätter der internationalen Anmeldung sind fortlaufend nach arabischen Zahlen zu nummerieren.

b) Die Blattzahlen sind oben oder unten, in der Mitte, aber nicht innerhalb des Randes der Blätter anzubringen.

VV 207 Anordnung der Bestandteile und Nummerierung der Blätter der internationalen Anmeldung

11.8 Nummerierung von Zeilen

a) Es wird dringend empfohlen, **jede fünfte Zeile** auf jedem Blatt der Beschreibung und auf jedem Blatt der Patentansprüche zu nummerieren.

b) Die Zahlen sind **in** der rechten Hälfte des linken Randes anzubringen.

11.9 Schreibweise von Texten

a) Der Antrag, die Beschreibung, die Ansprüche und die Zusammenfassung müssen mit **Maschine geschrieben** oder gedruckt sein.

b) Nur graphische Symbole und Schriftzeichen, chemische oder mathematische **Formeln** und besondere Zeichen der chinesischen oder japanischen Sprache können, falls notwendig, handgeschrieben oder gezeichnet sein.

c) Der Zeilenabstand hat ½-zeilig zu sein.

d) Alle Texte müssen in Buchstaben, deren Großbuchstaben eine Mindestgröße von 2,8 mm Höhe aufweisen, und mit dunkler unauslöschlicher Farbe entsprechend Regel 11.2 geschrieben sein, mit der Maßgabe, dass alle Textbestandteile im Antrag in Buchstaben, deren Großbuchstaben eine Mindestgröße von 2,1 mm Höhe aufweisen, geschrieben sein dürfen.

VV 707 FN 21: Auswirkung auf Berechnung der Gebühren

e) Die Absätze c und d sind, soweit sie den Zeilenabstand und die Größe der Buchstaben betreffen, auf Schriftstücke in chinesischer oder japanischer Sprache nicht anzuwenden.

11.10 Zeichnungen, Formeln und Tabellen innerhalb des Textes

Keine Zeichnungen in Beschreibung, Ansprüchen oder Zusammenfassung

a) Der Antrag, die Beschreibung, die Ansprüche und die Zusammenfassung dürfen keine Zeichnungen enthalten.

b) Die Beschreibung, die Ansprüche und die Zusammenfassung können chemische oder mathematische Formeln enthalten.

c) Die Beschreibung und die Zusammenfassung können Tabellen enthalten; ein Anspruch darf Tabellen nur enthalten, wenn der Gegenstand des Anspruchs die Verwendung von Tabellen wünschenswert erscheinen lässt.

d) Tabellen sowie chemische oder mathematische Formeln können im Querformat wiedergegeben werden, wenn sie im Hochformat nicht befriedigend dargestellt werden können; Blätter, auf denen Tabellen oder chemische oder mathematische Formeln im Querformat wiedergegeben werden, sind so anzuordnen, dass der Kopf der Tabellen oder Formeln auf der linken Seite des Blattes erscheint.

11.11 Erläuterungen in Zeichnungen

a) Erläuterungen dürfen in die Zeichnungen nicht aufgenommen werden; ausgenommen sind kurze unentbehrliche Angaben – z.B. »Wasser«, »Dampf«, »offen«, »geschlossen«, »Schnitt nach A-B« – sowie in elektrischen Schaltplänen und Blockschaltbildern oder Flussdiagrammen kurze Stichworte, die für das Verständnis unentbehrlich sind.

b) Verwendete Erläuterungen sind so anzubringen, dass sie, wenn sie übersetzt werden, ohne die Linien der Zeichnungen zu beeinflussen, überklebt werden können.

11.12 Änderungen usw.

Jedes Blatt muss weitgehend frei von Radierstellen und frei von Änderungen, Überschreibungen und Zwischenbeschriftungen sein. Von diesem Erfordernis kann abgesehen werden, wenn der verbindliche Text dadurch nicht in Frage gestellt wird und die Voraussetzungen für eine gute Vervielfältigung nicht gefährdet sind.

11.13 Besondere Bestimmungen für Zeichnungen *Zeichnungen*

a) **Zeichnungen** sind in widerstandsfähigen **schwarzen**, ausreichend festen und dunklen, in sich gleichmäßig starken und klaren **Linien** oder Strichen **ohne Farben** auszuführen.

Applicant's Guide int. P. Nr. 5.159, 5.133 Fotografien sind nicht vorgesehen, aber zulässig, wenn die Darstellung als Zeichnung nicht ausreicht. Sie müssen bestimmte Anforderungen erfüllen.

b) **Querschnitte** sind durch Schraffierungen kenntlich zu machen, die die Erkennbarkeit der Bezugszeichen und Führungslinien nicht beeinträchtigen dürfen.

c) Der **Maßstab** der Zeichnungen und die Klarheit der zeichnerischen Ausführung müssen gewährleisten, dass eine **fotografische Wiedergabe** auch bei Verkleinerungen auf 2/3 alle Einzelheiten noch ohne Schwierigkeiten erkennen lässt.

d) Wenn in Ausnahmefällen der **Maßstab** in einer Zeichnung angegeben wird, so ist er **zeichnerisch darzustellen**.

e) Alle Zahlen, Buchstaben und **Bezugslinien**, welche in der Zeichnung vorhanden sind, müssen einfach und eindeutig sein. Klammern, Kreise oder Anführungszeichen dürfen bei Zahlen und Buchstaben nicht verwendet werden.

f) Alle Linien in den Zeichnungen sollen im allgemeinen **mit Zeichengeräten gezogen** werden.

g) **Jeder Teil der Abbildung hat im richtigen Verhältnis** zu jedem anderen Teil der Abbildung zu stehen, sofern nicht die Verwendung eines anderen Verhältnisses für die Übersichtlichkeit der Abbildung unerlässlich ist.

h) Die **Größe der Ziffern und Buchstaben** darf 3,2 mm nicht unterschreiten. Für die Beschriftung der Zeichnungen ist lateinische Schrift zu verwenden und, wo üblich, die griechische Schrift.

Die Mindestgröße der Buchstaben bezieht sich auf Nummern und Großbuchstaben, vgl. R 11.9d).

R 26.3 Überprüfung der R 11 nur soweit aus technischen Gründen für Veröffentlichung relevant (PCT Newsletter 3/2007, S. 6).

i) Ein **Zeichnungsblatt kann mehrere Abbildungen** enthalten. Bilden Abbildungen auf zwei oder mehr Blättern eine einzige vollständige Abbildung, so sind die Abbildungen auf den mehreren Blättern so anzubringen, dass die vollständige Abbildung zusammengesetzt werden kann, ohne dass ein Teil einer Abbildung auf den einzelnen Blättern verdeckt wird. *Mehrere Abbildungen auf einem Blatt*

j) Die einzelnen Abbildungen sind auf einem Blatt oder mehreren Blättern ohne Platzverschwendung vorzugsweise im Hochformat und eindeutig voneinander getrennt anzuordnen. Sind die Abbildungen nicht im Hochformat dargestellt, so sind sie im **Querformat** mit dem Kopf der Abbildungen auf der linken Seite des Blattes anzuordnen.

k) Die einzelnen Abbildungen sind durch arabische Zahlen fortlaufend und **unabhängig von den Zeichnungsblättern zu nummerieren**. *Nummerierung*

l) **Nicht in der Beschreibung genannte Bezugszeichen** dürfen in den Zeichnungen nicht erscheinen und umgekehrt.

m) **Gleiche mit Bezugszeichen** gekennzeichnete Teile müssen in der gesamten internationalen Anmeldung die gleichen Zeichen erhalten.

Regeln zu Kapitel I des Vertrags

Bezugszeichen-liste
n) *(Bezugszeichenliste)* Enthalten die Zeichnungen eine große Zahl von Bezugszeichen, so wird dringend empfohlen, ein gesondertes Blatt mit einer Zusammenstellung aller Bezugszeichen und der durch sie gekennzeichneten Teile beizufügen.

11.14 Nachgereichte Unterlagen

Die Regeln 10 und 11.1 bis 11.13 sind auch auf alle zur internationalen Anmeldung nachgereichten Unterlagen – z.B. Ersatzblätter, geänderte Ansprüche, Übersetzungen – anzuwenden.

Regel 12 Sprache der internationalen Anmeldung und Übersetzungen für die Zwecke der internationalen Recherche und der internationalen Veröffentlichung

12.1 Für die Einreichung internationaler Anmeldungen zugelassene Sprachen

Sprache der Anmeldung
a) Eine internationale **Anmeldung** kann in jeder Sprache eingereicht werden, die das Anmeldeamt für diesen Zweck zulässt *(das Internationale Büro lässt jede Sprache zu)*.

b) Jedes Anmeldeamt muss für die Zwecke der Einreichung internationaler Anmeldungen mindestens eine Sprache zulassen, die sowohl

Art 11 (1) ii), R 20.1 c) und d), R 26.3^{ter} Zusammenfassung oder Zeichnungen in einer anderen Sprache

Sprache für den Schriftverkehr
R 92.2 Sprache für den **Schriftverkehr**

Art 14 EPÜ, R 3, 157 EPÜ Sprachen vor dem EPA sind die Amtssprachen Englisch, Französisch, Deutsch. Änderungen sind in der Verfahrenssprache einzureichen. Niederländisch ist zugelassen als Sprache für die Recherche, sofern die Anmeldung in NL eingereicht wurde (Anhang A der Vereinbarung WIPO-EPA, siehe Anm. Art 16 (3) b)).

i) von der Internationalen **Recherchenbehörde**, die für die internationale Recherche der bei diesem Anmeldeamt eingereichten internationalen Anmeldungen zuständig ist, oder gegebenenfalls von mindestens einer solchen Internationalen Recherchenbehörde, zugelassen ist als auch

R 12.3 Übersetzung für die Zwecke der internationalen Recherche
R 55 Sprachen der **Prüfung**

Veröffentlichungssprache
ii) eine **Veröffentlichungssprache** ist.

R 48.3 Veröffentlichungssprachen: Arabisch, CN, DE, GB, FR, JP, PT, Koreanisch, RU, ES
R 12.4 Übersetzung für die Zwecke der internationalen Veröffentlichung

iii) [gestrichen]

c) Unbeschadet des Absatzes a muss der **Antrag** in einer vom Anmeldeamt für die Zwecke dieses Absatzes zugelassenen Veröffentlichungssprache eingereicht werden.

VV 103 Sprachen der von den internationalen Behörden verwendeten **Formblätter**

d) Unbeschadet des Absatzes a müssen alle im **Sequenzprotokollteil** *(R 13ter)* der Beschreibung enthaltenen Textbestandteile nach Regel 5.2 Absatz a entsprechend dem in den Verwaltungsvorschriften vorgeschriebenen Standard abgefasst sein.

12.1^{bis} Sprache der nach Regel 20.3, 20.5 oder 20.6 eingereichten Bestandteile und Teile

Ein vom Anmelder gemäß Regel 20.3 Absatz b oder 20.6 Absatz a eingereichter in Artikel 11 Absatz 1 Ziffer iii Buchstabe d oder e genannter Bestandteil und ein vom Anmelder gemäß Regel 20.5 Absatz b oder 20.6 Absatz a eingereichter Teil der Beschreibung, der Ansprüche oder der Zeichnungen ist in der Sprache, in der die internationale Anmeldung eingereicht worden ist oder, wenn eine Übersetzung der Anmeldung nach Regel 12.3 Absatz a oder 12.4 Absatz a erforderlich ist, sowohl in der Sprache, in der die Anmeldung eingereicht worden ist, als auch in der Sprache der Übersetzung abzufassen.

12.1^{ter} Sprache der nach Regel 13bis.4 eingereichten Angaben

Jede nach Regel 13bis.4 eingereichte Angabe bezüglich hinterlegten biologischen Materials ist in der Sprache abzufassen, in der die internationale Anmeldung eingereicht worden ist, mit der Maßgabe, dass eine solche Angabe sowohl in der Sprache der Anmeldung als auch in der Sprache der Übersetzung einzureichen ist, wenn nach Regel 12.3 Absatz a oder 12.4 Absatz a eine Übersetzung der internationalen Anmeldung erforderlich ist.

12.2 Sprache von Änderungen in der internationalen Anmeldung

a) Jede **Änderung** in der internationalen Anmeldung ist vorbehaltlich der Regeln 46.3 und 55.3 in der Sprache abzufassen, in der die Anmeldung eingereicht worden ist.

R 92.2 b) Der Schriftverkehr ist auch in anderen Sprachen möglich. Änderungen sind hingegen nur in der Verfahrenssprache einzureichen.

b) Jede nach Regel 91.1 vorgenommene **Berichtigung eines offensichtlichen Fehlers** in der internationalen Anmeldung ist in der Sprache abzufassen, in der die Anmeldung eingereicht worden ist, vorausgesetzt, dass

i) Berichtigungen nach Regel 91.1 Absatz b Ziffern ii und iii *(Berichtigungen, die an die IPEA und ISA gerichtet sind)* sowohl in der Sprache der Anmeldung als auch in der Sprache der Übersetzung einzureichen sind, wenn nach Regel 12.3 Absatz a, 12.4 Absatz a oder 55.2 Absatz a eine Übersetzung der internationalen Anmeldung erforderlich ist;

ii) Berichtigungen nach Regel 91.1 Absatz b Ziffer i *(Berichtigung des Antrags)* nur in der Sprache der Übersetzung eingereicht zu werden brauchen, wenn nach Regel 26.3^{ter} Absatz c eine Übersetzung des Antrags erforderlich ist.

c) Jede nach Regel 26 vorgenommene **Berichtigung von Mängeln** in der internationalen Anmeldung ist in der Sprache abzufassen, in der die Anmeldung eingereicht worden ist. Jede nach Regel 26 vorgenommene Berichtigung von Mängeln in einer nach Regel 12.3 oder 12.4 eingereichten Übersetzung der internationalen Anmeldung, jede nach Regel 55.2 Absatz c vorgenommene Berichtigung von Mängeln in einer nach Regel 55.2 Absatz a eingereichten Übersetzung oder jede Berichtigung von Mängeln in der nach Regel 26.3^{ter} Absatz c übermittelten Übersetzung des Antrags ist in der Sprache der Übersetzung abzufassen.

12.3 Übersetzung für die Zwecke der internationalen Recherche

a) Wenn die Sprache, in der die internationale Anmeldung eingereicht worden ist, von der Internationalen Recherchenbehörde, die die internationale Recherche durchführen soll, nicht zugelassen ist, muss der Anmelder **innerhalb eines Monats** nach Eingang der internationalen Anmeldung beim Anmeldeamt bei diesem Amt *(Anmeldeamt)* eine Übersetzung der internationalen Anmeldung in einer Sprache einreichen, die sowohl

R 12.3 c) Frist: 1 Monat
R 12.3 c) ii) Nachfrist 1 oder 2 Monate, jeweils ggf. plus Zuschlag
R 12.3 e) Zuschlag 25 % der Anmeldegebühr
R 12.3 d) S. 2 Fristgerechte Einreichung falls die notwendigen Handlungen vor Ablauf von 15 Monaten ab dem Prioritätsdatum vorgenommen werden.
VV 305bis Vorbereitung, Bezeichnung und Übermittlung von Kopien der Übersetzung der internationalen Anmeldung
VV 308 Kennzeichnung der Blätter der internationalen Anmeldung und Übersetzung
VV 311 Umnummerierung bei Streichung, Austausch oder Hinzufügung von Blättern der internationalen Anmeldung und Übersetzung

i) eine von dieser Behörde *(ISA)* zugelassene Sprache als auch
ii) eine Veröffentlichungssprache und
iii) eine vom Anmeldeamt nach Regel 12.1 Absatz a zugelassene Sprache ist, es sei denn, die internationale Anmeldung wurde in einer Veröffentlichungssprache eingereicht.

R 48.3   Veröffentlichungssprachen: Arabisch, CN, DE, GB, FR, JP, Koreanisch, PT, RU, ES

b) Absatz a ist weder auf den **Antrag** noch auf den **Sequenzprotokollteil** *(R 13ter)* **der Beschreibung anzuwenden.**
c) Hat der Anmelder bis zu dem Zeitpunkt, zu dem ihm das Anmeldeamt die Mitteilung nach Regel 20.2 Absatz c *(Mitteilung des Anmeldedatums und des Aktenzeichens)* zusendet, die nach Absatz a erforderliche Übersetzung noch nicht eingereicht, so fordert ihn das Anmeldeamt, vorzugsweise zusammen mit dieser Mitteilung, auf,
i) die erforderliche Übersetzung innerhalb der Frist nach Absatz a *(1 Monat)* einzureichen;
ii) falls die erforderliche Übersetzung nicht innerhalb der Frist nach Absatz a eingereicht worden ist, diese einzureichen und gegebenenfalls die Gebühr für verspätete Einreichung nach Absatz e zu entrichten, und zwar innerhalb **eines Monats** nach dem Datum der Aufforderung oder innerhalb von **zwei Monaten** nach Eingang der internationalen Anmeldung beim Anmeldeamt, je nachdem, welche Frist **später abläuft**.

R 12.3 d) S. 2 Fristgerechte Einreichung immer noch möglich.

d) Hat das Anmeldeamt dem Anmelder eine Aufforderung nach Absatz c zugesandt und hat der Anmelder innerhalb der nach Absatz c Ziffer ii maßgeblichen Frist die erforderliche Übersetzung nicht eingereicht und die gegebenenfalls zu zahlende Gebühr für die verspätete Einreichung nicht entrichtet, so gilt die internationale Anmeldung als **zurückgenommen** und wird vom Anmeldeamt für zurückgenommen erklärt. Alle Übersetzungen und Zahlungen, die beim Anmeldeamt vor dem Zeitpunkt, zu dem dieses Amt die Erklärung nach Satz 1 abgibt, und vor Ablauf von 15 Monaten nach dem Prioritätsdatum eingehen, gelten als vor Ablauf dieser Frist eingegangen.
e) Das Anmeldeamt kann die Einreichung einer Übersetzung nach Ablauf der Frist nach Absatz a davon abhängig machen, dass ihm zu seinen Gunsten eine **Gebühr für verspätete Einreichung** in Höhe von 25 % der unter Nummer 1 des Gebührenverzeichnisses genannten internationalen Anmeldegebühr gezahlt wird, wobei die Gebühr für das 31. und jedes weitere Blatt der internationalen Anmeldung unberücksichtigt bleibt.

Regel 12bis

12.4 Übersetzung für die Zwecke der internationalen Veröffentlichung

a) Wenn die Sprache, in der die internationale Anmeldung eingereicht worden ist, keine Veröffentlichungssprache ist und die Einreichung einer Übersetzung nach Regel 12.3 Absatz a nicht erforderlich ist, muss der Anmelder eine Übersetzung der internationalen Anmeldung in eine vom Anmeldeamt für die Zwecke dieses Absatzes zugelassene Veröffentlichungssprache innerhalb von vierzehn Monaten nach dem Prioritätsdatum beim Anmeldeamt einreichen.

R 12.4 a) Frist: 14 Monate
R 12.4 c) Nachfrist 2 Monate, ggf. plus Zuschlag
R 12.4 e) Zuschlag 25 % der Anmeldegebühr
R 12.4 d) S. 2 Fristgerechte Einreichung, falls die notwendigen Handlungen vor Ablauf von 17 Monaten ab dem Prioritätsdatum vorgenommen werden
VV 305bis Vorbereitung, Bezeichnung und Übermittlung von Kopien der Übersetzung der internationalen Anmeldung
VV 308 Kennzeichnung der Blätter der internationalen Anmeldung und Übersetzung
VV 311 Umnummerierung bei Streichung, Austausch oder Hinzufügung von Blättern der internationalen Anmeldung und Übersetzung

b) Absatz a ist weder auf den Antrag noch auf den Sequenzprotokollteil der Beschreibung anzuwenden.

c) Hat der Anmelder die in Absatz a genannte Übersetzung nicht innerhalb der in diesem Absatz genannten Frist eingereicht, fordert ihn das Anmeldeamt auf, die erforderliche Übersetzung innerhalb von sechzehn Monaten nach dem Prioritätsdatum einzureichen und gegebenenfalls die Gebühr für verspätete Einreichung nach Absatz e zu entrichten. Geht die Übersetzung beim Anmeldeamt ein, bevor dieses Amt die Aufforderung nach dem vorangehenden Satz abgesandt hat, gilt sie als vor Ablauf der Frist nach Absatz a eingegangen.

d) Hat der Anmelder die erforderliche Übersetzung nicht innerhalb der Frist nach Absatz c eingereicht und die gegebenenfalls zu zahlende Gebühr für verspätete Einreichung nicht entrichtet, gilt die internationale Anmeldung als zurückgenommen und wird vom Anmeldeamt für zurückgenommen erklärt. Gehen die Übersetzung und die Zahlung beim Anmeldeamt vor dem Zeitpunkt ein, zu dem dieses Amt die Erklärung nach dem vorangehenden Satz abgibt und vor Ablauf von siebzehn Monaten ab dem Prioritätsdatum, gelten sie als vor Ablauf dieser Frist eingegangen.

e) Das Anmeldeamt kann die Einreichung einer Übersetzung nach Ablauf der Frist nach Absatz a davon abhängig machen, dass ihm zu seinen Gunsten eine **Gebühr für verspätete Einreichung** in Höhe von 25 % der unter Nummer 1 des Gebührenverzeichnisses genannten internationalen Anmeldegebühr gezahlt wird, wobei die Gebühr für das 31. und jedes weitere Blatt der internationalen Anmeldung unberücksichtigt bleibt.

Regel 12bis *(seit 01.07.2017)* Einreichung von zu einer früheren Recherche gehörenden Unterlagen durch den Anmelder

Regel 12bis *(bis 30.06.2017)* Kopie der Ergebnisse einer früheren Recherche und der früheren Anmeldung; Übersetzung

Die Änderungen gelten für internationale Anmeldungen mit Anmeldedatum ab dem 01.07.2017. Ziel der Änderung war eine klarere Strukturierung, PCT/WG//18.

12bis.1 *(seit 01.07.2017)* Einreichung von zu einer früheren Recherche gehörenden Unterlagen durch den Anmelder bei einem Antrag nach Regel 4.12

12bis.1 *(bis 30.06.2017)* Kopie der Ergebnisse einer früheren Recherche und der früheren Anmeldung; Übersetzung

a) *(seit 01.07.2017)* Hat der Anmelder gemäß Regel 4.12 beantragt, dass die Internationale Recherchenbehörde die Ergebnisse einer früheren Recherche, die von derselben oder einer anderen Internationalen Recherchenbehörde oder von einem nationalen Amt durchgeführt worden ist, berücksichtigt, so muss der Anmelder vorbehaltlich der Absätze b bis d beim Anmeldeamt zusammen mit der internationalen Anmeldung eine Kopie der Ergebnisse der früheren Recherche einreichen in der Form, in der sie von der betreffenden Behörde oder dem betreffenden Amt abgefasst worden sind (zum Beispiel in Form eines Recherchenberichts, einer Auflistung der zum Stand der Technik gehörenden Unterlagen oder eines Prüfungsberichts).

R 4.12 Berücksichtigung der Ergebnisse einer früheren Recherche
R 23bis Weiterleitung von Unterlagen vom Anmeldeamt an ISA

a) *(bis 30.06.2017)* Hat der Anmelder gemäß Regel 4.12 beantragt, dass die Internationale Recherchenbehörde die Ergebnisse einer früheren Recherche, die von derselben oder einer anderen Internationalen Recherchenbehörde oder von einem nationalen Amt durchgeführt worden ist, berücksichtigt, so muss der Anmelder vorbehaltlich der Absätze c bis f beim Anmeldeamt zusammen mit der internationalen Anmeldung eine Kopie der Ergebnisse der früheren Recherche einreichen in der Form, in der sie von der betreffenden Behörde oder dem betreffenden Amt abgefasst worden sind (zum Beispiel in Form eines Recherchenberichts, einer Auflistung der zum Stand der Technik gehörenden Unterlagen oder eines Prüfungsberichts).

Die Änderungen betreffen nur Verweise auf geänderte Absatzbezeichnungen. Die Absätze b und e wurden in die neue R 12bis.2 verschoben

b) *(seit 01.07.2017 = Inhalt des früheren Absatz c)* Wenn die frühere Recherche von demselben Amt durchgeführt wurde wie demjenigen, das als Anmeldeamt handelt, kann der Anmelder, anstatt die in Absatz a genannte Kopie einzureichen, beantragen, dass das Anmeldeamt sie erstellt und an die Internationale Recherchenbehörde übermittelt. Ein solcher Antrag muss im Antrag gestellt werden und kann vom Anmeldeamt davon abhängig gemacht werden, dass ihm zu seinen Gunsten eine Gebühr entrichtet wird.

Das EPA erhebt dafür keine Gebühr.

b) *(bis 30.06.2017, seit 01.07.2017 = R 12bis.2 a)* Die Internationale Recherchenbehörde kann vorbehaltlich der Absätze c bis f den Anmelder auffordern, bei ihr innerhalb einer den Umständen nach angemessenen Frist folgendes einzureichen:
   i) eine Kopie der einschlägigen früheren Anmeldung;
   ii) wenn die frühere Anmeldung in einer Sprache abgefasst ist, die nicht von der Internationalen Recherchenbehörde zugelassen ist, eine Übersetzung der früheren Anmeldung in eine von dieser Behörde zugelassene Sprache;
   iii) wenn die Ergebnisse der früheren Recherche in einer Sprache abgefasst sind, die nicht von der Internationalen Recherchenbehörde zugelassen ist, eine Übersetzung dieser Ergebnisse in eine von dieser Behörde zugelassenen Sprache;

iv) eine Kopie jeder beliebigen in den Ergebnissen der früheren Recherche aufgeführten Unterlage.

Durch die Verschiebung des ursprünglichen Absatz b nach R 12.bis.2 a rückt der Inhalt der nachfolgenden Absätze einen Absatz nach vorne und die Verweise auf andere Absätze wurden angepasst.

c) *(seit 01.07.2017, war früher Absatz d)* Wenn die frühere Recherche von derselben Internationalen Recherchenbehörde oder demselben Amt durchgeführt wurde, die oder das als Internationale Recherchenbehörde handelt, so ist es nicht erforderlich, die in Absatz a genannte Kopie nach dem genannten Absatz einzureichen.

c) *(bis 30.06.2017)* Wenn die frühere Recherche von demselben Amt durchgeführt wurde wie demjenigen, das als Anmeldeamt handelt, kann der Anmelder, anstatt die in Absatz a und Absatz b Ziffern i und iv genannten Kopien einzureichen, beantragen, dass das Anmeldeamt sie erstellt und an die Internationale Recherchenbehörde übermittelt. Ein solcher Antrag muss im Antrag gestellt werden und kann vom Anmeldeamt davon abhängig gemacht werden, dass ihm zu seinen Gunsten eine Gebühr entrichtet wird.

Durch die Verschiebung des ursprünglichen Absatz b nach R 12.bis.2 a rückte der Inhalt der nachfolgenden Absätze c, d und f jeweils einen Absatz nach vorne und die Verweise auf andere Absätze wurden angepasst.

d) *(seit 01.07.2017, war früher Absatz f)* Wenn dem Anmeldeamt oder der Internationalen Recherchenbehörde eine in Absatz a genannte Kopie in einer für sie akzeptablen Form und Weise zugänglich ist, zum Beispiel über eine digitale Bibliothek, und der Anmelder im Antrag darauf hinweist, so ist die Einreichung einer Kopie nach dem genannten Absatz nicht erforderlich.

d) *(bis 30.06.2017)* Wenn die frühere Recherche von derselben Internationalen Recherchenbehörde oder demselben Amt durchgeführt wurde, die oder das als Internationale Recherchenbehörde handelt, so ist es nicht erforderlich, die in den Absätzen a und b genannten Kopie oder Übersetzung nach den genannten Absätzen einzureichen.

Durch die Verschiebung des ursprünglichen Absatz b und e nach R 12.bis.2 rückt der Inhalt von d in c und von f nach d. Außerdem bezieht sich Absatz d nun auch auf das Anmeldeamt.

e) *(bis 30.06.2017)* Wenn der Antrag eine Erklärung gemäß Regel 4.12 Ziffer ii enthält mit der Maßgabe, dass die internationale Anmeldung die gleiche oder im wesentlichen gleiche ist wie die Anmeldung, hinsichtlich der die frühere Recherche durchgeführt wurde, oder dass die internationale Anmeldung die gleiche oder im wesentlichen gleiche ist wie diese frühere Anmeldung, außer dass sie in einer anderen Sprache eingereicht worden ist, so ist es nicht erforderlich, die in Absatz b Ziffern i und ii genannten Kopie oder Übersetzung nach den genannten Absätzen einzureichen.

Absatz e wurden in die neue R 12bis.2 verschoben.

f) *(bis 30.06.2017)* Wenn der Internationalen Recherchenbehörde eine in den Absätzen a und b genannte Kopie oder Übersetzung in einer für sie akzeptablen Art und Weise zugänglich ist, zum Beispiel über eine digitale Bibliothek oder in Form eines Prioritätsbeleges, und der Anmelder im Antrag darauf hinweist, so ist die Einreichung einer Kopie oder Übersetzung nach den genannten Absätzen nicht erforderlich.

Der Inhalt des früheren Absatz f wurde in Absatz d verschoben.

R 41   Berücksichtigung der Ergebnisse einer früheren Recherche im Falle des Antrags nach R 4.12: bei Durchführung durch dieselbe ISA muss, bei Durchführung durch andere ISA oder anderes Amt kann berücksichtigt werden. Außerdem sind die Rechercheergebnisse im Falle der beanspruchten Priorität einer früheren Anmeldung zu berücksichtigen. In sonstigen Fällen kann die ISA die Ergebnisse nach R 41.2 b) berücksichtigen.

VV 337 gestrichen seit 01.07.2017, da der Inhalt nun in R 12bis.2 und R 23bis.1 zu finden ist.

12bis.2 *(seit 01.07.2017)* Aufforderung durch die Internationale Recherchenbehörde zur Einreichung von zu einer früheren Recherche gehörenden Unterlagen bei einem Antrag nach Regel 4.12

a) *(seit 01.07.2017 = vorher R 12bis.2 a)* Die Internationale Recherchenbehörde kann vorbehaltlich der Absätze b und c den Anmelder auffordern, bei ihr innerhalb einer den Umständen nach angemessenen Frist Folgendes einzureichen
  i) eine Kopie der einschlägigen früheren Anmeldung,
  ii) wenn die frühere Anmeldung in einer Sprache abgefasst ist, die nicht von der Internationalen Recherchenbehörde zugelassen ist, eine Übersetzung der früheren Anmeldung in eine von dieser Behörde zugelassene Sprache,
  iii) wenn die Ergebnisse der früheren Recherche in einer Sprache abgefasst sind, die nicht von der Internationalen Recherchenbehörde zugelassen ist, eine Übersetzung dieser Ergebnisse in eine von dieser Behörde zugelassenen Sprache,
  iv) eine Kopie jeder beliebigen in den Ergebnissen der früheren Recherche aufgeführten Unterlage.
b) *(seit 01.07.2017)* Wenn die frühere Recherche von derselben Internationalen Recherchenbehörde oder von demselben Amt, die oder das als Internationale Recherchenbehörde handelt, durchgeführt wurde oder wenn der Internationalen Recherchenbehörde eine in Absatz a genannte Kopie oder Übersetzung in einer für sie akzeptablen Form und Weise zugänglich ist, zum Beispiel über eine digitale Bibliothek oder in Form eines Prioritätsbeleges, so ist es nicht erforderlich, die in Absatz a genannte Kopie oder Übersetzung nach dem genannten Absatz einzureichen.
c) *(seit 01.07.2017 vorher = R 12bis.1 e)* Wenn der Antrag eine Erklärung gemäß Regel 4.12 Ziffer ii enthält mit der Maßgabe, dass die internationale Anmeldung die gleiche oder im wesentlichen gleiche ist wie die Anmeldung, hinsichtlich der die frühere Recherche durchgeführt wurde, oder dass die internationale Anmeldung die gleiche oder im wesentlichen gleiche ist wie diese frühere Anmeldung, außer dass sie in einer anderen Sprache eingereicht worden ist, so ist es nicht erforderlich, die in Absatz a Ziffern i und ii genannte Kopie oder Übersetzung nach den genannten Absätzen einzureichen.

Absatz e aus R 12bis.1 wurde hierher verschoben und der Verweis wurde angepasst.
Die Änderungen gelten für internationale Anmeldungen mit Anmeldedatum ab dem 01.07.2017.

R 4.12   Angaben und Erklärungen in PCTa zur Berücksichtigung der Ergebnisse einer früheren Recherche

R 4.12 ii) Zur Auslegung des Begriffs »im wesentlichen gleiche« siehe Bericht der PCT-Versammlung PCT/A/36/13

VV 337   gestrichen seit 01.07.2017, da der Inhalt nun in R 12bis.2 und R 23bis.1 zu finden ist.

Regel 13 Einheitlichkeit der Erfindung

13.1 Erfordernis

Einheitlichkeit

Die internationale Anmeldung darf sich nur auf eine Erfindung oder eine Gruppe von Erfindungen beziehen, die so zusammenhängen, dass sie eine **einzige allgemeine erfinderische Idee** verwirklichen (»Erfordernis der Einheitlichkeit der Erfindung«).

Art 64, 27, R 51bis Es gibt keine Vorbehalte zu R 13, d.h. die Frage der Einheitlichkeit richtet sich in allen regionalen und nationalen Phasen nach R 13.

R 13.2 Die **gemeinsamen kennzeichnenden Merkmale**

Art 17, R 40 Uneinheitlichkeit bei Internationale Recherche, Auswirkung R 45bis.5 e)

R 45bis.6 Uneinheitlichkeit bei ergänzender internationale Recherche

R 66.1^{ter} Uneinheitlichkeit bei zusätzlicher Recherche

Art 34 (3), R 68 Uneinheitlichkeit bei internationaler vorläufige Prüfung

VV 206 Einheitlichkeit der Erfindung. VV Anlage B zeigt ausführliche Beispiele zur Einheitlichkeit der Erfindung. Weitere Beispiele finden sich in VV 206. U.a. wird die Markush-Praxis erläutert in VV Anlage B Teil 2 III.

R 164 EPÜ Uneinheitlichkeit beim Eintritt in die europäische Phase, Euro-PCT Leitfaden E. XV. Rn 658 ff.

13.2 Fälle, in denen das Erfordernis der Einheitlichkeit der Erfindung als erfüllt gilt

gemeinsame kennzeichnende Merkmale

Wird in einer internationalen Anmeldung eine Gruppe von Erfindungen beansprucht, so ist das Erfordernis der Einheitlichkeit der Erfindung nach Regel 13.1 nur erfüllt, wenn zwischen diesen Erfindungen ein technischer Zusammenhang besteht, der in einem oder mehreren gleichen oder entsprechenden besonderen technischen Merkmalen zum Ausdruck kommt. Unter dem Begriff »**besondere technische Merkmale**« sind diejenigen technischen Merkmale zu verstehen, die einen Beitrag jeder beanspruchten Erfindung als Ganzes zum Stand der Technik bestimmen.

13.3 Feststellung der Einheitlichkeit der Erfindung unabhängig von der Fassung der Ansprüche

Die Feststellung, ob die Erfindungen einer Gruppe untereinander in der Weise verbunden sind, dass sie eine einzige allgemeine erfinderische Idee verwirklichen, hat ohne Rücksicht darauf zu erfolgen, ob die Erfindungen in gesonderten Patentansprüchen oder als Alternativen innerhalb eines einzigen Patentanspruchs beansprucht werden.

13.4 Abhängige Ansprüche

Vorbehaltlich der Regel 13.1 ist es zulässig, in einer internationalen Anmeldung eine angemessene Zahl abhängiger Ansprüche, mit denen bestimmte Ausführungsformen der in einem unabhängigen Anspruch geltend gemachten Erfindung beansprucht werden, aufzunehmen, auch dann, wenn die Merkmale des abhängigen Anspruchs für sich genommen als unabhängige Erfindung angesehen werden könnten.

W 54/91 Abhängige Ansprüche sind einheitlich (st. Rspr.).

13.5 Gebrauchsmuster

Jeder Bestimmungsstaat, in dem auf der Grundlage einer internationalen Anmeldung um die Erteilung eines Gebrauchsmusters nachgesucht wird, kann hinsichtlich der in den Regeln 13.1 bis 13.4 geregelten Gegenstände an Stelle dieser Regeln sein nationales Gebrauchsmusterrecht anwenden, sobald mit der Bearbeitung der internationalen Anmeldung in diesem Staat begonnen worden ist; dem Anmelder ist jedoch auf jeden Fall eine Frist von **zwei Monaten** nach Ablauf der nach Artikel 22 maßgeblichen Frist zu gewähren, damit er seine Anmeldung den Bestimmungen des genannten nationalen Rechts **anpassen** kann.

Regel 13bis Erfindungen, die sich auf biologisches Material beziehen

13bis.1 Begriffsbestimmung

Im Sinne dieser Regel bedeutet »Bezugnahme auf hinterlegtes biologisches Material« die in einer internationalen Anmeldung gemachten Angaben in bezug auf die Hinterlegung biologischen Materials bei einer Hinterlegungsstelle oder in bezug auf so hinterlegtes biologisches Material.

13bis.2 Bezugnahmen (Allgemeines)

Allgemeines Jede Bezugnahme auf hinterlegtes biologisches Material hat nach dieser Regel zu erfolgen und gilt in diesem Fall als mit den Erfordernissen des nationalen Rechts eines jeden Bestimmungsstaats in Einklang stehend.

R 31 EPÜ   einzuhaltende Erfordernisse gemäß Mitteilung EPA v. 07.07.2010 (ABl. 2010, 498), PCT Gazette v. 28.10.2010, bei internationalen Anmeldungen, wenn EPA Bestimmungsamt oder ausgewähltes Amt ist

13bis.3 Bezugnahmen: Inhalt; Fehlen einer Bezugnahme oder Angabe

a) Eine Bezugnahme auf hinterlegtes biologisches Material hat zu enthalten:
   i) den Namen und die Anschrift der Hinterlegungsstelle, bei der die Hinterlegung vorgenommen wurde;
   ii) das Datum der Hinterlegung des biologischen Materials bei dieser Stelle;
   iii) die Eingangsnummer, welche diese Stelle der Hinterlegung zugeteilt hat, sowie
   iv) jede weitere Angabe, deren Erfordernis dem Internationalen Büro gemäß Regel 13bis.7 Absatz a Ziffer i mitgeteilt worden ist, sofern das Erfordernis dieser Angabe mindestens zwei Monate vor Einreichung der internationalen Anmeldung gemäß Regel 13bis.7 Absatz c im Blatt veröffentlicht worden ist.

US   Mitteilung über geänderte Erfordernisse in PCT Gazette 19.03.2015

b) Das Fehlen einer Bezugnahme auf hinterlegtes biologisches Material oder das Fehlen einer Angabe nach Absatz a in einer Bezugnahme auf hinterlegtes biologisches Material hat in einem Bestimmungsstaat, dessen nationales Recht diese Bezugnahme oder Angabe in einer nationalen Anmeldung nicht vorschreibt, keine Folgen.

13bis.4 Bezugnahmen: Frist zur Einreichung von Angaben

a) Vorbehaltlich der Absätze b und c wird jede der in Regel 13bis.3 Absatz a genannten Angaben, die in einer Bezugnahme auf hinterlegtes biologisches Material in der eingereichten internationalen Anmeldung nicht enthalten ist, jedoch beim Internationalen Büro
   i) innerhalb von 16 Monaten nach dem Prioritätsdatum eingereicht wird, von jedem Bestimmungsamt als rechtzeitig eingereicht angesehen;
   ii) nach Ablauf von 16 Monaten nach dem Prioritätsdatum eingereicht wird, von jedem Bestimmungsamt als am letzten Tag dieser Frist eingereicht angesehen, wenn sie beim Internationalen Büro vor Abschluss der technischen Vorbereitungen für die internationale Veröffentlichung eingeht.

b) Ein Bestimmungsamt kann, wenn das für dieses Amt geltende nationale Recht dies für nationale Anmeldungen vorschreibt, verlangen, dass jede der in Regel 13bis.3 Absatz a genannten Angaben früher als 16 Monate nach dem Prioritätsdatum eingereicht wird, sofern das Internationale Büro nach Regel 13bis.7 Absatz a Ziffer ii über dieses Erfordernis unterrichtet worden ist und dieses nach Regel 13bis.7 Absatz c mindestens zwei Monate vor Einreichung der internationalen Anmeldung im Blatt veröffentlicht hat.

c) Beantragt der Anmelder die vorzeitige Veröffentlichung nach Artikel 21 Absatz 2 Buchstabe b, so kann jedes Bestimmungsamt jede Angabe, die nicht vor Abschluss der technischen Vorbereitungen für die internationale Veröffentlichung eingereicht worden ist, als nicht rechtzeitig eingereicht ansehen.

d) Das Internationale Büro unterrichtet den Anmelder von dem Datum, an dem eine nach Absatz a eingereichte Angabe bei ihm eingegangen ist, und

i) veröffentlicht zusammen mit der internationalen Anmeldung die nach Absatz a eingereichte Angabe und die Angabe des Eingangsdatums, wenn die Angabe vor Abschluss der technischen Vorbereitungen für die internationale Veröffentlichung bei ihm eingegangen ist;

ii) teilt dieses Datum und die in der Angabe enthaltenen maßgeblichen Daten den Bestimmungsämtern mit, wenn die Angabe nach Abschluss der technischen Vorbereitungen für die internationale Veröffentlichung bei ihm eingegangen ist.

R 12.1^{ter} Sprache der internationalen Anmeldung bzw. der Übersetzung
Art 21 (5) Anmerkung 5: Abschluss der technischen Vorbereitungen

13bis.5 Bezugnahmen und Angaben für die Zwecke eines oder mehrerer Bestimmungsstaaten; verschiedene Hinterlegungen für verschiedene Bestimmungsstaaten; bei anderen als den mitgeteilten Hinterlegungsstellen vorgenommene Hinterlegungen

a) Eine Bezugnahme auf hinterlegtes biologisches Material gilt als für alle Bestimmungsstaaten erfolgt, wenn sie nicht ausdrücklich nur für die Zwecke bestimmter Bestimmungsstaaten vorgenommen wird; das gleiche gilt für die in der Bezugnahme enthaltenen Angaben.

b) Für verschiedene Bestimmungsstaaten können Bezugnahmen auf verschiedene Hinterlegungen des biologischen Materials erfolgen.

c) Jedes Bestimmungsamt kann eine Hinterlegung unberücksichtigt lassen, die bei einer anderen als einer von ihm nach Regel 13bis.7 Absatz b mitgeteilten Hinterlegungsstelle vorgenommen worden ist.

13bis.6 Abgabe von Proben

Proben hinterlegten biologischen Materials, auf das in einer internationalen Anmeldung Bezug genommen wird, dürfen nach den Artikeln 23 und 40 nur mit Einwilligung des Anmelders vor dem Ablauf der maßgeblichen Fristen, nach denen das nationale Verfahren nach den genannten Artikeln aufgenommen werden darf, abgegeben werden. Nimmt jedoch der Anmelder die in Artikel 22 oder 39 genannten Handlungen nach der internationalen Veröffentlichung, aber vor Ablauf der genannten Fristen vor, so können Proben des hinterlegten biologischen Materials abgegeben werden, sobald die genannten Handlungen vorgenommen worden sind. Unbeschadet der vorhergehenden Bestimmung können Proben des hinterlegten biologischen Materials nach dem für jedes Bestimmungsamt geltenden nationalen Recht abgegeben werden, sobald die internationale Veröffentlichung nach diesem Recht die Wirkungen der gesetzlich vorgeschriebenen nationalen Veröffentlichung einer ungeprüften nationalen Anmeldung erlangt hat.

Proben von biologischem Material

Regeln zu Kapitel I des Vertrags

VV 209 Angaben über hinterlegte Mikroorganismen auf gesondertem Blatt
Art 153 (4) EPÜ R 32 (1), R 33 (1) EPÜ: Hinweis auf Verfahren beim EPA in PCT Gazette vom 12.01.2012

13bis.7 Nationale Erfordernisse: Mitteilung und Veröffentlichung

a) Jedes nationale Amt kann dem Internationalen Büro jedes Erfordernis des nationalen Rechts mitteilen, aufgrund dessen
   i) eine Bezugnahme auf hinterlegtes biologisches Material in einer nationalen Anmeldung außer den in Regel 13bis.3 Absatz a Ziffern i, ii und iii genannten Angaben zusätzlich die in der Mitteilung genannten Angaben zu enthalten hat;
   ii) eine nationale Anmeldung im Anmeldezeitpunkt eine oder mehrere der in Regel 13bis.3 Absatz a genannten Angaben zu enthalten hat oder dass diese Angabe(n) zu einem in der Mitteilung angegebenen früheren Zeitpunkt als dem Ablauf von 16 Monaten nach dem Prioritätsdatum einzureichen sind.

EPA Mitteilung über geänderte Erfordernisse in PCT Gazette 28.10.2010, Newsletter 11/2010, S. 2

Hinterlegungsstellen b) Jedes nationale Amt teilt dem Internationalen Büro die Hinterlegungsstellen mit, bei denen das nationale Recht Hinterlegungen von biologischem Material für die Zwecke von Patentverfahren vor diesem Amt gestattet, oder teilt ihm gegebenenfalls mit, dass das nationale Recht solche Hinterlegungen nicht vorschreibt oder gestattet.

Details in Annex L des Applicant's Guide int. P.

c) Das Internationale Büro veröffentlicht die ihm gemäß Absatz a mitgeteilten Erfordernisse und die ihm gemäß Absatz b mitgeteilten Angaben unverzüglich im Blatt.

Regel 13ter Protokoll der Nucleotid- und/oder Aminosäuresequenzen

VV 208 und 513 Sequenzprotokolle
VV Anlage C Format für Nucleotid- und/oder Aminosäuresequenzprotokolle in maschinenlesbarer Form
Art 10 (2) EPÜ 2000, R 2, 30 (1), 68 (2), 73 (2), 163 (3) EPÜ 2000, Mitteilung in ABl. 2013, 542 ergänzt zum 01.01.2014 den Beschluss v. 28.04.2011 (ABl. 2011, 372). Dieser ersetzte zum 01.06.2011 den Beschluss v. 26.03.2010 (ABl. 2010, 328) über die Einreichung von Sequenzprotokollen. Letzterer ersetzte zum 01.07.2010 teilweise den Beschluss v. 12.06.2007 (der für Anmeldungen ab Inkrafttretens des EPÜ 2000 (13.12.2007) galt (Sonderausgabe Nr. 3 EPA ABl. 2007, 26) sowie den Beschluss v. 26.01.2005 über die Gebühr für verspätete Einreichung (ABl. 2005, 255). Die ergänzende Mitteilung vom 28.04.2011 (ABl. 2011, 376) ersetzt zum 01.06.2011 die Mitteilung v. 26.03.2010 (ABl. 2010, 330) welche Teil II (EPA als PCT-Behörde) der Mitteilung v. 12.07.2007 ersetzte. Sie beschreibt ausführlich die Verfahren nach dem PCT und EPÜ 2000 für die Einreichung von Sequenzprotokollen, auch wieder bezüglich der Teile I (europ. Patenterteilungsverfahren) und III (regionale Phase).

13ter.1 Verfahren vor der Internationalen Recherchenbehörde

a) Offenbart die internationale Anmeldung eine oder mehrere Nucleotid- und/oder Aminosäuresequenzen, so kann die Internationale Recherchenbehörde den Anmelder auffordern, für die Zwecke der internationalen Recherche ein Sequenzprotokoll in elektronischer Form bei ihr einzureichen, das dem in den Verwaltungsvorschriften vorgeschriebenen Standard entspricht, es sei denn, ein solches Protokoll in elektronischer Form ist ihr bereits in einer für sie akzeptablen Form und Weise zugänglich, und gegebenenfalls innerhalb einer in der **Aufforderung** festgesetzten Frist die in Absatz c genannte **Gebühr** für verspätete Einreichung zu entrichten.

R 89bis Bei elektronischer Einreichung beim EPA sind die Vorschriften für R 13ter, R 30 EPÜ und die nachfolgend genannten Beschlüsse zu beachten.

EPA: Für das Handeln des EPA als ISA, SISA oder IPEA erfolgt die Aufforderung nach R 13ter.1 und dem obengenannten Beschluss (ABl. 2011, 372, 376) und der ergänzenden Mitteilung (ABl. 2013, 542). Gemäß dessen Art 4 beträgt die **nicht verlängerbaren Frist einen Monat**, wobei der Eingang vor Beginn der internationalen Recherche nach Nr. 4 als fristgemäß gilt. Details zu den Anforderungen im Applicant's Guide Annex D (EP).

b) Wird zumindest ein Teil der internationalen Anmeldung auf Papier eingereicht und stellt die Internationale Recherchenbehörde fest, dass die Beschreibung nicht der Regel 5.2 Absatz a entspricht, so kann sie den Anmelder auffordern, für die Zwecke der internationalen Recherche ein Sequenzprotokoll auf Papier einzureichen, das dem in den Verwaltungsvorschriften vorgeschriebenen Standard entspricht, es sei denn, ein solches Protokoll auf Papier ist ihr bereits in einer für sie akzeptablen Form und Weise zugänglich, unabhängig davon, ob nach Absatz a zur Einreichung eines Sequenzprotokolls in elektronischer Form aufgefordert worden ist, und gegebenenfalls innerhalb einer in der Aufforderung festgesetzten Frist die in Absatz c genannte Gebühr für verspätete Einreichung zu entrichten.

c) Die Internationale Recherchenbehörde kann die Einreichung eines Sequenzprotokolls aufgrund einer Aufforderung nach Absatz a oder b davon abhängig machen, dass zu ihren Gunsten eine Gebühr für verspätete Einreichung an sie entrichtet wird, deren Betrag von der Internationalen Recherchenbehörde festgesetzt wird, der aber 25 % der unter Nummer 1 des Gebührenverzeichnisses genannten internationalen Anmeldegebühr nicht überschreiten darf, wobei die Gebühr für das 31. und jedes weitere Blatt der internationalen Anmeldung unberücksichtigt bleibt, mit der Maßgabe, dass die Gebühr für verspätete Einreichung entweder nach Absatz a oder b, nicht aber nach beiden Absätzen verlangt werden kann.

EPA: Festsetzung einer Gebühr für verspätete Einreichung gemäß R 13ter und Festsetzung aufgrund Art 4 des Beschlusses v. 28.04.2011 (ABl. 2011, 372) und mit Wirkung vom 01.01.2014 ergänzender Mitteilung (ABl. 2013, 542). Fortgeltung, aber geänderte Höhe seit 01.04.2014 (ABl. 2014, A40, ABl. 2011, 658; 2012, 256) Außerkrafttreten der Art 4 und 5 sowie des Anhangs des Beschlusses v. 12.07.2007 (Mitteilung v. 12.07.2007, Sonderausgabe Nr. 3 ABl. 2007, C.1, C.2.) sowie des Beschlusses v. 26.01.2005 (ABl. 2005, 225) durch den nunmehr ebenfalls ersetzten Beschluss vom 26.03.2010 (ABl. 2010, 328, 330). Der vorherige Betrag ergab sich aus ABl. 2009, 616. Beilage Nr. 1 zu ABl. 3/2010 wurde ersetzt durch Beilage zu ABl. 3/2012 und ABl. 2010, 208 (212) wurde ersetzt durch ABl. 2012, 256. Eine Rückerstattung der Gebühr ist nur möglich, wenn es sich um versehentlich, grundlos oder zuviel entrichtete Gebührenbeträge handelt (WIPO-EPA-Vereinbarung, Anhang D, Teil II, Abs. 1). Siehe zur aktuellen Höhe Gebührenübersicht und Applicant's Guide Annex D (EP) int. P.

d) Hat der Anmelder innerhalb der in der Aufforderung nach Absatz a oder b festgesetzten Frist das erforderliche Sequenzprotokoll nicht eingereicht und die gegebenenfalls zu entrichtende Gebühr für verspätete Einreichung nicht entrichtet, so ist die

Internationale Recherchenbehörde nur insoweit verpflichtet, eine Recherche zu der internationalen Anmeldung durchzuführen, als eine sinnvolle Recherche auch ohne das Sequenzprotokoll möglich ist.

EPA: Mitteilung v. 28.04.2011 (ABl. 2011, 376) ersetzt die Mitteilung v. 26.03.2010 (ABl. 2010, 330): Im Falle des Absatz d) wird der IR-Bericht ohne weitere Aufforderung ganz oder teilweise durch die Erklärung gemäß Art 17 (2) ersetzt. Keine Durchführung IVP durch EPA als IPEA soweit sinnvolle Prüfung gemäß R 66.1 e) nicht möglich ist. Mitteilung an Anmelder und Vermerk gemäß R 66.2 a) vii) und 70.12 iv). Keine Aufforderung nach R 13ter.2. durch EPA als IPEA. EPA rät davon ab, ein Sequenzprotokoll erst in diesem späten Stadium einzureichen, da es zumindest bei umfangreichen Sequenzen bei vertretbarem Aufwand nicht in der Lage ist, die ursprünglichen Anmeldungsunterlagen mit dem nachgereichten Sequenzprotokoll zu vergleichen. Eine Erklärung des Anmelders, dass das nachgereichte Sequenzprotokoll nicht über den Offenbarungsgehalt hinausgeht, entbindet das EPA nicht von der Prüfung unter Berücksichtigung von Art 34 (2), R 66.2. Der internationale vorläufige Prüfungsbericht wird nur auf der Grundlage der am Anmeldetag in der Beschreibung vorhandenen Sequenzen erstellt, was im Bericht vermerkt wird. Das EPA als SISA beginnt mit der ergänzenden internationalen Recherche nur, wenn das Sequenzprotokoll entsprechend den Vorschriften vorliegt.

e) Ein Sequenzprotokoll, das im Anmeldezeitpunkt in der internationalen Anmeldung nicht enthalten ist, ist nicht Bestandteil der internationalen Anmeldung, unabhängig davon, ob es auf eine Aufforderung nach Absatz a oder b oder aus anderem Grund eingereicht worden ist; jedoch wird dem Anmelder durch diesen Absatz nicht die Möglichkeit genommen, die Beschreibung in bezug auf ein Sequenzprotokoll gemäß Artikel 34 Absatz 2 Buchstabe b zu ändern.

f) Stellt die Internationale Recherchenbehörde fest, dass die Beschreibung nicht der Regel 5.2 Absatz b entspricht, so fordert sie den Anmelder auf, die erforderliche Berichtigung einzureichen. Regel 26.4 ist auf jede vom Anmelder unterbreitete Berichtigung entsprechend anzuwenden. Die Internationale Recherchenbehörde übermittelt die Berichtigung dem Anmeldeamt und dem Internationalen Büro.

13ter.2 Verfahren vor der mit der internationalen vorläufigen Prüfung beauftragten Behörde

Regel 13ter.1 ist auf das Verfahren vor der mit der internationalen vorläufigen Prüfung beauftragten Behörde entsprechend anzuwenden.

13ter.3 Sequenzprotokoll für das Bestimmungsamt

Kein Bestimmungsamt darf vom Anmelder die Einreichung eines anderen Sequenzprotokolls verlangen als eines Sequenzprotokolls, welches dem in den Verwaltungsvorschriften vorgeschriebenen Standard entspricht.

R 76.5   Anwendbarkeit beim ausgewählten Amt

Regel 14   Die Übermittlungsgebühr

14.1 Übermittlungsgebühr

a) Das Anmeldeamt kann verlangen, dass der Anmelder ihm eine diesem Amt verbleibende Gebühr für die Entgegennahme der internationalen Anmeldung, die Übermittlung von Exemplaren der Anmeldung an das Internationale Büro und an die zuständige Internationale Recherchenbehörde und für die Durchführung aller weiteren Aufgaben, die das Anmeldeamt im Zusammenhang mit der internationalen Anmeldung durchzuführen hat, entrichtet (»Übermittlungsgebühr«).

Art 152, R 157 (4) EPÜ, Art 2 (1) Nr. 18 GebO: Übermittlungsgebühr zur Einreichung und Weiterleitung der internationalen Anmeldung, siehe auch Gebührenübersicht im Anhang
Art 4 (2) des Beschlusses v. 13.12.2013, ABl. 2014, A5: Die geänderten Beträge gelten für seit 01.04.2014 eingereichte PCTa
Art III § 1 (2) IntPatÜG i.V.m. Nr. 313 900 PatKostG für Deutschland

b) Wird eine Übermittlungsgebühr erhoben, wird deren Höhe **vom Anmeldeamt festgesetzt**. *Festsetzung durch das Anmeldeamt*

c) Die Übermittlungsgebühr ist **innerhalb eines Monats** nach Eingang der internationalen Anmeldung zu entrichten. Zu zahlen ist der **zum Zeitpunkt des Eingangs geltende Betrag**.

R 16bis.1 a) Nachfrist
R 16bis.1 c), R 29, Art 14 (3) Rechtsfolge bei Nichtzahlung ist die Fiktion der Rücknahme.
R 19.4 c) Datum des tatsächlichen Eingangs beim Internationalen Büro

Regel 15 Die internationale Anmeldegebühr

15.1 Die internationale Anmeldegebühr

Für jede internationale Anmeldung ist eine vom Anmeldeamt zugunsten des Internationalen Büros erhobene Gebühr (»internationale Anmeldegebühr«) zu zahlen.

R 4.9   Bestimmung von Staaten; Schutzrechtsarten; nationale und regionale Patente
R 15.2   Betrag (siehe auch Gebührenübersicht und GebV)
R 15.3   Zahlungsfrist
R 16bis.1 a) Nachfrist *Nachfrist*
VV 304   Aufforderung zur Zahlung von Gebühren vor dem Fälligkeitsdatum
R 16bis.2 Zuschlag
Art 14 (3) Bei Nichtzahlung tritt die Fiktion der Zurücknahme ein.
R 15.4   Rückerstattung

15.2 Betrag

a) Die Höhe der **internationalen Anmeldegebühr** ergibt sich aus dem Gebührenverzeichnis.

b) Die internationale Anmeldegebühr ist in der Währung oder einer der Währungen zu entrichten, die das Anmeldeamt vorschreibt (»vorgeschriebene Währung«).

c) Ist die vorgeschriebene Währung der Schweizer Franken, so überweist das Anmeldeamt die genannte Gebühr unverzüglich in Schweizer Franken an das Internationale Büro.

d) Ist die vorgeschriebene Währung nicht der Schweizer Franken, sondern eine andere Währung,
   i) die frei in Schweizer Franken umwechselbar ist, so setzt der Generaldirektor für jedes Anmeldeamt, das für die Zahlung der internationalen Anmeldegebühr eine solche Währung vorschreibt, gemäß den Weisungen der Versammlung einen Gegenwert dieser

Gebühr in der vorgeschriebenen Währung fest, und das Anmeldeamt überweist den entsprechenden Betrag in dieser Währung unverzüglich an das Internationale Büro;

ii) die nicht frei in Schweizer Franken umwechselbar ist, so ist das Anmeldeamt für das Umwechseln der internationalen Anmeldegebühr von der vorgeschriebenen Währung in Schweizer Franken verantwortlich und überweist den im Gebührenverzeichnis angegebenen Betrag dieser Gebühr in Schweizer Franken unverzüglich an das Internationale Büro. Das Anmeldeamt kann die internationale Anmeldegebühr auch von der vorgeschriebenen Währung in Euro oder US-Dollar umwechseln und den vom Generaldirektor nach Ziffer i gemäß den Weisungen der Versammlung festgesetzten Gegenwert dieser Gebühr in Euro oder US-Dollar unverzüglich an das Internationale Büro überweisen.

Veröffentlichung der Gebühren
Richtlinien der Versammlung zur Festsetzung eines Gegenwerts bestimmter PCT-Gebühren (Stand 01.07.2010 unverändert), Directives of the Assembly, PCT Gazette 15.11.2012 www.wipo.int/pct/en/fees/equivalent_amounts.html

Zweck der Änderung der Festsetzungsregelungen in 2010 waren neben dem besseren Textverständnis, der Beseitigung von Doppelregelungen, dem Erreichen einer praktikableren und flexibleren Anpassung auch eine Neuregelung für den Fall, dass die vorgeschriebene Währung nicht frei umwandelbar ist sowie für den Fall, dass sich der betreffende Gebührenbetrag ändert. Siehe Dokumente der PCT Working Group v.a. PCT/WG/2/14, PCT/WG/2/2 www.wipo.int/meetings/en/doc_details.jsp?doc_id=119773

Art 16 (3) PCT i.V.m. Art 11 (2), (4) der jeweiligen Vereinbarungen zwischen den ISAs / IPEAs und der WIPO

Zahlungsfrist
15.3 Zahlungsfrist; zu zahlender Betrag

Die internationale Anmeldegebühr ist innerhalb eines Monats nach Eingang der internationalen Anmeldung an das Anmeldeamt zu entrichten. Zu zahlen ist der zum Zeitpunkt des Eingangs geltende Betrag.

R 15.4   Rückerstattung
R 16bis.1 a) Nachfrist
VV 304   Aufforderung zur Zahlung von Gebühren vor dem Fälligkeitsdatum
R 16bis.2 Zuschlag

kein Anmeldedatum zuerkannt
15.4 Rückerstattung

Das Anmeldeamt erstattet dem Anmelder die internationale Anmeldegebühr zurück,

i) wenn die Feststellung (R 20.4) nach Artikel 11 Absatz 1 *(kein Anmeldedatum zuerkannt)* negativ ist,

ii) wenn die internationale Anmeldung **vor Übermittlung des Aktenexemplars** an das Internationale Büro zurückgenommen wird oder als zurückgenommen gilt, oder

iii) wenn die internationale Anmeldung aufgrund von Vorschriften über die nationale Sicherheit nicht als solche behandelt wird.

15.5 [gestrichen]

15.6 [gestrichen]

Regel 16 Die Recherchengebühr

16.1 Befugnis zur Erhebung einer Gebühr

a) Jede Internationale Recherchenbehörde kann verlangen, dass der Anmelder zugunsten der Behörde eine Gebühr für die Durchführung der internationalen Recherche und aller anderen den Internationalen Recherchenbehörden durch den Vertrag und diese Ausführungsordnung übertragenen Aufgaben entrichtet (»Recherchengebühr«) *(Art 152, R 158 EPÜ)*.

Zur Höhe der Gebühr siehe Gebührenübersicht im Anhang, aktueller Stand 01.01.2016, ABl. 2016, A30, davor ABl. 2014, A40, davor ABl. 2011, 616, 658; 2012, 256

Art 2 (1) Nr. 2 GebO: internationale Recherchengebühr

Art 4 (1) des Beschlusses vom 13.12.2013, ABl. 2014, A5: Die geänderten Beträge richten sich nach dem Zahlungszeitpunkt.

b) Die Recherchengebühr wird **vom Anmeldeamt erhoben**. Die genannte Gebühr ist in der von diesem Amt vorgeschriebenen Währung (»vorgeschriebene Währung«) zu zahlen. — *vorgeschriebene Währung*

c) Ist die vorgeschriebene Währung die gleiche Währung, in der die Internationale Recherchenbehörde die Recherchengebühr festgelegt hat (»festgelegte Währung«), so überweist das Anmeldeamt die genannte Gebühr in dieser Währung unverzüglich an diese Behörde.

d) Ist die vorgeschriebene Währung nicht die festgelegte Währung, sondern eine andere Währung,

i) die frei in die festgelegte Währung umwechselbar ist, so setzt der Generaldirektor für jedes Anmeldeamt, das für die Zahlung der Recherchengebühr eine solche Währung vorschreibt, gemäß den Weisungen der Versammlung einen Gegenwert dieser Gebühr in der vorgeschriebenen Währung fest, und das Anmeldeamt überweist den entsprechenden Betrag in dieser Währung unverzüglich an die Internationale Recherchenbehörde;

ii) die nicht frei in die festgelegte Währung umwechselbar ist, so ist das Anmeldeamt für das Umwechseln der Recherchengebühr von der vorgeschriebenen Währung in die festgelegte Währung verantwortlich und überweist den von der Internationalen Recherchenbehörde festgesetzten Betrag dieser Gebühr in der festgelegten Währung unverzüglich an die Internationale Recherchenbehörde.

e) Ist der bei der Internationalen Recherchenbehörde nach Absatz d Ziffer i in der vorgeschriebenen Währung tatsächlich eingegangene, zur Zahlung der Recherchengebühr in einer anderen vorgeschriebenen Währung als der festgelegten Währung bestimmte Betrag nach Umwechseln in die festgelegte Währung geringer als der von dieser Behörde festgelegte Betrag, so zahlt das Internationale Büro die Differenz an die Internationale Recherchenbehörde; ist der tatsächlich eingegangene Betrag höher, so verbleibt die Differenz dem Internationalen Büro. — *Differenz der Recherchengebühr*

f) Auf die Frist für die Zahlung der Recherchengebühr und den zu zahlenden Betrag sind die Bestimmungen der Regel 15.3 über die internationale Anmeldegebühr entsprechend anzuwenden.

R 15.3 Frist: 1 Monat nach Eingang
R 16bis.1 a) Nachfrist
R 19.4 c) Geltendes Datum

Richtlinien der Versammlung zur Festsetzung eines Gegenwerts bestimmter PCT-Gebühren (Stand 01.07.2010), Directives of the Assembly, PCT Gazette 01.07.2010 (unverändert) www.wipo.int/pct/en/fees/equivalent_amounts.html

Art 16 (3) PCT i.V.m. Art 11 (2), (4) der jeweiligen Vereinbarungen zwischen den ISAs / IPEAs und der WIPO

16.2 Rückerstattung

Das Anmeldeamt erstattet dem Anmelder die Recherchengebühr zurück,
    i) wenn die Feststellung nach Artikel 11 Absatz 1 *(Zuerkennung eines Anmeldedatums)* negativ ist,
    ii) wenn die internationale Anmeldung vor Übermittlung des Recherchenexemplars an die Internationale Recherchenbehörde zurückgenommen wird oder als zurückgenommen gilt oder
    iii) wenn die internationale Anmeldung aufgrund von Vorschriften über die nationale Sicherheit nicht als solche behandelt wird.

VV 322 Aufforderung zur Stellung eines Antrags auf Rückerstattung der Recherchengebühr

VV 510 Rückerstattung der Recherchengebühr bei Zurücknahme der internationalen Anmeldung

EPA Wenn das EPA als ISA eine standardisierte Nicht-Recherche-Erklärung nach Art 17 (2),R 39 abgegeben und in der europäischen Phase keine Nachrecherche durchgeführt hat, erfolgt keine Rückerstattung der Recherchengebühr. Es gibt keine Rechtsgrundlage für eine Erstattung in diesem Fall, weder im PCT noch in der WIPO-EPA-Vereinbarung oder in einem Beschluss des EPA (T 0506/08). Es gibt auch keine Beschwerdemöglichkeit (T 0506/08).

16.3 Teilweise Rückerstattung

Erstattung der Recherchengebühr

Wenn die Internationale Recherchenbehörde bei Durchführung der internationalen Recherche die Ergebnisse einer früheren Recherche gemäß Regel 41.1 berücksichtigt, so hat diese Behörde die im Zusammenhang mit der internationalen Anmeldung entrichtete Recherchengebühr in dem Umfang und nach den Bedingungen, die in der Vereinbarung nach Artikel 16 Absatz 3 Buchstabe b festgesetzt sind, **zu erstatten**.

R 16.3 i.V.m. Anhang D. II. (3) und Art 5 (2) der Vereinbarung WIPO-EPA (siehe Anm. Art 16 (3) b)) erlaubt eine (Teil)-Rückzahlung der Gebühr für die internationale vorläufige Recherche (siehe auch im Anhang unter »Gebührenermäßigung in der internationalen und regionalen Phase vor dem EPA« zu »Internationale Recherchengebühr«).

Regel 16bis Verlängerung von Fristen für die Zahlung von Gebühren

16bis.1 Aufforderung durch das Anmeldeamt

a) Stellt das Anmeldeamt im Zeitpunkt der Fälligkeit nach den Regeln 14.1 Absatz c, 15.3 und 16.1 Absatz f fest, dass keine Gebühren entrichtet worden sind oder dass der gezahlte Betrag zur Deckung der **Übermittlungsgebühr**, der **internationalen Anmeldegebühr** und der **Recherchengebühr** nicht ausreicht, **so fordert es den Anmelder** vorbehaltlich des Absatzes d **auf**, innerhalb einer Frist von **einem Monat** nach dem Datum der Aufforderung den zur Deckung dieser Gebühren erforderlichen Betrag und gegebenenfalls die **Gebühr für verspätete Zahlung** nach Regel 16bis.2 zu entrichten.

Fristverlängerung

b) [gestrichen]

c) Hat das Anmeldeamt dem Anmelder eine Aufforderung nach Absatz a übermittelt und hat der Anmelder innerhalb der in dem entsprechenden Absatz festgesetzten

Frist den fälligen Betrag, gegebenenfalls einschließlich der Gebühr für verspätete Zahlung nach Regel 16bis.2, **nicht in voller Höhe** entrichtet, so verfährt es, vorbehaltlich des Absatzes e, wie folgt:
  i) es gibt die entsprechende Erklärung nach Artikel 14 Absatz 3 ab und
  ii) verfährt nach Regel 29.

d) Jede Zahlung, die beim Anmeldeamt eingeht, **bevor** dieses Amt die Aufforderung nach Absatz a **absendet**, gilt als vor Ablauf der Frist nach Regel 14.1 Absatz c, 15.3 beziehungsweise 16.1 Absatz f eingegangen.

e) Jede Zahlung, die beim Anmeldeamt eingeht, **bevor** dieses Amt die entsprechende **Erklärung nach Artikel 14 Absatz 3** *(Fiktion der Zurücknahme)* abgibt, **gilt als vor Ablauf der Frist** nach Absatz a eingegangen.

16bis.2 Gebühr für verspätete Zahlung

Art 7 (3) GebO: Da Zahlungsregelungen im PCT fehlen, sind die nationalen Bestimmungen vor dem EPA somit die EPÜ-Bestimmungen **über den wirksamen Zahltag** vor der Anwendung der PCT-Vorschriften für verspätete Zahlung von Gebühren zu berücksichtigen.

a) Das Anmeldeamt kann die Zahlung von Gebühren aufgrund einer Aufforderung nach Regel 16bis.1 Absatz a davon abhängig machen, dass ihm zu seinen Gunsten eine Gebühr für verspätete Zahlung entrichtet wird. Die Höhe dieser Gebühr
  i) beträgt 50 % der in der Aufforderung angegebenen nicht entrichteten Gebühren oder
  ii) entspricht der Übermittlungsgebühr, wenn der nach Ziffer i errechnete Betrag niedriger als die Übermittlungsgebühr ist.

b) Die Gebühr für verspätete Zahlung darf jedoch nicht höher sein als 50 % der unter Nummer 1 des Gebührenverzeichnisses genannten internationalen Anmeldegebühr, wobei die Gebühr für das 31. und jedes weitere Blatt der internationalen Anmeldung unberücksichtigt bleibt.

Beschluss des Präsidenten (vom 15.06.1992, ABl. 1992, 383; siehe auch die Gebührenübersicht im Anhang): Das EPA nimmt einen Zuschlag.

Für die Höhe lässt R 16bis.2 keinen Ermessensspielraum. Die Länder können nur entscheiden, ob sie einen Zuschlag nehmen oder nicht.

Das DPMA und das Internationale Büro nehmen keinen Zuschlag. www.dpma.de/patent/patentschutz/europaeischeundinternationalepatente/pct-gebuehrenbeimdpma/index.html#a23

Regel 17   Der Prioritätsbeleg

17.1 Verpflichtung zur Einreichung einer Abschrift der früheren nationalen oder internationalen Anmeldung   *Prioritätsbeleg*

a) Wird für die internationale Anmeldung nach Artikel 8 die Priorität einer früheren nationalen oder internationalen Anmeldung beansprucht, so hat der Anmelder, vorbehaltlich der Absätze b und b^{bis}, **spätestens 16 Monate** nach dem Prioritätsdatum eine vom Hinterlegungsamt beglaubigte Abschrift dieser früheren Anmeldung (»Prioritätsbeleg«) **beim Internationalen Büro oder beim Anmeldeamt** einzureichen, sofern dieser Prioritätsbeleg nicht schon zusammen mit der internationalen Anmeldung, in der die Priorität beansprucht wird, beim Anmeldeamt eingereicht worden ist; eine Abschrift der früheren Anmeldung, die beim Internationalen Büro **nach Ablauf dieser Frist** eingeht, gilt jedoch als am letzten Tag dieser Frist beim Büro eingegangen, wenn sie dort vor dem Datum der internationalen Veröffentlichung *(Art 21: 18 Monate)* der internationalen Anmeldung eingeht.

Art 21 Internationale Veröffentlichung
R 4.10 Prioritätsanspruch
R 17.1 c), R 163 (2) EPÜ Liegt bei Eintritt in die europäische Phase der Prioritätsbeleg nicht vor, fordert das EPA zur Einreichung innerhalb von 2 Monaten ab dem Datum der Mitteilung nach R 163 (2) EPÜ auf. Eine Einreichung des Prioritätsbelegs per Fax ist nicht möglich, jedoch in elektronischer Form, wenn er von der ausstellenden Behörde digital signiert wurde und die Signatur vom EPA anerkannt wird. Euro-PCT-Leitfaden E.XIII. Rn 632 ff. und B. Rn 146
VV 421 Anforderung einer Kopie des Prioritätsbelegs

Übermittlung des Prioritätsbelegs

b) Wird der Prioritätsbeleg vom Anmeldeamt ausgestellt, so kann der Anmelder, statt den Prioritätsbeleg einzureichen, **beim Anmeldeamt beantragen**, dass dieses den Prioritätsbeleg erstellt und an das Internationale Büro übermittelt. Dieser Antrag ist nicht später als 16 Monate nach dem Prioritätsdatum zu stellen und kann vom Anmeldeamt von der Zahlung einer Gebühr abhängig gemacht werden.

Sollte beim EPA eine Erstanmeldung und PCT-Nachanmeldung eingereicht worden sein, so ist ein entsprechender Antrag zu stellen.
Art 3 (1) GebO i.V.m. Beschluss v. 22.11.2011, ABl. 2011, 658. Die Gebühr beim EPA beträgt € 50 für Zahlungen seit 01.04.2012; unverändert gemäß (Code Nr. 029) in ABl. 2018, A32. Das Verfahren (ABl. 2012, 492), wonach das EPA eine Abschrift einer früheren Anmeldung, deren Priorität in Anspruch genommen wird, gebührenfrei zur Akte nimmt, gilt nicht für PCTa, die das **EPA als Anmeldeamt** bearbeitet (Euro-PCT-Leitfaden B. Rn 145. Außerdem ist kein Abruf des Prioritätsbelegs mittels DAS beim EPA möglich).
VV 323 Übermittlung von Prioritätsbelegen
DPMA € 20 seit 01.06.2011 (Annex C (DE) Applicant's Guide) int. P., Stand 01.01.2018.
IB SFR 50, jedoch entfällt die Gebühr im Fall der R 17.1 b), Annex C (IB) FN 18 (Stand 12.04.2018), Applicant's Guide int. P. Nr. 5070. Das IB teilt dem Anmelder das Eingangsdatum des Prioritätsbelegs mit (Nr. 5070D. Applicant's Guide int. P.)
Formular PCT/RO/101: Antragstellung durch Ankreuzen von Feld Nr. VI

b^{bis}) Wird der Prioritätsbeleg dem Internationalen Büro in Übereinstimmung mit den Verwaltungsvorschriften vor dem Datum der internationalen Veröffentlichung der internationalen Anmeldung in einer digitalen Bibliothek zugänglich gemacht, so kann der Anmelder, statt den Prioritätsbeleg einzureichen, vor dem Datum der internationalen Veröffentlichung beim Internationalen Büro beantragen, dass es den Prioritätsbeleg aus der digitalen Bibliothek abruft.

Art 21 (2) Internationale Veröffentlichung grundsätzlich unverzüglich nach Ablauf von 18 Monaten seit Prioritätsdatum
VV 715 Bereitstellung von Prioritätsbelegen in digitalen Bibliotheken
VV 716 Antrag auf Abruf eines Prioritätsbeleges aus digitaler Bibliothek
Formular PCT/RO/101: Kreuz in Feld Nr. VI
Informationen, darüber, ob einzelne Behörden dem Anmelder die Möglichkeit nach R 17.1 b^{bis} i) gewähren und ob sie am digitalen Zugangsservice DAS teilnehmen, finden sich im Applicant's Guide int. P. Annex B1.
Digitale Bibliothek ist der digitale Zugangsservice »Priority Document Access Service« (DAS) der WIPO, bei dem auch Dokumente teilnehmender anderer Anmeldeämter als das IB enthalten sind (Nr. 5.070A – D. Applicant's Guide int. P.). Informationen

über teilnehmende Behörden finden sich unter www.wipo.int/das/en/participating_offices.html. Das EPA nimmt nicht daran teil (Euro-PCT-Leitfaden B. Rn 145). DE auch nicht. Manche Länder wie z.B. USA stellen Prioritätsbelege über DAS zur Verfügung, gewähren aber dem Anmelder nicht die Möglichkeit der R 17.1 b^{bis}) i) (Applicant's Guide int. P. Annex B1 (US), FN 2 Stand 29.03.2018).

Für Anmeldungen ab dem 31.08.2007 werden in den USA durch Ankreuzen im entsprechenden Feld die Prioritätsbelege elektronisch und kostenfrei an das IB übermittelt, unabhängig davon, ob die Anmeldung in Papierform oder elektronisch erfolgte. (PCT Newsletter 9/2007, 3)

c) Werden die Erfordernisse keines der drei vorstehenden Absätze erfüllt, so kann jedes Bestimmungsamt vorbehaltlich des Absatzes d den Prioritätsanspruch unberücksichtigt lassen mit der Maßgabe, dass kein Bestimmungsamt den Prioritätsanspruch unberücksichtigt lassen darf, ohne dem Anmelder zuvor Gelegenheit zu geben, den Prioritätsbeleg innerhalb **einer den Umständen angemessenen Frist einzureichen**.

d) Kein Bestimmungsamt darf den Prioritätsanspruch nach Absatz c unberücksichtigt lassen, wenn die in Absatz a genannte frühere Anmeldung bei ihm in seiner Eigenschaft als nationales Amt eingereicht wurde oder wenn ihm der Prioritätsbeleg in Übereinstimmung mit den Verwaltungsvorschriften in einer digitalen Bibliothek zur Verfügung steht.

VV 715 Bereitstellung von Prioritätsbelegen in digitalen Bibliotheken

VV 716 Antrag auf Abruf eines Prioritätsbeleges aus digitaler Bibliothek

R 163 (2) EPÜ Nach Einleitung der regionalen Phase wird eine Amtsfrist für die Einreichung des Aktenzeichens und des Prioritätsbelegs gesetzt. Aber nur, falls das Prioritätsland nicht(!) EP, CN, JP, KR oder US ist. In den genannten Ländern beschafft sich das EPA den Prioritätsbeleg selbständig auf elektronischem Weg (Beschluss v. 09.08.2012 ersetzt Beschluss vom 17.03.2009), ABl. 2012, 492 (ersetzt ABl. 2009, 236 mit Wirkung vom 03.09.2012 über die Aufnahme einer Abschrift einer früheren Anmeldung in die Akte des EPA in der regionalen Phase). Siehe auch Euro-PCT-Leitfaden E. XIII Rn 634 ff.

17.2 Bereitstellung von Abschriften

a) Hat der Anmelder die Bestimmungen der Regel 17.1 Absatz a, b oder b^{bis} erfüllt, so leitet das Internationale Büro **auf besondere Anforderung eines Bestimmungsamts** unverzüglich, jedoch nicht vor der internationalen Veröffentlichung der internationalen Anmeldung, diesem Amt eine Abschrift des Prioritätsbelegs zu. **Keines dieser Ämter darf den Anmelder selbst auffordern**, eine Abschrift einzureichen. Vom Anmelder kann die Vorlage einer **Übersetzung** beim Bestimmungsamt nicht vor Ablauf der nach Artikel 22 maßgeblichen Frist verlangt werden. Stellt der Anmelder vor der internationalen Veröffentlichung der internationalen Anmeldung einen ausdrücklichen Antrag nach Artikel 23 Absatz 2 an das Bestimmungsamt, so leitet das Internationale Büro, auf besondere Anforderung des Bestimmungsamts, diesem Amt unverzüglich nach Eingang des Prioritätsbelegs eine Abschrift davon zu.

Frist für Übersetzung

Art 88 (1), R 53 EPÜ In der Regel erhält das EPA einen Prioritätsbeleg, so dass dieser nicht eingereicht werden muss. Nur wenn der Prioritätsbeleg übersetzt werden muss, fordert das EPA diesen an (Euro-PCT-Leitfaden E. XIII Rn 638 ff.).

b) Das Internationale Büro darf Kopien des Prioritätsbelegs nicht vor der internationalen Veröffentlichung der internationalen Anmeldung der Öffentlichkeit zugänglich machen.

Regeln zu Kapitel I des Vertrags

J 1/80 Nach 16 Monaten seit dem Prioritätsdatum muss gemäß R 52 EPÜ für eine europäische Anmeldung vor dem EPA ein Prioritätsbeleg vorgelegt werden. Sollte dies versäumt werden, so ergeht eine Aufforderung zur Mängelbeseitigung nach Art 90 (4) und (5) EPÜ.

c) Ist die internationale Anmeldung nach Artikel 21 veröffentlicht worden, so übermittelt das Internationale Büro auf Antrag und gegen Kostenerstattung jedermann eine Kopie des Prioritätsbelegs, sofern nicht vor der Veröffentlichung
  i) die internationale Anmeldung zurückgenommen wurde *(R 90bis.3)*,
  ii) der entsprechende Prioritätsanspruch zurückgenommen wurde oder nach Regel 26bis.2 Absatz b *(formale Mängel)* als nicht erhoben galt.
  iii) [gestrichen]
d) [gestrichen]

Regel 18   Der Anmelder

Sitz, Wohnsitz und Staatsangehörigkeit

18.1 Sitz, Wohnsitz und Staatsangehörigkeit

a) Vorbehaltlich der Absätze b und c unterliegt die Frage, ob ein Anmelder seinen Sitz oder Wohnsitz in dem Vertragsstaat hat, in dem er seinen Sitz oder Wohnsitz zu haben behauptet, oder Angehöriger des Vertragsstaats ist, dessen Staatsangehöriger er zu sein behauptet, dem nationalen Recht dieses Staates und wird durch das Anmeldeamt entschieden.
b) In jedem Fall
  i) gilt der Besitz einer tatsächlichen und nicht nur zum Schein bestehenden gewerblichen oder Handelsniederlassung in einem Vertragsstaat als Sitz oder Wohnsitz in diesem Staat und
  ii) gilt eine juristische Person, die nach dem Recht eines Vertragsstaats begründet worden ist, als dessen Staatsangehörige.
c) Wird die internationale Anmeldung beim Internationalen Büro als Anmeldeamt eingereicht, so ersucht dieses in den in den Verwaltungsvorschriften genannten Fällen das nationale Amt des betreffenden Vertragsstaats oder das für diesen Staat handelnde Amt, die Frage nach Absatz a zu entscheiden. Das Internationale Büro unterrichtet den Anmelder hiervon. Der Anmelder kann eine Stellungnahme direkt beim nationalen Amt einreichen. Das nationale Amt entscheidet diese Frage unverzüglich.

18.2 [gestrichen]

18.3 Zwei oder mehr Anmelder

Bei zwei oder mehr Anmeldern ist die Berechtigung zur Einreichung einer internationalen Anmeldung gegeben, wenn wenigstens einer von ihnen zur Einreichung einer internationalen Anmeldung nach Artikel 9 berechtigt ist.

Art 9   Berechtigung des Anmelders
R 4.5 d) Es können verschiedene Anmelder für verschiedene Bestimmungsstaaten angegeben werden. Die Berechtigung eines Anmelders ist ausreichend.

18.4 Informationen über nationale Erfordernisse in Bezug auf Anmelder

Berechtigung zur Einreichung einer nationalen Anmeldung

a) [gestrichen]
b) [gestrichen]
c) Das Internationale Büro veröffentlicht von Zeit zu Zeit Informationen über die verschiedenen nationalen Bestimmungen in Bezug auf die Berechtigung zur Einrei-

chung einer nationalen Anmeldung (Erfinder, Rechtsnachfolger des Erfinders, Inhaber der Erfindung oder dergleichen) und verbindet diese Information mit dem Hinweis, dass die Wirkung einer internationalen Anmeldung in einem Bestimmungsstaat davon abhängen kann, dass die in der internationalen Anmeldung für diesen Staat als Anmelder genannte Person nach dem nationalen Recht dieses Staates zur Einreichung einer nationalen Anmeldung berechtigt ist.

R 4.5 d) Für Anmeldungen in den USA muss der Erfinder bis zum 15.09.2012 Anmelder sein. Hinweis in Newsletter 7-8/2012, dass es keinen Mangel darstellt, wenn der Erfinder als Anmelder angegeben ist, weil die Möglichkeit besteht, für verschiedene Staaten verschiedene Anmelder anzugeben. Das IB wird auf die geänderten Erfordernisse und die Möglichkeit der Änderung nach R 92bis in Bezug auf die Ersetzung von »Anmelder und Erfinder« durch »nur Erfinder« und von »alle Bestimmungsstaaten mit Ausnahme der Vereinigten Staaten von Amerika« durch »alle Bestimmungsstaaten« hinweisen.

Regel 19   Zuständigkeit des Anmeldeamts

19.1 Zuständiges Anmeldeamt

a) Vorbehaltlich Absatz b ist die internationale Anmeldung nach Wahl des Anmelders einzureichen:

Art 10 Das Anmeldeamt
R 19.4 Heilung bei fehlender Zuständigkeit
R 35 Zuständige Internationale Recherchenbehörde

i) beim **nationalen Amt** des Vertragsstaats, in dem er seinen Sitz oder **Wohnsitz** *(R 18.1)* hat, oder dem für diesen Staat handelnden Amt *(Art 30 Geheimhaltungspflichten)*,

ii) beim **nationalen Amt** des Vertragsstaats, dessen **Staatsangehöriger** er ist, oder dem für diesen Staat handelnden Amt oder

iii) **unabhängig von dem Vertragsstaat**, in dem der Anmelder seinen Sitz oder Wohnsitz *(R 18.1)* hat oder dessen Staatsangehöriger er ist, beim **Internationalen Büro**.

R 35.3 Zuständigkeit, wenn das Internationale Büro nach Regel 19.1 Absatz a Ziffer iii Anmeldeamt ist
Art 151 S. 2, Art 75 (2), R 157 (1) EPÜ: PCTa ist beim EPA, beim IB oder beim nationalen Amt, wenn der EPÜ-Vertragsstaat dies in seinem nationalen Recht vorgesehen hat, einzureichen (Euro-PCT-Leitfaden B. Rn 45, ABl. 2014, A9).

b) Ein Vertragsstaat kann mit einem anderen Vertragsstaat oder einer zwischenstaatlichen Organisation übereinkommen, dass das nationale Amt des letzteren Staates oder die **zwischenstaatliche Organisation als Anmeldeamt** für Anmelder, die ihren Sitz oder Wohnsitz in dem ersteren Staat haben oder dessen Staatsangehörigkeit besitzen, ganz oder teilweise an die Stelle des nationalen Amtes des ersteren Staates tritt. Unbeschadet eines solchen Übereinkommens gilt das nationale Amt des ersteren Staates als zuständiges Anmeldeamt für die Zwecke des Artikels 15 Absatz 5.

Art 1 Begriff Vertragsstaat mit Anmerkungen zum Hoheitsgebiet
Art 9 Berechtigung zur Einreichung der Anmeldung
Art 151 (1) und R 157 EPÜ: EPÜ-Anmelder muss EPÜ-Angehöriger sein oder seinen Sitz dort haben.

c) In Verbindung mit einem Beschluss gemäß Artikel 9 Absatz 2 *(Nicht PVÜ-Länder, deren Staatsangehörige Anmeldungen einreichen dürfen)* benennt die Versammlung das nationale Amt oder die zwischenstaatliche Organisation, welches oder welche für die Staatsangehörigen von Staaten, die die Versammlung bestimmt, oder für die Personen mit Sitz oder Wohnsitz in solchen Staaten als Anmeldeamt tätig wird. Die Benennung setzt die vorherige Zustimmung des betreffenden nationalen Amtes oder der betreffenden zwischenstaatlichen Organisation voraus.

Art 9 (2) Die Versammlung hat bisher keinen Beschluss gefasst.

Zwei oder mehr Anmelder

19.2 Zwei oder mehr Anmelder

Bei zwei oder mehr Anmeldern

i) gelten die Erfordernisse der Regel 19.1 als erfüllt, wenn das nationale Amt, bei dem die internationale Anmeldung eingereicht wird, das nationale Amt eines Vertragsstaats ist oder für einen Vertragsstaat handelt und **wenigstens einer der Anmelder** seinen Sitz oder Wohnsitz in diesem Staat hat oder dessen Staatsangehöriger ist;

Art 31 (2) a) Die »Verbindlichkeit von Kapitel II« für diesen Staat führt zur Berechtigung zur Stellung des Antrags auf internationale vorläufige Prüfung.

ii) kann die internationale Anmeldung beim Internationalen Büro nach Regel 19.1 Absatz a Ziffer iii eingereicht werden, wenn wenigstens einer der Anmelder seinen Sitz oder Wohnsitz in einem Vertragsstaat hat oder dessen Staatsangehöriger ist.

19.3 Veröffentlichung der Übertragung von Aufgaben des Anmeldeamts

a) Jedes Übereinkommen gemäß Regel 19.1 Absatz b ist dem Internationalen Büro unverzüglich durch den Vertragsstaat mitzuteilen, der die Aufgaben des Anmeldeamts dem nationalen Amt eines anderen Vertragsstaats oder dem für diesen Staat handelnden Amt oder einer zwischenstaatlichen Organisation überträgt.

b) Das Internationale Büro veröffentlicht die Mitteilung unverzüglich nach Eingang im Blatt.

19.4 Übermittlung an das Internationale Büro als Anmeldeamt

a) Wird eine internationale Anmeldung bei einem nationalen Amt eingereicht, das nach diesem Vertrag Anmeldeamt ist, aber

i) ist dieses nationale Amt nach Regel 19.1 oder 19.2 für die Entgegennahme dieser internationalen Anmeldung **nicht zuständig oder**

ii) ist diese internationale Anmeldung nicht in einer nach Regel 12.1 Absatz a von diesem nationalen Amt zugelassenen Sprache, jedoch in einer nach dieser Regel vom Internationalen Büro als Anmeldeamt zugelassenen Sprache abgefasst oder

Applicant's Guide int. P. Nr. 6.034: Das Internationale Büro nimmt Anmeldungen in jeder Sprache entgegen

iii) kommen dieses nationale Amt und das Internationale Büro aus einem anderen Grund als den in Ziffer i oder ii genannten Gründen und **mit Einwilligung** des Anmelders überein, das Verfahren nach dieser Regel anzuwenden, so **gilt** diese internationale Anmeldung, vorbehaltlich des Absatzes b, **als** von diesem Amt **für das Internationale Büro** als Anmeldeamt nach Regel 19.1 Absatz a Ziffer iii **entgegengenommen** *(Auffangzuständigkeit der WIPO).*

b) Wird eine internationale Anmeldung nach Absatz a von einem nationalen Amt für das Internationale Büro als Anmeldeamt nach Regel 19.1 Absatz a Ziffer iii entgegengenommen, so **übermittelt das nationale Amt** die Anmeldung unverzüglich dem Internationalen Büro, sofern dem nicht Vorschriften über die nationale Sicherheit entgegenstehen. Das nationale Amt kann die Übermittlung von der Zahlung einer ihm verbleibenden **Gebühr** in Höhe der von ihm nach Regel 14 erhobenen Übermittlungsgebühr abhängig machen. Die so übermittelte internationale Anmeldung **gilt als am Tag ihrer Entgegennahme durch das nationale Amt** beim Internationalen Büro als Anmeldeamt nach Regel 19.1 Absatz a Ziffer iii eingegangen.

c) Ist die internationale Anmeldung dem Internationalen Büro nach Absatz b übermittelt worden, so gilt als **Datum des Eingangs** der internationalen Anmeldung für die Zwecke der Regeln 14.1 Absatz c, 15.3 und 16.1 Absatz f *(zu zahlender Betrag für Übermittlungs-, internationale Anmelde-, und Recherchegebühr)* das Datum, an dem die internationale Anmeldung tatsächlich beim Internationalen Büro eingegangen ist. Absatz b letzter Satz ist auf diesen Absatz nicht anzuwenden.

Regel 20   Internationales Anmeldedatum

20.1 Feststellung nach Artikel 11 Absatz 1

a) Unmittelbar nach Eingang der Unterlagen, die eine internationale Anmeldung darstellen sollen, stellt das Anmeldeamt fest, ob die Unterlagen die Erfordernisse des Artikels 11 Absatz 1 erfüllen.

b) Für die Zwecke des Artikels 11 Absatz 1 Ziffer iii Buchstabe c genügt es, den Namen des Anmelders so anzugeben, dass die **Identität des Anmelders** festgestellt werden kann, auch dann, wenn der Name falsch geschrieben, die Angabe der Vornamen nicht vollständig oder die Bezeichnung juristischer Personen abgekürzt oder unvollständig ist.

c) Für die Zwecke des Artikels 11 Absatz 1 Ziffer ii *(Anmeldung in vorgeschriebener Sprache)* genügt es, dass der Teil, der dem Anschein nach als **Beschreibung** angesehen werden kann (mit Ausnahme eines Sequenzprotokollteils der Beschreibung), und der Teil, der dem Anschein nach als Anspruch oder als **Ansprüche** angesehen werden kann, in einer vom Anmeldeamt nach Regel 12.1 Absatz a **zugelassenen Sprache** sind. *(Zeichnungen können in einer anderen Sprache abgefasst sein.)*

R 26.3^{ter} Aufforderung zur Mängelbeseitigung nach Art 3 (4) i
R 26.5 Entscheidung des Anmeldeamts
R 89bis Elektronische Einreichung

d) Ist Absatz c am 1. Oktober 1997 nicht mit dem vom Anmeldeamt anzuwendenden nationalen Recht vereinbar, so gilt er für das Anmeldeamt nicht, solange diese Unvereinbarkeit besteht, sofern dieses Amt das Internationale Büro bis zum 31. Dezember 1997 davon unterrichtet. Diese Mitteilung wird vom Internationalen Büro unverzüglich im Blatt veröffentlicht.

Veröffentlichung unter www.wipo.int/pct/de/texts/reservations/res_incomp.html
Veröffentlicht wurde eine Mitteilung der USA.
VV 105 Kennzeichnung einer internationalen Anmeldung mit zwei oder mehr Anmeldern
VV 307 System der Nummerierung internationaler Anmeldungen

20.2 Positive Feststellung nach Artikel 11 Absatz 1

a) Stellt das Anmeldeamt zum Zeitpunkt des Eingangs der Unterlagen, die eine internationale Anmeldung darstellen sollen, fest, dass die Erfordernisse des Artikels 11 Absatz 1 erfüllt waren, so erkennt es als **internationales Anmeldedatum das Datum des Eingangs** der internationalen Anmeldung zu.

Zuerkennung AT als Anmeldedatum

b) Das Anmeldeamt stempelt den Antrag der internationalen Anmeldung, der es ein internationales Anmeldedatum zuerkannt hat, nach Maßgabe der Verwaltungsvorschriften. Das Exemplar mit dem auf diese Weise gestempelten Antrag ist das Aktenexemplar der internationalen Anmeldung.

c) Das Anmeldeamt teilt dem Anmelder unverzüglich das internationale Aktenzeichen und das internationale Anmeldedatum mit. Gleichzeitig übermittelt es dem Internationalen Büro eine Kopie der Mitteilung an den Anmelder, sofern es dem Internationalen Büro das Aktenexemplar nicht bereits nach Regel 22.1 Absatz a übermittelt hat oder gleichzeitig übermittelt.

VV 101 Daten
VV 301 Mitteilung des Eingangs der vorgeblichen internationalen Anmeldung
VV 308 Kennzeichnung der Blätter der internationalen Anmeldung und der Übersetzung
VV 324 Kopie der Mitteilung des internationalen Aktenzeichens und des internationalen Anmeldedatums gemäß R 20.2 c)

20.3 Mängel nach Artikel 11 Absatz 1

a) Stellt das Anmeldeamt während der Prüfung, ob die Unterlagen, die eine internationale Anmeldung darstellen sollen, die Erfordernisse des Artikels 11 Absatz 1 *(Mindestanforderungen für den Anmeldetag)* erfüllen, fest, dass die Erfordernisse des Artikels 11 Absatz 1 **nicht** oder dem Anschein nach nicht **erfüllt** sind, so **fordert** es den Anmelder unverzüglich auf, nach Wahl des Anmelders,

    i) die nach Artikel 11 Absatz 2 erforderliche **Richtigstellung** nachzureichen oder,

    ii) wenn die betreffenden Erfordernisse sich auf einen in Artikel 11 Absatz 1 Ziffer iii Buchstabe d *(ganze Beschreibung)* oder e *(ganze Ansprüche)* genannten Bestandteil beziehen, nach Regel 20.6 Absatz a zu bestätigen, dass der Bestandteil durch Verweis nach Regel 4.18 einbezogen ist,

R 29.4 b) Für R 20.7 a) i) gilt Aufforderung nach R 29.4 b) als Aufforderung nach R 20.3 a) ii)

und gegebenenfalls innerhalb der nach Regel 20.7 anwendbaren **Frist** Stellung zu nehmen. Läuft diese Frist nach Ablauf von 12 Monaten seit dem Anmeldedatum einer Anmeldung ab, deren Priorität beansprucht wird, so macht das Anmeldeamt den Anmelder auf diesen Umstand aufmerksam.

b) Wenn, sei es nach Aufforderung nach Absatz a oder auf sonstige Weise,

    i) der Anmelder die erforderliche Richtigstellung nach Artikel 11 Absatz 2 nach dem Eingangsdatum der vorgeblichen internationalen Anmeldung, aber an einem späteren Datum, das **innerhalb** der nach Regel 20.7 anwendbaren **Frist** liegt, beim Anmeldeamt einreicht, erkennt das Anmeldeamt das **spätere Datum als internationales Anmeldedatum** zu und verfährt nach Regel 20.2 Absätze b und c,

    ii) ein in Artikel 11 Absatz 1 Ziffer iii Buchstabe d oder e genannter Bestandteil *(Beschreibung, Anspruch)* nach Regel 20.6 Absatz b *(Einbeziehung durch Verweis)* als in der internationalen Anmeldung enthalten gilt an dem Datum, an dem ein oder mehrere in Artikel 11 Absatz 1 Ziffer iii genannte Bestandteile erstmals beim Anmeldeamt eingegangen sind, so erkennt das Anmeldeamt das Datum, an dem alle Erfordernisse nach Artikel 11 Absatz 1 erfüllt sind, als internationales Anmeldedatum zu und verfährt nach Regel 20.2 Absätze b und c.

R 20.6 b) Da die fehlenden Unterlagen als bei der erstmaligen, unvollständigen Einreichung enthalten gelten, ist AT der Tag des erstmaligen Eingangs von Teilen. Es liegt keine Verschiebung des AT vor.

c) Stellt das Anmeldeamt später fest oder bemerkt es aufgrund der Antwort des Anmelders, dass es diesem irrtümlich eine Aufforderung nach Absatz a hat zukommen lassen, weil die Erfordernisse des Artikels 11 Absatz 1 beim Eingang der Schriftstücke erfüllt waren, so verfährt es nach Regel 20.2.

VV 309 f Verfahren bei nachgereichten Blättern, eingereicht für die Zwecke der Einbeziehung durch Verweis

VV 310 Verfahren bei nachgereichten Blättern, nicht eingereicht für die Zwecke der Einbeziehung durch Verweis

20.3^{bis} [gestrichen]

20.4 Negative Feststellung nach Artikel 11 Absatz 1

Erhält das Anmeldeamt innerhalb der nach Regel 20.7 anwendbaren Frist keine Richtigstellung oder keine Bestätigung nach Regel 20.3 Absatz a, oder erfüllt die Anmeldung, auch wenn eine Richtigstellung oder Bestätigung eingegangen ist, die Erfordernisse des Artikels 11 Absatz 1 nicht, so hat das Anmeldeamt

i) den Anmelder unverzüglich davon in Kenntnis zu setzen, dass die Anmeldung **keine internationale Anmeldung** ist und als solche nicht behandelt wird, und hat die Gründe hierfür anzugeben,

keine internationale Anmeldung

ii) das Internationale Büro davon in Kenntnis zu setzen, dass das auf den Schriftstücken der Anmeldung angebrachte Aktenzeichen nicht als internationales Aktenzeichen verwendet wird,

iii) die Unterlagen der vorgeblichen internationalen Anmeldung und die dazugehörige Korrespondenz gemäß Regel 93.1 aufzubewahren und

iv) eine Kopie der genannten Schriftstücke dem Internationalen Büro zu übermitteln, wenn dieses bei der Bearbeitung eines Antrags des Anmelders gemäß Artikel 25 Absatz 1 eine solche Abschrift benötigt und sie anfordert.

R 12.3 c) Aufforderung zur Einreichung einer Übersetzung
Veröffentlicht wurden eine Mitteilungen der USA.

VV 308 Kennzeichnung der Blätter der internationalen Anmeldung und der Übersetzung

VV 309 Verfahren bei nachgereichten Blättern, eingereicht für die Zwecke der Einbeziehung durch Verweis

VV 310 Verfahren bei nachgereichten Blättern, nicht eingereicht für die Zwecke der Einbeziehung durch Verweis

20.5 **Fehlende Teile**

Aufforderung

a) Stellt das Anmeldeamt während der Prüfung, ob die Unterlagen, die eine internationale Anmeldung darstellen sollen, die Erfordernisse des Artikels 11 Absatz 1 erfüllen, fest, dass ein **Teil** der Beschreibung, der Ansprüche oder der **Zeichnungen** fehlt oder dem Anschein nach fehlt, einschließlich des Falles, dass **alle Zeichnungen** fehlen oder dem Anschein nach fehlen aber nicht einschließlich des Falles, dass ein ganzer in Artikel 11 Absatz 1 Ziffer iii Buchstabe d *(ganze Beschreibung)* oder e *(ganze Ansprüche)* genannter Bestandteil fehlt oder dem Anschein nach fehlt, so fordert es den Anmelder unverzüglich auf, nach Wahl des Anmelders

Tabelle zur Veranschaulichung:

fehlt	ganz	teils
Beschreibung	R 20.3a) ii)	R 20.5a) ii)
Ansprüche	R 20.3a) ii)	R 20.5a) ii)
Zeichnung	R 20.5a) ii)	R 20.5a) ii)

i) die vorgebliche internationale Anmeldung durch Einreichung des fehlenden Teils zu vervollständigen oder

ii) nach Regel 20.6 Absatz a zu bestätigen, dass dieser Teil durch Verweis nach Regel 4.18 einbezogen wurde, und gegebenenfalls innerhalb der nach Regel 20.7 anwendbaren Frist Stellung zu nehmen. Läuft diese Frist nach Ablauf von 12 Monaten seit dem Anmeldedatum einer Anmeldung ab, deren Priorität beansprucht wird, so macht das Anmeldeamt den Anmelder auf diesen Umstand aufmerksam.

b) Reicht der Anmelder, sei es nach Aufforderung nach Absatz a oder auf sonstige Weise, **an oder vor dem Datum**, an dem alle Erfordernisse des Artikels 11 Absatz 1 erfüllt sind, aber innerhalb der nach Regel 20.7 anwendbaren Frist, einen in Absatz a genannten fehlenden Teil beim Anmeldeamt ein, um die internationale Anmeldung zu vervollständigen, so wird dieser Teil in die Anmeldung aufgenommen, und das Anmeldeamt erkennt das Datum, an dem alle Erfordernisse des Artikels 11 Absatz 1 erfüllt sind, als internationales Anmeldedatum zu und verfährt nach Regel 20.2 Absätze b und c.

Da i.d.R. die Erfordernisse des Art 11 (1) durch eben dieses Nachreichen erfüllt werden, verschiebt sich der AT auf den Tag der Nachreichung.

c) Reicht der Anmelder, sei es nach Aufforderung nach Absatz a oder auf sonstige Weise, **nach dem Datum**, an dem alle Erfordernisse des Artikels 11 Absatz 1 erfüllt waren, aber innerhalb der nach Regel 20.7 anwendbaren Frist, einen in Absatz a genannten fehlenden Teil beim Anmeldeamt ein, um die internationale Anmeldung zu vervollständigen, so wird dieser Teil in die Anmeldung aufgenommen, und das Anmeldeamt berichtigt das internationale Anmeldedatum zu dem Datum, an dem dieser Teil beim Anmeldeamt eingegangen ist, benachrichtigt den Anmelder davon und verfährt nach Maßgabe der Verwaltungsvorschriften.

Es kommt zu einer Verschiebung des Anmeldetags.

d) Gilt, sei es nach einer Aufforderung nach Absatz a oder auf sonstige Weise, ein in Absatz a genannter Teil nach Regel 20.6 Absatz b als in der vorgeblichen Anmeldung an dem Datum, an dem ein oder mehrere in Artikel 11 Absatz 1 Ziffer iii genannte Bestandteile erstmals beim Anmeldeamt eingegangen sind, enthalten, so erkennt das Anmeldeamt das Datum, an dem alle Erfordernisse des Artikels 11 Absatz 1 erfüllt sind, als internationales Anmeldedatum zu und verfährt nach Regel 20.2 Absätze b und c.

R 20.6 b) Da die fehlenden Unterlagen als bei der erstmaligen, unvollständigen Einreichung enthalten gelten, ist AT der Tag des erstmaligen Eingangs von Teilen. Es liegt keine Verschiebung des AT vor.

R 82ter.1 Überprüfung in den nationalen/regionalen Phasen.

e) Wurde das internationale Anmeldedatum nach Absatz c berichtigt, so kann der Anmelder in einer an das Anmeldeamt gerichteten Mitteilung innerhalb eines Monats seit der Benachrichtigung nach Absatz c beantragen, dass der betreffende fehlende Teil nicht berücksichtigt wird; in diesem Fall gilt der fehlende Teil als nicht eingereicht und die Berichtigung des internationalen Anmeldedatums nach Absatz c als nicht erfolgt, und das Anmeldeamt verfährt nach Maßgabe der Verwaltungsvorschriften.

R 82ter.1 Verzicht vor dem BA
VV 308bis Kennzeichnung nachgereichter Blätter
VV 309 Verfahren bei nachgereichten Blättern, eingereicht für die Zwecke der Einbeziehung durch Verweis
VV 310 Verfahren bei nachgereichten Blättern, nicht eingereicht für die Zwecke der Einbeziehung durch Verweis
VV 310bis Verfahren bei nachgereichten Blättern infolge Korrektur des internationalen Anmeldedatums nach R 20.5 c)
Die Richtlinien der Anmeldeämter enthalten weitere Details: www.wipo.int/export/sites/www/pct/en/texts/pdf/ro.pdf

20.6 Bestätigung der Einbeziehung von Bestandteilen und Teilen durch Verweis

a) Der Anmelder kann beim Anmeldeamt innerhalb der nach Regel 20.7 anwendbaren Frist eine schriftliche Mitteilung einreichen, mit der er bestätigt, dass ein Bestandteil oder Teil durch Verweis nach Regel 4.18 in die internationale Anmeldung einbezogen ist; beizufügen sind:
  i) ein Blatt oder Blätter, die den gesamten Bestandteil, so wie er in der früheren Anmeldung enthalten ist, oder den betreffenden Teil darstellen;
  ii) sofern der Anmelder die Erfordernisse der Regel 17.1 Absatz a, b oder b^{bis} hinsichtlich des Prioritätsbelegs noch nicht erfüllt hat, eine Kopie der früheren Anmeldung in der ursprünglich eingereichten Fassung;
  iii) sofern die frühere Anmeldung nicht in der Sprache abgefasst ist, in der die internationale Anmeldung eingereicht worden ist, eine Übersetzung der früheren Anmeldung in diese Sprache oder, sofern eine Übersetzung der internationalen Anmeldung nach Regel 12.3 Absatz a oder 12.4 Absatz a erforderlich ist, eine Übersetzung der früheren Anmeldung sowohl in die Sprache, in der die internationale Anmeldung eingereicht worden ist als auch in die Sprache der Übersetzung und
  iv) im Fall eines Teils der Beschreibung, der Ansprüche oder der Zeichnungen, eine Angabe darüber, wo dieser Teil in der früheren Anmeldung und gegebenenfalls in einer unter Ziffer iii genannten Übersetzung enthalten ist.
b) Stellt das Anmeldeamt fest, dass die Erfordernisse der Regel 4.18 und des Absatzes a erfüllt sind und dass der in Absatz a genannte Bestandteil oder Teil vollständig in der betreffenden früheren Anmeldung enthalten ist, so gilt dieser Bestandteil oder Teil als in der vorgeblichen internationalen Anmeldung zu dem Zeitpunkt enthalten, zu dem ein oder mehrere in Artikel 11 Absatz 1 Ziffer iii genannte Bestandteile erstmals beim Anmeldeamt eingegangen sind.
c) Stellt das Anmeldeamt fest, dass ein Erfordernis nach Regel 4.18 oder Absatz a nicht erfüllt ist oder dass ein in Absatz a genannter Bestandteil oder Teil nicht vollständig in der betreffenden früheren Anmeldung enthalten ist, so verfährt es gemäß Regel 20.3 Absatz b Ziffer i, 20.5 Absatz b bzw. 20.5 Absatz c *(Eingangsdatum als späteres Anmeldedatum)*.

R 20.5 e) Möglichkeit im Falle der R 20.6 c), Nichtberücksichtigung des fehlenden Teils zu beantragen, führt dazu, dass es beim ursprünglichen Anmeldedatum bleibt.
R 20.8 Übergangsregelungen für die Geltung der Vorbehalte in Mitteilung des EPA v. 07.11.2007 über die Zurücknahme von Vorbehalten nach dem PCT, ABl. 2007, 692 ff.
VV 305ter Bezeichnung und Übermittlung der Übersetzung einer früheren Anmeldung nach R 20.6 a) ii)

VV 309 Verfahren bei nachgereichten Blättern, eingereicht für die Zwecke der Einbeziehung durch Verweis
VV 310 Verfahren bei nachgereichten Blättern, nicht eingereicht für die Zwecke der Einbeziehung durch Verweis
VV 310ter Verfahren bei nachgereichten Blättern, eingereicht nach Fristablauf nach R 20.7
VV 411bis Eingang der Übersetzung einer früheren Anmeldung nach R 20.6 a) iii)
VV 413 Einbeziehung durch Verweis nach R 20, Berichtigung von Mängeln und offensichtlichen Fehlern

20.7 Frist

a) Die in den Regeln 20.3 Absätze a und b, 20.4, 20.5 Absätze a, b und c, und 20.6 Absatz a vorgeschriebene Frist beträgt,
    i) wenn eine Aufforderung nach Regel 20.3 Absatz a bzw. 20.5 Absatz a an den Anmelder gesandt wurde, **zwei Monate** seit dem Datum der Aufforderung,
    ii) sofern keine solche Aufforderung an den Anmelder gesandt wurde, zwei Monate seit dem Datum, an dem ein oder mehrere in Artikel 11 Absatz 1 Ziffer iii genannte Bestandteile erstmals beim Anmeldeamt eingegangen sind.

b) Geht weder eine Richtigstellung nach Artikel 11 Absatz 2 noch eine Mitteilung nach Regel 20.6 Absatz a über die Bestätigung der Einbeziehung durch Verweis eines in Artikel 11 Absatz 1 Ziffer iii Buchstabe d oder e *(Beschreibung, Ansprüche)* genannten Bestandteils vor Ablauf der nach Absatz a anwendbaren Frist beim Anmeldeamt ein, so gilt eine solche Richtigstellung oder Mitteilung, die nach Ablauf dieser Frist bei diesem Amt eingeht, aber bevor dieses dem Anmelder eine Benachrichtigung nach Regel 20.4 Ziffer i gesandt hat, als innerhalb dieser Frist eingegangen.

R 22.7 b) Umformulierung der Frist zwecks Klarstellung (www.wipo.int/edocs/mdocs/govbody/en/pct_a_42/pct_a_42_2.pdf)

R 29.4 b) Für R 20.7 a) i) gilt Aufforderung nach R 29.4 b) als Aufforderung nach R 20.3 a) ii)

R 82ter.1 b) Wirkungen der Einbeziehung durch Verweis in der nationalen Phase. Die Bestimmungsämter können unter bestimmten Voraussetzungen die vom Anmeldeamt zugelassene Einbeziehung überprüfen.

VV 309 Verfahren bei nachgereichten Blättern, eingereicht für die Zwecke der Einbeziehung durch Verweis
VV 310 Verfahren bei nachgereichten Blättern, nicht eingereicht für die Zwecke der Einbeziehung durch Verweis
VV 310bis Verfahren bei nachgereichten Blättern infolge Korrektur des internationalen Anmeldedatums nach R 20.5 c)
VV 310ter Verfahren bei nachgereichten Blättern, eingereicht nach Fristablauf nach R 20.7

20.8 Unvereinbarkeit mit nationalem Recht

a) Ist eine der Regeln 20.3 Absätze a Ziffer ii und b Ziffer ii, 20.5 Absätze a Ziffer ii und d, und 20.6 *(Einbeziehung durch Verweis)* am 5. Oktober 2005 nicht mit dem vom Anmeldeamt anzuwendenden nationalen Recht vereinbar, so gelten die betreffenden Regeln für eine bei diesem Anmeldeamt eingereichte internationale Anmeldung nicht, solange die Unvereinbarkeit besteht, sofern dieses Amt das Internationale Büro bis zum 5. April 2006 davon unterrichtet. Diese Mitteilung wird vom Internationalen Büro unverzüglich im Blatt veröffentlicht.

Mitteilungen bezüglich R 20.8 a) liegen vor von BE (Rücknahme mit Wirkung vom 01.04.2018, PCT Gazette 15.02.2018), CU, CZ, DE, ID, IT, KR, MX. Der Vorbehalt des EPA wurde mit Inkrafttreten des EPÜ 2000 am 13. Dezember 2007 zurückgenommen; Übergangsregelungen für die Geltung der Vorbehalte in Mitteilung des EPA v. 07.11.2007 über die Zurücknahme von Vorbehalten nach dem PCT, ABl. 2007, 692 ff. Zurücknahme von ES mit Wirkung vom 01.10.2010 (PCT Gazette vom 10.09.2010), von HU mit Wirkung vom 28.02.2011 (PCT Gazette vom 28.04.2011), von JP mit Wirkung vom 01.10.2012 (PCT Gazette vom 20.09.2012), von PH mit Wirkung vom 01.04.2007 (PCT Gazette vom 06.12.2012).

a^{bis}) Kann ein fehlender Bestandteil oder Teil wegen der Durchführung des Absatzes a dieser Regel nicht durch Verweis nach den Regeln 4.18 und 20.6 in die internationale Anmeldung einbezogen werden, so verfährt das Anmeldeamt entsprechend der Regel 20.3 Absatz b Ziffer i, 20.5 Absatz b bzw. 20.5 Absatz c. Verfährt das Anmeldeamt nach Regel 20.5 Absatz c, so kann der Anmelder nach Regel 20.5 Absatz e verfahren.

b) Ist eine der Regeln 20.3 Absätze a Ziffer ii und b Ziffer ii, 20.5 Absätze a Ziffer ii und d, und 20.6 *(Einbeziehung durch Verweis)* am 5. Oktober 2005 nicht mit dem vom Bestimmungsamt anzuwendenden nationalen Recht vereinbar, so gelten die betreffenden Regeln für dieses Bestimmungsamt hinsichtlich einer internationalen Anmeldung, für die die in Artikel 22 genannten Handlungen bei diesem Bestimmungsamt vorgenommen wurden, nicht, solange die Unvereinbarkeit besteht, sofern dieses Amt das Internationale Büro bis zum 5. April 2006 davon unterrichtet. Diese Mitteilung wird vom Internationalen Büro unverzüglich im Blatt veröffentlicht.

Mitteilungen bezüglich R 20.8 b) liegen vor von CN, CU, CZ, DE, ID, KR, MX, TR; Übergangsregelungen für die Geltung der Vorbehalte in Mitteilung des EPA v. 07.11.2007 über die Zurücknahme von Vorbehalten nach dem PCT, ABl. 2007, 692 ff. Zurücknahme von ES mit Wirkung vom 01.10.2010 (PCT Gazette vom 14.10.2010), von HU mit Wirkung vom 28.02.2011 (PCT Gazette vom 28.04.2011), von JP mit Wirkung vom 01.10.2012 (PCT Gazette vom 20.09.2012), von PH mit Wirkung vom 01.04.2007 (PCT Gazette vom 06.12.2012).

c) Gilt ein Bestandteil oder Teil kraft einer Feststellung des Anmeldeamts nach Regel 20.6 Absatz b als durch Verweis in die internationale Anmeldung einbezogen, findet jedoch die Einbeziehung durch Verweis auf diese internationale Anmeldung für die Zwecke des Verfahrens vor einem Bestimmungsamt wegen der Durchführung des Absatzes b dieser Regel keine Anwendung, so kann das Bestimmungsamt die Anmeldung so behandeln, als ob das internationale Anmeldedatum nach Regel 20.3 Absatz b Ziffer i oder 20.5 Absatz b zuerkannt bzw. nach Regel 20.5 Absatz c berichtigt worden wäre, mit der Maßgabe, dass Regel 82ter.1 Absätze c und d entsprechend Anwendung finden.

R 76.5   Anwendbarkeit beim ausgewählten Amt

Regel 21   Herstellung von Exemplaren

21.1 Aufgabe des Anmeldeamts

a) Ist die internationale Anmeldung in einem Exemplar einzureichen, so ist das Anmeldeamt für die Herstellung des Anmeldeamtsexemplars und des Recherchenexemplars nach Artikel 12 Absatz 1 verantwortlich.

b) Ist die internationale Anmeldung in zwei Exemplaren einzureichen, so ist das Anmeldeamt für die Herstellung des Anmeldeamtsexemplars verantwortlich.

c) Ist die internationale Anmeldung in geringerer Stückzahl eingereicht worden als nach der Regel 11. 1 Absatz b vorgeschrieben, so ist das Anmeldeamt für die sofortige Herstellung der erforderlichen Anzahl von Exemplaren verantwortlich und hat das Recht, für diese Aufgabe eine Gebühr festzusetzen und diese vom Anmelder zu erheben.

21.2 Beglaubigte Kopie für den Anmelder

Auf Antrag des Anmelders stellt das Anmeldeamt diesem gegen Zahlung einer Gebühr beglaubigte Kopien der internationalen Anmeldung wie ursprünglich eingereicht sowie der an ihr vorgenommenen Änderungen zur Verfügung.

Art 3 (1) GebO i.V.m. Beschluss v. 22.11.2011, ABl. 2011, 658. Die Gebühr beim EPA beträgt für Zahlungen ab 01.04.2012 € 50, unverändert seit ABl. 2014, A13 (Code 029), gemäß ABl. 2018, A32.

Regel 22 Übermittlung des Aktenexemplars und der Übersetzung

22.1 Verfahren

Übermittlung des Aktenexemplars

a) Ist die Feststellung nach Artikel 11 Absatz 1 *(Zuerkennung eines Anmeldedatums)* positiv und stehen Vorschriften über die nationale Sicherheit der Behandlung der Anmeldung als internationaler Anmeldung nicht entgegen, so übersendet das Anmeldeamt das Aktenexemplar *(Art 12 (1))* an das Internationale Büro. Die Übersendung wird unverzüglich nach dem Eingang der internationalen Anmeldung oder, falls eine Überprüfung zum Schutz der nationalen Sicherheit erforderlich ist, sobald diese Prüfung erfolgreich abgeschlossen worden ist, vorgenommen. In jedem Fall sendet das Anmeldeamt das Aktenexemplar so rechtzeitig ab, dass es beim Internationalen Büro **mit dem Ablauf des 13. Monats seit dem Prioritätsdatum** eingeht. Wird durch die Post übermittelt, so darf das Anmeldeamt das Aktenexemplar nicht später als fünf Tage vor dem Ablauf des 13. Monats ab Prioritätsdatum absenden.

VV 305 Kennzeichnung und Prüfung der Kopien der internationalen Anmeldung
VV 330 Verhinderte oder verzögerte Übermittlung des Aktenexemplars aufgrund von Vorschriften über die nationale Sicherheit
EPA Übermittlung des PCT-Direkt-Schreibens mit der PCTa an das IB, siehe Anm. zu R 43bis.1 c) und ABl. 2017, A21.

b) Hat das Internationale Büro eine Kopie der Mitteilung nach Regel 20.2 Absatz c *(Mitteilung des Aktenzeichens und Anmeldedatums)* erhalten und ist es bei Ablauf des **dreizehnten Monats** nach dem Prioritätsdatum nicht im Besitz des Aktenexemplars, so fordert es das Anmeldeamt auf, ihm das Aktenexemplar unverzüglich zu übermitteln.

c) Hat das Internationale Büro eine Kopie der Mitteilung nach Regel 20.2 Absatz c erhalten und ist es bei Ablauf des **vierzehnten Monats** nach dem Prioritätsdatum nicht im Besitz des Aktenexemplars, so teilt es dies dem Anmelder und dem Anmeldeamt mit.

d) Nach Ablauf des vierzehnten Monats nach dem Prioritätsdatum kann der Anmelder vom Anmeldeamt verlangen, dass dieses eine Kopie seiner internationalen Anmeldung als mit der eingereichten internationalen Anmeldung übereinstimmend beglaubigt, und diese beglaubigte Kopie an das Internationale Büro übersenden.

e) Die Beglaubigung nach Absatz d ist kostenlos und kann nur aus einem der folgenden Gründe abgelehnt werden:

i) die Kopie, deren Beglaubigung vom Anmeldeamt verlangt wird, stimmt nicht mit der eingereichten internationalen Anmeldung überein;

ii) die Vorschriften über die nationale Sicherheit stehen der Behandlung der Anmeldung als internationaler Anmeldung entgegen;

iii) das Anmeldeamt hat das Aktenexemplar bereits an das Internationale Büro übersandt und dieses hat ihm den Eingang bestätigt.

f) Sofern oder solange das Aktenexemplar nicht bei dem Internationalen Büro eingegangen ist, gilt die nach Absatz e beglaubigte und beim Internationalen Büro eingegangene Kopie als Aktenexemplar.

g) Hat der Anmelder bis zum Ablauf der Frist nach Artikel 22 *(Frist beträgt 20/21 Monate)* die in diesem Artikel genannten Handlungen vorgenommen, ohne dass das Bestimmungsamt vom Internationalen Büro über den Eingang des Aktenexemplars unterrichtet worden ist, so teilt das Bestimmungsamt dies dem Internationalen Büro mit. Ist das Internationale Büro nicht im Besitz des Aktenexemplars, so teilt es dies dem Anmelder und dem Anmeldeamt unverzüglich mit, sofern dies nicht bereits nach Absatz c geschehen ist.

R 76.5 Anwendbarkeit beim ausgewählten Amt

h) Ist die internationale Anmeldung in der Sprache einer nach Regel 12.3 oder 12.4 eingereichten Übersetzung zu veröffentlichen, so übermittelt das Anmeldeamt diese Übersetzung dem Internationalen Büro zusammen mit dem Aktenexemplar nach Absatz a oder, wenn das Anmeldeamt das Aktenexemplar dem Internationalen Büro nach diesem Absatz bereits übermittelt hat, unverzüglich nach Eingang der Übersetzung.

22.2 [gestrichen]

22.3 Frist gemäß Artikel 12 Absatz 3

Die in Artikel 12 Absatz 3 genannte Frist beträgt drei Monate ab dem Datum der Mitteilung, die das Internationale Büro gemäß Regel 22.1 Absatz c oder g an den Anmelder übersandt hat.

Regel 23 Übermittlung des Recherchenexemplars, der Übersetzung und des Sequenzprotokolls

23.1 Verfahren

a) Ist eine Übersetzung der internationalen Anmeldung nach Regel 12.3 Absatz a *(Übersetzung für die internationale Recherche)* nicht erforderlich, so übermittelt **das Anmeldeamt** der Internationalen Recherchenbehörde das Recherchenexemplar spätestens am gleichen Tag *(R 22 dreizehn Monate ab Priorität)*, an dem es das Aktenexemplar *(Art 12 (1), R 22.1 a))* dem Internationalen Büro übermittelt, es sei denn, dass die Recherchengebühr nicht entrichtet worden ist. In letzterem Fall ist das Recherchenexemplar unverzüglich nach Entrichtung der Recherchengebühr zu übermitteln.

b) Ist eine Übersetzung der internationalen Anmeldung nach Regel 12.3 eingereicht worden, so übermittelt das Anmeldeamt der Internationalen Recherchenbehörde eine Kopie dieser Übersetzung und des Antrags, die zusammen als Recherchenexemplar im Sinne des Artikel 12 Absatz 1 gelten, es sei denn, dass die Recherchengebühr nicht entrichtet worden ist. In letzterem Fall ist eine Kopie der Übersetzung und des Antrags unverzüglich nach Entrichtung der Recherchengebühr zu übermitteln.

c) Ein für die Zwecke der Regel 13ter eingereichtes Sequenzprotokoll in elektronischer Form *(R 5.2, R 13ter)*, das beim Anmeldeamt anstatt bei der Internationalen Recherchenbehörde eingereicht worden ist, wird unverzüglich von diesem Amt an die Recherchenbehörde weitergeleitet.

EPA   Übermittlung des PCT-Direkt-Schreibens mit der PCTa an das EPA siehe Anm. zu R 43bis.1 c) und ABl. 2017, A21.

Regel 23bis *(seit 01.07.2017)* **Übermittlung von zu einer früheren Recherche oder Klassifikation gehörenden Unterlagen**

23bis.1 *(seit 01.07.2017)* Übermittlung von zu einer früheren Recherche gehörenden Unterlagen bei einem Antrag nach Regel 4.12

a) Das Anmeldeamt übermittelt der Internationalen Recherchenbehörde, zusammen mit dem Recherchenexemplar, jegliche in Regel 12bis.1 Absatz a genannte Kopie, die zu einer früheren Recherche gehört, hinsichtlich der der Anmelder einen Antrag nach Regel 4.12 gestellt hat, sofern eine solche Kopie
  i) vom Anmelder zusammen mit der internationalen Anmeldung beim Anmeldeamt eingereicht wurde,
  ii) auf Antrag des Anmelders vom Anmeldeamt erstellt und an diese Behörde übermittelt werden soll oder
  iii) dem Anmeldeamt in einer für es akzeptablen Form und Weise nach Regel 12bis.1 Absatz d zugänglich ist, zum Beispiel über eine digitale Bibliothek.

b) Ist diese nicht in der Kopie der Ergebnisse der früheren Recherche nach Regel 12bis.1 Absatz a enthalten, so übermittelt das Anmeldeamt der Internationalen Recherchenbehörde, zusammen mit dem Recherchenexemplar, auch eine Kopie der Ergebnisse jeglicher von diesem Amt durchgeführten früheren Klassifikation, sofern diese bereits verfügbar sind.

R 4.12   Berücksichtigung der Ergebnisse einer früheren Recherche
R 12bis.1   Einreichung von zu einer früheren Recherche gehörenden Unterlagen durch den Anmelder bei einem Antrag nach R 4.12
VV 337   gestrichen seit 01.07.2017, da der Inhalt nun in R 12bis.2 und R 23bis.1 zu finden ist. PCT Gazette 29.06.2017, S. 97

23bis.2 *(seit 01.07.2017)* Übermittlung von zu einer früheren Recherche oder Klassifikation gehörenden Unterlagen für die Zwecke nach Regel 41.2

a) Für die Zwecke der Regel 41.2 übermittelt das Anmeldeamt der Internationalen Recherchenbehörde, wenn die internationale Anmeldung die Priorität einer oder mehrerer früherer Anmeldungen beansprucht, die bei demselben Amt eingereicht wurden wie demjenigen, das als Anmeldeamt handelt, und dieses Amt eine frühere Recherche im Zusammenhang mit einer solchen früheren Anmeldung durchgeführt hat oder eine solche frühere Anmeldung klassifiziert hat, vorbehaltlich des gemäß Artikel 30 Absatz 3 anwendbaren Artikels 30 Absatz 2 Buchstabe a und der Absätze b, d und e, zusammen mit dem Recherchenexemplar, eine Kopie der Ergebnisse einer solchen früheren Recherche in jeglicher Form, in der sie dem Amt zugänglich sind (zum Beispiel in Form eines Recherchenberichts, einer Auflistung der zum Stand der Technik gehörenden Unterlagen oder eines Prüfungsberichts), sowie eine Kopie der Ergebnisse einer solchen von dem Amt durchgeführten früheren Klassifikation, sofern diese bereits verfügbar sind. Das Anmeldeamt kann der Internationalen Recherchenbehörde, vorbehaltlich des gemäß Artikel 30 Absatz 3 anwendbaren Artikels 30 Absatz 2 Buchstabe a, auch alle weiteren zu einer solchen früheren Recherche gehörenden Unterlagen übermitteln, die sie für die Durchführung der internationalen Recherche als für diese Behörde zweckmäßig erachtet.

Die zum 01.07.2017 neu eingefügte R 23bis wird noch vor Inkrafttreten dahingehend geändert, dass das Verhältnis zu Art 30 (2) klargestellt wird, der gemäß Art 30 (3) und

R 94.1^{bis} gilt. Es wurde ein Vorbehalt des Art 30 (2) eingefügt. Das Anmeldeamt darf danach die relevanten Unterlagen (Ergebnisse einer früheren Recherche und Klassifizierung) nicht vor dem Datum der internationalen Veröffentlichung der früheren PCTa übersenden (Ausnahme: mit Zustimmung des Anmelders).

Art 30 (2) a) Keine Akteneinsicht beim nationalen Amt vor internationaler Veröffentlichung

Art 30 (3) Geltung für Anmeldeämter

R 94.1^{bis} Akteneinsicht beim Anmeldeamt nach internationaler Veröffentlichung

R 41 Berücksichtigung der Ergebnisse einer früheren Recherche im Falle des Antrags nach R 4.12: bei Durchführung durch dieselbe ISA **muss**, bei Durchführung durch andere ISA oder anderes Amt **kann** berücksichtigt werden. Außerdem sind die Rechercheergebnisse im Falle der beanspruchten Priorität einer früheren Anmeldung zu berücksichtigen. In sonstigen Fällen kann die ISA die Ergebnisse nach R 41.2 b) berücksichtigen.

b) Ungeachtet des Absatzes a kann ein Anmeldeamt das Internationale Büro bis zum 14. April 2016 davon in Kenntnis setzen, dass es auf einen zusammen mit der internationalen Anmeldung eingereichten Antrag des Anmelders hin die Entscheidung trifft, der Internationalen Recherchenbehörde die Ergebnisse einer früheren Recherche nicht zu übermitteln. Das Internationale Büro veröffentlicht jede Mitteilung gemäß dieser Bestimmung im Blatt.

Mitteilungen bezüglich R 23bis.2 b) liegen vor von DE, FI, SE (PCT Gazette vom 20.10.2016, S. 204). Es besteht die Möglichkeit für den Anmelder, bei diesen Ämtern zu beantragen, die entsprechenden Unterlagen nicht weiterzuleiten, Applicant's Guide int. P. Nr. 5.073C. Siehe Fortsetzungsblatt Nr. VII 2.2, PCT/RO/101/.

c) Nach Wahl des Anmeldeamts findet Absatz a entsprechend Anwendung, wenn die internationale Anmeldung die Priorität einer oder mehrerer früherer Anmeldungen beansprucht, die bei einem anderen Amt als demjenigen, das als Anmeldeamt handelt, eingereicht wurden, und dieses Amt eine frühere Recherche im Zusammenhang mit einer solchen früheren Anmeldung durchgeführt hat oder eine solche frühere Anmeldung klassifiziert hat und die Ergebnisse einer solchen früheren Recherche oder Klassifikation dem Anmeldeamt in einer für es akzeptablen Form und Weise zugänglich sind, zum Beispiel über eine digitale Bibliothek.

d) Die Absätze a und c finden keine Anwendung, wenn die frühere Recherche von derselben Internationalen Recherchenbehörde oder von demselben Amt, die oder das als Internationale Recherchenbehörde handelt, durchgeführt wurde oder wenn das Anmeldeamt Kenntnis davon hat, dass eine Kopie der Ergebnisse der früheren Recherche oder Klassifikation der Internationalen Recherchenbehörde in einer für sie akzeptablen Form und Weise zugänglich ist, zum Beispiel über eine digitale Bibliothek.

e) In dem Maße, wie am 14. Oktober 2015 die Übermittlung der in Absatz a genannten Kopien oder die Übermittlung dieser Kopien in einer speziellen Form, wie beispielsweise der in Absatz a genannten, ohne die Zustimmung des Anmelders nicht mit dem vom Anmeldeamt anzuwendenden nationalen Recht vereinbar ist, so findet jener Absatz keine Anwendung auf die Übermittlung dieser Kopien oder auf die Übermittlung dieser Kopien in der betreffenden speziellen Form im Zusammenhang mit allen internationalen Anmeldungen, die bei diesem Anmeldeamt eingereicht werden, solange diese Übermittlung ohne die Zustimmung des Anmelders weiterhin nicht mit diesem Recht vereinbar ist, sofern dieses Amt das Internationale Büro bis zum 14. April 2016 davon unterrichtet. Diese Mitteilung wird vom Internationalen Büro unverzüglich im Blatt veröffentlicht.

Die Änderungen gelten für internationale Anmeldungen mit Anmeldedatum ab dem 01.07.2017, (PCT/A/48/5 Annex II).

R 41.2 Berücksichtigung der Ergebnisse einer früheren Recherche und Klassifikation in anderen Fällen

Mitteilungen bezüglich R 23bis.2 c) liegen vor von AU, CH, CZ, FI, HU, IL, JP, NO, SE, SG, US (PCT Gazette vom 20.10.2016, S. 210 ff.). Trotzdem möglich ist bei diesen Ämtern die Erteilung der Zustimmung des Anmelders zur Übermittlung durch Ankreuzen auf dem Fortsetzungsblatt zu Nr. VII 2.3, Formblatt PCT/RO/101, Applicant's Guide int. P. Nr. 5.073A.

Regel 24 Eingang des Aktenexemplars beim Internationalen Büro

24.1 [gestrichen]

24.2 Mitteilung über den Eingang des Aktenexemplars

a) Das Internationale Büro teilt
 i) dem Anmelder,
 ii) dem Anmeldeamt und
 iii) der Internationalen Recherchenbehörde (es sei denn, sie hat dem Internationalen Büro mitgeteilt, dass sie nicht benachrichtigt werden will)
unverzüglich den Eingang des Aktenexemplars und das Datum des Eingangs mit. In der Mitteilung wird die internationale Anmeldung mit ihrem Aktenzeichen, dem internationalen Anmeldedatum und dem Namen des Anmelders gekennzeichnet; außerdem ist das Anmeldedatum einer früheren Anmeldung anzugeben, deren Priorität in Anspruch genommen wird. In der Mitteilung an den Anmelder sind ferner die Bestimmungsämter anzugeben sowie, im Falle eines Bestimmungsamts, das für die Erteilung regionaler Patente zuständig ist, die Vertragsstaaten, die für ein regionales Patent bestimmt worden sind.
b) [gestrichen]
 i) wenn die betreffende Bestimmung nach Regel 4.9 Absatz a erfolgt ist, unverzüglich nach Eingang des Aktenexemplars,
 ii) wenn die betreffende Bestimmung nach Regel 4.9 Absatz b erfolgt ist, unverzüglich nachdem das Anmeldeamt das Internationale Büro von der Bestätigung dieser Bestimmung unterrichtet hat.
c) Geht das Aktenexemplar nach Ablauf der Frist nach Regel 22.3 ein, so teilt das Internationale Büro dies dem Anmelder, dem Anmeldeamt und der Internationalen Recherchenbehörde unverzüglich mit.

Regel 25 Eingang des Recherchenexemplars bei der Internationalen Recherchenbehörde

25.1 Benachrichtigung über den Eingang des Recherchenexemplars

Die Internationale Recherchenbehörde benachrichtigt unverzüglich das Internationale Büro, den Anmelder und – falls die Internationale Recherchenbehörde nicht mit dem Anmeldeamt identisch ist – das Anmeldeamt über den Eingang des Recherchenexemplars und das Datum des Eingangs.

VV 412 Benachrichtigung, dass das Recherchen-Exemplar nicht übermittelt worden ist

Regel 26 Prüfung und Berichtigung bestimmter Bestandteile der internationalen Anmeldung vor dem Anmeldeamt

26.1 Aufforderung zur Mängelbeseitigung nach Artikel 14 Absatz 1 Buchstabe b

Das Anmeldeamt erlässt die Aufforderung zur Mängelbeseitigung nach Artikel 14 Absatz 1 Buchstabe b so bald wie möglich, vorzugsweise innerhalb eines Monats seit dem Eingang der internationalen Anmeldung. In der Aufforderung fordert das Anmeldeamt den Anmelder auf, die erforderliche Berichtigung einzureichen und gibt dem Anmelder die Möglichkeit, innerhalb der Frist nach Regel 26.2 Stellung zu nehmen.

Eine Berichtigung ist auch initiativ durch den Anmelder ohne Aufforderung möglich (Practical Advice, PCT Newsletter 06/2007).

26.2 **Frist** für die Mängelbeseitigung

Frist für die Mängelbeseitigung

Die in Regel 26.1 genannte Frist beträgt **zwei Monate** seit dem Datum der Aufforderung zur Mängelbeseitigung. Sie kann vom Anmeldeamt **jederzeit verlängert werden**, solange keine Entscheidung getroffen worden ist *(d.h. auch nach Ablauf der Frist)*.

26.2^{bis} Prüfung der Erfordernisse nach Artikel 14 Absatz 1 Buchstabe a Ziffern i und ii

a) Für die Zwecke des Artikels 14 Absatz 1 Buchstabe a Ziffer i reicht es bei mehreren Anmeldern aus, wenn einer von ihnen den Antrag unterzeichnet.

Unerheblich ist, welcher Anmelder unterschreibt, und ob dieser aufgrund seiner Staatsangehörigkeit oder seines Wohnsitzes berechtigt ist, beim Anmeldeamt oder überhaupt eine Anmeldung einzureichen. Obwohl sich die Regel ausdrücklich nur auf das Anmeldeformular bezieht, wird allgemein angenommen, dass es ausreicht, wenn ein Anwalt das Anmeldeformular unterschreibt, soweit er eine Vollmacht zumindest von einem Anmelder vorlegt. (Reischle, Mitteilungen der deutschen Patentanwälte 2004, 533).

R 4.15   Unterschrift aller Anmelder
R 51bis.1 a) vi) Nachforderung von Unterschriften durch BA
R 60.1 a)^{ter} entsprechende Formerfordernisse für Antrag nach Kapitel II
R 90.4, 90.5 Verzicht auf Vorlage von Vollmachten
R 90bis kein Verzicht bei Rücknahmeerklärung

b) Für die Zwecke des Artikels 14 Absatz 1 Buchstabe a Ziffer ii reicht es bei mehreren Anmeldern aus, wenn die nach Regel 4.5 Absatz a Ziffern ii und iii verlangten Angaben für einen von ihnen gemacht werden, der nach Regel 19.1 berechtigt ist, die internationale Anmeldung beim Anmeldeamt einzureichen.

R 60.1 a)^{bis} Formerfordernisse für Antrag nach Kapitel II

26.3 Prüfung der Formerfordernisse nach Artikel 14 Absatz 1 Buchstabe a Ziffer v

a) Wird die internationale Anmeldung in einer Veröffentlichungssprache eingereicht, so prüft das Anmeldeamt
   i) die internationale Anmeldung nur insoweit auf die Erfüllung der in Regel 11 genannten Formerfordernisse, als dies für eine im wesentlichen einheitliche internationale Veröffentlichung erforderlich ist;
   ii) jede nach Regel 12.3 eingereichte Übersetzung insoweit auf die Erfüllung der in Regel 11 genannten Formerfordernisse, als dies für eine zufriedenstellende Vervielfältigung erforderlich ist.

b) Wird die internationale Anmeldung in einer Sprache eingereicht, die keine Veröffentlichungssprache ist, so prüft das Anmeldeamt

   i) die internationale Anmeldung nur insoweit auf die Erfüllung der in Regel 11 genannten Formerfordernisse, als dies für eine zufriedenstellende Vervielfältigung erforderlich ist;

   ii) jede nach Regel 12.3 oder 12.4 eingereichte Übersetzung und die Zeichnungen insoweit auf die Erfüllung der in Regel 11 genannten Formerfordernisse, als dies für eine im wesentlichen einheitliche internationale Veröffentlichung erforderlich ist.

26.3^{bis} Aufforderung nach Artikel 14 Absatz 1 Buchstabe b zur Beseitigung von Mängeln nach Regel 11

Das Anmeldeamt braucht die Aufforderung nach Artikel 14 Absatz 1 Buchstabe b zur Beseitigung von Mängeln nach Regel 11 nicht zu erlassen, wenn die in dieser Regel genannten Formerfordernisse in dem nach Regel 26.3 erforderlichen Umfang erfüllt sind.

VV 108 Schriftverkehr mit dem Anmelder
VV Teil 7 Elektronische Übermittlung von Mitteilungen, VV 704 d

26.3^{ter} Aufforderung zur Mängelbeseitigung nach Artikel 3 Absatz 4 Ziffer i

a) Werden die Zusammenfassung oder Textbestandteile der Zeichnungen in einer anderen Sprache eingereicht als die Beschreibung und die Ansprüche, so fordert das Anmeldeamt den Anmelder auf, eine Übersetzung der Zusammenfassung oder der Textbestandteile der Zeichnungen in der Sprache einzureichen, in der die internationale Anmeldung zu veröffentlichen ist, es sei denn,

   i) es ist eine Übersetzung der internationalen Anmeldung nach Regel 12.3 Absatz a erforderlich oder

   ii) die Zusammenfassung oder die Textbestandteile der Zeichnungen sind in der Sprache, in der die internationale Anmeldung zu veröffentlichen ist.

Die Regeln 26.1 *(Aufforderung zur Mängelbeseitigung)*, 26.2 *(Frist für Mängelbeseitigung)*, 26.3, 26.3^{bis}, 26.5 *(Rechtsfolge)* und 29.1 *(Feststellung durch das Anmeldeamt)* sind entsprechend anzuwenden.

b) Ist Absatz a am 01.10.1997 nicht mit dem vom Anmeldeamt anzuwendenden nationalen Recht vereinbar, so gilt er für das Anmeldeamt nicht, solange diese Unvereinbarkeit besteht, sofern dieses Amt das Internationale Büro bis zum 31.12.1997 davon unterrichtet. Diese Mitteilung wird vom Internationalen Büro unverzüglich im Blatt veröffentlicht.

Veröffentlicht wurde eine Mitteilung der USA.

c) Entspricht der Antrag nicht Regel 12.1 Absatz c, so fordert das Anmeldeamt den Anmelder auf, entsprechend dieser Regel eine Übersetzung einzureichen. Die Regeln 3, 26.1 *(Aufforderung zur Mängelbeseitigung)*, 26.2 *(Frist für Mängelbeseitigung)*, 26.5 *(Rechtsfolge)* und 29.1 *(Feststellung durch das Anmeldeamt)* sind entsprechend anzuwenden.

d) Ist Absatz c am 01.10.1997 nicht mit dem vom Anmeldeamt anzuwendenden nationalen Recht vereinbar, so gilt er für das Anmeldeamt nicht, solange diese Unvereinbarkeit besteht, sofern dieses Amt das Internationale Büro bis zum 31.12.1997 davon unterrichtet. Diese Mitteilung wird vom Internationalen Büro unverzüglich im Blatt veröffentlicht.

Veröffentlicht wurde eine Mitteilung der USA.

26.4 Verfahren

Eine dem Anmeldeamt unterbreitete Berichtigung des **Antrags** kann in einem an das Amt gerichteten Schreiben niedergelegt werden, wenn sie so beschaffen ist, dass sie von dem Schreiben in den Antrag übertragen werden kann, ohne die Übersichtlichkeit oder Vervielfältigungsfähigkeit des Blattes zu beeinträchtigen, auf das die Berichtigung zu übertragen ist; andernfalls, und im Falle einer Berichtigung eines **anderen Bestandteils** der internationalen Anmeldung als des Antrags, hat der Anmelder ein Ersatzblatt einzureichen, das die Berichtigung enthält, und das Begleitschreiben hat auf die Unterschiede zwischen dem auszutauschenden Blatt und dem Ersatzblatt hinzuweisen.

VV 325, 413, 217 Berichtigung von Mängeln und offensichtlichen Fehlern
R 91   Berichtigung von offensichtlichen Fehlern
R 9.2   Berichtigungen
R 26.4   Berichtigungen von Mängeln

26.5 Entscheidung des Anmeldeamts

Das Anmeldeamt entscheidet, ob die Berichtigung innerhalb der nach Regel 26.2 anwendbaren Frist unterbreitet worden ist und, wenn dies der Fall ist, ob die so berichtigte internationale Anmeldung als zurückgenommen gilt oder nicht; jedoch gilt eine internationale Anmeldung nicht wegen Nichterfüllung der in Regel 11 genannten Formerfordernisse als zurückgenommen, wenn sie diese Erfordernisse soweit erfüllt, als dies für eine im wesentlichen einheitliche internationale Veröffentlichung erforderlich ist.

R 48   Internationale Veröffentlichung

26.6 [gestrichen]

Regel 26bis Berichtigung oder Hinzufügung eines Prioritätsanspruchs

26bis.1 Berichtigung oder Hinzufügung eines Prioritätsanspruchs

a) Der Anmelder kann einen Prioritätsanspruch berichtigen oder dem Antrag einen Prioritätsanspruch **hinzufügen**, indem er innerhalb von **16 Monaten** nach dem Prioritätsdatum oder, wenn sich durch die Berichtigung oder Hinzufügung das Prioritätsdatum ändert, innerhalb von 16 Monaten nach dem geänderten Prioritätsdatum, je nachdem, welche 16 Monatsfrist zuerst abläuft, beim Anmeldeamt oder beim Internationalen Büro eine entsprechende Mitteilung einreicht mit der Maßgabe, dass eine solche Mitteilung bis zum Ablauf von **vier Monaten nach dem internationalen Anmeldedatum** eingereicht werden kann. Die Berichtigung eines Prioritätsanspruchs kann die Hinzufügung von jeglichen in Regel 4.10 genannten Angaben einschließen.

PCT Newsletter 9/98 legal advice: Der spätere von 4 Monaten ab AT oder 16 Monaten ab Prioritätstag ist maßgeblich.
R 52 (3) EPÜ erlaubt eine Berichtigung des Prioritätsanspruchs.
VV 314, 402 Berichtigung oder Hinzufügung eines Prioritätsanspruchs
VV 319, 424 Verfahren nach R 4.9 b)

16-Monatsfrist für Prioritätsanspruch

b) Eine Mitteilung nach Absatz a, die beim Anmeldeamt oder beim Internationalen Büro eingeht, nachdem der Anmelder einen Antrag auf **vorzeitige Veröffentlichung** nach Artikel 21 Absatz 2 Buchstabe b gestellt hat, gilt als nicht eingereicht, es sei denn, dieser Antrag wird vor Abschluss der technischen Vorbereitungen *(R 90bis.3 e))* für die internationale Veröffentlichung zurückgenommen.

c) **Ändert sich** durch die Berichtigung oder Hinzufügung eines Prioritätsanspruchs das **Prioritätsdatum**, so wird jede Frist, die nach dem früher geltenden Prioritätsdatum berechnet worden und nicht bereits abgelaufen ist, nach dem so **geänderten Prioritätsdatum** berechnet.

Art 21 (5) Anmerkung 5: Abschluss der technischen Vorbereitungen
R 91.1 g) iv) Berichtigung von Prioritätsanspruch mit offensichtlichem Fehler kann nur über R 91 erfolgen, soweit sich das Prioritätsdatum nicht ändert.

26bis.2 Mängel in Prioritätsansprüchen

a) Stellt das Anmeldeamt oder, wenn das Anmeldeamt dies unterlassen hat, das Internationale Büro hinsichtlich eines Prioritätsanspruchs fest,
   i) dass die internationale Anmeldung ein internationales Anmeldedatum hat, das nach dem Datum, an dem die Prioritätsfrist abgelaufen ist, liegt und kein Antrag auf Wiederherstellung des Prioritätsrechts nach Regel 26bis.3 eingereicht wurde,
   ii) dass der Prioritätsanspruch den Erfordernissen der Regel 4.10 nicht entspricht oder
   iii) dass eine Angabe in dem Prioritätsanspruch nicht mit der entsprechenden Angabe im Prioritätsbeleg übereinstimmt,
so **fordert das Anmeldeamt** bzw. das Internationale Büro den Anmelder zur Berichtigung des Prioritätsanspruchs **auf**. In dem unter Ziffer i genannten Fall, sofern das internationale Anmeldedatum innerhalb von zwei Monaten seit dem Datum, an dem die Prioritätsfrist abgelaufen ist, liegt, unterrichtet das Anmeldeamt bzw. das Internationale Büro den Anmelder auch über die Möglichkeit, einen Antrag auf Wiederherstellung des Prioritätsrechts nach Regel 26bis.3 zu stellen, es sei denn, das Anmeldeamt hat dem Internationalen Büro nach Regel 26bis.3 Absatz j mitgeteilt, dass die Regel 26bis.3 Absätze a bis i mit dem für dieses Amt anzuwendenden nationalen Recht unvereinbar ist.

b) Reicht der Anmelder **nicht** vor Ablauf der **Frist** nach Regel 26bis.1 Absatz a eine Mitteilung zur Berichtigung des Prioritätsanspruchs ein, so gilt dieser Prioritätsanspruch vorbehaltlich des Absatzes c für das Verfahren nach dem Vertrag als nicht erhoben (»**gilt als nichtig**«), und das Anmeldeamt bzw. das Internationale Büro **gibt** eine diesbezügliche **Erklärung ab** und unterrichtet den Anmelder entsprechend. Eine Mitteilung über die Berichtigung des Prioritätsanspruchs, die vor Abgabe einer solchen Erklärung durch das Anmeldeamt bzw. das Internationale Büro und nicht später als einen Monat nach Ablauf der Frist eingeht, gilt als vor Ablauf der Frist eingegangen.

Absatz b) Satz 2 gilt nicht für die Hinzufügung.
VV 302, 409 Prioritätsanspruch, der als nicht erhoben gilt

c) Ein Prioritätsanspruch darf jedoch nicht als nichtig gelten, nur weil
   i) die Angabe des in Regel 4.10 Absatz a Ziffer ii genannten **Aktenzeichens** der früheren Anmeldung fehlt,
   ii) eine Angabe im Prioritätsanspruch unvereinbar mit der entsprechenden Angabe im Prioritätsbeleg ist oder
   iii) die internationale Anmeldung ein internationales Anmeldedatum hat, das nach dem Datum, an dem die Prioritätsfrist abgelaufen ist, liegt, vorausgesetzt, das internationale Anmeldedatum liegt innerhalb einer Frist von 2 Monaten seit diesem Datum.

R 26bis.3 Verhältnis zur Wiederherstellung des Prioritätsrechts:

R 26bis.2 c) iii) regelt gemäß Absatz a) i) den Fall, dass **kein Antrag** auf Wiederherstellung eingereicht wurde. R 26bis.3 regelt den Fall **mit Antragstellung** durch Anmelder.

Das beanspruchte Prioritätsdatum ist maßgebend für die Fristberechnung in der internationalen Phase, als Stichtag für den Stand der Technik beim schriftlichen Bescheid der IRB R 43bis.1b), R 64 b), und bei der IVP R 64.1 b) iii) und beim Eintritt in die nationalen bzw. regionalen Phasen gemäß Art 22 und 39. Auf die Rechtmäßigkeit kommt es nicht an.

d) Hat das Anmeldeamt oder das Internationale Büro eine Erklärung nach Absatz b abgegeben oder gilt der Prioritätsanspruch nicht als nichtig, nur weil Absatz c Anwendung findet, so veröffentlicht das Internationale Büro, zusammen mit der internationalen Anmeldung, die Angaben betreffend den Prioritätsanspruch nach Maßgabe der Verwaltungsvorschriften sowie vom Anmelder eingereichte Angaben betreffend diesen Prioritätsanspruch, die vor Abschluss der technischen Vorbereitungen für die internationale Veröffentlichung beim Internationalen Büro eingegangen sind. Solche Angaben werden in die Übermittlung nach Artikel 20 aufgenommen, sofern die internationale Anmeldung aufgrund des Artikels 64 Absatz 3 nicht veröffentlicht wird.

e) Wünscht der Anmelder, einen Prioritätsanspruch zu berichtigen oder hinzuzufügen, ist jedoch die **Frist** nach Regel 26bis.1 **abgelaufen**, so kann der Anmelder vor Ablauf von **30 Monaten** seit dem Prioritätsdatum gegen Zahlung einer besonderen **Gebühr**, deren Höhe in den Verwaltungsvorschriften festgelegt wird, beim Internationalen Büro die Veröffentlichung der diesbezüglichen Angaben beantragen; das Internationale Büro wird diese Angaben unverzüglich veröffentlichen.

Art 21 (5) Anmerkung 5: Abschluss der technischen Vorbereitungen
VV 113 Besondere Gebühren: Annex B2 (IB) Applicant's Guide int. P., aktueller Stand 15.02.2018. Die Gebühr beträgt 50 Sfr für das erste, plus 12 Sfr für jedes weitere Blatt und ist an das IB zu zahlen.

26bis.3 Wiederherstellung des Prioritätsrechts durch das Anmeldeamt

a) Hat die internationale Anmeldung ein internationales Anmeldedatum, das **nach dem Datum, an dem die Prioritätsfrist abgelaufen ist, aber innerhalb** einer Frist **von zwei Monaten** seit diesem Datum liegt, so stellt das **Anmeldeamt**, auf **Antrag** des Anmelders und vorbehaltlich der Absätze b bis g dieser Regel, das Prioritätsrecht wieder her, sofern das Amt feststellt, dass ein von diesem Amt angewendetes Kriterium (»**Wiederherstellungskriterium**«) erfüllt ist, nämlich, dass das Versäumnis, die internationale Anmeldung innerhalb der Prioritätsfrist einzureichen,

i) trotz Beachtung der nach den gegebenen Umständen gebotenen Sorgfalt erfolgt ist oder

ii) unbeabsichtigt war. Jedes Anmeldeamt hat mindestens eines dieser Kriterien anzuwenden und kann beide anwenden.

R 26bis.1 Anmeldetag innerhalb Prioritätsfrist, Hinzufügung eines Prioritätsanspruchs
R 26bis.3 Anmeldetag nach Prioritätsfrist

b) Ein Antrag nach Absatz a muss
  i) **innerhalb** der nach Absatz e anwendbaren **Frist** beim Anmeldeamt eingereicht werden,
  ii) die Gründe für das Versäumnis, die internationale Anmeldung innerhalb der Prioritätsfrist einzureichen, darlegen und
  iii) vorzugsweise eine Erklärung oder andere in Absatz f genannte Nachweise enthalten.

c) Ist ein Prioritätsanspruch hinsichtlich der früheren Anmeldung nicht in der internationalen Anmeldung enthalten, so hat der Anmelder **innerhalb** der nach Absatz e anwendbaren **Frist** eine **Mitteilung** nach Regel 26bis.1 Absatz a über die Hinzufügung des Prioritätsanspruchs **einzureichen**.

Gebühr d) Das Anmeldeamt kann die Einreichung eines Antrags nach Absatz a davon abhängig machen, dass ihm zu seinen Gunsten eine Gebühr für den Antrag auf Wiederherstellung entrichtet wird. Diese Gebühr ist innerhalb der nach Absatz e anwendbaren Frist zu entrichten. Die Höhe der gegebenenfalls erhobenen Gebühr wird vom Anmeldeamt festgesetzt. Das Anmeldeamt kann die Frist für die Entrichtung dieser Gebühr auf bis zu zwei Monate nach Ablauf der gemäß Absatz e anwendbaren Frist verlängern.

Art 2 (1) GebO Nr. 13 (Code 013): Die Gebühr beträgt beim EPA € 640 seit 01.04.2016, ABl. 2018, A32, vorher € 635 für Zahlungen seit 01.04.2014, ABl. 2014, A5. Beim IB ist keine Gebühr (R 26bis.3 d)) zu zahlen Annex C (IB), Stand 12.04.2018.

Frist e) Die in den Absätzen b Ziffer i, c und d genannte **Frist** beträgt **zwei Monate** seit dem Datum, an dem die Prioritätsfrist abgelaufen ist, mit der Maßgabe, dass in den Fällen, in denen der Anmelder einen Antrag auf frühzeitige Veröffentlichung nach Artikel 21 Absatz 2 Buchstabe b gestellt hat, Anträge nach Absatz a, in Absatz c genannte Mitteilungen oder in Absatz d genannte Gebühren, die nach Abschluss der technischen Vorbereitungen für die internationale Veröffentlichung eingereicht bzw. entrichtet werden, als nicht rechtzeitig eingereicht oder entrichtet gelten.

Art 21 (5) Anmerkung 5: Abschluss der technischen Vorbereitungen

f) *(seit 01.07.2016)* Das Anmeldeamt kann verlangen, dass eine Erklärung oder andere Nachweise zum Beleg der nach Absatz b Ziffer ii genannten Gründe innerhalb einer den Umständen nach angemessenen Frist bei ihm eingereicht werden.

f) *(bis 30.06.2016)* Das Anmeldeamt kann verlangen, dass die in Absatz b Ziffer iii genannte Erklärung oder andere Nachweise zum Beleg der genannten Gründe innerhalb einer den Umständen nach angemessenen Frist bei ihm eingereicht werden. Der Anmelder kann beim Internationalen Büro eine Kopie der beim Anmeldeamt eingereichten Erklärung oder anderen Nachweise einreichen, in welchem Fall das Internationale Büro diese Kopien zu seinen Akten nimmt.

Die Änderungen gelten für internationale Anmeldungen mit Anmeldedatum ab dem 01.07.2016 (PCT/A47/9). S 2 wurde gestrichen, weil die Weiterleitung an das IB nun in Absatz h und h^{bis} geregelt ist. Weitere Details siehe unter Absatz h) und h^{bis}) iv). Mit dem Ersetzen des Verweises auf Ziffer iii) durch Ziffer ii) wurde lediglich ein vorheriger Fehler beseitigt (PCT/WG/8/14, Kommentar in Annex S. 2).

g) Das Anmeldeamt darf einen Antrag nach Absatz a nicht vollständig oder teilweise ablehnen, ohne dem Anmelder die Gelegenheit gegeben zu haben, innerhalb einer den Umständen nach angemessenen Frist zu der beabsichtigten Ablehnung Stellung zu nehmen. Die Mitteilung über die beabsichtigte Ablehnung durch das Anmeldeamt kann an den Anmelder zusammen mit einer Aufforderung zur Einreichung einer Erklärung oder anderer Nachweise nach Absatz f gesandt werden.

h) Das Anmeldeamt wird unverzüglich
   i) das Internationale Büro vom Eingang eines Antrags nach Absatz a in Kenntnis setzen,
   ii) über den Antrag entscheiden,

iii) *(seit 01.07.2016)* den Anmelder und das Internationale Büro von seiner Entscheidung und dem Wiederherstellungskriterium, das der Entscheidung zugrunde lag, in Kenntnis setzen,

iii) *(bis 30.06.2016)* den Anmelder und das Internationale Büro von seiner Entscheidung und dem Wiederherstellungskriterium, das der Entscheidung zugrunde lag, in Kenntnis setzen.

Die Änderungen gelten für internationale Anmeldungen mit Anmeldedatum ab dem 01.07.2016 (PCT/A47/9). In Ziffer iii) wurde wegen der Einfügung einer weiteren Ziffer lediglich der Punkt durch ein Semikolon ersetzt.

Wiederherstellungskriterium

(iv) *(seit 01.07.2016)* vorbehaltlich Absatz h^{bis} alle vom Anmelder im Zusammenhang mit dem Antrag nach Absatz a (einschließlich einer Kopie des Antrags, jeglicher in Absatz b Ziffer ii genannter Gründe und jeglicher in Absatz f genannten Erklärung oder anderer Nachweise) erhaltenen Unterlagen an das Internationale Büro übermittelt.

Die Änderungen gelten für internationale Anmeldungen mit Anmeldedatum ab dem 01.07.2016 (PCT/A47/9). Bisher musste das Anmeldeamt die Unterlagen nicht an das IB weiterleiten, sondern es hat das IB nur über den Antrag, die Entscheidung und die Kriterien informiert. Weitere Unterlagen erhielt das IB entweder aufgrund einer Ermessensentscheidung des Anmeldeamtes oder des Anmelders. Dabei war die Praxis der Anmeldeämter wegen der Möglichkeit des Zurückhaltens sensibler Informationen unterschiedlich. Nun wird die grundsätzliche Pflicht zur Weiterleitung an das IB in Absatz h) iv) und die Ausnahme in Absatz h^{bis} geregelt. Dokumente, die das IB nicht erhält, kann es nicht nach R 48.2 veröffentlichen und das Bestimmungsamt kann die Entscheidung des Anmeldeamtes zur Wiederherstellung gemäß R 49ter.1 d) nicht überprüfen (PCT/WG/8714, S. 2)

h^{bis}) *(seit 01.07.2016)* Auf begründeten Antrag des Anmelders oder aufgrund eigener Entscheidung wird das Anmeldeamt Unterlagen oder Teile derselben, die im Zusammenhang mit dem Antrag nach Absatz a eingegangen sind, nicht übermitteln, wenn es feststellt, dass:

(i) diese Unterlagen oder Teile derselben nicht offensichtlich dem Zweck dienen, die Öffentlichkeit über die internationale Anmeldung zu unterrichten;

(ii) die Veröffentlichung oder die öffentliche Einsicht in diese Unterlagen oder Teilen derselben eindeutig persönliche oder wirtschaftliche Interessen einer Person beeinträchtigen würden und

(iii) kein vorherrschendes öffentliche Interesse an der Einsicht in diese Unterlage oder Teilen derselben besteht.

Entscheidet sich das Anmeldeamt gegen die Übermittlung von Unterlagen oder Teilen derselben an das Internationale Büro, teilt es dies dem Internationalen Büro mit.

Die Änderungen gelten für internationale Anmeldungen mit Anmeldedatum ab dem 01.07.2016 (PCT/A47/9). Absatz h^{bis}) regelt eine Ausnahme zur Weiterleitungspflicht des Anmeldeamtes in Absatz h).

VV 315 Verfahren beim Anmeldeamt

i) Jedes Anmeldeamt unterrichtet das Internationale Büro darüber, welches der Wiederherstellungskriterien es anwendet, sowie über etwaige spätere diesbezügliche Änderungen. Diese Mitteilung wird vom Internationalen Büro unverzüglich im Blatt veröffentlicht.

j) Sind die Absätze a bis i am 5. Oktober 2005 nicht mit dem vom Anmeldeamt anzuwendenden nationalen Recht vereinbar, so gelten diese Absätze für dieses Amt nicht, solange diese Unvereinbarkeit besteht, sofern dieses Amt das Internationale Büro bis zum 5. April 2006 davon unterrichtet. Diese Mitteilung wird vom Internationalen Büro unverzüglich im Blatt veröffentlicht.

R 26bis.3 j) Mitteilungen über die Unvereinbarkeit mit nationalem Recht von: BR, CO, CU, CZ, DE, DZ, GR, ID, IN, IT, KR, NO, PH.
Rücknahmeerklärung für BE zum 01.04.2018 (PCT Gazette vom 15.02.2018)
Rücknahmeerklärung für PT zum 01.10.2008 (PCT Newsletter 10/2008, S. 6).
Rücknahmeerklärung FR zum 01.06.2009 (PCT Newsletter 6/2009, S. 6).
Rücknahmeerklärung des EPA mit Wirkung zum 13.12.2007 (PCT Newsletter 11/2007, 1.
Rücknahmeerklärung für HU zum 21.10.2010 (PCT Gazette vom 28.04.2011).
Rücknahmeerklärung für ES zum 06.11.2013 (PCT Gazette vom 31.10.2013).
Rücknahmeerklärung für JP zum 01.04.2015 (PCT Gazette vom 12.03.2015).

Unter www.wipo.int/pct/en/texts/restoration.html, findet sich eine nach Ländern geordnete Liste mit Informationen darüber, ob das Amt einen Antrag auf Wiederherstellung des Prioritätsrechts annimmt, welche Kriterien gelten und wie hoch ggf. die Gebühr ist.

Beim EPA gilt das Kriterium der »gebotenen Sorgfalt« (PCT Newsletter 11/2007, 3).
Der Antrag sollte an ein Anmeldeamt gerichtet sein, das keine Unvereinbarkeit erklärt hat. Für den Fall, dass das gewünschte Anmeldeamt Unvereinbarkeit erklärt hat, wird auf folgende Möglichkeiten hingewiesen:

Das IB kann als Anmeldeamt gewählt werden.

Das Anmeldeamt, welches Unvereinbarkeit erklärt hat, kann die Anmeldung gemäß R 19.4 a) iii) an das IB weiterleiten.

R 26bis.2 c) iii) Auch für Anmeldeämter, die die Unvereinbarkeit erklärt haben, gilt eine Frist von zwei Monaten für die Berücksichtigung des Prioritätsrechts

R 26bis.3 a) Zuständige Behörde für die Entscheidung hinsichtlich der Widerherstellung des Prioritätsrechts ist während der **internationalen Phase** das Anmeldeamt.

R 49ter Wirkungen der Wiederherstellung des Prioritätsrechts durch das Anmeldeamt. Bei erklärter Unvereinbarkeit ist das BA nicht an eine Wiederherstellung gebunden. Ansonsten ist dies grundsätzlich bindend, aber beschränkt überprüfbar und daher keine Garantie für die nationale Phase. Wird die Wiederherstellung abgelehnt, besteht die Möglichkeit der Widerherstellung in der nationalen Phase. Kein Staat ist an die Ablehnung gebunden.

R 49ter.2 a) Das Bestimmungsamt kann den abgelehnten Antrag des Anmeldeamtes als Antrag auf Wiederherstellung ansehen.

R 49ter.2 Zuständige Behörde während der **nationalen Phase** ist das BA. Der Antrag auf Wiederherstellung in der nationalen Phase ist in folgenden Fällen sinnvoll:
– Das Anmeldeamt hat Unvereinbarkeit erklärt und es erfolgte keine Übermittlung ans IB gemäß R 19.4,
– das Anmeldeamt hat den Antrag auf Wiederherstellung abgelehnt oder
– der Antrag in der internationalen Phase wurde nicht gestellt.
– Eine Wiederherstellung in der nationalen Phase ist nicht möglich, wenn das BA Unvereinbarkeit erklärt hat.

R 26bis.2 d) Kostenlose Veröffentlichung bestimmter Angaben über einen Prioritätsanspruch

R 26bis.2 e) Veröffentlichung gegen Gebühr bei Berichtigung/Hinzufügung nach Fristablauf R 26bis.1

Details ergeben sich aus den internen Richtlinien für PCT-Anmeldeämter unter www.wipo.int/export/sites/www/pct/en/texts/pdf/ro.pdf.

Regel 26ter Berichtigung oder Hinzufügung von Erklärungen nach Regel 4.17

16 Monatsfrist für Erklärungen nach Regel 4.17

26ter.1 Berichtigung oder Hinzufügung von Erklärungen

Der Anmelder kann eine Erklärung nach Regel 4.17 berichtigen oder dem Antrag hinzufügen, indem er innerhalb von **16 Monaten** nach dem Prioritätsdatum beim Internationalen Büro eine entsprechende Mitteilung einreicht; eine Mitteilung, die beim Internationalen Büro nach Ablauf dieser Frist eingeht, gilt als am letzten Tag dieser Frist beim Internationalen Büro eingegangen, wenn sie dort vor Abschluss der technischen Vorbereitungen für die internationale Veröffentlichung eingeht.

Bei Eingang nach Fristablauf unterrichtet das IB den Anmelder. Es veröffentlicht die Erklärung nicht und übermittelt sie auch nicht dem BA. Es teilt dem Anmelder mit, dass derartige Erklärungen unmittelbar beim BA einzureichen sind. Eine von mindestens einem Erfinder unterschriebene Erfindererklärung sendet das IB an den Anmelder zurück (VV 419 (d), Applicant's Guide int. P. Nr. 6.050).
Art 21 (5) Anmerkung 5: Abschluss der technischen Vorbereitungen
VV 214   Erfindererklärung
VV 216   Mitteilung der Berichtigung oder Hinzufügung von Erklärungen
VV 419   Behandlung von Erklärungen

26ter.2 Behandlung von Erklärungen

a) Stellt das Anmeldeamt oder das Internationale Büro fest, dass eine Erklärung nach Regel 4.17 nicht dem vorgeschriebenem Wortlaut entspricht oder eine Erfindererklärung nach Regel 4.17 Ziffer iv nicht wie vorgeschrieben unterzeichnet ist, kann das Anmeldeamt bzw. das Internationale Büro den Anmelder auffordern, die Erklärung innerhalb einer Frist von 16 Monaten nach dem Prioritätsdatum zu berichtigen.

b) Geht eine Erklärung oder Berichtigung gemäß Regel 26ter.1 nach Ablauf der in Regel 26ter.1 vorgesehenen Frist beim Internationalen Büro ein, so teilt das Internationale Büro dies dem Anmelder mit und verfährt nach Maßgabe der Verwaltungsvorschriften.

Regel 27 Unterlassene Gebührenzahlung

27.1 Gebühren

a) Die in Artikel 14 Absatz 3 Buchstabe a genannten »gemäß Artikel 3 Absatz 4 Ziffer iv vorgeschriebenen Gebühren« sind folgende: die **Übermittlungsgebühr** (Regel 14), die **internationale Anmeldegebühr** (Regel 15.1), die **Recherchengebühr** (Regel 16) und gegebenenfalls die **Gebühr für verspätete Zahlung** (Regel 16bis.2).

b) Die in Artikel 14 Absatz 3 Buchstaben a und b genannte »gemäß Artikel 4 Absatz 2 vorgeschriebene Gebühr« ist die **internationale Anmeldegebühr** (Regel 15.1) und gegebenenfalls die **Gebühr für verspätete Zahlung** (Regel 16bis.2).

Regel 28 Mängel, die durch das Internationale Büro festgestellt werden

28.1 Mitteilung über bestimmte Mängel

a) Weist die internationale Anmeldung nach Ansicht des Internationalen Büros einen der in Artikel 14 Absatz 1 Buchstabe a Ziffer i, ii oder v genannten Mängel auf, so macht es das Anmeldeamt darauf aufmerksam.

b) Das Anmeldeamt verfährt, außer wenn es mit der Auffassung nicht übereinstimmt, nach Artikel 14 Absatz 1 Buchstabe b und Regel 26.

Regel 29 Internationale Anmeldungen, die als zurückgenommen gelten

29.1 Feststellung durch das Anmeldeamt

Zurücknahme   Erklärt das Anmeldeamt, dass die internationale Anmeldung nach Artikel 14 Absatz 1 Buchstabe b und Regel 26.5 (Nichtbeseitigung bestimmter Mängel), nach Artikel 14 Absatz 3 Buchstabe a (Nichtzahlung der nach Regel 27.1 Absatz a vorgeschriebenen Gebühren), nach Artikel 14 Absatz 4 (nachträgliche Feststellung der Nichterfüllung der Erfordernisse nach Artikel 11 Absatz 1 Ziffern i bis iii), nach Regel 12.3 Absatz d oder 12.4 Absatz d (Nichteinreichung der erforderlichen Übersetzung oder gegebenenfalls Nichtzahlung einer Gebühr für verspätete Einreichung) oder nach Regel 92.4 Absatz g Ziffer i (Nichteinreichung des Originals eines Schriftstücks) als zurückgenommen gilt,

i) so **übersendet das Anmeldeamt das Aktenexemplar** (soweit dies nicht bereits geschehen ist) sowie jede vom Anmelder vorgeschlagene Berichtigung an das Internationale Büro;

ii) so unterrichtet das Anmeldeamt den Anmelder und das Internationale Büro unverzüglich von dieser Erklärung; dieses wiederum benachrichtigt jedes bereits von seiner Bestimmung unterrichtete Bestimmungsamt;

iii) so unterlässt das Anmeldeamt entweder die Übermittlung des Recherchenexemplars gemäß Regel 23 oder, wenn es dieses bereits übersandt hat, unterrichtet die Internationale Recherchenbehörde über die Erklärung;

iv) so ist das Internationale Büro nicht verpflichtet, den Anmelder von dem Empfang des Aktenexemplars zu benachrichtigen;

v) so findet keine internationale Veröffentlichung der internationalen Anmeldung statt, wenn die vom Anmeldeamt übermittelte Mitteilung einer solchen Erklärung vor Abschluss der technischen Vorbereitungen beim Internationalen Büro eingeht.

Art 21 (5) Anmerkung 5: Abschluss der technischen Vorbereitungen
R 29.1 v) Hinweis in Formular PCT/RO/117
R 48.6 Veröffentlichung bestimmter Tatsachen
R 90bis.1 Zurücknahme der internationalen Anmeldung
R 90bis.2 Zurücknahme von Bestimmungen

29.2 [gestrichen]

29.3 Hinweis des Anmeldeamts auf bestimmte Tatsachen

Ist das Internationale Büro oder die Internationale Recherchenbehörde der Ansicht, dass das Anmeldeamt eine Feststellung nach Artikel 14 Absatz 4 treffen sollte, so macht das Büro oder die Behörde das Anmeldeamt auf die einschlägigen Tatsachen aufmerksam.

29.4 Mitteilung der Absicht, eine Erklärung nach Artikel 14 Absatz 4 abzugeben

a) Bevor das Anmeldeamt eine Erklärung nach Artikel 14 Absatz 4 abgibt, teilt es dem Anmelder seine Absicht, eine solche Erklärung abzugeben, und die Gründe dafür mit. Der Anmelder kann, wenn er die vorläufige Feststellung des Anmeldeamtes für unrichtig hält, **innerhalb von zwei Monaten nach dem Datum der Mitteilung Gegenvorstellungen erheben.**

b) Beabsichtigt das Anmeldeamt, nach Artikel 14 Absatz 4 eine Erklärung in bezug auf einen in Artikel 11 Absatz 1 Ziffer iii Absatz d *(Beschreibung)* oder e *(Anspruch)* erwähnten Bestandteil abzugeben, so hat es in der in Absatz a dieser Regel erwähnten Mitteilung den Anmelder aufzufordern, gemäß Regel 20.6 Absatz a zu bestätigen, dass der Bestandteil nach Regel 4.18 durch Verweis einbezogen ist. Für die Zwecke der Regel 20.7 Absatz a Ziffer i gilt die nach diesem Absatz an den Anmelder gerichtete Aufforderung als Aufforderung nach Regel 20.3 Absatz a Ziffer ii.

R 20.7 a) i) 2-Monatsfrist seit Aufforderung nach R 20.3 a) Nichterfüllung der Erfordernisse nach Art 11 (1) bzw. Aufforderung nach R 20.5 a) Erfüllung der Erfordernisse nach Art 11 (1), aber fehlende Teile der Beschreibung, Ansprüche, Zeichnungen oder Fehlen aller Zeichnungen

c) Absatz b ist nicht anzuwenden, wenn das Anmeldeamt das Internationale Büro gemäß Regel 20.8 Absatz a von der Unvereinbarkeit der Regeln 20.3 Absätze a Ziffer ii und b Ziffer ii und 20.6 mit dem von diesem Amt anzuwendenden nationalen Recht unterrichtet hat.

R 20.8 a) Mitteilungen bezüglich R 20.8 a) und Rücknahmen
VV 312 Mitteilung der Entscheidung, die internationale Anmeldung nicht für zurückgenommen zu erklären

Regel 30 Frist gemäß Artikel 14 Absatz 4

30.1 Frist

Die in Artikel 14 Absatz 4 genannte Frist beträgt **vier Monate** seit dem internationalen Anmeldedatum.

Regel 31 Nach Artikel 13 erforderliche Exemplare

31.1 Anforderung der Exemplare

a) Jede Anforderung nach Artikel 13 Absatz 1 kann sich auf alle oder einzelne internationale Anmeldungen oder bestimmte Arten hiervon beziehen, in denen das anfordernde nationale Amt als Bestimmungsamt benannt ist. Anforderungen hinsichtlich aller oder bestimmter Arten von internationalen Anmeldungen müssen jährlich durch eine Anmerkung, die bis zum 30. November des vorausgehenden Jahres an das Internationale Büro zu richten ist, erneuert werden.

b) Für Anträge nach Artikel 13 Absatz 2 Buchstabe b ist eine Gebühr zu entrichten, die die Kosten der Herstellung und der Versendung des Exemplars deckt.

Zur Höhe der Gebühren siehe Annex B2 (IB) Applicant's Guide int. P.

31.2 Herstellung der Exemplare

Die Herstellung der nach Artikel 13 erforderlichen Exemplare ist Aufgabe des Internationale Büros.

Herstellung der Exemplare

R 93bis beachten: eingeschränkte Übermittlung, ggf. elektronischer Download. Übermittlung nur auf Anforderung, zum bestimmten Zeitpunkt und ggf. in elektronischer Form.

Regel 32 Erstreckung der Wirkungen der internationalen Anmeldung auf bestimmte Nachfolgestaaten

32.1 Erstreckung der internationalen Anmeldung auf den Nachfolgestaat

a) Die Wirkungen einer internationalen Anmeldung, deren internationales Anmeldedatum in den in Absatz b genannten Zeitraum fällt, werden auf einen Staat (»**den Nachfolgestaat**«) erstreckt, dessen Gebiet vor seiner Unabhängigkeit Teil des Gebiets eines in der internationalen Anmeldung bestimmten Vertragsstaats war, der nicht mehr **fortbesteht** (»**der Vorgängerstaat**«), **vorausgesetzt**, dass der Nachfolgestaat Vertragsstaat geworden ist durch Hinterlegung einer Fortsetzungserklärung beim Generaldirektor des Inhalts, dass der Vertrag vom Nachfolgestaat angewandt wird.

Erstreckungen VV 430 Mitteilung von Bestimmungen nach Regel 32 (Erstreckungen)

b) Der in Absatz a genannte **Zeitraum** beginnt mit dem auf den letzten Tag des Bestehens des Vorgängerstaats folgenden Tag und endet **zwei Monate** nach dem Tag, an dem die in Absatz a genannte Erklärung den Regierungen der Mitgliedstaaten der Pariser Verbandsübereinkunft zum Schutz des gewerblichen Eigentums vom Generaldirektor notifiziert worden ist. Liegt jedoch das Datum der Unabhängigkeit des Nachfolgestaates vor dem auf den letzten Tag des Bestehens des Vorgängerstaates folgenden Tag, so kann der Nachfolgestaat erklären, dass dieser Zeitraum mit dem Datum seiner Unabhängigkeit beginnt; diese Erklärung ist zusammen mit der Erklärung nach Absatz a abzugeben und hat das Datum der Unabhängigkeit anzugeben.

c) Angaben über eine internationale Anmeldung, deren Anmeldedatum in den nach Absatz b maßgeblichen Zeitraum fällt und deren Wirkung auf den Nachfolgestaat erstreckt wird, veröffentlicht das Internationale Büro im Blatt.

d) [gestrichen]

32.2 Wirkungen der Erstreckung auf den Nachfolgestaat

a) Werden die Wirkungen der internationalen Anmeldung gemäß Regel 32.1 auf den Nachfolgestaat erstreckt,
 i) so gilt der Nachfolgestaat als in der internationalen Anmeldung bestimmt, und
 ii) so **verlängert** sich die nach Artikel 22 oder 39 Absatz 1 für diesen Staat maßgebliche Frist bis zum Ablauf von mindestens sechs Monaten ab dem Tag der Veröffentlichung der Angaben gemäß Regel 32.1 Absatz c.

b) Der Nachfolgestaat kann eine Frist vorsehen, die später als die Frist nach Absatz a Ziffer ii abläuft. Das Internationale Büro veröffentlicht Angaben über diese Fristen im Blatt.

c) [gestrichen]

Regel 33 Einschlägiger Stand der Technik für die internationale Recherche

33.1 Einschlägiger Stand der Technik für die internationale Recherche

a) Für die Zwecke des Artikels 15 Absatz 2 ist unter dem einschlägigen Stand der Technik alles zu verstehen, was der Öffentlichkeit irgendwo in der Welt mittels **schrift-**

licher Offenbarung (unter Einschluss von Zeichnungen und anderen Darstellungen) zugänglich gemacht worden ist und was für die Feststellung bedeutsam ist, ob die beanspruchte Erfindung neu oder nicht neu ist und ob sie auf einer erfinderischen Leistung beruht oder nicht (d.h. ob sie offensichtlich ist oder nicht), vorausgesetzt, dass der Zeitpunkt, zu dem es der Öffentlichkeit zugänglich gemacht wurde, vor dem internationalen Anmeldedatum liegt.

b) Verweist eine schriftliche Offenbarung auf eine **mündliche Offenbarung**, Benutzung, Ausstellung oder andere Maßnahmen, durch die der Inhalt der schriftlichen Offenbarung der Öffentlichkeit vor dem internationalen Anmeldedatum zugänglich gemacht worden ist, so werden im internationalen Recherchenbericht diese Tatsache und der Zeitpunkt der Zugänglichkeit gesondert erwähnt, sofern die schriftliche Offenbarung der Öffentlichkeit erst an oder nach dem internationalen Anmeldedatum zugänglich war.

Mündliche oder schriftliche Offenbarungen

c) **Veröffentlichte Anmeldungen** *(ältere, nachveröffentlichte Anmeldungen)* oder Patente, deren Veröffentlichungsdatum mit dem internationalen Anmeldedatum der recherchierten internationalen Anmeldung zusammenfällt oder später liegt, deren Anmeldedatum oder gegebenenfalls beanspruchtes Prioritätsdatum aber früher liegt und die nach Artikel 15 Absatz 2 zum einschlägigen Stand der Technik gehören würden, wären sie vor dem internationalen Anmeldedatum veröffentlicht worden, werden im internationalen Recherchenbericht besonders erwähnt.

33.2 Bei der internationalen Recherche zu berücksichtigende Sachgebiete

a) Die internationale Recherche bezieht alle **technischen Sachgebiete** ein und wird auf der Basis des gesamten Prüfstoffs durchgeführt, der die Erfindung betreffendes Material enthalten könnte.

b) Folglich sind nicht nur technische Gebiete in die Recherche einzubeziehen, in welche die Erfindung eingruppiert werden kann, sondern auch **gleichartige technische Gebiete** ohne Rücksicht auf die Klassifikation.

c) Die Frage, welche technischen Gebiete im Einzelfall als gleichartig anzusehen sind, wird unter dem Gesichtspunkt beurteilt, was als die notwendige wesentliche Funktion oder Verwendung der Erfindung erscheint, und nicht nur im Hinblick auf die Einzelfunktionen, die in der internationalen Anmeldung ausdrücklich aufgeführt sind.

d) Die internationale Recherche hat alle Gegenstände einzuschließen, welche allgemein als **äquivalent** zum Gegenstand der beanspruchten Erfindung für alle oder bestimmte ihrer Merkmale angesehen werden, selbst wenn die in der internationalen Anmeldung beschriebene Erfindung in ihren Einzelheiten unterschiedlich ist.

33.3 Ausrichtung der internationalen Recherche

a) Die internationale Recherche wird auf der Grundlage der Ansprüche unter angemessener Berücksichtigung der Beschreibung und der Zeichnungen (soweit vorhanden) durchgeführt und berücksichtigt besonders die erfinderische Idee, auf die die Ansprüche gerichtet sind.

b) Soweit es möglich und sinnvoll ist, hat die internationale Recherche den gesamten Gegenstand zu erfassen, auf den die Ansprüche gerichtet sind, oder auf den sie, wie **vernünftigerweise erwartet werden kann**, nach einer **Anspruchsänderung** gerichtet werden könnten.

VV 801 ff. Einwendungen Dritter zum Stand der Technik

Regeln zu Kapitel I des Vertrags

Regel 34 Mindestprüfstoff

34.1 Begriffsbestimmung

a) Die **Begriffsbestimmungen** in Artikel 2 Ziffern i und ii sind auf diese Regel **nicht** anzuwenden.

Mindestprüfstoff b) Der in Artikel 15 Absatz 4 erwähnte Prüfstoff (»Mindestprüfstoff«) setzt sich zusammen aus:

i) den in Absatz c näher bezeichneten »**nationalen Patentschriften**«,

ii) den **veröffentlichten internationalen (PCT) Anmeldungen**, den veröffentlichten regionalen Patent- und Erfinderscheinanmeldungen und den veröffentlichten regionalen Patenten und Erfinderscheinen,

iii) anderen, nicht zur Patentliteratur gehörenden Veröffentlichungen, auf die die Recherchenbehörden sich einigen und die in einer Aufstellung vom Internationalen Büro bekanntgegeben werden, sobald sie erstmalig festgelegt sind und so oft sie geändert werden.

c) Vorbehaltlich der Absätze d und e sind als »**nationale Patentschriften**« anzusehen:

i) die im Jahre oder nach dem Jahre 1920 vom früheren Reichspatentamt Deutschlands, von Frankreich, von Japan, von der Schweiz (nur in deutscher und französischer Sprache), von der ehemaligen Sowjetunion, vom Vereinigten Königreich und von den Vereinigten Staaten von Amerika erteilten Patente,

ii) die von der Bundesrepublik Deutschland, von der Republik Korea, von der Russischen Föderation und von der Volksrepublik China erteilten Patente,

iii) die im Jahre oder nach dem Jahre 1920 in den in Ziffern i und ii genannten Ländern veröffentlichten **Patentanmeldungen**,

iv) die von der ehemaligen Sowjetunion erteilten Erfinderscheine,

v) die von Frankreich erteilten Gebrauchszertifikate und veröffentlichten Anmeldungen für solche Zertifikate,

vi) die von anderen Ländern nach 1920 erteilten Patente und dort veröffentlichten Patentanmeldungen in deutscher, englischer, französischer und spanischer Sprache, für die keine Priorität in Anspruch genommen wird, vorausgesetzt, dass das nationale Amt des interessierten Staates die Unterlagen aussondert und jeder Internationalen Recherchenbehörde zur Verfügung stellt.

Applicant's Guide int. P. Nr. 7.004 im Rahmen der Möglichkeiten ist auch zusätzlicher Prüfstoff heranzuziehen
Seit dem 01.01.2009 gehört das »Korean Journal of Traditional Knowledge« zum Mindestprüfstoff (Wonjon Minute 4/2008 No. 25)

d) Wird eine Anmeldung einmal oder mehrfach neu veröffentlicht (zum Beispiel eine Offenlegungsschrift als Auslegeschrift), so ist keine Internationale Recherchenbehörde verpflichtet, alle Fassungen in ihren Prüfstoff aufzunehmen; folglich braucht jede Recherchenbehörde nur eine dieser Fassungen aufzubewahren. Außerdem ist in den Fällen, in denen eine Anmeldung in Form eines Patents oder eines Gebrauchszertifikats (Frankreich) erteilt und herausgegeben wird, keine Internationale Recherchenbehörde verpflichtet, sowohl die Anmeldung als auch das Patent oder das Gebrauchszertifikat (Frankreich) in seinen Prüfstoff aufzunehmen; jede Behörde braucht nur entweder die Anmeldung oder das Patent oder das Gebrauchszertifikat (Frankreich) aufzubewahren.

Sprache der Patentschriften e) Ist Chinesisch, Japanisch, Koreanisch, Russisch oder Spanisch keine Amtssprache einer Internationalen Recherchenbehörde, so braucht die Behörde Patentschriften Japans, der Republik Korea, der Russischen Föderation, der ehemaligen Sowjetunion und der Volksrepublik China sowie Patentschriften in spanischer Sprache, für die Zusammenfassungen in englischer Sprache nicht allgemein verfügbar sind, nicht in ihren

Prüfstoff aufzunehmen. Werden englische Zusammenfassungen nach dem Zeitpunkt des Inkrafttretens dieser Ausführungsordnung allgemein verfügbar, so sind die Patentschriften, auf die sich diese Zusammenfassungen beziehen, spätestens sechs Monate, nachdem die Zusammenfassungen allgemein verfügbar geworden sind, in den Prüfstoff einzubeziehen. Werden Zusammenfassungen in englischer Sprache auf Gebieten, auf denen früher englische Zusammenfassungen allgemein verfügbar waren, nicht mehr erstellt, so hat die Versammlung zweckdienliche Maßnahmen zu ergreifen, um für die unverzügliche Wiederherstellung der Zusammenfassungsdienste zu sorgen.

f) Für die Zwecke dieser Regel gelten Anmeldungen, die lediglich zur öffentlichen Einsichtnahme ausgelegt worden sind, nicht als veröffentlichte Anmeldungen.

Regel 35   Zuständige Internationale Recherchenbehörde

35.1 Zuständigkeit nur einer Internationalen Recherchenbehörde

Jedes Anmeldeamt teilt dem Internationalen Büro in Übereinstimmung mit der anwendbaren, in Artikel 16 Absatz 3 Buchstabe b erwähnten Vereinbarung mit, welche Internationale Recherchenbehörde für die Durchführung von Recherchen für die bei ihm eingereichten internationalen Anmeldungen zuständig ist; das Internationale Büro veröffentlicht diese Mitteilung unverzüglich.

35.2 Zuständigkeit mehrerer Internationaler Recherchenbehörden

a) Jedes Anmeldeamt kann in Übereinstimmung mit der anwendbaren, in Artikel 16 Absatz 3 Buchstabe b erwähnten Vereinbarung mehrere Internationale Recherchenbehörden bestimmen:

VV 604 Richtlinien für Erläuterungen im internationalen vorläufigen Prüfungsbericht

    i) durch eine Erklärung, dass jede Internationale Recherchenbehörde für jede bei ihm eingereichte internationale Anmeldung zuständig ist und die Wahl dem Anmelder überlassen bleibt, oder
    ii) durch eine Erklärung, dass eine oder mehrere Internationale Recherchenbehörden für bestimmte Arten und eine oder mehrere andere Internationale Recherchenbehörden für andere Arten von bei ihm eingereichten internationalen Anmeldungen zuständig sind, vorausgesetzt, dass für die Arten von Anmeldungen, für welche mehrere Internationale Recherchenbehörden als zuständig erklärt werden, die Wahl dem Anmelder überlassen bleibt.

b) Jedes Anmeldeamt, das von der Möglichkeit nach Absatz a Gebrauch macht, teilt dies unverzüglich dem Internationalen Büro mit, und das Internationale Büro veröffentlicht diese Mitteilung unverzüglich.

EPA   Seit 01.07.2018 gibt es ein Pilotprojekt der Zusammenarbeit mit den Ämtern in KR, US, JP, CN im Rahmen des Pilotprojekts IP5 (CS&E) bei der Erstellung des internationalen Recherchenberichts und des schriftlichen Bescheides auf Antrag des Anmelders, ABl. 2018, A47. Im Rahmen der Zusammenarbeit wird der ISR nicht nur von einer ISA erstellt, sondern Prüfer der 4 anderen ISAs recherchieren ebenfalls den Gegenstand der Ansprüche. Dadurch erhält der Anmelder die Rechercheergebnisse der wichtigsten Patentämter vor Eintritt in die nationale/regionale Phase. Das Projekt ist auf 500 Recherchen beschränkt. Die Teilnahme erfolgt auf Antrag des Anmelders und ist derzeit kostenlos. Vorerst können nur PCTa in englischer Sprache an dem Pilotprojekt teilnehmen. Die ISAs werden ggf. Mitteilungen über zulässige weitere Sprachen veröffentlichen. Das Pilotprojekt ist bis zum 01.06.2021 befristet.

35.3 Zuständigkeit, wenn das Internationale Büro nach Regel 19.1 Absatz a Ziffer iii Anmeldeamt ist

a) Wird die internationale Anmeldung beim Internationalen Büro als Anmeldeamt nach Regel 19.1 Absatz a Ziffer iii eingereicht, so ist für die Recherche zu dieser Anmeldung diejenige Internationale Recherchenbehörde zuständig, die zuständig gewesen wäre, wenn die Anmeldung bei einem nach Regel 19.1 Absatz a Ziffer i oder ii, b oder c oder nach Regel 19.2 Ziffer 1 zuständigen Anmeldeamt eingereicht worden wäre.

Zwei oder mehr Internationale Recherchenbehörden

b) Sind zwei oder mehr Internationale Recherchenbehörden nach Absatz a zuständig, so bleibt die Wahl dem Anmelder überlassen.

c) Die Regeln 35.1 und 35.2 gelten nicht für das Internationale Büro als Anmeldeamt nach Regel 19.1 Absatz a Ziffer iii.

Ämter, die als ISA handeln

ISA sind die Ämter von AU, CL (seit 22.10.2014), CN, EG (seit 01.04.2013), IL (seit 01.06.2012), IN (seit 15.10.2013), JP, AT, SE, RU, TR (seit 08.03.2017), UA (seit 05.02.2016), US, das EPA, CA, FI, KR und ES, BR (ab 07.08.2009), SG (seit 01.09.2015). DK, IS und NO haben seit Juli 2006 eine gemeinsame Patentbehörde, Nordic Patent Institute (NPI, Abkürzung; XN), errichtet, die seit 01.01.2008 als ISA handelt (PCT Gazette vom 13.12.2007, S. 272 und 13.03.2008, S. 24). Seit dem 01.01.2013 handelt sie auch für SE (PCT Gazette vom 01.11.2012). Die gemeinsame Patentbehörde Visegrad Patent Institut (VPI) der Ämter von CZ, HU, PL und SK handelt unter dem Länderkürzel XV seit dem 01.07.2016 (PCT Gazette 23.06.2016). EPA handelt nur als IPEA, falls ISA das EPA, das Amt in AT, FI, ES, XN, XV, TR oder SE war (FN 1 Applicant's Guide int. P. Annex E (EP), Stand 01.04.2018).

Regel 36 Mindestanforderungen an die Internationale Recherchenbehörde

36.1 Aufzählung der Mindestanforderungen

Die Mindestanforderungen nach Artikel 16 Absatz 3 Buchstabe c sind folgende:

i) das nationale Amt oder die zwischenstaatliche Organisation muss wenigstens 100 hauptamtliche Beschäftigte mit ausreichender technischer Qualifikation zur Durchführung von Recherchen haben;

ii) das Amt oder die Organisation muss mindestens den in Regel 34 erwähnten Mindestprüfstoff auf Papier, in Mikroform oder auf elektronischen Speichermedien in einer für Recherchenzwecke geordneten Form besitzen oder Zugang dazu haben;

iii) das Amt oder die Organisation muss über einen Stab von Mitarbeitern verfügen, der Recherchen auf den erforderlichen technischen Gebieten durchführen kann und ausreichende Sprachkenntnisse besitzt, um wenigstens die Sprachen zu verstehen, in denen der Mindestprüfstoff nach Regel 34 abgefasst oder in die er übersetzt ist;

iv) das Amt oder die Organisation muss über ein Qualitätsmanagementsystem mit internen Revisionsvorkehrungen entsprechend den gemeinsamen Regeln für die Durchführung von internationalen Recherchen verfügen;

PCT International Search and Preliminary Examination Guidelines, Chapter 21, A Common Quality Framework for International Search and Preliminary Examination, www.wipo.int/pct/en/texts/pdf/ispe.pdf (Stand 01.07.2017).

v) das Amt oder die Organisation muss als mit der internationalen vorläufigen Prüfung beauftragte Behörde eingesetzt sein.

Regel 37 Fehlende oder mangelhafte Bezeichnung

37.1 Fehlen der Bezeichnung

Enthält die internationale Anmeldung keine Bezeichnung und hat das Anmeldeamt die Internationale Recherchenbehörde davon in Kenntnis gesetzt, dass es den Anmelder aufgefordert hat, den Mangel zu beseitigen, so **setzt die Internationale Recherchenbehörde die internationale Recherche fort**, bis sie gegebenenfalls davon benachrichtigt wird, dass **die Anmeldung als zurückgenommen gilt**.

37.2 Erstellung der Bezeichnung

Enthält die internationale Anmeldung keine Bezeichnung und hat das Anmeldeamt die Internationale Recherchenbehörde nicht davon unterrichtet, dass der Anmelder zur Vorlage einer Bezeichnung aufgefordert worden ist, oder ist die Internationale Recherchenbehörde der Auffassung, dass die Bezeichnung gegen Regel 4.3 verstößt, **so erstellt sie selbst eine Bezeichnung**. Diese Bezeichnung wird in der Sprache, in der die internationale Anmeldung veröffentlicht wird, oder, wenn eine Übersetzung in einer anderen Sprache nach Regel 23.1 Absatz b übermittelt worden ist und die Internationale Recherchenbehörde dies wünscht, in der Sprache der Übersetzung erstellt.

fehlende Bezeichnung

Regel 38 Fehlende oder mangelhafte Zusammenfassung

38.1 Fehlende Zusammenfassung

Enthält die internationale Anmeldung keine Zusammenfassung und hat das Anmeldeamt die Internationale Recherchenbehörde davon In Kenntnis gesetzt, dass es den Anmelder aufgefordert hat, den Mangel zu beseitigen, so setzt die Internationale Recherchenbehörde die internationale Recherche fort, bis sie gegebenenfalls davon benachrichtigt wird, dass die Anmeldung als zurückgenommen gilt.

R 8   Zusammenfassung
R 48.2   Inhalt der internationalen Veröffentlichung

38.2 Erstellung der Zusammenfassung

Enthält die internationale Anmeldung keine Zusammenfassung und hat das Anmeldeamt die Internationale Recherchenbehörde nicht davon unterrichtet, dass der Anmelder zur Vorlage einer Zusammenfassung aufgefordert worden ist, oder ist die Internationale Recherchenbehörde der Auffassung, dass die Zusammenfassung gegen Regel 8 verstößt, so **erstellt sie selbst eine Zusammenfassung**. Diese Zusammenfassung wird in der Sprache, in der die internationale Anmeldung veröffentlicht wird, oder, wenn eine Übersetzung in einer anderen Sprache nach Regel 23.1 Absatz b übermittelt worden ist und die Internationale Recherchenbehörde dies wünscht, in der Sprache der Übersetzung erstellt.

fehlende Zusammenfassung

VV 515   Änderung der festgesetzten Zusammenfassung aufgrund der Stellungnahme des Anmelders

38.3 Änderung der Zusammenfassung

Der Anmelder kann bis zum Ablauf **eines Monats** nach dem Datum der Absendung des internationalen Recherchenberichts bei der Internationalen Recherchenbehörde
  i) Änderungsvorschläge zur Zusammenfassung einreichen oder,

ii) wenn die Zusammenfassung von dieser Behörde erstellt wurde, **Änderungsvorschläge oder eine Stellungnahme** zu dieser Zusammenfassung einreichen, oder sowohl Änderungsvorschläge als auch eine Stellungnahme und die Behörde entscheidet, ob sie die Zusammenfassung entsprechend ändert. Ändert die Behörde die Zusammenfassung, so teilt sie dem Internationalen Büro diese Änderung mit.

Regel 39 Anmeldungsgegenstand nach Artikel 17 Absatz 2 Buchstabe a Ziffer i
(fehlende Technizität)

39.1 Begriffsbestimmung

Die Internationale Recherchenbehörde ist **nicht verpflichtet**, eine internationale Recherche für eine internationale Anmeldung durchzuführen, wenn und soweit der Anmeldungsgegenstand folgende Gebiete betrifft:
  i) wissenschaftliche und **mathematische** Theorien,
  ii) **Pflanzensorten** oder Tierarten sowie im wesentlichen **biologische** Verfahren zur Züchtung von Pflanzen und Tieren mit Ausnahme **mikrobiologischer** Verfahren und der mit Hilfe dieser Verfahren gewonnenen Erzeugnisse,
  iii) Pläne, Regeln und Verfahren für eine **geschäftliche** Tätigkeit, für rein gedankliche Tätigkeiten oder für Spiele,
  iv) Verfahren zur **chirurgischen** oder **therapeutischen** Behandlung des menschlichen oder tierischen Körpers sowie Diagnostizierverfahren,
  v) bloße Wiedergabe von Informationen,
  vi) **Programme** von Datenverarbeitungsanlagen insoweit, als die Internationale Recherchenbehörde nicht dafür ausgerüstet ist, für solche Programme eine Recherche über den Stand der Technik durchzuführen.

R 39.1 iii) EPA führt keine Recherche bezüglich Geschäftsmethode durch, wenn der Anmeldungsgegenstand keinerlei offensichtlichen technischen Charakter aufweist (Euro-PCT-Leitfaden Rn 258). In diesem Fall erfolgt eine Erklärung nach Art 17 (2). R 39.1 räumt einen Ermessensspielraum ein. Das EPA als ISA übt das Ermessen nach den gleichen Maßstäben aus, die für das EPÜ gelten. (Anhang C der Vereinbarung WIPO-EPA, Mitteilung EPA vom 01.10.2007, ABl. 2007, 592; Euro-PCT-Leitfaden C.III. Rn 257). Siehe auch Anm. zu Art 16 (3) und Art 17 (2) a) i) zu Änderungen der WIPO-EPA Vereinbarung.

R 66.1 e) Bei der internationalen vorläufigen Prüfung ist die IPEA nicht verpflichtet, Anmeldungen auf Geschäftsmethoden zu prüfen, R 67.1 iii).

R 66.1[ter] Im Falle der R 66.1 e) wird hierfür keine zusätzliche Recherche durchgeführt.

Art 17 (2) Wenn EPA als ISA eine standardisierte Nicht-Recherche-Erklärung nach Art 17 (2), R 39 abgegeben und in der europäischen Phase keine Nachrecherche durchgeführt hat, ist im Fall der Beschwerde gegen die Entscheidung die Beschwerdekammer des EPA für den Antrag auf (Teil-)Erstattung von Recherchengebühren nicht zuständig. Eine Rechtsgrundlage für eine Erstattung findet sich weder im PCT noch in der WIPO-EPA-Vereinbarung oder in einem Beschluss des EPA (T 0506/08).

Regel 40 Mangelnde Einheitlichkeit der Erfindung (internationale Recherche)

40.1 Aufforderung zur Zahlung zusätzlicher Gebühren; Frist

In der Aufforderung, gemäß Artikel 17 Absatz 3 Buchstabe a zusätzliche Gebühren zu entrichten,

    i) sind die **Gründe** für die Auffassung anzugeben, dass die internationale Anmeldung dem Erfordernis der Einheitlichkeit der Erfindung nicht genügt,

    ii) ist der Anmelder aufzufordern, die zusätzlichen Gebühren innerhalb eines Monats nach dem Datum der Aufforderung zu entrichten, und ist der Betrag der zu entrichtenden Gebühren zu nennen, und

    iii) ist der Anmelder aufzufordern, gegebenenfalls die Widerspruchsgebühr nach Regel 40.2 Absatz e innerhalb eines Monats nach dem Datum der Aufforderung zu entrichten, und der zu entrichtende **Betrag** zu nennen.

Art 64, 27, R 51bis Es gibt keine Vorbehalte zu R 13, d.h. die Frage der Einheitlichkeit richtet sich in allen regionalen und nationalen Phasen nach R 13.

R 13.2   Die gemeinsamen kennzeichnenden Merkmale

Art 17, R 40   Uneinheitlichkeit bei Internationale Recherche, Auswirkung R 45bis.5 e)

R 45bis.6   Uneinheitlichkeit bei ergänzender internationale Recherche

R 66.1^{ter} Uneinheitlichkeit bei zusätzlicher Recherche

R 68   Uneinheitlichkeit bei internationaler vorläufiger Prüfung

Art 34 (3), R 68   Uneinheitlichkeit bei internationaler vorläufige Prüfung

VV 206   Einheitlichkeit der Erfindung. VV Anlage B zeigt ausführliche Beispiele zur Einheitlichkeit der Erfindung. Weitere Beispiele finden sich in VV 206. U.a. wird die Markush-Praxis erläutert in VV Anlage B Teil 2 III.

W 0013/05-3.3.01   Es ist eine genaue Begründung mit Verweis auf die relevante Stelle in den PCT-Richtlinien für die Recherche, Chapter 10 Unity of Invention, nötig, wenn die Uneinheitlichkeit nicht klar erkennbar ist.

EPA   Zum Verfahren beim EPA siehe Anm. zu Art 17 (3) a).

40.2 Zusätzliche Gebühren

a) Die **Höhe** der zusätzlichen Recherchengebühren nach Artikel 17 Absatz 3 Buchstabe a wird durch die zuständige Internationale Recherchenbehörde festgesetzt.

Zusätzliche Recherchengebühr

Zur Höhe der Gebühr siehe Gebührenübersicht im Anhang, aktueller Stand 01.04.2014, ABl. 2014, A5

Art 2 (1) Nr. 2 GebO, R 158 (1) EPÜ: Dabei wird grundsätzlich der Betrag der internationalen Recherchengebühr erhoben, der am Anmeldetag galt. Spätere Gebührenerhöhungen bleiben unberücksichtigt.

R 16   internationale Recherchengebühr

b) Die zusätzlichen Recherchengebühren nach Artikel 17 Absatz 3 Buchstabe a sind unmittelbar **an die Internationale Recherchenbehörde zu entrichten**.

c) Der Anmelder kann die zusätzlichen Gebühren **unter Widerspruch zahlen**, das heißt, unter Beifügung einer **Begründung** des Inhalts, dass die internationale Anmeldung das Erfordernis der Einheitlichkeit der Erfindung erfülle oder dass der Betrag der geforderten zusätzlichen Gebühren überhöht sei. Der Widerspruch wird von einem im Rahmen der Internationalen Recherchenbehörde gebildeten Überprüfungsgremium geprüft; kommt das Überprüfungsgremium zu dem Ergebnis, dass der Widerspruch begründet ist, so ordnet es die vollständige oder teilweise Rückzahlung der zusätzlichen Gebühren an den Anmelder an. Auf Antrag des Anmelders wird der

Wortlaut des Widerspruchs und der Entscheidung hierüber **den Bestimmungsämtern** zusammen mit dem internationalen Recherchenbericht **mitgeteilt**. Gleichzeitig mit der Übermittlung der Übersetzung der internationalen Anmeldung gemäß Artikel 22 hat der Anmelder eine **Übersetzung des Wortlauts des Widerspruchs und der Entscheidung** hierüber einzureichen.

d) Die Person, die die Entscheidung, die Gegenstand des Widerspruchs ist, getroffen hat, darf dem Überprüfungsgremium nach Absatz c angehören, aber das Überprüfungsgremium darf nicht nur aus dieser Person bestehen.

e) Die Internationale Recherchenbehörde **kann** die Prüfung eines Widerspruchs nach Absatz c davon abhängig machen, dass zu ihren Gunsten eine **Widerspruchsgebühr** an sie entrichtet wird. Hat der Anmelder eine gegebenenfalls zu entrichtende Widerspruchsgebühr nicht innerhalb der **Frist nach Regel 40.1 Ziffer iii** entrichtet, so **gilt der Widerspruch als nicht erhoben** und die Internationale Recherchenbehörde erklärt ihn als nicht erhoben. Die Widerspruchsgebühr ist an den Anmelder zurückzuzahlen, wenn das in Absatz c genannte Überprüfungsgremium den Widerspruch für in vollem Umfang begründet befindet.

Zur Höhe der Widerspruchsgebühr siehe Gebührenübersicht im Anhang.

Zum Verfahren beim EPA siehe Anm. zu Art 17 (3) a).

40.3 [gestrichen]

Regel 41 *(seit 01.07.2017)* **Berücksichtigung der Ergebnisse einer früheren Recherche und Klassifikation**

Regel 41 *(bis 30.06.2017)* **Berücksichtigung der Ergebnisse einer früheren Recherche**

41.1 *(seit 01.07.2017)* Berücksichtigung der Ergebnisse einer früheren Recherche bei einem Antrag nach Regel 4.12

Hat der Anmelder gemäß Regel 4.12 beantragt, dass die Internationale Recherchenbehörde die Ergebnisse einer früheren Recherche berücksichtigt, und sind die Voraussetzungen der Regel 12bis.1 erfüllt, und

i) wurde die frühere Recherche von derselben Internationalen Recherchenbehörde durchgeführt oder von demselben Amt, das als Internationale Recherchenbehörde handelt, so hat die Internationale Recherchenbehörde, soweit dies möglich ist, diese Ergebnisse bei Durchführung der internationalen Recherche zu berücksichtigen;

ii) wurde die frühere Recherche von einer anderen Internationalen Recherchenbehörde durchgeführt oder von einem anderen Amt als jenem, das als Internationale Recherchenbehörde handelt, so kann die Internationale Recherchenbehörde diese Ergebnisse bei Durchführung der internationalen Recherche berücksichtigen.

41.1 *(bis 30.06.2017)* Berücksichtigung der Ergebnisse einer früheren Recherche

Hat der Anmelder gemäß Regel 4.12 beantragt, dass die Internationale Recherchenbehörde die Ergebnisse einer früheren Recherche berücksichtigt, und sind die Voraussetzungen der Regel 12bis.1 erfüllt, und

i) wurde die frühere Recherche von derselben Internationalen Recherchenbehörde durchgeführt oder von demselben Amt, das als Internationale Recherchenbehörde handelt, so hat die Internationale Recherchenbehörde, soweit dies möglich ist, diese Ergebnisse bei Durchführung der internationalen Recherche zu berücksichtigen;

ii) wurde die frühere Recherche von einer anderen Internationalen Recherchenbehörde durchgeführt oder von einem anderen Amt als jenem, das als Internationale Recherchenbehörde handelt, so kann die Internationale Recherchenbehörde diese Ergebnisse bei Durchführung der internationalen Recherche berücksichtigen.

R 4.12 Berücksichtigung der Ergebnisse einer früheren Recherche
R 12bis.1 Einreichung von zu einer früheren Recherche gehörenden Unterlagen durch den Anmelder bei einem Antrag nach R 4.12
R 16.3 Teilweise Rückerstattung der Recherchengebühr
R 41.1 i.V.m. Anhang D. II. (3) und Art 5 (2) der Vereinbarung WIPO-EPA (siehe Art 16 (3) b) erlaubt eine (Teil)-Rückzahlung der Gebühr für die internationale vorläufige Recherche.

Gebührenerstattung

41.2 *(seit 01.07.2017)* Berücksichtigung der Ergebnisse einer früheren Recherche und Klassifikation in anderen Fällen

a) Beansprucht die internationale Anmeldung die Priorität einer oder mehrerer früherer Anmeldungen, hinsichtlich derer eine frühere Recherche von derselben Internationalen Recherchenbehörde oder von demselben Amt, die oder das als Internationale Recherchenbehörde handelt, durchgeführt wurde, so hat die Internationale Recherchenbehörde, soweit dies möglich ist, die Ergebnisse dieser früheren Recherche bei Durchführung der internationalen Recherche zu berücksichtigen.

b) *(seit 01.07.2018)* Hat das Anmeldeamt der Internationalen Recherchenbehörde eine Kopie der Ergebnisse einer früheren Recherche oder einer früheren Klassifikation nach Regel 23bis.2 Absatz a oder c übermittelt oder ist der Internationalen Recherchenbehörde eine solche Kopie in einer für sie akzeptablen Form und Weise zugänglich, zum Beispiel über eine digitale Bibliothek, so kann die Internationale Recherchenbehörde diese Ergebnisse bei Durchführung der internationalen Recherche berücksichtigen.

b) *(von 01.07.2017 bis 30.06.2018)* Hat das Anmeldeamt der Internationalen Recherchenbehörde eine Kopie der Ergebnisse einer früheren Recherche oder einer früheren Klassifikation nach Regel 23bis.2 Absatz a oder b übermittelt oder ist der Internationalen Recherchenbehörde eine solche Kopie in einer für sie akzeptablen Form und Weise zugänglich, zum Beispiel über eine digitale Bibliothek, so kann die Internationale Recherchenbehörde diese Ergebnisse bei Durchführung der internationalen Recherche berücksichtigen.

Die Änderungen zum 01.07.2018 betreffen lediglich die Korrektur eines Verweises auf einen Absatz, der in der Änderung zum 01.07.2017 nicht berücksichtigt wurde (PCT/A/49/5). Die Änderung der Überschrift in R 41.1 ergibt sich aus der Einfügung des neuen Absatzes R 41.2.

R 23bis.2 Übermittlung von zu einer früheren Recherche oder Klassifikation gehörenden Unterlagen für die Zwecke nach Regel 41.2.

Regel 42 Frist für die internationale Recherche

42.1 Frist für die internationale Recherche

Die Frist für die Erstellung des internationalen Recherchenberichts oder für die in Artikel 17 Absatz 2 Buchstabe a genannte Erklärung *(Erklärung, dass kein Rechercheberich erstellt wird)* beträgt **drei Monate** seit dem Eingang des Recherchenexemplars (R 23, R 22 das Rechercheexemplar geht spätestens nach 13 Monate ein, so dass die Ge-

samtfrist i.V.m. R 42.1 16 Monate beträgt) bei der Internationalen Recherchenbehörde oder **neun Monate** seit dem Prioritätsdatum, je nachdem welche Frist später abläuft.

Regel 43 Der internationale Recherchenbericht

43.1 Angaben

Im internationalen Recherchenbericht ist die Internationale Recherchenbehörde, die den Bericht erstellt hat, mit ihrer amtlichen Bezeichnung anzugeben; die internationale Anmeldung ist durch Angabe des internationalen Aktenzeichens, den Namen des Anmelders und das internationale Anmeldedatum zu kennzeichnen.

43.2 Daten

Der internationale Recherchenbericht muss datiert werden und angeben, wann die internationale Recherche tatsächlich abgeschlossen worden ist. Außerdem ist das Anmeldedatum einer früheren Anmeldung, deren Priorität in Anspruch genommen wird, oder, wenn die Priorität mehrerer früherer Anmeldungen in Anspruch genommen wird, das Anmeldedatum der frühesten anzugeben.

43.3 Klassifikation

a) Der internationale Recherchenbericht muss die Klassifikation des Gegenstandes zumindest nach der Internationalen Patentklassifikation enthalten.
b) Diese Klassifikation ist durch die Internationale Recherchenbehörde vorzunehmen.

43.4 Sprache

Sprache des Recherchenberichts

Der internationale Recherchenbericht und Erklärungen nach Artikel 17 Absatz 2 Buchstabe a werden in der Sprache, in der die zugehörige internationale Anmeldung veröffentlicht wird, erstellt, vorausgesetzt, dass:

i) wenn eine Übersetzung der internationalen Anmeldung in eine andere Sprache nach Regel 23.1 Absatz b übermittelt worden ist und die Internationale Recherchenbehörde dies wünscht, der internationale Recherchenbericht und Erklärungen nach Artikel 17 Absatz 2 Buchstabe a in der Sprache der Übersetzung erstellt werden können;

ii) wenn die internationale Anmeldung in der Sprache einer nach Regel 12.4 eingereichten Übersetzung veröffentlicht werden soll, die von der Internationalen Recherchenbehörde nicht zugelassen ist, und die Behörde dies wünscht, der internationale Recherchenbericht und Erklärungen nach Artikel 17 Absatz 2 Buchstabe a in einer Sprache, die sowohl von dieser Behörde zugelassen ist, als auch eine Veröffentlichungssprache nach Regel 48.3 Absatz a ist, erstellt werden können.

43.5 Angabe der Unterlagen

a) Im internationalen Recherchenbericht sind alle Unterlagen anzugeben, die als wesentlich angesehen werden.
b) Die Art und Weise der Kennzeichnung der Unterlagen wird in den Verwaltungsvorschriften geregelt.
c) Unterlagen von besonderer Bedeutung sind hervorzuheben.

VV 505 Kennzeichnung von Unterlagen von besonderer Bedeutung im internationalen Recherchenbericht

d) Unterlagen, die sich nicht auf alle Ansprüche beziehen, sind im Zusammenhang mit dem Anspruch oder den Ansprüchen, auf die sie sich beziehen, anzugeben.

e) Sind nur bestimmte Abschnitte der angegebenen Unterlage einschlägig oder besonders einschlägig, so werden sie näher, z.B. durch Angabe der Seite, der Spalte oder der Zeilen gekennzeichnet. Wenn eine Unterlage insgesamt einschlägig ist, aber einige Abschnitte davon besonders, so sind diese, soweit möglich, zu kennzeichnen.

43.6 Recherchierte Sachgebiete

a) Im internationalen Recherchenbericht ist die Klassifikationsbezeichnung der in die internationale Recherche einbezogenen Sachgebiete aufzuführen. Falls eine solche Angabe nicht auf der Internationalen Patentklassifikation beruht, gibt die Internationale Recherchenbehörde die benutzte Klassifikation an.

b) Hat sich die internationale Recherche auf Patente, Erfinderscheine, Gebrauchszertifikate, Gebrauchsmuster, Zusatzpatente oder -zertifikate, Zusatzerfinderscheine, Zusatzgebrauchszertifikate oder veröffentlichte Anmeldungen einer dieser Schutzrechtsarten aus anderen Staaten, aus anderen Zeiträumen oder in anderen Sprachen erstreckt, als sie in dem Mindestprüfstoff nach Regel 34 aufgeführt sind, so werden im internationalen Recherchenbericht, falls durchführbar, die Art der Unterlagen, die Staaten, die Zeiträume und die Sprachen, auf die sich der Recherchenbericht erstreckt, angegeben. Auf diesen Absatz ist Artikel 2 Ziffer ii nicht anzuwenden.

c) Ist die internationale Recherche auf eine elektronische Datenbank gestützt oder ausgedehnt worden, so können im internationalen Recherchenbericht der Name der Datenbank und, soweit dies möglich ist und für andere nützlich erscheint, die verwendeten Suchbegriffe angegeben werden.

43.6^{bis} Berücksichtigung von Berichtigungen offensichtlicher Fehler

a) Zum Zwecke der internationalen Recherche muss die Internationale Recherchenbehörde die Berichtigung eines offensichtlichen Fehlers, der nach Regel 91.1 zugestimmt wurde, vorbehaltlich des Absatzes b berücksichtigen, und der internationale Recherchenbericht muss eine diesbezügliche Angabe enthalten.

b) Die Internationale Recherchenbehörde muss die Berichtigung eines offensichtlichen Fehlers für die Zwecke der internationalen Recherche nicht berücksichtigen, sofern sie der Berichtigung zugestimmt hat bzw. diese ihr mitgeteilt wurde, nachdem sie mit der Erstellung des internationalen Recherchenberichts begonnen hat. In diesem Fall hat der Bericht, wenn möglich, eine entsprechende Angabe zu enthalten, andernfalls unterrichtet die Internationale Recherchenbehörde das Internationale Büro entsprechend und das Internationale Büro verfährt nach Maßgabe der Verwaltungsvorschriften.

R 66.1 d)^{bis} Entsprechende Regelung für IPEA
R 70.2 e) Entsprechende Regelung für IPEA
VV 413 c Einbeziehung durch Verweis und Berichtigungen

43.7 Bemerkungen zur Einheitlichkeit der Erfindung

Hat der Anmelder zusätzliche Gebühren für die internationale Recherche gezahlt, so wird dies im internationalen Recherchenbericht angegeben. Ist die internationale Recherche ausschließlich für die Haupterfindung oder nicht für alle Erfindungen (Artikel 17 Absatz 3 Buchstabe a) durchgeführt worden, so gibt der internationale Recherchenbericht ferner an, für welche Teile der internationalen Anmeldung die internationale Recherche durchgeführt worden ist und für welche nicht.

43.8 Zuständiger Bediensteter

Im internationalen Recherchenbericht ist der Name des für den Bericht verantwortlichen Bediensteten der Internationalen Recherchenbehörde anzugeben.

VV 514   Zuständiger Bediensteter

43.9 Zusätzliche Angaben

Der internationale Recherchenbericht darf keine anderen Angaben enthalten als die in den Regeln 33.1 Absätze b und c, 43.1 bis 43.3, 43.5 bis 43.8 und 44.2 genannten Angaben und den Hinweis nach Artikel 17 Absatz 2 Buchstabe b, es sei denn, die Verwaltungsvorschriften gestatten die Aufnahme bestimmter zusätzlicher Angaben in den internationalen Recherchenbericht. Meinungsäußerungen, Begründungen, Argumente oder Erläuterungen dürfen weder im internationalen Recherchenbericht enthalten sein noch durch die Verwaltungsvorschriften zugelassen werden.

43.10 Form

Die Formerfordernisse für den internationalen Recherchenbericht werden durch die Verwaltungsvorschriften festgelegt.

Regel 43bis Schriftlicher Bescheid der Internationalen Recherchenbehörde

43bis.1   Schriftlicher Bescheid

a) Vorbehaltlich der Regel 69.1 Absatz b-^{bis} erstellt die Internationale Recherchenbehörde gleichzeitig mit der Erstellung des internationalen Recherchenberichts oder der Erklärung nach Artikel 17 Absatz 2 Buchstabe a einen schriftlichen Bescheid darüber,

R 42.1   Frist für die Erstellung des ISR

i) ob die beanspruchte Erfindung als neu, auf erfinderischer Tätigkeit beruhend (nicht offensichtlich) und gewerblich anwendbar anzusehen ist;
ii) ob die internationale Anmeldung die Erfordernisse des Vertrags und dieser Ausführungsordnung erfüllt, soweit die Internationale Recherchenbehörde dies geprüft hat.
Der schriftliche Bescheid enthält ferner die übrigen in dieser Ausführungsordnung vorgesehenen Bemerkungen.

Der schriftliche Bescheid nach R 43bis wird vom EPA in seiner Funktion als ISA als WO-ISA bezeichnet (Euro-PCT-Leitfaden C.II. Rn 223). Prüfung von Anforderungen an die PCTa durch das EPA PCT-EPA-RiLi Teil F.

b) Für die Zwecke der Erstellung des schriftlichen Bescheids finden die Artikel 33 Absätze 2 bis 6 *(Stand der Technik, erfinderische Tätigkeit)* und 35 Absätze 2 und 3 *(IPRP)* sowie die Regeln 43.4 *(Sprache des ISR)*, 43.6^{bis} *(offensichtliche Fehler)*, 64 *(Stand der Technik für die IVP)*, 65 *(erfinderische Tätigkeit)*, 66.1 Absatz e *(nicht recherchierte Gegenstände)*, 66.7 *(Prioritätsbeleg)*, 67 *(Technizität)*, 70.2 Absätze b und d *(Grundlagen des IPRP II)*, 70.3 *(Nennung der Behörde)*, 70.4 Ziffer ii *(Datum)*, 70.5 Absatz a *(Patentklassen)*, 70.6 bis 70.10 *(Angaben im IPRP II)*, 70.12 *(Mängel)*, 70.14 *(zuständiger Bediensteter)* und 70.15 Absatz a *(Titel des Berichts)* entsprechend Anwendung.

VV 421   Anforderung einer Kopie des Prioritätsbelegs
VV 514   Zuständigkeit

c) Der schriftliche Bescheid enthält eine Mitteilung an den Anmelder, wonach im Falle der Beantragung einer internationalen vorläufigen Prüfung der schriftliche Bescheid gemäß Regel 66.1^{bis} Absatz a, aber vorbehaltlich der Regel 66.1^{bis} Absatz b **als schriftlicher Bescheid der mit der internationalen vorläufigen Prüfung beauftragten Behörde** für die Zwecke der Regel 66.2 Absatz a **anzusehen** ist, und der Anmelder in diesem Fall aufgefordert wird, bei dieser Behörde vor Ablauf der Frist nach Regel 54bis.1 Absatz a eine schriftliche Stellungnahme und, wo dies angebracht ist, Änderungen einzureichen.

Im Gegensatz zum Verfahren IPRP II besteht **nicht** die Möglichkeit, Einfluss durch Änderungen nach Art 34, durch schriftliche **Gegenvorstellungen** oder durch mündliche Unterredung mit dem Prüfer zu nehmen. Änderungen nach Art 19 sind erst nach Erstellung des Recherchenberichts zulässig, und werden daher nicht im schriftlichen Bescheid berücksichtigt. Aufgrund eines Beschlusses der PCT-Versammlung (Bericht v. 29.09.–01.10.2002, Abs. 47, Dok. Nr. PCT/A31/10, FN 1) besteht jedoch die Möglichkeit der **informellen Stellungnahme zum schriftlichen Bescheid**. Die Stellungnahme ist ausschließlich **beim IB** einzureichen und deutlich als solche zu bezeichnen. Das IB akzeptiert jede Sprache. Es wird empfohlen, die Stellungnahme vor Ablauf von 28 Monaten ab Prioritätsdatum einzureichen, damit sie dem Bestimmungsamt beim Eintritt in die nationale Phase vorliegt. Sie wird zusammen mit dem IPRP I an die BA übermittelt, es sei denn ein IPRP II wird erstellt. Bei einem Antrag auf IVP nach Einreichung einer informellen Stellungnahme wird die Stellungnahme nicht weitergeleitet, diese kann aber der Anmelder bei der IPEA einreichen (Applicant's Guide int. P. Nr. 7.030, Euro-PCT-Leitfaden C. Rn 246). Eine Stellungnahme zum Recherchenbericht ist nicht vorgesehen (Applicant's Guide int. P. Nr. 7025A).

Informelle Stellungnahme

R 161 EPÜ Aufforderung an Anmelder zur Stellungnahme nach Eintritt in die europäische Phase; Reaktion des Anmelders ist bei negativem Bescheid zur Vermeidung von Nachteilen (Rücknahmefiktion) seit 01.04.2010 zwingend, Änderungen zu IPRP I durch EPA als ISA (nicht EPA als IPEA) können als Erwiderung gelten, aber auch unabhängig davon eingereicht werden. R 137 EPÜ ist zu beachten. Euro-PCT-Leitfaden E.IV. Rn 501 ff.

Art 17 Verfahren vor der ISA
Art 18 Der internationale Recherchenbericht
R 89bis Elektronische Aktenführung beim EPA
EPA Seit dem 01.11.2014 müssen informelle Stellungnahmen des Anmelders im Rahmen des **PCT-Direkt** Verfahrens beim EPA berücksichtigt werden, was nicht mit der oben genannten Einreichung beim IB zu verwechseln ist. Die Einreichung des »PCT-Direkt-Schreibens« mit der auf Einwände im Recherchenbescheid des EPA zu einer früheren Prioritätsanmeldung reagiert werden kann, erfolgt **beim EPA als Anmeldeamt** gleichzeitig mit der PCTa ohne jedoch Bestandteil der Anmeldung zu sein. Wesentliche Voraussetzung ist, dass die PCTa die Priorität einer vom EPA recherchierten früheren europäischen oder nationalen Anmeldung beansprucht. Zu Details siehe ABl. 2017, A21. Derzeit führt das EPA nationale Recherchen für BE, CY, FR, GR, IT, LT, LU, LV, MC, MT, NL, SM und TR durch (Applicant's Guide Annex D (EP) Stand 01.08.2018). Seit dem 01.07.2015 steht das Verfahren auch beim **EPA als ISA** – unabhängig vom gewählten Anmeldeamt – für PCTa zur Verfügung, die ab diesem Datum eingereicht werden.

PCT-Direkt

Seit dem 01.04.2017 übermittelt das EPA dem Anmelder bei Uneinheitlichkeit eine vorläufige Stellungnahme zur Patentierbarkeit. Siehe dazu die Anmerkung unter Art 17 (3) a).

Regeln zu Kapitel I des Vertrags

Regel 44 Übermittlung des internationalen Recherchenberichts, des schriftlichen Bescheids und so weiter

Übermittlung des Recherchenberichts

44.1 Kopien des Berichts oder der Erklärung und des schriftlichen Bescheids

Die Internationale Recherchenbehörde übermittelt am gleichen Tag je eine Kopie des internationalen Recherchenberichts oder der Erklärung nach Artikel 17 Absatz 2 Buchstabe a und eine Kopie des schriftlichen Bescheids nach Regel 43bis.1 dem Internationalen Büro und dem Anmelder.

44.2 Bezeichnung oder Zusammenfassung

Der internationale Recherchenbericht stellt entweder fest, dass die Internationale Recherchenbehörde die Bezeichnung und die Zusammenfassung, wie vom Anmelder eingereicht, für zutreffend hält, oder gibt den Wortlaut der Bezeichnung und der Zusammenfassung an, wie er durch die Internationale Recherchenbehörde nach den Regeln 37 und 38 erstellt worden ist.

44.3 Kopien angegebener Unterlagen

a) Der Antrag nach Artikel 20 Absatz 3 kann jederzeit innerhalb von sieben Jahren vom internationalen Anmeldedatum der internationalen Anmeldung, auf die sich der internationale Recherchenbericht bezieht, an gestellt werden.

b) Die Internationale Recherchenbehörde kann verlangen, dass der Antragsteller (Anmelder oder Bestimmungsamt) die Kosten der Herstellung und Versendung der Kopien erstattet. Die Höhe der Herstellungskosten der Kopien wird in den in Artikel 16 Absatz 3 Buchstabe b genannten Vereinbarungen zwischen den Internationalen Recherchenbehörden und dem Internationalen Büro festgesetzt.

Art 3 (1) GebO i.V.m. Beschluss v. 22.11.2011, ABl. 2011, 658 für Zahlungen seit 01.04.2012: € 0,80, unverändert gemäß ABl. 2018, A32, das auf ABl. 2014, A13 Nr. 2.1–14. verweist.

R 45bis.7 Erhebung von Kopiekosten durch SISA bei ergänzendem internationalem Recherchebericht

c) [gestrichen]
d) Die Internationale Recherchenbehörde kann den Verpflichtungen nach den Absätzen a und b durch eine andere ihr verantwortliche Stelle nachkommen.

Art 17 Verfahren vor der ISA
Art 18 Der internationale Recherchenbericht
R 89bis Elektronische Aktenführung beim EPA

Regel 44bis Internationaler vorläufiger Bericht der Internationalen Recherchenbehörde zur Patentfähigkeit

44bis.1 Erstellung des Berichts; Übermittlung an den Anmelder

a) Sofern ein internationaler vorläufiger Prüfungsbericht nicht erstellt worden ist oder nicht erstellt werden soll, erstellt das Internationale Büro für die Internationale Recherchenbehörde einen Bericht über die in Regel 43bis.1 Absatz a genannten Fragen (in dieser Regel als »Bericht« bezeichnet). Der Bericht hat den gleichen Inhalt wie der nach Regel 43bis.1 erstellte schriftliche Bescheid.

IPRP I b) Der Bericht trägt den Titel »internationaler vorläufiger Bericht zur Patentfähigkeit (Kapitel I des Vertrags über die internationale Zusammenarbeit auf dem Gebiet des Patentwesens)« und enthält einen Hinweis darauf, dass er nach Maßgabe dieser Regel vom Internationalen Büro für die Internationale Recherchenbehörde erstellt wurde.

c) Das Internationale Büro übermittelt dem Anmelder unverzüglich eine Abschrift des gemäß Absatz a erstellten Berichts.

Frist Der IPRP I wird vom IB 30 Monate nach dem Prioritätsdatum erstellt. Zu diesem Zeitpunkt muss der IPRP I an die Bestimmungsämter übermittelt werden. In der Praxis wird dazu lediglich dem ISR ein Deckblatt hinzugefügt. Der IPRP I ist daher auf PATENTSCOPE nach 30 Monaten einsehbar (siehe die Empfehlungen der Working Group PCT/WG/6/13, www.wipo.int/edocs/mdocs/pct/en/pct_wg_6/pct_wg_6_13.pdf, die von der PCT-Versammlung am 2. Oktober 2013 angenommen wurde).

R 69.1 Frist für die Erstellung des IPRP II: 28 Monate

44bis.2 Übermittlung an die Bestimmungsämter

a) Ist ein Bericht nach Regel 44bis.1 erstellt worden, so übermittelt ihn das Internationale Büro gemäß Regel 93bis.1 jedem Bestimmungsamt, jedoch nicht vor Ablauf von 30 Monaten ab dem Prioritätsdatum.

b) Stellt der Anmelder bei einem Bestimmungsamt einen ausdrücklichen Antrag nach Artikel 23 Absatz 2, so übermittelt das Internationale Büro diesem Amt auf dessen Antrag oder auf Antrag des Anmelders unverzüglich eine Kopie des nach Regel 43bis.1 von der Internationalen Recherchenbehörde erstellten schriftlichen Bescheids.

Art 23 (2) Antrag auf vorzeitige Bearbeitung

44bis.3 Übersetzung für die Bestimmungsämter

a) Jeder Bestimmungsstaat kann, wenn ein Bericht nach Regel 44bis.1 nicht in der oder einer der Amtssprachen seines nationalen Amts erstellt worden ist, eine Übersetzung des Berichts in die englische Sprache verlangen. Jedes Verlangen dieser Art ist dem Internationalen Büro mitzuteilen, das die Mitteilung unverzüglich im Blatt veröffentlicht.

b) Wird eine Übersetzung nach Absatz a verlangt, so ist sie vom Internationalen Büro oder unter dessen Verantwortung anzufertigen.

c) Das Internationale Büro übermittelt jedem interessierten Bestimmungsamt und dem Anmelder eine Kopie der Übersetzung zum gleichen Zeitpunkt, zu dem es dem Amt den Bericht übermittelt.

d) In dem in Regel 44bis.2 Absatz b genannten Fall ist der nach Regel 43bis.1 erstellte schriftliche Bescheid auf Antrag des betreffenden Bestimmungsamts vom Internationalen Büro oder unter dessen Verantwortung in die englische Sprache zu übersetzen. Das Internationale Büro übermittelt innerhalb von zwei Monaten nach dem Eingangsdatum des Übersetzungsantrags dem betreffenden Bestimmungsamt eine Kopie der Übersetzung; gleichzeitig übermittelt es dem Anmelder eine Kopie.

44bis.4 Stellungnahme zu der Übersetzung

Der Anmelder kann schriftlich zur Richtigkeit der in Regel 44bis.3 Absatz b oder d genannten Übersetzung Stellung nehmen; er hat eine Abschrift dieser Stellungnahme jedem interessierten Bestimmungsamt und dem Internationalen Büro übermitteln.

Art 17 Verfahren vor der ISA
Art 18 Der internationale Recherchenbericht
R 89bis Elektronische Aktenführung beim EPA

Regel 44ter [gestrichen]

Regel 45 Übersetzung des internationalen Recherchenberichts

Übersetzung des Recherchenberichts

45.1 Sprachen

Internationale Recherchenberichte und Erklärungen nach Artikel 17 Absatz 2 Buchstabe a sind, wenn sie nicht in englischer Sprache abgefasst sind, **in die englische Sprache** zu übersetzen.

Regel 45bis Ergänzende internationale Recherchen

Das Verfahren bezweckt, eine Verringerung der Wahrscheinlichkeit, dass neue für den Stand der Technik einschlägige Dokumente in der nationalen Phase nach beträchtlichem Kostenaufwand gefunden werden und soll die wachsende Sprachenvielfalt beim Stand der Technik berücksichtigen. Die Beurteilung der Chancen des nationalen Verfahrens und das Vertrauen der BA in die Ergebnisse der internationalen Phase sollen verbessert und nationale Recherchen dadurch reduziert werden.

Einzelheiten für die Durchführung der SIS beim EPA sind im Euro-PCT-Leitfaden C.IV. Rn 275 ff. enthalten, und in der Mitteilung v. 27.10.2014 (ABl. 2014 A117 ändert Mitteilung v. 24.03.2010, ABl. 5/2010, 316) aufgeführt.

45bis.1 Antrag auf eine ergänzende Recherche

Frist

a) *(seit 01.07.2017)* Der Anmelder kann **jederzeit vor Ablauf von 22 Monaten** nach dem Prioritätsdatum beantragen, dass zu der internationalen Anmeldung eine ergänzende internationale Recherche durch eine nach Regel 45bis.9 hierfür zuständige Internationale Recherchenbehörde durchgeführt wird. Solche Anträge können in Bezug auf mehr als eine solche Behörde gestellt werden.

a) *(bis 30.06.2017)* Der Anmelder kann **jederzeit vor Ablauf von 19 Monaten** nach dem Prioritätsdatum beantragen, dass zu der internationalen Anmeldung eine ergänzende internationale Recherche durch eine nach Regel 45bis.9 hierfür zuständige Internationale Recherchenbehörde durchgeführt wird. Solche Anträge können in Bezug auf mehr als eine solche Behörde gestellt werden.

Die Änderung der Frist in R 45bis.1 a) gilt ab dem 01.07.2017 für alle internationalen Anmeldungen unabhängig vom internationalen Anmeldedatum für solche Anmeldungen, bei denen die Frist für den Antrag auf ergänzende internationale Recherche nach R 45bis.1a) in der Fassung bis 30.06.2017 am 01.07.2017 noch nicht abgelaufen ist.

VV 102 f), g) Das Formular PCT/IB/375 ist zu verwenden.

R 90   Anwalt kann bestellt werden
          Bestellung speziell zur Vertretung vor dem EPA als SISA möglich (Euro-PCT-Leitfaden C.IV. Rn 290

R 90bis.3bis Zurücknahme des Antrags auf eine ergänzende Recherche

R 90bis.6 b) Einstellung der Bearbeitung nach bei Zurücknahme der internationalen Anmeldung

Inhalt

b) Ein Antrag nach Absatz a (»Antrag auf eine ergänzende Recherche«) ist **beim Internationalen Büro** einzureichen und hat zu enthalten:

i) den Namen und die Anschrift des Anmelders und gegebenenfalls des Anwalts, die Bezeichnung der Erfindung, das internationale Anmeldedatum und das internationale Aktenzeichen,

VV 108 Korrespondenzadresse
VV 109, 110 Aktenzeichen, Daten

ii) die Internationale Recherchenbehörde, die ersucht wird, die ergänzende internationale Recherche durchzuführen (»**für die ergänzende Recherche bestimmte Behörde**«) und,

iii) wenn die internationale Anmeldung in einer Sprache eingereicht wurde, die von dieser Behörde nicht zugelassen ist, die Angabe, ob eine beim Anmeldeamt nach Regel 12.3 oder 12.4 eingereichte Übersetzung die Grundlage für die ergänzende internationale Recherche bilden soll.

Zugelassene Sprachen siehe jeweils Annex SISA Applicant's Guide, bei EP als SISA: Deutsch, Englisch, Französisch; Vereinbarung WIPO-EPA Anhang B, siehe Anm. zu Art 16 (3) b))
R 92.2 d) Korrespondenzsprache mit IB auf Englisch oder Französisch und in weiteren nach den Verwaltungsvorschriften zugelassenen Sprachen. Gilt für Antrag auf ergänzende Recherche (Applicant's Guide int. P Nr. 8.009)

c) Dem Antrag auf eine ergänzende Recherche ist gegebenenfalls Folgendes beizufügen:

i) wenn weder die Sprache, in der die internationale Anmeldung eingereicht *Sprache* wurde, noch die Sprache, in der gegebenenfalls eine Übersetzung nach Regel 12.3 oder 12.4 eingereicht wurde, von der für die ergänzende Recherche bestimmten Behörde zugelassen ist, eine Übersetzung der internationalen Anmeldung in einer Sprache, die von dieser Behörde zugelassen ist;

siehe Anmerkung zu Abs. b) iii)

ii) vorzugsweise eine Kopie eines Sequenzprotokolls in elektronischer Form, das dem in den Verwaltungsvorschriften vorgeschriebenen Standard entspricht, sofern dies von der für die ergänzende Recherche bestimmten Behörde verlangt wird.

R 13ter AT, EP, FI, RU, SE, SG, TR, UA, XN, XV als SISA verlangen Kopie eines Sequenzprotokolls in elektronischer Form

d) Ist die Internationale Recherchenbehörde zu der Auffassung gelangt, dass die in- *Beschränkung* ternationale Anmeldung das Erfordernis der Einheitlichkeit der Erfindung nicht erfüllt, so kann der Antrag auf eine ergänzende Recherche eine Angabe des Wunsches des Anmelders enthalten, die ergänzende internationale Recherche auf eine der Erfindungen zu beschränken, die von der Internationalen Recherchenbehörde festgestellt wurden und bei denen es sich nicht um die Haupterfindung nach Artikel 17 Absatz 3 Buchstabe a handelt.

R 13 Einheitlichkeit der Erfindung
Es besteht allerdings keine Verpflichtung der SISA andere, von ISA nicht recherchierte Ansprüche zu recherchieren. (Euro-PCT-Leitfaden C.IV. Rn 285)

e) Der Antrag auf eine ergänzende Recherche gilt als nicht gestellt und wird vom In- *Mängel* ternationalen Büro als nicht gestellt erklärt, wenn

i) er nach Ablauf der Frist nach Absatz a eingeht oder

ii) die für die ergänzende Recherche bestimmte Behörde in der anwendbaren Vereinbarung nach Artikel 16 Absatz 3 Buchstabe b ihre Bereitschaft, derartige Recherchen durchzuführen, nicht erklärt hat oder nach Regel 45bis.9 Absatz b hierfür nicht zuständig ist.

45bis.2 Bearbeitungsgebühr für die ergänzende Recherche

Bearbeitungsgebühr

a) Für den Antrag auf eine ergänzende Recherche ist eine Gebühr **zugunsten des Internationalen Büros** (»Bearbeitungsgebühr für die ergänzende Recherche«) zu zahlen, die sich aus dem Gebührenverzeichnis ergibt.

b) Die Bearbeitungsgebühr für die ergänzende Recherche ist in der Währung zu zahlen, in der die Gebühr im Gebührenverzeichnis angegeben ist, oder in einer anderen vom Internationalen Büro vorgeschriebenen Währung. Der Betrag in einer solchen Währung stellt den vom Internationalen Büro festgesetzten Gegenwert des im Gebührenverzeichnis angegebenen Betrags in runden Zahlen dar und wird im Blatt veröffentlicht.

IB akzeptiert nur Sfr, Applicant's Guide int. P. Nr. 8.031

Zahlungsfrist

c) Die Bearbeitungsgebühr für die ergänzende Recherche ist **innerhalb eines Monats** nach Eingang des Antrags auf eine ergänzende Recherche an das Internationale Büro zu zahlen. Zu zahlen ist der zum Zeitpunkt der Zahlung geltende Betrag.

Rückerstattung

d) Das Internationale Büro erstattet dem Anmelder die Bearbeitungsgebühr für die ergänzende Recherche zurück, wenn die internationale Anmeldung vor Übermittlung der in Regel 45bis.4 Absatz e Ziffern i bis iv genannten Unterlagen an die für die ergänzende Recherche bestimmte Behörde zurückgenommen wird oder als zurückgenommen gilt oder wenn der Antrag auf eine ergänzende Recherche vor dieser Übermittlung zurückgenommen wird oder nach Regel 45bis.1 Absatz e als nicht gestellt gilt.

R 45bis.4 d) keine Rückerstattung, aber anders bei R 45bis.3 d) (Kommentar der PCT-Working Group S.2, 3 PCT/WG/2/10)

45bis.3 Gebühr für die ergänzende Recherche

Gebühr für die ergänzende Recherche

a) Jede Internationale Recherchenbehörde, die ergänzende internationale Recherchen durchführt, kann verlangen, dass der Anmelder **zugunsten der Behörde** eine Gebühr (»Gebühr für die ergänzende Recherche«) für die Durchführung dieser Recherche entrichtet.

Einführung der Gebühr des EPA seit 01.07.2010 (ABl. 2009, 593) Zur Höhe der Gebühr siehe Gebührenübersicht im Anhang, aktueller Stand 01.04.2016, Zusatzpublikation ABl. 2/2016, S. 4; ABl. 2011, 616; 2012, 256

WIPO-SISA Vereinbarung jeweils unter Anhang D I. und www.wipo.int/pct/en/access/isa_ipea_agreements.html geregelt, siehe auch Annex SISA, Applicant's Guide

b) Die Gebühr für die ergänzende Recherche wird vom Internationalen Büro erhoben. Regel 16.1 Absätze b bis e *(Währung der Recherchengebühr)* ist entsprechend anzuwenden.

Frist 1 Monat

c) Auf die Frist für die Zahlung der Gebühr für die ergänzende Recherche und den zu zahlenden Betrag ist Regel 45bis.2 Absatz c entsprechend anzuwenden.

Zur Höhe der Gebühr siehe Gebührenübersicht und Zusatzpublikation ABl.2/2016, S. 4, davor ABl. 2011, 616 ersetzt ABl. 2009, 593

Rückerstattung

d) Das Internationale Büro erstattet dem Anmelder die Gebühr für die ergänzende Recherche zurück, wenn die internationale Anmeldung vor Übermittlung der in Regel 45bis.4 Absatz e Ziffern i bis iv genannten Unterlagen an die für die ergänzende Recherche bestimmte Behörde zurückgenommen wird oder als zurückgenommen gilt oder wenn der Antrag auf eine ergänzende Recherche vor dieser Übermittlung zurückgenommen wird oder nach Regel 45bis.1 Absatz e oder 45bis.4 Absatz d als nicht gestellt gilt.

R 45bis.2 d) andere Rückerstattungsgründe

Gebührenerstattung und -ermäßigung in allen neueren Vereinbarungen jeweils in Anhang D statt C der WIPO-SISA Vereinbarung, www.wipo.int/pct/en/access/isa_ipea_agreements.html und Annex SISA, Applicant's Guide

R 90bis.6 b) Wirkung der Zurücknahme, Einstellung der Bearbeitung

e) Die für die ergänzende Recherche bestimmte Behörde erstattet die Gebühr für die ergänzende Recherche in dem Umfang und nach den Bedingungen, die in der anwendbaren Vereinbarung nach Artikel 16 Absatz 3 Buchstabe b *(z.B. Vereinbarung WIPO-EPO)* festgesetzt sind, zurück, wenn der Antrag auf eine ergänzende Recherche gemäß Regel 45bis.5 Absatz g als nicht gestellt gilt, bevor diese Behörde die ergänzende internationale Recherche nach Regel 45bis.5 Absatz a begonnen hat.

Bedingungen und Höhe der Rückerstattung ist in der jeweiligen Vereinbarung WIPO-SISA neuerdings meist unter Anhang D statt C (www.wipo.int/pct/en/access/isa_ipea_agreements.html) geregelt, siehe auch Annex SISA, Applicant's Guide.

45bis.4 Prüfung des Antrags auf eine ergänzende Recherche; Mängelbeseitigung; verspätete Entrichtung der Gebühren; Übermittlung an die für die ergänzende Recherche bestimmte Behörde

Formalprüfung durch IB

a) Das Internationale Büro prüft unverzüglich nach Eingang eines Antrags auf eine ergänzende Recherche, ob dieser die Erfordernisse der Regel 45bis.1 Absätze b und c Ziffer i erfüllt, und fordert den Anmelder auf, etwaige Mängel innerhalb einer Frist von einem Monat nach dem Datum der Aufforderung zu beseitigen.

Mängelbeseitigungsfrist

b) Stellt das Internationale Büro im Zeitpunkt der Fälligkeit nach den Regeln 45bis.2 Absatz c und 45bis.3 Absatz c fest, dass die Bearbeitungsgebühr für die ergänzende Recherche und die Gebühr für die ergänzende Recherche nicht in voller Höhe entrichtet worden sind, so fordert es den Anmelder auf, ihm innerhalb einer **Frist von einem Monat** nach dem Datum der Aufforderung den zur Deckung dieser Gebühren erforderlichen Betrag und die Gebühr für verspätete Zahlung nach Absatz c zu entrichten.

Verzug und Zahlungsaufforderung

Vor Ablauf der 1-Monatsfrist erfolgt nur Aufforderung bzgl. ausstehenden Gebühren, danach in Verbindung mit Aufforderung bzgl. Verspätungsgebühr mit Formular PCT/IB/377 (Applicant's Guide int. P. Nr. 8.035.

c) Die Zahlung von Gebühren aufgrund einer Aufforderung nach Absatz b ist davon abhängig, dass dem Internationalen Büro zu seinen Gunsten eine Gebühr für verspätete Zahlung in **Höhe von 50 % der Bearbeitungsgebühr** für die ergänzende Recherche entrichtet wird.

Gebühr für verspätete Zahlung

d) Reicht der Anmelder die erforderliche Mängelbeseitigung nicht vor Ablauf der nach Absatz a maßgeblichen Frist ein oder entrichtet er nicht vor Ablauf der nach Absatz b maßgeblichen Frist die fälligen Gebühren in voller Höhe, einschließlich der Gebühr für verspätete Zahlung, so **gilt der Antrag auf eine ergänzende Recherche als nicht gestellt**; das Internationale Büro gibt eine diesbezügliche Erklärung ab und unterrichtet den Anmelder entsprechend.

e) Wird festgestellt, dass die **Erfordernisse** der Regeln 45bis.1 Absatz b und Absatz c Ziffer i, 45bis.2 Absatz c und 45bis.3 Absatz c **erfüllt** sind, so **übermittelt** das Internationale Büro unverzüglich, jedoch **nicht vor Eingang des internationalen Recherchenberichts** bei ihm **oder vor Ablauf von 17 Monaten nach dem Prioritätsdatum**, je nachdem, was zuerst eintritt, der für die ergänzende Recherche bestimmten Behörde eine Kopie folgender Unterlagen:

Übermittlung Unterlagen IB an SISA

i) des Antrags auf eine ergänzende Recherche,
ii) der internationalen Anmeldung,
iii) gegebenenfalls eines nach Regel 45bis.1 Absatz c Ziffer ii eingereichten Sequenzprotokolls und
iv) gegebenenfalls einer nach Regel 12.3, 12.4 oder 45bis.1 Absatz c Ziffer i eingereichten Übersetzung, die als Grundlage für die ergänzende internationale Recherche verwendet werden soll, sowie gleichzeitig oder unverzüglich nach deren späterem Eingang beim Internationalen Büro

R 45bis.5 a) Gebührenerstattung beim EPA nach WIPO-Vereinbarung Anhang D.II. (8) (siehe Anm. Art 16 (3) b)) bei Zurücknahme der internationalen Anmeldung vor Beginn der SIS aber bei Vorliegen der Unterlagen nach i) bis iv)

v) des internationalen Recherchenberichts und des nach Regel 43bis.1 erstellten schriftlichen Bescheids,
vi) gegebenenfalls einer Aufforderung der Internationalen Recherchenbehörde zur Entrichtung der in Artikel 17 Absatz 3 Buchstabe a genannten zusätzlichen Gebühren und
vii) gegebenenfalls eines Widerspruchs des Anmelders nach Regel 40.2 Absatz c und der Entscheidung des im Rahmen der Internationalen Recherchenbehörde gebildeten Überprüfungsgremiums hierüber.

Übersetzung f) Auf Antrag der für die ergänzende Recherche bestimmten Behörde ist der in Absatz e Ziffer v genannte schriftliche Bescheid vom Internationalen Büro oder unter dessen Verantwortung in die englische Sprache zu übersetzen, wenn er nicht in englischer Sprache oder in einer von dieser Behörde zugelassenen Sprache abgefasst ist. Das Internationale Büro übermittelt dieser Behörde innerhalb von zwei Monaten nach dem Eingangsdatum des Übersetzungsantrags eine Kopie der Übersetzung; gleichzeitig übermittelt es dem Anmelder eine Kopie.

45bis.5 Beginn, Grundlage und Umfang der ergänzenden internationalen Recherche

Recherchebeginn a) Die für die ergänzende Recherche bestimmte Behörde beginnt mit der ergänzenden internationalen Recherche unverzüglich nach **Eingang** der in Regel 45bis.4 Absatz e Ziffern i bis iv genannten **Unterlagen**, wobei die Behörde den Beginn der Recherche nach ihrer Wahl aufschieben kann, bis sie auch die in Regel 45bis.4 Absatz e Ziffer v genannten Unterlagen erhalten hat **oder bis zum Ablauf von 22 Monaten nach dem Prioritätsdatum**, je nachdem, was zuerst eintritt.

R 45bis.4 e) Gebührenerstattung beim EPA nach WIPO-Vereinbarung Anhang D.II. (8) (siehe Anm. Art 16 (3) b)) bei Zurücknahme der internationalen Anmeldung vor Beginn der SIS aber bei Vorliegen der Unterlagen nach i) bis iv)
Art 16 (3) b) EPA als SISA beginnt nur mit der ergänzenden internationalen Recherche, wenn das Sequenzprotokoll gemäß den Vorschriften vorliegt (ABl. 2013, 542, ABl. 2010, 334 und WIPO-Vereinbarung Anhang B (3), siehe Anm. Art 16 (3)b). Geht keine Kopie ein, wird der Anmelder zur Nachreichung und einer Gebührenzahlung für verspätete Einreichung aufgefordert (Euro-PCT-Leitfaden C.IV. Rn 288).

Grundlage b) Die ergänzende internationale Recherche wird auf der Grundlage der eingereichten **internationalen Anmeldung** oder einer in Regel 45bis.1 Absatz b Ziffer iii oder 45bis.1 Absatz c Ziffer i genannten Übersetzung unter gebührender Berücksichtigung des internationalen Recherchenberichts und des nach Regel 43bis.1 erstellten **schriftlichen Bescheids** durchgeführt, sofern diese der für die ergänzende Recherche bestimmten Behörde vor Beginn der Recherche vorliegen. Enthält der Antrag auf eine ergänzende Recherche eine Angabe nach Regel 45bis.1 Absatz d *(mangelnde Einheitlichkeit)*, so kann die ergänzende internationale Recherche auf die nach Regel 45bis.1 Absatz d vom Anmelder angegebene Erfindung und diejenigen Teile der internationalen Anmeldung, die sich auf diese Erfindung beziehen, beschränkt werden.

R 45bis.6 f) Überprüfung der Entscheidung über die Beschränkung

Änderungen nach Art 19 oder Art 34 werden nicht berücksichtigt (www.wipo.int/export/sites/www/pct/de/seminar/basic_1/document.pdf, S. 87), da sie einerseits nicht ausdrücklich erwähnt werden, andererseits Art 19 – Anträge nicht im schriftlichen Bescheid berücksichtigt werden und Art 34 ohnehin den Antrag auf IVP voraussetzt.

c) Für die ergänzende internationale Recherche sind Artikel 17 Absatz 2 *(keine Erstellung eines Recherchenberichts)* und die Regeln 13ter.1 *(Verfahren bzgl. Nucleotid- u. Aminosäuresequenzen)*, 33 *(Stand der Technik)* und 39 *(keine Recherche für bestimmte Gebiete)* entsprechend anzuwenden. — Umfang

R 13ter.1 c) Gebühr

d) Liegt der für die ergänzende Recherche bestimmten Behörde der internationale Recherchenbericht vor Beginn der Recherche nach Absatz a vor, so kann die Behörde Ansprüche, die nicht Gegenstand der internationalen Recherche waren, von der ergänzenden Recherche ausschließen.

EPA macht vom Ermessen keinen Gebrauch (Singer/Stauder, Art 152 EPÜ Rn 187)

e) Hat die Internationale Recherchenbehörde die in Artikel 17 Absatz 2 Buchstabe a genannte Erklärung abgegeben und liegt diese Erklärung der für die ergänzende Recherche bestimmten Behörde vor Beginn der Recherche nach Absatz a vor, so kann die Behörde beschließen, **keinen ergänzenden internationalen Recherchenbericht** zu erstellen; in diesem Fall gibt sie eine diesbezügliche Erklärung ab und unterrichtet unverzüglich den Anmelder und das Internationale Büro entsprechend.

Art 17 (2) a)	Keine Recherche durch ISA wegen ungeeigneten Gegenstands bzw. mangelhafter Grundlagen
R 13	Keine Recherche durch ISA wegen fehlender Einheitlichkeit der Erfindung und mangelnder Gebührenzahlung. Die SISA muss keine Recherche zu Ansprüchen durchführen, die nicht von der ISA recherchiert wurden (Applicant's Guide int. P. Nr. 8.044.) Zur Teilrecherche und Verfahren beim EPA siehe Anm. unter Art 17 (3) a).

f) Die ergänzende internationale Recherche umfasst mindestens die zu diesem Zweck in der anwendbaren Vereinbarung nach Artikel 16 Absatz 3 Buchstabe b angegebenen Unterlagen.

Art 16 (3) b)	aufgrund Vereinbarungen WIPO-SISA siehe jeweils unter Annex E dieser Vereinbarung.
AT	Der Anmelder kann wählen zwischen PCT-Mindestprüfstoff, deutschsprachigen Dokumenten und europäischen/nordamerikanischen Dokumenten.
EP	EP wie bei internationaler Recherche: Inhalt der behördlichen Prüfstoffsammlung zusätzlich zum PCT-Mindestprüfstoff gemäß R 34, ohne auf diesen beschränkt zu sein (Anhang B (2) Vereinbarung WIPO-EPA)
FI	PCT-Mindestprüfstoff und Dokumente der behördlichen Prüfstoffsammlung in Englisch, Finnisch, Schwedisch
RU	Dokumente der ehemaligen Sowjetunion und der GUS-Staaten und für Gegenstände nach R 39.1 iv) zusätzlich den PCT-Mindestprüfstoff

SE	PCT-Mindestprüfstoff und Dokumente der behördlichen Prüfstoffsammlung in Englisch, Finnisch, Schwedisch, Norwegisch, Dänisch
SG	zusätzlich zum Mindestprüfstoff die Dokumente bei der Behörde in englischer und chinesischer Sprache.
TR	zusätzlich zum Mindestprüfstoff die Dokumente bei der Behörde in türkischer Sprache.
UA	nach Wunsch des Anmelders.
XN	PCT-Mindestprüfstoff und Dokumente der behördlichen Prüfstoffsammlung in Dänisch, Englisch, Isländisch, Norwegisch, Schwedisch
XV	zusätzlich zum Mindestprüfstoff die Dokumente bei der Behörde in Englisch, Tschechisch, Ungarisch, Polnisch und Slowakisch.

g) Stellt die für die ergänzende Recherche bestimmte Behörde fest, dass die Durchführung der Recherche durch eine in Regel 45bis.9 Absatz a genannte Beschränkung oder Bedingung, die über eine nach Regel 45bis.5 Absatz c geltende Beschränkung nach Artikel 17 Absatz 2 hinausgeht, voll und ganz ausgeschlossen ist, so gilt der Antrag auf eine ergänzende Recherche als nicht gestellt; die Behörde gibt eine diesbezügliche Erklärung ab und unterrichtet unverzüglich den Anmelder und das Internationale Büro entsprechend.

R 45bis.5 a) Gebührenerstattung beim EPA nach WIPO-Vereinbarung Anhang D.II. (7) (siehe Anm. Art 16 (3) b))
R 45bis.9 Beschränkungen und Bedingungen aufgrund Vereinbarung WIPO-SISA

h) Die für die ergänzende Recherche bestimmte Behörde kann entsprechend einer Beschränkung oder Bedingung nach Regel 45bis.9 Absatz a beschließen, die Recherche auf bestimmte Ansprüche zu beschränken; in diesem Fall wird im ergänzenden internationalen Recherchenbericht hierauf hingewiesen.

45bis.6 Einheitlichkeit der Erfindung

a) Stellt die für die ergänzende Recherche bestimmte Behörde fest, dass die internationale Anmeldung das Erfordernis der Einheitlichkeit der Erfindung nicht erfüllt,

Art 64, 27, R 51bis Es gibt keine Vorbehalte zu R 13, d.h. die Frage der Einheitlichkeit richtet sich in allen regionalen und nationalen Phasen nach R 13.
R 13 Einheitlichkeit der Erfindung, die gemeinsamen kennzeichnenden Merkmale
Art 17, R 40 Uneinheitlichkeit bei Internationale Recherche, Auswirkung R 45bis.5 e)
R 45bis.6 Uneinheitlichkeit bei ergänzender internationale Recherche
R 66.1^{ter} Uneinheitlichkeit bei zusätzlicher Recherche
Art 34 (3), R 68 Uneinheitlichkeit bei internationaler vorläufige Prüfung
VV 206 Einheitlichkeit der Erfindung. VV Anlage B zeigt ausführliche Beispiele zur Einheitlichkeit der Erfindung. Weitere Beispiele finden sich in VV 206. U.a. wird die Markush-Praxis erläutert in VV Anlage B Teil 2 III.

i) so erstellt sie den ergänzenden internationalen Recherchenbericht über diejenigen Teile der internationalen Anmeldung, die sich auf die in den Ansprüchen zuerst genannte Erfindung (»Haupterfindung«) beziehen,

ii) so benachrichtigt sie den Anmelder von ihrer Auffassung, dass die internationale Anmeldung das Erfordernis der Einheitlichkeit der Erfindung nicht erfüllt, und gibt die Gründe für diese Auffassung an und

iii) so unterrichtet sie den Anmelder über die Möglichkeit, innerhalb der in Absatz c genannten Frist eine Überprüfung der Auffassung zu beantragen.

Im Gegensatz zur Hauptrecherche, besteht hier keine Möglichkeit, durch zusätzliche Gebühren die Recherche zu erweitern, jedoch besteht die Möglichkeit des Überprüfungsverfahrens. Eine Erweiterung durch Zahlung weiterer Gebühren besteht nach R 164 EPÜ ab dem 01.11.2014 bei Eintritt in die europäische Phase (Euro-PCT-Leitfaden C. IV Rn 293 ff.).

R 45bis.1 d) erlaubt aber, anzugeben, für welche Erfindung die ergänzende internationale Recherche durchgeführt werden soll. Es besteht allerdings keine Verpflichtung der SISA andere, von ISA nicht recherchierte Ansprüche zu recherchieren. (Euro-PCT-Leitfaden C.IV. Rn 285)

b) Bei der Prüfung, ob die internationale Anmeldung das Erfordernis der Einheitlichkeit der Erfindung erfüllt, berücksichtigt die Behörde alle vor Beginn der ergänzenden internationalen Recherche bei ihr nach Regel 45bis.4 Absatz e Ziffern vi und vii eingegangenen Unterlagen gebührend.

Überprüfung der behördlichen Auffassung

Keine Bindung an Entscheidung der ISA. Überprüfungsverfahren entspricht Widerspruchsverfahren bei Hauptrecherche (www.wipo.int/export/sites/www/pct/de/texts/ppt/sis.ppt)

c) Der Anmelder kann **innerhalb eines Monats** seit der Benachrichtigung nach Absatz a Ziffer ii bei der Behörde beantragen, dass sie die in Absatz a genannte Auffassung überprüft. Für den Antrag auf Überprüfung kann die Behörde eine **Überprüfungsgebühr** zu ihren Gunsten erheben, deren Höhe sie festsetzt.

Frist

Überprüfungsgebühr

Festlegung der Gebühr und Höhe durch Vereinbarung WIPO-SISA (Annex SISA Applicant's Guide, www.wipo.int/pct/en/access/isa_ipea_agreements.html)

Art 2 (1) Nr. 22 GebO Einführung der Überprüfungsgebühr des EPA seit 01.07.2010 (ABl. 2009, 593) Zur Höhe der Gebühr siehe Gebührenübersicht im Anhang

d) Beantragt der Anmelder innerhalb der Frist nach Absatz c eine Überprüfung der Auffassung durch die Behörde und entrichtet er die gegebenenfalls erforderliche Überprüfungsgebühr, so wird die Auffassung von der Behörde überprüft. Die Überprüfung ist nicht nur von der Person durchzuführen, die die Entscheidung getroffen hat, die Gegenstand der Überprüfung ist. Stellt die Behörde fest, dass
  i) die Auffassung in vollem Umfang begründet war, so benachrichtigt sie den Anmelder entsprechend;
  ii) die Auffassung teilweise unbegründet war, und ist sie jedoch noch immer der Ansicht, dass die internationale Anmeldung das Erfordernis der Einheitlichkeit der Erfindung nicht erfüllt, so benachrichtigt sie den Anmelder entsprechend und verfährt gegebenenfalls nach Absatz a Ziffer i;
  iii) die Auffassung in vollem Umfang unbegründet war, so benachrichtigt sie den Anmelder entsprechend, erstellt den ergänzenden internationalen Recherchenbericht über alle Teile der internationalen Anmeldung und erstattet dem Anmelder die Überprüfungsgebühr zurück.
e) Auf Antrag des Anmelders wird der Wortlaut des Antrags auf Überprüfung und der diesbezüglichen Entscheidung den Bestimmungsämtern zusammen mit dem ergänzenden internationalen Recherchenbericht übermittelt. Der Anmelder muss etwaige Übersetzungen des Berichts zusammen mit der Übersetzung der internationalen Anmeldung nach Artikel 22 einreichen.

R 45bis.8 b) Übermittlung des ergänzenden internationalen Recherchenberichts wie internationaler Recherchenbericht nach Art 20 (1), R 47 durch SISA an BA

Art 22 Frist wie Einreichung Übersetzung internationaler Anmeldung beim BA durch Anmelder

R 40.2, 68.3 Vorschriften für Überprüfungsstellen und Widerspruchsverfahren seit 01.07.2010 für EPA als SISA entsprechend den Vorschriften für EPA als ISA und IPEA (ABl. 2015, A59)

f) Die Absätze a bis e sind entsprechend anzuwenden, wenn die für die ergänzende Recherche bestimmte Behörde entscheidet, die ergänzende internationale Recherche nach Regel 45bis.5 Absatz b Satz 2 oder Regel 45bis.5 Absatz h zu beschränken, mit der Maßgabe, dass jede Bezugnahme in den Absätzen a bis e auf die »internationale Anmeldung« als Bezugnahme auf diejenigen Teile der internationalen Anmeldung zu verstehen ist, die sich auf die vom Anmelder nach Regel 45bis.1 Absatz d angegebene Erfindung bzw. auf die Ansprüche und die Teile der internationalen Anmeldung beziehen, für welche die Behörde eine ergänzende internationale Recherche durchführen wird.

45bis.7 Ergänzender internationaler Recherchenbericht

Frist zur Erstellung des Berichts

a) Die für die ergänzende Recherche bestimmte Behörde erstellt innerhalb von 28 Monaten nach dem Prioritätsdatum den ergänzenden internationalen Recherchenbericht oder gibt die Erklärung nach Artikel 17 Absatz 2 Buchstabe a, der aufgrund Regel 45bis.5 Absatz c anzuwenden ist, darüber ab, dass kein ergänzender internationaler Recherchenbericht erstellt wird.

Formular PCT/SISA/501 bzw. PCT/SISA/502

Sprache

b) Jeder ergänzende internationale Recherchenbericht, jede abgegebene Erklärung nach Artikel 17 Absatz 2 Buchstabe a, der aufgrund Regel 45bis.5 Absatz c anzuwenden ist, sowie jede abgegebene Erklärung nach Regel 45bis.5 Absatz e sind in einer Veröffentlichungssprache abzufassen.

R 48.3   Veröffentlichungssprachen

Angaben und Inhalt

c) Für die Erstellung des ergänzenden internationalen Recherchenberichts sind vorbehaltlich der Absätze d und e die Regeln 43.1 *(Angaben)*, 43.2 *(Daten)*, 43.5 *(wesentliche Unterlagen)*, 43.6 *(Recherchierte Sachgebiete)*, 43.6^{bis} *(Offensichtliche Fehler)*, 43.8 *(Zuständiger Bediensteter)* und 43.10 *(Form)* entsprechend anzuwenden. Regel 43.9 *(keine Meinungsäußerungen)* ist entsprechend anzuwenden, mit der Ausnahme, dass die darin enthaltenen Bezugnahmen auf die Regeln 43.3, 43.7 und 44.2 als nicht vorhanden gelten. Artikel 20 Absatz 3 *(Kopien)* und Regel 44.3 *(Kopieanforderung und Kosten)* sind entsprechend anzuwenden.

Art 20 (3) Übermittlung Kopien an BA oder Anmelder
R 44.3   Erhebung von Kopierkosten durch SISA. Höhe ergibt sich aus Annex SISA Applicant's Guide aufgrund Vereinbarung mit WIPO unter www.wipo.int/pct/en/access/isa_ipea_agreements.html, aktualisiert durch PCT Gazette

Keine gesonderte Veröffentlichung des ergänzenden internationalen Recherchenberichts (SISR), aber nach Veröffentlichung der internationalen Anmeldung ist auch SISR verfügbar unter PATENTSCOPE, https://patentscope.wipo.int/search/de/structured Search.jsf (Applicant's Guide int. P. Nr. 8.053).

d) Der ergänzende internationale Recherchenbericht muss keine Angabe der im internationalen Recherchenbericht angegebenen Unterlagen enthalten, es sei denn, eine Unterlage muss in Verbindung mit anderen Unterlagen angegeben werden, die im internationalen Recherchenbericht nicht angegeben waren.

e) Der ergänzende internationale Recherchenbericht kann Erläuterungen enthalten
   i) zu den Angaben der als wesentlich angesehenen Unterlagen;

Regel 45bis

D.h. wesentlich zum Verständnis bezüglich des Standes der Technik (Applicant's Guide int. P. Nr. 8.049)

    ii) zum Umfang der ergänzenden internationalen Recherche.

EPA erstellt keinen gesonderten schriftlichen Bescheid, sondern gibt nur Erläuterungen, die einem schriftlichen Bescheid als ISA gleichwertig sind (ABl. 5/2010, 318).

R 161 EPÜ Aufforderung zur Stellungnahme zu negativen Einwänden nach R 45bis.7 e) nach Eintritt in die europäische Phase beim EPA (in Kraft seit 01.04.2010: ABl. 2009, 582; ABl. 2010, 316, 319, 406; geändert zum 01.05.2011, ABl. 2011, 354).

R 164 EPÜ Aufforderung nach Eintritt in die europäische Phase, bei Uneinheitlichkeit ggf. weitere Recherchengebühren zu zahlen bzw. die Anmeldung zu beschränken. Das unter Art 17 (3) a) geschilderte neue Verfahren findet auch auf ergänzende europäische Recherchen Anwendung. Auch hier wird mit der Aufforderung zur Entrichtung weiterer Recherchegebühren bereits ein schriftlicher Bescheid zu der zuerst in den Patentansprüchen erwähnten Erfindung erstellt und übersandt (Änderung mit Wirkung zum 01.04.2017, ABl. 2017, A20. Änderung mit Wirkung zum 01.11.2014: ABl. 2013, 503; ABl. 2014, A70; ABl. 2009, 582; ABl. 2010, 316, 319, 406; geändert zum 01.05.2011, ABl. 2011, 354)

45bis.8 Übermittlung und Wirkung des ergänzenden internationalen Recherchenberichts

a) Die für die ergänzende Recherche bestimmte Behörde übermittelt am gleichen Tag je eine Kopie des ergänzenden internationalen Recherchenberichts oder der Erklärung darüber, dass kein ergänzender internationaler Recherchenbericht erstellt wird, dem Internationalen Büro und dem Anmelder.   *Übermittlung*

R 90bis.3bis Relevant für Frist für die Zurücknahme des Antrags auf ergänzende Recherche

b) Vorbehaltlich des Absatzes c gelten Artikel 20 Absatz 1 *(Übermittlung an BA)* und die Regeln 45.1 *(Übersetzung in die englische Sprache)*, 47.1 Absatz d *(Übersetzung ans BA)* und 70.7 Absatz a *(Angabe im IPRP II)* so, als ob der ergänzende internationale Recherchenbericht Teil des internationalen Recherchenberichts wäre.

Art 20 (1) Übermittlung des ergänzenden internationalen Recherchenberichts oder Erklärung über Nichterstellung durch SISA an BA wie beim internationalen Recherchenbericht durch ISA an BA nach R 47 nebst Übersetzung

c) Ein ergänzender internationaler Recherchenbericht muss von der mit der internationalen vorläufigen Prüfung beauftragten Behörde bei der Erstellung eines schriftlichen Bescheids oder des internationalen vorläufigen Prüfungsberichts nicht berücksichtigt werden, wenn er bei dieser Behörde eingeht, nachdem sie **mit der Erstellung** des Bescheids oder des Berichts **begonnen** hat.   *Zeitpunkt für zwingende Berücksichtigung*

VV 420 b) Wenn IPEA nicht zur gleichen Behörde wie SISA gehört, übersendet IB unverzüglich ergänzenden internationalen Recherchenbericht bzw. Erklärung über Nichterstellung an IPEA

Zuständigkeit 45bis.9 Für die Durchführung einer ergänzenden internationalen Recherche zuständige Internationale Recherchenbehörden

a) Eine Internationale Recherchenbehörde ist für die Durchführung ergänzender internationaler Recherchen zuständig, wenn ihre diesbezügliche Bereitschaft in der anwendbaren Vereinbarung nach Artikel 16 Absatz 3 Buchstabe b *(Vereinbarung WIPO-SISA)* festgelegt ist, und zwar nach Maßgabe der in dieser Vereinbarung gegebenenfalls festgelegten Beschränkungen und Bedingungen.

	Art 16	für die Durchführung der ergänzenden internationalen Recherche zuständige Behörde:
Ämter, die als SISA handeln		EP seit 01.07.2010 (PCT Gazette 06.05.2010, S. 88); FI seit 01.01.2010 (PCT Gazette 10.12.2009, S. 178); SE seit 01.01.2009 (PCT Gazette 11.12.2008, S. 159); RU seit 01.01.2009 (PCT Gazette 12.02.2009, S. 30), UA seit 05.02.2016 (PCT Gazette 21.01.2016), XN seit 01.01.2009 (PCT Gazette 11.12.2008, S. 161); AT seit 01.08.2010 (PCT Newsletter 7-8/2010, S. 1), SG seit 01.09.2015 (PCT Gazette 20.08.2015). Die gemeinsame Patentbehörde Visegrad Patent Institut (VPI) der Ämter von CZ, HU, PL und SK handelt unter dem Länderkürzel XV seit dem 01.07.2016 (PCT Gazette 23.06.2016) als SISA. TR seit 08.03.2017 (PCT Gazette 16.03.2017. Aktuelle Vereinbarungen mit WIPO: (www.wipo.int/pct/en/access/isa_ipea_agreements.html. Siehe jeweils Art 3 (4)).

Freie Wahl unter den zuständigen Behörden mit Ausnahme der Behörde, die die Hauptrecherche durchgeführt hat (www.wipo.int/export/sites/www/pct/de/seminar/basic_1/document.pdf, S. 83). Im Gegensatz zu ISA und IPEA hängt die Zuständigkeit der SISA **nicht** vom Anmeldeamt ab (PCT Newsletter 12/2008, S. 2)

Details zu Gebühren und Verfahren vor den genannten Behörden jeweils in Annex SISA, Applicant's Guide und www.wipo.int/pct/guide/en/index.html.

b) Die Internationale Recherchenbehörde, die für eine internationale Anmeldung die internationale Recherche nach Artikel 16 Absatz 1 durchführt, ist nicht zuständig für die Durchführung einer ergänzenden internationalen Recherche für dieselbe Anmeldung.

c) Die in Absatz a genannten Beschränkungen können beispielsweise Beschränkungen bezüglich des Anmeldungsgegenstands beinhalten, für den ergänzende internationale Recherchen durchgeführt werden, die über die nach Regel 45bis.5 Absatz c geltenden Beschränkungen nach Artikel 17 Absatz 2 hinausgehen, sowie Beschränkungen der Gesamtzahl der ergänzenden internationalen Recherchen, die in einem gegebenen Zeitraum durchgeführt werden, oder Beschränkungen der ergänzenden internationalen Recherchen auf eine bestimmte Anzahl von Ansprüchen.

AT	keine Recherche zu R 39.1 i) bis vi) (vom Patentschutz ausgeschlossene Gegenstände) mit Ausnahme der nach nationalem Recht zugelassenen Gegenstände
EP	Die Beschränkungen in Bezug auf die Gegenstände, die in Anhang C der Vereinbarung EPO-WIPO aufgeführt werden, finden sowohl Anwendung, wenn das EPA als ISA, als auch wenn es als SISA tätig wird (vgl. Anmerkung zu R 39.1). Dasselbe gilt für alle anderen Gründe für die Nichterstellung einer (vollständigen) Recherche, d.h. komplexe Anmeldungen, fehlende Sequenzprotokolle und mangelnde Einheitlichkeit (Euro-PCT-Leitfaden Rn 284).
FI	keine Recherche zu R 39.1 mit Ausnahme der nach finnischem Recht zugelassenen Gegenstände
RU	keine Recherche zu R 39.1 i) bis iii), v) bis vi)
SE	keine Recherche zu R 39.1

SG   keine Recherche zu R 39.1 i) bis vi) (vom Patentschutz ausgeschlossene Gegenstände) mit Ausnahme der nach nationalem Recht zugelassenen Gegenstände

TR   keine Recherche zu R 39.1 i) bis vi) (vom Patentschutz ausgeschlossene Gegenstände) mit Ausnahme der nach nationalem Recht zugelassenen Gegenstände

UA   keine Recherche zu R 39.1 i) bis vi) (vom Patentschutz ausgeschlossene Gegenstände) mit Ausnahme der nach nationalem Recht zugelassenen Gegenstände

XN   keine Recherche zu R 39.1 mit Ausnahme der nach dänischem, isländischem, norwegischem und schwedischem Recht zugelassenen Gegenstände. Beschränkung auf maximal 500 Recherchen pro Jahr für XN

XV   keine Recherche zu R 39.1 (vom Patentschutz ausgeschlossene Gegenstände) mit Ausnahme der nach nationalem Recht in CZ, HU, PL und SK zugelassenen Gegenstände

Siehe jeweilige WIPO-Vereinbarungen, unter Anm. zu Art 16 (3) und Applicant's Guide Annex (SISA).

Regel 46   Änderung von Ansprüchen vor dem Internationalen Büro

46.1 Frist

Die Frist nach **Artikel 19** beträgt **zwei Monate** seit der Übermittlung des internationalen Recherchenberichts durch die Internationale Recherchenbehörde an das Internationale Büro und an den Anmelder oder **sechzehn Monate** seit dem Prioritätsdatum, je nachdem welche Frist später abläuft; eine nach Artikel 19 vorgenommene Änderung, die dem Internationalen Büro nach Ablauf der maßgebenden Frist zugeht, gilt jedoch als am letzten Tag dieser Frist beim Internationalen Büro eingegangen, wenn sie dem Internationalen Büro vor Abschluss der technischen Vorbereitungen für die internationale Veröffentlichung zugeht.

Das Absendedatum auf der letzten Seite des ISR »date of mailing« ist maßgeblich für den Fristbeginn, nicht das Datum des Abschlusses der internationalen Recherche. Um den Postweg zu berücksichtigen, wird das Schreiben zwei Tage vordatiert.

Art 21 (5) Anmerkung 5: Abschluss der technischen Vorbereitungen i.d.R. 15 Tage vor Veröffentlichung

R 48.2 h Sollten die zwei Monate seit der Übermittlung des ISR nach dem Abschluss der technischen Vorbereitungen für die Veröffentlichung der PCTa liegen (Art 21 (5)), dann erfolgt eine nachträgliche Veröffentlichung der geänderten Ansprüche in Form einer A4-Schrift.

R 90bis.3 e) internationale Veröffentlichung nach Abschluss der technischen Vorbereitungen, Applicant's Guide int. P. Nr. 9.004

46.2 Wo sind die Änderungen einzureichen?

Änderungen nach Artikel 19 sind unmittelbar beim Internationalen Büro einzureichen.

46.3 Sprache der Änderungen

Ist die internationale Anmeldung in einer anderen Sprache eingereicht worden als in der Sprache, in der sie veröffentlicht wird, so ist jede gemäß Artikel 19 vorgenommene Änderung in der Sprache der Veröffentlichung einzureichen.

Regeln zu Kapitel I des Vertrags

R 12.2   Falls Art 19 nicht anwendbar ist, kommt R 12.2 zum Tragen.

46.4 Erklärung

a) Die in Artikel 19 Absatz 1 genannte Erklärung ist in der Sprache abzufassen, in der die internationale Anmeldung veröffentlicht wird, und darf, falls in englischer Sprache abgefasst oder in die englische Sprache übersetzt, nicht mehr als 500 Wörter enthalten. Die Erklärung ist in der Überschrift als solche zu kennzeichnen, vorzugsweise mit den Worten »Erklärung nach Artikel 19 Absatz 1« oder einer entsprechenden Angabe in der Sprache der Erklärung.
b) Die Erklärung darf keine herabsetzende Äußerung über den internationalen Recherchenbericht oder über die Bedeutung von in dem Bericht angeführten Veröffentlichungen enthalten. Sie darf auf im internationalen Recherchenbericht angeführte Veröffentlichungen, die sich auf einen bestimmten Anspruch beziehen, nur in Zusammenhang mit einer Änderung dieses Anspruchs Bezug nehmen.

46.5 Form der Änderungen

a) Nimmt der Anmelder Änderungen nach Artikel 19 vor, so muss er ein **Ersatzblatt** oder Ersatzblätter mit einem vollständigen Satz von Ansprüchen einreichen, die alle ursprünglich eingereichten Ansprüche ersetzen.
b) Dem Ersatzblatt oder den Ersatzblättern ist ein Begleitschreiben beizufügen, das
   i) angibt, welche Ansprüche aufgrund der Änderungen von den ursprünglich eingereichten Ansprüchen abweichen, und auf die Unterschiede zwischen den ursprünglich eingereichten und den geänderten Ansprüchen hinweist;
   ii) angibt, welche ursprünglich eingereichten Ansprüche aufgrund der Änderungen fortfallen;
   iii) die Grundlage für die Änderungen in der ursprünglich eingereichten Anmeldung angibt.

R 70.2 c^{bis}) Nichtberücksichtigung Änderungen im IPRP II
R 66.1^{ter} Nichtberücksichtigung Änderungen bei der zusätzlichen Recherche und Beschränkung auf Umfang des IPER beim EPA
VV 205   Nummerierung und Bezeichnung geänderter Ansprüche

Regel 47   Übermittlung an die Bestimmungsämter

Übermittlung an die Bestimmungsämter

47.1 Verfahren

R 76.5   Anwendbarkeit beim ausgewählten Amt

a) Die Übermittlung nach Artikel 20 wird vom **Internationalen Büro** gemäß Regel 93bis.1 an jedes Bestimmungsamt durchgeführt, vorbehaltlich der Regel 47.4 jedoch nicht vor der internationalen Veröffentlichung der internationalen Anmeldung

R 93bis beachten: eingeschränkte Übermittlung, ggf. elektronischer Download. Übermittlung nur auf Anforderung, zum bestimmten Zeitpunkt und ggf. in elektronischer Form.

a^{bis}) Das Internationale Büro unterrichtet jedes Bestimmungsamt gemäß Regel 93bis.1 unter Angabe des Eingangsdatums vom Eingang des Aktenexemplars und der Prioritätsbelege.
a^{ter}) [gestrichen]

b) Das Internationale Büro teilt den Bestimmungsämtern unverzüglich alle **Änderungen** mit, die bei ihm innerhalb der Frist nach Regel 46.1 eingegangen sind und in der Übermittlung nach Artikel 20 nicht enthalten waren, und unterrichtet den Anmelder hiervon.

c) Das Internationale Büro lässt dem Anmelder unverzüglich nach Ablauf von 28 Monaten nach dem Prioritätsdatum eine Mitteilung zugehen, aus der hervorgeht,

i) welche Bestimmungsämter verlangt haben, dass die in Artikel 20 vorgesehene Übermittlung gemäß Regel 93bis.1 durchgeführt wird, und zu welchem Zeitpunkt die Übermittlung an diese Ämter erfolgt ist;

ii) welche Bestimmungsämter nicht verlangt haben, dass die in Artikel 20 vorgesehene Übermittlung gemäß Regel 93bis.1 durchgeführt wird.

»R 47.1 (c) und (e) findet auf internationale Anmeldungen Anwendung, wenn deren internationales Anmeldedatum der 1. Januar 2004 oder ein späteres Datum ist und sie ein Bestimmungsamt betreffen, das eine Mitteilung nach Absatz 2 der in PCT/A/30/7 Anlage IV enthaltenen Beschlüsse der Versammlung gemacht hat (des Inhalts, dass die Änderung der in Artikel 22 Absatz 1 festgesetzten Frist mit dem von diesem Amt am 3. Oktober 2001 anzuwendenden nationalen Recht nicht vereinbar war) und diese Mitteilung nicht gemäß Absatz 3 dieser Beschlüsse zurückgenommen hat«. Mit anderen Worten: für diejenigen Länder, für die noch die 20/21 Monats-Frist gilt. »Regel 47.1 Absatz c und Absatz e findet dann in der Form Anwendung, als wäre die Bezugnahme auf »28 Monate« in Regel 47.1 Absatz c und e eine Bezugnahme auf »19 Monate«, was zur Folge hat, dass für eine solche Anmeldung gegebenenfalls zwei Mitteilungen nach Regel 47.1 Absatz c verschickt werden« www.wipo.int/pct/de/texts/pdf/pct_regs.pdf, FN 6 zu Abs. c). Derzeit sind das: LU, UG und TZ (siehe www.wipo.int/pct/en/texts/time_limits.html).

Dies führt dazu, dass das IB zwei Mitteilungen nach R 47.1 (c) versendet, eine »First Notice …« nach 19 Monaten nach dem Prioritätstag (Form PCT/IB/308 (First Notice)) für die o.g. Staaten und eine »Second and Supplementary Notice …« 28 Monate nach dem Prioritätstag (Form PCT/IB/308 (Second and Supplementary Notice)) für alle anderen Mitgliedsstaaten.

c^{bis}) Die Mitteilung nach Absatz c ist von den Bestimmungsämtern,

i) sofern es sich um ein Bestimmungsamt gemäß Absatz c Ziffer i handelt, als Nachweis dafür zu betrachten, dass die Übermittlung nach Artikel 20 zu dem in der Mitteilung angegebenen Zeitpunkt erfolgt ist,

ii) sofern es sich um ein Bestimmungsamt gemäß Absatz c Ziffer ii handelt, als Nachweis dafür zu betrachten, dass der Vertragsstaat, für den das Amt als Bestimmungsamt handelt, nicht verlangt, dass der Anmelder nach Artikel 22 ein Exemplar der internationalen Anmeldung übermittelt.

d) Jedes Bestimmungsamt erhält auf Anforderung die internationalen Recherchenberichte und die in Artikel 17 Absatz 2 Buchstabe a genannten Erklärungen zusätzlich auch in der Übersetzung nach Regel 45.1.

e) Hat ein Bestimmungsamt vor Ablauf von 28 Monaten nach dem Prioritätsdatum nicht verlangt, dass das Internationale Büro die in Artikel 20 vorgesehene Übermittlung gemäß Regel 93bis.1 durchführt, so wird davon ausgegangen, dass der Vertragsstaat, für den das Amt als Bestimmungsamt handelt, dem Internationalen Büro gemäß Regel 49.1 Absatz a^{bis} mitgeteilt hat, dass er nicht verlangt, dass der Anmelder nach Artikel 22 ein Exemplar der internationalen Anmeldung übermittelt.

e) siehe Anmerkung zu Absatz c)

Regeln zu Kapitel I des Vertrags

47.2 Kopien

Die für die Übermittlung notwendigen Kopien werden vom Internationalen Büro hergestellt. Nähere Einzelheiten im Zusammenhang mit den für die Übermittlung notwendigen Kopien können in den Verwaltungsvorschriften geregelt werden.

47.3 Sprachen

Sprache der Übermittlung

a) Die nach Artikel 20 übermittelte internationale Anmeldung muss in der Sprache abgefasst sein, in der sie veröffentlicht wird.
b) Wird die internationale Anmeldung in einer anderen Sprache veröffentlicht als derjenigen, in der sie eingereicht wurde, so übermittelt das Internationale Büro jedem Bestimmungsamt auf dessen Antrag eine Kopie dieser Anmeldung in der Sprache, in der sie eingereicht wurde.

47.4 Ausdrücklicher Antrag nach Artikel 23 Absatz 2 vor der internationalen Veröffentlichung

Stellt der Anmelder vor der internationalen Veröffentlichung der internationalen Anmeldung einen ausdrücklichen Antrag nach Artikel 23 Absatz 2 *(vorzeitiger Beginn der internationalen Phase)* bei einem Bestimmungsamt, so nimmt das Internationale Büro auf Antrag des Anmelders oder des Bestimmungsamts die in Artikel 20 vorgesehene Übermittlung an dieses Amt unverzüglich vor.

Regel 48 Internationale Veröffentlichung

48.1 Form und Art und Weise

Die Form und die Art und Weise der Veröffentlichung internationaler Anmeldungen werden in den Verwaltungsvorschriften festgelegt

Inhalt der internationalen Veröffentlichung

VV 406 Schriften

48.2 Inhalt

a) Die Veröffentlichung der internationalen Anmeldung enthält:
  i) eine normierte Titelseite,
  ii) die Beschreibung,
  iii) die Ansprüche,
  iv) die Zeichnungen falls vorhanden,
  v) vorbehaltlich des Absatzes g den internationalen **Recherchenbericht** oder die Erklärung nach Artikel 17 Absatz 2 Buchstabe a *(Erklärung, dass keine internationale Recherche durchgeführt wird)*,
  vi) jede **Erklärung nach Artikel 19 Absatz 1** *(Erklärungen über die Änderungen)*, sofern das Internationale Büro nicht zu dem Ergebnis gelangt, dass die Erklärung die Erfordernisse der Regel 46.4 nicht erfüllt,
  vii) jeden **Antrag auf Berichtigung** eines offensichtlichen Fehlers, jede **Begründung und jede Stellungnahme** nach Regel 91.3 Absatz d *(abgelehnter Berichtigungsantrag)*, sofern der Antrag auf Veröffentlichung nach Regel 91.3 Absatz d beim Internationalen Büro vor Abschluss der technischen Vorbereitungen für die internationale Veröffentlichung eingegangen ist,

Wird der Antrag auf Veröffentlichung der Ablehnung eines Berichtigungsantrags nach R 91.3 d) vor Abschluss der technischen Vorbereitungen gestellt, wird er mit der internationalen Veröffentlichung veröffentlicht.

Wird der Antrag erst nach Abschluss der technischen Vorbereitungen gestellt, so wird der abgelehnte Berichtigungsantrag nach R 48.2 k) veröffentlicht, der bewilligte Berichtigungsantrag nach R 48.2 i).

Art 21 (5) Anmerkung 5: Abschluss der technischen Vorbereitungen

viii) die **Angaben** über hinterlegtes biologisches Material, die nicht nach Regel 13bis zusammen mit der Beschreibung eingereicht worden sind, sowie die Angabe des Datums, an dem diese Angaben beim Internationalen Büro eingegangen sind,

ix) jede Angabe betreffend einen **Prioritätsanspruch** nach Regel 26bis.2 Absatz d *(bestehender oder nichtiger Prioritätsanspruch)*,

x) jede Erklärung nach Regel 4.17 und jede Berichtigung einer solchen Erklärung nach Regel 26ter.1, welche vor Ablauf der Frist nach Regel 26ter.1 beim Internationalen Büro eingegangen ist,

xi) jede Angabe betreffend einen Antrag nach Regel 26bis.3 auf **Wiederherstellung des Prioritätsrechts** und die Entscheidung des Anmeldeamts darüber, einschließlich Angaben zum Wiederherstellungskriterium, das der Entscheidung zugrunde lag.

b) Die Titelseite enthält vorbehaltlich des Absatzes c:

i) dem **Antragsblatt** entnommene und alle anderen in den Verwaltungsvorschriften vorgeschriebenen Angaben,

Inhalt der Titelseite

ii) eine oder mehrere Abbildungen, wenn die internationale Anmeldung Zeichnungen enthält, es sei denn, Regel 8.2 Absatz b *(Zeichnung nicht sinnvoll)* findet Anwendung,

iii) die **Zusammenfassung**; ist die Zusammenfassung in Englisch und in einer anderen Sprache abgefasst, so erscheint die englische Fassung an erster Stelle,

iv) gegebenenfalls eine Angabe, dass der Antrag eine Erklärung nach Regel 4.17 enthält, die vor Ablauf der Frist nach Regel 26ter.1 beim Internationalen Büro eingegangen ist,

v) wenn das internationale Anmeldedatum vom Anmeldeamt nach Regel 20.3 Absatz b Ziffer ii oder 20.5 Absatz d aufgrund einer Einbeziehung durch Verweis eines Bestandteils oder Teils nach den Regeln 4.18 und 20.6 zuerkannt wurde, eine entsprechende Angabe, zusammen mit einer Angabe, ob der Anmelder sich für die Zwecke der Regel 20.6 Absatz a Ziffer ii auf die Erfüllung der Erfordernisse der Regel 17.1 Absatz a, b oder b^{bis} hinsichtlich des Prioritätsbelegs oder auf eine gesondert eingereichte Kopie der betreffenden früheren Anmeldung gestützt hat,

vi) gegebenenfalls eine Angabe, dass die veröffentlichte internationale Anmeldung Angaben nach Regel 26bis.2 Absatz d *(bestehender oder nichtiger Prioritätsanspruch)* enthält,

vii) gegebenenfalls eine Angabe, dass die veröffentlichte internationale Anmeldung Angaben betreffend einen Antrag nach Regel 26bis.3 auf Wiederherstellung des Prioritätsrechts und die Entscheidung des Anmeldeamts darüber enthält,

viii) *(seit 01.07.2016)* [gestrichen].

viii) *(bis 30.06.2016)* gegebenenfalls eine Angabe, dass der Anmelder nach Regel 26bis.3 Absatz f Kopien einer Erklärung oder anderer Nachweise beim Internationalen Büro eingereicht hat.

Die Änderung gilt für internationale Anmeldungen mit Anmeldedatum ab dem 01.07.2016 (PCT/A47/9). Die Streichung steht im Zusammenhang mit der Änderung der R 26bis.3. f) (PCT/WG/8/14 Nr. 11).

R 26bis.3 f) Nachweise für Wiederherstellungsantrag ans Anmeldeamt
R 26bis.3 h) iv) Weiterleitung von Unterlagen durch Anmeldeamt ans IB
R 26bis.3 h^{bis}) Ausnahmen der Weiterleitungspflicht

c) Ist eine **Erklärung nach Artikel 17** Absatz 2 Buchstabe a abgegeben worden, so ist auf der Titelseite deutlich darauf hinzuweisen und dieser braucht weder Zeichnungen noch eine Zusammenfassung zu enthalten.

d) Die **Abbildung** oder Abbildungen, die in Absatz b Ziffer 11 erwähnt sind, sind gemäß Regel 8.2 auszuwählen. Ihre Wiedergabe auf dem Kopfbogen kann in verkleinerter Form erfolgen.

e) Ist auf der Titelseite für die Gesamtheit der in Absatz b Ziffer iii erwähnten **Zusammenfassung** nicht ausreichend Raum vorhanden, so ist die Zusammenfassung auf der Rückseite der Titelseite wiederzugeben. Dies gilt auch für die Übersetzung der Zusammenfassung, wenn die Veröffentlichung der Übersetzung nach Regel 48.3 Absatz c erforderlich ist.

f) Sind die **Ansprüche nach Artikel 19** geändert worden, muss die Veröffentlichung der internationalen Anmeldung den vollen Wortlaut sowohl der ursprünglich eingereichten als auch der geänderten Ansprüche wiedergeben. Ebenso ist eine Erklärung nach Artikel 19 Absatz 1 zu veröffentlichen, sofern das Internationale Büro nicht zu dem Ergebnis kommt, dass die Erklärung die Bestimmungen der Regel 46.4 nicht erfüllt. Das Datum des Eingangs der geänderten Ansprüche beim Internationalen Büro wird angegeben. *(R 48.2 h) eine erneute Veröffentlichung ist möglich)*

g) Liegt bei Abschluss der **technischen Vorbereitungen** *(Art 21 (5))* für die internationale Veröffentlichung der internationale Recherchenbericht noch nicht vor, so enthält die Titelseite einen Hinweis darauf, dass dieser Bericht noch nicht vorlag und dass der internationale Recherchenbericht (sobald er vorliegt) mit einer geänderten Titelseite gesondert veröffentlicht wird.

h) Ist bei Abschluss der technischen Vorbereitungen für die internationale Veröffentlichung die Frist zur Änderung der Ansprüche *(Art 19 (1), R 46.1 zwei Monate ab Recherchenbericht oder 16 Monate ab Prioritätsdatum)* gemäß Artikel 19 noch nicht abgelaufen, so wird auf der Titelseite auf diese Tatsache hingewiesen und angegeben, dass im Fall einer Änderung der Ansprüche nach Artikel 19 unverzüglich nach Eingang dieser Änderungen beim Internationalen Büro innerhalb der Frist nach Regel 46.1 der volle Wortlaut der geänderten Ansprüche zusammen **mit einer geänderten Titelseite veröffentlicht** wird. Eine gegebenenfalls nach Artikel 19 Absatz 1 abgegebene Erklärung ist ebenfalls zu veröffentlichen, sofern das Internationale Büro nicht zu dem Ergebnis kommt, dass die Erklärung den Vorschriften der Regel 46.4 nicht entspricht.

Dies erfolgt in Form einer A4-Schrift.

i) Ist die Zustimmung des Anmeldeamts oder der Internationalen Recherchenbehörde zur Berichtigung eines offensichtlichen Fehlers in der internationalen Anmeldung nach Regel 91.1 beim Internationalen Büro nach Abschluss der technischen Vorbereitungen für die internationale Veröffentlichung eingegangen oder wurde gegebenenfalls die Zustimmung vom Internationalen Büro nach Abschluss der technischen Vorbereitungen für die internationale Veröffentlichung erteilt, so wird eine Erklärung hinsichtlich aller Berichtigungen zusammen mit den die Berichtigungen enthaltenden Blättern bzw. den Ersatzblättern und dem nach Regel 91.2 eingereichten Schreiben veröffentlicht, und die Titelseite wird neu veröffentlicht.

Absatz i) gilt nur für Zustimmung durch Anmeldeamt, ISA, IB

R 91.1 b) iii) Nach dem Kommentar der Working Group zur Änderung der R 48.2, Dokument PCT/WG/3/8 S. 3, Annex, S. 4, ist klargestellt, dass Absatz b) wegen Art 38 nicht für die Zustimmungen der IPEA gilt.

R 70 Berichtigungen können den ausgewählten Ämtern als Anlage zum Bericht gemäß R 70.16 oder falls nicht möglich über das IB nach R 70.2 e) und VV 413 zur Verfügung gestellt werden (PCT WG/3/8 S. 3, Annex S. 4).

j) Ist zum Zeitpunkt des Abschlusses der technischen Vorbereitungen für die internationale Veröffentlichung ein Antrag nach Regel 26bis.3 auf Wiederherstellung des Prioritätsrechts anhängig, so muss die veröffentlichte internationale Anmeldung anstatt der Entscheidung des Anmeldeamts über den Antrag eine Angabe des Inhalts enthalten, dass diese Entscheidung nicht verfügbar war und dass sie, sobald sie verfügbar ist, gesondert veröffentlicht wird.

k) Ist ein Antrag auf Veröffentlichung nach Regel 91.3 Absatz d *(bei verweigerter Zustimmung)* beim Internationalen Büro nach Abschluss der technischen Vorbereitungen für die internationale Veröffentlichung eingegangen, so wird der Berichtigungsantrag und jede in dieser Regel genannte Begründung oder Stellungnahme unverzüglich nach Erhalt eines solchen Veröffentlichungsantrags veröffentlicht und die Titelseite wird neu veröffentlicht.

Informationen zur Kennzeichnung von Neuveröffentlichungen: ABl. 2008, 504

l) *(seit 01.07.2016)* Das Internationale Büro schließt auf begründeten Antrag des Anmelders, sofern der Antrag **vor Abschluß der technischen Vorbereitungen** für die internationale Veröffentlichung beim Internationalen Büro eingeht, Angaben von der Veröffentlichung aus, wenn es feststellt, daß

i) diese Angaben nicht offensichtlich dem Zweck dienen, die Öffentlichkeit über die internationale Anmeldung zu unterrichten,

ii) die Veröffentlichung dieser Angaben eindeutig persönliche oder wirtschaftliche Interessen einer Person beeinträchtigen würde und

iii) kein vorherrschendes öffentliches Interesse an der Einsicht in diese Angaben besteht.

Regel 26.4 findet entsprechend Anwendung auf die Art und Weise, in der der Anmelder die Angaben darzulegen hat, die Gegenstand eines Antrags nach diesem Absatz sind.

Die Änderungen gelten für internationale Anmeldungen mit Anmeldedatum ab dem 01.07.2016 (PCT/A47/9).

Die Einfügung des Absatz l) gewährt dem Anmelder ein Antragsrecht, um persönliche Informationen mangels vorrangigen öffentlichen Interesses von der Veröffentlichung der Anmeldung auszuschließen. Absatz m) ermöglicht den Behörden, den Anmelder auf die Möglichkeit hinzuweisen und Absatz n) erlaubt die Information der anderen beteiligten Behörden durch das IB (PCT/WG/7/30 Nr. 410 ff.). Im Gegensatz zum Antrag auf Beschränkung der Akteneinsicht im Rahmen der R 94, ist hier die Frist nach Absatz l) zu beachten.

Art 21 (5) Abschluss der Technischen Vorbereitungen
R 9.2   Hinweismöglichkeit der Behörden auf ausschließbare Inhalte der PCTa
R 26.4   Prüfung und Berichigung bestimmter Bestandteile der PCTa vor dem Anmeldeamt. Entsprechende Geltung bedeutet: Einreichung erläuternder Schreiben und Ersatzblätter. Die Ersatzblätter werden veröffentlicht, die ersetzten Blätter und erläuternden Schreiben sind Teil der Akte des IB, jedoch wird der Öffentlichkeit hierzu kein Zugang gewährt (PCT/WG/8/12, Nr. 14, 15).
R 94.1   Akteneinsicht
VV 218   Verfahren beim IB

m) *(seit 01.07.2016)* Stellt das Anmeldeamt, die Internationale Recherchenbehörde, die für die ergänzende Recherche bestimmte Behörde oder das Internationale Büro fest, dass Angaben den in Absatz l angegebenen Kriterien entsprechen, so kann dieses Amt, diese Behörde oder dieses Büro dem Anmelder vorschlagen, den Ausschluss von der internationalen Veröffentlichung nach Absatz l zu beantragen.

n) *(seit 01.07.2016)* Hat das Internationale Büro Angaben von der internationalen Veröffentlichung gemäß Absatz l ausgeschlossen und sind diese Angaben auch in der Akte der internationalen Anmeldung enthalten, die sich beim Anmeldeamt, der internationalen Recherchenbehörde, der für die ergänzende Recherche bestimmten Behörde oder der mit der internationalen vorläufigen Prüfung beauftragten Behörde befindet, so teilt das Internationale Büro dies diesem Amt und dieser Behörde unverzüglich mit.

Die Änderungen gelten für internationale Anmeldungen mit Anmeldedatum ab dem 01.07.2016 (PCT/A47/9).

Die Einfügung von Absatz 2 l) gewährt dem Anmelder ein Antragsrecht, um persönliche Informationen mangels vorrangigen öffentlichen Interesses von der Veröffentlichung der Anmeldung auszuschließen. Absatz m) ermöglicht den Behörden, den Anmelder auf die Möglichkeit hinzuweisen und Absatz n) erlaubt die Information der anderen beteiligten Behörden durch das IB (PCT/WG/7/30 410 ff.).

Der Anmelder wird vom IB auch informiert, falls die Entscheidung beinhaltet, dass die Angaben nicht von der Veröffentlichung ausgeschlossen sind (Applicant's Guide Rn 9016A)

Die Dokumente sind beim IB verfügbar unter https://patentscope.wipo.int/search/de/structuredSearch.jsf.

R 4.1 Seit 01.01.2012 besteht jederzeit bis zum Ablauf von 30 Monaten ab Prioritätsdatum die Möglichkeit, widerruflich die Lizenzbereitschaft zu erklären. Die Erklärung kann auf dem Formular PCT/IB/382 mit der PCTa erfolgen, sie ist aber weder Bestandteil der PCTa noch der internationalen Veröffentlichung (PCT-Newsletter 12/2011, S. 1). Die Erklärung ist als Teil der Akte des IB einsehbar unter patentscope, s.o. (Details siehe Nr. 11.102 ff. Applicant's Guide int. P.)

VV 801 ff. Einwendungen Dritter zum Stand der Technik ab Datum der internationalen Veröffentlichung bis zum Ablauf von 28 Monaten seit Prioritätsdatum über ePCT. Nach Prüfung durch das IB wird die Bemerkung ohne die entsprechenden Dokumente sowie eine Stellungnahme des Anmelders veröffentlicht, siehe auch Nr. 11.109 ff. Applicant's Guide int. P.

48.3 Veröffentlichungssprachen

Veröffentlichungssprachen

a) Ist die internationale Anmeldung in **arabischer, chinesischer, deutscher, englischer, französischer, japanischer, koreanischer, portugiesischer, russischer oder spanischer Sprache** (»Veröffentlichungssprachen«) eingereicht worden, so wird sie in der Sprache veröffentlicht, in der sie eingereicht wurde.

b) Ist die internationale Anmeldung nicht in einer Veröffentlichungssprache eingereicht und ist nach Regel 12.3 oder 12.4 eine Übersetzung in einer Veröffentlichungssprache vorgelegt worden, so wird die Anmeldung in der Sprache dieser Übersetzung veröffentlicht.

R 87.1 Übermittlung von Veröffentlichungen

c) Wird die internationale Anmeldung in einer anderen als der englischen Sprache veröffentlicht, so werden der internationale Recherchenbericht, soweit er gemäß Regel 48.2 Absatz a Ziffer v veröffentlicht wird, oder die Erklärung nach Artikel 17 Absatz 2 Buchstabe a, die Bezeichnung der Erfindung, die Zusammenfassung und jeder Text zu der oder den Zeichnungen, die mit der Zusammenfassung veröffentlicht werden, sowohl in dieser als auch in englischer Sprache veröffentlicht. Die Übersetzungen werden, sofern sie nicht vom Anmelder nach Regel 12.3 eingereicht wurden, unter der Verantwortung des Internationalen Büros angefertigt.

48.4 Vorzeitige Veröffentlichung auf Antrag des Anmelders

Vorzeitige Veröffentlichung

a) Beantragt der Anmelder die Veröffentlichung nach Artikel 21 Absatz 2 Buchstabe b und Artikel 64 Absatz 3 Buchstabe c Ziffer i und stehen der internationale Recherchenbericht oder die Erklärung nach Artikel 17 Absatz 2 Buchstabe a noch nicht für die Veröffentlichung zusammen mit der internationalen Anmeldung zur Verfügung, so erhebt das Internationale Büro eine besondere Veröffentlichungsgebühr, deren Höhe durch die Verwaltungsvorschriften festgelegt wird.

VV 113   An das Internationale Büro zu zahlende besondere Gebühren: Sfr 200, Annex B2 (IB) Applicant's Guide int. P, Stand 15.02.2018.

b) Die Veröffentlichung nach Artikel 21 Absatz 2 Buchstabe b und Artikel 64 Absatz 3 Buchstabe c Ziffer i wird vom Internationalen Büro unverzüglich durchgeführt, sobald der Anmelder sie beantragt hat und, falls eine Gebühr nach Absatz a gezahlt werden muss, sobald er diese Gebühr gezahlt hat.

48.5 Unterrichtung über die nationale Veröffentlichung

Richtet sich die Veröffentlichung der internationalen Anmeldung durch das Internationale Büro nach Art 64 Absatz 3 Buchstabe c Ziffer ii, so hat das betreffende nationale Amt das Internationale Büro unverzüglich nach Vornahme der in jener Vorschrift genannten nationalen Veröffentlichung über die Tatsache der Veröffentlichung zu unterrichten.

48.6 Veröffentlichung bestimmter Tatsachen

a) Erreicht eine Mitteilung nach Regel 29.1 Ziffer ii *(Fiktion der Zurücknahme)* das Internationale Büro so spät, dass die internationale Veröffentlichung der internationalen Anmeldung nicht mehr verhindert werden kann, so veröffentlicht das Internationale Büro im Blatt unverzüglich einen Hinweis, der den wesentlichen Inhalt der Mitteilung wiedergibt.
b) [gestrichen]
c) Wird nach Abschluss der technischen Vorbereitungen für die internationale Veröffentlichung die internationale Anmeldung, die Bestimmung eines Bestimmungsstaates oder der Prioritätsanspruch nach Regel 90bis zurückgenommen, so wird dies im Blatt veröffentlicht.

Art 21 (5) Anmerkung 5: Abschluss der technischen Vorbereitungen

Regel 49   Übermittlung eines Exemplars und einer Übersetzung der Anmeldung sowie Gebührenzahlung nach Artikel 22

R 76.5   Anwendbarkeit beim ausgewählten Amt

49.1 Mitteilung

a) Jeder Vertragsstaat, der die Vorlage einer Übersetzung oder die Zahlung einer nationalen Gebühr oder beides nach Artikel 22 verlangt, unterrichtet das Internationale Büro über

i) die **Sprachen**, aus denen, und die Sprache, in die eine Übersetzung verlangt wird,

ii) die Höhe der nationalen **Gebühr.**

a^{bis}) Jeder Vertragsstaat, der vom Anmelder die **Übermittlung** eines Exemplars der internationalen Anmeldung nach Artikel 22 **nicht verlangt**, auch wenn das Internationale Büro bis zum Ablauf der gemäß Artikel 22 maßgebenden Frist ein Exemplar der internationalen Anmeldung nicht nach Regel 47 übermittelt hat, teilt dies dem Internationalen Büro mit.

Art 22 Übermittlung eines Exemplars und einer Übersetzung der Anmeldung sowie Gebührenzahlung an die Bestimmungsländer

EPÜ-RiLi E-VIII 2.1.2. EPA verlangt die Übermittlung eines Exemplars der Anmeldung nach Art 22 (1) vom Anmelder auch dann **nicht**, wenn die Übermittlung vom Internationalen Büro an das EPA unterblieben ist (R 49.1 a^{bis}), PCT Gazette 14/1986, 2367; R 159 (1), 160, Art 153 (3)-(5) EPÜ 2000). Es erfolgt keine Mitteilung der WIPO an den Anmelder nach R 47.1 c)

a^{ter}) Jeder Vertragsstaat, der als Bestimmungsstaat die in Artikel 11 Absatz 3 vorgesehene Wirkung gemäß Artikel 24 Absatz 2 aufrechterhält, auch wenn der Anmelder bei Ablauf der nach Artikel 22 maßgebenden Frist ein Exemplar der internationalen Anmeldung nicht übermittelt hat, teilt dies dem Internationalen Büro mit.
b) Das Internationale Büro veröffentlicht jede ihm nach Absatz a, a^{bis} oder a^{ter} zugegangene Mitteilung unverzüglich im Blatt.

Für das EPA wurde dies in der PCT Gazette 14/1986, 2367 veröffentlicht.

c) Ändern sich die Anforderungen nach Absatz a später, so teilt der Vertragsstaat diese Änderungen dem Internationalen Büro mit, das die Mitteilung unverzüglich im Blatt veröffentlicht. Hat die Änderung zum Inhalt, dass eine Übersetzung in eine vor der Änderung nicht geforderte Sprache erforderlich wird, so wird die Änderung nur für solche internationale Anmeldungen wirksam, die später als zwei Monate nach der Veröffentlichung der Mitteilung im Blatt eingereicht worden sind. Für die übrigen Fälle bestimmt der Vertragsstaat den Zeitpunkt, in dem die Änderung wirksam wird.

49.2 Sprachen

Die Sprache, in die eine Übersetzung verlangt werden kann, muss eine **Amtssprache des Bestimmungsamts** sein. Ämter mit mehreren Amtssprachen können keine Übersetzung verlangen, wenn die internationale Anmeldung **in einer dieser Amtssprachen** verfasst ist. Ist einem Amt mit **mehreren Amtssprachen** eine Übersetzung zu übermitteln, so kann der Anmelder eine dieser Sprachen auswählen. Unbeschadet der Bestimmungen dieses Absatzes kann, wenn mehrere Amtssprachen bestehen, aber das nationale Recht eine dieser Sprachen für Ausländer vorschreibt, eine Übersetzung in diese Sprache verlangt werden.

49.3 **Erklärungen nach Artikel 19**; Angaben nach Regel 13bis.4

Im Sinne von Artikel 22 und dieser Regel gelten jede Erklärung nach Artikel 19 Absatz 1 und jede Angabe nach Regel 13bis.4, vorbehaltlich Regel 49.5 Absatz c und h, als **Teil der internationalen Anmeldung**.

49.4 Verwendung eines nationalen Formblatts

Vom Anmelder **kann nicht verlangt werden**, für die Vornahme der in Artikel 22 vorgesehenen Handlungen ein **nationales Formblatt** zu verwenden.

Beim EPA wird das Formular 1200 empfohlen (PCT- Applicant's Guide – nat. Phase – national Chapter EP.01).

49.5 Inhalt und äußere Form der Übersetzung

a) Für die Zwecke des Artikel 22 hat die Übersetzung der internationalen Anmeldung die Beschreibung (vorbehaltlich des Absatz a^{bis}), die Patentansprüche, gegebenenfalls Textbestandteile der Zeichnungen und die Zusammenfassung zu umfassen. Auf Verlangen des Bestimmungsamts muss die Übersetzung vorbehaltlich der Absätze b, c^{bis} und e ferner
   i) den Antrag,
   ii) falls die Ansprüche nach Artikel 19 geändert worden sind, die Ansprüche in der ursprünglich eingereichten und der geänderten Fassung (die geänderten Ansprüche sind einzureichen in Form einer Übersetzung des vollständigen, nach Regel 46.5 Absatz a eingereichten Satzes von Ansprüchen, der alle ursprünglich eingereichten Ansprüche ersetzt) *(R 49.5 c)^{bis} Rechtsfolge)*, und
   iii) als Anlage eine Kopie der Zeichnungen enthalten.

a^{bis}) Kein Bestimmungsamt darf vom Anmelder die Einreichung einer **Übersetzung von im Sequenzprotokollteil** der Beschreibung enthaltenen Textbestandteilen verlangen, wenn dieser Sequenzprotokollteil der Regel 12.1 Absatz d und die Beschreibung der Regel 5.2 Absatz b entspricht.

b) Jedes Bestimmungsamt, das eine Übersetzung des Antrags verlangt, stellt den Anmeldern **kostenlos Exemplare des Antragsformblatts** in der Sprache der Übersetzung zur Verfügung. Form und Inhalt des Antragsformblatts in der Sprache der Übersetzung dürfen sich von denen des Antrags nach den Regeln 3 und 4 nicht unterscheiden; so darf das Antragsformblatt in der Sprache der Übersetzung insbesondere keine Angaben verlangen, die nicht im Antrag in der eingereichten Fassung enthalten sind. Die Verwendung des Antragsformblatts in der Sprache der Übersetzung ist fakultativ.

c) Hat der Anmelder **keine Übersetzung der Erklärung nach Artikel 19** Absatz 1 eingereicht, so kann das Bestimmungsamt die Erklärung außer Betracht lassen.

c^{bis}) Reicht der Anmelder bei einem Bestimmungsamt, das nach Absatz a Ziffer ii eine Übersetzung der **Ansprüche** sowohl in der ursprünglich eingereichten als auch in der **geänderten Fassung** verlangt, **nur eine dieser Übersetzungen ein**, so kann das Bestimmungsamt Ansprüche, für die keine Übersetzung vorliegt, unberücksichtigt lassen oder den Anmelder auffordern, die fehlende Übersetzung innerhalb einer in der Aufforderung festgesetzten, den Umständen nach angemessenen Frist einzureichen. Fordert das Bestimmungsamt den Anmelder zur Einreichung der fehlenden Übersetzung auf und wird diese nicht innerhalb der in der Aufforderung festgesetzten Frist eingereicht, so kann das Bestimmungsamt Ansprüche, für die keine Übersetzung vorliegt, unberücksichtigt lassen oder die internationale Anmeldung als zurückgenommen betrachten.

Art 153 (2) EPÜ, R 159 EPÜ Verfahrensweise des EPA: Das EPA lässt unübersetzte Ansprüche unberücksichtigt Euro-PCT-Leitfaden E.V. Rn 519 ff. Eine Aufforderung zur Nachreichung ergeht in der Regel nicht.
Beachte die Vorbehalte gemäß R 49.5 l).   *Zurücknahme wegen fehlender Übersetzung*

d) Enthält eine Zeichnung Textbestandteile, so ist die Übersetzung dieses Textes entweder in Form einer Kopie der Originalzeichnung, in der die Übersetzung über den Originaltext **geklebt** ist, oder in Form einer **neu** ausgeführten Zeichnung einzureichen.

e) Verlangt ein Bestimmungsamt gemäß Absatz a die Übermittlung einer Kopie der Zeichnungen und hat der Anmelder diese Kopie nicht innerhalb der nach Artikel 22 maßgebenden Frist eingereicht, so fordert es den Anmelder auf, diese Kopie innerhalb einer in der Aufforderung festgesetzten, den Umständen nach angemessenen Frist einzureichen.

f) Eine **Übersetzung des Ausdrucks »Fig.«** in andere Sprachen ist **nicht erforderlich**.

g) Entspricht eine nach Absatz d oder e eingereichte Kopie der Zeichnungen oder neu ausgeführte Zeichnung nicht den Formvorschriften nach Regel 11, so kann das Bestimmungsamt den Anmelder auffordern, den Mangel innerhalb einer in der Aufforderung festgesetzten, den Umständen nach angemessenen Frist zu beheben.

h) Hat der Anmelder keine **Übersetzung der Zusammenfassung** oder einer Angabe nach Regel 13bis.4 eingereicht, und hält das Bestimmungsamt diese Übersetzung für erforderlich, so fordert es den Anmelder auf, diese innerhalb einer in der Aufforderung festgesetzten, den Umständen nach angemessenen Frist einzureichen.

i) Das Internationale Büro veröffentlicht im Blatt Auskünfte über die Anforderungen und die Praxis der Bestimmungsämter nach Absatz a Satz 2.

Veröffentlichung der Anforderungen

j) Kein Bestimmungsamt darf verlangen, dass die Übersetzung der internationalen Anmeldung anderen als den für die internationale Anmeldung in der ursprünglich eingereichten Fassung geltenden Formerfordernissen entspricht.

k) Hat die Internationale Recherchenbehörde nach Regel 37.2 eine Bezeichnung *(Bezeichnung der Erfindung)* festgesetzt, so hat die Übersetzung die von der Behörde festgesetzte Bezeichnung zu enthalten.

Beachte die Vorbehalte gemäß R 49.5 l).

l) Ist Absatz c^{bis} oder Absatz k am 12.07.1991 nicht mit dem vom Bestimmungsamt anzuwendenden nationalen Recht vereinbar, so gilt der betreffende Absatz für das Bestimmungsamt nicht, solange diese Unvereinbarkeit besteht, sofern dieses Amt das Internationale Büro bis zum 31.12.1991 davon unterrichtet. Diese Mitteilung wird vom Internationalen Büro unverzüglich im Blatt veröffentlicht.

Veröffentlicht wurde eine Mitteilung aus BR bezüglich Absatz c^{bis} und aus den USA bezüglich Absatz c^{bis} und k.

49.6 Wiedereinsetzung nach Versäumung der Vornahme der Handlungen nach Artikel 22

R 49.6 a) bis e) finden grundsätzlich keine Anwendung für Anmeldungen mit einem Anmeldedatum vor dem 01.01.2003. Zu den Ausnahmen siehe Fußnote 9 zu R 49.6 in www.wipo.int/export/sites/www/pct/de/texts/pdf/pct_regs.pdf

a) Endet die Wirkung einer internationalen Anmeldung nach Artikel 11 Absatz 3, weil der Anmelder es versäumt hat, die in Artikel 22 genannten Handlungen innerhalb der anwendbaren Frist vorzunehmen, setzt das Bestimmungsamt den Anmelder auf seinen Antrag und vorbehaltlich der Absätze b bis e in seine Rechte in Bezug auf diese internationale Anmeldung wieder ein, wenn es feststellt, dass die Fristversäumung unbeabsichtigt war, oder nach Wahl des Bestimmungsamtes, dass die Fristversäumung trotz Beachtung der nach den gegebenen Umständen gebotenen Sorgfalt geschehen ist.

Aus dem Vergleich mit dem Wortlaut der R 26bis.3 ergibt sich, dass hier grundsätzlich das Kriterium »unbeabsichtigt« für alle Bestimmungsämter anzuwenden ist, es sei denn, das Bestimmungsamt hat ausdrücklich das Kriterium »gebotene Sorgfalt« gewählt.

b) Innerhalb der zuerst endenden der nachfolgend genannten Fristen ist der Antrag a beim Bestimmungsamt zu stellen und sind die in Artikel 22 genannten Handlungen vorzunehmen:

i) zwei Monate nach dem Zeitpunkt, zu dem der Grund für die Versäumung der nach Artikel 22 anwendbaren Frist weggefallen ist, oder

ii) zwölf Monate nach dem Zeitpunkt des Ablaufs der nach Artikel 22 anwendbaren Frist,

jedoch mit der Maßgabe, dass der Anmelder den Antrag bis zu einem späteren Zeitpunkt stellen kann, soweit dies nach dem vom Bestimmungsamt anzuwendenden nationalen Recht zugelassen ist.

c) Der Antrag nach Absatz a muss die Gründe für die Versäumung der nach Artikel 22 anwendbaren Frist darlegen.

d) Das von dem Bestimmungsamt anzuwendende nationale Recht kann verlangen,

i) dass für den Antrag nach Absatz a eine Gebühr entrichtet wird;

Art 2 (1) Nr. 13 GebO Die Gebühr beim EPA beträgt € 640 für Zahlungen ABl. 2018, A32, Zusatzpublikation 2/2016; davor € 635 für Zahlungen seit dem 01.04.2014, ABl. 2014, A5.

ii) dass eine Erklärung oder andere Nachweise zum Beleg der in Absatz c genannten Gründe eingereicht werden.

e) Das Bestimmungsamt darf einen Antrag nach Absatz a nicht ablehnen, ohne dem Anmelder die Gelegenheit gegeben zu haben, innerhalb einer nach den Umständen angemessenen Frist zu der beabsichtigten Ablehnung Stellung zu nehmen.

f) Sind die Absätze a bis e am 1. Oktober 2002 nicht mit dem vom Bestimmungsamt anzuwendenden nationalen Recht vereinbar, so gelten diese Absätze für dieses Bestimmungsamt nicht, solange diese Unvereinbarkeit besteht, sofern dieses Amt das Internationale Büro bis zum 1. Januar 2003 davon unterrichtet. Die Mitteilung wird vom Internationalen Büro unverzüglich im Blatt veröffentlicht.

R 49.6 (f) Diese Information wird auch auf der Internet-Seite der WIPO unter www.wipo.int/pct/de/texts/reservations/res_incomp.html veröffentlicht. Veröffentlicht wurde eine Mitteilung von: CA, DE, NZ, PH, KR, LV, MX, IN, PL, CN. JP hat Rücknahme mit Wirkung zum 01.04.2012 erklärt (PCT Gazette 02.02.2012).

R 135 EPÜ Weiterbehandlungsantrag als Alternative zum Antrag nach R 49.6 bei Fristversäumnis R 160 EPÜ

Regel 49bis Angaben zum Schutzbegehren für die Zwecke des nationalen Verfahrens

R 76.5   Anwendbarkeit beim ausgewählten Amt

49bis.1   Wahl bestimmter Schutzrechtsarten

a) Wünscht der Anmelder, dass die internationale Anmeldung in einem Bestimmungsstaat, auf den Artikel 43 anzuwenden ist, nicht als Antrag auf Erteilung eines Patents, sondern als Antrag auf Erteilung einer anderen in diesem Artikel genannten Schutzrechtsart behandelt wird, so hat er dies, wenn er die in Artikel 22 genannten Handlungen vornimmt, dem Bestimmungsamt anzugeben.

b) Wünscht der Anmelder, dass die internationale Anmeldung in einem Bestimmungsstaat, auf den Artikel 44 anzuwenden ist, als Antrag auf Erteilung mehrerer in Artikel 43 genannter Schutzrechtsarten behandelt wird, so hat er dies, wenn er die in Artikel 22 genannten Handlungen vornimmt, dem Bestimmungsamt anzugeben, gegebenenfalls mit der Angabe, um welche Schutzrechtsart in erster Linie und um welche Schutzrechtsart hilfsweise nachgesucht wird.

c) Wünscht der Anmelder in den in den Absätzen a und b genannten Fällen, dass die internationale Anmeldung in einem Bestimmungsstaat als Anmeldung für ein Zusatzpatent, ein Zusatzzertifikat, einen Zusatzerfinderschein oder ein Zusatzgebrauchszertifikat behandelt wird, so hat er, wenn er die in Artikel 22 genannten Handlungen vornimmt, die einschlägige Hauptanmeldung, das einschlägige Hauptpatent oder ein anderes Hauptschutzrecht anzugeben.

d) Wünscht der Anmelder, dass die internationale Anmeldung in einem Bestimmungsstaat als eine Fortsetzung oder Teilfortsetzung einer früheren Anmeldung behandelt wird, so hat er dies, wenn er die in Artikel 22 genannten Handlungen vornimmt, dem Bestimmungsamt mitzuteilen und die einschlägige Hauptanmeldung anzugeben.

e) Macht der Anmelder, wenn er die in Artikel 22 genannten Handlungen vornimmt, keine ausdrückliche Angabe nach Absatz a, entspricht jedoch die in Artikel 22 genannte und vom Anmelder gezahlte nationale Gebühr der nationalen Gebühr für eine bestimmte Schutzrechtsart, so gilt die Zahlung dieser Gebühr als Angabe des Wunsches des Anmelders, dass die internationale Anmeldung als Anmeldung für die betreffende Schutzrechtsart behandelt werden soll, und das Bestimmungsamt unterrichtet den Anmelder entsprechend.

R 4.9 Infolge der 2004 geänderten R 4.9 a) sind Angaben zu bestimmten Schutzrechtsarten erst bei Eintritt in die nationale Phase möglich.

R 90bis Rücknahme von Bestimmungen

49bis.2 Zeitpunkt der Übermittlung von Angaben

a) Bevor der Anmelder die in Artikel 22 genannten Handlungen vornimmt, darf kein Bestimmungsamt von ihm die Übermittlung von Angaben gemäß Regel 49bis.1 oder gegebenenfalls von Angaben darüber verlangen, ob der Anmelder um die Erteilung eines nationalen oder regionalen Patents nachsucht.

b) Der Anmelder kann, soweit dies nach dem für das betreffende Bestimmungsamt geltende nationale Recht zugelassen ist, solche Angaben zu einem späteren Zeitpunkt machen oder gegebenenfalls zu einem späteren Zeitpunkt von einer Schutzrechtsart zu einer anderen wechseln.

Regel 49ter Wirkung der Wiederherstellung des Prioritätsrechts durch das Anmeldeamt; Wiederherstellung des Prioritätsrechts durch das Bestimmungsamt

R 76.5 Anwendbarkeit beim ausgewählten Amt

49ter.1 Wirkung der Wiederherstellung des Prioritätsrechts durch das Anmeldeamt

a) Hat das Anmeldeamt ein Prioritätsrecht nach Regel 26bis.3 wiederhergestellt aufgrund seiner Feststellung, dass das Versäumnis, die internationale Anmeldung innerhalb der Prioritätsfrist einzureichen, **trotz Beachtung der nach den gegebenen Umständen gebotenen Sorgfalt** erfolgt ist, so hat diese Wiederherstellung vorbehaltlich des Absatzes c Wirkung in jedem Bestimmungsstaat.

b) Hat das Anmeldeamt ein Prioritätsrecht nach Regel 26bis.3 wiederhergestellt aufgrund seiner Feststellung, dass das Versäumnis, die internationale Anmeldung innerhalb der Prioritätsfrist einzureichen, **unbeabsichtigt** erfolgt ist, so hat diese Wiederherstellung vorbehaltlich des Absatzes c Wirkung in jedem Bestimmungsstaat, dessen anzuwendendes nationales Recht eine Wiederherstellung des Prioritätsrechts nach diesem Kriterium oder nach einem aus der Sicht des Anmelders günstigeren Kriterium vorsieht.

c) Eine Entscheidung des Anmeldeamts über die Wiederherstellung eines Prioritätsrechts nach Regel 26bis.3 hat keine Wirkung in einem Bestimmungsstaat, wenn das Bestimmungsamt, ein Gericht oder ein anderes zuständiges Organ dieses Bestimmungsstaats oder ein anderes für diesen Bestimmungsstaat handelndes Organ feststellt, dass ein Erfordernis nach Regel 26bis.3 Absatz a, b Ziffer i oder c nicht erfüllt war, wobei die im beim Anmeldeamt nach Regel 26bis.3 Absatz a eingereichten Antrag angegebenen Gründe und jede Erklärung oder andere Nachweise, die beim Anmeldeamt nach Regel 26bis.3 Absatz b Ziffer iii eingereicht worden sind zu berücksichtigen sind.

d) Ein Bestimmungsamt darf die Entscheidung des Anmeldeamts nur überprüfen, wenn es berechtigte Zweifel daran hat, dass ein in Absatz c genanntes Erfordernis erfüllt war; in diesem Fall unterrichtet das Bestimmungsamt den Anmelder dementsprechend unter Angabe der Gründe für die Zweifel und gibt dem Anmelder die Gelegenheit, innerhalb einer angemessenen Frist Stellung zu nehmen.

e) Kein Bestimmungsstaat ist an eine Entscheidung des Anmeldeamts, einen Antrag nach Regel 26bis.3 auf Wiederherstellung des Prioritätsrechts abzulehnen, gebunden.

f) Hat das Anmeldeamt einen Antrag auf Wiederherstellung des Prioritätsrechts abgelehnt, so kann jedes Bestimmungsamt diesen Antrag als einen Antrag auf Wiederherstellung ansehen, der bei diesem Bestimmungsamt nach Regel 49ter.2 Absatz a innerhalb der in dieser Regel genannten Frist eingereicht worden ist.

g) Sind die Absätze a bis d am 5. Oktober 2005 nicht mit dem vom Bestimmungsamt anzuwendenden nationalen Recht vereinbar, so gelten diese Absätze für dieses Amt nicht, solange diese Unvereinbarkeit besteht, sofern dieses Amt das Internationale Büro bis zum 5. April 2006 davon unterrichtet. Diese Mitteilung wird vom Internationalen Büro unverzüglich im Blatt veröffentlicht.

R 49ter.1 g) Mitteilungen über die Unvereinbarkeit mit nationalem Recht liegen vor von: BR, CA, CN, CO, CU, CZ, DE, DZ, ID, IN, KR, LT, MX, NO, PH, TR. Rücknahmeerklärung PT zum 01.10.2008 (PCT Newsletter 10/2008, S. 6).

Das EPA hat die Rücknahme mit Wirkung ab dem 13.12.2007 erklärt: PCT Newsletter 11/2007. Rücknahmeerklärung für HU zum 21.10.2010 (PCT Gazette vom 28.04.2011), Rücknahmeerklärung für ES zum 06.11.2013 (PCT Gazette vom 31.10.2013), Rücknahmeerklärung für US zum 18.12.2013 (PCT Gazette vom 03.04.2014), für JP zum 01.04.2015 (PCT Gazette vom 12.03.2015).

Entscheidend für die Anwendbarkeit der R 49ter.1 ist der Zeitpunkt des Eintritts in die europäische Phase. Dieser muss nach dem 12.12.2007 sein. Ferner dürfen die 2 Monate nach Ablauf des Prioritätsjahres am 13.12.2007 noch nicht um sein.

Das EPA wendet das Kriterium der »gebotenen Sorgfalt« an (PCT Newsletter 11/2007, 3).

49ter.2 Wiederherstellung des Prioritätsrechts durch Bestimmungsamt

a) Beansprucht die internationale Anmeldung die Priorität einer früheren Anmeldung und liegt das internationale Anmeldedatum nach dem Datum, an dem die Prioritätsfrist abgelaufen ist, aber innerhalb einer Frist von zwei Monaten seit diesem Datum, so stellt das Bestimmungsamt auf Antrag des Anmelders nach Absatz b das Prioritätsrecht wieder her, sofern das Amt feststellt, dass ein von ihm angewendetes Kriterium (»Wiederherstellungskriterium«) erfüllt ist, nämlich, dass das Versäumnis, die internationale Anmeldung innerhalb der Prioritätsfrist einzureichen,

    i) trotz Beachtung der nach den gegebenen Umständen gebotenen Sorgfalt erfolgt ist oder

ii) unbeabsichtigt war.

Jedes Bestimmungsamt hat mindestens eines dieser Kriterien anzuwenden und kann beide anwenden.

b) Ein Antrag nach Absatz a muss:

Frist   i) innerhalb einer Frist von einem Monat ab der nach Artikel 22 *(Übermittlung PCTa innerhalb 30 Mon nach Prioritätsdatum)* anwendbaren Frist beim Bestimmungsamt eingereicht werden oder, sofern der Anmelder einen ausdrücklichen Antrag nach Artikel 23 Absatz 2 *(vorzeitige Bearbeitung der Anmeldung)* an das Bestimmungsamt stellt, innerhalb einer Frist von einem Monat ab dem Datum des Eingangs des betreffenden Antrags bei dem Bestimmungsamt,

R 76.5   Anwendbarkeit auf ausgewähltes Amt

ii) die **Gründe** für das Versäumnis, die internationale Anmeldung innerhalb der Prioritätsfrist einzureichen, darlegen und vorzugsweise eine Erklärung oder andere Nachweise nach Absatz c enthalten,

iii) gegebenenfalls zusammen mit der nach Absatz d erforderlichen **Gebühr** für den Antrag auf Wiederherstellung eingereicht werden.

c) Das Bestimmungsamt kann verlangen, dass eine Erklärung oder andere Nachweise zum Beleg der in Absatz b Ziffer ii genannten Erklärung über die Gründe innerhalb einer den Umständen nach angemessenen Frist eingereicht werden.

d) Das Bestimmungsamt kann die Antragstellung nach Absatz a davon abhängig machen, dass ihm zu seinen Gunsten eine Gebühr für den Antrag auf Wiederherstellung entrichtet wird.

Art 2 (1) Nr. 13 GebO: Die Gebühr beim EPA beträgt € 640 für Zahlungen seit dem 01.04.2016, ABl. 2018, A32, Zusatzpublikation 2/2016, S. 7; davor € 635 für Zahlungen seit dem 01.04.2014 (ABl. 2014, A5).

e) Das Bestimmungsamt darf den Antrag nach Absatz a nicht vollständig oder teilweise ablehnen, ohne dem Anmelder die Gelegenheit zu geben, zu der beabsichtigten Ablehnung innerhalb einer den Umständen nach angemessenen Frist Stellung zu nehmen. Das Bestimmungsamt kann eine solche Mitteilung über die beabsichtigte Ablehnung dem Anmelder zusammen mit einer Aufforderung zur Einreichung einer Erklärung oder anderer Nachweise nach Absatz c übersenden.

f) Sieht das vom Bestimmungsamt anzuwendende nationale Recht in bezug auf die Wiederherstellung des Prioritätsrechts Erfordernisse vor, die aus der Sicht des Anmelders günstiger sind als die in den Absätzen a und b genannten Erfordernisse, so kann das Bestimmungsamt bei der Feststellung des Prioritätsrechts anstatt der in diesen Absätzen genannten Erfordernissen diejenige des nationalen Rechts anwenden.

g) Jedes Bestimmungsamt unterrichtet das Internationale Büro über die von ihm angewandten Wiederherstellungskriterien und gegebenenfalls über das von ihm nach Absatz f anzuwendende nationale Recht sowie über jede diesbezügliche nachträgliche Änderung. Diese Mitteilung wird vom Internationalen Büro unverzüglich im Blatt veröffentlicht.

Unter www.wipo.int/pct/en/texts/restoration.html, findet sich eine nach Ländern geordnete Liste mit Informationen darüber, ob das Amt einen Antrag auf Wiederherstellung des Prioritätsrechts annimmt, welche Kriterien gelten und wie hoch ggf. die Gebühr ist. Das EPA wendet das Kriterium der »gebotenen Sorgfalt« an (PCT Newsletter 11/2007, 3). Zur Gebühr siehe Absatz d).

h) Sind die Absätze a bis g am 5. Oktober 2005 nicht mit dem vom Bestimmungsamt anzuwendenden nationalen Recht vereinbar, so gelten diese Absätze für dieses Amt nicht, solange sie nicht mit diesem Recht vereinbar sind, sofern dieses Amt das

Internationale Büro bis zum 5. April 2006 davon unterrichtet. Diese Mitteilung wird vom Internationalen Büro unverzüglich im Blatt veröffentlicht.

R 49ter.2 h) Mitteilungen über die Unvereinbarkeit mit nationalem Recht liegen vor von: BR, CA, CN, CO, CU, CZ, DE, DZ, ID, IN, KR, MX, NO, PH, TR. Rücknahmeerklärung für LT mit Wirkung zum 03.02.2012 (PCT Gazette 26.04.2012).
Rücknahmeerkärung des EPA mit Wirkung zum 13.12.2007 (ABl. 2007, 692), Rücknahmeerklärung PT zum 01.10.2008 (PCT Newsletter 10/2008, S. 6), Rücknahmeerklärung HU zum 21.10.02.2010 (PCT Gazette vom 28.04.2011). Rücknahmeerklärung für ES zum 06.11.2013 (PCT Gazette vom 31.10.2013), Rücknahmeerklärung für US zum 18.12.2013 (PCT Gazette vom 03.04.2014), für JP zum 01.04.2015 (PCT Gazette vom 12.03.2015).
Übergangsregelungen für die Geltung der Vorbehalte in Mitteilung des EPA v. 07.11.2007 über die Zurücknahme von Vorbehalten nach dem PCT, ABl. 2007, 692 ff.

R 26bis.3 a) Zuständige Behörde für die Entscheidung hinsichtlich der Widerherstellung des Prioritätsrechts ist während der **internationalen Phase** das Anmeldeamt.

R 49ter Wirkungen der Wiederherstellung des Prioritätsrechts durch das Anmeldeamt. Bei erklärter Unvereinbarkeit ist das BA nicht an eine Wiederherstellung gebunden. Ansonsten, ist dies grundsätzlich bindend, aber beschränkt überprüfbar und daher keine Garantie für die nationale Phase. Wird die Wiederherstellung abgelehnt, besteht die Möglichkeit der Widerherstellung in der nationalen Phase. Kein Staat ist an die Ablehnung gebunden.

R 49ter.2 a) Das Bestimmungsamt kann den abgelehnten Antrag des Anmeldeamtes als Antrag auf Wiederherstellung ansehen.

R 49ter.2 Zuständige Behörde während der **nationalen Phase** ist das BA. Der Antrag auf Wiederherstellung in der nationalen Phase ist in folgenden Fällen sinnvoll:
Das Anmeldeamt hat Unvereinbarkeit erklärt und es erfolgte keine Übermittlung ans IB gemäß R 19.4,
das Anmeldeamt hat den Antrag auf Wiederherstellung abgelehnt oder der Antrag in der internationalen Phase wurde nicht gestellt.
Eine Wiederherstellung in der nationalen Phase ist nicht möglich, wenn das BA Unvereinbarkeit erklärt hat.

Insgesamt gibt es folgende Möglichkeiten der Anerkennung oder Verweigerung:

Anmeldeamt \ BA	inkompatibel	wiederhergestellt	abgelehnt
inkompatibel	–	49ter.2a)	49ter.2a)
wiederhergestellt	–	49ter.1a), b)	49ter.1c), d)
abgelehnt	–	49ter.2a), 49ter.1e), f)	49ter.2a), 49ter.1a), b)

Regel 50   Befugnis nach Artikel 22 Absatz 3

50.1 Ausübung der Befugnis

a) Jeder Vertragsstaat, der eine Frist bestimmt, die später als die in Artikel 22 Absatz 1 oder 2 festgesetzte Frist abläuft, teilt dem Internationalen Büro diese Frist mit.

R 159 (1) EPÜ das EPA hat die Frist auf 31 Monate festgesetzt.
Art 22 (3) In den Anmerkungen finden sich weitere Fristen. Eine vollständige Aufstellung findet sich unter www.wipo.int/pct/en/texts/pdf/time_limits.html.

b) Das Internationale Büro veröffentlicht jede ihm nach Absatz a zugegangene Mitteilung unverzüglich im Blatt.

c) Mitteilungen, die eine **Verkürzung der vorher festgesetzten Frist** betreffen, werden für internationale Anmeldungen wirksam, die nach dem Ablauf einer Frist von drei Monaten eingereicht werden; die Frist von drei Monaten beginnt mit dem Zeitpunkt der Bekanntmachung der Mitteilung durch das Internationale Büro.

d) Mitteilungen, die eine Verlängerung der vorher festgesetzten Frist betreffen, werden mit der Bekanntmachung durch das Internationale Büro im Blatt für die internationalen Anmeldungen wirksam, die zu diesem Zeitpunkt anhängig sind oder nach dem Zeitpunkt einer solchen Bekanntmachung eingereicht werden; setzt der Vertragsstaat, der die Mitteilung abgibt, einen späteren Zeitpunkt fest, so ist dieser Zeitpunkt maßgebend.

Regel 51 Nachprüfung durch die Bestimmungsämter

51.1 Frist zur Stellung des Antrags auf Übersendung von Kopien

Die Frist nach **Artikel 25** Absatz 1 Buchstabe c beträgt **zwei Monate** und beginnt mit dem Zeitpunkt *(R 80.6 Datum des Schriftstücks)* der Mitteilung an den Anmelder nach Regel 20.4 Ziffer i *(Negative Feststellung)*, 24.2 Absatz c *(verspäteter Eingang Aktenexemplar)* oder 29.1 Ziffer ii *(Bestimmung gilt als zurückgenommen)*.

51.2 Kopie der Mitteilung

Frist zur Gebührenzahlung und Vorlage der Übersetzung

Beantragt der Anmelder, der eine negative Feststellung nach Artikel 11 Absatz 1 erhalten hat, beim Internationalen Büro nach Artikel 25 Absatz 1 Kopien aus den Akten der vorgeblichen internationalen Anmeldung einem der Ämter zuzuschicken, die er versucht hat, als Bestimmungsämter zu benennen, **so hat er mit dem Antrag eine Kopie der Nachricht nach Regel 20.4 Ziffer i zu übersenden.**

51.3 Frist zur Zahlung der nationalen Gebühr und zur Vorlegung einer Übersetzung

Die Frist nach Artikel 25 Absatz 2 Buchstabe a läuft zum **gleichen Zeitpunkt wie die in Regel 51.1** *(2 Monate)* vorgeschriebene Frist ab.

Regel 51bis Nach Artikel 27 *(Absatz 1, 2, 6 und 7)* zulässige nationale Erfordernisse

Erfüllung nationaler Erfordernisse

R 76.5 Anwendbarkeit beim ausgewählten Amt

51bis.1 Zulässige nationale Erfordernisse

Aktuelle Übersicht zu den Erfordernissen für jedes Amt im Applicant's Guide nat. P. – National Chapter.

a) Vorbehaltlich Regel 51bis.2 kann das für das Bestimmungsamt geltende nationale Recht gemäß Artikel 27 vom Anmelder verlangen, insbesondere Folgendes zu übermitteln:

i) Unterlagen über die **Identität des Erfinders** (Erfindernennung, R 4.17 i), z.B. Art 27 (2) ii), R 163 (1) EPÜ),

ii) Unterlagen über die Berechtigung des Anmelders, ein Patent zu beantragen oder zu erhalten *(R 4.17 ii)*, »*assignment« für die USA)*,

iii) Unterlagen zum Nachweis der Berechtigung des Anmelders, die Priorität einer früheren Anmeldung zu beanspruchen, wenn der Anmelder nicht die frühere Anmeldung eingereicht hat, oder sich der Name des Anmelders nach Einreichung der früheren Anmeldung geändert hat *(R 4.17 iii))*,

R 4.17 (iv) Erfindererklärung als Teil der PCTa. Selbst wenn die USA seit dem 16.09.2012 für die PCTa akzeptieren, dass der Anmelder eine andere Person, als der Erfinder ist, bleibt die Verpflichtung zur Übersendung einer Erklärung – mit geänderten Anforderungen – jedoch für das nationale Verfahren bestehen (PCT-Newsletter 7-8/2012, S. 1).

iv) wenn die internationale Anmeldung einen Staat bestimmt, dessen nationales Recht am 9. Oktober 2012 die Übermittlung einer eidlichen Versicherung der Erfindereigenschaft oder einer Erfindererklärung verlangt, Unterlagen, die eine eidliche Versicherung der Erfindereigenschaft oder eine Erfindererklärung enthalten *(R 4.17 iv)*, »*declaration of inventorship« für US)*;

R 26ter.1 Bei Berichtigung oder Hinzufügungen bezüglich Erklärungen nach R 4.17 gilt eine Frist von 16 Monaten ab Prioritätsdatum bzw. vor Abschluss der technischen Vorbereitungen für die Veröffentlichung (Applicant's Guide int. P. Nr. 6.045). Bei Eingang nach Fristablauf unterrichtet das IB den Anmelder. Es veröffentlicht die Erklärung nicht und übermittelt sie auch nicht dem BA. Es teilt dem Anmelder mit, dass derartige Erklärungen unmittelbar beim BA einzureichen sind. Eine von mindestens einem Erfinder unterschriebene Erfindererklärung sendet das IB zurück (VV 419 (d), Applicant's Guide int. P. Nr. 6.050).

Art 21 (5) Anmerkung 5: Abschluss der technischen Vorbereitungen

v) Nachweise über **unschädliche Offenbarungen** oder Ausnahmen von der Neuheitsschädlichkeit, wie zum Beispiel Offenbarungen, die auf einen Missbrauch zurückgehen, Offenbarungen auf bestimmten Ausstellungen oder Offenbarungen durch den Anmelder, die während eines bestimmten Zeitraums erfolgt sind *(R 4.17 v)*;

vi) die Bestätigung der internationalen Anmeldung durch die Unterschrift eines für den Bestimmungsstaat angegebenen Anmelders, der den Antrag nicht unterzeichnet hat;

a) vi) wird vom DPMA nicht mehr verlangt (PCT Newsletter 12/2005, 3).

R 26.2^{bis} a) infolgedessen gilt die Anmeldung nicht gemäß Art 14 (1) b) als zurückgenommen.

vii) fehlende, nach Regel 4.5 Absatz a Ziffern ii und iii erforderliche Angaben in bezug auf einen Anmelder für den Bestimmungsstaat.

R 26.2^{bis} b) kein Formmangel

b) Das für das Bestimmungsamt geltende nationale Recht kann gemäß Artikel 27 Absatz 7 vorschreiben, dass

i) der Anmelder durch einen zur **Vertretung** vor diesem Amt befugten Anwalt vertreten ist oder für den Empfang von Mitteilungen eine Anschrift in dem Bestimmungsstaat angibt *(Art 133 EPÜ)*;

Anschrift im Bestimmungsstaat

ii) der **Anwalt**, der den Anmelder gegebenenfalls vertritt, vom Anmelder ordnungsgemäß **bestellt** ist.

c) Das für das Bestimmungsamt geltende nationale Recht kann gemäß Artikel 27 Absatz 1 verlangen, dass die internationale Anmeldung, ihre Übersetzung oder damit zusammenhängende Unterlagen in **mehreren Exemplaren** eingereicht werden.

d) Das für ein Bestimmungsamt geltende nationale Recht kann gemäß Artikel 27 Absatz 2 Ziffer ii vorschreiben, dass die vom Anmelder nach Artikel 22 eingereichte Übersetzung der internationalen Anmeldung:

i) vom Anmelder oder Übersetzer der internationalen Anmeldung dahingehend bestätigt wird, dass die Übersetzung nach seinem besten Wissen vollständig und richtig ist;

ii) durch eine amtlich befugte Einrichtung oder einen vereidigten Übersetzer beglaubigt wird, jedoch nur, sofern das Bestimmungsamt berechtigte Zweifel an der Richtigkeit der Übersetzung hat.

e) Das von dem Bestimmungsamt anzuwendende nationale Recht kann gemäß Artikel 27 vom Anmelder verlangen, dass eine Übersetzung des Prioritätsbelegs eingereicht wird; eine solche Übersetzung darf jedoch nur verlangt werden,

i) wenn die Gültigkeit des Prioritätsanspruchs für die Feststellung der Patentfähigkeit der Erfindung erheblich ist oder,

ii) wenn das internationale Anmeldedatum vom Anmeldeamt nach Regel 20.3 Absatz b Ziffer ii oder 20.5 Absatz d aufgrund einer Einbeziehung eines Bestandteils oder Teils durch Verweis nach den Regeln 4.18 und 20.6 zuerkannt wurde, für die Zwecke der Feststellung nach Regel 82ter.1 Absatz b, ob dieser Bestandteil oder Teil vollständig in dem betreffenden Prioritätsbeleg enthalten ist; in diesem Fall kann das vom Bestimmungsamt anzuwendende nationale Recht vom Anmelder auch verlangen, dass dieser, im Fall eines Teils der Beschreibung, der Ansprüche oder der Zeichnungen, angibt, wo dieser Teil in der Übersetzung des Prioritätsbelegs enthalten ist.

Rücknahme der Erklärung der Unvereinbarkeit mit Wirkung vom 13.10.2004: DK (PCT Newsletter 11/2004, 1); mit Wirkung vom 01.07.2008 CH (PCT Newsletter 7/2008, 2); Übergangsregelungen für die Geltung der Vorbehalte in Mitteilung des EPA v. 07.11.2007 über die Zurücknahme von Vorbehalten nach dem PCT, ABl. 2007, 692 ff. Rücknahmeerklärung für ES zum 06.11.2013 (PCT Gazette vom 31.10.2013).

> f) *(seit 01.07.2017)* [gestrichen]
>
> f) *(bis 30.06.2017)* Ist der Vorbehalt des Absatzes e am 17.03.2000 nicht mit dem vom Bestimmungsamt anzuwendenden nationalen Recht vereinbar, so gilt dieser Vorbehalt für das Bestimmungsamt nicht, solange diese Unvereinbarkeit besteht, sofern dieses Amt das Internationale Büro bis zum 30.11.2000 davon unterrichtet. Diese Mitteilung wird vom Internationalen Büro unverzüglich im Blatt veröffentlicht.

Die Änderungen in Absatz f) treten am 01.07.2017 in Kraft (PCT/A/48/5 Annex 2). Die Übergangsregelung in Absatz f) für Ämter, die Vorbehalte erklärt hatten, wurde gestrichen, da keine Vorbehalte mehr in Kraft sind (PCT/WG/9/12).

verbotene Nachweise

51bis.2 Umstände, unter denen Unterlagen oder Nachweise nicht verlangt werden dürfen

Das Bestimmungsamt darf, sofern es nicht berechtigte Zweifel an der Richtigkeit der betreffenden Angaben oder der betreffenden Erklärung hat,

i) Unterlagen oder Nachweise hinsichtlich der Identität des Erfinders (Regel 51bis.1 Absatz a Ziffer i) (mit Ausnahme von Unterlagen, die eine eidliche Versicherung der Erfindereigenschaft oder eine Erfindererklärung enthalten (Regel 51bis.1

Absatz a Ziffer iv)) nicht verlangen, wenn Angaben über den Erfinder nach Regel 4.6 im Antrag enthalten sind oder eine Erklärung bezüglich der Identität des Erfinders nach Regel 4.17 Ziffer i im Antrag enthalten ist oder unmittelbar beim Bestimmungsamt eingereicht wird;

ii) Unterlagen oder Nachweise hinsichtlich der Berechtigung des Anmelders, zum Zeitpunkt des internationalen Anmeldedatums, ein Patent zu beantragen und zu erhalten (Regel 51bis.1 Absatz a Ziffer ii) nicht verlangen, wenn eine entsprechende Erklärung nach Regel 4.17 Ziffer ii im Antrag enthalten ist oder unmittelbar beim Bestimmungsamt eingereicht wird;

Gemäß PCT Notification No. 202 gab es keine Änderung in R 51bis.2 ii), dies stimmt aber nicht in Bezug auf die Formulierung der deutschen Fassung, die sich sehr wohl geändert hat.

iii) Unterlagen oder Nachweise hinsichtlich der Berechtigung des Anmelders, zum Zeitpunkt des internationalen Anmeldedatums die Priorität einer früheren Anmeldung zu beanspruchen (Regel 51bis.1 Absatz a Ziffer iii) nicht verlangen, wenn eine entsprechende Erklärung nach Regel 4.17 Ziffer iii im Antrag enthalten ist oder unmittelbar beim Bestimmungsamt eingereicht wird;

iv) Unterlagen oder Nachweise, die eine eidliche Versicherung der Erfindereigenschaft oder eine Erfindererklärung (Regel 51bis.1 Absatz a Ziffer iv) enthalten, nicht verlangen, wenn, nach Regel 4.17 Ziffer iv eine Erfindererklärung im Antrag enthalten ist oder unmittelbar beim Bestimmungsamt eingereicht wird.

51bis.3 Gelegenheit, nationale Erfordernisse zu erfüllen

a) Ist eines der Erfordernisse nach Regel 51bis.1 Absatz a Ziffern i bis iv und c bis e, oder ein anderes Erfordernis des für das Bestimmungsamt geltenden nationalen Rechts, das das Bestimmungsamt gemäß Artikel 27 Absatz 1 oder 2 anwenden kann, nicht bereits innerhalb der für die Erfüllung der Erfordernisse nach Artikel 22 geltenden Frist erfüllt, so fordert das Bestimmungsamt den Anmelder auf, das Erfordernis innerhalb einer Frist von nicht weniger als zwei Monaten ab dem Zeitpunkt der Aufforderung zu erfüllen. Jedes Bestimmungsamt kann vom Anmelder für die Erfüllung der nationalen Erfordernisse, die nach Aufforderung erfolgt, die Zahlung einer Gebühr verlangen.

b) Ist ein Erfordernis des für das Bestimmungsamt geltenden nationalen Rechts, das das Bestimmungsamt gemäß Artikel 27 Absatz 6 oder 7 anwenden kann, nicht bereits innerhalb der für die Erfüllung der Erfordernisse nach Artikel 22 geltenden Frist erfüllt, so muss dem Anmelder die Möglichkeit eingeräumt werden, dies nach Ablauf dieser Frist nachzuholen.

c) Ist Absatz a am 17.03.2000 hinsichtlich der in diesem Absatz bestimmten Frist nicht mit dem vom Bestimmungsamt anzuwendenden nationalen Recht vereinbar, so gilt dieser Absatz hinsichtlich dieser Frist für dieses Bestimmungsamt nicht, solange diese Unvereinbarkeit besteht, sofern dieses Amt das Internationale Büro bis zum 30.11.2000 davon unterrichtet. Diese Mitteilung wird vom Internationalen Büro unverzüglich im Blatt veröffentlicht.

Veröffentlicht wurde eine Mitteilung von: HU, SG, KR. Rücknahmeerklärung für HU zum 28.02.2011 (PCT Gazette vom 28.04.2011). Rücknahmeerklärung für KR zum 01.01.2015 (PCT-Newsletter 09/2015).

Regel 52 Änderung der Ansprüche, der Beschreibung und der Zeichnungen vor den Bestimmungsämtern

Änderungen vor den Bestimmungsämtern

52.1 Frist

a) In einem Bestimmungsstaat, in dem die Bearbeitung oder die Prüfung ohne besonderen Antrag beginnt *(dies trifft nicht auf das EPA zu)*, kann der Anmelder das Recht aus Artikel 28 *(Änderungen vor den Bestimmungsämtern)* innerhalb **eines Monats**, nachdem die Erfordernisse nach Artikel 22 erfüllt sind, ausüben; ist die Übermittlung nach Regel 47.1 bei Ablauf der nach Artikel 22 *(Übermittlung eins Exemplars und Zahlung an die Bestimmungsämter)* anwendbaren Frist noch nicht erfolgt, so darf er das Recht nicht später als **vier Monate** nach Ablauf der Frist ausüben. In jedem Fall kann der Anmelder das Recht zu einem späteren Zeitpunkt ausüben, wenn das nationale Recht des Staates dies zulässt.

b) In einem Bestimmungsstaat, in dem die Prüfung nach dem nationalen Recht nur **auf besonderen Antrag** beginnt, kann das in Artikel 28 vorgesehene Recht innerhalb der gleichen Frist oder zu dem gleichen Zeitpunkt ausgeübt werden, die oder den das nationale Recht für die Einreichung von Änderungen im Fall einer auf besonderen Antrag durchgeführten Prüfung einer nationalen Anmeldung vorschreibt, vorausgesetzt, dass diese Frist nicht vor Ablauf der nach Absatz a maßgeblichen Frist abläuft oder der Zeitpunkt nicht vor dem Ablauf dieser Frist liegt.

TEIL C: Regeln zu Kapitel II des Vertrags

Regel 53 Der Antrag *(für die internationale vorläufige Prüfung)*

53.1 Formblatt

a) Der Antrag ist auf einem gedruckten Formblatt zu stellen oder als Computerausdruck einzureichen. Die Gestaltung des vorgedruckten Formblatts und eines als Computerausdruck eingereichten Antrags wird durch die Verwaltungsvorschriften vorgeschrieben.

Form des Antrags

b) Vorgedruckte Antragsformblätter werden vom Anmeldeamt oder von der mit der internationalen vorläufigen Prüfung beauftragten Behörde kostenlos zur Verfügung gestellt.

c) [gestrichen]

Art 31 Antrag auf IVP
R 60.1 Mängel des Antrags
R 89bis Elektronische Form der Einreichung

53.2 Inhalt

a) Der Antrag **muss** enthalten:
   i) ein Gesuch,
   ii) Angaben über den Anmelder und gegebenenfalls den Anwalt,
   iii) Angaben betreffend die internationale Anmeldung, auf die er sich bezieht,
   iv) gegebenenfalls eine Erklärung betreffend Änderungen
   v) [gestrichen]
b) Der Antrag muss unterzeichnet sein.

R 60.1 Mängel des Antrags

53.3 Gesuch

Das Gesuch soll sinngemäß folgendes zum Ausdruck bringen und ist vorzugsweise wie folgt zu fassen: »Antrag nach Artikel 31 des Vertrags über die internationale Zusammenarbeit auf dem Gebiet des Patentwesens: Der Unterzeichnete beantragt, dass für die unten näher bezeichnete internationale Anmeldung die internationale vorläufige Prüfung nach dem Vertrag über die internationale Zusammenarbeit auf dem Gebiet des Patentwesens durchgeführt wird«

R 60.1 Mängel des Antrags

53.4 Anmelder

Für die Angaben über den Anmelder sind die Regeln 4.4 *(Name und Anschrift)* und 4.16 *(Transkription von Wörtern)* anzuwenden; Regel 4.5 *(Name und Anschrift, sowie Land)* ist entsprechend anzuwenden.

R 60.1 Mängel des Antrags

53.5 Anwalt oder gemeinsamer Vertreter

Ist ein Anwalt oder gemeinsamer Vertreter bestellt, so ist dies im Antrag anzugeben. Die Regeln 4.4 und 4.16 sind anzuwenden; Regel 4.7 ist entsprechend anzuwenden.

Regeln zu Kapitel II des Vertrags

R 60.1　Mängel des Antrags

53.6 Kennzeichnung der internationalen Anmeldung

Die internationale Anmeldung soll durch den Namen und die Anschrift des Anmelders, die Bezeichnung der Erfindung, das internationale Anmeldedatum (falls dem Anmelder bekannt) und das internationale Aktenzeichen oder, sofern dieses dem Anmelder nicht bekannt ist, den Namen des Anmeldeamtes, bei dem die internationale Anmeldung eingereicht worden ist, gekennzeichnet werden.

R 60.1　Mängel des Antrags

Benennung von Staaten

53.7 Benennung von Staaten als ausgewählte Staaten

Mit der Einreichung eines Antrags werden alle Vertragsstaaten, die bestimmt sind und für die Kapitel II des Vertrags verbindlich ist, als ausgewählte Staaten benannt.

Art 31 (4)　Auswahlerklärung im Antrag
R 60.1　　Mängel des Antrags
R 61　　　Mitteilung über den Antrag und die Auswahlerklärung

53.8 Unterschrift

Der Antrag ist vom Anmelder oder, bei mehreren Anmeldern, von allen antragstellenden Anmeldern zu unterzeichnen.

Unterschrift eines Erfinders als Anmelder reicht

Art 31 (3)　Antrag auf IVP
R 60.1　　Mängel des Antrags
R 60.1 a^{ter} Sofern wenigstens ein Anmelder den Antrag unterschrieben hat fordert die IPEA nicht auf, fehlende Unterschriften nachzureichen. Sofern ein Vertreter unterzeichnet hat, muss eine Vollmacht eingereicht werden, wenn kein Verzicht auf das Erfordernis nach Annex E (EP) des Applicant's Guide int. P. vorliegt (EPA hat auf Vollmacht verzichtet, Stand 01.04.2018). (Hinweis in Anmerkungen zu VII zum Antragsformular PCT/IPEA/401 und in Applicant's Guide int. P. Nr. 10.031)
R 90.3 a　Anwalt und gemeinsamer Vertreter
R 90.4 a), d) Bestellung eines Anwalts; Verzicht auf Erfordernisse
R 90bis.5 Unterzeichnung durch alle Anmelder bei Rücknahmeerklärung während der internationalen Phase
R 90.4 a) Berechtigung eines Anwalts oder gemeinsamen Vertreters zur Unterzeichnung einer Rücknahmeerklärung

53.9 Erklärung betreffend Änderungen

a) Sind Änderungen nach Artikel 19 vorgenommen worden, so hat der Anmelder in der **Erklärung** betreffend Änderungen anzugeben, ob diese Änderungen für die Zwecke der internationalen vorläufigen Prüfung

　　i) berücksichtigt werden sollen, in diesem Fall ist eine Kopie der Änderungen und des nach Regel 46.5 Absatz b erforderlichen Begleitschreibens vorzugsweise zusammen mit dem Antrag einzureichen, oder

R 46.5 b) erläuterndes Begleitschreiben zum Ersatzblatt bei Änderungen vor dem IB

　　ii) aufgrund einer Änderung nach Artikel 34 als überholt gelten sollen.
b) Sind keine Änderungen nach Artikel 19 vorgenommen worden und ist die Frist für die Einreichung derartiger Änderungen noch nicht abgelaufen, so kann der Anmelder in der Erklärung angeben, dass der **Beginn der internationalen vorläufigen Prü-**

fung nach Regel 69.1 Absatz d **aufgeschoben** werden soll, falls die mit der internationalen vorläufigen Prüfung beauftragte Behörde die internationale vorläufige Prüfung nach Regel 69.1 Absatz b gleichzeitig mit der internationalen Recherche zu beginnen wünscht.

Formular PCT/IPEA/401 Feld IV Nr. 3

c) Werden Änderungen nach Artikel 34 zusammen mit dem Antrag eingereicht, so ist dies in der Erklärung anzugeben *(R 60.1 g) Mängel des Antrages)*.

R 55.3 Sprache und Übersetzung von Änderungen und Begleitschreiben
R 62 Weiterleitung von Schreiben durch IB an IPEA
Applicant's Guide int. P. Nr. 9.010 Empfehlung der direkten Übersendung an IPEA zur Vermeidung von Verzögerungen und Unsicherheiten

Die Möglichkeiten, nach Art 19 oder Art 34 Änderungen vorzunehmen, bestehen unabhängig voneinander. Unterschiede bestehen hinsichtlich der Voraussetzungen und Wirkungen. Änderungen nach Art 19 können einmalig ab Eingang des Recherchenberichts beim Anmelder und vor Fristablauf nach R 46.1. erfolgen. Änderungen nach Art 34 erfordern den Antrag auf internationale vorläufige Prüfung und sind mehrmals bis zur Erstellung des internationalen vorläufigen Prüfungsberichts gemäß R 66.1 b) möglich. Weitere Unterschiede bestehen bezüglich Adressat (Art 19: IB; Art 34: IPEA), bezüglich Gegenstand der Änderung (Art 19: nur Ansprüche; Art 34 auch Beschreibungen und Zeichnungen), bezüglich der Sprache (Art 19, R 12: Veröffentlichungssprache; Art 34, R 55.3 Veröffentlichungssprache bzw. Übersetzungssprache der PCTa). Relevante Unterschiede hinsichtlich der Wirkungen bestehen darin, dass Änderungen nach Art 19 mit der Anmeldung gemäß Art 21, R 48.2 f) und h) veröffentlicht werden. Für Art 34 ist dies nicht vorgesehen. Dadurch kann bei Art 19 in Hinblick auf einen geänderten Umfang der Ansprüche im Vergleich zur Anmeldung eine andere Schutzwirkung nach Art 29 erzielt werden. Die Vertraulichkeit ist bei Art 19 bis zur Veröffentlichung der PCTa gegeben, bei Art 34 bis zur Akteneinsicht Dritter in die Akten der IVP gemäß R 94.

Regel 54 Zur Antragstellung berechtigter Anmelder

54.1 Sitz, Wohnsitz und Staatsangehörigkeit

a) Vorbehaltlich Absatz b bestimmen sich für die Anwendung von Artikel 31 Absatz 2 Sitz, Wohnsitz oder Staatsangehörigkeit des Anmelders nach Regel 18.1 Absätze a und b.

Berechtigter Anmelder

b) In den in den Verwaltungsvorschriften genannten Fällen ersucht die mit der internationalen vorläufigen Prüfung beauftragte Behörde das Anmeldeamt oder, wenn die internationale Anmeldung beim Internationalen Büro als Anmeldeamt eingereicht worden ist, das nationale Amt des betreffenden Vertragsstaats oder das für diesen Staat handelnde Amt, **darüber zu entscheiden, ob der Anmelder seinen Sitz oder Wohnsitz in dem Vertragsstaat hat**, in dem er einen Sitz oder Wohnsitz zu haben behauptet, oder Angehöriger des Vertragsstaats ist, dessen Staatsangehöriger er zu sein behauptet. Die mit der internationalen vorläufigen Prüfung beauftragte Behörde unterrichtet den Anmelder hiervon. Der Anmelder kann eine Stellungnahme direkt bei dem betreffenden Amt einreichen. Das betreffende Amt entscheidet diese Frage unverzüglich.

54.2 Berechtigung zur Antragstellung

Die Berechtigung zur Stellung eines Antrags nach Artikel 31 Absatz 2 ist gegeben, wenn der antragstellende Anmelder oder, bei zwei oder mehr Anmeldern, **wenigstens**

Regeln zu Kapitel II des Vertrags

einer von ihnen, seinen Sitz oder Wohnsitz in einem Vertragsstaat hat, für den Kapitel II des Vertrags verbindlich ist, oder Staatsangehöriger eines solchen Staats ist **und die internationale Anmeldung bei einem Anmeldeamt eines Vertragsstaats, für den Kapitel II verbindlich ist,** oder einem für einen solchen Staat handelnden Anmeldeamt eingereicht worden ist.

Art 31 (2) a) siehe dortige Anmerkungen zur Verbindlichkeit von Kapitel II. Nach dem Wortlaut des Artikels wurde noch verlangt, dass sich die Staatsangehörigkeit und Einreichung beim Anmeldeamt auf denselben Staat beziehen müssen. R 54.2 verlangt das nicht. Dies ist eine Aufweichung von Art 31 (2) a). Jedenfalls ist darauf zu achten, dass die Staatsangehörigkeit bzw. die Wohnsitzzugehörigkeit zum Zeitpunkt der Antragstellung für die IVP vorliegt.

R 18.1   Sitz, Wohnsitz und Staatsangehörigkeit
R 54.4   Rechtsfolge fehlender Berechtigung

i) und ii) [gestrichen]

54.3 Beim Internationalen Büro als Anmeldeamt eingereichte internationale Anmeldungen

Wird die internationale Anmeldung beim Internationalen Büro als Anmeldeamt nach Regel 19.1 Absatz a Ziffer iii eingereicht, so gilt für die Anwendung von Artikel 31 Absatz 2 Buchstabe a, als handele das Internationale Büro für den Vertragsstaat, in dem der Anmelder seinen Sitz oder Wohnsitz hat oder dessen Staatsangehöriger er ist.

R 59.3   Weiterleitung bei fehlender Zuständigkeit

54.4 Zur Antragstellung nicht berechtigter Anmelder

Ist der Anmelder nicht berechtigt, einen Antrag zu stellen, oder ist bei zwei oder mehr Anmeldern keiner von ihnen berechtigt, einen Antrag nach Regel 54.2 zu stellen, so **gilt der Antrag als nicht gestellt.**

R 57.4 ii) Die Fiktion der Nichtstellung des Antrags führt zur Rückerstattung der Bearbeitungsgebühr.

Regel 54bis Frist für die Antragstellung

54bis.1 Frist für die Antragstellung

a) Ein Antrag kann jederzeit vor Ablauf derjenigen der folgenden Fristen gestellt werden, die später abläuft:
    i) drei Monate ab dem Tag, an dem der internationale Recherchenbericht oder die Erklärung nach Artikel 17 Absatz 2 Buchstabe a, und der schriftliche Bescheid nach Regel 43bis.1 dem Anmelder übermittelt werden, oder
    ii) 22 Monate ab dem Prioritätsdatum.

b) Ein Antrag, der nach Ablauf der nach Absatz a maßgebenden Frist gestellt wird, gilt als nicht gestellt und wird von der mit der internationalen vorläufigen Prüfung beauftragten Behörde für nicht gestellt erklärt *(R 57.4 ii) die Fiktion der Nichtstellung führt zur Rückerstattung der Bearbeitungsgebühr).*

Frist für Prüfungsantrag   Diese Regel gilt für alle Anmeldungen mit Anmeldetag ab dem 01.01.2004. Für Anmeldungen mit Anmeldetag bis 31.12.2003 galt nach Art 39 (1) a) eine Frist von 19

Monaten ab dem Prioritätsdatum. Diese Frist war jedoch anders als jetzt keine **Ausschlussfrist** für die Stellung des Prüfungsantrags bzw. die Durchführung der Prüfung, sondern lediglich eine Ausschlussfrist für die Verschiebung der Frist für den Eintritt in die nationalen bzw. regionalen Phasen. Es gab für den Prüfungsantrag keine Ausschlussfrist.

R 54bis regelt den Zeitpunkt der Antragstellung während R 69 den Beginn der Prüfung regelt. Der Fristablauf der Frist R 54bis.1 ist gemäß R 69.1 (a) grundsätzlich Voraussetzung für den Beginn der internationalen vorläufigen Prüfung. Ausnahmsweise beginnt die Prüfung nur früher, wenn der Anmelder dies ausdrücklich beantragt, was durch Ankreuzen im Formblatt PCT/IPEA/401 für den Antrag auf internationale vorläufige Prüfung im Feld Nr. IV unter Ziffer 4 erfolgen kann. Für den Prüfungsbeginn gelten aber z.T. weitere Voraussetzungen, wie Antragstellung, Gebührenzahlung und Vorliegen bestimmter Unterlagen. Die Antragstellung ist Voraussetzung für das Geltendmachen von Änderungen nach Art 34. Unabhängig davon besteht die Möglichkeit, Änderungen nach Art 19 geltend zu machen, jedoch nur zwischen Eingang des Recherchenberichts beim Anmelder und vor Fristablauf nach R 46.1. Es kann daher bei Antragstellung auch Art 19 geltend gemacht werden, sofern dessen Voraussetzungen vorliegen. Die Änderungsmöglichkeiten nach Art 34 bleiben erhalten. Vorteilhaft kann die Geltendmachung von Art 19 sein, wenn in Hinblick auf einen geänderten Umfang der Ansprüche im Vergleich zur Anmeldung durch die anschließende Veröffentlichung eine andere Schutzwirkung erzielt wird.

Die Funktion der R 54bis.1 a) besteht darin, eine Frist festzulegen, während derer der Anmelder Einfluss auf das Verfahren durch die Einreichung von Änderungen nach Art 34 bzw. Gegenvorstellungen nehmen kann.

R 66.1^{bis} Wegen der Fiktion ist es ratsam Änderungen nach Art 34 und Gegenvorstellungen mit dem Antrag nach Kapitel II oder spätestens vor Ablauf der Frist der R 54bis.1 a) einzureichen.

Es gibt keine Nachfrist für die Stellung des Prüfungsantrags, sondern nur für die Gebührenzahlung. *Nachfrist*

R 58bis.1 a) i), ii) Nachfrist für die Gebühren: 1 Monat ab Aufforderung, identisch für Bearbeitungs- und Prüfungsgebühr.

R 58bis.1 c), d) fristgerecht, wenn vor Absendung der Mitteilung nach R 58bis.1 a) gezahlt wurde

R 58bis.2 Zuschlag *Zuschlag*

Regel 55   Sprachen (internationale vorläufige Prüfung)

55.1 Sprache des Antrags

Der Antrag ist in der Sprache der internationalen Anmeldung oder, wenn diese in einer anderen Sprache eingereicht worden ist als der, in der sie veröffentlicht wird, in der Sprache der Veröffentlichung zu stellen. Ist jedoch eine Übersetzung der internationalen Anmeldung nach Regel 55.2 erforderlich, so ist der Antrag in der Sprache der Übersetzung zu stellen *(R 60.1 Mängel des Antrages)*.

55.2 Übersetzung der internationalen Anmeldung

a) Ist weder die Sprache, in der die internationale Anmeldung eingereicht worden ist, noch die Sprache, in der die internationale Anmeldung veröffentlicht wird, von der mit der internationalen vorläufigen Prüfung beauftragten Behörde, die die internationale vorläufige Prüfung durchführen soll, zugelassen, so hat der Anmelder, vor-

behaltlich des Absatzes b, zusammen mit dem Antrag eine **Übersetzung der internationalen Anmeldung in einer Sprache einzureichen**, die sowohl
  i) von dieser Behörde zugelassen ist als auch
  ii) eine Veröffentlichungssprache ist.

R 48.3   Veröffentlichungssprachen

a^{bis}) Eine Übersetzung der internationalen Anmeldung in eine in Absatz a genannte Sprache muss jeden vom Anmelder nach Regel 20.3 Absatz b *(fristgerechtes Nachreichen/Einbeziehen)* oder 20.6 Absatz a eingereichten in Artikel 11 Absatz 1 Ziffer iii Buchstabe d oder e genannten Bestandteil und jeden nach Regel 20.5 Absatz b *(fehlende Teile trotz positiver Feststellung)* oder 20.6 Absatz a *(Bestätigung der Einbeziehung durch Verweis)* vom Anmelder eingereichten Teil der Beschreibung, der Ansprüche oder der Zeichnungen enthalten, der als in der internationalen Anmeldung nach Regel 20.6 Absatz b enthalten gilt.

a^{ter}) Die mit der internationalen vorläufigen Prüfung beauftragte Behörde prüft eine nach Absatz a eingereichte Übersetzung insoweit auf die Erfüllung der in Regel 11 genannten Formerfordernisse, als dies für die internationale vorläufige Prüfung erforderlich ist.

b) Ist der Internationalen Recherchenbehörde eine Übersetzung der internationalen Anmeldung einer in Absatz a genannten Sprache nach Regel 23.1 Absatz b *(Übermittlung der Übersetzung)* übermittelt worden und ist die mit der internationalen vorläufigen Prüfung beauftragte Behörde Teil desselben nationalen Amts oder **derselben zwischenstaatlichen Organisation wie die Internationale Recherchenbehörde**, so muss der Anmelder **keine Übersetzung** nach Absatz a einreichen. In diesem Fall wird die internationale vorläufige Prüfung auf der Grundlage der nach Regel 23.1 Absatz b übermittelten Übersetzung durchgeführt, es sei denn, der Anmelder reicht eine Übersetzung nach Absatz a ein.

c) Ist ein in Absätzen a, a^{bis} und a^{ter} genanntes Erfordernis nicht erfüllt und Absatz b nicht anwendbar, so fordert die mit der internationalen vorläufigen Prüfung beauftragte Behörde den Anmelder auf, die erforderliche Übersetzung bzw. die erforderliche Berichtigung innerhalb einer den Umständen nach angemessenen Frist einzureichen. Diese Frist darf nicht kürzer sein als ein Monat seit dem Datum der Aufforderung. Sie kann von der mit der internationalen vorläufigen Prüfung beauftragten Behörde jederzeit verlängert werden, solange noch keine Entscheidung getroffen worden ist.

d) Kommt der Anmelder der Aufforderung innerhalb der Frist nach Absatz c nach, so gilt das Erfordernis als erfüllt. Andernfalls gilt der Antrag als nicht gestellt und wird von der mit der internationalen vorläufigen Prüfung beauftragten Behörde für nicht gestellt erklärt.

55.3 Sprache und Übersetzung von Änderungen und Begleitschreiben

a) Ist die internationale Anmeldung in einer anderen Sprache als der Veröffentlichungssprache eingereicht worden, so sind vorbehaltlich des Absatzes b Änderungen nach Artikel 34 sowie Begleitschreiben nach Regel 66.8 Absatz a, Regel 66.8 Absatz b und der gemäß Regel 66.8 Absatz c geltenden Regel 46.5 Absatz b in der Veröffentlichungssprache einzureichen.

b) Ist eine Übersetzung der internationalen Anmeldung nach Regel 55.2 erforderlich, so sind
  i) Änderungen und Begleitschreiben nach Absatz a sowie

Art 34   Änderung der Ansprüche, Beschreibung und Zeichnungen
R 66.8 a) Änderung der Beschreibung oder der Zeichnungen (Art 34)

R 66.8 b) Streichung, geringfügige Änderung
R 66.8 c) Änderung von Ansprüchen nach Art 19 oder Art 34

    ii) Änderungen nach Artikel 19, die nach Regel 66.1 Absatz c oder d berücksichtigt werden sollen, und Begleitschreiben nach Regel 46.5 Absatz b

Art 19   Änderungen der Ansprüche
R 66.1 c) nicht überholte Änderungen nach Art 19 vor IVP-Antragstellung
R 66.1 d) rechtzeitige Änderungen nach Art 19 oder Art 34 nach IVP-Antragstellung
R 46.5 b) Inhalt von Begleitschreiben bei Änderungen nach Art 19

in der Sprache der Übersetzung abzufassen. Wurden oder werden diese Änderungen oder Begleitschreiben in einer anderen Sprache eingereicht, so ist auch eine Übersetzung einzureichen.

Seit 01.07.2011 sind hier nun Inhalte der gestrichenen R 66.9 geregelt, d.h. Änderungen, die gleichzeitig mit oder nach Antragstellung auf IVP mitgeteilt wurden, sind umfasst (vgl. S. 4 Nr. 17, PCT/WG/3/8 Working Group).

    c) Wird eine Änderung oder ein Begleitschreiben nicht in einer Sprache gemäß Absatz a oder b eingereicht, so fordert die mit der internationalen vorläufigen Prüfung beauftragte Behörde den Anmelder auf, die Änderung bzw. das Begleitschreiben innerhalb einer den Umständen nach angemessenen Frist in der erforderlichen Sprache einzureichen. Diese Frist darf nicht kürzer sein als ein Monat seit dem Datum der Aufforderung. Sie kann von der mit der internationalen vorläufigen Prüfung beauftragten Behörde jederzeit verlängert werden, solange noch keine Entscheidung getroffen worden ist. *(Auch nach Ablauf der Frist können u.U. die Mängel behoben werden).*
    d) Kommt der Anmelder der Aufforderung zur Einreichung einer Änderung in der erforderlichen Sprache nicht innerhalb der Frist nach Absatz c nach, so wird die Änderung für die Zwecke der internationalen vorläufigen Prüfung nicht berücksichtigt. Kommt der Anmelder der Aufforderung zur Einreichung eines in Absatz a genannten Begleitschreibens in der erforderlichen Sprache nicht innerhalb der Frist nach Absatz c nach, so braucht die betreffende Änderung für die Zwecke der internationalen vorläufigen Prüfung nicht berücksichtigt zu werden.

Regel 56   [gestrichen]

Regel 57   Bearbeitungsgebühr

57.1 Gebührenpflicht

Für jeden Antrag auf internationale vorläufige Prüfung ist eine Gebühr zugunsten des Internationalen Büros (»**Bearbeitungsgebühr**«) zu zahlen, die von der mit der internationalen **vorläufigen Prüfung beauftragten Behörde**, bei welcher der Antrag eingereicht wird, **einzuziehen** ist *(die Gebühr ist an die mit der internationalen vorläufigen Prüfung beauftragten Behörde zu entrichten).*

Bearbeitungsgebühr zugunsten des Internationalen Büros

57.2 Betrag

    a) Die Höhe der **Bearbeitungsgebühr** ergibt sich aus dem Gebührenverzeichnis.

Siehe auch Gebührenübersicht im Anhang

    b) Die Bearbeitungsgebühr ist in der oder einer der von der mit der internationalen vorläufigen Prüfung beauftragten Behörde vorgeschriebenen **Währung**(en) (»vorgeschriebene Währung«) zu zahlen.

c) Ist die vorgeschriebene Währung der Schweizer Franken, so überweist die Behörde die Bearbeitungsgebühr unverzüglich in Schweizer Franken an das Internationale Büro.

d) Ist die vorgeschriebene Währung nicht der Schweizer Franken, sondern eine andere Währung,

i) die frei in Schweizer Franken umwechselbar ist, so setzt der Generaldirektor für jede Behörde, die für die Zahlung der Bearbeitungsgebühr eine solche Währung vorschreibt, gemäß den Weisungen der Versammlung einen Gegenwert dieser Gebühr in der vorgeschriebenen Währung fest, und die Behörde überweist den entsprechenden Betrag in dieser Währung unverzüglich an das Internationale Büro;

ii) die nicht frei in Schweizer Franken umwechselbar ist, so ist die Behörde für das Umwechseln der Bearbeitungsgebühr von der vorgeschriebenen Währung in Schweizer Franken verantwortlich und überweist den im Gebührenverzeichnis angegebenen Betrag dieser Gebühr in Schweizer Franken unverzüglich an das Internationale Büro. Die Behörde kann die Bearbeitungsgebühr auch von der vorgeschriebenen Währung in Euro oder US-Dollar umwechseln und den vom Generaldirektor nach Ziffer i gemäß den Weisungen der Versammlung festgesetzten Gegenwert dieser Gebühr in Euro oder US-Dollar unverzüglich an das Internationale Büro überweisen.

e) [gestrichen]

Richtlinien der Versammlung zur Festsetzung eines Gegenwerts bestimmter PCT-Gebühren (Stand 01.07.2010 noch unverändert), Directives of the Assembly, PCT Gazette 01.07.2010 www.wipo.int/pct/en/fees/equivalent_amounts.html

Zweck der Änderung der Festsetzungsregelungen sind neben dem besseren Textverständnis, der Beseitigung von Doppelregelungen, dem Erreichen einer praktikableren und flexibleren Anpassung auch eine Neuregelung für den Fall, dass die vorgeschriebene Währung nicht frei umwandelbar ist sowie für den Fall, dass sich der betreffende Gebührenbetrag ändert. Siehe Dokumente der PCT Working Group v.a. PCT/WG/2/14, PCT/WG/2/2 www.wipo.int/meetings/en/doc_details.jsp?doc_id=119773

Art 16 (3) PCT i.V.m. Art 11 (2), (4) der jeweiligen Vereinbarungen zwischen den ISAs / IPEAs und der WIPO

57.3 Zahlungsfrist; zu zahlender Betrag *(R 58bis Nachfrist, R 58.1 b) Prüfungsgebühr)*

Frist a) Vorbehaltlich der Absätze b und c ist die **Bearbeitungsgebühr innerhalb eines Monats nach Antragstellung** *(R 58bis Nachfrist ist 1 Monat ab Aufforderung, wobei ein Zuschlag fällig wird)* oder innerhalb von 22 Monaten nach dem Prioritätsdatum zu entrichten, je nachdem, welche Frist später abläuft.

b) Ist der **Antrag** der mit der internationalen vorläufigen Prüfung beauftragten Behörde nach Regel 59.3 **übermittelt** worden, so ist die Bearbeitungsgebühr vorbehaltlich des Absatzes c innerhalb eines Monats nach dessen Eingang bei dieser Behörde oder innerhalb von 22 Monaten nach dem Prioritätsdatum zu entrichten, je nachdem, welche Frist später abläuft.

c) Wünscht die mit der internationalen vorläufigen Prüfung beauftragte Behörde nach Maßgabe der Regel 69.1 Absatz b die internationale vorläufige Prüfung gleichzeitig mit der internationalen Recherche zu beginnen, so fordert sie den Anmelder auf, die Bearbeitungsgebühr innerhalb eines Monats nach dem Datum der Aufforderung zu entrichten.

d) Als Bearbeitungsgebühr ist der zum Zeitpunkt der Zahlung geltende Betrag zu zahlen.

57.4 Rückerstattung

Die mit der internationalen vorläufigen Prüfung beauftragte Behörde erstattet dem Anmelder die Bearbeitungsgebühr zurück, wenn der Antrag
i) vor seiner Weiterleitung durch diese Behörde an das Internationale Büro zurückgenommen wird oder
ii) nach Regel 54.4 oder 54bis.1 Absatz b als nicht gestellt gilt.

VV 613 Aufforderung zur Stellung eines Antrags auf Rückerstattung von Gebühren nach R 57.4 oder 58.3
EPA   Rückerstattung nach EPA-WIPO Vereinbarung siehe Anm. zu R 58.3

57.5 [gestrichen]

57.6 [gestrichen]

Regel 58   Gebühr für die vorläufige Prüfung

58.1 Befugnis zur Erhebung einer Gebühr *Prüfungsgebühr*

a) Jede mit der internationalen vorläufigen Prüfung beauftragte Behörde kann verlangen, dass der Anmelder zu ihren Gunsten eine Gebühr für die Durchführung der internationalen vorläufigen Prüfung und für die Durchführung aller anderen Aufgaben entrichtet, die den mit der internationalen vorläufigen Prüfung beauftragten Behörden durch den Vertrag und diese Ausführungsordnung übertragen sind (»Gebühr für die vorläufige Prüfung«).

b) Der **Betrag** der Gebühr für die vorläufige Prüfung wird, sofern eine solche Gebühr erhoben wird, von der mit der internationalen vorläufigen Prüfung beauftragten Behörde festgesetzt. Auf die **Frist** für die Zahlung der Gebühr für die vorläufige Prüfung und den zu zahlenden Betrag sind die Bestimmungen der **Regel 57.3** *(Frist 1 Monat nach Zugang der Antragstellung bzw. 22 Monate nach Prioritätsdatum)* über die Bearbeitungsgebühr **entsprechend** anzuwenden. *Frist*

Zur Höhe der Gebühr siehe Gebührenübersicht im Anhang

c) Die Gebühr für die vorläufige Prüfung ist unmittelbar **an die mit der internationalen vorläufigen Prüfung** beauftragte Behörde zu entrichten. Ist diese Behörde ein nationales Amt, so ist die Gebühr in der von dem Amt vorgeschriebenen Währung zu zahlen; ist die Behörde eine zwischenstaatliche Organisation, so ist sie in der Währung des Sitzstaats zu zahlen oder in einer anderen Währung, die in die Währung des Sitzstaats frei umwechselbar ist.

58.2 [gestrichen]

58.3 Rückerstattung

Die mit der internationalen vorläufigen Prüfung beauftragten Behörden unterrichten das Internationale Büro gegebenenfalls von dem Umfang und den Bedingungen, zu denen sie einen als Gebühr für die internationale vorläufige Prüfung entrichteten Betrag zurückerstatten, wenn der Antrag **als nicht gestellt gilt**, und das Internationale Büro veröffentlicht diese Angaben unverzüglich.

R 57.4 ii) als nicht gestellt geltender Antrag nach R 54.4, 54bis.1 b)
R 57.4 i) Rückerstattung bei Rücknahme des Antrags
R 90bis.4 und 6 Zurücknahme des Antrags und die Wirkung der Zurücknahme

VV 613 Aufforderung zur Stellung eines Antrags auf Rückerstattung von Gebühren nach R 57.4 oder R 58.3

Das EPA als IPEA erstattet nach der WIPO-EPO-Vereinbarung Art 5 (3), Anhang D.II. (4) (siehe Anm. Art 16 (3) b) im Falle der obigen Fiktion die Gebühr in vollem Umfang und nach Absatz (4) und nach (5) im Falle der Zurücknahme der internationalen Anmeldung vor Prüfungsbeginn in Höhe von 75 % und für ab dem 01.04.2017 vom EPA vorgenommene Erstattungen in Höhe von 100 % gemäß ABl. 2017, A28.

Ein technisch generiertes nachprüfbares Datum legt den Beginn einer Recherche und der Prüfung beim EPA fest, Mitteilung vom 29.01.2013, ABl. 2013, 153. Dadurch wird eindeutig geklärt, ob eine Rücknahme vor dem Beginn der Recherche oder Prüfung erfolgt ist.

Regel 58bis Verlängerung der Fristen für die Zahlung von Gebühren

Nachfrist 58bis.1 Aufforderung durch die mit der internationalen vorläufigen Prüfung beauftragte Behörde

a) Stellt die mit der internationalen vorläufigen Prüfung beauftragte Behörde fest,
   i) dass der gezahlte Betrag zur Deckung der Bearbeitungsgebühr und der Gebühr für die vorläufige Prüfung nicht ausreicht oder
   ii) dass zum Zeitpunkt der Fälligkeit nach den Regeln 57.3 und 58.1 Absatz b keine Gebühren entrichtet worden sind,
so fordert sie den Anmelder auf, innerhalb einer Frist **von einem Monat nach dem Datum der Aufforderung** den zur Deckung dieser Gebühren erforderlichen Betrag und gegebenenfalls die **Gebühr für verspätete Zahlung** nach Regel 58bis.2 zu entrichten.

R 57.3   Die Grundfrist beträgt 1 Monat nach Zugang des Antrages.
R 58bis.1 c), d) Nach Ablauf der Nachfrist kann eine Zahlung noch fristgerecht sein.

b) Hat die mit der internationalen vorläufigen Prüfung beauftragte Behörde dem Anmelder eine Aufforderung nach Absatz a übermittelt und hat der Anmelder den fälligen Betrag, gegebenenfalls einschließlich der Gebühr für verspätete Zahlung nach Regel 58bis.2, innerhalb der in Absatz a genannten Frist nicht in voller Höhe entrichtet, so gilt der Antrag, vorbehaltlich des Absatzes c, als nicht gestellt und wird von der mit der internationalen vorläufigen Prüfung beauftragten Behörde für **nicht gestellt erklärt**.

c) Jede Zahlung, die bei der mit der internationalen vorläufigen Prüfung beauftragten Behörde eingeht, bevor diese Behörde die Aufforderung nach Absatz a absendet, gilt als vor Ablauf der Frist nach Regel 57.3 bzw. 58.1 Absatz b eingegangen.

d) Jede Zahlung, die bei der mit der internationalen vorläufigen Prüfung beauftragten Behörde eingeht, bevor diese Behörde nach Absatz b verfährt, **gilt als vor Ablauf der Frist nach Absatz a eingegangen**.

58bis.2 Gebühr für verspätete Zahlung

Verspätungs- a) Die mit der internationalen vorläufigen Prüfung beauftragte Behörde kann[1] die
zuschlag   Zahlung von Gebühren aufgrund einer Aufforderung nach Regel 58bis.1 Absatz a davon abhängig machen, dass an sie, zu ihren Gunsten, eine Gebühr für verspätete Zahlung gezahlt wird. Die Höhe dieser Gebühr
   i) beträgt 50 % des in der Aufforderung angegebenen Betrags der nicht entrichteten Gebühren oder

ii) entspricht der Bearbeitungsgebühr, wenn der nach Ziffer i errechnete Betrag niedriger ist als die Bearbeitungsgebühr.

b) Die Gebühr für verspätete Zahlung darf jedoch nicht höher sein als das Doppelte der Bearbeitungsgebühr.

[1]

Gemäß des Beschlusses des Präsidenten des EPA (vom 26.02.1998, ABl. 1998, 282, siehe auch Gebührenübersicht) wird ein Zuschlag fällig: »Die Gebühr für verspätete Zahlung beträgt 50 % des in der Aufforderung angegebenen Betrags der nicht entrichteten Gebühren. Sie ist mindestens so hoch wie die Bearbeitungsgebühr nach Regel 57.2 a) PCT, beträgt aber nicht mehr als das Doppelte dieser Gebühr.«

Die WIPO erhebt keine Gebühr, da sie den Antrag weiterreicht.

Regel 59 Zuständige mit der internationalen vorläufigen Prüfung beauftragte Behörde

59.1 Anträge nach Artikel 31 Absatz 2 Buchstabe a

a) Für Anträge nach Artikel 31 Absatz 2 Buchstabe a teilt jedes Anmeldeamt eines Vertragsstaats, für den Kapitel II verbindlich ist, oder jedes für diesen Staat handelnde Anmeldeamt in Übereinstimmung mit der anwendbaren Vereinbarung nach Artikel 32 Absätze 2 und 3 dem Internationalen Büro mit, welche mit der internationalen vorläufigen Prüfung beauftragte Behörde oder Behörden für die internationale vorläufige Prüfung der bei ihm eingereichten Internationalen Anmeldungen zuständig sind. Das Internationale Büro veröffentlicht diese Mitteilung unverzüglich. Sind mehrere mit der internationalen vorläufigen Prüfung beauftragte Behörden zuständig, so ist Regel 35.2 entsprechend anzuwenden.

b) Ist die internationale Anmeldung beim Internationalen Büro als Anmeldeamt nach Regel 19.1 Absatz a Ziffer iii eingereicht worden, so ist Regel 35.3 Absätze a und b *(zuständige Behörde)* entsprechend anzuwenden. Absatz a gilt nicht für das Internationale Büro als Anmeldeamt nach Regel 19.1 Absatz a Ziffer iii.

IPEA sind die Ämter von AT, AU, BR, CA, CL (seit 22.10.2014), CN, EG (seit 01.04.2013), EP, ES, FI, IL (seit 01.06.2012), IN (seit 15.10.2013), JP, KR, RU, SE, SG (seit 01.09.2015), TR (seit 08.03.2017), UA (seit 05.02.2016), US. DK, IS und NO haben seit Juli 2006 eine gemeinsame Patentbehörde, Nordic Patent Institute (NPI, Abkürzung: XN), errichtet, die seit 01.04.2008 als IPEA handelt. Seit dem 01.01.2013 handelt sie auch für SE (PCT Gazette vom 01.11.2012). Die gemeinsame Patentbehörde Visegrad Patent Institut (VPI) der Ämter von CZ, HU, PL und SK handelt unter dem Länderkürzel XV seit dem 01.07.2016 (PCT Gazette 23.06.2016) als IPEA. EPA handelt nur als IPEA, falls ISA das EPA, das Amt in AT, FI, ES, XN, XV, TR oder SE war (FN 1 Applicant's Guide int. P. Annex E (EP), Stand 01.04.2018). Siehe WIPO-Vereinbarungen unter www.wipo.int/pct/en/access/isa_ipea_agreements.html und Applicant's Guide jeweils Annex E, aktualisiert durch PCT Gazette.

Ämter, die als IPEA handeln

Art 152, R 158 (2) EPA als IPEA

59.2 Anträge nach Artikel 31 Absatz 2 Buchstabe b *(Antrag auf IVP für Unbefugte)*

Bestimmt die Versammlung für internationale Anmeldungen, die bei einem nationalen Amt, das gleichzeitig eine mit der internationalen vorläufigen Prüfung beauftragte Behörde ist, eingereicht worden sind, die für Anträge nach Artikel 31 Absatz 2 Buchstabe b zuständige mit der internationalen vorläufigen Prüfung beauftragte Behörde, so hat sie diesem Amt den Vorzug zu geben; ist das nationale Amt nicht eine mit der internationalen vorläufigen Prüfung beauftragte Behörde, so hat sie der mit der internationalen vorläufigen Prüfung beauftragten Behörde den Vorzug zu geben, die dieses Amt empfiehlt.

59.3 Übermittlung des Antrags an die zuständige mit der internationalen vorläufigen Prüfung beauftragte Behörde

a) Wird der Antrag **bei einem Anmeldeamt, einer Internationalen Recherchenbehörde** oder einer mit der internationalen vorläufigen Prüfung beauftragten Behörde gestellt, die für die internationale vorläufige Prüfung der internationalen Anmeldung **nicht zuständig** ist, so vermerkt dieses Amt oder diese Behörde das Eingangsdatum auf dem Antrag und leitet diesen unverzüglich an das Internationale Büro weiter, sofern es bzw. sie nicht beschließt, nach Absatz f zu verfahren.

b) Wird der Antrag beim Internationalen Büro gestellt, so vermerkt dieses das Eingangsdatum auf dem Antrag.

c) Wird der Antrag nach Absatz a an das Internationale Büro weitergeleitet oder nach Absatz b bei ihm gestellt, so nimmt das Internationale Büro unverzüglich folgende Handlungen vor:

i) ist nur eine einzige mit der internationalen vorläufigen Prüfung beauftragte Behörde zuständig, so leitet es den Antrag an diese Behörde **weiter** und unterrichtet den Anmelder entsprechend; oder

Zwei oder mehr IPEAs

ii) sind **zwei oder mehr mit der internationalen vorläufigen Prüfung beauftragte Behörden** zuständig, so fordert es den Anmelder auf, **innerhalb der Frist nach Regel 54bis.1 Absatz a** oder **innerhalb von 15 Tagen** nach dem Datum der Aufforderung, je nachdem, welche Frist später abläuft, die zuständige mit der internationalen vorläufigen Prüfung beauftragte Behörde anzugeben, an die der Antrag weitergeleitet werden soll *(R 59.3 d) Rechtsfolge bei Fristversäumung)*.

d) Wird die nach Absatz c Ziffer ii geforderte Angabe gemacht, so leitet das Internationale Büro den Antrag unverzüglich an die vom Anmelder angegebene mit der internationalen vorläufigen Prüfung beauftragte Behörde weiter. Andernfalls **gilt der Antrag als nicht gestellt** und wird vom Internationalen Büro für nicht gestellt erklärt.

e) Wird der Antrag nach Absatz c an eine zuständige mit der internationalen vorläufigen Prüfung beauftragte Behörde weitergeleitet, so gilt er als an dem Datum, das nach Absatz a bzw. Absatz b darauf vermerkt ist, für diese Behörde entgegengenommen und nach seiner Weiterleitung als an diesem Datum bei der Behörde eingegangen *(R 57.3 Dieses Datum gilt nicht für die Zahlungsfrist und den zu zahlenden Betrag)*.

f) Beschließt ein Amt oder eine Behörde, bei dem oder bei der der Antrag nach Absatz a gestellt worden ist, den Antrag unmittelbar an die zuständige mit der internationalen vorläufigen Prüfung beauftragte Behörde weiterzuleiten, so sind die Absätze c bis e entsprechend anzuwenden.

Regel 60 Bestimmte Mängel des Antrags

60.1 Mängel des Antrags

fehlende Unterschrift

a) Entspricht der Antrag nicht den Regeln 53.1, 53.2 Absatz a Ziffern i bis iii, 53.2 Absatz b, 53.3 bis 53.8 *(Mängel der Antragselemente)* und 55.1 *(Falsche Sprache)*, so fordert die mit der internationalen vorläufigen Prüfung beauftragte Behörde vorbehaltlich der Absätze a^{bis} und a^{ter} den Anmelder auf, diese Mängel innerhalb einer den Umständen nach angemessenen Frist zu beheben. Diese Frist darf nicht früher als **einen Monat** nach dem Zeitpunkt der Aufforderung ablaufen. Sie kann von der mit der internationalen vorläufigen Prüfung beauftragten Behörde jederzeit **verlängert werden**, solange noch keine Entscheidung getroffen ist.

a^{bis}) Für die Zwecke der Regel 53.4 reicht es bei zwei oder mehr Anmeldern aus, wenn die in Regel 4.5 Absatz a Ziffern ii und iii genannten Angaben für einen von ihnen gemacht werden, der nach Regel 54.2 zur Antragstellung berechtigt ist.

R 26.2^{bis} b) entsprechende Formerfordernisse, wie für internationale Anmeldung:

a^{ter}) Für die Zwecke der Regel 53.8 reicht es bei zwei oder mehr Anmeldern aus, wenn einer von ihnen den Antrag unterzeichnet.

R 26.2^{bis} a) entsprechende Formerfordernisse wie für internationale Anmeldung:
Unerheblich ist, welcher Anmelder unterschreibt, und ob dieser aufgrund seiner Staatsangehörigkeit oder seines Wohnsitzes berechtigt ist, beim Anmeldeamt oder überhaupt eine Anmeldung einzureichen. Obwohl sich die Regel ausdrücklich nur auf das Anmeldeformular bezieht, wird allgemein angenommen, dass es ausreicht, wenn ein Anwalt das Anmeldeformular unterschreibt, soweit er eine Vollmacht zumindest von einem Anmelder vorlegt. (Reischle, Mitteilungen der deutschen Patentanwälte, 12/2004, 533)

R 90.4, 90.5 Verzicht auf Vorlage einer Vollmacht
R 90bis kein Verzicht bei Rücknahmeerklärung

b) Kommt der Anmelder der Aufforderung innerhalb der Frist nach Absatz a nach, so **gilt der Antrag als zum Zeitpunkt seiner tatsächlichen Einreichung eingegangen**, sofern der Antrag in der eingereichten Fassung die internationale Anmeldung hinreichend kennzeichnet; andernfalls gilt der Antrag als zu **dem Zeitpunkt eingegangen, zu dem die mit der internationalen vorläufigen Prüfung beauftragte Behörde die Berichtigung erhalten hat.**

c) Kommt der Anmelder der Aufforderung **nicht** innerhalb der Frist nach Absatz a nach, so gilt der Antrag als **nicht gestellt** und wird von der mit der internationalen vorläufigen Prüfung beauftragten Behörde für nicht gestellt erklärt.

d) [gestrichen]

e) Wird der Mangel durch das Internationale Büro festgestellt, so unterrichtet es die mit der internationalen vorläufigen Prüfung beauftragte Behörde, die sodann nach den Absätzen a bis c verfährt.

f) Enthält der Antrag **keine Erklärung betreffend Änderungen**, so verfährt die mit der internationalen vorläufigen Prüfung beauftragte Behörde nach den Regeln 66.1 und 69.1 Absatz a oder b.

g) Enthält die Erklärung betreffend Änderungen einen Hinweis, dass zusammen mit dem **Antrag Änderungen nach Artikel 34** eingereicht werden (Regel 53.9 Absatz c), werden diese jedoch nicht eingereicht, so fordert die mit der internationalen vorläufigen Prüfung beauftragte Behörde den Anmelder auf, die Änderungen innerhalb einer in der Aufforderung festgesetzten Frist einzureichen, und verfährt nach Regel 69.1 Absatz e.

R 69.1 Die Behörde wartet mit der Prüfung bis zum Erhalt der Änderungen.

60.2 [gestrichen]

Regel 61 Mitteilung über den Antrag und die Auswahlerklärung

61.1 Mitteilung an das Internationale Büro und den Anmelder

a) Die mit der internationalen vorläufigen Prüfung beauftragte Behörde vermerkt auf dem Antrag das Eingangsdatum oder gegebenenfalls den in Regel 60.1 Absatz b genannten Zeitpunkt. Die mit der internationalen vorläufigen Prüfung beauftragte Behörde sendet dem Internationalen Büro unverzüglich entweder den Antrag zu und behält eine Kopie in ihren Akten oder sie sendet dem Internationalen Büro eine Kopie zu und behält den Antrag in ihren Akten.

b) Die mit der internationalen vorläufigen Prüfung beauftragte Behörde teilt dem Anmelder unverzüglich das Eingangsdatum des Antrags mit. Gilt der Antrag nach den Regeln 54.4, 55.2 Absatz d, 58bis.1 Absatz b oder 60.1 Absatz c als nicht gestellt, so teilt die mit der internationalen vorläufigen Prüfung beauftragte Behörde dies dem Anmelder und dem Internationalen Büro mit.

Benachrichtigung des Anmelders

R 54.2 Berechtigung zur Erstellung des Antrages auf internationale vorläufige Prüfung

Art 31 (2) Voraussetzungen für die Stellung des Antrages auf internationale vorläufige Prüfung

VV 614 Nachweis der Berechtigung zur Antragsstellung

c) [gestrichen]

61.2 Mitteilung an die ausgewählten Ämter

Mitteilung an die ausgewählten Ämter

a) Die in Artikel 31 Absatz 7 vorgesehene Mitteilung wird durch das Internationale Büro vorgenommen.

b) In der Mitteilung werden das Aktenzeichen und das Anmeldedatum der internationalen Anmeldung, der Name des Anmelders, das Anmeldedatum der Anmeldung, deren Priorität beansprucht wird (wenn eine Priorität beansprucht wird) und das Eingangsdatum des Antrags bei der mit der internationalen vorläufigen Prüfung beauftragten Behörde angegeben.

c) Die Mitteilung an das ausgewählte Amt erfolgt zusammen mit der in Artikel 20 vorgeschriebenen Übermittlung. Auswahlerklärungen, die nach dieser Übermittlung erfolgen, werden dem ausgewählten Amt unverzüglich mitgeteilt.

d) Stellt der Anmelder vor der internationalen Veröffentlichung der internationalen Anmeldung einen ausdrücklichen Antrag nach Artikel 40 Absatz 2 bei einem ausgewählten Amt, so nimmt das Internationale Büro auf Antrag des Anmelders oder des ausgewählten Amts die in Artikel 20 vorgesehene Übermittlung an dieses Amt unverzüglich vor.

61.3 Unterrichtung des Anmelders

Das Internationale Büro unterrichtet den Anmelder schriftlich davon, dass es die Mitteilung nach Regel 61.2 vorgenommen und welche ausgewählten Ämter es nach Artikel 31 Absatz 7 benachrichtigt hat.

61.4 Veröffentlichung im Blatt *(Art 38 Vertraulicher Charakter der internationalen vorläufigen Prüfung)*

Das Internationale Büro veröffentlicht entsprechend den Verwaltungsvorschriften unverzüglich nach der Antragstellung, jedoch nicht vor der internationalen Veröffentlichung der internationalen Anmeldung, Angaben über den Antrag und die ausgewählten Staaten im Blatt.

VV 431 Veröffentlichung der Antragstellung

Regel 62 Kopie des schriftlichen Bescheids der Internationalen Recherchenbehörde und der Änderungen nach Artikel 19 für die mit der internationalen vorläufigen Prüfung beauftragte Behörde

62.1 Kopie des schriftlichen Bescheids der Internationalen Recherchenbehörde und der vor Antragstellung eingereichten Änderungen

Nachdem das Internationale Büro von der mit der internationalen vorläufigen Prüfung beauftragten Behörde einen Antrag oder eine Kopie davon erhalten hat, leitet es an diese Behörde unverzüglich folgendes weiter:

i) eine **Kopie des schriftlichen Bescheids** nach Regel 43bis.1, sofern nicht das nationale Amt oder die zwischenstaatliche Organisation, das bzw. die als Internationale Recherchenbehörde tätig war, auch als mit der internationalen vorläufigen Prüfung beauftragte Behörde handelt; und

ii) eine **Kopie der Änderungen nach Artikel 19** und der in diesem Artikel genannten Erklärung sowie des nach Regel 46.5 Absatz b erforderlichen Begleitschreibens, sofern die Behörde nicht mitgeteilt hat, dass sie bereits eine Kopie erhalten hat.

62.2 Nach Antragstellung eingereichte Änderungen

Ist zum Zeitpunkt der Einreichung von Änderungen nach Artikel 19 bereits ein Antrag gestellt worden, so **soll der Anmelder** gleichzeitig mit der Einreichung von Änderungen beim Internationalen Büro möglichst auch eine **Kopie der Änderungen**, jeder Erklärung nach Artikel 19 und des nach Regel 46.5 Absatz b erforderlichen Begleitschreibens bei der mit der internationalen vorläufigen Prüfung beauftragten Behörde einreichen. Das Internationale Büro leitet in jedem Fall unverzüglich eine Kopie der Änderungen, der Erklärung und des Begleitschreibens an diese Behörde weiter.

Regel 62bis Übersetzung des schriftlichen Bescheids der Internationalen Recherchenbehörde für die mit der internationalen vorläufigen Prüfung beauftragte Behörde

62bis.1 Übersetzung und Stellungnahme

a) Auf Antrag der mit der internationalen vorläufigen Prüfung beauftragten Behörde ist der nach Regel 43bis.1 erstellte schriftliche Bescheid vom Internationalen Büro oder unter dessen Verantwortung in die englische Sprache zu übersetzen, wenn er nicht in englischer Sprache oder in einer von dieser Behörde zugelassenen Sprache abgefasst ist.

b) Das Internationale Büro übermittelt der mit der internationalen vorläufigen Prüfung beauftragten Behörde innerhalb von zwei Monaten nach dem Eingangsdatum des Übersetzungsantrags eine Kopie der Übersetzung; gleichzeitig übermittelt es dem Anmelder eine Kopie.

c) Der Anmelder kann schriftlich zur Richtigkeit der Übersetzung Stellung nehmen und hat eine Abschrift dieser Stellungnahme der mit der internationalen vorläufigen Prüfung beauftragten Behörde und dem Internationalen Büro zu übermitteln.

Regel 63 Mindestanforderungen für die mit der internationalen vorläufigen Prüfung beauftragten Behörden

63.1 Aufzählung der Mindestanforderungen

Die Mindestanforderungen nach Artikel 32 Absatz 3 sind folgende:

i) das nationale Amt oder die zwischenstaatliche Organisation müssen mindestens 100 hauptamtliche Beschäftigte mit ausreichender technischer Qualifikation zur Durchführung der Prüfungen haben;

ii) das Amt oder die Organisation müssen mindestens den in Regel 34 erwähnten Mindestprüfstoff in einer für Prüfzwecke geordneten Form besitzen;

iii) das Amt oder die Organisation müssen über einen Stab von Mitarbeitern verfügen, der Prüfungen auf den erforderlichen technischen Gebieten durchführen kann und ausreichende Sprachkenntnisse besitzt, um wenigstens die Sprachen zu verstehen, in denen der Mindestprüfstoff nach Regel 34 abgefasst oder in die er übersetzt ist;

iv) das Amt oder die Organisation muss über ein Qualitätsmanagementsystem mit internen Revisionsvorkehrungen entsprechend den gemeinsamen Regeln für die Durchführung der internationalen vorläufigen Prüfung verfügen;

PCT International Search and Preliminary Examination Guidelines, Chapter 21, A Common Quality Framework for International Search and Preliminary Examination, abrufbar unter www.wipo.int/pct/en/texts/pdf/ispe.pdf.

v) das Amt oder die Organisation muss als Internationale Recherchenbehörde eingesetzt sein.

Regel 64 Stand der Technik für die internationale vorläufige Prüfung

64.1 Stand der Technik

a) Für die Anwendung des Artikels 33 Absätze 2 und 3 wird alles, was der Öffentlichkeit irgendwo in der Welt durch schriftliche Offenbarung (unter Einschluss von Zeichnungen und anderen Darstellungen) vor dem maßgeblichen Zeitpunkt zugänglich war, zum Stand der Technik gerechnet.

b) Für die Anwendung des Absatzes a ist maßgeblicher Zeitpunkt:

i) vorbehaltlich der Ziffern ii und iii das internationale Anmeldedatum der vorläufig zu prüfenden internationalen Anmeldung;

ii) wenn die vorläufig zu prüfende internationale Anmeldung die Priorität einer früheren Anmeldung beansprucht und ein internationales Anmeldedatum hat, das innerhalb der Prioritätsfrist liegt, das Anmeldedatum der früheren Anmeldung, es sei denn, die mit der internationalen vorläufigen Prüfung beauftragte Behörde ist der Auffassung, dass der Prioritätsanspruch nicht gültig ist;

iii) wenn die vorläufig zu prüfende internationale Anmeldung die Priorität einer früheren Anmeldung beansprucht und ein internationales Anmeldedatum hat, das nach dem Datum, an dem die Prioritätsfrist abgelaufen ist, aber innerhalb eines Zeitraums von zwei Monaten seit diesem Datum liegt, das Anmeldedatum dieser früheren Anmeldung, es sei denn, die mit der internationalen vorläufigen Prüfung beauftragte Behörde ist der Auffassung, dass der Prioritätsanspruch aus anderen Gründen als der Tatsache, dass die internationale Anmeldung ein internationales Anmeldedatum hat, das nach dem Datum, an dem die Prioritätsfrist abgelaufen ist, nicht gültig ist.

R 64 b) iii) Bezug zu R 26bis.3 Wiederherstellung des Prioritätsrechts
VV 801 ff. Einwendungen Dritter zum Stand der Technik

64.2 Nicht-schriftliche Offenbarungen

Sind der Öffentlichkeit vor dem nach Regel 64.1 Absatz b maßgeblichen Zeitpunkt Kenntnisse durch mündliche Offenbarung, Benutzung, Ausstellung oder auf andere nicht-schriftliche Weise zugänglich gemacht worden (»nicht-schriftliche Offenbarung«) und ist das **Datum einer solchen Offenbarung in einer schriftlichen Offenbarung enthalten**, die der Öffentlichkeit zu diesem oder einem späteren Zeitpunkt zugänglich gemacht worden ist, so wird die nicht-schriftliche Offenbarung nicht zum Stand der Technik nach Artikel 33 Absätze 2 und 3 gerechnet. Im internationalen vorläufigen Prüfungsbericht wird jedoch auf solche nicht-schriftliche Offenbarungen nach Regel 70.9 hingewiesen.

Mündliche und schriftliche Offenbarungen

Nicht-schriftliche Offenbarungen können erst in der nationalen/regionalen Phase im Verfahren berücksichtigt werden (z.B. mündliche Offenbarung auf Messen).

64.3 Bestimmte veröffentlichte Unterlagen

Anmeldungen oder Patente, die nach Artikel 33 Absätze 2 und 3 zum Stand der Technik zu rechnen wären, hätte ihre Veröffentlichung vor dem in Regel 64.1 genannten Zeitpunkt stattgefunden, die aber erst zu dem in Regel 64.1 genannten maßgeblichen oder zu einem **späteren Zeitpunkt veröffentlicht**, jedoch vor dem maßgeblichen Zeitpunkt eingereicht worden sind oder die Priorität einer vor diesem Zeitpunkt eingereichten früheren Anmeldung beanspruchen, gelten nicht als Stand der Technik nach Artikel 33 Absätze 2 und 3. Im internationalen vorläufigen Prüfungsbericht wird jedoch auf solche Anmeldungen oder Patente nach Regel 70.10 hingewiesen.

Ältere, nicht veröffentlichte Anmeldungen sind nicht Stand der Technik im Verfahren vor der IPEA. Sie sind vielmehr im nationalen Verfahren zu berücksichtigen.

Regel 65 Erfinderische Tätigkeit oder Nichtoffensichtlichkeit

65.1 Bewertung des Standes der Technik

Für Artikel 33 Absatz 3 wird in der internationalen vorläufigen Prüfung das Verhältnis eines bestimmten Anspruchs zum Stand der Technik in seiner Gesamtheit in Betracht gezogen. Dabei wird nicht nur das Verhältnis des Anspruchs nur zu den einzelnen Unterlagen oder Teilen derselben berücksichtigt, sondern auch das Verhältnis zu Kombinationen von solchen Unterlagen oder Teilen derselben, wenn solche Kombinationen für einen Fachmann offensichtlich sind.

erfinderische Tätigkeit Kombination, could-would

65.2 Maßgeblicher Zeitpunkt

Für die Anwendung von Artikel 33 Absatz 3 ist maßgeblicher Zeitpunkt für die Beurteilung des Beruhens auf erfinderischer Tätigkeit (der Nichtoffensichtlichkeit) der in Regel 64.1 vorgeschriebene Zeitpunkt.

Regel 66 Verfahren vor der mit der internationalen vorläufigen Prüfung beauftragten Behörde

66.1 Grundlagen der internationalen vorläufigen Prüfung

a) Vorbehaltlich Absätze b bis d wird der internationalen vorläufigen Prüfung die internationale Anmeldung in der ursprünglich eingereichten Fassung zugrunde gelegt.

b) Der Anmelder kann bei Antragstellung oder, vorbehaltlich Regel 66.4^{bis}, bis zur Erstellung des internationalen vorläufigen Prüfungsberichts **Änderungen nach Artikel 34** einreichen.

c) Vor der Antragstellung vorgenommene Änderungen nach Artikel 19 sind bei der internationalen vorläufigen Prüfung zu berücksichtigen, sofern sie nicht durch eine Änderung nach Artikel 34 *((2) b))* überholt sind oder als überholt gelten.

d) Nach der Antragstellung vorgenommene Änderungen nach Artikel 19 und bei der mit der internationalen vorläufigen Prüfung beauftragte Behörde eingereichte Änderungen nach Artikel 34 sind, vorbehaltlich Regel 66.4^{bis}, bei der internationalen vorläufigen Prüfung zu berücksichtigen.

d^{bis}) Eine Berichtigung eines offensichtlichen Fehlers, der nach Regel 91.1 zugestimmt wurde, ist vorbehaltlich der Regel 66.4^{bis} von der mit der internationalen vorläufigen Prüfung beauftragten Behörde bei der internationalen vorläufigen Prüfung zu berücksichtigen.

e) Auf Ansprüche, die sich auf Erfindungen beziehen, für die kein internationaler Recherchenbericht erstellt worden ist, **muss sich die internationale vorläufige Prüfung nicht erstrecken.**

Art 34 (3), (4) Verfahren vor der IPEA: fehlende Einheitlichkeit, nicht recherchierbare/recherchierte Gegenstände, unklare Anmeldung hat Auswirkung auf den Umfang der IVP und den IPRP II.

Art 17 (2), (3) Verfahren vor der ISA: fehlende Einheitlichkeit, nicht recherchierbare/recherchierte Gegenstände, unklare Anmeldung hat Auswirkung auf die Erstellung des internationalen Recherchenberichts. Es spielt keine Rolle, ob der Anmelder Änderungen oder Gegenvorstellungen einreicht, die die Gründe für die Nichtrecherche angeblich ausräumen (Euro-PCT Leitfaden D.II. Rn 386).

R 39 recherchierbare Gegenstände

R 66.1^{ter} Auswirkung auf Umfang der zusätzlichen internationalen Recherche

Erster schriftlicher Bescheid

66.1^{bis} Schriftlicher Bescheid der Internationalen Recherchenbehörde

a) Vorbehaltlich des Absatzes b gilt der nach Regel 43bis.1 von der Internationalen Recherchenbehörde erstellte schriftliche Bescheid für die Zwecke der Regel 66.2 Absatz a als schriftlicher Bescheid der mit der internationalen vorläufigen Prüfung beauftragten Behörde.

Die Fiktion bewirkt, dass die IPEA im Regelfall keinen erneuten schriftlichen Bescheid erlassen muss (aber darf). Das gilt immer, wenn IPEA bereits als ISA tätig war. (Reischle, Mitteilungen der deutschen Patentanwälte 2004, S. 530)

Der schriftliche Bescheid nach R 43bis wird vom EPA in seiner Funktion als ISA als WO-ISA bezeichnet (Euro-PCT-Leitfaden C.II. Rn 223).

b) Eine mit der internationalen vorläufigen Prüfung beauftragte Behörde kann dem Internationalen Büro mitteilen, dass Absatz a im Verfahren vor ihr nicht für schriftliche Bescheide gilt, die nach Regel 43bis.1 von einer oder mehreren in der Mitteilung angeführten Internationalen Recherchenbehörden erstellt worden sind, vorausgesetzt, dass eine solche Mitteilung nicht auf Fälle angewandt wird, in denen das nationale Amt oder die zwischenstaatliche Organisation, das beziehungsweise die als Internationale Recherchenbehörde tätig war, auch als mit der internationalen vorläufigen Prüfung beauftragte Behörde handelt. Das Internationale Büro veröffentlicht derartige Mitteilungen unverzüglich im Blatt.

Veröffentlicht wurde eine Mitteilung des EPA (PCT Newsletter 1/2004, 4).

c) Gilt der nach Regel 43bis.1 von der Internationalen Recherchenbehörde erstellte schriftliche Bescheid aufgrund einer Mitteilung nach Absatz b für die Zwecke der Regel 66.2 Absatz a nicht als schriftlicher Bescheid der mit der internationalen vorläufigen Prüfung beauftragten Behörde, so teilt die mit der internationalen vorläufigen Prüfung beauftragte Behörde dies dem Anmelder schriftlich mit.

d) Ein nach Regel 43bis.1 von der Internationalen Recherchenbehörde erstellter schriftlicher Bescheid, der aufgrund einer Mitteilung nach Absatz b für die Zwecke der Regel 66.2 Absatz a nicht als schriftlicher Bescheid der mit der internationalen vorläufigen Prüfung beauftragten Behörde gilt, wird von der mit der internationalen vorläufigen Prüfung beauftragten Behörde im Verfahren nach Regel 66.2 Absatz a dennoch berücksichtigt.

66.1^{ter} Zusätzliche Recherche

Die mit der internationalen vorläufigen Prüfung beauftragte Behörde führt eine Recherche (»**zusätzliche Recherche**«) durch, um Unterlagen im Sinne der Regel 64 *(Stand der Technik)* zu ermitteln, die nach dem Datum, an dem der internationale Recherchenbericht erstellt wurde, veröffentlicht oder der genannten Behörde zum Zwecke der Recherche zugänglich gemacht worden sind, es sei denn, sie ist der Auffassung, daß eine solche Recherche nicht zweckmäßig ist. Stellt die Behörde fest, daß einer der in Artikel 34 Absatz 3 *(fehlende Einheitlichkeit)* oder 4 *(nicht zu recherchierender Gegenstand, unklare Anmeldung)* oder Regel 66.1 Buchstabe e *(kein Internationaler Recherchenbericht erstellt)* genannten Fälle vorliegt, umfasst die zusätzliche Recherche nur die Teile der internationalen Anmeldung, die Gegenstand einer internationalen vorläufigen Prüfung sind.

Zweck der zusätzlichen Recherche (»Top up Search«) ist das Auffinden weiterer relevanter Dokumente zum Stand der Technik und insbesondere von Zwischenliteratur, die erst später zugänglich war. Die zusätzliche Recherche wird beim EPA normalerweise zu Beginn der Prüfung nach Kapitel II durchgeführt (Euro-PCT-Leitfaden D.II. Rn 371 ff.)

Das EPA wird insbesondere dann keine zusätzliche Recherche durchführen, wenn es keinen schriftlichen Nachweis des relevanten Standes der Technik anführen würde (z.B. bei »notorischem Fachwissen« im Bereich computerimplementierter Erfindungen), weil eine Recherche in diesem Fall nicht sinnvoll wäre, ABl. 2014, A57

R 43.2   Datum des internationalen Recherchenberichts

R 46.5 b) Form der Änderungen von Ansprüchen vor dem IB. Bei unzureichenden Änderungen beschränkt das EPA die zusätzliche Recherche auf den Umfang der Ansprüche, auf denen der IPER basiert. ABl. 2014, A57

R 64.1   Stand der Technik für die internationale vorläufige Prüfung. Falls Dokumente gefunden werden, die zu Einwänden gegen die Patentierbarkeit führen, erlässt das EPA als IPEA einen zweiten schriftlichen Bescheid oder führt telefonische Rücksprache. Ohne sachliche Erwiderung des Anmelders wird ein zweiter schriftlicher Bescheid nur erstellt, wenn die zusätzliche Recherche neuen relevanten Stand der Technik ergibt, andernfalls ergeht direkt der IPER. Bei der zusätzlichen Recherche ermittelte relevante Dokumente werden im IPER angegeben, sofern sie nicht durch die Erwiderung auf den schriftlichen Bescheid irrelevant geworden sind. Werden bei der zusätzlichen Recherche nur Dokumente der Zwischenliteratur (P) oder potentiell kollidierende Anmeldungen (E) gefunden und bestehen keine weiteren Einwände, so ergeht nur dann ein zweiter schriftlicher Bescheid, wenn die Dokumente in der regionalen Phase vor dem EPA zu Einwänden nach Art 54 (3) führen würden, andernfalls wird ein IPER erstellt. ABl. 2014, A57 und ABl. 2011, 532.

R 66.8 Form der Änderungen im Verfahren vor der IPEA. Bei unzureichenden Änderungen beschränkt das EPA die zusätzliche Recherche auf den Umfang der Ansprüche, auf denen der IPER basiert. ABl. 2014, A57

R 70.2 c), c^{bis}) Grundlage für die zusätzliche Recherche sind die Anmeldeunterlagen, wie sie bei Beginn der Prüfung nach Kapitel II vorlagen (Euro-PCT-Leitfaden D.II. Rn 372)

R 70.2 f) Angabe des Datums der zusätzlichen Recherche im IPRP II bzw. Information über Nichtdurchführung der zusätzlichen Recherche.

R 70.7 Angabe ermittelter Dokumente im IPRP II

66.2 Schriftlicher Bescheid der mit der internationalen vorläufigen Prüfung beauftragten Behörde

schriftlicher Bescheid der IPEA

a) Wenn die mit der internationalen vorläufigen Prüfung beauftragte Behörde
i) der Auffassung ist, dass einer der in Artikel 34 Absatz 4 genannten Fälle vorliegt *(Art 34 (4), R 67 fehlende Technizität, Nichtoffensichtlichkeit)*,

ii) der Auffassung ist, dass der internationale vorläufige Prüfungsbericht zu einem Anspruch negativ ausfallen würde, weil die darin beanspruchte Erfindung nicht neu, nicht auf erfinderischer Tätigkeit zu beruhen (naheliegen) oder nicht gewerblich anwendbar zu sein scheint,

iii) feststellt, dass die internationale Anmeldung nach Form oder Inhalt im Sinne des Vertrags oder der Ausführungsordnung mangelhaft ist,

iv) der Auffassung ist, dass eine Änderung über den Offenbarungsgehalt der internationalen Anmeldung in der ursprünglich eingereichten Fassung hinausgeht,

v) dem internationalen vorläufigen Prüfungsbericht Bemerkungen zur Klarheit der Ansprüche, Beschreibung oder Zeichnungen oder zu der Frage, ob die Ansprüche in vollem Umfang durch die Beschreibung gestützt werden, hinzufügen wünscht,

vi) der Auffassung ist, dass sich ein Anspruch auf eine Erfindung bezieht, für die kein internationaler Recherchenbericht erstellt worden ist, und beschlossen hat, keine internationale vorläufige Prüfung für diesen Anspruch durchzuführen, oder

vii) der Auffassung ist, dass kein Protokoll einer Nucleotid- und/oder Aminosäuresequenz in einer Form vorliegt, die eine sinnvolle internationale vorläufige Prüfung ermöglicht,

so teilt die Behörde dies dem Anmelder schriftlich mit. Gestattet es das nationale Recht des als mit der internationalen vorläufigen Prüfung beauftragten Behörde handelnden nationalen Amts nicht, dass mehrfach abhängige Ansprüche anders als nach Regel 6.4 Buchstabe a Satz 2 und 3 abgefasst werden, so kann die Behörde Artikel 34 Absatz 4 Buchstabe b anwenden, wenn die Ansprüche nicht so abgefasst sind. In diesem Fall teilt sie dies dem Anmelder schriftlich mit.

b) Die Auffassung der mit der internationalen vorläufigen Prüfung beauftragten Behörde ist in dem Bescheid eingehend zu begründen.

c) In dem Bescheid ist der Anmelder aufzufordern, eine schriftliche Stellungnahme und, wo dies angebracht ist, Änderungen einzureichen.

Frist zur Beantwortung des Bescheids

d) In dem Bescheid ist eine für die Stellungnahme den Umständen nach angemessene Frist zu setzen, die normalerweise **zwei Monate** ab dem Datum der Mitteilung beträgt. Sie darf nicht kürzer sein als ein Monat und beträgt wenigstens **zwei Monate**, wenn der internationale Recherchenbericht gleichzeitig mit der Mitteilung zugesandt wird. Sie darf vorbehaltlich des Absatzes e nicht länger sein als **drei Monate**.

e) Die Frist für eine Stellungnahme zu der Mitteilung kann verlängert werden, wenn der Anmelder dies vor Ablauf der Frist beantragt.

66.3 Förmliche Stellungnahme gegenüber der mit der internationalen vorläufigen Prüfung beauftragten Behörde

a) Der Anmelder kann auf die Aufforderung der mit der internationalen vorläufigen Prüfung beauftragten Behörde nach Regel 66.2 Absatz c mit Änderungen oder – falls er mit der Auffassung der Behörde nicht übereinstimmt – mit Gegenvorstellungen antworten oder beides tun.

Bescheidserwiderung

b) Jede Antwort ist unmittelbar an die mit der internationalen vorläufigen Prüfung beauftragte Behörde zu richten.

66.4 Zusätzliche Möglichkeit zur Einreichung von Änderungen oder Gegenvorstellungen

a) Die mit der internationalen vorläufigen Prüfung beauftragte Behörde kann nach ihrem Ermessen einen oder **mehrere zusätzliche schriftliche Bescheide** abgeben; hierauf sind die Regeln 66.2 und 66.3 anzuwenden.

weitere Bescheide

EPA als IPEA:

Falls der schriftliche Bescheid zum ISR i.S.d. R 43bis durch das EPA gefertigt wurde, erstellt das EPA in der Regel gemäß Kap. 19.14 PCT-Richtlinien der WIPO während der internationalen vorläufigen Prüfung (www.wipo.int/export/sites/www/pct/en/texts/pdf/ispe.pdf) vor Erstellung des IPRP keinen weiteren Bescheid. Vor Ergehen des IPRP kann, vorzugsweise zusammen mit dem Antrag auf internationale vorläufige Prüfung, ein Antrag auf telefonische Rücksprache zwischen dem Anmelder oder seinem Vertreter und dem für die Abfassung des Berichts zuständigen EPA-Prüfer eingereicht werden, der die genauen Punkte enthalten sollte, die der Anmelder zu erörtern wünscht. In der Regel wird eine solche Rücksprache bewilligt, sofern sie rechtzeitig beantragt wurde; die Gewährung weiterer Rücksprachen liegt im alleinigen Ermessen des Prüfers gemäß Kap. 19.12 PCT-Richtlinien für die internationale Recherche und die vorläufige Prüfung (ABl. 2005, 493).

Für internationale Anmeldungen, für die nach R 69.2 die Frist für die Erstellung des IPRP am 01.12.2011 oder später abläuft, gilt die geänderte Praxis des EPA aufgrund Mitteilung v. 31.08.2011, es sei denn der IPRP wurde vor dem 01.10.2011 erstellt (ABl. 2011, 532).

Im Falle eines Einwandes des EPA, der einen negativen IPRP befürchten lässt, d.h. einen Mangel darstellt, zu dem der Anmelder nach R 161 (1) EPÜ Stellung nehmen müsste, wenn er sich für den Eintritt in die europäische Phase entscheidet, erlässt das EPA grundsätzlich einen zusätzlichen schriftlichen Bescheid, es sei denn telefonische Rücksprache wurde beantragt. Dieser Bescheid wird »zweiter schriftlicher Bescheid« genannt, weil der erste Bescheid des EPA entweder der WO-ISA des EPA als ISA gemäß R 43bis.1 ist, der nach R 66.1^{bis} a) als erster schriftlicher Bescheid für Kapitel II gilt, oder weil der erste Bescheid vom EPA als IPEA erstellt wurde, falls der WO-ISA nicht vom EPA erstellt wurde R 66.1^{bis} c), 66.3.

Der Erlass des zweiten Bescheides setzt voraus, dass der Anmelder im ersten Fall Änderungen und/oder Gegenvorstellungen nach R 66.1 a)–d), 66.4^{bis} eingereicht hat oder dass der Anmelder Entsprechendes im zweiten Fall fristgerecht als Bescheidserwiderung nach R 66.1^{bis} c), 66.2 vorgetragen hat, aber immer noch Einwände des EPA bestehen.

Falls der Anmelder **vor** Ergehen des IPRP telefonische Rücksprache beantragt hat, erhält er die Niederschrift des Telefonats mit der Aufforderung zur fristgemäßen Einreichung von Änderungen/Gegenvorstellungen. Ein zweiter Bescheid ergeht nicht. Wenn er vor Ergehen des IPRP telefonische Rücksprache und/oder einen zweiten schriftlichen Bescheid beantragt hat, liegt es im Ermessen des EPA, ob es den Anmelder telefonisch konsultiert oder es einen zweiten schriftlichen Bescheid erlässt.

Wird der Antrag auf telefonische Rücksprache **nach** Ergehen des zweiten schriftlichen Bescheides aber **vor** dem Datum des IPRP gestellt, erhält der Anmelder nur die Niederschrift ohne Aufforderung zur Einreichung einer weiteren Stellungnahme.

R 66.2 d) Antwortfrist
R 69.2 i)–iii) Frist für die Erstellung des IPRP: meistens 28 Monate ab Prioritätsdatum oder später

b) Auf Antrag des Anmelders kann die mit der internationalen vorläufigen Prüfung beauftragte Behörde ihm eine oder mehrere zusätzliche Möglichkeiten zur Änderung oder Gegenvorstellung einräumen.

66.4^{bis} Berücksichtigung von Änderungen, Gegenvorstellungen und Berichtigungen offensichtlicher Fehler

Die mit der internationalen vorläufigen Prüfung beauftragte Behörde muss **Änderungen, Gegenvorstellungen oder Berichtigungen** offensichtlicher Fehler in einem schriftlichen Bescheid oder im internationalen vorläufigen Prüfungsbericht **nicht berücksichtigen**, wenn diese zu einem Zeitpunkt eingehen, sie diesen zu einem Zeitpunkt zustimmt bzw. sie ihr zu einem Zeitpunkt mitgeteilt werden, zu dem die Behörde bereits mit der Erstellung des Bescheids oder Berichts begonnen hat.

66.5 Änderungen

Änderungen   Jede Abänderung der Ansprüche, der Beschreibung oder der Zeichnungen einschließlich einer Streichung von Ansprüchen, von Teilen der Beschreibung oder von einzelnen Zeichnungen, mit Ausnahme der Berichtigung eines offensichtlichen Fehlers, gilt als Änderung.

Beschreibung und Zeichnungen können nur nach Art 34 geändert werden, Ansprüche auch nach Art 19 (Applicant's Guide int P. Nr. 11.045).

66.6 Formlose Erörterungen mit dem Anmelder

Formlose   Die mit der internationalen vorläufigen Prüfung beauftragte Behörde kann jederzeit
Erörterung   formlos telefonisch, schriftlich oder in einer Anhörung mit dem Anmelder in Verbindung treten. Die Behörde hat nach eigenem Ermessen zu entscheiden, ob sie mehr als eine Anhörung gewähren soll, falls dies vom Anmelder beantragt wird, oder ob sie auf formlose schriftliche Mitteilungen des Anmelders antworten will.

Art 34 (2) A) Recht, mündlich und schriftlich mit der IPEA zu verkehren.
W 4/93 Das Recht nach Art 34 (2) a) mit der mit der internationalen vorläufigen Prüfung beauftragten Behörde mündlich zu verkehren, beinhaltet keinen Anspruch auf mündliche Verhandlung. Eine formlose Anhörung nach R 66.6 ist im Widerspruchsverfahren in der Regel nicht sachdienlich.

66.7 Kopie und Übersetzung der früheren Anmeldung, deren Priorität beansprucht wird

Prioritätsbeleg   a) Benötigt die mit der **internationalen vorläufigen Prüfung** beauftragte Behörde eine **Kopie** der früheren Anmeldung, deren Priorität für die internationale Anmeldung beansprucht wird, so übermittelt ihr das Internationale Büro auf Aufforderung unverzüglich eine solche Kopie. Wird diese Kopie der mit der internationalen vorläufigen Prüfung beauftragten Behörde nicht übermittelt, weil der Anmelder die Vorschriften der Regel 17.1 nicht erfüllt hat, und ist diese frühere Anmeldung nicht bei dieser Behörde in ihrer Eigenschaft als nationales Amt eingereicht worden oder steht der Prioritätsbeleg dieser Behörde nicht wie in den Verwaltungsvorschriften vorgesehen in einer digitalen Bibliothek zur Verfügung, so kann der internationale vorläufige Prüfungsbericht erstellt werden, als wäre keine Priorität beansprucht worden.

VV 421 Anforderung einer Kopie des Prioritätsbelegs
VV 715 Bereitstellung von Prioritätsbelegen in digitalen Bibliotheken
VV 716 Antrag auf Abruf eines Prioritätsbeleges aus digitaler Bibliothek

b) Ist die Anmeldung, deren Priorität in der internationalen Anmeldung beansprucht wird, in einer anderen **Sprache** als der Sprache oder einer der Sprachen der mit der internationalen vorläufigen Prüfung beauftragten Behörde abgefasst, so kann diese den **Anmelder** auffordern, innerhalb von **zwei Monaten** nach dem Datum der Aufforderung eine **Übersetzung** in diese oder eine dieser Sprachen einzureichen, sofern die Gültigkeit des Prioritätsanspruchs für die Abfassung des Gutachtens nach Artikel 33 Absatz 1 erheblich ist. Wird die Übersetzung nicht fristgerecht eingereicht, so kann der internationale vorläufige Prüfungsbericht erstellt werden, als wäre keine Priorität beansprucht worden.

66.8 Form der Änderungen

a) Vorbehaltlich des Absatzes b hat der Anmelder bei Änderungen der Beschreibung oder der Zeichnungen für jedes Blatt der internationalen Anmeldung, das aufgrund einer Änderung von einem früher eingereichten Blatt abweicht, ein **Ersatzblatt** einzureichen. Dem Ersatzblatt oder den Ersatzblättern ist ein Begleitschreiben beizufügen, das auf die Unterschiede zwischen den ausgetauschten Blättern und den Ersatzblättern hinzuweisen und die Grundlage für die Änderung in der ursprünglich eingereichten Anmeldung anzugeben hat und möglichst auch die Gründe für die Änderung erläutern sollte.

Ersatzblatt für Änderung

R 70.2 c^{bis}) Nichtberücksichtigung der Änderung bei Nichtangabe der Grundlagen
R 66.1^{ter} Nichtberücksichtigung nicht formgerecht eingereichter Änderungen bei der zusätzlichen Recherche
VV 205 Nummerierung und Bezeichnung geänderter Ansprüche
VV 602 Bearbeitung von Änderungen durch die mit der internationalen vorläufigen Prüfung beauftragte Behörde

b) Besteht die Änderung in der Streichung von Abschnitten oder in geringfügigen Änderungen oder Hinzufügungen, so kann als Ersatzblatt nach Absatz a eine Kopie des betreffenden Blatts der internationalen Anmeldung verwendet werden, auf der die Änderungen oder Hinzufügungen eingetragen sind, sofern dies die Klarheit und unmittelbare Reproduzierbarkeit dieses Blatts nicht beeinträchtigt. Führt die Änderung zum Fortfall eines ganzen Blatts, so ist dies in einem Schreiben mitzuteilen, in welchem möglichst auch die Gründe für die Änderung erläutert werden sollten.

c) Werden die Ansprüche geändert, so ist Regel 46.5 entsprechend anzuwenden. Der Satz von Ansprüchen, welcher nach der gemäß diesem Absatz anwendbaren Regel 46.5 eingereicht wurde, ersetzt alle ursprünglich eingereichten oder früher nach Artikel 19 oder 34 geänderten Ansprüche.

66.9 [gestrichen] *(jetzt in R 55.3 geregelt)*

Regel 67 Anmeldungsgegenstand nach Artikel 34 Absatz 4 Buchstabe a Ziffer i

fehlende Technizität
Ausschlusskriterien

67.1 Begriffsbestimmung

Die mit der internationalen vorläufigen Prüfung beauftragte Behörde ist **nicht verpflichtet**, eine internationale vorläufige Prüfung einer internationalen Anmeldung durchzuführen, wenn und soweit der Anmeldungsgegenstand folgende Gebiete betrifft:

i) wissenschaftliche und mathematische **Theorien**,

ii) **Pflanzensorten** oder Tierarten sowie im wesentlichen **biologische** Verfahren zur Züchtung von Pflanzen und Tieren mit Ausnahme **mikrobiologischer** Verfahren und der mit Hilfe dieser Verfahren gewonnenen Erzeugnisse,

iii) Pläne, Regeln und Verfahren für eine **geschäftliche** Tätigkeit, für rein gedankliche Tätigkeiten oder für Spiele,

iv) Verfahren zur **chirurgischen** oder **therapeutischen** Behandlung des menschlichen oder tierischen Körpers sowie Diagnostizierverfahren,

v) bloße Wiedergabe von Informationen,

vi) **Programme** von Datenverarbeitungsanlagen insoweit, als die mit der internationalen vorläufigen Prüfung beauftragte Behörde nicht dafür ausgerüstet ist, für solche Programme eine internationale vorläufige Prüfung durchzuführen.

Art 34 (4) a) i) Prüfung der Merkmale nach Artikel 33 (1) durch IPEA für bestimmte Gegenstände nicht verpflichtend

R 39 entsprechende Regelung für die ISA

R 39.1 iii) EPA führt keine Recherche bezüglich Geschäftsmethode durch, wenn der Anmeldungsgegenstand keinerlei offensichtlichen technischen Charakter aufweist. In diesem Fall erfolgt eine Erklärung nach Art 17 (2). R 39.1 räumt einen Ermessensspielraum ein. Das EPA als ISA übt das Ermessen nach den gleichen Maßstäben aus, die für das EPÜ gelten. (Mitteilung EPA vom 01.10.2007, ABl. 2007, 592 gilt fort gemäß Mitteilung vom 27.10.2014 ABl. 2014, A117; Euro-PCT-Leitfaden 2 C.III. Rn 257). Siehe auch Anm. zu Art 16 (2).

R 66.1 e) Bei der internationalen vorläufigen Prüfung ist die IPEA nicht zur Berücksichtigung verpflichtet.

R 66.1^{ter} Im Falle der R 66.1 e) wird hierfür keine zusätzliche Recherche durchgeführt.

Regel 68 Mangelnde Einheitlichkeit der Erfindung (internationale vorläufige Prüfung)

Einheitlichkeit

68.1 Keine Aufforderung zur Einschränkung oder Zahlung

Stellt die mit der internationalen vorläufigen Prüfung beauftragte Behörde fest, dass das Erfordernis der Einheitlichkeit der Erfindung nicht erfüllt ist, und beschließt sie, den Anmelder nicht zur Einschränkung der Ansprüche oder zur Zahlung zusätzlicher Gebühren aufzufordern, so fährt sie mit der internationalen vorläufigen Prüfung – vorbehaltlich Artikel 34 Absatz 4 Buchstabe b und Regel 66.1 Absatz e – für die gesamte internationale Anmeldung fort, weist jedoch in allen schriftlichen Bescheiden und im internationalen vorläufigen Prüfungsbericht darauf hin, dass nach ihrer Auffassung das Erfordernis der Einheitlichkeit der Erfindung nicht erfüllt ist, und gibt die Gründe hierfür an.

Den Art 17, Art 34 (4), R 40 und den Anmerkungen dazu kann eine detaillierte Übersicht über den Ablauf bei mangelnder Einheitlichkeit entnommen werden.

Art 64, 27, R 51bis Es gibt keine Vorbehalte zu R 13, d.h. die Frage der Einheitlichkeit richtet sich in allen regionalen und nationalen Phasen nach R 13.

R 13.2 Die gemeinsamen kennzeichnenden Merkmale

Art 17, R 40 Uneinheitlichkeit bei Internationale Recherche, Auswirkung R 45bis.5 e)

R 45bis.6 Uneinheitlichkeit bei ergänzender internationale Recherche

R 66.1^{ter} Uneinheitlichkeit bei zusätzlicher Recherche

Art 34 (3), R 68 Uneinheitlichkeit bei internationaler vorläufige Prüfung

VV 206 Einheitlichkeit der Erfindung. VV Anlage B zeigt ausführliche Beispiele zur Einheitlichkeit der Erfindung. Weitere Beispiele finden sich in VV 206. U.a. wird die Markush-Praxis erläutert in VV Anlage B Teil 2 III.

68.2 Aufforderung zur Einschränkung oder Zahlung

Stellt die mit der internationalen vorläufigen Prüfung beauftragte Behörde fest, dass das Erfordernis der Einheitlichkeit der Erfindung nicht erfüllt ist, und entschließt sie sich, den Anmelder nach seiner Wahl entweder zur Einschränkung der Ansprüche oder zur Zahlung zusätzlicher Gebühren aufzufordern, so hat sie in der Aufforderung:

i) mindestens eine Möglichkeit zur Einschränkung anzugeben, die nach Auffassung der mit der internationalen vorläufigen Prüfung beauftragten Behörde diesem Erfordernis entspricht,

ii) die Gründe anzugeben, aus denen nach ihrer Auffassung die internationale Anmeldung dem Erfordernis der Einheitlichkeit der Erfindung nicht genügt,

iii) den Anmelder aufzufordern, der Aufforderung innerhalb eines Monats nach dem Datum der Aufforderung nachzukommen,

iv) den **Betrag der erforderlichen zusätzlichen Gebühren** zu nennen, die zu entrichten sind, wenn der Anmelder diese Möglichkeit wählt, und

v) den Anmelder aufzufordern, gegebenenfalls die Widerspruchsgebühr nach Regel 68.3 Absatz e innerhalb eines Monats nach dem Datum der Aufforderung zu entrichten, und den Betrag der zu entrichtenden Gebühr zu nennen.

st. Rspr. (z.B. W 8/87) Eine Aufforderung nach Art 34 (3) a) zur Zahlung zusätzlicher Gebühren ist nur rechtswirksam, wenn die mangelnde Einheitlichkeit ausreichend begründet ist. Seit dem 01.04.2005 ist das Erfordernis der Überprüfung, ob die Aufforderung zur Zahlung zusätzlicher Gebühren berechtigt war, bevor die Entrichtung einer Widerspruchsgebühr verlangt wird, entfallen. Zur Vorgehensweise des EPA im Übergangszeitraum siehe Anmerkung unter Art 34 (3) ein- und zweistufiges Verfahren.

W 8/87 Nach R 13.1 PCT kann die **Uneinheitlichkeit »a posteriori«** einer Erfindung festgestellt werden. Die diesbezügliche Mitteilung nach R 40.1 muss neben der Aufzählung der in den neuen unabhängigen Ansprüchen (die aus der Kombination des gefallenen Haupt- oder nebengeordneten Anspruchs hervorgehen) definierten Erfindungen und der Aufforderung zur Zahlung weiterer Recherchegebühren nach Art 17 (3) a) **auch die Gründe für die Feststellung der mangelnden Einheitlichkeit** enthalten. Eine Zahlungsaufforderung, die diese Gründe nicht enthält, ist im Hinblick auf die oben genannte »a posteriori« festgestellte mangelnde Einheitlichkeit **nicht rechtsverbindlich**.

68.3 Zusätzliche Gebühren

a) Die Höhe der zusätzlichen Gebühren für die internationale vorläufige Prüfung nach Artikel 34 Absatz 3 Buchstabe a wird durch die zuständige mit der internationalen vorläufigen Prüfung beauftragte Behörde festgesetzt.

Zur Höhe der Gebühr siehe Gebührenübersicht im Anhang, aktueller Stand 01.04.2016, Zusatzpublikation ABl. 2/2014

R 158 (2) EPÜ, Art 2 (1) Nr. 19 GebO: Zusätzliche Gebühr bei Uneinheitlichkeit. Dabei wird grundsätzlich der Betrag der internationalen Prüfungsgebühr erhoben, der bei Einreichung des Prüfungsantrags galt. Spätere Gebührenerhöhungen bleiben unberücksichtigt.

b) Die zusätzlichen Gebühren, die nach Artikel 34 Absatz 3 Buchstabe a für die internationale vorläufige Prüfung zu entrichten sind, sind unmittelbar **an die mit der internationalen vorläufigen Prüfung beauftragte Behörde zu zahlen**.

c) Der Anmelder kann die zusätzlichen Gebühren unter **Widerspruch** zahlen, das heißt, unter Beifügung einer Begründung des Inhalts, dass die internationale Anmeldung das Erfordernis der Einheitlichkeit der Erfindung erfülle oder dass der Betrag der geforderten zusätzlichen Gebühren überhöht sei. Der Widerspruch wird von einem im Rahmen der mit der internationalen vorläufigen Prüfung beauftragten Behörde gebildeten **Überprüfungsgremium** geprüft; kommt das Überprüfungsgremium zu dem Ergebnis, dass der Widerspruch begründet ist, so ordnet es die vollständige oder teilweise Rückzahlung der zusätzlichen Gebühren an den Anmelder an. Auf Antrag des Anmelders wird der Wortlaut des Widerspruchs und der Entscheidung hierüber den ausgewählten Ämtern als Anhang zum internationalen vorläufigen Prüfungsbericht mitgeteilt.

d) Die Person, die die Entscheidung, die Gegenstand des Widerspruchs ist, getroffen hat, darf dem Überprüfungsgremium nach Absatz c angehören, aber das Überprüfungsgremium darf nicht nur aus dieser Person bestehen.

e) Die mit der internationalen vorläufigen Prüfung beauftragte Behörde kann die Prüfung eines Widerspruchs nach Absatz c davon abhängig machen, dass zu ihren Gunsten eine **Widerspruchsgebühr** an sie entrichtet wird. Hat der Anmelder eine gegebenenfalls zu entrichtende Widerspruchsgebühr nicht **innerhalb der Frist nach Regel 68.2 Ziffer v** entrichtet, so **gilt der Widerspruch als nicht erhoben** und die mit der internationalen vorläufigen Prüfung beauftragte Behörde erklärt ihn als nicht erhoben. Die Widerspruchsgebühr ist an den Anmelder zurückzuzahlen, wenn das in Absatz c genannte Überprüfungsgremium den Widerspruch für in vollem Umfang begründet befindet.

Zur Höhe der Gebühr siehe Gebührenübersicht im Anhang

VV 403 und 603 Übermittlung des Widerspruchs gegen die Zahlung einer zusätzlichen Gebühr und Entscheidung hierüber bei mangelnder Einheitlichkeit der Erfindung der internationalen Anmeldung.

68.4 Verfahren im Fall der nicht ausreichenden Einschränkung der Ansprüche

Schränkt der Anmelder die Ansprüche ein, ohne in ausreichendem Maße dem Erfordernis der Einheitlichkeit der Erfindung zu entsprechen, so verfährt die mit der internationalen vorläufigen Prüfung beauftragte Behörde nach Artikel 34 Absatz 3 Buchstabe c *(Es wird lediglich die Haupterfindung R 68.5 geprüft)*.

Zum Verfahren siehe Euro-PCT-Leitfaden D.II. Rn 396 ff. und die Anmerkungen zu Art 34 (3) c)).

68.5 Haupterfindung

Bestehen Zweifel darüber, welche Erfindung die Haupterfindung im Sinne des Artikel 34 Absatz 3 Buchstabe c ist, so ist die in den **Ansprüchen zuerst genannte Erfindung** als Haupterfindung anzusehen.

Regel 69 Beginn der internationalen vorläufigen Prüfung und Prüfungsfrist

69.1 Beginn der internationalen vorläufigen Prüfung *Prüfungsbeginn*

a) Vorbehaltlich der Absätze b bis e beginnt die mit der internationalen vorläufigen Prüfung beauftragte Behörde mit der internationalen vorläufigen Prüfung, wenn alles im folgenden Genannte in ihrem Besitz ist:
   i) der Antrag,
   ii) der (vollständige) fällige Betrag für die Bearbeitungsgebühr und die Gebühr für die vorläufige Prüfung, gegebenenfalls einschließlich der Gebühr für verspätete Zahlung nach Regel 58bis.2 und
   iii) entweder der internationale Recherchenbericht oder die Erklärung der Internationalen Recherchenbehörde nach Artikel 17 Absatz 2 Buchstabe a, dass kein internationaler Recherchenbericht erstellt wird, und der schriftliche Bescheid nach Regel 43bis.1,
wobei die mit der internationalen vorläufigen Prüfung beauftragte Behörde nicht vor Ablauf der nach Regel 54bis.1 Absatz a maßgeblichen Frist mit der internationalen vorläufigen Prüfung beginnt, es sei denn, der Anmelder beantragt ausdrücklich einen früheren Beginn.

R 54bis regelt den Zeitpunkt der Antragstellung während R 69 den Beginn der Prüfung regelt. Der Fristablauf der Frist R 54bis.1 ist gemäß R 69.1 Absatz a eine von mehreren Voraussetzungen für den Prüfungsbeginn. Ausnahmsweise beginnt die Prüfung nur früher, wenn der Anmelder dies ausdrücklich beantragt, was durch Ankreuzen im Formblatt PCT/IPEA/401 für den Antrag auf internationale vorläufige Prüfung auf Seite 2 im Feld Nr. IV unter Ziffer 4 erfolgen kann.

b) Wird das nationale Amt oder die zwischenstaatliche Organisation, das beziehungsweise die als Internationale Recherchenbehörde handelt, auch als mit der internationalen vorläufigen Prüfung beauftragte Behörde tätig, so kann die internationale vorläufige Prüfung, falls das nationale Amt oder die zwischenstaatliche Organisation dies wünscht, vorbehaltlich der Absätze d und e **gleichzeitig** mit der internationalen Recherche beginnen *(sogenanntes Teleskopverfahren).* *Teleskopverfahren*

b^{bis}) Falls das nationale Amt oder die zwischenstaatliche Organisation, das beziehungsweise die sowohl als Internationale Recherchenbehörde auch als mit der internationalen vorläufigen Prüfung beauftragte Behörde tätig wird, nach Absatz b die internationale vorläufige Prüfung gleichzeitig mit der internationalen Recherche zu beginnen wünscht und alle Voraussetzungen des Artikels 34 Absatz 2 Buchstabe c Ziffern i bis iii als erfüllt ansieht, braucht das nationale Amt oder die zwischenstaatliche Organisation in ihrer Eigenschaft als Internationale Recherchenbehörde einen schriftlichen Bescheid nach Regel 43bis.1 nicht zu erstellen.

c) Enthält die Erklärung betreffend **Änderungen** eine Angabe, dass Änderungen nach Artikel 19 zu berücksichtigen sind (Regel 53.9 Absatz a Ziffer 1), so beginnt die mit der internationalen vorläufigen Prüfung beauftragte Behörde mit der internationalen vorläufigen Prüfung erst, wenn sie eine Kopie der betreffenden Änderungen erhalten hat.

d) Enthält die Erklärung betreffend Änderungen eine Angabe, dass der Beginn der internationalen vorläufigen **Prüfung aufgeschoben** werden soll (Regel 53.9 Absatz b), *Aufschiebung der Prüfung*

Regeln zu Kapitel II des Vertrags

so beginnt die mit der internationalen vorläufigen Prüfung beauftragte Behörde mit der internationalen vorläufigen Prüfung erst, wenn das erste der im Folgenden genannten Ereignisse eintritt:

i) Sie hat eine Kopie nach Artikel 19 vorgenommener Änderungen erhalten;

ii) sie hat eine Erklärung des Anmelders erhalten, dass er keine Änderungen nach Artikel 19 vornehmen möchte, oder

iii) der Ablauf der maßgeblichen Frist nach Regel 46.1.

R 46.1 Die spätere der Fristen ist maßgeblich: 2 Monate seit Übermittlung des Internationalen Recherchenberichts oder 16 Monate seit dem Prioritätsdatum.

e) Enthält die Erklärung betreffend Änderungen eine Angabe, dass zusammen mit dem Antrag Änderungen nach Artikel 34 eingereicht werden (Regel 53.9 Absatz c), werden diese jedoch nicht eingereicht, so beginnt die mit der internationalen vorläufigen Prüfung beauftragte Behörde mit der internationalen vorläufigen Prüfung erst nach Eingang dieser Änderungen oder nach Ablauf der in der Aufforderung nach Regel 60.1 Absatz g *(Aufforderung zur Nachreichung der Änderungen)* festgesetzten Frist, je nachdem, was zuerst eintritt.

69.2 Frist für die internationale vorläufige Prüfung

Die Frist für die Erstellung des internationalen vorläufigen Prüfungsberichts ist diejenige der im Folgenden genannten **Fristen, die zuletzt abläuft:**

Prüfungsfrist

i) **28 Monate** ab dem Prioritätsdatum oder

ii) **sechs Monate** ab dem in Regel 69.1 vorgesehenen Zeitpunkt für den Beginn der internationalen vorläufigen Prüfung oder

iii) sechs Monate ab dem Datum des Eingangs der nach Regel 55.2 eingereichten Übersetzung bei der mit der internationalen vorläufigen Prüfung beauftragten Behörde.

Frist für die Erstellung des IPRP I: 30 Monate, siehe Anmerkung zu R 44bis.1

Regel 70 Der internationale vorläufige Bericht zur Patentfähigkeit seitens der mit der internationalen vorläufigen Prüfung beauftragten Behörde (Internationaler vorläufiger Prüfungsbericht)

IPRP II 70.1 Begriffsbestimmung

Im Sinne dieser Regel bedeutet »Bericht« den internationalen vorläufigen Prüfungsbericht.

Art 33   Gutachtenerstellung als Gegenstand der IVP
Art 35   Anforderungen
R 70.15 Bezeichnung des Berichts

70.2 Grundlage für den Bericht

a) Sind die Ansprüche geändert worden, so wird der Bericht auf der Grundlage der **geänderten Ansprüche** erstellt.

b) Ist der Bericht gemäß Regel 66.7 Absatz a oder b erstellt worden, als wäre keine Priorität beansprucht worden, so wird hierauf im Bericht hingewiesen.

c) Ist die mit der internationalen vorläufigen Prüfung beauftragte Behörde der Auffassung, dass eine Änderung **über den Offenbarungsgehalt** der internationalen Anmeldung, wie sie eingereicht worden ist, hinausgeht, so wird der Bericht ohne Berücksichtigung der Änderung erstellt und hierauf im Bericht hingewiesen. Die Behörde gibt außerdem die Gründe an, aus denen nach ihrer Auffassung die Änderung über den Offenbarungsgehalt hinausgeht.

c^{bis}) Sind die Ansprüche, die Beschreibung oder die Zeichnungen geändert worden und war dem Ersatzblatt oder den Ersatzblättern kein Begleitschreiben beigefügt, in dem die Grundlage für die Änderung in der ursprünglich eingereichten Anmeldung nach der gemäß Regel 66.8 Absatz c geltenden Regel 46.5 Absatz b Ziffer iii bzw. nach Regel 66.8 Absatz a angegeben war, so kann der Bericht so erstellt werden, als seien die Änderungen nicht vorgenommen worden; in diesem Fall ist hierauf in dem Bericht hinzuweisen.

Die Anforderungen der R 46.5.b) iii) gelten auch für Absatz a) der R 66.8, also für Änderungen nach Art 19. Das sollte durch die letzte Änderung klargestellt werden (PCT/WG/3/8 Annex, Seite 12). Der vorstehende Absatz gilt auch für Änderungen nach Art 19. Maßgeblich ist das Anmeldedatum ab dem 01.07.2011 (PCT Notification No. 196).

d) Beziehen sich Ansprüche auf Erfindungen, für die kein internationaler Recherchenbericht erstellt und daher auch keine internationale vorläufige Prüfung durchgeführt worden ist, so wird im internationalen vorläufigen Prüfungsbericht hierauf hingewiesen.

e) Wird die Berichtigung eines offensichtlichen Fehlers nach Regel 66.1 berücksichtigt, so wird dies im Bericht angegeben. Wird die Berichtigung eines offensichtlichen Fehlers nach Regel 66.4^{bis} nicht berücksichtigt, so wird dies, wenn möglich, im Bericht angegeben; andernfalls hat die mit der internationalen vorläufigen Prüfung beauftragte Behörde das Internationale Büro davon zu unterrichten, und das Internationale Büro verfährt nach Maßgabe der Verwaltungsvorschriften.

VV 413 d Mitteilung der Nichtberücksichtigung einer Berichtigung an das ausgewählte Amt

f) In dem Bericht ist entweder das Datum anzugeben, an dem eine zusätzliche Recherche nach Regel 66.1^{ter} durchgeführt worden ist, oder stattdessen festzustellen, dass keine zusätzliche Recherche durchgeführt worden ist.

»The effect of amendments of Rules 66 and 70 would be to require International Preliminary Examining Authorities to conduct a »top-up« search during international preliminary examination subject to various exceptions, such as subject matter which is not examined by the Office, cases which have not been searched by the International Searching Authority and other cases where it is considered that such a search would serve no useful purpose.« www.wipo.int/edocs/mdocs/govbody/en/pct_a_44/pct_a_44_3.pdf

R 66.1^{ter} Durchführung zusätzliche Recherche durch IPEA
Formular PCT/IPEA/409

70.3 Angaben

In dem Bericht ist die mit der internationalen vorläufigen Prüfung beauftragte Behörde, die den Bericht erstellt hat, mit ihrer amtlichen Bezeichnung anzugeben; die internationale Anmeldung ist durch Angabe des internationalen Aktenzeichens, des Namens des Anmelders und des internationalen Anmeldedatums zu kennzeichnen.

70.4 Daten

In dem Bericht werden angegeben:
  i) das Datum der Einreichung des Antrags und

ii) das Datum des Berichts; dieses Datum ist das Datum, an welchem der Bericht fertiggestellt worden ist.

70.5 Klassifikation

a) In dem Bericht ist die nach Regel 43.3 angegebene Klassifikation zu wiederholen, falls die mit der internationalen vorläufigen Prüfung beauftragte Behörde mit der Klassifikation einverstanden ist.

b) Andernfalls gibt die mit der internationalen vorläufigen Prüfung beauftragte Behörde im Bericht die Klassifikation an, die von ihr als richtig angesehen wird, wobei sie zumindest die Internationale Patentklassifikation zugrunde legt.

70.6 Feststellung nach Artikel 35 Absatz 2

a) Die Feststellung nach Artikel 35 Absatz 2 besteht aus den Wörtern »JA« oder »NEIN« *(hinsichtlich der Neuheit, erfinderische Tätigkeit [Nichtoffensichtlichkeit], gewerbliche Anwendbarkeit)* oder den entsprechenden Wörtern in der im Bericht verwendeten Sprache oder aus geeigneten, in den Verwaltungsvorschriften vorgesehenen Symbolen und soll gegebenenfalls die Angaben, Erklärungen und Bemerkungen nach Artikel 35 Absatz 2 letzter Satz enthalten.

b) Ist eines der drei Merkmale nach Artikel 35 Absatz 2 (nämlich Neuheit, erfinderische Tätigkeit [Nichtoffensichtlichkeit], gewerbliche Anwendbarkeit) nicht in ausreichendem Maße gegeben, so ist die Feststellung negativ. Wird in einem solchen Fall einem der Merkmale, für sich allein genommen, genügt, so sollen in dem Bericht das Merkmal oder die Merkmale angegeben werden, denen genügt wird.

70.7 Angabe der Unterlagen nach Artikel 35 Absatz 2

a) In dem Bericht sind die Unterlagen anzugeben, die als wesentliche Grundlage für die Feststellungen nach Artikel 35 Absatz 2 angesehen werden, unabhängig davon, ob sie im internationalen Recherchenbericht aufgeführt waren oder nicht. Im internationalen Recherchenbericht aufgeführte Unterlagen brauchen nur dann im Prüfungsbericht angegeben zu werden, wenn die mit der internationalen vorläufigen Prüfung beauftragte Behörde sie als wesentlich ansieht.

b) Regel 43.5 Absätze b und e findet auch auf den Bericht Anwendung.

70.8 Erläuterung nach Artikel 35 Absatz 2

Die Verwaltungsvorschriften werden Leitsätze darüber enthalten, in welchen Fällen die nach Artikel 35 Absatz 2 vorgesehenen Erläuterungen abgegeben oder nicht abgegeben werden und wie sie zu fassen sind. Diese Leitsätze werden sich auf die nachfolgenden Grundsätze stützen:

VV 604 Vorschriften für Erläuterungen im internationalen vorläufigen Prüfungsbericht

i) eine Erläuterung wird abgegeben, wenn die Feststellung im Hinblick auf irgendeinen Anspruch negativ ist;

ii) eine Erläuterung wird abgegeben, wenn die Feststellung positiv ist, sofern der Grund für die Angabe der Unterlagen nicht ohne weiteres durch eine Einsichtnahme in die angegebenen Unterlagen zu erkennen ist;

iii) im allgemeinen wird eine Erläuterung dann abgegeben, wenn der im letzten Satz der Regel 70.6 Absatz b vorgesehene Fall gegeben ist.

70.9 Nicht-schriftliche Offenbarungen

Nicht-schriftliche Offenbarungen, die im Bericht auf Grund der Regel 64.2 erwähnt sind, werden durch Angabe ihrer Art, durch Angabe des Datums, an welchem die schriftliche Offenbarung, die sich auf die nichtschriftliche Offenbarung bezieht, der Öffentlichkeit zugänglich gemacht wurde und des Datums, an welchem die nicht-schriftliche Offenbarung der Öffentlichkeit bekannt wurde, gekennzeichnet.

70.10 Bestimmte veröffentlichte Unterlagen

Veröffentlichte Anmeldungen oder Patente, auf die sich der Bericht gemäß Regel 64.3 bezieht, sind als solche unter Angabe ihres Veröffentlichungsdatums und ihres Anmeldedatums oder ihres etwa beanspruchten Prioritätsdatums zu erwähnen. Der Bericht kann in bezug auf jedes in den genannten Unterlagen beanspruchte Prioritätsdatum angeben, dass nach Meinung der mit der internationalen vorläufigen Prüfung beauftragten Behörde das Prioritätsdatum nicht zu Recht beansprucht worden ist.

70.11 Hinweis auf Änderungen

Sind vor der mit der internationalen vorläufigen Prüfung beauftragten Behörde Änderungen vorgenommen worden, so wird hierauf im Bericht hingewiesen. Führt die Änderung zum Fortfall eines ganzen Blattes, so wird auch dies im Bericht angegeben.

Hinweis auf Änderungen

70.12 Erwähnung bestimmter Mängel und anderer Sachverhalte

Ist die mit der internationalen vorläufigen Prüfung beauftragte Behörde der Auffassung, dass bei der Erstellung des Berichts

i) die internationale Anmeldung Mängel der in Regel 66.2 Absatz a Ziffer iii *(Mangelhafte Form und mangelhafter Inhalt)* genannten Art aufweist, so wird im Bericht auf diese Auffassung und die Begründung hierfür hingewiesen;

ii) die internationale Anmeldung zu den in Regel 66.2 Absatz a Ziffer v *(Klarheit der Ansprüche)* genannten Bemerkungen Anlass gibt, kann sie im Bericht auch auf diese Auffassung hinweisen und hat in diesem Fall ihre Auffassung zu begründen;

iii) einer der in Artikel 34 Absatz 4 *(R 67, fehlende Technizität, Nichtoffensichtlichkeit)* genannten Fälle vorliegt, so weist sie im Bericht unter Angabe der Gründe darauf hin;

iv) kein Protokoll einer Nucleotid- und/oder Aminosäuresequenz in einer Form vorliegt, die eine sinnvolle internationale vorläufige Prüfung ermöglicht, so weist sie im Bericht darauf hin.

70.13 Bemerkungen in bezug auf die Einheitlichkeit der Erfindung

Hat der Anmelder zusätzliche Gebühren für die internationale vorläufige Prüfung bezahlt oder ist die internationale Anmeldung oder die internationale vorläufige Prüfung nach Artikel 34 Absatz 3 eingeschränkt worden, so gibt der Bericht dies an. Ist die internationale vorläufige Prüfung nur für eingeschränkte Ansprüche (Artikel 34 Absatz 3 Buchstabe a) oder nur für die Haupterfindung (Artikel 34 Absatz 3 Buchstabe c) durchgeführt worden, so gibt der Bericht ferner an, welche Teile der internationalen Anmeldung geprüft worden sind und welche nicht. Der Bericht enthält die Angaben nach Regel 68.1, wenn die mit der internationalen vorläufigen Prüfung beauftragte Behörde beschlossen hat, den Anmelder nicht zur Einschränkung der Ansprüche oder zur Zahlung zusätzlicher Gebühren aufzufordern.

Einheitlichkeit

Art 34 (3) c) Ermäßigung der Prüfungsgebühr beim EPA nach Art 14 (2) GebO um 75 %, wenn Prüfung für den im IPRP behandelten Gegenstand durchgeführt werden soll (ABl. 2018, A26).

70.14 Zuständiger Bediensteter

Im Bericht ist der Name des für den Bericht verantwortlichen Bediensteten der mit der internationalen vorläufigen Prüfung beauftragten Behörde anzugeben.

VV 612 Zuständiger Bediensteter

70.15 Form; Titel

a) Die Formerfordernisse für den Bericht werden durch die Verwaltungsvorschriften geregelt

IPRP II

b) Der Bericht trägt den Titel »internationaler vorläufiger Bericht zur Patentfähigkeit (Kapitel II des Vertrags über die Zusammenarbeit auf dem Gebiet des Patentwesens)«, und enthält eine Angabe, dass es sich um den internationalen vorläufigen Prüfungsbericht, der mit der internationalen vorläufigen Prüfung beauftragten Behörde handelt.

Damit wäre die korrekte Abkürzung für den Bericht IPRP II. Das EPA benutzt jedoch weiterhin die Bezeichnung IPER (Euro-PCT-Leitfaden D.I. Rn 298), entsprechend der englischen Teilüberschrift: International Preliminary Examination Report.

70.16 Anlagen zum Bericht

a) Die folgenden Ersatzblätter und Begleitschreiben sind dem Bericht als Anlage beizufügen:

Ersatzblätter, Begleitschreiben als Anlage

i) jedes Ersatzblatt nach Regel 66.8 mit Änderungen nach Artikel 34 und jedes Begleitschreiben nach Regel 66.8 Absatz a, Regel 66.8 Absatz b bzw. der gemäß Regel 66.8 Absatz c geltenden Regel 46.5 Absatz b;

Art 34 (2) b) Änderung der **Ansprüche, der Beschreibung und der Zeichnungen** vor der mit der internationalen vorläufigen Prüfung beauftragten Behörde

ii) jedes Ersatzblatt nach Regel 46.5 mit Änderungen nach Artikel 19 und jedes Begleitschreiben nach Regel 46.5; sowie

Art 19 Änderung der **Ansprüche** im Verfahren vor dem Internationalen Büro

iii) jedes Ersatzblatt nach der gemäß Regel 91.2 geltenden Regel 26.4 mit der Berichtigung eines offensichtlichen Fehlers, der diese Behörde nach Regel 91.1 Absatz b Ziffer iii zugestimmt hat, und jedes Begleitschreiben nach der gemäß Regel 91.2 geltenden Regel 26.4;

R 91.2 Antrag auf Berichtigung **offensichtlicher Fehler** in der internationalen Anmeldung und in anderen Schriftstücken: Inhalt, Frist und Form
R 26.4 Art und Weise der Berichtigung

sofern das betreffende Ersatzblatt nicht durch ein später eingereichtes Ersatzblatt oder eine Änderung, die zum Fortfall eines ganzen Blattes nach Regel 66.8 Absatz b führt, überholt ist oder als überholt gilt und;

iv) wenn der Bericht eine Angabe nach Regel 70.2 Absatz e (Berichtigung offensichtlicher Fehler) enthält, jedes Blatt oder Schreiben, das sich auf die Berichtigung eines offensichtlichen Fehlers bezieht, die nach Regel 66.4^{bis} nicht berücksichtigt wird.

R 70.2 e) Angabe der Berücksichtigung oder Nichtberücksichtigung der Berichtigung von offensichtlichen Fehlern als Grundlage des Berichts

R 66.1 d^{bis}) Berücksichtigung durch IPEA

R 66.4^{bis} Nichtberücksichtigung durch IPEA nach Beginn der Erstellung des Bescheids oder Berichts

b) Ungeachtet des Absatzes a ist dem Bericht jedes in Absatz a genannte überholte oder als überholt geltende Ersatzblatt und jedes in Absatz a genannte Schreiben, das sich auf ein solches überholtes oder als überholt geltendes Ersatzblatt bezieht, ebenfalls als Anlage beizufügen, wenn

überholte Angaben als Anlage

i) die mit der internationalen vorläufigen Prüfung beauftragte Behörde der Auffassung ist, dass die betreffende spätere Änderung über den Offenbarungsgehalt der internationalen Anmeldung, wie sie eingereicht worden ist, hinausgeht, und der Bericht eine Angabe gemäß Regel 70.2 Absatz c enthält;

R 70.2 c) Hinweis auf Erstellung des Berichts ohne Berücksichtigung von Änderungen wegen des Hinausgehens über Offenbarungsgehalt

ii) der betreffenden späteren Änderung kein Begleitschreiben beigefügt war, in dem die Grundlage für die Änderung in der ursprünglich eingereichten Anmeldung angegeben war, und der Bericht so erstellt wird, als sei die Änderung nicht vorgenommen worden, und er eine Angabe nach Regel 70.2 Absatz c^{bis} enthält.

R 70.2 c^{bis}) Erstellung des Berichts ohne Berücksichtigung von Änderungen wegen fehlenden Begleitschreibens

In einem solchen Fall ist das überholte oder als überholt geltende Ersatzblatt wie in den Verwaltungsvorschriften angegeben zu kennzeichnen.

VV 602   Behandlung von Änderungen durch IPEA

70.17 Sprache des Berichts und der Anlagen

Der Bericht und alle Anlagen werden in der Sprache, in der die betreffende internationale Anmeldung **veröffentlicht** ist, oder, wenn die internationale vorläufige Prüfung nach Regel 55.2 auf der Grundlage einer Übersetzung der internationalen Anmeldung durchgeführt wird, in der Sprache der Übersetzung abgefasst.

Regel 71   Übersendung des internationalen vorläufigen Prüfungsberichts

71.1 Empfänger

Je eine Ausfertigung des internationalen vorläufigen Prüfungsberichts und seiner etwa vorhandenen Anlagen übersendet die mit der internationalen vorläufigen Prüfung beauftragte Behörde am gleichen Tag dem Internationalen Büro und dem Anmelder.

Übermittlung an den Anmelder

71.2 Kopien angegebener Unterlagen

a) Der Antrag nach Artikel 36 Absatz 4 *(Kopien der im internationalen Prüfungsbericht hingewiesenen Unterlagen)* kann jederzeit **innerhalb von sieben Jahren**, gerechnet vom internationalen Anmeldedatum der internationalen Anmeldung, auf die sich der Bericht bezieht, gestellt werden.

b) Die mit der internationalen vorläufigen Prüfung beauftragte Behörde kann verlangen, dass der Antragsteller (Anmelder oder ausgewähltes Amt) **die Kosten der Herstellung und Versendung der Kopien erstattet.** Die Höhe der Herstellungskosten wird in den in Artikel 32 Absatz 2 genannten Vereinbarungen zwischen den mit der internationalen vorläufigen Prüfung beauftragten Behörden und dem Internationalen Büro festgesetzt.

Art 3 (1) GebO, Zusatzpublikation 0,80 € gemäß ABl. 2018, A32, das auf ABl. 2014, A13 verweist Nr. 2.1.14.

c) [gestrichen]
d) Die mit der internationalen vorläufigen Prüfung beauftragte Behörde kann den Verpflichtungen nach den Absätzen a und b durch eine andere ihr verantwortliche Stelle nachkommen.

Regel 72 Übersetzung des internationalen vorläufigen Prüfungsberichts und des schriftlichen Bescheids der Internationalen Recherchenbehörde

72.1 Sprachen

Übersetzungssprachen

a) Jeder **ausgewählte Staat kann** verlangen, dass der internationale vorläufige Prüfungsbericht in die **englische Sprache** übersetzt wird, wenn dieser nicht in der oder einer der Amtssprachen seines nationalen Amtes erstellt ist.

b) Jedes Erfordernis dieser Art ist dem Internationalen Büro mitzuteilen, das die Mitteilung unverzüglich im Blatt veröffentlicht.

72.2 Kopie der Übersetzung für den Anmelder

Das Internationale Büro **übermittelt dem Anmelder eine Kopie** der in Regel 72.1 Absatz a genannten Übersetzung des internationalen vorläufigen Prüfungsberichts zum gleichen Zeitpunkt, in dem es diese Übersetzung den interessierten ausgewählten Ämtern übermittelt.

72.2^{bis} Übersetzung des nach Regel 43bis.1 erstellten schriftlichen Bescheids der Internationalen Recherchenbehörde

In dem in Regel 73.2 Absatz b Ziffer ii genannten Fall ist der nach Regel 43bis.1 von der Internationalen Recherchenbehörde erstellte schriftliche Bescheid auf Antrag des betreffenden ausgewählten Amts vom Internationalen Büro oder unter dessen Verantwortung in die englische Sprache zu übersetzen. Das Internationale Büro übermittelt innerhalb von zwei Monaten nach Eingang des Übersetzungsantrags dem betreffenden ausgewählten Amt eine Kopie der Übersetzung; gleichzeitig übermittelt es dem Anmelder eine Kopie.

72.3 Stellungnahme zu der Übersetzung

Der Anmelder kann schriftlich zu den nach seiner Ansicht fehlerhaften Teilen der Übersetzung des internationalen vorläufigen Prüfungsberichts Stellung nehmen; er hat eine Abschrift dieser Stellungnahme jedem interessierten ausgewählten Amt sowie dem Internationalen Büro zu übermitteln.

Regel 73 Übersendung des internationalen vorläufigen Prüfungsberichts oder des schriftlichen Bescheids der Internationalen Recherchenbehörde

Übersendung des IPRP

73.1 Herstellung der Kopien

Das Internationale Büro stellt die Kopien der nach Artikel 36 Absatz 3 Buchstabe a zu übermittelnden Unterlagen her.

73.2 Übersendung an die ausgewählten Ämter

a) Das Internationale Büro nimmt gemäß Regel 93bis.1 die in Artikel 36 Absatz 3 Buchstabe a vorgesehene Übersendung an jedes ausgewählte Amt vor, jedoch nicht vor Ablauf von 30 Monaten ab dem Prioritätsdatum.

b) Stellt der Anmelder nach Artikel 40 Absatz 2 einen ausdrücklichen Antrag bei einem ausgewählten Amt, so wird das Internationale Büro auf Antrag dieses Amts oder des Anmelders

    i) unverzüglich die in Artikel 36 Absatz 3 Buchstabe a vorgesehene Übersendung an dieses Amt vornehmen, wenn dem Internationalen Büro der internationale vorläufige Prüfungsbericht nach Regel 71.1 bereits übersandt wurde,

    ii) diesem Amt unverzüglich eine Kopie des nach Regel 43bis.1 von der Internationalen Recherchenbehörde erstellten schriftlichen Bescheids übersenden, wenn dem Internationalen Büro der internationale vorläufige Prüfungsbericht nach Regel 71.1 noch nicht übersandt wurde.

Art 40 (2) Antrag auf vorzeitige Bearbeitung

c) Hat der Anmelder den Antrag oder eine oder alle Auswahlerklärungen zurückgenommen, so wird, wenn das Internationale Büro den internationalen vorläufigen Prüfungsbericht erhalten hat, die in Absatz a vorgesehene Übersendung an das ausgewählte Amt beziehungsweise die ausgewählten Ämter, die von der Zurücknahme betroffen sind, dennoch vorgenommen.

Regel 74   Übersetzung der Anlagen des internationalen vorläufigen Prüfungsberichts und ihre Übermittlung

74.1 Inhalt der Übersetzung und Frist für ihre Übermittlung

Übersetzung der Anlagen

a) Verlangt das ausgewählte Amt nach Artikel 39 Absatz 1 die Übermittlung einer Übersetzung der internationalen Anmeldung, so hat der Anmelder **innerhalb der nach Artikel 39 Absatz 1 maßgebenden Frist** *(30/31 Monate)* diesem Amt eine Übersetzung der in Regel 70.16 *(Änderungen)* genannten, dem internationalen vorläufigen Prüfungsbericht als Anlage beigefügten **Ersatzblätter** zuzuleiten, es sei denn, diese Blätter sind in der Sprache der erforderlichen Übersetzung der internationalen Anmeldung abgefasst. Dieselbe Frist ist maßgebend, wenn eine Übersetzung der internationalen Anmeldung beim ausgewählten Amt aufgrund einer Erklärung nach Artikel 64 Absatz 2 Buchstabe a Ziffer i innerhalb der nach Artikel 22 maßgebenden Frist einzureichen ist.

b) Verlangt das ausgewählte Amt **keine Übersetzung der internationalen Anmeldung** nach Artikel 39 Absatz 1, so kann es verlangen, dass der Anmelder, wenn die in Regel 70.16 genannten, dem internationalen vorläufigen Prüfungsbericht als Anlage beigefügten **Ersatzblätter** nicht in der Sprache der Veröffentlichung der internationalen Anmeldung abgefasst sind, eine Übersetzung in dieser Sprache innerhalb der nach Artikel 39 Absatz 1 maßgebenden Frist einreicht.

Regel 75   [gestrichen]

Regel 76 Übersetzung des Prioritätsbelegs; Anwendung bestimmter Regeln auf Verfahren vor den ausgewählten Ämtern

76.1, 76.2 und 76.3 [gestrichen]

76.4 Frist für die Übersetzung des Prioritätsbelegs

Der Anmelder ist **nicht verpflichtet**, einem ausgewählten Amt vor Ablauf der nach Artikel 39 *(30/31 Monate)* anwendbaren Frist eine **Übersetzung des Prioritätsbelegs zu übermitteln**.

76.5 Anwendung bestimmter Regeln auf das Verfahren vor den ausgewählten Ämtern

Die Regeln 13ter.3 *(standardisiertes Sequenzprotokoll)*, 20.8 Absatz c *(Anmeldetag)*, 22.1 Absatz g *(fehlerhafte Übermittlung eines Exemplars)*, 47.1 *(Übermittlung internationaler Anmeldung und Recherchenbericht an Bestimmungsämter)*, 49 *(Übermittlung eines Exemplars und einer Übersetzung der Anmeldung sowie Gebührenzahlung)*, 49bis *(Angaben zum Schutzbegehren)*, 49ter *(Wirkung der Wiederherstellung des Prioritätsrechts)* und 51bis *(Zulässige nationale Erfordernisse)* finden mit der Maßgabe Anwendung, dass

  i) jede Bezugnahme in diesen Regeln auf das Bestimmungsamt oder den Bestimmungsstaat als Bezugnahme auf das ausgewählte Amt oder den ausgewählten Staat zu verstehen ist;
  ii) jede Bezugnahme auf Artikel 22, Artikel 23 Absatz 2 oder Artikel 24 Absatz 2 in diesen Regeln als Bezugnahme auf Artikel 39 Absatz 1, Artikel 40 Absatz 2 oder Artikel 39 Absatz 3 zu verstehen ist;

R 49ter.2 Siehe auch Änderung der Norm bezgl. Bestimmungsamt

  iii) in Regel 49.1 Absatz c die Worte »internationale Anmeldungen« durch das Wort »Anträge« ersetzt werden;
  iv) bei Vorliegen des internationalen vorläufigen Prüfungsberichts eine Übersetzung einer Änderung nach Artikel 19 für die Zwecke des Artikels 39 Absatz 1 nur dann erforderlich ist, wenn diese Änderung dem Bericht als Anlage beigefügt ist;
  v) die Bezugnahme in Regel 47.1 Absatz a auf Regel 47.4 als Bezugnahme auf Regel 61.2 Absatz d zu verstehen ist.

76.6 [gestrichen]

Regel 77 Befugnis nach Artikel 39 Absatz 1 Buchstabe b

77.1 Ausübung der Befugnis

a) Jeder Vertragsstaat, der eine Frist festsetzt, die **später als die Frist nach Artikel 39 Absatz 1 Buchstabe a** abläuft, hat das Internationale Büro hiervon zu unterrichten.
b) Das Internationale Büro veröffentlicht jede ihm nach Absatz a zugegangene Mitteilung unverzüglich im Blatt.
c) Mitteilungen über die Verkürzung einer früher festgesetzten Frist werden für Anträge wirksam, die später **als drei Monate** nach der Bekanntmachung der Mitteilung durch das Internationale Büro eingereicht werden.
d) Mitteilungen über die Verlängerung einer früher festgesetzten Frist werden mit der Bekanntmachung durch das Internationale Büro im Blatt für Anträge wirksam, die zu diesem Zeitpunkt anhängig sind oder nach dieser Bekanntmachung eingereicht werden; setzt der Vertragsstaat, der die Mitteilung vornimmt, einen späteren Zeitpunkt fest, so ist dieser Zeitpunkt maßgeblich.

Regel 78 Änderung der Ansprüche, der Beschreibung und der Zeichnungen vor den ausgewählten Ämtern

78.1 Frist

a) Der Anmelder kann das Recht nach Artikel 41 zur Änderung der Ansprüche, der Beschreibung und der Zeichnungen vor dem betreffenden ausgewählten Amt **innerhalb eines Monats nach Erfüllung der Erfordernisse des Artikels 39** Absatz 1 Buchstabe a ausüben; ist der internationale vorläufige Prüfungsbericht bei Ablauf der nach Artikel 39 maßgeblichen Frist noch nicht nach Artikel 36 Absatz 1 übermittelt worden, so muss er dieses Recht innerhalb von vier Monaten nach Ablauf dieser Frist ausüben. In jedem Fall kann der Anmelder dieses Recht zu einem späteren Zeitpunkt ausüben, wenn das nationale Recht dieses Staats dies gestattet.

b) Das nationale Recht eines ausgewählten Staats, das die Prüfung von Patentanmeldungen von einem besonderen Antrag abhängig macht, kann bestimmen, dass für die Frist oder den Zeitpunkt für die Ausübung des Rechts nach Artikel 41 das gleiche gilt wie nach dem nationalen Recht für die Einreichung von Änderungen bei einer auf besonderen Antrag aufgenommenen Prüfung einer nationalen Anmeldung; diese Frist läuft jedoch nicht vor der nach Absatz a maßgeblichen Frist ab, und dieser Zeitpunkt darf nicht vor deren Ablauf liegen.

78.2 [gestrichen]

78.3 Gebrauchsmuster

Die Regeln 6.5 und 13.5 sind vor den ausgewählten Ämtern entsprechend anzuwenden. Wird die Auswahlerklärung vor Ablauf von 19 Monaten nach dem Prioritätsdatum abgegeben, so wird die Bezugnahme auf die nach Artikel 22 anwendbare Frist durch eine Bezugnahme auf die Frist nach Artikel 39 ersetzt.

TEIL D: Regeln zu Kapitel III des Vertrags

Regel 79   Zeitrechnung

79.1 Angabe von Daten

Anmelder, nationale Ämter, Anmeldeämter, Internationale Recherchenbehörden oder mit der internationalen vorläufigen Prüfung beauftragte Behörden und das Internationale Büro haben im Zusammenhang mit diesem Vertrag und der Ausführungsordnung jedes Datum nach christlicher Zeitrechnung und nach dem Gregorianischen Kalender oder, **falls sie eine andere Zeitrechnung und einen anderen Kalender verwenden**, zusätzlich jedes Datum nach der genannten Zeitrechnung und nach dem genannten Kalender anzugeben.

Regel 80   Berechnung der Fristen

80.1 In **Jahren** bestimmte Fristen

Jahresfristen   Ist als Frist ein Jahr oder eine Anzahl von Jahren bestimmt, so wird bei der Berechnung der Frist **mit dem Tag begonnen, der dem Tag folgt**, in den das maßgebliche Ereignis fällt; die Frist **endet** in dem maßgeblichen folgenden Jahr in dem Monat und an dem Tag, die durch ihre Benennung oder Zahl dem Monat und Tag entsprechen, **in den das maßgebliche Ereignis fällt**; fehlt in dem betreffenden Monat der für den Ablauf der Frist maßgebliche Tag, so endet die Frist mit dem Ablauf des letzten Tages dieses Monats.

Monatsfristen   80.2 In **Monaten** bestimmte Fristen

Ist als Frist ein Monat oder eine Anzahl von Monaten bestimmt, so wird bei der Berechnung der Frist **mit dem Tag begonnen, der dem Tag folgt**, in den das maßgebliche Ereignis fällt; die Frist **endet** in dem maßgeblichen folgenden Monat an dem Tag, der durch seine Zahl dem Tag entspricht, **in den das maßgebliche Ereignis fällt**; fehlt in dem betreffenden Monat der für den Ablauf der Frist maßgebliche Tag, so endet die Frist mit dem Ablauf des letzten Tages dieses Monats.

80.3 In **Tagen** bestimmte Fristen

Tagesfristen   Ist als Frist eine Anzahl von Tagen bestimmt, wird bei der Berechnung der Frist mit dem Tag begonnen, der dem Tag folgt, in den das maßgebliche Ereignis fällt; die Frist endet am letzten Tag der in Betracht kommenden Anzahl von Tagen.

80.4 Örtliche Daten

a) Das Datum, das als das Anfangsdatum für die Berechnung einer Frist in Betracht kommt, ist das Datum, welches zur Zeit des Eintritts des maßgeblichen Ereignisses an diesem Ort galt.

b) Das Datum, an dem eine Frist abläuft, ist das Datum, **das an dem Ort gilt**, an dem das angeforderte Schriftstück eingereicht oder die verlangte Gebühr eingezahlt werden muss.

80.5 Ablauf an einem **anderen Tag als einem Werktag** oder an einem offiziellen Feiertag

Feiertag

Endet eine Frist, innerhalb welcher bei einem nationalen Amt oder einer zwischenstaatlichen Organisation ein Schriftstück eingehen oder eine Gebühr eingezahlt werden muss, an einem Tag,

i) an dem dieses Amt oder diese Organisation für den Publikumsverkehr geschlossen ist,

ii) an dem gewöhnliche Postsendungen am Ort des Sitzes dieses Amtes oder dieser Organisation nicht zugestellt werden,

iii) der an mindestens einem Sitzort dieses Amtes oder dieser Organisation ein offizieller Feiertag ist, wenn dieses Amt oder diese Organisation an mehreren Orten einen Sitz hat, und das von diesem Amt oder dieser Organisation anwendbare nationale Recht in bezug auf nationale Anmeldungen vorsieht, dass die Frist in einem solchen Fall an einem folgenden Tag endet, oder

iv) der in einem Teil eines Vertragsstaats ein offizieller Feiertag ist, wenn dieses Amt die mit der Erteilung von Patenten beauftragte Regierungsbehörde eines Vertragsstaats ist, und das von diesem Amt anwendbare nationale Recht in bezug auf nationale Anmeldungen vorsieht, dass die Frist in einem solchen Fall an einem folgenden Tag endet,

so läuft die Frist an dem nächstfolgenden Tag ab, an welchem keiner der vier genannten Umstände mehr besteht.

IB u.a. Übersicht über Tage, an denen das IB und die nationalen sowie regionalen Behörden der PCT-Vertragsstaaten geschlossen sind, unter: www.wipo.int/pct/dc/closeddates/faces/page/index.xhtml

Veröffentlichung des Zeitraums bis zu dem die Frist verlängert wurde in PCT Gazette auch bezüglich nationaler Ämter (z.B. US: PCT Gazette 03.04.2014)

Ggf. kann es sinnvoll sein, eine PCTa bei einem anderen zulässigen Anmeldeamt (s. R 19.1) einzureichen, falls sonst eine Fristüberschreitung droht.

80.6 Datum von Schriftstücken

Absendedatum

Beginnt eine Frist am Tag des Datums eines Schriftstücks oder eines Schreibens eines nationalen Amtes oder einer zwischenstaatlichen Organisation und kann ein Beteiligter nachweisen, dass dieses Schriftstück oder das Schreiben an einem späteren Tag als deren Datum abgesandt worden ist, so ist das **Datum der tatsächlichen Absendung** für die Berechnung der Frist als maßgebend anzusehen. Weist der Anmelder dem nationalen Amt oder der zwischenstaatlichen Organisation nach, dass das Schriftstück oder das Schreiben **später als 7 Tage** nach dem Tag zugegangen ist, dessen Datum es trägt, **so verlängert sich** ungeachtet des Absendedatums **die Frist**, die durch das Datum des Schriftstücks oder des Schreibens in Lauf gesetzt wird, **um die diese 7 Tage überschreitende Anzahl von Tagen**.

Im PCT-Verfahren gilt die »Absendetheorie« im Gegensatz zum EPÜ bei dem die »Empfangstheorie« maßgeblich ist (Zu den Begriffen siehe Singer/Stauder 6. Aufl. Art 120 EPÜ Rn 44).

Absendetheorie

Im PCT wird das Fristende verschoben, nicht hingegen der Tag der Zustellung wie in R 126 (2) EPÜ 2000. Ist das Schriftstück z.B. erst nach 8 Tagen eingetroffen, so beträgt die Überschreitungsfrist nach PCT einen Tag.

In Bezug auf das EPA siehe auch Mitteilung ABl. 2015, A36 über geänderte Regeln des EPÜ im Zusammenhang mit der Zustellung und der elektronischen Übermittlung. Das elektronische Dokument gilt am 10. Tag nach seiner Übermittlung als zugestellt, entscheidend ist das Datum des Dokuments und nicht der Tag, an dem Zugriff möglich ist. Im Zweifel hat das Amt den tatsächlichen Zugangstag nachzuweisen, R 127 EPÜ.

Zur Bewirkung der Zustellung durch Einrichtungen zur elektronischen Nachrichtenübermittlung nach R 125 (2) b), 127 EPÜ seit 01.04.2015 siehe ABl. 2015 A17 und ABl. 2015, A36.

Aufgrund der fehlenden Regelungen für die Zahlung von Gebühren im PCT sind die Regelungen der IPEA oder der ISA zu berücksichtigen bei der Frage des Tages einer Zahlung.

Auch nach der Einführung von E-Mail-Kommunikation, die durch die Änderung der VV 706, 710 und von Formblättern seit 2008 möglich ist, bleibt die Papierversion die rechtlich relevante Version, deren Datum auch für R 80.6 maßgeblich ist. E-Mails haben keine Rechtswirkung, Verfahrenshandlungen können damit nicht wirksam vorgenommen werden und Fristen können damit nicht gewahrt werden (Euro-PCT-Leitfaden B. Rn 76).

R 26.2   Die Mängelbeseitigungsfrist ist ein Beispiel für die Anwendung dieser Regel.
R 82^{quater}.1 Entschuldigung von Fristüberschreitungen
VV 108 (Schriftverkehr mit dem Anmelder) Regelt die Zustellung an den Vertreter oder Anmelder.
R 89bis Elektronische Aktenführung

80.7 Ende eines Werktags

a) Eine an einem bestimmten Tag ablaufende Frist endet zu dem Zeitpunkt, zu dem das nationale Amt oder die zwischenstaatliche Organisation, bei welchen das Schriftstück eingereicht oder die Gebühr eingezahlt werden muss, für den Publikumsverkehr geschlossen wird.

b) Jedes Amt und jede Organisation kann von den Bestimmungen des Absatzes a abweichen, sofern die Frist nicht später als zu Mitternacht des betreffenden Tages endet.

R 2, 35 EPÜ: Das EPA bietet Nachtbriefkästen an, insofern können die Schriftstücke bis 24h eingereicht werden. Ferner besteht die Möglichkeit, Unterlagen per FAX einzureichen.

c) [gestrichen]

Regel 81   Änderung von im Vertrag festgesetzten Fristen

81.1 Änderungsvorschlag

a) Jeder Vertragsstaat oder der Generaldirektor können Änderungen nach Artikel 47 Absatz 2 vorschlagen.
b) Die Änderungsvorschläge eines Vertragsstaates werden an den Generaldirektor gerichtet.

81.2 Entscheidung der Versammlung

a) Ist der Versammlung ein Vorschlag vorgelegt worden, so teilt der Generaldirektor den Wortlaut allen Vertragsstaaten mindestens zwei Monate vor der Sitzung der Versammlung mit, in deren Tagesordnung der Vorschlag aufgenommen worden ist.
b) Während der Behandlung des Vorschlags in der Versammlung kann dieser geändert oder können Folgeänderungen vorgeschlagen werden.

c) Der Vorschlag gilt als angenommen, falls keiner der Vertragsstaaten, die bei der Abstimmung vertreten sind, gegen diesen Vorschlag stimmt.

81.3 Schriftliche Abstimmung

a) Wird der Weg der schriftlichen Abstimmung gewählt, so wird der Vorschlag in einer schriftlichen Mitteilung des Generaldirektors den Vertragsstaaten mit der Aufforderung vorgelegt, ihre Stimme schriftlich abzugeben.

b) Mit der Aufforderung wird eine Frist festgesetzt, innerhalb welcher eine Antwort mit der schriftlichen Stimmabgabe beim Internationalen Büro eingehen muss. Diese Frist darf nicht weniger als drei Monate, gerechnet vom Datum der Aufforderung an, betragen.

c) Antworten müssen positiv oder negativ sein. Änderungsvorschläge oder bloße Feststellungen gelten nicht als Stimmabgabe.

d) Der Vorschlag gilt als angenommen, wenn keiner der Vertragsstaaten die Änderung ablehnt und wenn wenigstens die Hälfte der Vertragsstaaten ihre Zustimmung, ihr mangelndes Interesse oder ihre Stimmenthaltung erklärt haben.

Regel 82 Störungen im Postdienst *(rechtzeitige Absendung)*

82.1 Verzögerung oder Verlust bei der Postzustellung

a) Jeder Beteiligte kann den Beweis anbieten, dass er ein Schriftstück oder ein Schreiben **fünf Tage vor Ablauf der Frist** bei der Post **aufgegeben** hat. Dieser Beweis kann nur angeboten werden, wenn die Beförderung **durch Luftpost** erfolgte, wobei Fälle ausgenommen sind, in denen die normale Post in der Regel innerhalb von **zwei Tagen Beförderungszeit** am Bestimmungsort eintrifft oder kein Luftpostdienst besteht. In **jedem Fall** kann der Beweis **nur** angeboten werden, wenn die Aufgabe zur Post **eingeschrieben** erfolgte.

b) Ist die Aufgabe eines Schriftstücks oder Schreibens bei der Post nach Absatz a dem nationalen Amt oder der zwischenstaatlichen Organisation, an das oder die Sendung gerichtet ist, hinreichend nachgewiesen worden, so ist die Verzögerung der Zustellung als **entschuldigt** anzusehen; ist das Schriftstück oder Schreiben auf dem Postweg **verlorengegangen**, so ist dessen Ersatz durch ein neues Exemplar zu gestatten, wenn der Beteiligte dem Amt oder der Organisation hinreichend nachweist, dass das als Ersatz vorgelegte Schriftstück oder Schreiben mit dem verlorengegangenen Schriftstück oder Schreiben übereinstimmt.

Beweis bei eingeschriebener Post

c) In den in Absatz b vorgesehenen Fällen hat der **Nachweis**, dass die Aufgabe zur Post innerhalb der vorgeschriebenen Frist erfolgt war und, im Falle des Verlusts des Schriftstücks oder Schreibens, die Vorlage des Ersatzschriftstücks oder Ersatzschreibens sowie der Nachweis seiner Übereinstimmung mit dem verlorenen Schriftstück oder Schreiben **innerhalb eines Monats** nach dem Zeitpunkt zu erfolgen, an dem der Beteiligte die Verzögerung oder den Verlust festgestellt hat – oder bei Anwendung gehöriger Sorgfalt festgestellt hätte –, und in keinem Fall **später als sechs Monate** nach Ablauf der jeweils geltenden Frist.

d) Wird ein Schriftstück oder Schreiben durch einen **anderen Übermittlungsdienst** als die Post befördert, so sind die Absätze a bis c entsprechend anzuwenden, wenn das nationale Amt oder die zwischenstaatliche Organisation dem Internationalen Büro mitgeteilt hat, dass es so verfahren wird. Der letzte Satz von Absatz a ist jedoch nicht anzuwenden, und Beweis kann nur angeboten werden, wenn der Übermittlungsdienst die Einzelheiten der Beförderung bei der Aufgabe aufgezeichnet hat. In der Mitteilung kann angegeben werden, dass dies nur für die Beförderung durch bestimmte Übermittlungsdienste oder Dienste gilt, die näher bezeichnete Anforderungen erfüllen. Das Internationale Büro veröffentlicht diese Angaben im Blatt.

R 26bis.3 Wiederherstellung des Prioritätsrechts, falls R 82 nicht anwendbar ist, wie z.B. beim Ablauf der Prioritätsfrist (Mitteilung EPA v. 15.03.2011, ABl. 2011, 272), Newsletter 4/2011, S. 8.

R 133 EPÜ Verspäteter Zugang von Schriftstücken gilt unter bestimmten Bedingungen als rechtzeitig, sofern es bei einem anerkannten Übermittlungsdienst i.S. des Abs. 1 aufgegeben wurde: Beschluss des Präsidenten des EPA vom 08.02.2010, Beilage zum ABl. 1/2012, 102. Das EPA lässt eine Übermittlung durch Chronopost, flexpress, DHL, Federal Express, SkyNet, TNT, UPS und Transworld zu (ABl. 2015, A29).

R 134 EPÜ Verlängerung von Fristen

> e) Ein nationales Amt oder eine zwischenstaatliche Organisation kann auch dann nach Absatz d verfahren, wenn
> i) der benutzte Übermittlungsdienst nicht in der Mitteilung nach Absatz d angegeben ist oder nicht die darin genannten Anforderungen erfüllt, oder
> ii) das Amt oder die Organisation dem Internationalen Büro keine Mitteilung nach Absatz d übermittelt hat.

82.2 [gestrichen]

Voraussetzungen:
1. Das Dokument muss fünf Tage vor Ablauf der Frist abgesandt worden sein (R 82.1 a).
2. Grundsätzlich ist es per Einschreiben (mit den Einschränkungen (R 82.1 d)) aufzugeben.
3. Per Luftpost oder 2-Tage Beförderung oder falls keine Luftpost zur Verfügung steht mit einem anderen Dienst (R 82.1 a) oder anderen Transportdienst (R 82.1 d)).
4. Weiterhin ist ein Nachweis der Übereinstimmung mit dem Original (R 82.1 b)) zu erbringen.
5. Der Beweisantritt hat innerhalb eines Monats nach Kenntnisnahme (R 82.1 c)), keinesfalls später als 6 Monate nach Ablauf der Frist zu erfolgen.

In Bezug auf Naturkatastrophen weist das EPA (ABl. 2012, 58) darauf hin, dass R 82 PCT nicht auf die Prioritätsfrist anwendbar ist, jedoch eine Wiederherstellung des Prioritätsrechts nach R 26bis.3 PCT möglich sein kann. Beachte auch die Neuregelung seit 01.07.2012 für den Fall höherer Gewalt R 82^{quater}.

Regel 82bis Vom Bestimmungsstaat oder ausgewählten Staat zu entschuldigende Fristüberschreitungen

82bis.1 Bedeutung von »Frist« in Artikel 48 Absatz 2

> Die Bezugnahme auf eine »Frist« in Artikel 48 Absatz 2 ist insbesondere zu verstehen als Bezugnahme auf
> i) eine im Vertrag oder in dieser **Ausführungsordnung** vorgeschriebene Frist;
> ii) eine vom **Anmeldeamt, von der Internationalen Recherchenbehörde, von der mit der internationalen vorläufigen Prüfung beauftragten Behörde** oder vom Internationalen Büro festgesetzte Frist oder eine aufgrund des nationalen Rechtes für das Anmeldeamt geltende Frist;

iii) eine Frist für eine vom Anmelder vor dem Bestimmungsamt oder ausgewählten Amt vorzunehmende Handlung, die dieses Amt festgesetzt oder nach dem für es geltenden nationalen Recht anzuwenden hat.

Art 48 (2) Fristüberschreitungen sind in einzelnen Fällen erlaubt, soweit eine nationale Entschuldigung gegeben ist.

82bis.2 Wiedereinsetzung in den vorigen Stand und andere Vorschriften, auf die Artikel 48 Absatz 2 anzuwenden ist

Bei den Vorschriften des in Artikel 48 Absatz 2 genannten nationalen Rechts, die es dem Bestimmungsstaat oder ausgewählten Staat gestatten, Fristüberschreitungen zu entschuldigen, handelt es sich um Vorschriften, die die **Wiedereinsetzung** in den vorigen Stand oder die **Weiterbehandlung** trotz Fristversäumung vorsehen, sowie um alle anderen Vorschriften, die eine **Fristverlängerung** vorsehen oder die Entschuldigung von Fristüberschreitungen gestatten.

Art 122 EPÜ Wiedereinsetzung in den vorigen Stand
Art 121 EPÜ Weiterbehandlung: Es sind die nationalen Voraussetzungen zu prüfen

Regel 82ter Berichtigung von Fehlern des Anmeldeamts oder des Internationalen Büros

82ter.1 Fehler hinsichtlich des internationalen Anmeldedatums oder des Prioritätsanspruchs

a) Weist der Anmelder einem Bestimmungsamt oder ausgewählten Amt hinreichend nach, dass das internationale **Anmeldedatum** aufgrund eines Fehlers des Anmeldeamts unrichtig ist oder dass der **Prioritätsanspruch** vom Anmeldeamt oder vom Internationalen Büro fälschlicherweise als nichtig angesehen wurde, und würde dieser Fehler, wäre er vom Bestimmungsamt oder ausgewählten Amt selbst gemacht worden, von diesem Amt aufgrund des nationalen Rechts oder der **nationalen Praxis berichtigt**, so hat dieses Amt den Fehler zu berichtigen und die internationale Anmeldung so zu behandeln, als wäre dieser das berichtigte internationale Anmeldedatum zuerkannt worden oder als wäre der Prioritätsanspruch nicht als nichtig angesehen worden.

Art 14   Mängel der PCTa
R 26bis.3 Wiederherstellung des Prioritätsrechts durch das Anmeldeamt
R 26bis.2 Mängel in Prioritätsansprüchen

b) Wurde das internationale Anmeldedatum vom Anmeldeamt nach den Regeln 20.3 Absatz b Ziffer ii oder 20.5 Absatz d aufgrund der Einbeziehung eines Bestandsteils oder Teils durch Verweis nach den Regeln 4.18 und 20.6 zuerkannt, stellt jedoch das Bestimmungsamt oder das ausgewählte Amt fest, dass

i) der Anmelder die Erfordernisse der Regel 17.1 Absatz a, b oder b^{bis} hinsichtlich des Prioritätsbelegs nicht erfüllt hat,

ii) ein Erfordernis nach Regel 4.18, 20.6 Absatz a Ziffer i oder 51bis.1 Absatz e Ziffer ii *(Übersetzung)* nicht erfüllt ist oder

iii) der Bestandteil oder Teil nicht vollständig im betreffenden Prioritätsbeleg enthalten ist,

so **kann** das Bestimmungsamt oder das ausgewählte Amt vorbehaltlich des Absatzes c die internationale Anmeldung so behandeln, als ob das internationale Anmeldedatum nach Regel 20.3 Absatz b Ziffer i oder 20.5 Absatz b zuerkannt bzw. nach

Regel 20.5 Absatz c berichtigt worden wäre, mit der Maßgabe, dass Regel 17.1 Absatz c *(Gelegenheit zur Nachreichung Prioritätsbeleg)* entsprechend Anwendung findet.

Der AT verschiebt sich.
Das EPA verfährt gemäß EPÜ-RiLi B-XI, 2.1.

c) Das Bestimmungsamt oder das ausgewählte Amt darf die internationale Anmeldung nach Absatz b nicht so behandeln, als ob das internationale Anmeldedatum nach Regel 20.3 Absatz b Ziffer i oder 20.5 Absatz b zuerkannt bzw. nach Regel 20.5 Absatz c berichtigt worden wäre, ohne dem Anmelder innerhalb einer den Umständen nach angemessenen Frist die Gelegenheit zu geben, zu der beabsichtigten Behandlung Stellung zu nehmen oder einen Antrag nach Absatz d zu stellen.

Das EPA verfährt gemäß EPÜ-RiLi B-XI, 2.1.

d) Hat das Bestimmungsamt oder das ausgewählte Amt dem Anmelder nach Absatz c mitgeteilt, dass es beabsichtigt, die internationale Anmeldung so zu behandeln, als ob das internationale Anmeldedatum nach Regel 20.5 Absatz c berichtigt worden wäre, so kann der Anmelder in einer bei diesem Amt innerhalb der in Absatz c genannten Frist eingereichten Mitteilung beantragen, dass der betreffende fehlende Teil für das nationale Verfahren vor diesem Amt nicht berücksichtigt wird; in diesem Fall gilt dieser Teil als nicht eingereicht, und das Amt wird die internationale Anmeldung nicht so behandeln, als ob das internationale Anmeldedatum berichtigt worden wäre.

Der AT verschiebt sich.
R 20.5e) Verzicht auf Teile

Regel 82^{quater} Entschuldigung von Fristüberschreitungen

82^{quater}.1 Entschuldigung von Fristüberschreitungen

a) *(seit 01.07.2016)* Jeder Beteiligte kann den Beweis anbieten, dass die Überschreitung einer in der Ausführungsordnung festgesetzten Frist zur Vornahme einer Handlung vor dem Anmeldeamt, der Internationalen Recherchenbehörde, der für die ergänzende Recherche bestimmten Behörde, der mit der internationalen vorläufigen Prüfung beauftragten Behörde oder dem Internationalen Büro auf einen Krieg, eine Revolution, eine Störung der öffentlichen Ordnung, einen Streik, eine Naturkatastrophe, eine allgemeine Nichtverfügbarkeit elektronischer Kommunikationsdienste oder eine ähnliche Ursache an seinem Sitz oder Wohnsitz, am Ort seiner Geschäftstätigkeit oder an seinem gewöhnlichen Aufenthaltsort zurückzuführen ist und dass die maßgebliche Handlung so bald wie zumutbar vorgenommen wurde.

a) *(bis 30.06.2016)* Jeder Beteiligte kann den Beweis anbieten, dass die Überschreitung einer in der Ausführungsordnung festgesetzten Frist zur Vornahme einer Handlung vor dem Anmeldeamt, der Internationalen Recherchenbehörde, der für die ergänzende Recherche bestimmten Behörde, der mit der internationalen vorläufigen Prüfung beauftragten Behörde oder dem Internationalen Büro auf einen Krieg, eine Revolution, eine Störung der öffentlichen Ordnung, einen Streik, eine Naturkatastrophe oder eine ähnliche Ursache an seinem Sitz oder Wohnsitz, am Ort seiner Geschäftstätigkeit oder an seinem gewöhnlichen Aufenthaltsort zurückzuführen ist und dass die maßgebliche Handlung so bald wie zumutbar vorgenommen wurde.

Die Änderungen gelten für internationale Anmeldungen mit Anmeldedatum ab dem 01.07.2016. Die Änderungen finden auch Anwendung auf internationale Anmeldungen mit internationalem Anmeldedatum vor dem 01.07.2016, wenn sich das Ereignis, auf das sich der Absatz a) bezieht, am 01.07.2016 oder danach ereignet (PCT/A47/9).

»Bei der Annahme der Änderungen in Regel 82^{quater}.1 kam die Versammlung überein, dass die [Ämter und Behörden] bei der Prüfung [eines solchen Antrages], den ›allgemeinen Ausfall des elektronischen Kommunikationsdienstes‹ dahin interpretieren sollen, dass solche Ausfälle größere geografische Gebiete oder viele Personen betreffen, im Gegensatz zu einem örtlich begrenzten Problem, das nur ein bestimmtes Gebäude oder eine einzelne Person betrifft.« www.wipo.int/pct/de/texts/ppt/rule_changes_archive.html, PCT/A/47/9, Nr. 20, PCT/WG/8/22, Nr. 24, 25 und die Behördenrichtlinien: www.wipo.int/pct/en/texts/gdlines.html).

VV 111 b) Voraussetzung für die Berücksichtigung von Entschuldigungen ist außerdem, dass der Ausfall unerwartet oder unvorhersehbar war und keine anderen Kommunikationsmittel verfügbar waren.

b) Dieser Nachweis ist spätestens sechs Monate nach Ablauf der jeweils geltenden Frist an das Amt, die Behörde bzw. das Internationale Büro zu richten. Ist der Empfänger aufgrund des vorgelegten Beweises überzeugt, dass solche Umstände vorlagen, wird die Fristüberschreitung entschuldigt.

c) Die Entschuldigung der Fristüberschreitung muss von einem Bestimmungsamt oder ausgewählten Amt nicht berücksichtigt werden, wenn der Anmelder die in Artikel 22 bzw. Artikel 39 genannten Handlungen zu dem Zeitpunkt, an dem die Entscheidung, die Fristüberschreitung zu entschuldigen, getroffen wird, bereits vor diesem Amt vorgenommen hat.

R 82^{quater} gilt ab dem 01.07.2012 unabhängig vom Anmeldedatum für Anmeldungen, für die die Frist nach R 82^{quater}.1 b) am oder nach dem 01.07.2012 abläuft. (www.wipo.int/treaties/en/notifications/pct/treaty_pct_199-annex1.html, FN1)

Keine Anwendung auf die durch die Artikel des PCT Art 8, Art 22 (1), Art 39 (1) oder durch PVÜ Art 4 C festgesetzten Fristen (www.wipo.int/edocs/mdocs/govbody/en/pct_a_43/pct_a_43_4.pdf; Mitteilung EPA vom 05.11.2012, ABl. 2012,618)

Anwendbarkeit auf verspätete Zahlungen (Singer/Stauder, Vor Art 150-153 EPÜ Rn 14)

Anwendbarkeit bei Poststreik (ABl. 2015, A62)

Die Richtlinien der Anmeldeämter und der IPEA enthalten Details bezüglich der Anforderungen für die Entschuldigung von Fristüberschreitungen.

Art 8   Inanspruchnahme der Priorität, R 2.4 Prioritätsfrist, aber R 26bis.3 Widerherstellung des Prioritätsrechts

Art 22 (1) Übermittlung PCTa an Bestimmungsamt (d.h. wenn IVP-Antrag nicht gestellt wurde) für Eintritt in nationale Phase

Art 39 (1) Übermittlung der PCTa an das ausgewählte Amt (d.h. wenn IVP-Antrag gestellt wurde) für Eintritt in nationale Phase

Art 4 C. PVÜ Prioritätsfrist

R 82.1   Entschuldigung bei Verzögerung bei Einreichung eines Schriftstücks bei Aufgabe 5 Tage vor Fristablauf

VV 111   Verfahren der Ämter: Mitteilung der Entscheidung und Übermittlung des Antrags an IB. Normalerweise werden Zeitungsanzeigen, Erklärungen von nationalen Behörden, Erklärungen des Internetproviders oder des Stromanbieters als Beleg akzeptiert Nr. 11.065 und 11.065A. Applicant's Guide Bd. 1 int. P.

R 134 (1) EPÜ Entschuldigung bei Störungen der technischen Systeme des EPA wegen Wartungsarbeiten und Prüfung von behaupteten technischen Störungen bei elektronischer Nachrichtenübermittlung (ABl. 2018, A25).

R 134 (5) EPÜ Entschuldigung bei Störung des Postdienstes oder bei Naturkatastrophen. Details der Anwendbarkeit bei Poststreik siehe ABl. 2015, A62.

R 134 (5) EPÜ Anwendbarkeit bei verspäteter Zahlung wegen Bankenschließung und des Verbots grenzüberschreitender Zahlungen (ABl. 2015, A61).

Regel 83   Das Recht zum Auftreten vor internationalen Behörden

83.1 Nachweis des Rechts

Art 49   Das Recht zum Auftreten vor den internationalen Behörden
R 90.4   Vollmacht

Das Internationale Büro, die zuständige Internationale Recherchenbehörde und die zuständige mit der internationalen vorläufigen Prüfung beauftragte Behörde können den Nachweis des Rechts zum Auftreten nach Artikel 49 verlangen.

83.1^{bis} Das Internationale Büro als Anmeldeamt

Internationale Büro als Anmeldeamt

a) Eine Person *(Anmelder selbst oder ein Vertreter)*, die zum Auftreten vor dem nationalen Amt eines Vertragsstaats oder dem für diesen Staat handelnden Amt **befugt** ist, in dem der Anmelder oder, bei zwei oder mehr Anmeldern, einer der Anmelder seinen Sitz oder **Wohnsitz** hat oder dessen **Staatsangehöriger** ist, ist auch befugt, **in bezug auf die internationale Anmeldung vor dem Internationalen Büro als Anmeldeamt** nach Regel 19.1 Absatz a Ziffer iii aufzutreten.

So kann ein nationaler Vertreter ohne EPA-Zulassung einen Anmelder vor dem EPA als ISA oder IPEA vertreten, wenn er die Anmeldung beim nationalen Amt oder bei der WIPO eingereicht hat. Eine Vertretung ist jedoch nicht vor dem EPA als Anmeldeamt oder in der regionalen Phase möglich (Art 27 (7) PCT i.V.m. Art 133 EPÜ, R 90.1 PCT).

b) Eine Person, die befugt ist, in bezug auf eine internationale Anmeldung vor dem Internationalen Büro als Anmeldeamt aufzutreten, ist insoweit auch befugt, vor dem Internationalen Büro in jeder anderen Eigenschaft sowie **vor der zuständigen Internationalen Recherchenbehörde** und mit der internationalen vorläufigen **Prüfung beauftragten Behörde** aufzutreten *(Art 49 Das Recht zum Auftreten vor internationalen Behörden)*.

83.2 Mitteilung

a) Das nationale Amt oder die **zwischenstaatliche Organisation, vor denen die betreffende Person ein Recht zum Auftreten zu haben** behauptet, haben auf Antrag das Internationale Büro, die zuständige Internationale Recherchenbehörde oder die zuständige mit der internationalen vorläufigen Prüfung beauftragte Behörde darüber zu unterrichten, ob diese Person das Recht zum Auftreten besitzt.
b) Eine derartige Mitteilung ist für das Internationale Büro, die Internationale Recherchenbehörde oder die mit der internationalen vorläufigen Prüfung beauftragte Behörde bindend.

TEIL E: Regeln zu Kapitel V des Vertrags

Regel 84 Kosten der Delegationen

84.1 Kostentragung durch Regierungen

Die Kosten einer Delegation, die an der Sitzung eines durch diesen Vertrag oder in dessen Anwendung gebildeten Organs teilnimmt, werden von der Regierung getragen, die die Delegation ernannt hat.

Regel 85 Fehlen des Quorums in der Versammlung

85.1 Schriftliche Abstimmung

In dem in Artikel 53 Absatz 5 Buchstabe b vorgesehenen Fall übermittelt das Internationale Büro die Beschlüsse der Versammlung (sofern sie nicht das Verfahren der Versammlung selbst betreffen) den Vertragsstaaten, die nicht vertreten waren, und fordert diese auf, ihre Stimme innerhalb einer Frist von drei Monaten, vom Datum der Mitteilung an gerechnet, schriftlich abzugeben oder Stimmenthaltung mitzuteilen. Erreicht bei Ablauf dieser Frist die Anzahl von Vertragsstaaten, die auf diese Weise ihre Stimme abgegeben oder Stimmenthaltung mitgeteilt haben, die Anzahl von Vertragsstaaten, die zur Erreichung des Quorums während der Sitzung selbst fehlten, so werden die Beschlüsse wirksam, vorausgesetzt, dass zur gleichen Zeit die erforderliche Mehrheit erreicht bleibt.

Regel 86 Blatt

86.1 Inhalt

Das in Artikel 55 Absatz 4 erwähnte Blatt enthält: *Das Blatt*
i) für jede veröffentlichte internationale Anmeldung die der Titelseite der Veröffentlichung der internationalen Anmeldung entnommenen und durch die Verwaltungsvorschriften festgesetzten Angaben, die auf dieser Titelseite wiedergegebene Zeichnung (falls vorhanden) und die Zusammenfassung,

Art 55 Herausgeber des Blattes und anderer Veröffentlichung ist das IB
VV 407 Das Blatt

VV Anlage D gibt Hinweise auf Angaben zur Titelseite der Veröffentlichung, die nach R 86.1 i) in das Blatt aufzunehmen sind.

ii) die Liste aller Gebühren, die an die Anmeldeämter, das Internationale Büro, die Internationale Recherchenbehörde und die mit der internationalen vorläufigen Prüfung beauftragte Behörde gezahlt werden müssen,
iii) Hinweise, deren Veröffentlichung nach dem Vertrag oder nach dieser Ausführungsordnung vorgeschrieben ist, *Liste aller Gebühren*
iv) *(seit 01.07.2017)* Angaben betreffend Ereignisse bei den Bestimmungsämtern und ausgewählten Ämtern, von denen das Internationale Büro gemäß Regel 95.1 im Zusammenhang mit veröffentlichten internationalen Anmeldungen in Kenntnis gesetzt wurde;

R 95.1 Mitzuteilende Informationen nach Eintritt in die nationale Phase: Aktenzeichen der nationalen Anmeldung, Daten der Übersendung der PCTa, Übersetzung, Gebührenzahlung, Datum und Aktenzeichen von nationalen Veröffentlichungen

> iv) *(bis 30.06.2017)* wenn und soweit Bestimmungsämter und ausgewählte Ämter sie dem Internationalen Büro übermitteln, Informationen darüber, ob die Erfordernisse der Artikel 22 oder 39 in bezug auf internationale Anmeldungen erfüllt worden sind, für welche die betreffenden Ämter bestimmt oder ausgewählt sind,

Die Änderungen gelten für internationale Anmeldungen mit Anmeldedatum ab dem 01.07.2017 und für internationale Anmeldungen mit vorherigem Anmeldedatum, wenn die in Art 22 und 39 genannten Handlungen ab dem 01.07.2017 erfolgen.

Die Änderung steht im Zusammenhang mit der Änderung der R 95.1. Bisher waren das BA und das ausgewählte Amt nicht verpflichtet, die Information, ob eine Anmeldung in die nationale Phase eingetreten ist oder nicht, an das IB zu senden. Da Information über das weitere Verfahren auch für Dritte nützlich sein können, wurden die Ämter nun zur Mitteilung weitergehender Informationen nach R 95.1 verpflichtet (PCT/WG/8/8).

Die Versammlung hat Folgendes beschlossen: »In adopting the amendments to Rule 86.1(iv), the Assembly noted that the information concerning national phase entry will be made available to the public not only by way of inclusion in the Gazette on the PATENTSCOPE website but also as part of the bulk PCT bibliographic data offered to Offices and other subscribers to the PATENTSCOPE subscription data services.« (PCT/A/47/9).

R 95.1 Angaben betreffend Ereignisse bei Bestimmungsämtern und ausgewählten Ämtern

> v) jede andere zweckdienliche Mitteilung, welche durch die Verwaltungsvorschriften vorgeschrieben ist, falls solche Mitteilungen nach dem Vertrag oder dieser Ausführungsordnung nicht unzulässig sind.

VV Anlage E enthält eine Auflistung der Mitteilungen, die nach R 86.1 v) im Blatt zu veröffentlichen sind.

86.2 Sprachen; Form und Art und Weise der Veröffentlichung; Zeitvorgaben

a) Das Blatt wird gleichzeitig in Englisch und Französisch veröffentlicht. Das Internationale Büro stellt die Übersetzung in die **englische** und die **französische Sprache** sicher.

b) Die Versammlung kann eine Ausgabe des Blattes in anderen als in den nach Absatz a erwähnten Sprachen anordnen.

c) Die Form und die Art und Weise der Veröffentlichung des Blattes werden in den Verwaltungsvorschriften geregelt.

d) Das Internationale Büro stellt sicher, dass die Angaben nach Regel 86.1 Ziffer i für jede veröffentlichte internationale Anmeldung am Tag der Veröffentlichung der internationalen Anmeldung oder baldmöglichst danach im Blatt veröffentlicht werden.

86.3 Erscheinungsfolge

Die Erscheinungsfolge des Blattes wird vom Generaldirektor festgelegt.

86.4 Verkauf

Der Abonnementpreis und andere Verkaufspreise des Blattes werden vom Generaldirektor festgesetzt.

86.5 Titel

Der Titel des Blattes wird vom Generaldirektor festgelegt.

86.6 Weitere Einzelheiten

Weitere das Blatt betreffende Einzelheiten können in den Verwaltungsvorschriften vorgeschrieben werden.

VV 407 Das Blatt

Regel 87 Übermittlung von Veröffentlichungen

87.1 Übermittlung von Veröffentlichungen auf Antrag

Übermittlung

Das internationale Büro übermittelt den Internationalen Recherchenbehörden, den mit der internationalen vorläufigen Prüfung beauftragten Behörden und den nationalen Ämtern auf Antrag der betreffenden Behörde oder des betreffenden Amtes kostenlos jede veröffentlichte internationale Anmeldung, das Blatt und jede andere Veröffentlichung von allgemeinem Interesse, die das Internationale Büro im Zusammenhang mit dem Vertrag oder dieser Ausführungsordnung veröffentlicht hat. Weitere Einzelheiten hinsichtlich der Form und der Art und Weise der Übermittlung von Veröffentlichungen werden in den Verwaltungsvorschriften geregelt.

Regel 88 Änderung der Ausführungsordnung

88.1 Erfordernis der Einstimmigkeit

Eine Änderung der folgenden Bestimmungen dieser Ausführungsordnung setzt voraus, dass kein Staat, der in der Versammlung Stimmrecht hat, gegen die vorgeschlagene Änderung stimmt:
  i) Regel 14.1 (Übermittlungsgebühr),
  ii) [gestrichen]
  iii) Regel 22.3 (Frist gemäß Artikel 12 Absatz 3),
  iv) Regel 33 (Einschlägiger Stand der Technik für die internationale Recherche),
  v) Regel 64 (Stand der Technik für die internationale vorläufige Prüfung),
  vi) Regel 81 (Änderung von im Vertrag festgesetzten Fristen),
  vii) dieser Absatz (d.h. Regel 88.1).

88.2 [gestrichen]

88.3 Erfordernis, dass bestimmte Staaten nicht widersprechen

Eine Änderung der folgenden Bestimmungen dieser Ausführungsordnung setzt voraus, dass keiner der in Artikel 58 Absatz 3 Buchstabe a Ziffer ii genannten Staaten, die in der Versammlung Stimmrecht haben, gegen die vorgeschlagene Änderung stimmt:
  i) Regel 34 (Mindestprüfstoff),
  ii) Regel 39 (Anmeldungsgegenstand nach Artikel 17 Absatz 2 Buchstabe a Ziffer i),
  iii) Regel 67 (Anmeldungsgegenstand nach Artikel 34 Absatz 4 Buchstabe a Ziffer i),
  iv) dieser Absatz (d.h. Regel 88.3).

88.4 Verfahren

Jeder Vorschlag zur Änderung einer der in Regel 88.1 oder 88.3 genannten Bestimmungen, über den die Versammlung entscheiden soll, ist allen Vertragsstaaten mindestens zwei Monate vor Beginn der Tagung der Versammlung mitzuteilen, auf der über den Vorschlag entschieden werden soll.

Regel 89 Verwaltungsvorschriften

89.1 Umfang

a) Die Verwaltungsvorschriften enthalten Bestimmungen,
 i) die Angelegenheiten betreffen, hinsichtlich derer diese Ausführungsordnung ausdrücklich auf diese Richtlinien Bezug nimmt,
 ii) die Einzelheiten für die Anwendung dieser Ausführungsordnung betreffen.
b) Die Verwaltungsvorschriften dürfen nicht zu den Bestimmungen des Vertrags, dieser Ausführungsordnung oder irgendeiner Vereinbarung, die zwischen dem Internationalen Büro und einer Internationalen Recherchenbehörde oder einer mit der internationalen vorläufigen Prüfung beauftragten Behörde geschlossen worden ist, im Widerspruch stehen.

89.2 Entstehung

Generaldirektor erlässt Verwaltungsvorschriften

a) Die Verwaltungsvorschriften sind vom Generaldirektor nach Anhörung der Anmeldeämter, der Internationalen Recherchenbehörden und der mit der internationalen vorläufigen Prüfung beauftragten Behörden auszuarbeiten und zu erlassen.
b) Sie können durch den Generaldirektor nach Anhörung der Ämter oder Behörden, die ein unmittelbares Interesse an der vorgesehenen Änderung haben, geändert werden.
c) Die Versammlung kann den Generaldirektor auffordern, die Verwaltungsvorschriften zu ändern; der Generaldirektor muss der Aufforderung Folge leisten.

89.3 Erlass und Inkrafttreten

a) Die Verwaltungsvorschriften und ihre Änderungen werden im Blatt bekanntgemacht.
b) In jeder Bekanntmachung wird der Zeitpunkt angegeben, an dem die bekanntgemachten Vorschriften in Kraft treten. Die Zeitpunkte können für verschiedene Vorschriften unterschiedlich sein, jedoch kann eine Vorschrift vor ihrer Bekanntmachung im Blatt in Kraft treten.

Änderungen der VV zuletzt zum 15.12.2016, siehe auch Benutzungshinweise

TEIL F: Regeln zu mehreren Kapiteln des Vertrags

Regel 89bis Einreichung, Bearbeitung und Übermittlung internationaler Anmeldungen und anderer Schriftstücke in elektronischer Form oder mit elektronischen Mitteln

89bis.1 Internationale Anmeldungen

a) Internationale Anmeldungen können vorbehaltlich der Absätze b bis e in elektronischer Form oder mit elektronischen Mitteln gemäß den Verwaltungsvorschriften eingereicht und bearbeitet werden mit der Maßgabe, dass jedes Anmeldeamt die Einreichung internationaler Anmeldungen auf Papier gestatten muss.

VV	Teil 7 (insbesondere 710, 713)	*elektronische Form der Anmeldung*
R 80.6	Datum von Schriftstücken bei der Fristberechnung	

Übersicht welche Ämter welche Systeme akzeptieren unter: www.wipo.int/pct-safe/en/e-filing/index.html

Eine Übersicht über die bestehenden Möglichkeiten der elektronischen Einreichung von Unterlagen beim EPA bietet ABl. 2018, A46. Der seit dem 01.06.2018 geltende Beschluss ABl. 2018, A45 ersetzt vorherige Beschlüsse zur Online-Einreichung oder auf zugelassenen elektronischen Datenträgern vorgenommene Einreichungen (abgekürzt OLF; ABl. 2015, A91, ABl. 2016, A21; Sonderausgabe Nr. 3 zu ABl. 2007, A5), den Beschluss bezüglich CMS-Einreichung (siehe nachfolgend und in ABl. 2015, A 27) und den Beschluss zur Web-Einreichung (ABl. 2014, A98).

Beim EPA wurde zum 02.10.2014 (ABl. 2014 A97, seit 01.04.2015 durch ABl. 2015, A27 ersetzt) ein zusätzliches elektronisches System, das Case-Management-System (CMS) für internationale und europäische Anmeldungen eingeführt.

Ausnahmen sind in Bezug auf Prioritätsunterlagen (ABl. 2004, 562) und für Sequenzprotokolle (ABl. 2011, 372, ABl. 2013, 542) i.S.d. R 13ter und R 30 EPÜ geregelt. Für Web-Einreichungen gelten zusätzlich Einschränkungen für das Einspruchs-, Beschränkungs-, Widerrufs- und Beschwerdeverfahren.

Der Beschluss ABl. 2018, A45 berührt nicht die sonstigen Möglichkeiten der Einreichung wie z.B. unmittelbar, per Post oder Fax (Sonderausgabe Nr. 3 ABl. 2007, A3), bei Videokonferenzen (ABl. 2012, 348), Pilotprojekten (ABl. 2015, A28), ePCT (ABl. 2014, A107, ABl. 2016, A78) oder PCT-SAFE. Die technischen Funktionen der nachfolgend geschilderten Mittel der Einreichung wurden nicht verändert.

Beim ePCT-Filing erfolgt die Vorbereitung und Übersendung der PCTa online. Im Gegensatz zu PCT-SAFE ist nicht die Installation einer Software auf dem PC erforderlich, sondern nur der geeignete Web Browser und ein digitales Zertifikat der WIPO. Zu weiteren Details siehe PCT-Newsletter 5/2014, S. 9. Das IB bietet einen ePCT-Filing Service auch für andere Ämter an. Seit dem 01.11.2014 können auch beim EPA PCTa mittels ePCT eingereicht werden (Beschluss vom 24.10.2014, ABl. 2014 A107). Auch für Schriftstücke, die mit der PCTa in Zusammenhang stehen und für den Antrag nach Kapitel II ist ePCT möglich (ABl. 2016, A78, siehe auch Euro-PCT-Leitfaden Rn 318) seit dem 01.11.2016, PCT Gazette 03.11.2016. Es gelten die Richtlinien der WIPO: www.wipo.int/export/sites/www/pct/en/epct/pdf/epct_filing_guidelines.pdf, Stand 31.05.2016. Zu beachten ist, dass es sich bei ePCT nicht um eine einheitliche Zentralakte handelt, in der alle Vorgänge ersichtlich sind. Die Inhalte können je nach aktenführender Behörde abweichen.

EPA Mitteilung v. 07.11.2006 über die Einstellung der Einreichung von Anmeldungen im PCT-EASY-Format beim EPA als PCT-Anmeldeamt. PCT-SAFE heißt die Software für elektronische online Übermittlungen oder per Datenträger (PCT-EASY). Seit dem 01.04.2007 werden solche Anmeldungen bearbeitet wie in Papierform eingereichte Anmeldungen. Entsprechende Datenträger bleiben außer Acht und erhalten keine Gebührenermäßigung (ABl. 1/2007, 58). Für PCTa akzeptierte das EPA nur noch bestimmte frühere Softwareversionen aufgrund früherer nunmehr durch ABl. 2018, A45 ersetzter Beschlüsse (ABl. 2017, A59 ersetzt ABl. 2015, A26, ersetzt ABl. 2012, 448, in Ergänzung von ABl. 2009, 182, ersetzt durch ABl. 2015, A91).

Mit Wirkung vom 01.07.2015 wurde PCT-EASY beendet (WIPO Dokument PCT/WG/7/15) und das Gebührenverzeichnis entsprechend angepasst. Disketten mit PCTa, die ab dem 01.07.2015 eingehen, werden akzeptiert, als Papierform behandelt und es wird keine Ermäßigung gewährt.

b) Diese Ausführungsordnung ist auf internationale Anmeldungen, die in elektronischer Form oder mit elektronischen Mitteln eingereicht werden, vorbehaltlich besonderer Bestimmungen in den Verwaltungsvorschriften, entsprechend anzuwenden.

c) In den Verwaltungsvorschriften werden die Vorschriften und Erfordernisse für die Einreichung und Bearbeitung internationaler Anmeldungen festgelegt, die ganz oder teilweise in elektronischer Form oder mit elektronischen Mitteln eingereicht werden, einschließlich, aber nicht begrenzt auf Vorschriften und Erfordernisse betreffend die Empfangsbescheinigung, die Verfahren für die Zuerkennung eines internationalen Anmeldedatums, die Formerfordernisse und die Folgen im Fall einer Nichterfüllung dieser Erfordernisse, die Unterzeichnung von Schriftstücken, die Mittel zur Bescheinigung der Echtheit von Schriftstücken und der Identität von Beteiligten im Schriftverkehr mit den Ämtern und Behörden, und die Durchführung des Artikels 12 im Zusammenhang mit dem Anmeldeamts-, dem Akten und dem Recherchenexemplar; sie können ferner unterschiedliche Vorschriften und Erfordernisse für in unterschiedlichen Sprachen eingereichte internationale Anmeldungen enthalten.

d) Kein **nationales Amt** und keine zwischenstaatliche Organisation ist verpflichtet, in **elektronischer Form** oder mit elektronischen Mitteln eingereichte internationale Anmeldungen entgegenzunehmen und zu bearbeiten, es sei denn, dieses Amt oder diese Organisation hat dem Internationalen Büro mitgeteilt, dass es bzw. sie hierzu unter Beachtung der diesbezüglichen Verwaltungsvorschriften **bereit** ist. Das Internationale Büro veröffentlicht diese Mitteilung im Blatt.

IB akzeptiert ePCT-filing (PCT Gazette vom 08.05.2014). Für das EPA siehe PCT Gazette 03.11.2016. Liste der Ämter die eine elektronische Form akzeptieren unter www.wipo.int/pct-safe/en/e-filing/index.html

Zu Details und Vorbehalten geordnet nach Ländern siehe www.wipo.int/pct-safe/en/pct_ros/notifications.html.

Beim DPMA ist eine elektronische Anmeldung online mit der Software DPMAdirekt möglich: www.dpma.de/service/e_dienstleistungen/dpmadirekt/index.html.

e) Kein Anmeldeamt, das dem Internationalen Büro eine Mitteilung nach Absatz d zugeleitet hat, darf die Bearbeitung einer in elektronischer Form oder mit elektronischen Mitteln eingereichten internationalen Anmeldung, die den diesbezüglichen Erfordernissen der Verwaltungsvorschriften entspricht, ablehnen.

89bis.2 Andere Schriftstücke

Regel 89bis.1 ist auf andere im Zusammenhang mit internationalen Anmeldungen stehende Unterlagen und Schriftstücke entsprechend anzuwenden.

Beim EPA ist eine Online-Einreichung für nachgereichte Unterlagen im Zusammenhang mit der PCTa und für einen Antrag auf IVP nach Kapitel II möglich (ABl. 2016, A78, ABl. 2014, A50 und A71 in Ergänzung zu ABl. 2009, 182, ersetzt durch ABl. 2015, A91, ersetzt durch ABl. 2018, A45). Auch das Formular 1200 für den Eintritt in die regionale Phase beim EPA kann online eingereicht werden Applicant's Guide – Nat. P. – EP.01

Der unter R 89bis.1 genannte Beschluss des EPA zum CMS (ABl. 2018, A45 ersetzt ABl. 2015, A27 ersetzt 2014 A97) bezieht sich auch auf diesen Absatz.

89bis.3 Übermittlung zwischen Ämtern

Die im Vertrag, in dieser Ausführungsordnung oder in den Verwaltungsvorschriften vorgeschriebene Übermittlung, Zustellung oder Übersendung (»**Übermittlung**«) **von internationalen Anmeldungen, Mitteilungen, Schriftstücken, Schreiben oder anderen Unterlagen** von einem nationalen Amt oder einer zwischenstaatlichen Organisation an ein anderes nationales Amt oder eine andere zwischenstaatliche Organisation kann in **elektronischer Form oder mit elektronischen Mitteln** erfolgen, wenn Absender und Empfänger dies miteinander vereinbart haben.

Regel 89ter Kopien in elektronischer Form von auf Papier eingereichten Schriftstücken

89ter.1 Kopien in elektronischer Form von auf Papier eingereichten Schriftstücken

Jedes nationale Amt oder jede zwischenstaatliche Organisation kann vorsehen, dass der Anmelder, der eine internationale Anmeldung oder ein dazugehöriges Schriftstück auf Papier eingereicht hat, eine Kopie davon in elektronischer Form nach Maßgabe der Verwaltungsvorschriften einreichen kann.

Regel 90 Anwälte und gemeinsame Vertreter

90.1 Bestellung als Anwalt

a) Eine Person[1], die **befugt** ist, **vor dem nationalen Amt**, *(Art 49 Das Recht zum Auftreten vor den internationalen Behörden)* bei dem die internationale Anmeldung eingereicht wird, oder, wenn die internationale Anmeldung beim Internationalen Büro *(R 83.1^{bis} Das Internationale Büro als Anmeldeamt)* eingereicht wird, in bezug auf die internationale Anmeldung vor dem Internationalen Büro als Anmeldeamt aufzutreten, kann vom Anmelder als Anwalt zu seiner Vertretung vor dem Anmeldeamt, dem Internationalen Büro, der Internationalen Recherchenbehörde, einer für die ergänzende Recherche bestimmten Behörde und der mit der internationalen vorläufigen Prüfung beauftragten Behörde bestellt werden *(Anwalt für die gesamte internationale Phase).* — Anwalt

[1]

Eine »Person« ist eine natürliche Person und weder eine Kanzlei noch ein Zusammenschluss, noch eine sonstige Gesellschaft. Nur eine natürliche Person kann Vertreter sein.

Art 27 (7) **Nationale Regelungen bleiben anwendbar** für die Vertretung vor dem Anmeldeamt und dem Bestimmungsamt (z.B. Vertretung vor DPMA und EPA).
Art 49 Recht zum Auftreten
R 4.4 d) Zustellanschrift

R 83 Recht zum Auftreten vor internationalen Behörden
R 83.1^{bis} Das Internationale Büro als Anmeldeamt
Aufzählung der Handlungen, die der auswärtige Anmelder selbst ausführen kann, bevor er einen Vertreter vor dem EPA bestellen muss. (Euro-PCT Leitfaden E.III. Rn 464 ff.).
Art 133 EPÜ Notwendigkeit der Bestellung eines zugelassenen Vertreters im Zusammenhang mit europäischer Direktanmeldung oder PCTa in der europäischen Phase, falls der Anmelder seinen Sitz oder Wohnsitz nicht im EPÜ-Vertragsstaat.

b) Eine Person, die befugt ist, vor dem nationalen Amt oder der zwischenstaatlichen Organisation aufzutreten, die als **Internationale Recherchenbehörde** handelt, kann vom Anmelder als Anwalt zu seiner Vertretung speziell vor dieser Behörde bestellt werden. *(eigener Anwalt im Verfahren vor der ISA)*

b-^{bis}) Eine Person, die befugt ist, vor dem nationalen Amt oder der zwischenstaatlichen Organisation aufzutreten, die als **für die ergänzende Recherche bestimmte Behörde** handelt, kann vom Anmelder als Anwalt zu seiner Vertretung speziell vor dieser Behörde bestellt werden.

c) Eine Person, die befugt ist, vor dem nationalen Amt oder der zwischenstaatlichen Organisation aufzutreten, die als mit der **internationalen vorläufigen Prüfung** beauftragten Behörde handelt, kann vom Anmelder als Anwalt zu seiner Vertretung speziell vor dieser Behörde bestellt werden. *(eigener Anwalt im Verfahren vor der IPEA)*

d) Ein nach Absatz a bestellter Anwalt kann, sofern in dem Schriftstück, in dem er bestellt wird, **nichts anderes angegeben ist**, einen oder mehrere **Unteranwälte** bestellen zur Vertretung des **Anmelders**:

i) vor dem Anmeldeamt, dem Internationalen Büro, der Internationalen Recherchenbehörde, einer für die ergänzende Recherche bestimmten Behörde und der mit der internationalen vorläufigen Prüfung beauftragten Behörde, sofern die als Unteranwälte bestellten Personen befugt sind, vor dem nationalen Amt, bei dem die internationale Anmeldung eingereicht worden ist, oder in bezug auf die internationale Anmeldung vor dem Internationalen Büro als Anmeldeamt aufzutreten;

ii) speziell vor der Internationalen Recherchenbehörde, einer für die ergänzende Recherche bestimmten Behörde oder der mit der internationalen vorläufigen Prüfung beauftragten Behörde, sofern die als Unteranwälte bestellten Personen befugt sind, vor dem nationalen Amt oder der zwischenstaatlichen Organisation aufzutreten, die als Internationale Recherchenbehörde, als für die ergänzende Recherche bestimmte Behörde oder als mit der internationalen vorläufigen Prüfung beauftragte Behörde handelt.

90.2 Gemeinsamer Vertreter

a) Haben zwei oder **mehr Anmelder keinen Anwalt** zur gemeinsamen Vertretung nach Regel 90.1 Absatz a (»gemeinsamer Anwalt«) bestellt, so kann einer der nach Artikel 9 zur Einreichung einer internationalen Anmeldung berechtigten Anmelder von den übrigen Anmeldern als ihr **gemeinsamer Vertreter** bestellt werden.

Gemeinsamer Vertreter Nur Anmelder, die PCT-Staatsangehörige sind oder ihren Sitz in einem PCT-Staat haben, können als gemeinsame Vertreter bestimmt werden. Anders als im Verfahren nach dem EPÜ kann sich ein Nicht-PCT-Angehöriger Anmelder durch einen PCT-Angehörigen Anmelder im Verfahren nach dem PCT vertreten lassen. Im Verfahren nach dem EPÜ muss sich der Anmelder, der nicht aus einem der EPÜ-Vertragsstaaten stammt oder seinen Sitz dort hat, durch einen Anwalt vertreten lassen (Art 133 (2) EPÜ).

Art 27 (7) Eine Vertretung vor dem EPA als Anmeldeamt ist nur dann möglich, wenn der Anmelder EPÜ-Angehöriger ist oder seinen Sitz in einem dieser Ländern hat. In allen anderen Fällen muss ein Vertreter bestellt werden (Art 133 EPÜ).

Regel 90

Art 1 Begriff des Vertragsstaates mit Anmerkungen zum Hoheitsgebiet
R 90.4 a) Ein gemeinsamer Vertreter ist zur Bestellung eines Anwalts berechtigt.
VV 106 Änderung des gemeinsamen Vertreters

b) Haben zwei oder mehr Anmelder keinen gemeinsamen Anwalt nach Regel 90.1 Absatz a oder **keinen gemeinsamen Vertreter** nach Absatz a bestellt, so gilt der **im Antrag zuerst genannte Anmelder**, der nach Regel 19.1 zur Einreichung einer internationalen Anmeldung beim Anmeldeamt berechtigt ist, als gemeinsamer Vertreter aller Anmelder. *(Nur wer nach Art 9 berechtigt ist (Staatsangehörigkeit oder Sitz in einem PCT-Staat), kann fiktiver gemeinsamer Vertreter sein.)*

fiktiver gemeinsamer Vertreter

90.3 **Wirkungen** von Handlungen, die **durch Anwälte und gemeinsame Vertreter** oder diesen gegenüber vorgenommen werden

a) Eine von einem **Anwalt oder ihm gegenüber vorgenommene Handlung hat die gleiche Wirkung** wie eine von dem oder den Anmeldern oder ihm/ihnen gegenüber vorgenommene Handlung.

b) Vertreten zwei oder mehr Anwälte den- oder dieselben Anmelder, so hat eine von einem dieser Anwälte oder ihm gegenüber vorgenommene Handlung die gleiche Wirkung wie eine von diesem oder diesen Anmeldern oder ihm/ihnen gegenüber vorgenommene Handlung.

Vertretung durch zwei oder mehr Anwälte

c) Vorbehaltlich Regel 90bis.5 Satz 2 *(der fiktive gemeinsame Vertreter nach R 90.2 b) hat keine Berechtigung zur Zurücknahme der Anmeldung)* hat eine von einem gemeinsamen Vertreter oder dessen Anwalt oder ihm gegenüber vorgenommene Handlung die gleiche Wirkung wie eine von allen Anmeldern oder ihnen gegenüber vorgenommene Handlung.

D.h. der gemeinsame Vertreter kann einen Anwalt gemäß R 90.1 bestellen. Auch der fiktive gemeinsame Vertreter kann das. Allerdings kann auch der von einem fiktiven gemeinsamen Vertreter bestellte gemeinsame Anwalt (R 90.2 a)) die Anmeldung nicht zurücknehmen.

90.4 Bestellung eines Anwalts oder gemeinsamen Vertreters *(Vollmacht)*

a) Ein Anwalt ist vom Anmelder durch **Unterzeichnung** des Antrags, des Antrags auf internationale vorläufige Prüfung oder einer gesonderten **Vollmacht** zu bestellen. Die Bestellung eines gemeinsamen Anwalts oder gemeinsamen Vertreters erfolgt bei zwei oder mehr Anmeldern **durch jeden Anmelder** und zwar wahlweise durch **Unterzeichnung des Antrags**, des Antrags auf internationale vorläufige Prüfung oder **einer gesonderten Vollmacht**.

Art 14 (1) fehlende Unterschrift
R 4.15 Unterschrift aller Anmelder
R 26.2^{bis} a) kein Formmangel bei Unterschrift eines Anmelders oder Anwalt mit Vollmacht eines Anmelders. Bei Verzicht durch das Amt gemäß R 90.4 d) braucht die Vollmacht nicht vorgelegt zu werden.
R 51bis.1 a) vi) Nachforderung fehlender Unterschriften durch BA
R 60.1a^{ter}) kein Formmangel bei einer Unterschrift bei Antrag Kapitel II
R 90.3 c) Der gemeinsame Vertreter (R 90.2 a)) oder fiktive gemeinsame Vertreter (R 90.2 b)) kann den Anwalt allein bestellen ohne Unterschrift durch jeden Anmelder.

b) Vorbehaltlich der Regel 90.5 ist eine gesonderte Vollmacht entweder beim Anmeldeamt oder beim Internationalen Büro einzureichen; wird jedoch mit der Vollmacht ein Anwalt nach Regel 90.1 Absatz b, b-^{bis}, c oder d Ziffer ii *(speziell vor der Be-*

hörde) bestellt, so ist sie bei der Internationalen Recherchenbehörde, der für die ergänzende Recherche bestimmten Behörde oder der mit der internationalen vorläufigen Prüfung beauftragten Behörde einzureichen.

c) Ist die gesonderte Vollmacht nicht unterzeichnet, fehlt sie oder entspricht die Angabe des Namens oder der Anschrift des Vertreters nicht der Regel 4.4, so gilt die Vollmacht bis zur Behebung dieses Mangels als **nicht erteilt**.

d) Vorbehaltlich des Absatzes e kann jedes Anmeldeamt, jede Internationale Recherchenbehörde, jede für ergänzende Recherchen zuständige Behörde, jede mit der internationalen vorläufigen Prüfung beauftragte Behörde und das Internationale Büro auf das Erfordernis nach Absatz b verzichten, wonach bei ihm beziehungsweise bei ihr eine gesonderte Vollmacht einzureichen ist; in diesem Fall ist Absatz c nicht anzuwenden.

Verzicht auf Vollmacht	Liste der Länder in denen Ämter (oder Behörden) dem IB mitgeteilt haben, dass sie auf das Erfordernis nach R 90.4 b) verzichten und weitere Voraussetzungen und Einzelheiten, siehe wipo.int/pct/en/texts/pdf/p_a_waivers.pdf:

Verzichtet haben: AT, AU, BN, BY, CA, CH, CY, DE, DK, EA, EP, ES, FI, FR, GB, IB, IL, IS, JP, LT, LV, MD, MT, NL, NZ, PH, PT, RU, SE, SG, TR, US, XN, XV. Für wirksame Handlungen gegenüber dem IB (z.B. nach Art 19, R 92bis, R 26bis) muss sich in den Akten zumindest eine Vollmacht unterschrieben vom sogenannten fiktiven gemeinsamen Vertreter (R 90.2 b)) befinden. (PCT Newsletter 1/2004).

Für das EPA sind Einzelheiten, wie Fälle, für die der Verzicht nicht gilt, in ABl. 2010, 335 abgedruckt. Verzicht gilt aufgrund Mitteilung v. 02.03.2010 seit 01.07.2010 auch für EPA als SISA. Siehe auch PCT Gazette 06.05.2010, S. 88, Applicant's Guide int. P. Annex SISA (EP) Stand 01.04.2018

R 90bis	kein Verzicht bei Einreichen einer Rücknahmeerklärung: Rücknahmeerklärungen haben dann gemäß R 90.4 e), 90.5 d) keine Wirkung; Zugangsrechte im Rahmen von ePCT ändern hieran nichts (PCT-Newsletter 9/2014, S. 14)

e) Reicht der Anwalt oder der gemeinsame Vertreter eine Zurücknahmeerklärung gemäß den Regeln 90bis.1 bis 90bis.4 ein, so wird nicht gemäß Absatz d auf das Erfordernis nach Absatz b verzichtet, wonach eine gesonderte Vollmacht einzureichen ist.

90.5 Allgemeine Vollmacht

a) In bezug auf eine bestimmte internationale Anmeldung kann ein Anwalt dadurch bestellt werden, dass im Antrag, im Antrag auf internationale vorläufige Prüfung oder in einer gesonderten Mitteilung auf eine bereits vorhandene gesonderte Vollmacht, in der dieser Anwalt zur Vertretung des Anmelders für alle internationalen Anmeldungen dieses Anmelders bestellt worden ist (d.h. **eine »allgemeine Vollmacht«**), Bezug genommen wird, sofern

R 152 (4), (5) EPÜ Vollmacht, Details in ABl. 535, 2013.
Applicant's Guide int. P. Nr. 5.045 Die Bestellung eines neuen Anwalts wird als Widerruf jeder früheren Bestellung angesehen, soweit nicht anders angegeben.

i) die allgemeine Vollmacht nach Absatz b hinterlegt worden ist und

ii) eine Abschrift davon dem Antrag, dem Antrag auf internationale vorläufige Prüfung oder der gesonderten Mitteilung beigefügt ist. Diese Abschrift muss nicht unterzeichnet sein.

b) Die allgemeine Vollmacht ist **beim Anmeldeamt zu hinterlegen**; wird jedoch mit der Vollmacht ein Anwalt nach Regel 90.1 Absatz b, b-^{bis}, c oder d Ziffer ii bestellt, so ist sie bei der Internationalen Recherchenbehörde, der für die ergänzende Recherche bestimmten Behörde oder der mit der internationalen vorläufigen Prüfung beauftragten Behörde zu hinterlegen.

c) Jedes Anmeldeamt, jede Internationale Recherchenbehörde, jede für ergänzende Recherchen zuständige Behörde und jede mit der internationalen vorläufigen Prüfung beauftragte Behörde kann von der Einhaltung des Absatzes a Ziffer ii absehen, wonach eine Abschrift der allgemeinen Vollmacht dem Antrag, dem Antrag auf internationale vorläufige Prüfung oder der gesonderten Mitteilung beigefügt sein muss.

Liste der Ämter (oder Behörden), die dem IB mitgeteilt haben, dass sie auf das Erfordernis nach R 90.5 a) ii) verzichten: AT, AU, BN, BY, CA, CH, CY, DE, DK, EA, EP, ES, FI, FR, GB, IB (Eigenschaft als RO), IL, IS, JP, KG, LT, LV, MD, MT, NL, NZ, PH, PT, RU SE, SG, TR, US, XN, XV, siehe auch Anmerkung zu R 90.4 d). Verzicht EPA aufgrund Mitteilung v. 02.03.2010 (ABl. 5/2010, 335 seit 01.07.2010, auch als SISA, PCT Gazette 06.05.2010, S. 88.

d) Reicht der Anwalt beim Anmeldeamt, der für die ergänzende Recherche bestimmten Behörde, der mit der internationalen vorläufigen Prüfung beauftragten Behörde oder beim Internationalen Büro eine Zurücknahmeerklärung nach Regel 90bis.1 bis 90bis.4 ein, so ist diesem Amt, dieser Behörde oder diesem Büro ungeachtet des Absatzes c eine Abschrift der allgemeinen Vollmacht vorzulegen.

R 152 (5) EPÜ, Mitteilung des EPA ABl. 85, 42: Die Vollmacht muss ausführen, dass sie auch für das PCT-Verfahren gilt.

Euro-PCT-Leitfaden Rn 112: Die Bevollmächtigung durch alle Anmelder ist bei allen Zurücknahmeerklärungen erforderlich.

90.6 Widerruf und Verzicht

a) Die **Bestellung eines Anwalts oder gemeinsamen Vertreters** kann von den Personen, die die Bestellung vorgenommen haben, oder von ihren Rechtsnachfolgern **widerrufen werden**; in diesem Fall gilt die Bestellung eines Unteranwalts nach Regel 90.1 Absatz d ebenfalls als widerrufen. Die Bestellung eines Unteranwalts nach Regel 90.1 Absatz d kann auch vom Anmelder widerrufen werden.
b) Die Bestellung eines Anwalts nach Regel 90.1 Absatz a hat, sofern nichts anderes angegeben ist, die Wirkung eines Widerrufs der nach dieser Regel vorgenommenen früheren Bestellung eines Anwalts.
c) Die Bestellung eines gemeinsamen Vertreters hat, sofern nichts anderes angegeben ist, die Wirkung eines Widerrufs der früheren Bestellung eines gemeinsamen Vertreters.
d) Ein Anwalt oder gemeinsamer Vertreter kann durch eine von ihm unterzeichnete Mitteilung auf seine Bestellung verzichten.
e) Regel 90.4 Absätze b und c gilt entsprechend für ein Schriftstück, das einen Widerruf oder einen Verzicht nach dieser Regel enthält.

Regel 90bis Zurücknahmen

90bis.1   Zurücknahme der internationalen Anmeldung *(R 90bis.6 b), Art 24 (1) i) Rechtsfolgen der Rücknahmeerklärung)*

a) Der Anmelder kann die internationale Anmeldung vor Ablauf **von 30 Monaten** seit dem Prioritätsdatum **jederzeit** zurücknehmen.

R 90.4 e) Vorlage der Vollmacht
R 90.5 d) Vorlage der Vollmacht
R 90bis.5 Unterzeichnung der Zurücknahmeerklärung

Zurücknahme der internationalen Anmeldung

R 90bis.6 Die Zurücknahme entfaltet keine Wirkung, falls die nationalen oder regionalen Ämter die Bearbeitung bereits begonnen haben. Applicant's Guide int. P. Nr. 11.048-11.061 Zurücknahmen

VV 326 und 609 Zurücknahme durch den Anmelder nach den R 90bis.1, R 90bis.2 oder R 90bis.3)

VV 415: Mitteilung über die Zurücknahme nach den R 90bis.1, R 90bis.2, R 90bis.3, R 90bis.3bis oder 90bis.4

b) Die Zurücknahme wird mit Eingang einer wahlweise an das **Internationale Büro, das Anmeldeamt** oder, wenn Artikel 39 Absatz 1 anwendbar ist, die mit der internationalen vorläufigen Prüfung beauftragte Behörde gerichteten Erklärung des Anmelders wirksam.

c) Die **Internationale Veröffentlichung** der internationalen Anmeldung unterbleibt, wenn die vom Anmelder übersandte oder durch das Anmeldeamt oder die mit der internationalen vorläufigen Prüfung beauftragte Behörde übermittelte Zurücknahmeerklärung beim Internationalen Büro vor Abschluss der technischen Vorbereitungen für die internationale Veröffentlichung eingeht.

Art 21 (5) Rücknahme der Anmeldung vor Abschluss der technischen Vorbereitungen. Siehe dort Anmerkung 5: Abschluss i.d.R. 15 Tage vor Veröffentlichung

R 48.6 c) Veröffentlichung bestimmter Tatsachen

Applicant's Guide int. P. Nr. 11.049 Die Rücknahme kann auch bedingt erklärt werden. Es wird empfohlen ggf. die Rücknahme unter der Bedingung zu erklären, dass sie das IB so rechtzeitig erreicht, um die Veröffentlichung zu verhindern.

Zurücknahme von Bestimmungen

90bis.2 Zurücknahme von Bestimmungen

a) Der Anmelder kann die **Bestimmung eines Bestimmungsstaats** vor Ablauf von 30 Monaten seit dem Prioritätsdatum jederzeit zurücknehmen. Die Zurücknahme der Bestimmung eines ausgewählten Staates bewirkt die Zurücknahme der entsprechenden Auswahlerklärung nach Regel 90bis.4. *(R 90bis.6 Die Rücknahmeerklärung entfaltet keine Wirkung, falls nach Ablauf der Frist abgegeben wurde)*

b) Ist ein Staat zur Erlangung sowohl eines nationalen als auch eines regionalen Patents bestimmt worden, so gilt die Zurücknahme der Bestimmung dieses **Staates nur als Zurücknahme der Bestimmung für ein nationales Patent**, sofern nichts anderes angegeben ist. *(die regionale Bestimmung bleibt somit bestehen)*

c) Die Zurücknahme der Bestimmungen aller Bestimmungsstaaten gilt als Zurücknahme der internationalen Anmeldung nach Regel 90bis.1.

d) Die Zurücknahme wird mit Eingang einer wahlweise an das Internationale Büro, das Anmeldeamt oder, wenn Artikel 39 Absatz 1 anwendbar ist, an die mit der internationalen vorläufigen Prüfung beauftragte Behörde gerichteten Erklärung des Anmelders wirksam.

e) Die internationale Veröffentlichung der Bestimmung unterbleibt, wenn die vom Anmelder übersandte oder durch das Anmeldeamt oder die mit der internationalen vorläufigen Prüfung beauftragte Behörde übermittelte Zurücknahmeerklärung beim Internationalen Büro vor Abschluss der technischen Vorbereitungen für die internationale Veröffentlichung eingeht.

Art 21 (5) Rücknahme der Anmeldung vor Abschluss der technischen Vorbereitungen für die Veröffentlichung. Siehe dort Anmerkung 5: Abschluss i.d.R. 15 Tage vor Veröffentlichung

R 48.6 c) Veröffentlichung bestimmter Tatsachen. Applicant's Guide int. P. Nr. 11.049 Die Rücknahme kann auch bedingt erklärt werden.

Regel 90bis

90bis.3 Zurücknahme von Prioritätsansprüchen

a) Der Anmelder kann eine nach Artikel 8 Absatz 1 in der internationalen Anmeldung in Anspruch genommene **Priorität** vor Ablauf von **30 Monaten** seit dem Prioritätsdatum jederzeit **zurücknehmen**.

Zurücknahme von Prioritätsansprüchen

R 90bis.6 a) Bei einer Zurücknahme im 21. bzw. 31. Monat ist in der Regel nationales Recht anzuwenden.

b) Enthält die internationale Anmeldung **mehr als einen Prioritätsanspruch**, so kann der Anmelder das in Absatz a vorgesehene Recht für einen, mehrere oder für alle Prioritätsansprüche ausüben.

c) Die Zurücknahme wird mit Eingang einer wahlweise an das Internationale Büro, das Anmeldeamt oder, wenn Artikel 39 Absatz 1 anwendbar ist, an die mit der internationalen vorläufigen Prüfung beauftragte Behörde gerichteten Erklärung des Anmelders **wirksam**.

d) Führt die Zurücknahme eines Prioritätsanspruchs zu einer Änderung des Prioritätsdatums, so wird eine aufgrund des ursprünglichen Prioritätsdatums berechnete und noch nicht abgelaufene **Frist** vorbehaltlich Absatz e nach dem **geänderten Prioritätsdatum** berechnet. *(Die Rücknahme führt in der Regel zur Fristverschiebungen.)*

EPÜ-RiLi A-III 6. Hinweise auf entsprechende Regelungen für das Verfahren nach dem EPÜ.

e) Im Falle der Frist nach Artikel 21 Absatz 2 Buchstabe a kann das Internationale Büro die **internationale Veröffentlichung** dennoch auf der Grundlage der nach dem ursprünglichen Prioritätsdatum berechneten Frist vornehmen, wenn die vom Anmelder übersandte oder durch das Anmeldeamt oder die mit der internationalen vorläufigen Prüfung beauftragte Behörde übermittelte Zurücknahmeerklärung beim Internationalen Büro nach Abschluss der **technischen Vorbereitungen** für die internationale Veröffentlichung eingeht.

Art 21 (5) Anmerkung 5: Abschluss technischer Vorbereitungen i.d.R. 15 Tage vor der Veröffentlichung.
Applicant's Guide int. P. Nr. 11.056 Die Rücknahme der Priorität sollte in Analogie zu Nr. 11.049 auch bedingt erklärbar sein.
EPÜ-RiLi F-VI 3.5 Beschreibt eine entsprechende Regelung im Verfahren nach dem EPÜ.

90bis.3bis Zurücknahme des Antrags auf eine ergänzende Recherche

a) Der Anmelder kann den Antrag auf eine ergänzende Recherche jederzeit vor dem Datum der Übermittlung gemäß Regel 45bis.8 Absatz a des ergänzenden internationalen Recherchenberichts oder der Erklärung, dass kein solcher Bericht erstellt wird, an den Anmelder und an das Internationale Büro zurücknehmen.

R 90bis.6 Wirkung der Zurücknahme

b) Die Zurücknahme wird wirksam mit Eingang einer Erklärung des Anmelders innerhalb der in Absatz a genannten Frist wahlweise bei der für die ergänzende Recherche bestimmten Behörde oder beim Internationalen Büro. Wenn die Erklärung nicht rechtzeitig bei der für die ergänzende Recherche bestimmten Behörde eingeht, um die in Absatz a genannte Übermittlung des Berichts oder der Erklärung zu verhindern, findet die Übermittlung dieses Berichts oder dieser Erklärung nach Artikel 20 Absatz 1, der nach Regel 45bis.8 Absatz b anzuwenden ist, dennoch statt.

Regeln zu mehreren Kapiteln des Vertrags

90bis.4 Zurücknahme des Antrags oder von Auswahlerklärungen

a) Der Anmelder kann den Antrag auf internationale **vorläufige Prüfung**, eine oder alle Auswahlerklärungen vor Ablauf von 30 Monaten seit dem Prioritätsdatum jederzeit zurücknehmen.

Art 37 Rechtsfolge
R 90bis.6 c) Einstellung der Bearbeitung

b) Die Zurücknahme wird mit Eingang der vom Anmelder **an das Internationale Büro gerichteten** Erklärung wirksam.

c) Reicht der Anmelder die Zurücknahmeerklärung bei der mit der internationalen vorläufigen Prüfung beauftragten Behörde ein, so vermerkt diese das Eingangsdatum auf der Erklärung und leitet sie unverzüglich an das Internationale Büro weiter. Die Erklärung gilt als an dem so vermerkten Eingangsdatum beim Internationalen Büro eingereicht.

90bis.5 Unterschrift

Unterschrift aller Anmelder auf Zurücknahmeerklärungen

Eine Zurücknahmeerklärung nach den Regeln 90bis.1 bis 90bis.4 ist **vom Anmelder** *(R 90.3 ermächtigt auch den Vertreter)* oder bei zwei oder mehr Anmeldern von ihnen **allen zu unterzeichnen**. Ein Anmelder, der als gemeinsamer Vertreter nach Regel 90.2 Absatz b gilt *(fiktiver gemeinsamer Vertreter)*, ist nicht berechtigt, eine solche Erklärung für die anderen Anmelder zu unterzeichnen.

R 90.4 d), 90.5 c) Selbst wenn eine Vollmacht nicht mit der PCTa eingereicht werden muss, wird zur Vermeidung von Verzögerungen das Einholen der Unterschriften empfohlen (PCT-Newsletter 10/2013, S. 12).

90bis.6 Wirkung der Zurücknahme

a) Die nach Regel 90bis erfolgte Zurücknahme der internationalen Anmeldung, einer Bestimmung, eines Prioritätsanspruchs, des Antrags oder einer Auswahlerklärung **hat keine Wirkung für ein Bestimmungsamt** oder ausgewähltes Amt, in dem die Bearbeitung oder Prüfung der internationalen Anmeldung nach Artikel 23 Absatz 2 oder Artikel 40 Absatz 2 bereits begonnen hat.

EPA Ab dem Tag der Wirksamkeit eines Antrags auf vorzeitige Bearbeitung hat eine spätere Zurücknahme nach R 90bis.6 keine Wirkung für die europäische Phase, ABl. 2013, 156.

b) Wird die internationale **Anmeldung** nach Regel 90bis.1 zurückgenommen, so wird die internationale Bearbeitung der internationalen Anmeldung eingestellt.

Art 24 (1) i) Verlust der Wirkung in den Bestimmungsstaaten

b-^{bis}) Wird ein Antrag auf eine ergänzende Recherche nach Regel 90bis.3bis zurückgenommen, so wird die ergänzende internationale Recherche von der betreffenden Behörde eingestellt.

c) Werden der Antrag auf internationale vorläufige **Prüfung** oder **alle** Auswahlerklärungen nach Regel 90bis.4 zurückgenommen, so wird die Bearbeitung der internationalen Anmeldung durch die mit der internationalen vorläufigen Prüfung beauftragte Behörde eingestellt.

Art 37 (4) a) Zurücknahme eines Antrags auf internationale vorläufige Prüfung oder einer Auswahlerklärung
Art 16 (3) b) i.V.m. Art 150 EPÜ (Vereinbarung WIPO-EPA, Anhang D Teil II (5), siehe Anmerkung zu Art 16 (3) b)) Möglichkeiten der Rückerstattung der

Prüfungsgebühr durch das EPA als mit der internationalen vorläufigen Prüfung beauftragten Behörde

90bis.7 Regelung nach Artikel 37 Absatz 4 Buchstabe b

a) Ein Vertragsstaat, dessen nationales Recht die in Artikel 37 Absatz 4 Buchstabe b, 2. Halbsatz, umschriebene Regelung enthält, unterrichtet das Internationale Büro schriftlich hiervon.
b) Die Mitteilung nach Absatz a wird vom Internationalen Büro unverzüglich im Blatt veröffentlicht und ist für internationale Anmeldungen wirksam, die später als einen Monat nach dem Datum dieser Veröffentlichung eingereicht werden.

Regel 91 Berichtigung offensichtlicher Fehler in der internationalen Anmeldung und in anderen Schriftstücken

91.1 Berichtigung offensichtlicher Fehler

Offensichtliche Fehler

a) Auf Antrag des Anmelders kann ein in der internationalen Anmeldung oder in einem anderen vom Anmelder eingereichten Schriftstück enthaltener offensichtlicher Fehler nach dieser Regel berichtigt werden.

R 12.2 b) Sprache der Änderungen der internationalen Anmeldung
R 66.5   Abgrenzung zum Begriff Änderung
VV 325 und 413 Berichtigungen von Mängeln nach R 26.4 und von offensichtlichen Fehlern nach R 91
VV 217   Berichtigungen nach R 9.2
VV 413bis Vorgehensweise, Kennzeichnungen, Mitteilungen des IB
VV 511 und 607 Berichtigungen von offensichtlichen Fehlern nach R 91
VV Anh. C »Standard for the presentation of nucleotide and amino acid sequence listings in international patent applications under the PCT«

b) Die Berichtigung eines Fehlers bedarf der Zustimmung der »zuständigen Behörde«, nämlich
 i) im Falle eines Fehlers **im Antrag**sformblatt der internationalen Anmeldung oder in einer Berichtigung desselben – des Anmeldeamts;
 ii) im Falle eines Fehlers in der **Beschreibung**, den **Ansprüchen** oder den **Zeichnungen** oder in einer Berichtigung derselben, sofern die mit der internationalen vorläufigen Prüfung beauftragte Behörde nicht nach Ziffer iii zuständig ist – der Internationalen Recherchenbehörde;
 iii) im Falle eines Fehlers in der Beschreibung, den Ansprüchen oder den Zeichnungen oder in einer Berichtigung derselben, oder in einer **Änderung nach Artikel 19 oder 34**, wenn ein Antrag auf internationale vorläufige Prüfung gestellt und nicht zurückgenommen wurde und das Datum, an dem die internationale vorläufige Prüfung nach Regel 69.1 beginnen muss, abgelaufen ist – der mit der internationalen vorläufigen Prüfung beauftragten Behörde;

R 48.2 i) Nach dem Kommentar der Working Group zur Änderung der R 48.2, Dokument PCT/WG/3/8 S. 3, Annex, S. 4, gilt diese Regel nicht für die Zustimmungen der IPEA.
R 70.16 Änderungen können als Anlage zum Bericht gemäß R 70.16 oder falls nicht möglich dem ausgewählten Amt über das IB nach R 70.2 e) und VV 413 zur Verfügung gestellt werden (PCT/WG/3/8 S. 3, Annex S.4).

 iv) im Falle eines Fehlers in einem **Schriftstück**, das nicht unter den Ziffern i bis iii genannt ist und beim Anmeldeamt, bei der Internationalen Recherchenbehörde, bei der mit der internationalen vorläufigen Prüfung beauftragten Behörde oder beim Internationalen Büro eingereicht wurde, unter Ausschluss eines Fehlers in der Zusammenfassung oder in einer Änderung nach Artikel 19 – dieses Amtes, der Behörde bzw. des Büros.

c) Die zuständige Behörde stimmt der Berichtigung eines Fehlers nach dieser Regel nur dann zu, wenn es **für die zuständige Behörde offensichtlich** ist, dass am nach Absatz f anwendbaren Datum etwas anderes beabsichtigt war als das, was im betreffenden Schriftstück enthalten ist, und dass nichts anderes beabsichtigt sein konnte als das, was als Berichtigung vorgeschlagen wird.

R 20.3 Mängel nach Art 11 (1), wie späterer Eingang von Unterlagen
R 20.5 Fehlende Teile (Aufforderung)
R 20.6 Bestätigung der Einbeziehung von Teilen durch Verweis
R 20.7 Frist

d) Im Falle eines Fehlers in der Beschreibung, den Ansprüchen oder den Zeichnungen oder in einer Berichtigung oder Änderung derselben berücksichtigt die zuständige Behörde für die Zwecke des Absatzes c nur den Inhalt der Beschreibung, der Ansprüche und der Zeichnungen, und gegebenenfalls die betreffende Berichtigung oder Änderung.

e) Im Falle eines Fehlers im Antragsformblatt der internationalen Anmeldung oder in einer Berichtigung desselben oder in einem in Absatz b Ziffer iv genannten Schriftstück berücksichtigt die zuständige Behörde für die Zwecke des Absatzes c nur den Inhalt der internationalen Anmeldung selbst sowie gegebenenfalls den Inhalt der betreffenden Berichtigung oder des in Absatz b Ziffer iv genannten Schriftstücks, zusammen mit jedem anderen mit dem Antrag, der Berichtigung bzw. dem Schriftstück eingereichten Schriftstück, jedem Prioritätsbeleg betreffend die internationale Anmeldung, der der Behörde nach Maßgabe der Verwaltungsvorschriften zur Verfügung steht, und jedem anderen Schriftstück, das sich am nach Absatz f anwendbaren Datum in der Akte der internationalen Anmeldung der Behörde befindet.

VV 715 Bereitstellung von Prioritätsbelegen in digitalen Bibliotheken
VV 716 Antrag auf Abruf eines Prioritätsbeleges aus digitaler Bibliothek

f) Das für die Zwecke der Absätze c und e anwendbare Datum ist
i) im Falle eines Fehlers in einem Teil der internationalen Anmeldung in der ursprünglich eingereichten Fassung – das internationale Anmeldedatum;
ii) im Falle eines Fehlers in einem anderen Schriftstück als in der internationalen Anmeldung in der ursprünglich eingereichten Fassung, einschließlich eines Fehlers in einer Berichtigung oder Änderung der internationalen Anmeldung – das Datum, an dem dieses Schriftstück eingereicht worden ist.

R 48.2 a) vii) Internationale Veröffentlichung enthält jeden Berichtigungsantrag
VV 113 An das Internationale Büro zu zahlende besondere Gebühren
Applicant's Guide int. P. Nr. 11.043, 11.044
R 150 EPÜ Ein zurückgewiesener Berichtigungsantrag in der internationalen Phase
   wird nicht automatisch vor dem EPA bei Eintritt in die regionale Phase berücksichtigt. Vielmehr bedarf es eines Antrags nach R 150 EPÜ.

g) Ein Fehler ist nach dieser Regel **nicht berichtigungsfähig**, wenn
i) der Fehler darin besteht, dass ein oder mehrere **ganze** in Artikel 3 Absatz 2 genannte **Bestandteile** oder eine oder mehrere **Blätter** der internationalen Anmeldung fehlen,

R 20.5 Fehlende Teile (Aufforderung)

ii) sich der Fehler in der **Zusammenfassung** befindet,

iii) sich der Fehler in einer Änderung nach Artikel 19 befindet, es sei denn, die mit der internationalen vorläufigen Prüfung beauftragte Behörde ist die für die Zustimmung zur Berichtigung eines solchen Fehlers nach Absatz b Ziffer iii zuständige Behörde, oder

iv) sich der Fehler in einem **Prioritätsanspruch** oder in einer Mitteilung über die Berichtigung oder Hinzufügung eines Prioritätsanspruchs nach Regel 26bis.1 Absatz a befindet und die Berichtigung des Fehlers zu einer Änderung des Prioritätsdatums führen würde,

mit der Maßgabe, dass dieser Absatz keinen Einfluss auf die Geltung der Regeln 20.4, 20.5, 26bis und 38.3 hat.

R 91.1g) iii) Berichtigung nur möglich, wenn Prüfungsantrag gestellt wurde. Keine Regelung bezüglich Art 34 erforderlich, da Änderung nach Art 34 ohnehin nur bei AIVP möglich ist, vgl. Anmerkung zu R 53.9.

h) Findet das Anmeldeamt, die Internationale Recherchenbehörde, die mit der internationalen vorläufigen Prüfung beauftragte Behörde oder das Internationale Büro in der internationalen Anmeldung oder in einem anderen Schriftstück einen dem Anschein nach berichtigungsfähigen offensichtlichen Fehler, so kann dieses Amt, diese Behörde bzw. das Internationale Büro den Anmelder auffordern, einen Antrag auf Berichtigung nach dieser Regel zu stellen.

91.2 Anträge auf Berichtigung

Ein Antrag auf Berichtigung nach Regel 91.1 muss bei der zuständigen Behörde innerhalb einer **Frist** von **26 Monaten** seit dem Prioritätsdatum gestellt werden. Der Antrag muss den zu berichtigenden Fehler und die vorgeschlagene Berichtigung im einzelnen darlegen und kann auf Wunsch des Anmelders eine kurze Erläuterung enthalten. Die Regel 26.4 findet auf die Art und Weise, wie die vorgeschlagene Berichtigung anzugeben ist, entsprechend Anwendung.

Frist

91.3 Zustimmung zu und Wirkung von Berichtigungen

a) Die zuständige Behörde entscheidet **unverzüglich** darüber, ob sie einer Berichtigung nach Regel 91.1 zustimmt oder die Zustimmung verweigert, und unterrichtet den Anmelder und das Internationale Büro unverzüglich über die Zustimmung oder die Verweigerung der Zustimmung und, im Fall einer Verweigerung, über die Gründe. Das Internationale Büro verfährt nach Maßgabe der Verwaltungsvorschriften und unterrichtet, soweit erforderlich, das Anmeldeamt, die Internationale Recherchenbehörde, die mit der internationalen vorläufigen Prüfung beauftragte Behörde, die Bestimmungsämter und die ausgewählten Ämter über die Zustimmung oder die Verweigerung der Zustimmung.

b) Im Falle der Zustimmung zur Berichtigung eines offensichtlichen Fehlers nach Regel 91.1 wird das betreffende Schriftstück nach Maßgabe der Verwaltungsvorschriften berichtigt.

VV 217, 325, 413bis, 511, 607

R 48.2 a) vii) Veröffentlichung bei Eingang vor Abschluss der technischen Vorbereitungen

R 48.2 i) Neuveröffentlichung bei Eingang nach Abschluss der technischen Vorbereitungen

c) Wurde der Berichtigung eines offensichtlichen Fehlers zugestimmt, so wird diese wirksam:

i) im Falle eines Fehlers in der internationalen Anmeldung in der ursprünglichen Fassung, ab dem internationalen Anmeldedatum;

ii) im Falle eines Fehlers in einem anderen Schriftstück als der internationalen Anmeldung in der ursprünglich eingereichten Fassung, einschließlich eines Fehlers in einer Berichtigung oder Änderung der internationalen Anmeldung, ab dem Datum, an dem dieses Schriftstück eingereicht wurde.

R 43.6^{bis} Berücksichtigung durch IRB
R 66.1d)^{bis} Berücksichtigung durch IPEA

d) Verweigert die zuständige Behörde die Zustimmung zur Berichtigung nach Regel 91.1, so **veröffentlicht** das Internationale Büro auf Antrag des Anmelders, der innerhalb einer Frist von zwei Monaten ab dem Datum der Verweigerung der Zustimmung an das Internationale Büro zu senden ist, und vorbehaltlich der Entrichtung einer besonderen **Gebühr**, deren Höhe in den Verwaltungsvorschriften festgesetzt wird, den Antrag auf Berichtigung, die Gründe für die Verweigerung durch die Behörde sowie gegebenenfalls jede weitere durch den Anmelder eingereichte kurze Stellungnahme, sofern möglich, zusammen mit der internationalen Anmeldung. Eine Kopie des Antrags, der Begründung und gegebenenfalls der Stellungnahme wird, wenn möglich, in die Übermittlung nach Artikel 20 aufgenommen, sofern die internationale Anmeldung aufgrund des Artikels 64 Absatz 3 nicht veröffentlicht wird.

Wird der Antrag auf Veröffentlichung der Ablehnung eines Berichtigungsantrags nach R 91.3 d) vor Abschluss der technischen Vorbereitungen gestellt, wird er mit der internationalen Veröffentlichung veröffentlicht (Applicant's Guide int. P. Nr. 11.041).

Wird der Antrag erst nach Abschluss der technischen Vorbereitungen gestellt, so wird der abgelehnte Berichtigungsantrag nach R 48.2 k) veröffentlicht, der bewilligte Berichtigungsantrag nach R 48.2 i).

Art 21 (5) Anmerkung 5: Abschluss der technischen Vorbereitungen
VV 113 Besondere Gebühr; 50 Sfr für das erste, plus 12 Sfr für jedes weitere Blatt, Applicants's Guide Annex B2 (IB) Stand 15.02.2018

e) Die Berichtigung eines offensichtlichen Fehlers muss von einem Bestimmungsamt, das mit der Bearbeitung oder Prüfung der internationalen Anmeldung bereits vor dem Datum begonnen hat, an dem dieses Amt nach Regel 91.3 Absatz a durch die zuständige Behörde von der Zustimmung durch die zuständige Behörde zur Berichtigung unterrichtet wurde, **nicht berücksichtigen** werden.

f) Ein Bestimmungsamt kann eine Berichtigung, der nach Regel 91.1 zugestimmt wurde, nur dann **unberücksichtigt lassen**, wenn es feststellt, dass es, wäre es die zuständige Behörde gewesen, dieser Berichtigung nach Regel 91.1 nicht zugestimmt hätte, mit der Maßgabe, dass ein Bestimmungsamt eine Berichtigung, der nach Regel 91.1 zugestimmt wurde, nicht unberücksichtigt lassen darf, ohne dem Anmelder vorher innerhalb einer den Umständen nach angemessenen Frist die Gelegenheit zu geben, zu dieser Absicht Stellung zu nehmen.

Regel 92   Schriftverkehr

92.1 Erfordernis von **Begleitschreiben** und **Unterschriften**

a) Jedem vom Anmelder im Verlauf des internationalen Verfahrens gemäß dem Vertrag und dieser Ausführungsordnung übermittelten Schriftstück, ausgenommen die internationale Anmeldung selbst, ist, wenn es nicht selbst die Form eines Schreibens hat, ein Begleitschreiben beizufügen, in dem die internationale Anmeldung zu bezeichnen ist, auf die sich das Schriftstück bezieht. Das Begleitschreiben ist vom Anmelder zu **unterzeichnen**.

b) Sind die Erfordernisse des Absatzes a *(Nachholen der Unterschrift)* nicht erfüllt, so wird der Anmelder hiervon unterrichtet und aufgefordert, das Versäumnis innerhalb einer in der Aufforderung festgesetzten Frist nachzuholen. Die festgesetzte Frist hat den Umständen nach angemessen zu sein; auch wenn die festgesetzte Frist später abläuft als die für die Einreichung des Schriftstücks maßgebende Frist (oder diese Frist bereits abgelaufen ist), darf sie jedoch nicht weniger als zehn Tage und nicht mehr als einen Monat seit der Absendung der Aufforderung betragen. Wird das Versäumnis innerhalb der in der Aufforderung festgesetzten Frist nachgeholt, so bleibt das Versäumnis außer Betracht; andernfalls wird der Anmelder davon unterrichtet, dass das Schriftstück unberücksichtigt bleibt.

Nachholen der Unterschrift

c) Waren die Erfordernisse des Absatzes a nicht erfüllt, ist das Schriftstück jedoch im internationalen Verfahren berücksichtigt worden, so bleibt die Nichterfüllung außer Betracht.

92.2 Sprachen

a) Vorbehaltlich der Regeln 55.1 und 55.3 sowie des Absatzes b ist ein vom Anmelder bei der Internationalen Recherchenbehörde oder der mit der internationalen vorläufigen Prüfung beauftragten Behörde eingereichtes Schreiben oder Schriftstück in derselben Sprache abzufassen wie die zugehörige internationale Anmeldung. Ist jedoch eine Übersetzung der internationalen Anmeldung nach Regel 23.1 Absatz b übermittelt oder nach Regel 55.2 eingereicht worden, so ist die Sprache der Übersetzung zu verwenden.

R 12   Sprache der internationalen Anmeldung und der Übersetzung für die Zwecke der internationalen Recherche

b) Jedes Schreiben des Anmelders an die Internationale Recherchenbehörde oder die mit der internationalen vorläufigen Prüfung beauftragte Behörde kann in einer anderen Sprache als der Sprache der internationalen Anmeldung abgefasst sein, **wenn diese Behörde den Gebrauch der anderen Sprache zugelassen hat.**

R 3 EPÜ Regelt die Sprachenwahl bei der Einreichung von Schriftstücken. Ein **Wechsel der Sprache der Anmeldung** ist im Verfahren nach dem EPÜ **nicht** möglich, da es sich bei einer PCT-Anmeldung nach Art 150 EPÜ um eine EPÜ-Anmeldung handelt. Mitteilung des Präsidenten vom 18.06.93, ABl. 1993, 97, 596, 540 ff. Das EPA lässt DE, GB, FR als Verfahrenssprachen zu, Art 14 (1), (3) EPÜ.

Wechsel der Sprache der Anmeldung nicht möglich

VV 104 Sprache des Schriftverkehrs in Fällen, die nicht von Regel 92.2 erfasst werden

c) [gestrichen]

d) *(seit 01.07.2016)* Jedes Schreiben des Anmelders an das Internationale Büro wird in englischer oder französischer Sprache oder in einer anderen durch die Verwaltungsvorschriften zugelassen Veröffentlichungssprache abgefasst.

d) *(bis 30.06.2016)* Jedes Schreiben des Anmelders an das Internationale Büro wird in englischer oder französischer Sprache abgefasst.

Die Änderungen gelten für internationale Anmeldungen mit Anmeldedatum ab dem 01.07.2016. Die Änderungen gelten auch für Schreiben, die das IB ab dem 01.07.2016 im Zusammenhang mit internationalen Anmeldungen vor diesem Datum erhalten hat. Die VV enthalten in Bezug auf ePCT eine Ermächtigung, damit die Umsetzung erfolgen kann, sobald die personellen und technischen Voraussetzungen gegeben sind.

Regeln zu mehreren Kapiteln des Vertrags

R 48.3 Veröffentlichungssprachen
VV 104 e) Veröffentlichungssprache für ePCT

> e) Jedes Schreiben oder jede Mitteilung des **Internationalen Büros** an den Anmelder oder an ein nationales Amt wird in englischer oder französischer Sprache abgefasst.

VV 104 b) Voraussetzung für Wahlmöglichkeit unter den Sprachen

92.3 Postversand durch nationale Ämter oder zwischenstaatliche Organisationen

Ein Schriftstück oder Schreiben, das von einem nationalen Amt oder einer zwischenstaatlichen Organisation abgesandt oder übermittelt wird und ein Ereignis darstellt, das den Lauf einer im Vertrag oder dieser Ausführungsordnung vorgesehenen Frist in Gang setzt, ist als Luftpostsendung aufzugeben; der Versand kann jedoch mit normaler Post erfolgen, wenn solche Sendungen regelmäßig zwei Tage nach der Aufgabe beim Empfänger eingehen oder ein Luftpostdienst nicht zur Verfügung steht.

92.4 Benutzung des Telegrafen, Fernschreibers, Telefaxgeräts usw.

> a) Unbeschadet der Regeln 11.14 *(Form)* und 92.1 Absatz a *(Unterschrift)* und vorbehaltlich des Absatzes h *(Einschränkung der Entgegennahme von Schriftstücken durch nationale Ämter)* können die **Unterlagen der internationalen Anmeldung** und alle sie betreffenden späteren Schriftstücke oder Schreiben, soweit möglich, mittels Telegraf, Fernschreiber, **Telefax** oder ähnlicher Einrichtungen zur Nachrichtenübermittlung, die zur Einreichung eines gedruckten oder geschriebenen Schriftstücks führen, übermittelt werden.

Faxübermittlung der internationalen Anmeldung möglich

R 20.3 Mängel nach Art 11 (1), wie späterer Eingang von Unterlagen der internationalen Anmeldung
R 82.1 Störungen im Postdienst
R 82^{quater}.1 Entschuldigung von Fristüberschreitungen
VV 331 Eingang der Bestätigungskopie
IB: Applicant's Guide int. P. Annex B2 (IB). Das IB hat angekündigt, ab Ende 2018 aus technischen Gründen keine Faxe mehr entgegennehmen zu können. Bis dahin wird empfohlen, sich den Eingang des Faxes sicherheitshalber telefonisch oder per E-Mail bestätigen zu lassen. Die Kontaktdaten des zuständigen Sachbearbeiters können unter https://patentscope.wipo.int/search/en/teamlookup.jsf ermittelt werden.

> b) Eine **Unterschrift** auf einem durch **Telefax** übermittelten Schriftstück wird für die Zwecke des Vertrags und dieser Ausführungsordnung als ordnungsgemäße Unterschrift anerkannt.
> c) Hat der Anmelder versucht, ein Schriftstück mit einer der in Absatz a genannten Einrichtungen zu übermitteln und ist das übermittelte Schriftstück ganz oder teilweise **unleserlich** oder **unvollständig eingegangen**, so gilt es als nicht eingegangen, soweit es unleserlich ist oder der Übermittlungsversuch fehlgeschlagen ist. Das nationale Amt oder die zwischenstaatliche Organisation unterrichtet den Anmelder unverzüglich hiervon.

Beim EPA gelten mit Viren infizierte elektronisch eingereichte Unterlagen als nicht lesbar, ABl. 2018, A45.

> d) Ein nationales Amt oder eine zwischenstaatliche Organisation **kann verlangen**, **dass das Original** eines mit den in Absatz a genannten Einrichtungen übermittelten Schriftstücks und ein Begleitschreiben mit Angaben über diese frühere Übermittlung **innerhalb von 14 Tagen** seit dieser Übermittlung **eingereicht** werden, sofern dieses Erfordernis dem Internationalen Büro mitgeteilt worden ist und dieses Angaben hier-

über im Blatt veröffentlicht hat. In der Mitteilung ist anzugeben, ob dieses Erfordernis alle oder nur bestimmte Arten von Schriftstücken betrifft.

e) Versäumt der Anmelder die nach Absatz d erforderliche Einreichung des Originals eines Schriftstücks, so kann das nationale Amt oder die zwischenstaatliche Organisation je nach Art des übermittelten Schriftstücks im Hinblick auf die Regeln 11 *(Äußere Form der internationalen Anmeldung)* und 26.3 *(Prüfung der Formerfordernisse nach Art 14)*

    i) von der Einhaltung der Vorschrift nach Absatz d absehen oder

    ii) den Anmelder auffordern, das Original des übermittelten Schriftstücks innerhalb einer in der Aufforderung gesetzten und den Umständen nach angemessenen Frist einzureichen;

EPA   Beschluss v. 12.07.2007 (Beilage zum ABl. 1/2012, 88: ABl. 2007 Sonderausgabe Nr. 3 A.3): Eine gefaxte internationale Anmeldung muss formgerecht (R 2 (1) EPÜ, Sonderausgabe Nr. 3 ABl. EPA 2007, A.3) per Post nachgereicht werden. Wurde ein Bestätigungsschreiben nicht rechtzeitig übermittelt, wird der Anmelder zur Nachholung aufgefordert. Wenn hierauf kein Bestätigungsschreiben eingeht, gilt die Anmeldung als zurückgenommen. Bei der Übermittlung des Antrags auf IVP ist nur auf Aufforderung eine schriftliche Betätigung einzureichen (Euro-PCT-Leitfaden B. Rn 71), selbst wenn die Einreichung per Fax erfolgte (PCT-EPA-RiLi C.II.1.).

weist jedoch das übermittelte Schriftstück Mängel auf oder ist daraus ersichtlich, dass das Original Mängel aufweist, zu deren Behebung das nationale Amt oder die zwischenstaatliche Organisation den Anmelder auffordern kann, so kann dieses Amt oder diese Organisation dies zusätzlich oder an Stelle des Verfahrens nach Ziffer i oder ii *(Aufforderung Original einzureichen oder Verzicht auf Verlangen)* tun.

f) Ist die Einreichung des Originals eines Schriftstücks nach Absatz d nicht erforderlich, hält jedoch das nationale Amt oder die zwischenstaatliche Organisation die Vorlage des Originals des genannten Schriftstücks für notwendig, so kann dieses Amt oder diese Organisation den Anmelder hierzu nach Absatz e Ziffer ii auffordern.

Beim EPA gelten in die elektronische Akte aufgenommene Schriftstücke als Originale, R 147 (3) EPÜ, PCT-EPA-RiLi A.VI-1.3. Eine Aufforderung zum Einreichen eines Originals erübrigt sich daher.

g) Kommt der Anmelder einer Aufforderung nach Absatz e Ziffer ii oder Absatz f nicht nach und handelt es sich bei dem Schriftstück

    i) um die internationale Anmeldung, so gilt diese als zurückgenommen und wird vom Anmeldeamt für zurückgenommen erklärt;

Eine nationale Weiterbehandlung und subsidiär eine Wiedereinsetzung ist vor dem EPA möglich.

    ii) um ein zur internationalen Anmeldung nachgereichtes Schriftstück, so gilt das Schriftstück als nicht eingereicht *(R 50 (3) EPÜ entsprechend)*.

h) Ein nationales Amt und eine zwischenstaatliche Organisation ist nicht verpflichtet, ein durch die in Absatz a genannten Einrichtungen übermitteltes Schriftstück entgegenzunehmen, es sei denn, das Amt oder die zwischenstaatliche Organisation hat dem Internationalen Büro mitgeteilt, dass so übermittelte Schriftstücke entgegengenommen werden, und das Internationale Büro Angaben hierüber im Blatt veröffentlicht hat.

Mitteilung des EPA v. 02.22.2010 betreffend des geänderten Verfahrens zur Empfangsbescheinigung (ABl. 2010, 642)

Regel 92bis Eintragung von Änderungen bestimmter Angaben im Antrag oder im Antrag auf internationale vorläufige Prüfung

92bis.1 Eintragung von Änderungen durch das Internationale Büro

a) Auf Antrag des Anmelders oder des Anmeldeamts vermerkt das Internationale Büro Änderungen folgender im Antrag oder im Antrag auf internationale vorläufige Prüfung enthaltener Angaben:

IB	Es werden keine Gebühren fällig. Es gibt keine speziellen Formvorschriften und es wird empfohlen, den Antrag direkt ans IB per ePCT zu senden (Applicant's Guide int. P. Nr. 11.018, 11.018A, 11.020).
VV 329	Berichtigung von Angaben über den Sitz, Wohnsitz oder die Staatsangehörigkeit des Anmelders
VV 416	Berichtigung des Antrags im Aktenexemplar
VV 422	Mitteilungen über nach Regel 92bis.1 eingetragene Änderungen
R 4.4 c)	Seit dem 01.07.2008 bestehen weitergehende Möglichkeit der E-Mail-Kommunikation durch Anpassung der Formblätter und VV 706, 710. Die E-Mail-Adresse kann auch gemäß R 92bis hinzugefügt oder geändert werden (Applicant's Guide int. P. Nr. 5.029, 11.018D).

i) Person, Name, Wohnsitz oder Sitz, Staatsangehörigkeit oder Anschrift des Anmelders,

EPA	Kein Nachweis der Berechtigung in der internationalen Phase bei einem Wechsel der Anmelder erforderlich (J 4/10). Rechte Dritter (Lizenzen, Pfandrechte etc.) können in der internationalen Phase generell nicht eingetragen werden, Nr. 11.018D Applicant's Guide int. P.
Art 27 (2) ii), R 51bis.1 a) ii)	bestimmen die zulässigen nationalen Erfordernisse. So kann der Nachweis für die Übertragung in der nationalen Phase strengeren Vorschriften unterliegen. Vor dem EPA muss jedoch keine neue Urkunde nach R 22 (1) EPÜ vorgelegt werden, wenn diese bereits im Verfahren nach dem PCT vorgelegt wurde. Es wird der Sachstand übernommen.
R 4.4 d)	Zustellanschrift
R 92.4	Unterzeichnetes Schreiben, in dem die Änderungen mitgeteilt werden, kann als Fax versendet werden, nicht aber als E-Mail.
R 92bis	Es werden dem IB nur die Änderungen schriftlich – vorzugsweise per ePCT – mitgeteilt (s.a. Nr. 11.018–11.018A Applicant's Guide int. P.).
Applicant's Guide int. P. Nr. 11.018B	Für eine Änderung in der Person des Anmelders, z.B einer Übertragung, bedarf es in der internationalen Phase keiner Nachweise, sofern die Übertragung dem IB durch den vorherigen Anmelder oder seinen Vertreter mitgeteilt wird.
Applicant's Guide int. P. Nr. 11.018C	Eine Übertragung muss nicht auf einen PCT-Angehörigen erfolgen.
Applicant's Guide int. P. Nr. 11.018B	Ein Antrag auf Übertragung durch eine Person, die noch nicht im Antrag genannt wurde, ist ohne schriftliche Einwilligung des Anmelders nur mit einer Übertragungsurkunde oder sonstigen Nachweisen möglich.
Applicant's Guide int. P. Nr. 11.018B	Die Einreichung einer neuen Vollmacht ist immer dann erforderlich, wenn der eingetragene Vertreter einen neuen Anmelder vertritt und Änderungen in der Person des Anmelders mitteilt.

ii) Person, Name oder Anschrift des Anwalts, des gemeinsamen Vertreters oder des Erfinders.

VV 328 Mitteilung über die Vertretung (Änderungen über den Anwalt oder Vertreter)
VV 425, 512, 608 Mitteilung über die Vertretung (Widerruf der Vertretung)
R 90bis.5 Eintragung der Änderung des Vertreters nur bei ordnungsgemäßer Vertretungsniederlegung (PCT-Newsletter 9/2014, S. 14)

b) Das Internationale Büro trägt die beantragte Änderung nicht ein, wenn ihm der Eintragungsantrag nach Ablauf von 30 Monaten ab dem Prioritätsdatum zugeht.

Nach Fristablauf und Eintritt in die nationale Phase muss die Änderung direkt beim Bestimmungsamt bzw. ausgewählten Amt beantragt werden (Applicant's Guide int. P. Nr. 11.021).

Regel 93 Aufbewahrung von Vorgängen und Akten

93.1 Das Anmeldeamt

Jedes Anmeldeamt bewahrt die Vorgänge über jede internationale Anmeldung oder vorgebliche internationale Anmeldung, einschließlich des Anmeldeamtexemplars für eine Zeitdauer von mindestens zehn Jahren nach dem internationalen Anmeldedatum oder nach dem Eingangsdatum, wenn kein internationales Anmeldedatum zuerkannt worden ist, auf.

Siehe zur Aktenaufbewahrung beim EPA Beilage zum ABl. 1/2012, 81.

93.2 Das Internationale Büro

a) Das Internationale Büro bewahrt die Akten über jede internationale Anmeldung, einschließlich des Aktenexemplars, für eine Zeitdauer von mindestens 30 Jahren nach Eingang des Aktenexemplars auf
b) Die wesentlichen Vorgänge des Internationalen Büros werden für eine unbeschränkte Zeitdauer aufbewahrt.

93.3 Die Internationalen Recherchenbehörden und die mit der internationalen vorläufigen Prüfung beauftragten Behörden

Jede Internationale Recherchenbehörde und jede mit der internationalen vorläufigen Prüfung beauftragte Behörde bewahrt die Akten über jede ihr übermittelte internationale Anmeldung für eine Zeitdauer von mindestens zehn Jahren nach dem internationalen Anmeldedatum auf.

147 EPÜ elektronische Aktenführung und -aufbewahrung (Beilage zum ABl. 2011, IX.1. (Sonderausgabe ABl. 2007 Nr. 3, 121, Beilage zum ABl. 1/2012, 81, 83)

93.4 Vervielfältigungen

Für die Zwecke dieser Regel können Vorgänge, Exemplare und Akten als fotografische, elektronische oder sonstige Vervielfältigungen aufbewahrt werden, vorausgesetzt, dass die Vervielfältigungen so beschaffen sind, dass den Verpflichtungen zur Aufbewahrung von Vorgängen, Exemplaren und Akten nach den Regeln 93.1 bis 93.3 Genüge getan ist.

Aufbewahrung von Vorgängen und Akten

Regeln zu mehreren Kapiteln des Vertrags

Regel 93bis Art der Übermittlung von Unterlagen

93bis.1 Übermittlung auf Antrag; Übermittlung über eine digitale Bibliothek

a) Die im Vertrag, in dieser Ausführungsordnung oder in den Verwaltungsvorschriften vorgeschriebene Übermittlung, Zustellung oder Übersendung (»Übermittlung«) von internationalen Anmeldungen, Mitteilungen, Schriftstücken, Schreiben oder anderen Unterlagen (»Unterlagen«) vom Internationalen Büro an ein Bestimmungsamt oder ein ausgewähltes Amt wird nur auf Anforderung des betreffenden Amts und zu dem von ihm genannten Zeitpunkt vorgenommen. Die Anforderung kann sich auf einzeln angegebene Unterlagen oder auf eine angegebene Art beziehungsweise Arten von Unterlagen beziehen.

b) Eine Übermittlung nach Absatz a gilt, wenn das Internationale Büro und das betreffende Bestimmungsamt oder das betreffende ausgewählte Amt dies miteinander vereinbart haben, als zu dem Zeitpunkt erfolgt, zu dem das Internationale Büro dem Amt die Unterlage in elektronischer Form nach Maßgabe der Verwaltungsvorschriften in einer digitalen Bibliothek zur Verfügung stellt, aus der dieses Amt berechtigt ist, die Unterlage abzurufen.

Regel 94 Akteneinsicht

Akteneinsicht 94.1 Akteneinsicht beim Internationalen Büro

a) Auf **Antrag des Anmelders** oder einer von ihm bevollmächtigten Person erteilt das Internationale Büro, gegen Erstattung der entstehenden Kosten, Kopien von allen **in seiner Akte befindlichen Schriftstücken.**

b) *(seit 01.07.2016)* Vorbehaltlich des Artikels 38 und der Absätze d bis g erteilt das Internationale Büro nach der internationalen Veröffentlichung der internationalen Anmeldung jedermann auf Antrag Kopien von allen in seiner Akte befindlichen Schriftstücken. Die Ausstellung von Kopien kann von der Erstattung der entstehenden Kosten abhängig gemacht werden.

Die Änderungen gelten für internationale Anmeldungen mit Anmeldedatum ab dem 01.07.2016 (PCT/A47/9)

Die Änderung steht im Zusammenhang mit der Neuregelung der Möglichkeit in R 9 und R 48.2, sensible persönliche Informationen von der Veröffentlichung der Anmeldung mangels vorrangigen öffentlichen Interesses auszuschließen und den Anmelder darauf hinzuweisen. Dementsprechend wird nun auch auf die Voraussetzungen in den neuen Absätzen d) bis g) verwiesen (PCT/WG8/12 Nr. 18–21).

Nach Auskunft der WIPO richtet sich der Ausschluss der Akteneinsicht durch das IB gegen jedermann, also auch gegen das Bestimmungsamt oder ausgewählte Amt. Informationen, die in der internationalen Phase ausgeschlossen wurden, sollen nicht indirekt zugänglich sein. Abweichende nationale Vorschriften sind nachrangig, es sei denn, sie wären für den Anmelder günstiger, Art 27 (4).

Art 38 Vertraulicher Charakter der IVP

b) *(01.07.2014 bis 30.06.2016)* Vorbehaltlich des Artikels 38 erteilt das Internationale Büro **nach der internationalen Veröffentlichung** der internationalen Anmeldung **jedermann** auf Antrag, gegen Erstattung der entstehenden Kosten, Kopien von allen in seiner Akte befindlichen Schriftstücken.

c) Auf Antrag eines ausgewählten Amts stellt das Internationale Büro im Namen dieses Amtes Kopien des internationalen vorläufigen Prüfungsberichts nach Absatz b zur Verfügung. Das Internationale Büro veröffentlicht die Einzelheiten eines solchen Antrags unverzüglich im Blatt.

Absatz c) ist etwas kryptisch formuliert. Erstens werden die Kopien Dritten zur Verfügung gestellt. D.h. dass Akteneinsicht möglich ist. Zweitens betrifft dies sowohl den IPRP I als auch den IPRP II. Drittens wird ein solcher Antrag von einem ausgewählten Amt, z.B dem EPA, pauschal für alle PCTa gestellt und nicht für einzelne PCTa (s.u.). Viertens kommt es nicht darauf an, ob die nationale oder regionale Phase in dem den Antrag stellenden Land tatsächlich eröffnet worden ist (s. R 94.3 mit Fußnote und ABl. 2003, 382). Fünftens erfolgt das Zurverfügungstellen auf der Webseite der WIPO (über https://patentscope.wipo.int/search/de/structuredSearch.jsf). Im Ergebnis sind der IPRP I und II auf der Webseite der WIPO einsehbar, allerdings erst nach Ablauf von 30 Monaten (Applicant's Guide int. P. Nr. 10.080). Danach sind diese Berichte nicht mehr vertraulich, wie es noch Art 38 fordert. Die Einsicht vor Ablauf von 30 Monaten in Dokumente, die im Verfahren nach Kapitel I erstellt wurden, steht in Einklang mit Art 38, selbst wenn die Dokumente danach Teil des Verfahrens nach Kapitel II werden (www.wipo.int/edocs/mdocs/pct/en/pct_wg_6/pct_wg_6_24.pdf, S. 57, Nr. 292).

R 44bis.1 schriftlicher Bescheid und IPRP I

Art 30   Vertraulicher Charakter einer internationalen Anmeldung

Art 30 (4) Bestimmung des Begriffs »Einsichtnahme«.

Art 38   Einsichtnahme nach Abs. c) ist nur über den Antrag eines ausgewählten Amtes möglich.

Ausgewählte Staaten, die das IB mit der Übermittlung von Kopien des internationalen vorläufigen Prüfungsberichts beauftragt haben: AU, AT, BY, EA (EAPO), EE, EG, EP (EPO), GB, GE, JP, LT, MW, NO, SY. Eine entsprechende Liste findet sich unter www. wipo.int/pct/en/texts/pdf/access_iper.pdf. Die Beauftragung erfolgte pauschal hinsichtlich aller PCTa. Sie erfolgte durch das EPA in PCT Gazette vom 15.01.2004, S.1742.

R 4.1   Erklärung der Lizenzbereitschaft ist weder Bestandteil der PCTa noch der internationalen Veröffentlichung (PCT-Newsletter 12/2011, S. 1). Die Erklärung ist als Teil der Akte des IB einsehbar unter patentscope, s.o. (Details siehe Nr. 11.102 ff. Applicant's Guide int. P.)

VV 801 ff. Einwendungen Dritter zum Stand der Technik ab Datum der internationalen Veröffentlichung bis zum Ablauf von 28 Monaten seit Prioritätsdatum über ePCT. Nach Prüfung durch das IB wird die Bemerkung ohne die entsprechenden Dokumente sowie eine Stellungnahme des Anmelders veröffentlicht unter Patentscope, siehe auch Nr. 11.109 ff. Applicant's Guide int. P. und Übersicht »Akteneinsicht/Veröffentlichungen«.

ePCT   elektronische WIPO-Akte zur Internationalen Anmeldung gewährt nur dem Anmelder Zugang zu seinen Dokumenten (www.wipo.int/pct/en/epct/pdf/pct_wipo_accounts_user_guide.pdf, PCT-Newsletter 1/2012, S. 1).

R 17.1 b^{bis}) VV 715, 716, Digital Access Service for Priority Documents (DAS) bietet vor Veröffentlichung Zugang nur zur eigenen Akte (www.wipo.int/export/sites/www/pct/de/seminar/basic_1/document.pdf, S. 40 ff., Stand 15.11.2016) ist also nicht in der Übersicht der Akteneinsicht für Dritte enthalten.

d) *(seit 01.07.2016)* Das Internationale Büro gewährt keine Einsicht in die in seiner Akte enthaltenen Angaben, die gemäß Regel 48.2 Absatz l von der Veröffentlichung ausgeschlossen wurden *(sensible persönliche Informationen)*, und in die in seiner Akte befindlichen Schriftstücke, die im Zusammenhang mit einem Antrag nach jener Regel stehen.

R 48.2 l) Entscheidung IB über Nichtveröffentlichung von Daten in PCTa

e) *(seit 01.07.2016)* Auf begründeten Antrag des Anmelders gewährt das Internationale Büro keine Einsicht in die in seiner Akte enthaltenen Angaben und in die in seiner Akte befindlichen Schriftstücke, die im Zusammenhang mit einem solchen Antrag stehen, wenn es feststellt, dass
    i) diese Angaben nicht offensichtlich dem Zweck dienen, die Öffentlichkeit über die internationale Anmeldung zu unterrichten,
    ii) die öffentliche Einsicht in diese Angaben eindeutig persönliche oder wirtschaftliche Interessen einer Person beeinträchtigten würde und
    iii) kein vorherrschendes öffentliches Interesse an der Einsicht in diese Angaben besteht.
Regel 26.4 findet entsprechend Anwendung auf die Art und Weise, in der der Anmelder die Angaben darzulegen hat, die Gegenstand eines Antrags nach diesem Absatz sind.

R 48.2 l) Entscheidung IB über Nichtveröffentlichung von Daten in PCTa
R 26.4   Formelle Anforderungen für die Berichtigung von Angaben
VV 218 Verfahren beim IB

f) *(seit 01.07.2016)* Hat das Internationale Büro Angaben von der öffentlichen Einsichtnahme gemäß Absatz d oder e ausgeschlossen und sind die Angaben auch in der Akte der internationalen Anmeldung enthalten, die sich beim Anmeldeamt, der internationalen Recherchenbehörde, der für die ergänzende Recherche bestimmten Behörde oder der mit der internationalen vorläufigen Prüfung beauftragten Behörde befindet, so teilt das Internationale Büro dies diesem Amt und dieser Behörde unverzüglich mit.

g) *(seit 01.07.2016)* Das internationale Büro gewährt keine Einsicht in die sich in seiner Akte befindlichen Schriftstücke, die ausschließlich für den internen Gebrauch innerhalb des Internationalen Büros erstellt wurden.

94.1^{bis} *(seit 01.07.2016)* Akteneinsicht beim Anmeldeamt

a) Auf Antrag des Anmelders oder einer von ihm bevollmächtigten Person kann das Anmeldeamt Einsicht in alle in seiner Akte befindlichen Schriftstücke gewähren. Die Ausstellung von Kopien von Schriftstücken kann von der Erstattung der entstehenden Kosten abhängig gemacht werden.

b) Vorbehaltlich Absatz c kann das Anmeldeamt nach der internationalen Veröffentlichung der internationalen Anmeldung jedermann auf Antrag Einsicht in alle in seiner Akte befindlichen Schriftstücke gewähren. Die Ausstellung von Kopien von Schriftstücken kann von der Erstattung der entstehenden Kosten abhängig gemacht werden.

c) Das Anmeldeamt gewährt keine Einsicht nach Absatz b in Angaben, hinsichtlich derer es vom Internationale Büro davon in Kenntnis gesetzt wurde, dass diese Angaben gemäß Regel 48.2 Absatz l *(sensible persönliche Informationen)* von der Veröffentlichung oder gemäß Regel 94.1 Absatz d oder e *(sensible persönliche Informationen)* von der öffentlichen Einsichtnahme ausgeschlossen wurden.

Die Änderungen gelten für internationale Anmeldungen mit Anmeldedatum ab dem 01.07.2016 (PCT/A47/9). Der Absatz wurde eingefügt, weil es bisher in der Ausführungsordnung keine Regelung gab. Aus Art 30 ergab sich nur, dass die Einsicht erst nach der internationalen Veröffentlichung möglich war. Durch die Neuregelung wird eine Beschränkung des Umfangs der Akteneinsicht ermöglicht, entsprechend der Regelung bei den anderen Behörden.

Die Einsicht in der internationalen Phase bei Behörden in ihrer Eigenschaft als internationale Behörden richtet sich nach dem vorrangigen PCT und nicht nach nationalem Recht. Nationale Vorschriften können ergänzend zur Lückenfüllung angewendet werden oder wenn eine Anwendung in der PCT Regel ausdrücklich vorgesehen ist.

Regel 94

R 48.2 l) Entscheidung IB über Nichtveröffentlichung von Daten in PCTa
Art 30 (2) a, (3) Akteneinsicht beim nationalen Amt und Anmeldeamt
R 23bis.2 a) Übermittlung von zu einer früheren Recherche oder Klassifikation gehörenden Unterlagen für die Zwecke nach Regel 41.2
EPA Kostenlose Online-Akteneinsicht in PCT-Akten über das europäische Patentregister gemäß ABl. 2018, A14
Art 150 EPÜ Vorrang des PCT und ergänzende Wirkung
Art 128 (4), R 144 EPÜ Ausschluss von der Akteneinsicht
Art 27 (4) Ausnahme für mildere Vorschriften

94.1^{ter} *(seit 01.07.2016)* Akteneinsicht bei der Internationalen Recherchenbehörde

a) Auf Antrag des Anmelders oder einer von ihm bevollmächtigten Person kann die internale Recherchenbehörde Einsicht in alle in ihrer Akte befindlichen Schriftstücke gewähren. Die Ausstellung von Kopien von Schriftstücken kann von der Erstattung der entstehenden Kosten abhängig gemacht werden.

b) Vorbehaltlich des Absatzes c kann die Internationale Recherchenbehörde nach der internationalen Veröffentlichung der internationalen Anmeldung jedermann auf Antrag Einsicht in alle in ihrer Akte befindlichen Schriftstücke gewähren. Die Ausstellung von Kopien von Schriftstücken kann von der Erstattung der entstehenden Kosten abhängig gemacht werden.

c) Die Internationale Recherchenbehörde gewährt keine Einsicht nach Absatz b in Angaben, hinsichtlich derer sie vom Internationale Büro davon in Kenntnis gesetzt wurde, dass diese Angaben gemäß Regel 48.2 Absatz l *(sensible persönliche Informationen)* von der Veröffentlichung oder gemäß Regel 94.1 Absatz d oder e *(sensible persönliche Informationen)* von der öffentlichen Einsichtnahme ausgeschlossen wurden.

d) Die Absätze a bis c finden entsprechend Anwendung auf die für die ergänzende Recherche bestimmte Behörde.

R 45bis.9 Zuständige SISA *SISA*
Die Änderungen gelten für internationale Anmeldungen mit Anmeldedatum ab dem 01.07.2016 (PCT/A47/9). Die Regelungen für die ISA, entsprechen denen für die SISA und das Anmeldeamt. Siehe dazu auch die Anmerkungen unter R 94.1^{bis}.
EPA Kostenlose Online-Akteneinsicht in PCT-Akten über das europäische Patentregister gemäß ABl. 2018, A14

94.2 Akteneinsicht bei der mit der internationalen vorläufigen Prüfung beauftragten Behörde

a) *(seit 01.07.2016)* Auf Antrag des Anmelders oder einer von ihm bevollmächtigten Person gewährt die mit der internationalen vorläufigen Prüfung beauftragte Behörde Einsicht in alle in ihrer Akte befindlichen Schriftstücke. Die Ausstellung von Kopien von Schriftstücken kann von der Erstattung der entstehenden Kosten abhängig gemacht werden.

(bis 30.06.2016) Auf Antrag des Anmelders, jeder von ihm bevollmächtigten Person oder – **nach Erstellung des internationalen vorläufigen Prüfungsberichts** – jeden ausgewählten Amts erteilt die mit der internationalen vorläufigen Prüfung beauftragte Behörde, gegen Erstattung der entstehenden Kosten, Kopien von allen in ihrer Akte befindlichen Schriftstücken.

b) *(seit 01.07.2016)* Vorbehaltlich des Absatzes c gewährt die mit der internationalen vorläufigen Prüfung beauftragte Behörde **nach der Erstellung des internationalen vorläufigen Prüfungsberichts** auf Antrag eines ausgewählten Amts Einsicht in alle in ihrer Akte befindlichen Schriftstücke. Die Ausstellung von Kopien von Schriftstücken kann von der Erstattung der entstehenden Kosten abhängig gemacht werden.

Die Anträge eines ausgewählten Amts werden pauschal gestellt. Siehe Anmerkung zu R 94.1 c).

c) *(seit 01.07.2016)* Die mit der internationalen vorläufigen Prüfung beauftragte Behörde gewährt keine Einsicht nach Absatz b in Angaben, hinsichtlich derer sie vom Internationale Büro davon in Kenntnis gesetzt wurde, dass diese Angaben gemäß Regel 48.2 Absatz l *(sensible persönliche Informationen)* von der Veröffentlichung oder gemäß Regel 94.1 Absatz d oder e *(sensible persönliche Informationen)* von der öffentlichen Einsichtnahme ausgeschlossen wurden.

Die Änderungen gelten für internationale Anmeldungen mit Anmeldedatum ab dem 01.07.2016 (PCT/A47/9). Die neu geregelten Ausnahmen der Akteneinsicht entsprechen denen für die ISA oder das Anmeldeamt, siehe Anmerkungen zu R 94.1^{bis}.

94.2^{bis} *(seit 01.07.2016)* Akteneinsicht beim Bestimmungsamt

Gestattet das vom Bestimmungsamt anzuwendende nationale Recht Dritten Einsicht in die Akte einer nationalen Anmeldung, so kann dieses Amt – jedoch nicht vor dem frühesten der in Artikel 30 Absatz 2 Buchstabe a *(internationale Veröffentlichung)* aufgeführten Daten – in dem nach nationalen Recht für die Einsicht in die Akte einer nationalen Anmeldung vorgesehenen Umfang Einsicht in alle in seiner Akte befindlichen, zu einer internationalen Anmeldung gehörigen Schriftstücke gewähren. Die Ausstellung von Kopien von Schriftstücken kann von der Erstattung der entstehenden Kosten abhängig gemacht werden.

Die Änderungen gelten für internationale Anmeldungen mit Anmeldedatum ab dem 01.07.2016 (PCT/A47/9). Bisher gab es keine ausdrückliche Regelung für das Bestimmungsamt in der Ausführungsordnung, sondern es ergab sich nur aus Art 30.

Informationen, die in der internationalen Phase ausgeschlossen wurden, sollen nicht indirekt zugänglich sein. Abweichende nationale Vorschriften sind nachrangig, es sei denn sie wären für den Anmelder günstiger, Art 27 (4).

Art 30 (2) a Nationales Amt – d.h. i.S. des Art 2 xii) ff. – gewährt Einsicht frühestens nach internationaler Veröffentlichung bzw. Eingang der PCTa beim BA
Art 38 Vertraulicher Charakter der internationalen vorläufigen Prüfung
R 17.2 b) und c) Einschränkungen der Veröffentlichung von Prioritätsbelegen
R 61.4 Der Antrag auf internationale Prüfung wird veröffentlicht
Art 3 (1) GebO Nr. 2.1.14; 0,80 € gemäß ABl. 2018, A32, das auf ABl. 2014, A13 verweist.

94.3 Akteneinsicht beim ausgewählten Amt

(seit 01.07.2016) Gestattet das vom ausgewählten Amt anzuwendende nationale Recht Dritten Einsicht in die Akte einer nationalen Anmeldung, so kann dieses Amt – jedoch nicht vor dem frühesten der in Artikel 30 Absatz 2 Buchstabe a *(internationale Veröffentlichung)* aufgeführten Daten – in dem nach nationalem Recht für die Einsicht in die Akte einer nationalen Anmeldung vorgesehenen Umfang Einsicht in alle in seiner Akte befindlichen, zu einer internationalen Anmeldung gehörigen Schriftstücke, einschließlich aller Schriftstücke, die sich auf die internationale vorläufige Prüfung beziehen, gewähren. Die Ausstellung von Kopien von Schriftstücken kann von der Erstattung der entstehenden Kosten abhängig gemacht werden.

(bis 30.06.2016) Gestattet das vom ausgewählten Amt anzuwendende nationale Recht Dritten Einsicht in die Akte einer nationalen Anmeldung, so **kann** dieses Amt – jedoch nicht vor der internationalen Veröffentlichung der internationalen Anmeldung – in dem nach dem nationalen Recht für die nationale Akteneinsicht vorgesehenen

Umfang in alle zu einer internationalen Anmeldung gehörigen und in der Akte befindlichen Schriftstücke sowie in diejenigen Schriftstücke Einsicht gewähren, die sich auf die internationale vorläufige Prüfung beziehen. Die Ausstellung von Kopien von Schriftstücken kann von der Erstattung der entstehenden Kosten abhängig gemacht werden.

Die Änderungen gelten für internationale Anmeldungen mit Anmeldedatum ab dem 01.07.2016 (PCT/A47/9). Die Neuformulierung orientiert sich nun präziser an den Voraussetzungen des Art 30 (2) a.

Informationen die in der internationalen Phase ausgeschlossen wurden, sollen nicht indirekt zugänglich sein. Abweichende nationale Vorschriften sind nachrangig, es sei denn sie wären für den Anmelder günstiger, Art 27 (4).

Art 30 (2) a Nationales Amt gewährt Einsicht frühestens nach der internationalen Veröffentlichung bzw. Eingang der PCTa beim BA

EPÜ-RiLi E-VIII 2.10, ABl. 1999, 329 Das EPA lässt gemäß Art 128 (4) EPÜ Akteneinsicht für Anmeldungen zu, die seit dem 01.07.1998 eingereicht wurden, sofern die internationale Veröffentlichung erfolgt ist und für Unterlagen mit Bezug auf Kapitel II soweit der internationale vorläufige Prüfungsbericht erstellt wurde und außerdem die Schriftstücke nicht eindeutig für den internen Gebrauch bestimmt sind. Die frühere Voraussetzung, dass der Anmelder mindestens eine Handlung nach R 159 EPÜ vorgenommen haben muss, ist seit dem 01.02.2003 entfallen (ABl. 2003, 382). Genauere Bedingungen der Einsichtnahme bezüglich online-Akteneinsicht und Erteilung von Kopien sowie von der Akteneinsicht ausgeschlossene Unterlagen ergeben sich aus ABl. 2007, Sonderausgabe Nr. 3, 123, 125 und Art 128 (4) EPÜ (Beilage zum ABl. 1/2012, 83 ff.). Siehe auch Übersicht Akteneinsicht.

Regel 95   *(seit 01.07.2017)* Angaben und Übersetzungen von Bestimmungsämtern und ausgewählten Ämtern

Regel 95   *(bis 30.06.2017)* Vorlage von Übersetzungen

95.1 *(seit 01.07.2017 vor der bisherigen R 95.1 eingefügt)* Angaben betreffend Ereignisse bei Bestimmungsämtern und ausgewählten Ämtern

Jedes Bestimmungsamt oder ausgewählte Amt setzt das Internationale Büro von den folgenden Angaben betreffend eine internationale Anmeldung innerhalb von zwei Monaten, oder so bald wie zumutbar danach, vom Eintritt eines der folgenden Ereignisse in Kenntnis
   i) auf die Vornahme der in Artikel 22 oder Artikel 39 genannten Handlungen durch den Anmelder hin das Datum der Vornahme dieser Handlungen und das nationale Aktenzeichen, das der internationalen Anmeldung zugeteilt wurde,
   ii) wenn das Bestimmungsamt oder das ausgewählte Amt die internationale Anmeldung ausdrücklich aufgrund seines nationalen Rechts oder seiner nationalen Praxis veröffentlicht, die Nummer und das Datum dieser nationalen Veröffentlichung,
   iii) wenn ein Patent erteilt wird, das Erteilungsdatum des Patents und, wenn das Bestimmungsamt oder das ausgewählte Amt die internationale Anmeldung ausdrücklich in der Form veröffentlicht, in der sie aufgrund seines nationalen Rechts erteilt wird, die Nummer und das Datum dieser nationalen Veröffentlichung.

Die Änderungen gelten für internationale Anmeldungen mit Anmeldedatum ab dem 01.07.2017 und für internationale Anmeldungen mit vorherigem Anmeldedatum, wenn die in Art 22 und 39 genannten Handlungen ab dem 01.07.2017 erfolgen.

Bisher waren das BA und das ausgewählte Amt nicht verpflichtet, die Information, ob eine Anmeldung in die nationale Phase eingetreten ist oder nicht, an das IB zu senden. Da Information über das weitere Verfahren auch für Dritte nützlich sein können, wurden die Ämter nun zur Mitteilung weitergehender Informationen nach R 95.1 verpflichtet (PCT/WG/8/8). Die Änderung steht im Zusammenhang mit der Änderung der R 86.1. vi).

Die Versammlung hat Folgendes beschlossen: »In adopting the amendments to Rule 86.1(iv), the Assembly noted that the information concerning national phase entry will be made available to the public not only by way of inclusion in the Gazette on the PATENTSCOPE website but also as part of the bulk PCT bibliographic data offered to Offices and other subscribers to the PATENTSCOPE subscription data services.« (PCT/A/47/9).

95.2 *(vor 01.07.2017 = Regel 95.1)* Kopien der Übersetzungen

a) Jedes Bestimmungsamt oder ausgewählte Amt übersendet dem Internationalen Büro auf dessen Antrag eine Kopie der bei ihm vom Anmelder eingereichten Übersetzung der internationalen Anmeldung.

b) Auf Antrag und gegen Kostenerstattung übersendet das Internationale Büro Kopien der nach Absatz a erhaltenen Übersetzungen an jedermann.

Übersetzung

Art 22	**Übermittlung** eines Exemplars und einer Übersetzung der Anmeldung sowie Gebührenzahlung an die Bestimmungsämter
Art 39	**Übermittlung** eines Exemplars und einer Übersetzung der Anmeldung sowie Gebührenzahlung an das ausgewählte Amt
R 12.3	Übersetzung für die Zwecke der internationalen Recherche
R 12.4	Übersetzung für die Zwecke der internationalen Veröffentlichung
R 23	**Übermittlung** des Recherchenexemplars, der Übersetzung und des Sequenzprotokolls
R 23bis	Weiterleitung von Unterlagen zu früherer Recherche zwischen Behörden
R 55.2	Übersetzung der internationalen Anmeldung
R 86.1iv)	Inhalt der Veröffentlichung im Blatt bezüglich nationaler Phase
Art 153 (3)-(5) EPÜ	Veröffentlichung der internationalen Anmeldung und ihre Übermittlung ans EPA als Bestimmungsamt oder ausgewähltes Amt

Regel 96   Gebührenverzeichnis

Gebührenverzeichnis

96.1 Gebührenverzeichnis im Anhang zur Ausführungsordnung

Die Beträge der in Regel 15, 45bis.2 und 57 genannten Gebühren werden in Schweizer Währung angegeben. Sie ergeben sich aus dem Gebührenverzeichnis, das im Anhang zu dieser Ausführungsordnung erscheint und Bestandteil hiervon ist.

EPA: Die Beträge des GebV werden von der WIPO festgelegt und sind in Schweizer Währung angegeben. Müssen diese Gebühren an das EPA als Anmeldeamt oder IPEA gezahlt werden, sind sie in Euro zu entrichten. Wegen der Entwicklung des Wechselkurses von Euro und Schweizer Franken werden die Äquivalenzbeträge angepasst auf der Grundlage der Richtlinie der PCT-Versammlung unter www.wipo.int/pct/en/fees/equivalent_amounts.html, zuletzt mit Wirkung vom 01.01.2018 (ABl. 2017, A102, davor ABl. 2016, A111)

Gebühren

Gebührenverzeichnis (GebV R 96 PCT)

Gebühr	Betrag
1. Internationale Anmeldegebühr (R 15.2)	1330 Sfr, zuzüglich 15 Sfr für das 31. und jedes weitere Blatt der internationalen Anmeldung
2. Bearbeitungsgebühr für die ergänzende Recherche (R 45bis.2)	200 Sfr
3. Bearbeitungsgebühr (R 57.2 a))	200 Sfr

Ermäßigungen
4. Die internationale Anmeldegebühr ermäßigt sich um folgenden Betrag, wenn die internationale Anmeldung in einer der in den Verwaltungsvorschriften vorgesehenen Formen eingereicht wird:

a) in elektronischer Form, wenn der Antrag nicht zeichenkodiert ist	100 Schweizer Franken
b) in elektronischer Form, wenn der Antrag (, nicht aber der Text der Beschreibung, der Ansprüche und der Zusammenfassung) zeichenkodiert ist	200 Schweizer Franken
c) in elektronischer Form, wenn Antrag, Beschreibung, Ansprüche und Zusammenfassung zeichenkodiert sind:	300 Schweizer Franken

Unter Nr. 4 a) fällt beim EPA nach ABl. 2014, A98 die Web-Einreichung.

Infolge der Beendigung des PCT-EASY Systems treten am 01.07.2015 Änderungen des Gebührenverzeichnisses in Kraft. Im Falle von Ermäßigungen der internationalen Anmeldegebühr sind die Änderungen auf alle internationalen Anmeldungen anwendbar, die beim Anmeldeamt seit dem 01.07.2015 eingegangen sind. Die vorherige Version ist auf alle vorher eingegangenen Anmeldungen anwendbar, unabhängig von dem später zuerkannten internationalen Anmeldedatum (R 15.4). Im Falle der Ermäßigung der Bearbeitungsgebühr und der Bearbeitungsgebühr für die ergänzende Recherche findet das neue Gebührenverzeichnis Anwendung auf internationale Anmeldungen, für die die Gebühr ab dem 01.07.2015 bezahlt wurde, unabhängig davon, wann der Antrag auf ergänzende Recherche bzw. IVP eingegangen ist (R 45bis.2 c) und R 57.3 d)), www.wipo.int/edocs/mdocs/govbody/en/pct_a_46/pct_a_46_6.pdf.

Disketten mit PCTa, die ab dem 01.07.2015 eingehen, werden akzeptiert, als Papierform behandelt und es wird keine Ermäßigung gewährt. (PCT/WG/7/15 S. 2 Nr. 5). PCT-SAFE und ePCT-Filing berechtigen zur Ermäßigung nach Nr. 4 d), PCT-Newsletter 5/2014, S. 19.

5. Die internationale Anmeldegebühr gemäß Nummer 1 (gegebenenfalls ermäßigt um den in Nummer 4 genannten Betrag), die Bearbeitungsgebühr für die ergänzende Recherche gemäß Nummer 2 und die Bearbeitungsgebühr gemäß Nummer 3 ermäßigen sich um 90%, wenn die internationale Anmeldung von einem Anmelder eingereicht wird,

a) *(seit 01.07.2015)* der eine natürliche Person ist und der die Staatsangehörigkeit und den Wohnsitz innerhalb eines Staates besitzt, der als ein Staat aufgelistet ist, dessen Pro-Kopf-Bruttoinlandsprodukt unter 25.000 US-Dollar liegt (entsprechend den jüngsten von den Vereinten Nationen veröffentlichten Zahlen des Pro-Kopf-Bruttoinlandsprodukts im Zehnjahresdurchschnitt, ausgehend von einem konstanten US-Dollar-Wert auf der Basis des Jahres 2005) und dessen Staatsangehörige sowie Personen mit Wohnsitz in diesem Staat, die natürliche Personen sind, nach den jüngsten vom Internationalen Büro veröffentlichten Anmeldezahlen im Fünfjahresdurchschnitt weniger als 10 internationale Anmeldungen pro Jahr (pro Million Einwohner) oder weniger als 50 internationale Anmeldungen pro Jahr (in absoluten Zahlen) eingereicht haben, oder

b) *(seit 01.07.2015)* der unabhängig davon, ob es sich um eine natürliche Person handelt oder nicht, die Staatsangehörigkeit beziehungsweise -zugehörigkeit eines und den Wohnsitz beziehungsweise Sitz innerhalb eines Staates besitzt, der als einer der Staaten aufgelistet ist, die von den Vereinten Nationen als am wenigsten entwickelte Länder eingestuft werden,

(seit 01.07.2018) sofern es zum Zeitpunkt der Einreichung der internationalen Anmeldung keine wirtschaftlich Berechtigten der internationalen Anmeldung gibt, die die unter Absatz a) oder b) genannten Kriterien nicht erfüllen würden, und sofern im Fall von mehreren Anmeldern jeder die in Absatz a) oder b) genannten Kriterien erfüllt. Die in den Absätzen a) und b) genannten Listen von Staaten sind vom Generaldirektor mindestens alle fünf Jahre gemäß den Weisungen der Versammlung auf den neuesten Stand zu bringen. Die in den Absätzen a) und b) niedergelegten Kriterien sind von der Versammlung mindestens alle fünf Jahre zu überprüfen.

(bis 30.06.2018) wobei bei mehreren Anmeldern jeder die in Absatz a oder b genannten Kriterien erfüllen muss. Die in den Absätzen a) und b) genannten Listen von Staaten sind vom Generaldirektor mindestens alle fünf Jahre gemäß den Weisungen der Versammlung auf den neuesten Stand zu bringen. Die in den Absätzen a) und b) niedergelegten Kriterien sind von der Versammlung mindestens alle fünf Jahre zu überprüfen.

Die Änderungen der Nr. 5 des GebV gelten für internationale Anmeldungen mit Anmeldedatum ab dem 01.07.2018.

Die Liste von Staaten, die Anspruch auf Gebührenermäßigung haben, wurden in der PCT Gazette vom 12.02.2015, S. 31 ff. veröffentlicht (s. www.wipo.int/export/sites/www/pct/en/fees/fee_reduction_july.pdf).

Der Versammlung wurde vorgeschlagen, zum 01.07.2018 in Absatz b) eine Bedingung aufzunehmen, um klarzustellen, dass die Ermäßigung nur Personen zugute kommt, die aus eigenem Recht eine Anmeldung einreichen und nicht anwendbar ist, wenn der Anmelder für eine andere Person eine Anmeldung einreicht, die keine Ermäßigung bekäme. Da es sich eher um eine Klarstellung als um eine Änderung handelt, hat sich die PCT-Versammlung auf die ab dem 11.10.2017 und nach der Änderung zum 01.07.2018 geltende Auslegung geeinigt: »Die PCT-Versammlung ist der Auffassung, dass die Gebührenermäßigung gemäß Nummer 5 des Gebührenverzeichnisses nur dann anzuwenden ist, wenn die im Antrag angegebenen Anmelder die einzigen und wahren Eigentümer der Anmeldung sind und unter keiner Verpflichtung stehen, die Rechte auf die Erfindung einer anderen Partei, die zu keiner Gebührenermäßigung berechtigt ist, zu erteilen, gewähren, übertragen oder in Lizenz zu geben.« (http://www.wipo.int/pct/de/fees/2017_fee.html)

Gebührenermäßigungen

90 %ige Gebührenermäßigung nach Nr. 5 GebV (PCT-Staaten)

A
Ägypten
Äquatorialguinea
Albanien
Algerien
Angola
Antigua und Barbuda
Armenien
Aserbaidschan
B
Bahrain
Barbados
Belize
Benin
Bosnien-Herzegowina
Botsuana
Brasilien
Bulgarien
Burkina Faso
C
Chile
China
Costa Rica
D
Dominica
Dominikanische Republik
Dschibuti
E
Ecuador
El Salvador
Elfenbeinküste
Estland
Eswatini, früher Swasiland
G
Gabun
Gambia
Georgien
Ghana
Grenada
Griechenland
Guatemala
Guinea
Guinea-Bissau
H
Honduras

I
Indien
Indonesien
Iran
J
Jordanien (ab 09.06.2017)
K
Kambodscha
Kamerun
Kasachstan
Kenia
Kirgisistan
Kolumbien
Komoren
Kongo, Republik
Korea, Nord-
Kroatien
Kuba
L
Laos
Lettland
Lesotho
Liberia
Litauen
Libyen
M
Madagaskar
Malawi
Malaysia
Mali
Malta
Marokko
Mauretanien
Mazedonien, ehem.
    jugoslaw. Rep.
Mexiko
Moldau, Republik
Mongolei
Montenegro
Mosambik
N
Namibia
Nicaragua
Niger
Nigeria

O
Oman
P
Panama
Papua Neuguinea
Peru
Philippinen
Polen
Portugal
R
Ruanda
Rumänien
Russische Föderation
S
Sambia
Sao Tome und
    Principe
Saudi Arabien
Senegal
Serbien (RS); vor
    03.06.2006 »und Monte-
    negro« (YU)
Seychellen
Slowakei
Slowenien
Sierra Leone
Simbabwe
Sri Lanka
St. Kitts und Nevis
St. Lucia
St. Vincent und die
    Grenadinen
Südafrika
Sudan
Swasiland, jetzt Eswatini
Syrien
T
Tadschikistan
Tansania
Thailand
Togo
Trinidad und Tobago
Tschad
Tschechische Republik
Türkei

Gebühren

Tunesien	Ungarn	**W**
Turkmenistan	Usbekistan	Weißrussland (BY)
U	**V**	**Z**
Uganda	Vietnam	*Zentralafrikanische Republik*
Ukraine		Zypern

www.wipo.int/export/sites/www/pct/en/fees/fee_reduction_july.pdf, bezüglich des Geltungszeitraums siehe Anmerkung zum Gebührenverzeichnis
Kursiv sind die Staaten nach Nr. 5 b) GebV, bei denen die Ermäßigung auch für nicht natürliche Personen gilt. Die anderen Staaten werden von Nr. 5 a) GebV umfasst.

Staaten, auf die die 90 % Ermäßigung anwendbar ist, die keine PCT Vertragsstaaten sind: *Afghanistan*, Argentinien, *Äthiopien*, Bahamas, *Bangladesch*, *Bhutan*, Bolivien, *Burundi*, *Eritrea*, Fidschi, Guyana, *Haiti*, Irak, Jamaika, *Jemen*, Jordanien (bis 08.06.2017 wegen PCT Beitritts), *Kapverden, Kiribati, Demokratische Republik Kongo,* Libanon, *Malediven*, Marshallinseln, Mauritius, Mikronesien, *Myanmar*, Nauru, *Nepal*, Pakistan, Paraguay, *Samoa*, *Solomonen*, *Somalia*, *Süd Sudan*, Suriname, *Ost-Timor*, Palau, Tonga, *Tuvalu*, Uruguay, *Vanuatu*, Venezuela. (Kursiv sind die Staaten, bei denen entsprechend Nr. 5 b) GebV die Ermäßigung auch für nicht natürliche Person gilt.)

Falls sowohl die Ermäßigung für die elektronische Einreichung als auch die Gebührenermäßigung nach Nr. 5 GebV um 90 % (oder wie vorher um 75 %) zur Anwendung kommen, wird die Ermäßigung nach Nr. 5 GebV nach der Ermäßigung für die elektronische Einreichung berechnet. (Applicant's Guide int. P. Nr. 5.188).

Gebührenermäßigung und -erstattung in der internationalen und regionalen Phase vor dem EPA

Internationale Anmeldegebühr
Rückerstattung in voller Höhe auf Antrag bei Rücknahme der PCTa oder Rücknahmefiktion vor Beginn der internationalen Recherche gemäß Anhang D. II. (2) der Vereinbarung zwischen EPA und WIPO (siehe auch Anm. zu Art 16 (3) b).

Internationale Recherchengebühr
Anhang D. II. (3) der Vereinbarung zwischen EPA und WIPO (siehe Anm. Art 16 (3) b) regelt:
»(3) Stützt sich die Behörde *[das EPA]* auf die Ergebnisse einer früheren Recherche (gestrichen seit 01.04.2017, ABl. 2017, A28 ist der Zusatz: einschließlich einer von privater Seite in Auftrag gegebenen »Standardrecherche«), die sie zu einer Anmeldung durchgeführt hat, deren Priorität für die internationale Anmeldung beansprucht wird, so wird die Recherchengebühr je nachdem, wie weit sich die Behörde auf die frühere Recherche stützen kann, in der Höhe zurückerstattet, die in einer in der PCT Gazette veröffentlichten Mitteilung der Behörde an das Internationale Büro genannt ist« (C.I. zuletzt geändert zum 01.04.2016, PCT Gazette 17.03.2016, Zusatzpublikation 4/2016, S. 402, davor ABl. 2010, 304 für die ab 01.07.2010 geltende Fassung). Seit dem 01.07.2010 ist unter früherer Recherche nicht nur eine internationale Recherche nach Art 15 (1) zu verstehen, sondern auch eine ergänzende internationale Recherche nach R 45bis.

Die Höhe der Erstattung hängt zum einen von den für die frühere Recherche gezahlten Gebühren und zum anderen davon ab, inwieweit der frühere Recherchenbericht verwertet werden kann. Die Rückerstattung der Recherchengebühr beträgt 100 %, 25 % oder 0 % der früheren Gebühr (Sonderausgabe Nr. 3 ABl. 2007, 146, geändert mit Wirkung ab 01.04.2008, ABl. 2008, 195. Für alle ab dem 01.04.2009 abgeschlossenen Recherchen beträgt die Höhe der Rückerstattung für Recherchen ohne schriftlichen Bescheid 70 % oder 17,5 %, ABl. 2017, A95, ABl. 2014, A30, ABl. 2009, 114, davor ABl. 2010, 341). Stets muss zunächst die volle Recherchengebühr bezahlt werden, danach erfolgt ggf. eine Rückerstattung. Die Kriterien dafür, welcher Rückerstattungssatz anzuwenden ist, ergeben sich aus der Mitteilung des Präsidenten des EPA vom 13.12.2001 (ABl. 2002, 56). Für Anmeldungen, die an oder nach diesem Tag eingereicht wurden, gelten die Kriterien für die Abgrenzung in der Mitteilung des Präsidenten des EPA vom 09.01.2009 (ABl. 2009, 99). Fortgeltung gemäß ABl. 2014, A30 und ABl. 2017, A95. Relevant sind die Patentansprüche.

Internationale ergänzende Recherchengebühr
Rückerstattung bei Rücknahme der PCTa oder des Antrags auf ergänzende Recherche oder bei Rücknahmefiktion des letztgenannten Antrags vor Beginn der ergänzenden internationalen Recherche nach 45bis.5 gemäß Anhang D. II. (7) und (8) der Vereinbarung zwischen EPA und WIPO (siehe auch Anm. zu Art 16 (3) b).

Internationale Vorläufige Prüfungsgebühr
Rückerstattung in voller Höhe seit 01.04.2017 anstelle von 75 % bei Rücknahme der PCTa oder Antrag auf IVP oder wenn der letztgenannte Antrag als nicht gestellt gilt gemäß Anhang D. II. (4) und (5) der Vereinbarung zwischen EPA und WIPO (siehe auch Anm. zu Art 16 (3) b), R 58.3 und R 57.4.

Gebühr für eine ergänzende europäische Recherche und europäische Prüfungsgebühr in der regionalen Phase vor dem EPA

Es wird nach Art 153 (7) EPÜ ausnahmsweise kein ergänzender europäischer Recherchenbericht erstellt, wenn der internationale Recherchenbericht oder der ergänzende internationale Recherchenbericht vom EPA erstellt wurde (ABl. 2016, A20, S. 4 ersetzt ABl. 2012, 212, 258). Deshalb fällt insoweit keine Recherchengebühr an.

Wurde der internationale Recherchenbericht von einem der Ämtern in AT, ES, FI, SE, TR, XV, XN erstellt, so wird die Gebühr für eine ergänzende europäische Recherche zu einer internationalen Anmeldung herabgesetzt gemäß ABl. 2011, 616, ABl. 2016, A2, ABl. 2017, A57. Der Betrag der Herabsetzung von € 1110 auf € 190 seit 01.04.2016 ergibt sich aus ABl. 2016, A3 (ersetzt ABl. 2014, A5 S.6; ABl. 2011, 616; 2012, 212). Für PCTa, die zwischen dem 01.07.2013 und bis 30.06.2016 eingereicht wurden, gilt der Beschluss vom 25.10.2012, ABl. 2012, 584. Die Herabsetzung gilt auch für den von den genannten Ämtern erstellten internationalen ergänzenden Recherchenbericht. (Applicant's Guide nat. P. national Chapter – THE PROCEDURE IN THE NATIONAL PHASE – No. EP.16b) ii), Stand 01.04.2018). Diese Ermäßigung endet am 31.03.2020.

Relevant ist überwiegend das Datum der Gebührenzahlung, Details der Übergangsbestimmungen finden sich in ABl. 2018, A3 und A4.

Wurde der internationale Recherchenbericht von einem der Ämter in AU, CN, JP, KR, RU oder US erstellt, so wurde bis zum 31.03.2018 (Beschluss v. 13.12.2017, ABl. 2018, A3; ABl. 2005, 548; ABl. 2016, A20) die Gebühr für die ergänzende europäische Recherche um € 190 herabgesetzt. Für Gebührenentrichtungen ab dem 01.04.2018 gilt das Folgende.

Mangels Beschluss in Bezug auf die vorgenannten und weitere ISA, wie BR, CA, CL, EG, IL, IN, SG, UA, besteht kein Anspruch auf Herabsetzung der Gebühr für die ergänzende europäische Recherche (ABl. 2018, A26). Siehe im Diagramm unter sonstige ISA.

Herabsetzungen der Gebühr sind keine Rückerstattung; es wird also sofort die reduzierte Gebühr entrichtet. Gleiches gilt für die Prüfungsgebühr in der regionalen Phase vor dem EPA.

Die Höhe der nicht reduzierten Gebühr für den ergänzenden europäischen Recherchenbericht gemäß Art 2 (1) Nr. 2 GebO, sowie die Höhe der Prüfungsgebühr gemäß Art 2 (1) Nr. 6 GebO ergibt sich für Zahlungen seit 01.04.2018 aus ABl. 2018, A26, seit 01.04.2016 aus ABl. 2016, A20, ABl. 2016, A3; seit 01.04.2014 aus ABl. 2014, A5 S. 2 und 3. Siehe auch Applicant's Guide EP – National Phase – National Chapter – Summary S. 4, Stand 01.04.2018.

Die Prüfungsgebühr ermäßigt sich ab 01.04.2018 um 75 %, falls das EPA den internationalen vorläufigen Prüfungsbericht nach R 70 PCT erstellt hat, Art 14 (2) GebO (ABl. 2018, A4, vorher 50 % ABl. 2016, A3, ABl. 2014, A5, ABl. 2012, 258). Wurde der IPRP II für bestimmte Teile der PCTa erstellt, wird die Ermäßigung nur gewährt, wenn die Prüfung für den im IPRP II behandelten Gegenstand durchgeführt werden soll. Sie reduziert sich um weitere 30 % aus dem reduzierten Betrag (also insgesamt um 82,5 %) falls der Prüfungsantrag in bestimmten Fällen in einer zugelassenen Nicht-Amtssprache gestellt wird (Art 14 (1) GebO, R 6 (3), Art 14 (1) EPÜ, ABl. 2014, A23, Applicant's Guide EP – National Phase – National Chapter – No. EP.14 iii) und FN 11, Stand 01.04.2018).

Siehe auch EPÜ-RiLi A-X, 9.3. m.w.N. Aktuelle Beträge finden sich im Applicant's Guide EP – National Phase – National Chapter No. EP.16a), 16b), 14 und EP Summary.

Die Fortgeltung der genannten Rechtsgrundlagen ergibt sich aus dem aktuellen Gebührenhinweis im Amtsblatt, der auf ABl. 2018, A32 und die Zusatzpublikation 2/2018 verweist.

Das Diagramm nach ABl. 2018, A26 (vorher ABl. 2016, A20, ABl. 2014, A31, ABl. 2012, 212 (220), 437; ABl. 2010, 133, 141) auf der folgenden Seite gibt die unterschiedlichen Fälle wieder.

Gebührenermäßigung beim EPA für bestimmte Länder:

wenn EPA als ISA handelt:
Applicant's Guide int. P. Annex D (EP) zur Höhe der internationalen Recherchengebühr und FN 1 zur Ermäßigung von 75 % (Stand 01.08.2018)
Ermäßigung der Recherchengebühr um 75 % (ABl. 2008, 521 seit 01.01.2009, PCT Gazette 50/1995, 19233 ff. und ABl. 2000, 446 für vorherige Voraussetzungen) für die unter www.wipo.int/pct/en/fees/epo_fee_reduction.html (Übersicht) und http://documents.epo.org/projects/babylon/eponet.nsf/0/D712DD08A7CEF1F2C12574FF003A99DA/$File/low_income_states_de.pdf (Stand 01.07.2018) aufgelisteten Staaten.
Ermäßigung der zusätzlichen Recherchengebühr nach R 40.2 um 75 % PCT-int. P. Annex D (EP) FN 3 und 1 (Stand 01.08.2018)

wenn EPA als IPEA handelt:
Applicant's Guide int. P. Annex E (EP), Stand 01.04.2018, für die Höhe der Gebühren und FN 2, 4 zur Ermäßigung
Ermäßigung der Bearbeitungsgebühr nach Nr. 5 GebV 90 %, PCT-int. P. Annex E (EP) FN 5 (Stand 01.04.2018)
Ermäßigung der Prüfungsgebühr um 75 % (ABl. 2008, 521 seit 01.01.2009, ABl. 2000, 446 für vorherige Voraussetzungen) für die unter www.wipo.int/pct/en/fees/epo_fee_reduction.html (Übersicht) und http://documents.epo.org/projects/babylon/eponet.nsf/0/D712DD08A7CEF1F2C12574FF003A99DA/$File/low_income_states_de.pdf (Stand 01.07.2018), aufgelisteten Staaten Applicant's Guide int. P. Annex E (EP) FN 2 (Stand 01.04.2018)
Ermäßigung der zusätzlichen Gebühr nach R 68.3 um 75 % Applicant's Guide int P. Annex E (EP) FN 4, 2 (Stand 01.04.2018).

Gebühren

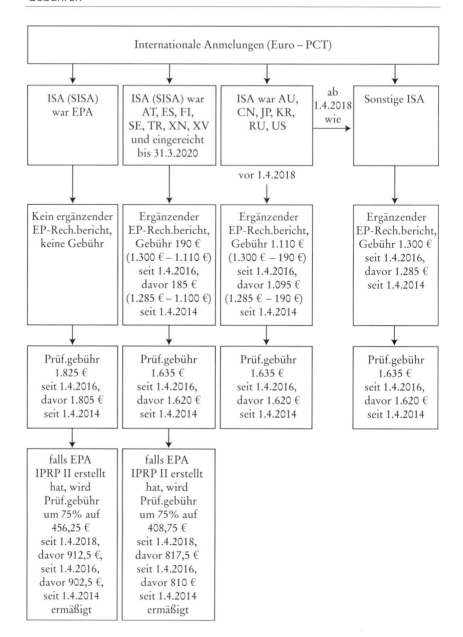

Gebührenübersicht

Kapitel I. Anmeldung

Gebühr	Norm	Frist	zahlbar an	Höhe der Gebühr
Übermittlungsgebühr	Art 3 (4) iv), R 14.1, R 157 (4) EPÜ, Applicant's Guide int. P. Annex C	1 Monat ab Eingangstag R 14.1 c), R 19.4 c)	Anmeldeamt R 14.1 a)	
Gebühr EPA	Art 2 (1) Nr. 18 GebO, R 157 (4) EPÜ		EPA	€ 0, wenn online in zeichencodiertem Format, ansonsten € 130 (seit 01.04.2018, vorher generell € 130) (ABl. 2018, A4)
Gebühr DPMA	Art III § 1 (2) IntPatÜG i.V.m. Nr. 313900 PatKostG		DPMA	€ 90
Gebühr IB	R 14.1 b)		IB	Sfr 100 vollständige Befreiung von der Übermittlungsgebühr für Personen die die Voraussetzung der 90 % (seit 01.07.2008, vorher 75 %) Ermäßigung der internationalen Anmeldegebühr nach Nr. 5 GebV erfüllen (Applicant's Guide int. P. Nr. 5.188, Annex C (IB), FN 16, Stand 12.04.2018). (siehe Liste)
Nachfrist, Gebühr für verspätete Zahlung	R 16bis.1 a) R 16bis.1 d), e) Besonderheiten: fristgerecht, wenn vor Absendung der Aufforderung nach R 16bis.1 a) gezahlt wurde Zuschlag (R 16bis.2)	1 Monat ab Aufforderung R 16bis.1 a)	Anmeldeamt	Zuschlag beim EPA: 50 % der nicht entrichteten Gebühr, jedoch maximal 50 % der internationalen Anmeldegebühr ohne Gebühr für weitere Blätter und mindestens die Übermittlungsgebühr (Applicant's Guide int. P. Nr. 5.193, Beschluss 15.06.92, ABl. 1992, 383) DPMA (Applicant's Guide Annex C (DE)) und IB (PCT Gazette IV S-03/2004) erheben keinen Zuschlag, Stand 04.08.2017

Gebühr	Norm	Frist	zahlbar an	Höhe der Gebühr
internationale Anmeldegebühr (früher Grundgebühr und Bestimmungsgebühr)	Art 3 (4) iv), R 15.1, R 15.3, R 15.2 a), Nr. 1 GebV, Applicant's Guide int. P. Annex C	1 Monat ab Eingangstag R 15.3, R 19.4 c)	R 15.1, 15.3 Anmeldeamt zugunsten IB	EPA: Äquivalenzbetrag: € 1163 seit 01.01.2018; € 1219 seit 01.01.2016; € 1273 seit 01.04.2015; DPMA: wie EPA Applicant's Guide int. P. Annex C (DE), Stand 01.01.2018; IB: Sfr 1330 aktueller Stand (seit 01.07.2008 vorher 1400); 90 % (seit 01.07.2008, vorher 75 %)-Ermäßigung nach Nr. 5 GebV für Personen aus bestimmten Staaten, Applicant's Guide int. P., Annex C (IB) FN 16, Stand 12.04.2018 (siehe Liste weiter unten)
falls die internationale Anmeldung mehr als 30 Blätter enthält	R 15.2 a); Nr. 1 GebV		Anmeldeamt zugunsten IB	zusätzlich für das 31. und jedes weitere Blatt: Äquivalenzbetrag EPA: € 13 seit 01.01.2018; € 14 seit 01.04.2015; DPMA: wie EPA (Applicant's Guide int. P. Annex C (DE), Stand 01.01.2018; IB: Sfr 15; 90 %-Ermäßigung Nr. 5 GebV wie oben; seit 01.07.2009 keine Berücksichtigung Sequenzprotokoll wenn R 5.2 a), VV 707, Anlage C (bis 30.06.2009 VV 803 ii))
Nachfrist, Gebühr für verspätete Zahlung	R 16bis.1 a) R 16bis.1 d), e) Besonderheiten: fristgerecht, wenn vor Absendung der Aufforderung nach R 16bis.1 a) gezahlt wurde Zuschlag (R 16bis.2)	1 Monat ab Aufforderung R 16bis.1 a)		Zuschlag beim EPA: 50 % der nicht entrichteten Gebühr, jedoch maximal 50 % der internationalen Anmeldegebühr ohne Gebühr für weitere Blätter und mindestens die Übermittlungsgebühr (Beschluss 15.6.92, ABl. 1992, 383) DPMA und IB erheben keinen Zuschlag

Gebühr	Norm	Frist	zahlbar an	Höhe der Gebühr
Gebührenermäßigung für die Einreichung	Nr. 4 GebV			EPA: Art 3 (1) GebO Äquivalenzbetrag a) nicht zeichencodiert € 87 seit 01.01.2018; € 92 seit 01.01.2016; € 96 seit 01.04.2015; b) teilweise zeichencodiert € 175 seit 01.01.2018; € 183 seit 01.01.2016; € 191 seit 01.04.2015; c) zeichencodiert € 262 seit 01.01.2018; € 275 seit 01.01.2016; € 287 seit 01.04.2015; DPMA wie EPA (Applicant's Guide int. P. Annex C (DE), Stand 01.01.2018)
in elektronischer Form (Antrag nicht zeichencodiert)	Nr. 4 a) GebV			IB: Sfr 100
in elektronischer Form, Antrag zeichencodiert	Nr. 4 b) GebV			IB: Sfr 200
in elektronischer Form, Antrag, Beschreibung, Ansprüche, Zusammenfassung zeichencodiert	Nr. 4 c) GebV			IB: Sfr 300
Recherchengebühr	Art 3 (4) iv), R 16.1, R 16.1 f), i.V.m. R 15.3	1 Monat ab Eingangstag R 16 1) f), R 19.4 c)	R 16.1 b) Anmeldeamt zugunsten ISA	
Gebühr EPA	R 16.1 b) PCT, R 158 (1) EPÜ, Art 2 (1) Nr. 2 GebO EPÜ, Applicant's Guide int. P. Annex D (EP) Rückerstattung (R 16.3 PCT) bei internationaler Prioritäts-Inanspruchnahme oder bei Rückgriff auf eine frühere Recherche (R 41.1)		EPA	€ 1775 seit 01.04.2018, vorher € 1875 seit 01.04.2012 Ermäßigung für Personen, die die 75 %-PCT-Ermäßigung erhalten (siehe Abschnitt Gebührenermäßigungen) Applicant's Guide int. P. Annex D (EP) FN 1, Stand 01.08.2018

Gebühr	Norm	Frist	zahlbar an	Höhe der Gebühr
Nachfrist, Gebühr für verspätete Zahlung	R 16bis.1 a) R 16bis.1 d), e) Besonderheiten: fristgerecht, wenn vor Absendung der Aufforderung nach R 16bis.1 a) gezahlt wurde Zuschlag (R 16bis.2)	1 Monat ab Aufforderung R 16bis.1 a)		Zuschlag beim EPA: 50 % der nicht entrichteten Gebühr, jedoch maximal 50 % der internationalen Anmeldegebühr ohne Gebühr für weitere Blätter und mindestens die Übermittlungsgebühr (Beschluss 15.6.92, ABl. 1992, 383)
zusätzliche Gebühr bei Uneinheitlichkeit	R 40.1 ii) und 2 a) PCT, Art 2 (1) Nr. 2 GebO EPÜ, R 158 (1) EPÜ	1 Monat ab Aufforderung 15–45 Tage R 40.1 ii)	R 40.2 b) ISA	EPA: wie Recherchengebühr
Widerspruchsgebühr	R 40.2 e), R 158 (3) EPÜ, Art 2 (1) Nr. 21 GebO EPÜ	1 Monat ab Aufforderung R 40.1 iii)	R 40.2 e) ISA	EPA: € 875 seit 01.01.2016, € 865 seit 01.01.2014
Gebühr für verspätete Einreichung von Sequenzprotokollen	R 13ter.1 PCT, R 30 (3) EPÜ, Art 3 (1) Nr. 2.2.2. GebO EPÜ	1 Monat ab Aufforderung	R 13ter. 1 c) ISA	EPA: € 230 seit 01.04.2014
Bearbeitungsgebühr für ergänzende internationale Recherche *(seit 01.01.2009)*	R 45bis.2 a), Nr. 2 GebV	1 Monat ab Antragseingang R 45bis.2 c)	IB	IB: zahlbar in Sfr 200 (ABl. 2010, 316; ABl. 2012, 258) 90 % (seit 01.07.2008, vorher 75 %)-Ermäßigung nach Nr. 5 GebV für Personen aus bestimmten Staaten, (siehe Liste weiter unten)
Gebühr für ergänzende internationale Recherche *(seit 01.01.2009)*	R 45bis.3 a), Art 2 (1) Nr. 2.3 GebO EPÜ	1 Monat ab Antragseingang R 45bis.3 c)	R 45bis.-3 a), b) IB zugunsten SISA	EPA: wie Recherchengebühr, existiert seit 01.07.2010 (ABl. 2009, 592, 593, 2012, 616; Annex SISA, (EP) Applicant's Guide Stand 01.04.2018 int. P. Nr. 8031) zahlbar in Sfr: 2059 seit 01.04.2018; 1958 seit 01.04.2015
Nachfrist, Gebühr für verspätete Zahlung bzgl. R 45bis.2, R 45bis.3 *(seit 01.01.2009)*	R 45bis.4 b)	1 Monat ab Aufforderung R 45bis.4 d)	IB	50% der Bearbeitungsgebühr für ergänzende Recherche, R 45bis.4 c), Annex B2 (IB) Applicant's Guide int. P. Stand 15.02.2018.

Gebührenübersicht

Gebühr	Norm	Frist	zahlbar an	Höhe der Gebühr
Überprüfungsgebühr (seit 01.01.2009)	R 45bis.6 c)	1 Monat ab Benachrichtigung über fehlende Einheitlichkeit, R 45bis.6 c)	SISA	EPA: € 875 seit 01.04.2016; € 865 seit 01.04.2014
Gebühr für verspätete Einreichung von Sequenzprotokollen	R 45bis.5 c), R 13ter.1 PCT, R 30 (3) EPÜ, Art 3 (1) Nr. 2.2.2. GebO EPÜ	1 Monat ab Aufforderung	SISA	EPA: € 230 seit 01.04.2014

Kapitel II. Internationale vorläufige Prüfung

Gebühr	Norm	Frist	zahlbar an	Höhe der Gebühr
Bearbeitungsgebühr	Art 31 (5), R 57.1, Art 39 (1), R 57.2 a), Nr. 3 GebV	1 Monat nach Antragstellung oder Eingang bzw. 22 Monate ab Prioritätsdatum, bzw. 1 Monat ab Aufforderung bei gleichzeitiger Recherche R 57.3 a), b)	R 57.1 IPEA zugunsten IB	EPA: von WIPO festgesetzt, derzeit Äquivalenzbetrag € 175 seit 01.01.2018; € 183 seit 01.01.2016; € 191 seit 01.04.2015; Annex E (EP); IB: Sfr 200; 90 % (seit 01.07.2008, vorher 75 %)-Ermäßigung nach Nr. 5 GebV für Personen aus bestimmten Staaten, (siehe Liste weiter unten)
Nachfrist, Gebühr für verspätete Zahlung	R 58bis.1 a) i) Besonderheiten (R 58bis.1 c), d)): fristgerecht, wenn vor Absendung der Mitteilung nach R 58bis.1 a) gezahlt wurde Zuschlag (R 58bis.2)	1 Monat ab Aufforderung R 58bis.1 a) ii)	R 58bis.2 a) IPEA	Zuschlag beim EPA: 50 % der nicht entrichteten Gebühr, jedoch maximal die doppelte Bearbeitungsgebühr mindestens die Bearbeitungsgebühr (int. P. Annex E (EP) FN 3 Stand 01.04.2018 und Beschluss vom 26.02.1998, ABl.1998, 282)
internationale Prüfungsgebühr	Art 31 (5), Art 39 (1), R 58.1 b) PCT, Art 2 (1) Nr. 19 GebO EPÜ, R 158 (2) EPÜ	wie Bearbeitungsgebühr R 58.1 b), R 57.3 a), b)	R 58.1 c) IPEA	EPA: € 1830 seit 01.04.2018; € 1930 seit 01.04.2014; Ermäßigung für Personen, die die 75 %-PCT-Ermäßigung erhalten int. P. Annex E (EP) FN 2 Stand 01.04.2018 (siehe Abschnitt Gebührenermäßigungen)
Nachfrist, Gebühr für verspätete Zahlung	R 58bis.1 a) i) Besonderheiten (R 58bis.1 c), d)): fristgerecht, wenn vor Absendung der Mitteilung nach R 58bis.1 a) gezahlt wurde Zuschlag (R 58bis.2)	1 Monat ab Aufforderung R 58bis.1 a) ii)	R 58bis.2 a) IPEA	Zuschlag beim EPA: 50 % der nicht entrichteten Gebühr, jedoch maximal die doppelte Bearbeitungsgebühr (int. P. Annex E (EP) FN 3 Stand 01.04.2018 und Beschluss vom 26.02.1998, ABl. 1998, 282)

Gebühr	Norm	Frist	zahlbar an	Höhe der Gebühr
zusätzliche Gebühr bei Uneinheitlichkeit	R 68.3 a) PCT, R 158 (2) EPÜ, Art. 2 (1) Nr. 19 GebO EPÜ	1 Monat R 68.2	R 68.3 b) IPEA	wie int. Prüfungsgebühr, auch bzgl. Gebührenermäßigung (FN 4 Annex E (EP), Stand 01.04.2018 PCT Applicant's Guide int. P.)
Widerspruchsgebühr	R 68.3 e), R 158 (3) EPÜ, Art 2. Nr. 2 (1) GebO EPÜ	1 Monat ab Mitteilung R 68 e), 68.2 v)	R 68.3 e) IPEA	EPA: € 875 seit 01.04.2016; € 865 seit 01.04.2014
Gebühr für verspätete Einreichung von Sequenzprotokollen	R 13ter.1, R 13ter.2 PCT, R 30 (3) EPÜ Art 3 (1) Nr. 2.2.2. GebO EPÜ		R 13ter.1 c), 13ter.2 IPEA	EPA: € 230 seit 01.04.2014

Hinweis: Ohne weitere Angaben hat sich die Höhe der Gebühren mindestens seit 2004 nicht verändert. Aufgenommen in das Verzeichnis wurden die wichtigsten Gebühren.
Die PCT Gebühren werden im monatlichen PCT Newsletter und unter www.wipo.int/export/sites/www/pct/en/fees.pdf veröffentlicht.
Das vollständige Verzeichnis der Gebühren und Auslagen des EPA mit den ab dem 01.04.2018 geltenden Beträgen ergibt sich aus der Zusatzpublikation ABl. 2/2018. Jede Ausgabe des Amtsblatts enthält Hinweise auf die zu dem Zeitpunkt geltenden Gebührenvorschriften, aktuell wird auf ABl. 2018, A32 verwiesen.
Mit Wirkung zum 01.04.2018 wurde die GebO EPÜ geändert. ABl. 2018, A26 ersetzt ABl. 2016, A3 und betrifft Art 2 sowie die Herabsetzung von Gebühren, was im Teil »Gebührenermäßigung« mit Diagramm im Detail erläutert wird.
Zu den Voraussetzungen für die 90 % (vor 01.07.2008 75 %)-Ermäßigungen der **Internationalen Anmelde- und Bearbeitungsgebühr**, Nr. 1 und 3 GebV, siehe Nr. 5 GebV und Applicant's Guide int. P. Nr. 5.188 sowie Annex C (IB) und bezüglich der **Bearbeitungsgebühr für die ergänzende Recherche**, Nr. 2 GebV (seit 01.01.2009) siehe Applicant's Guide int. P. Nr. 8.029.
Eine **Liste**, in der die Staaten aufgeführt sind, die die Kriterien der 90 %-Ermäßigung nach Nr. 5 GebV erfüllen, befindet sich weiter oben nach dem Gebührenverzeichnis R 96 und unter www.wipo.int/export/sites/www/pct/en/fees/fee_reduction_july.pdf (Stand 11.06.2018).
Ferner können sich 75 %-Ermäßigungen für Anmelder in bestimmten Staaten entsprechend den Voraussetzungen für die Ermäßigung der Internationalen Anmeldegebühr für die Gebühren für **Recherche und Prüfung** durch das EPA als ISA/IPEA ergeben (Applicant's Guide int. P. No. 5.190 und Annex D und E, http://documents.epo.org/projects/babylon/eponet.nsf/0/D712DD08A7CEF1F2C12574FF003A99DA/$FILE/low_income_states_07_2017_de.pdf (Stand 01.07.2017 unverändert). Seit dem 01.02.2009 gewährt auch ES als ISA ähnliche Ermäßigungen Applicant's Guide Annex D (ES) FN 1, Stand 01.04.2018. Für AT siehe Applicant's Guide Annex E und D (AT), Stand 01.04.2018 und 01.01.2018. EG als ISA gewährt eine 25 %-Ermäßigung mit ähnlichen Bedingungen (Applicant's Guide Annex D (EG) FN 2, Stand 01.01.2018).
Die Voraussetzungen und der Umfang der Rückerstattung der Gebühr für die ergänzende internationale Recherche durch SISA, R 45bis.3, ergibt sich aus Annex SISA, Applicant's Guide.

Mitgliedsstaaten des PCT

Stand vom 04.08.2017 (www.wipo.int/pct/de/pct_contracting_states.html) (www.wipo.int/treaties/en/documents/pdf/pct.pdf und www.wipo.int/pct/en/texts/time_limits.html, vgl auch Ausführungen unter Art 1, Art 22, Art 39 und Art 48)

Mitgliedsstaat	In Kraft getreten am	Frist nach Art 22/39 in Monaten	Nachfristen/ Heilungsmöglich- keiten
A			
Ägypten (EG)	06.09.2003	30/30	
Äquatorialguinea (GQ)	17.07.2001	–	
Albanien (AL)	04.10.1995	31/31	
Algerien [1] (DZ)	08.03.2000	31/31	
Angola (AO)	08.03.2000	30/30	
Antigua und Barbuda (AG)	17.03.2000	30/30	
ARIPO (AP)		31/31	
Armenien [1] (AM)	25.12.1991	31/31	
Aserbaidschan (AZ)	25.12.1995	30/31	
Australien (AU)	31.03.1980	31/31	beide verlängerbar gegen Gebühr
B			
Bahrain [1] (BH)	18.03.2007	30/30	
Barbados (BB)	12.03.1985	30/30	
Belgien (BE)	14.12.1981	–	
Belize (BZ)	17.06.2000	30/30	verlängerbar
Benin (BJ)	26.02.1987	–	
Bosnien-Herzegowina (BA)	07.09.1996	34/34	
Botsuana (BW)	30.10.2003	31/31	
Brasilien (BR)	09.04.1978	30/30	In der Frist reicht eine Übersetzung der Ansprüche, nebst Gebühren- zahlung. Die Be- schreibung kann später übersetzt werden.
Brunei Darussalam (BN)	24.07.2012	30/30	
Bulgarien (BG)	21.05.1984	31/31	
Burkina Faso (BF)	21.03.1989	–	
C			
Chile [1] (CL)	02.06.2009	30/30	
China [2] [3] (CN)	01.01.1994	30/30	beide + 2 Monate gegen Gebühr
Costa Rica (CR)	03.08.1999	31/31	
D			
Dänemark [14] (DK)	01.12.1978	31/31 (20/31 für Färöer Inseln bis 01.05.2015, danach 31/31)	

Mitgliedsstaaten des PCT

Mitgliedsstaat	In Kraft getreten am	Frist nach Art 22/39 in Monaten	Nachfristen/ Heilungsmöglichkeiten
Deutschland (DE)	24.01.1978	30/30	Wiedereinsetzung § 123 PatG
Dschibuti (DJ)	23.09.2016	30/30	
Dominica (DM)	07.08.1999	30/30	
Dominikanische Republik (DO)	28.05.2007	30/30	
E			
EAPO (EA)		31/31	+ 2 Mon. für Übersetzung gegen Gebühr
Ecuador (EC)	07.05.2001	31/31	
Elfenbeinküste (CI)	30.04.1991	–	
El Salvador (SV)	17.08.2006	30/30	
EPO (EP)		31/31	s. FN [12]
Estland (EE)	24.08.1994	31/31	
Eswatini, früher Swasiland (SZ)	20.09.1994	–	
F			
Finnland [4] [15] (FI)	01.10.1980	31/31	
Frankreich [1] [5] (FR)	25.02.1978	–	
G			
Gabun (GA)	24.01.1978	–	
Gambia (GM)	09.12.1997	30/31	
Georgien [1] (GE)	25.12.1991	31/31	
Ghana (GH)	26.02.1997	30/30	
Grenada (GD)	22.09.1998	30/30	
Griechenland (GR)	09.10.1990	–	
Guatemala (GT)	14.10.2006	30/30	
Guinea (GN)	27.05.1991	–	
Guinea-Bissau (GW)	12.12.1997	–	
H			
Honduras (HN)	20.06.2006	30/30	
I			
Indien [1] (IN)	07.12.1998	31/31	
Indonesien [1] (ID)	05.09.1997	31/31	beide verlängerbar gegen Gebühr
Iran [1] (IR)	04.10.2013	30/30	
Irland (IE)	01.08.1992	–	
Island (IS)	23.03.1995	31/31	
Israel (IL)	01.06.1996	30/30	
Italien (IT)	28.03.1985	–	
J			
Japan (JP)	01.10.1978	30/30	+ 2 Mon. für Übersetzung, Gebühren später mögl.
Jordanien	09.06.2017	30/30	
K			
Kambodscha (KH)	08.12.2016	30/30	
Kamerun (CM)	24.01.1978	–	

Mitgliedsstaat	In Kraft getreten am	Frist nach Art 22/39 in Monaten	Nachfristen/ Heilungsmöglichkeiten
Kanada (CA)	02.01.1990	30/30	beide 42 Monate gegen Gebühr
Kasachstan [1] (KZ)	25.12.1991	31/31	
Katar [1] (QA)	03.08.2011	30/30	
Kenia (KE)	08.06.1994	30/30	
Kirgisistan [1] (KG)	25.12.1991	31/31	
Kolumbien (CO)	28.02.2001	31/31	
Komoren (KM)	03.04.2005	30/30	
Kongo, Republik (CG)	24.01.1978	–	
Korea, Demokratische Volksrepublik (KP)	08.07.1980	30/30	
Korea, Republik [18] (KR)	10.08.1984	31/31	+ 1 Mon. für Übersetzung auf Antrag
Kroatien (HR)	01.07.1998	31/31	
Kuba [1] (CU)	16.07.1996	30/30	
Kuwait (KW)	09.09.2016	30/30	
L			
Laos [1] (LA)	14.06.2006	30/30	
Lesotho (LS)	21.10.1995	30/31	
Lettland (LV)	07.09.1993	–	
Liberia (LR)	27.08.1994	30/31	
Libyen (LY)	15.09.2005	30/30	
Liechtenstein [17] (LI)	19.03.1980	Schweiz	
Litauen (LT)	05.07.1994	31/31	
Luxemburg (LU)	30.04.1978	20/30	
M			
Madagaskar (MG)	24.01.1978	30/30	
Malawi (MW)	24.01.1978	30/30	
Malaysia [1] (MY)	16.08.2006	30/30	
Mali (ML)	19.10.1984	–	
Malta [1] (MT)	01.03.2007	–	
Marokko (MA)	08.10.1999	31/31	
Mauretanien (MR)	13.04.1983	–	
Mazedonien, ehem. jugoslawische Republik (MK)	10.08.1995	31/31	
Mexiko (MX)	01.01.1995	30/30	+ 2 Mon. für Übersetzung
Moldau, Republik [1] (MD)	25.12.1991	31/31	
Monaco (MC)	22.06.1979	–	
Mongolei (MN)	27.05.1991	31/31	
Montenegro [11] (ME)	03.06.2006	30/30	
Mosambik [1] (MZ)	18.05.2000	31/31	
N			
Namibia (NA)	01.01.2004	31/31	
Neuseeland (NZ)	01.12.1992	31/31	
Nicaragua (NI)	06.03.2003	30/30	
Niederlande [6] (NL)	10.07.1979	–	
Niger (NE)	21.03.1993	–	

Mitgliedsstaaten des PCT

Mitgliedsstaat	In Kraft getreten am	Frist nach Art 22/39 in Monaten	Nachfristen/ Heilungsmöglich- keiten
Nigeria (NG)	08.05.2005	30/30	
Norwegen [4] [16] (NO)	01.01.1980	31/31	
O			
OAPI (OA)		30/30	
Oman [1] (OM)	26.10.2001	30/30	
Österreich (AT)	23.04.1979	30/30	
P			
Panama (PA)	07.09.2012	30/30	
Papua Neuguinea (PG)	14.06.2003	31/31	
Peru (PE)	06.06.2009	30/30	
Philippinen (PH)	17.08.2001	30/30	31/31 gegen Gebühr
Polen [4] (PL)	25.12.1990	30/30	
Portugal (PT)	24.11.1992	30/30	
R			
Ruanda (RW)	31.08.2011	30/30	
Rumänien [1] (RO)	23.07.1979	30/30	
Russische Föderation [1] [7] (RU)	29.03.1978	31/31	Übersetzung und Gebühr nachholbar
S			
Sambia (ZM)	15.11.2001	30/30	
San Marino (SM)	14.12.2004	31/31	
Sao Tome und Principe (ST)	03.07.2008	30/30	
Saudi Arabien (SA)	03.08.2013	30/30	
Schweden [4] (SE)	17.05.1978	31/31	
Schweiz [17] (CH)	24.01.1978	30/30	
Senegal (SN)	24.01.1978	–	
Serbien [11] (RS)	03.06.2006	30/30	+ 30 Tage für beide gegen Gebühr
Seychellen (SC)	07.11.2002	31/31	
Sierra Leone (SL)	17.06.1997	31/31	
Simbabwe (ZW)	11.06.1997	30/31	
Singapur (SG)	23.02.1995	30/30	verlängerbar um bis zu 18 Monate gegen Gebühr
Slowakische Republik (SK)	01.01.1993	31/31	
Slowenien (SI)	01.03.1994	–	
Spanien (ES)	16.11.1989	30/30	
Sri Lanka (LK)	26.02.1982	30/30	
St. Kitts u. Nevis (KN)	27.10.2005	30/30	
St. Lucia [1] (LC)	30.08.1996	30/30	
St. Vincent und die Grena- dinen [1] (VC)	06.08.2002	31/31	
Südafrika [1] (ZA)	16.03.1999	31/31	
Sudan (SD)	16.04.1984	30/30	
Swasiland, jetzt Eswatini (SZ)	20.09.1994	–	
Syrien (SY)	26.06.2001	31/31	

Mitgliedsstaat	In Kraft getreten am	Frist nach Art 22/39 in Monaten	Nachfristen/ Heilungsmöglich- keiten
T			
Tadschikistan [1] (TJ)	25.12.1991	30/31	
Tansania (TZ)	14.09.1999	21/31	
Thailand [1] (TH)	24.12.2009	30/30	
Togo (TG)	24.01.1978	30/30	
Trinidad und Tobago (TT)	10.03.1994	30/31	
Tschad (TD)	24.01.1978	–	
Tschechische Republik (CZ)	01.01.1993	31/31	
Türkei (TR)	01.01.1996	30/30	33/33 gegen Gebühr
Tunesien [1] (TN)	26.06.2003	30/30	
Turkmenistan [1] (TM)	25.12.1991	30/31	
U			
Uganda (UG)	09.02.1995	21/31	
Ukraine [1] (UA)	25.12.1991	31/31	
Ungarn [1] (HU)	27.06.1980	31/31	
Usbekistan [1] (UZ)	25.12.1991	31/31	
V			
Vgt. Arabische Emirate (AE)	10.03.1999	30/30	
Vgt. Staaten von Amerika [8] [9] (US)	24.01.1978	30/30	s. FN [13]
Vgt. Königreich [10] (GB)	24.01.1978	31/31	+ 2 Mon. auf Antrag
Vietnam (VN)	10.03.1993	31/31	
W			
Weißrussland [1] (BY)	25.12.1991	31/31	
Z			
Zentralafrikanische Republik (CF)	24.01.1978	–	
Zypern (CY)	01.04.1998	–	

insgesamt 152 Staaten

Informationen zur Anwendung des PCT auf Hoheitsgebiete von EPÜ-Vertragsstaaten sind nachfolgend und in ABl. 2014, A33 abgedruckt. Siehe auch die Anmerkungen unter Art 1. Informationen zu regionalen Patenten, Erstreckung und Validierung finden sich unter Art 45 sowie in der Territorien-Liste.

[1] Mit der Erklärung gemäß Art 64 (5).
[2] Seit dem 01.07.1997 findet das PCT auch Anwendung auf die Sonderverwaltungsregion Hongkong.
[3] Nicht anwendbar auf die Sonderverwaltungsregion Macau und Taiwan, von der WTO als »Chinese Taipei« or »Separate Customs Territory of Taiwan, Penghu, Kinmen and Matsu« genannt.
[4] Mit der Erklärung gemäß Art 64 (2) a) ii).
[5] Einschließlich aller überseeischen Départements und Gebiete:Französich Polynesien (PF), Französische Süd- u. Arktisgebiete (TF), Neukaledonien (NC), St. Barthélemy (BL), St. Martin (MF), St. Pierre und Miquelon (PM), Wallis und Futuna (WF)

[6] Ratifikation für den europäischen Teil des Königreichs, die Niederländischen Antillen und Aruba (AW). Seit dem 10.10.2010 existieren die Niederländischen Antillen nicht mehr, der PCT gilt für Curacao (CW) und Sint Maarten (SX) fort *(die wie Aruba laut »Wikipedia« autonome Länder im Königreich der Niederlande und laut PCT-Newsletter 3/2011, 1 keine selbständigen Staaten sind)*. Der PCT gilt auch fort für die Inseln Bonnaire, Sint Eustatius und Saba (BQ), die seit dem 10.10.2010 zum Territorium der Niederlande in Europa gehören.
[7] Tag der Ratifizierung durch die Sowjetunion, Nachfolgestaat: Russische Föderation ab 25.12.1991.
[8] Mit den Erklärungen gemäß Art 64 (3) a) und (4) a).
[9] Der Vertrag wird auf alle Gebiete erstreckt, für die die Vgt. Staaten völkerrechtliche Verantwortlichkeit übernehmen.
[10] Das Vgt. Königreich hat die Anwendung des PCT auf die Isle of Man mit Wirkung vom 29.10.1983 erstreckt. Nachfrist 2 Monate auf Antrag (PCT Applicant's Guide – Nat. P. – National Chapter – GB.17).
[11] ME ist seit dem 03.06.2009 unabhängig. Serbien ist seit 03.06.2009 Nachfolgestaat von Serbien und Montenegro (ME) seit 01.02.1997 als (YU).
[12] Nachfrist: Mitteilungen nach R 112 EPÜ + 10 Tage + 2 Monate für Weiterbehandlung
[13] 1. Aufforderung zur Nachreichung der Übersetzung der PCTa gegen Gebührenzahlung innerhalb von zwei Monaten ab Aufforderung oder 32 Monate nach Prioritätsdatum, je nachdem was später ist (Applicant's Guide – Nat. P. – National Chapter – US.12, Stand 05.04.2018). Ebenso können auch Erfindererklärung, Recherchen- und Prüfungsgebühren nachgereicht werden. Die Anmeldegebühr muss aber in der Frist von 30 Monaten gezahlt werden (37 CFR 1.495 c)–e)).
2. Heilungsmöglichkeiten durch eine »petition to revive an abandoned application« gem. 37 C.F.R. § 1.137 i.V.m MPEP § 711.03 (c)(C): »Unintentional Delay«
[14] gilt auch für: Färöer (FO), Grönland (GL)
[15] gilt auch für: Ålandinseln (AX)
[16] gilt auch für: Bouvetinsel (BV), Svalbard und Jan Mayen (SJ)
[17] gemeinsame Bestimmung von (CH) und (LI), ABl. 1980, 407
[18] Art 202 (1) des Änderungsgesetzes des koreanischen PatG in Kraft seit 01.01.2015 (http://www.kimchang.com/newsletter/20140822/ip/en/img/IP_Newsletter_Summer_Fall_2014.pdf)

Territorien-Liste

Die Liste enthält Einträge, wenn Aussagen über die Mitgliedschaft des Gebiets selbst oder über die Erstreckung eines Abkommens auf ein besonderes, z.B. abhängiges meist in Übersee liegendes Gebiet, vorliegen. Hinsichtlich solcher Gebiete liegen Angaben oft nur teilweise vor oder sind veraltet. Die Abkürzung k.A. für keine Angabe wurde ebenfalls übernommen. Ob trotz fehlender Information in abhängigen Gebieten die Abkommen gelten, hängt von dem Status des Teilgebietes, d.h. der Regelung zwischen dem abhängigen Gebiet und dem souveränen Staat ab. Auf der Grundlage von nationalen Rechten kann ein Patent in einem abhängigen Gebiet geschützt sein, obwohl das Teilgebiet nicht vom Abkommen gedeckt ist.

Territorium	gehört zu	PCT	PVÜ	WTO	regionaler Vertrag	Anmerkung
Afghanistan (AF)			✓	✓		
Ägypten (EG)		✓	✓	✓		
Äquatorialguinea (GQ)		✓	✓		OA	PCT-OA, nicht PCT-GQ (Mitnahmeeffekt)
Ålandinseln (AX)	FI	FI	FI		EP über FI	autonom
Albanien (AL)		✓	✓	✓	EP	
Algerien (DZ)		✓	✓			
Amerikanisch-Samoa (AS)	US	US	US			
Amerik. Jungferninseln (VI)	US	US	US			
Andorra (AD)			✓			
Angola (AO)		✓	✓	✓		
Anguilla (AI)	GB					BOT, EP-GB re-registration, s. Hinweise zu Art 1
Antigua und Barbuda (AG)		✓	✓	✓		
Argentinien (AR)			✓	✓		
Armenien (AM)		✓	✓	✓	EA	
Aruba (AW)	NL		✓	NL		autonom, nicht PCT-EP oder PCT-NL, nicht NL national
Aserbaidschan (AZ)		✓	✓		EA	Bergkarabach strebt Unabhängigkeit an
Ashmore und Cartier Islands	AU					fällt unter ISO Code AU

Territorien-Liste

Territorium	gehört zu	PCT	PVÜ	WTO	regionaler Vertrag	Anmerkung
Australien (AU)		✓	✓	✓		Teile australischer Bundesstaaten: Lord-Howe-Inselgruppe, Macquarieinsel, Torres-Strait-Inseln
Bahamas (BS)			✓			
Bahrain (BH)		✓	✓	✓	GCC	
Bakerinsel (UM)	US	US	US			
Bangladesch (BD)			✓	✓		
Barbados (BB)		✓	✓	✓		
Belgien (BE)		✓	✓	✓	EP	PCT-EP, nicht PCT-BE (Mitnahmeeffekt)
Belize (BZ)		✓	✓	✓		CON, EP-GB re-registration, s. Hinweise zu Art 1
Benin (BJ)		✓	✓	✓	OA	PCT-OA, nicht PCT-BJ (Mitnahmeeffekt)
Bermuda (BM)	GB					BOT, EP-GB re-registration, s. Hinweise zu Art 1
Bhutan (BT)			✓			
Bolivien (BO)			✓	✓		
Bonnaire, Sint Eustatius, Saba (BQ)	NL	NL	NL			Besondere Gemeinden der europ. NL, NL national, PCT-EP, nicht PCT-NL
Bosnien-Herzegowina (BA)		✓	✓			Erstreckung über EP
Botsuana (BW)		✓	✓	✓	AP	
Bouvetinseln (BV)	NO	NO				
Brasilien (BR)		✓	✓	✓		
Britische Jungferninseln (VG)	GB					BOT, EP-GB re-registration, s. Hinweise zu Art 1
Britisches Territorium im indischen Ozean (IO) Chargos Archipel/ Diego Garcia)	GB					

Territorien-Liste

Territorium	gehört zu	PCT	PVÜ	WTO	regionaler Vertrag	Anmerkung
Brunei Darussalam (BN)		✓	✓	✓		CON, EP-GB re-registration, s. Hinweise zu Art 1
Bulgarien (BG)		✓	✓	✓	EP	
Burkina Faso (BF)		✓	✓	✓	OA	PCT-OA, nicht PCT-BF (Mitnahmeeffekt)
Burundi (BI)			✓	✓		
Ceuta, Melilla (EA)	ES					siehe ES
Chile (CL)		✓	✓	✓		
China (CN)		✓	✓	✓		siehe HK und MO
Clipperton-Insel (FR-CF)	FR	k.A.	FR			Staatseigentum, FR-PF verwaltet, Schutz über FR national
Cookinseln (CK)			NZ			NZ assoziierter, unabhängiger Staat aber = NZ-Staatsbürger Erstreckung bis 12.09.2014 erteilter NZ-Patente
Costa Rica (CR)		✓	✓	✓		
Curaçao (CW)	NL	NL	NL			NL national, PCT-EP, nicht PCT-NL (Mitnahmeeffekt)
Dänemark (DK)		✓	✓	✓	EP	siehe FO, GL
Deutschland (DE)		✓	✓	✓	EP	auch Helgoland
Dominica (DM)		✓	✓	✓		
Dominikanische Republik (DO)		✓	✓	✓		
Dschibuti (DJ)		✓	✓	✓		
Ecuador (EC)		✓	✓	✓		
Elfenbeinküste (CI)		✓	✓	✓	OA	PCT-OA, nicht PCT-CI (Mitnahmeeffekt)
El Salvador (SV)		✓	✓	✓		
Estland (EE)		✓	✓	✓	EP	
Eswatini, früher Swasiland (SZ)		✓	✓	✓	AP	PCT-AP, nicht PCT-SZ (Mitnahmeeffekt)

Territorien-Liste

Territorium	gehört zu	PCT	PVÜ	WTO	regionaler Vertrag	Anmerkung
Färöer (FO)	DK	DK	DK			DK oder PCT-DK, nicht über EP, PCT-EP
Falklandinseln (FK)	GB					BOT, EP-GB re-registration, s. Hinweise zu Art 1
Fidschi (FJ)				✓		CON, EP-GB re-registration, s. Hinweise zu Art 1
Finnland (FI)		✓	✓	✓	EP	siehe auch AX
Frankreich (FR)		✓	✓	✓	EP	PCT-EP, nicht PCT-FR (Mitnahmeeffekt). Siehe auch BL, GF, GP, MF, MQ, NC, PF, PM, RE, TF, WF, YT
Französische Süd- u. Arktisgebiete (TF) (Amsterdam-Insel, St. Paulinsel, Crozetinseln, Kerguelen-Archipel, Adélieland, Iles Éparses)	FR	FR	FR			PTOM, z.T. verwaltet von FR-RE, z.T. int. nicht akzeptiert
Französisch-Guyana (GF)	FR	FR	FR			RUP
Französisch-Polynesien (PF)	FR	FR	FR			PTOM, Erstreckung nat. FR-Patente auf Antrag
Gabun (GA)		✓	✓	✓	OA	PCT-OA, nicht PCT-GA (Mitnahmeeffekt)
Gambia (GM)		✓	✓	✓	AP	CON, EP-GB re-registration, s. Hinweise zu Art 1
Georgien (GE)		✓	✓	✓		Abchasien und Südossetien streben Unabhängigkeit an
Ghana (GH)		✓	✓	✓	AP	
Gibraltar (GI)	GB	k.A.				BOT, EP-GB re-registration, s. Hinweise zu Art 1
Grenada (GD)		✓	✓	✓		CON, EP-GB re-registration, s. Hinweise zu Art 1

Territorien-Liste

Territorium	gehört zu	PCT	PVÜ	WTO	regionaler Vertrag	Anmerkung
Griechenland (GR)		✓	✓	✓	EP	PCT-EP, nicht PCT-GR (Mitnahmeeffekt) auch Athos
Grönland (GL)	DK	DK	k.A.			über DK oder PCT-DK, nicht über EP, PCT-EP
Guadeloupe (GP)	FR	FR	FR			RUP
Guam (GU)	US	US	US			
Guatemala (GT)		✓	✓	✓		
Guernsey (GG)	GB					crown dependency, re-registration u. a. aus GB oder EP, s. Hinweise zu Art 1
Guinea (GN)		✓	✓	✓	OA	PCT-OA, nicht PCT-GN (Mitnahmeeffekt)
Guinea-Bissau (GW)		✓	✓	✓	OA	PCT-OA, nicht PCT-GW (Mitnahmeeffekt)
Guyana (GY)			✓	✓		
Haiti (HT)			✓	✓		
Heard- und McDonald Inseln (HM)	AU					
Honduras (HN)		✓	✓	✓		
Hong Kong (HK)	CN	CN	CN	CN		Sonderverwaltung, Registrierung über (PCT-)CN, (PCT-)GB, (PCT-)EP
Howlandinsel (UM)	US	US	US			
Indien (IN)		✓	✓	✓		
Indonesien (ID)		✓	✓	✓		keine Erstreckung auf das seit 2002 unabhängige Osttimor (Timor-Leste)
Irak (IQ)			✓			de facto z.T. keine Souveränität über Kurdistan
Iran (IR)		✓	✓			

Territorien-Liste

Territorium	gehört zu	PCT	PVÜ	WTO	regionaler Vertrag	Anmerkung
Irland (IE)		✓	✓	✓	EP	PCT-EP, nicht PCT-IE (Mitnahmeeffekt)
Island (IS)		✓	✓	✓	EP	
Isle of Man (IM)	GB	GB	GB			crown dependency, über national GB, PCT-GB, PCT-EP
Israel (IL)		✓	✓	✓		in den umstrittenen Gebieten Gaza und West Bank existieren jeweils separate Jurisdiktionen
Italien (IT)		✓	✓	✓	EP	PCT-EP, nicht PCT-IT (Mitnahmeeffekt) auch Livigno, Campione d'Italia
Jamaika (JM)			✓	✓		
Japan (JP)		✓	✓	✓		
Jarvisinsel (UM)	US	US	US			
Jemen (YE)			✓	✓		
Jersey (JE)	GB					crown dependency, GB oder EP-GB re-registration, s. Hinweise zu Art 1
Johnston-Atoll (UM)	US	US	US			
Jordanien (JO)		✓	✓	✓		
Kaimaninseln (KY)	GB					BOT, EP-GB re-registration, s. Hinweise zu Art 1
Kambodscha (KH)		✓	✓	✓		Validierung über EP
Kamerun (CM)		✓	✓	✓	OA	PCT-OA, nicht PCT-CM (Mitnahmeeffekt)
Kanada (CA)		✓	✓	✓		
Kanarische Inseln (ES-CI)	ES					siehe ES
Kap Verde (CV)				✓		
Kasachstan (KZ)		✓	✓	✓	EA	
Katar (QA)		✓	✓	✓	GCC	

Territorium	gehört zu	PCT	PVÜ	WTO	regionaler Vertrag	Anmerkung
Kenia (KE)		✓	✓	✓	AP	
Kingmanriff (UM)	US	US	US			
Kirgisistan (KG)		✓	✓	✓	EA	
Kiribati (KI)						CON, GB oder EP-GB re-registration, s. Hinweise zu Art 1
Kokosinseln (CC) Keeling	AU					
Kolumbien (CO)		✓	✓	✓		
Komoren (KM)		✓	✓		OA	PCT-OA, nicht PCT-KM (Mitnahmeeffekt)
Kongo, Republik (CG)		✓	✓	✓	OA	PCT-OA, nicht PCT-CG (Mitnahmeeffekt)
Kongo, Demokratische Republik (CD) früher Zaire			✓	✓		
Korallenmeerinseln	AU					
Korea, Demokratische Volksrepublik (KP) (Nordkorea)		✓	✓			keine Anerkennung der Priorität einer in KP von einer Person aus KP eingereichten PCT-Anmeldung in JP (Mitt. 2015, 260)
Korea, Republik (KR) (Südkorea)		✓	✓	✓		
Krim		✓	✓	✓	EA	de facto zu RU
Kroatien (HR)		✓	✓	✓	EP	
Kuba (CU)		✓	✓	✓		
Kuwait (KW)		✓	✓	✓	GCC	
Laos (LA)		✓	✓	✓		
Lesotho (LS)		✓	✓	✓	AP	
Lettland (LV)		✓	✓	✓	EP	PCT-EP, nicht PCT-LV (Mitnahmeeffekt)
Libanon (LB)			✓			
Liberia (LR)		✓	✓	✓	AP	
Libyen (LY)		✓	✓			

Territorien-Liste

Territorium	gehört zu	PCT	PVÜ	WTO	regionaler Vertrag	Anmerkung
Liechtenstein (LI)		✓	✓	✓	EP	einheitliches nat. Patentschutzgebiet mit CH
Litauen (LT)		✓	✓	✓	EP	PCT-EP, nicht PCT-LT (Mitnahmeeffekt)
Luxemburg (LU)		✓	✓	✓	EP	
Macau (MO)	CN		CN	CN		Sonderverwaltung, Schutz über nationale Anmeldung in China
Madagaskar (MG)		✓	✓	✓		
Malawi (MW)		✓	✓	✓	AP	
Malaysia (MY)		✓	✓	✓		
Malediven (MV)				✓		
Mali (ML)		✓	✓	✓	OA	PCT-OA, nicht PCT-ML (Mitnahmeeffekt)
Malta (MT)		✓	✓	✓	EP	PCT-EP, nicht PCT-MT (Mitnahmeeffekt)
Marokko (MA)		✓	✓	✓		Validierung über EP; MA wendet nat. Recht allgemein auf die besetzte Westsahara an
Marschallinseln (MH)						selbständig, mit US assoziiert, kein PatR, kein US Patentrecht
Martinique (MQ)	FR	FR	FR			RUP
Mauretanien (MR)		✓	✓	✓	OA	PCT-OA, nicht PCT-MR (Mitnahmeeffekt)
Mauritius (MU)			✓	✓		
Mayotte (YT)	FR	FR	FR			RUP
Mazedonien (MK)		✓	✓	✓	EP	
Mexiko (MX)		✓	✓	✓		
Midwayinseln (UM)	US	US	US			

Territorium	gehört zu	PCT	PVÜ	WTO	regionaler Vertrag	Anmerkung
Mikronesien, Föderierte Staaten (FM)						selbständig, mit US assoziiert, US übernimmt teilweise Verantwortung
Moldau, Republik (MD) (Modawien)		✓	✓	✓		Validierung über EP; *de facto* keine Souveränität in Transnistrien
Monaco (MC)			✓	✓	EP	PCT-EP, nicht PCT-MC (Mitnahmeeffekt)
Mongolei (MN)		✓	✓	✓		
Montenegro (ME)		✓	✓	✓		Erstreckung über EP
Montserrat (MS)	GB				k.A.	k.A. ob EP-GB
Mosambik (MZ)		✓	✓	✓	AP	
Myanmar (MM) früher Burma			✓			
Namibia (NA)		✓	✓	✓	AP	
Navassa (UM)	US	US	US			
Nepal (NP)			✓	✓		
Neukaledonien (NC)	FR	FR	FR			PTOM
Neuseeland (NZ)		✓	✓	✓		
Nicaragua (NI)		✓	✓	✓		
Niederländische Antillen (AN)	NL					Existenz bis 10.10.2010, jetzt AW, BQ, CW, SX
Niederlande (NL)		✓	✓	✓	EP	PCT-EP, nicht PCT-NL (Mitnahmeeffekt). Siehe auch AW, CW, SX, BQ, AN
Niger (NE)		✓	✓	✓	OA	PCT-OA, nicht PCT-NE (Mitnahmeeffekt)
Nigeria (NG)		✓	✓	✓		
Niue (NU)			NZ			selbständig, aber assoziiert mit NZ, Erstreckung bis 12.09.2014 erteilter NZ-Patente

Territorien-Liste

Territorium	gehört zu	PCT	PVÜ	WTO	regionaler Vertrag	Anmerkung
Nördliche Mariannen (MP)	US	US	US			politische Union / assoziiert mit US
Norfolk Insel (NF)	AU					
Norwegen (NO)		✓	✓	✓	EP	siehe auch BV, SJ
Österreich (AT)		✓	✓	✓	EP	
Oman (OM)		✓	✓	✓	GCC	
Pakistan (PK)			✓	✓		
Palau (PW)						selbständig, mit US assoziiert, US übernimmt teilweise Verantwortung
Palmyra-Atoll (UM)	US	US	US			
Panama (PA)		✓	✓	✓		
Papua-Neuguinea (PG)		✓	✓	✓		
Paraguay (PY)			✓	✓		
Peru (PE)		✓	✓	✓		
Philippinen (PH)		✓	✓	✓		
Pitcairn (PN)	GB				k.A.	BOT, k.A. ob EP-GB
Polen (PL)		✓	✓	✓	EP	
Portugal (PT)		✓	✓	✓	EP	auch Azoren, Madeira
Puerto Rico (PR)	US		US			kein eigenes PatR, Schutz über US
Réunion (RE)	FR	FR	FR			RUP
Ruanda (RW)		✓	✓	✓	AP	
Rumänien (RO)		✓	✓	✓	EP	
Russische Föderation (RU)		✓	✓	✓	EA	für Krim siehe auch UA
Saint Barthélemy (BL)	FR	FR	FR			PTOM
Saint Helena, Ascension und Tristan da Cunha (SH)	GB				k.A.	BOT, k.A. ob EP-GB
Saint Kitts und Nevis (KN)		✓	✓	✓		
Saint Lucia (LC)		✓	✓	✓		

Territorium	gehört zu	PCT	PVÜ	WTO	regionaler Vertrag	Anmerkung
Saint Martin (MF), franz. Teil	FR	FR	FR			RUP
Saint Pierre et Miquelon (PM)	FR	FR	FR			PTOM
Salomonen (SB)				✓		CON, EP-GB re-registration, s. Hinweise zu Art 1
Sambia (ZM)		✓	✓	✓	AP	
Samoa (WS)			✓	✓		CON, EP-GB re-registration
San Marino (SM)		✓	✓		EP	gegenseitige Anerkennung nat. Patente mit IT
Sansibar (XZ)	TZ					eigenes Patentrecht u. Patentregister
São Tomé und Príncipe (ST)		✓	✓		AP	
Saudi-Arabien (SA)		✓	✓	✓	GCC	
Schweden (SE)		✓	✓	✓		
Schweiz (CH)		✓	✓	✓	EP	einheitliches Patent-Schutzgebiet mit LI
Senegal (SN)		✓	✓	✓	OA	PCT-OA, nicht PCT-SN (Mitnahmeeffekt)
Serbien (RS)		✓	✓		EP	de facto keine Souveränität über Kosovo. völkerrechtl. Status umstritten. Eigenes Patentrecht
Seychellen (SC)		✓	✓	✓		
Sierra Leone (SL)		✓	✓	✓	AP	
Simbabwe (ZW)		✓	✓	✓	AP	
Singapur (SG)		✓	✓	✓		
Sint Maarten (SX), niederl. Teil	NL	NL				PCT-EP
Slowakei (SK)		✓	✓	✓		
Slowenien (SI)		✓	✓	✓	EP	PCT-EP, nicht PCT-SI (Mitnahmeeffekt)
Spanien (ES)		✓	✓	✓	EP	

Territorien-Liste

Territorium	gehört zu	PCT	PVÜ	WTO	regionaler Vertrag	Anmerkung
Sri Lanka (LK)		✓	✓	✓		
St. Vincent und die Grenadinen (VC)		✓	✓	✓		CON, EP-GB re-registration, s. Hinweise zu Art 1
Sudan (SD)		✓	✓		AP	
Südafrika (ZA)		✓	✓	✓		
Südgeorgien und die südlichen Sandwichinseln (GS)	GB					BOT, nicht über EP-GB
Suriname (SR)			✓	✓		
Svalbard und Jan Mayen (SJ)	NO	NO			NO	
Swasiland, jetzt Eswatini (SZ)		✓	✓	✓	AP	PCT-AP, nicht PCT-SZ (Mitnahmeeffekt)
Syrien (SY)		✓	✓			
Tadschikistan (TJ)		✓	✓	✓	EA	
Taiwan (TW)	CN, streitig			✓		Chinese Taipei or Separate Customs Territory of Taiwan, Penghu, Kinmen and Matsu, nationale Anmeldung in TW
Tansania (TZ)		✓	✓	✓	AP	
Thailand (TH)		✓	✓	✓		
Togo (TG)		✓	✓	✓	OA	PCT-OA, nicht PCT-TG (Mitnahmeeffekt)
Tokelau (TK)	NZ		NZ			Erstreckung bis 12.09.2014 erteilter NZ-Patente
Tonga (TO)			✓	✓		
Trinidad und Tobago (TT)		✓	✓	✓		
Tschad (TD)		✓	✓	✓	OA	PCT-OA, nicht PCT-TD (Mitnahmeeffekt)
Tschechische Republik (CZ)		✓	✓	✓	EP	
Türkei (TR)		✓	✓	✓	EP	

Territorium	gehört zu	PCT	PVÜ	WTO	regionaler Vertrag	Anmerkung
Tunesien (TN)		✓	✓	✓		Validierung über EP
Turkmenistan (TM)		✓	✓		EA	
Turks- u. Caicosinseln (TC)	GB					BOT, EP-GB re-registration, s. Hinweise zu Art 1
Tuvalu (TV)						CON, EP-GB re-registration, s. Hinweise zu Art 1
Uganda (UG)		✓	✓	✓	AP	CON, EP-GB re-registration
Ukraine (UA)		✓	✓	✓		für Krim jetzt de facto RU
Ungarn (HU)		✓	✓	✓	EP	
Uruguay (UY)			✓	✓		
Usbekistan (UZ)		✓	✓			
Vanuatu (VU)				✓		CON, EP-GB re-registration, s. Hinweise zu Art 1
Vatikanstadt (VA)			✓			
Venezuela (VE)			✓	✓		
Vereinigte Arab. Emirate (AE)		✓	✓	✓	GCC	
Vereinigte Staaten von Amerika (US)		✓	✓	✓		siehe auch AS, GU, MP, PR, UM, VI
Vereinigtes Königreich (GB): England, Schottland, Wales und Nordirland		✓	✓	✓	EP	siehe auch AI, BM, FK, GG, GI, GS, IM, JE, KY, MS, PN, SH, TC,
Vietnam (VN)		✓	✓	✓		
Wallis und Futuna (WF)	FR	FR	FR	FR		PTOM
Wake-Atoll (UM)	US	US	US	US		
Weihnachtsinseln (CX)	AU					
Weißrussland (BY)		✓	✓		EA	
Westsamoa (WS)						EP-GB re-registration, s. Hinweise zu Art 1

Territorien-Liste

Territorium	gehört zu	PCT	PVÜ	WTO	regionaler Vertrag	Anmerkung
Zentralafrikanische Republik (CF)		✓	✓	✓	OA	PCT-OA, nicht PCT-CF (Mitnahmeeffekt)
Zypern (CY)	ohne: Akrotiri, Dhekelia (= GB Militärbasis)	✓	✓	✓	EP	PCT-EP, nicht PCT-CY (Mitnahmeeffekt). Nordzypern gehört völkerrechtl. zu Zypern, nur von TR als selbständig angesehen. CY hat über Nordzypern faktisch keine Hoheitsmacht.

Quellen:
Abkürzung gemäß ISO 3166-1 für Staaten (www.wipo.int / pct / guide / en / gdvol1 / annexes/annexk/ax_k.pdf) und Teilgebiete gemäß ISO 3166-2 (www.wikipedia.org/ wiki/ISO_3166-2)
EPÜ-Mitgliedschaft: www.epo.org / about-us / organisation / member-states / date_de .html, Stand 27.06.2018
PCT: www.wipo.int/treaties/en/ShowResults.jsp?search_what=N&treaty_id=6
WTO: www.wto.org/english/thewto_e/acc_e/completeacc_e.htm, Stand 25.06.2018
PVÜ: www.wipo.int/treaties/en/ShowResults.jsp?search_what=N&treaty_id=2, Stand 27.06.2018
Regionale Patentverträge: Stand 01.03.2018, www.wipo.int/pct/en/texts/reg_des.html, siehe auch Anmerkung zu Art 45, GCC ist nicht Mitglied im PCT
Zugehörigkeit von Hoheitsgebieten der EPÜ-Staaten zum PCT siehe ABl. 2014, A33, ABl. 2015, A43
Anwendungsbereich EPÜ auf Teilen des Hoheitsgebiets des Vertragsstaates: www.epo .org/law-practice/legal-texts/national-law_de.html unter nationales Recht/Verschiedenes/Räumlicher Anwendungsbereich
Übersicht abhängige Gebiete: www.state.gov/s/inr/rls/10543.htm
https://de.wikipedia.org/wiki/Liste_der_von_den_Vereinten_Nationen_nicht_als_ selbstst%C3%A4ndige_Staaten_anerkannten_Gebiete
GB: EP-GB Registrierung in Überseegebieten (BOT) ABl. 2004, 179;
www.gov.uk / government / publications / extension-of-uk-intellectual-property-rights-abroad, Stand 24.04.2018
FR: www.bpb.de/internationales/europa/frankreich/164961/aussengebiete
FR EU Status: www.rpfrance.eu/L-UE-et-les-Outre-mers
US: http://en.wikipedia.org/wiki/Territories_of_the_United_States#Current_territories; http://en.wikipedia.org/wiki/ISO_3166-2:UM
NZ: www.lexas.de/ozeanien/cookinseln/index.aspx
SM-IT: www.sib.it/en/flash-news/italy-and-san-marino-new-rules-on-recognition-of-ip-rights/
GB: Commonwealth of Nations (CON): https://en.wikipedia.org/wiki/Member_ states_of_the_Commonwealth_of_Nations#Current_members
www.commonwealthofnations.org/commonwealth/commonwealth-membership/ withdrawals-and-suspension/

UA-Krim-RU: www.msp.ua/news_archive/Amendments-in-the-Civil-Code-of-due-to-the-Crimea.html
RS-Kosovo: www.sdpkosove.com/news/2015/09/kosovo-amends-patent-and-trademark-legislation
IL-Palestine: www.state.gov/e/eb/rls/othr/ics/2016/nea/258585.htm
TZ-Sansibar: www.spoor.com/en/africa-ip-expertise/zanzibar/patents/

Übersichten

Fehlende Unterschrift:

– Einreichungsantrag (R 4.15)
– Antrag auf internationale vorläufige Prüfung (R 53.8, R 60.1 a^{ter}))
– Prüfung der Erfordernisse nach Art 14 bei mehreren Anmeldern (R 26.2^{bis} a))
– Nationales Recht kann vom Anmelder Bestätigung der internationalen Anmeldung verlangen (R 51bis.1 a vi))
– Vollmacht (R 90.4 c))
– Zurücknahmeerklärung der Anmeldung (R 90bis.5)
– Zurücknahmeerklärung des Antrags auf ergänzende internationale Recherche (R 90bis.5)
– Zurücknahmeerklärung des Antrages auf internationale vorläufige Prüfung (R 90bis.5)

Berichtigung von Mängeln:

– Formmängel (R 11, R 26.2, R 26.2^{bis})
– Aufforderung zur Nachzahlung von Gebühren mit Zuschlag (R 16bis, R 45bis.4 b), R 58bis.2)
– Offensichtliche Fehler (R 91, R 66.1 d^{bis}), R 66.4^{bis}, R 70.2 e), R 70.16 a) iii) und iv))
– Einbeziehung fehlender Bestandteile der Anmeldung bei Inanspruchnahme der Priorität einer früheren Anmeldung (R 4.18; R 20.3 bis 20.7; R 82ter.1 b))
– Prioritätserklärung (R 4.10), Wiederherstellung des Prioritätsrechts vor den Bestimmungsämtern und ausgewählten Ämtern (R 26bis.3, R 49ter.2)
– Antrag auf ergänzende Recherche (R 45bis.4)
– Antrag auf internationale vorläufige Prüfung und Auswahlerklärung (R 60.1a))
– Falsche Einreichung/Sprache (R 19)
– Gebühr für verspätete Einreichung Sequenzprotokoll (R 13ter.1)
– Unvollständige, fehlerhafte oder fehlende Erklärung nach R 4.17 (R 26ter)
– Einreichung IVP-Antrag bei unzuständiger Behörde (R 59.3)
– Bezugnahme auf Änderungen im IVP-Antrag ohne Einreichung (R 53.9 a) i, R 60.1 g))
– Berichtigung vor den Bestimmungs- und ausgewählten Ämtern (Art 25, 26)
– Fristüberschreitungen bei Störungen im Postdienst oder höherer Gewalt (Art 48 (1), R 82, R 82^{quater}.1, R 26bis.3, R 121, 122, 134 EPÜ)
– Fristüberschreitung bei nach nationalem Recht vorgesehenen Gründen (Art 48 (2), R 82bis.2), Wiedereinsetzung und Weiterbehandlung nach nationalem Recht
– Wiedereinsetzung bei Versäumung von Handlungen nach Art 22 (R 49.6)

Änderungen

R 9.2 Hinweis der Behörden zum Streichen bestimmter Ausdrücke und sensibler Daten in der PCTa
R 11.12 Klarheit der Änderungen der PCTa
R 12.2 Sprache von Änderungen in der PCTa
R 13ter.1 b) Nachträgliche Einreichung eines Sequenzprotokolls
R 66.5 Abgrenzung von offensichtlichen Fehlern R 91
R 92bis **Eintragung von Änderungen** bestimmter Angaben im Antrag oder im Antrag auf internationale vorläufige Prüfung (**Name, Adresse**, weitere **Erfinder**, etc.)
R 92bis.1 Eintragung von Änderungen durch das Internationale Büro

Änderungen vor ISA
Änderungen in Kapitel I:
Art 19 Änderung der **Ansprüche** im Verfahren **vor dem Internationalen Büro** werden veröffentlicht (R 48 a) vi), f))
R 46 Änderung von Ansprüchen vor dem Internationalen Büro
    R 46.1 Die **Frist** beträgt i.d.R. **2 Monate** seit Übermittlung des internationalen Recherchenberichts Änderungen sind beim Internationalen Büro einzureichen.
    R 46.2 Einreichung der Änderung beim internationalen Büro
    R 46.3 Sprache der Änderungen ist die Veröffentlichungssprache nach R 48.3
    R 46.4 Erklärung der Änderungen
    R 46.5 Form der Änderungen
R 62 Übermittlung einer Kopie der Änderungen nach Art 19 durch das Internationale Büro an die mit der internationalen vorläufigen Prüfung beauftragte Behörde mit Kopie des schriftlichen Bescheids der Internationalen Recherchenbehörde
    R 62.1 Vor Stellung des Prüfungsantrags eingereichte Änderungen
    R 62.2 Nach Stellung des Prüfungsantrags eingereichte Änderungen
VV 205 Nummerierung und Bezeichnung geänderter Ansprüche
VV 417 Verfahren bei Änderungen nach Art 19

Änderung vor Bestimmungsämtern
Änderungen im nationalen Verfahren im Anschluss an Kapitel I:
Art 28 Änderung der **Ansprüche, der Beschreibung und der Zeichnungen** im Verfahren **vor den Bestimmungsämtern**
R 52 Änderung der Ansprüche, der Beschreibung und der Zeichnung vor den Bestimmungsämtern
    R 52.1 Frist für die Einreichung von Änderungen. Diese beträgt z.B. 1 Monat ab Einleitung der nationalen Phase.
    R 159 (1) b) EPÜ: Einreichen neuer Änderungen oder Angabe der Aufrechterhaltung von vorgenommenen Änderungen beim Eintritt in die regionale Phase, Verwendung Formblatt 1200 wird empfohlen (Merkblatt zum Formblatt EPA 1200, Euro-PCT-Leitfaden E.I Rn 424)
    R 161 EPÜ EPÜ Erneute Änderungsmöglichkeit während Euro-PCT-Phase innerhalb Frist 6 Monaten seit Mitteilung unter Beachtung von R 137 (4) EPÜ (Merkblatt zum Formblatt 1200, ABl. 2011, 354, ABl. 2010, 406 mit weiteren Details, EPÜ-RiLi E-VIII 3.).

Änderungen

R 137 (5) EPÜ: Änderungen nach Erhalt des ergänzenden europäischen Recherchenberichts, EPÜ-RiLi E-VIII 4.2.
R 49bis.2 Wechsel der Schutzrechtsart

Änderungen in Kapitel II: *Änderungen vor*
Art 34 (2) b) Änderung der **Ansprüche, der Beschreibung und der Zeichnungen** vor *IPEA*
der mit der internationalen vorläufigen Prüfung beauftragten Behörde
R 53   Der Antrag auf internationale vorläufige Prüfung
    R 53.9   Erklärung betreffend Änderungen nach Art 19
R 55.3   Sprache und Übersetzung von Änderungen und Begleitschreiben
R 62   Kopie der Änderungen nach Art 19 für die mit der internationalen vorläufigen Prüfung beauftragten Behörde mit Kopie des schriftlichen Bescheids der Internationalen Recherchenbehörde
    R 62.1   Vor der Stellung des Prüfungsantrags eingereichte Änderungen
    R 62.2   Nach der Stellung des Prüfungsantrags eingereichte Änderungen
R 66   Verfahren vor der mit der internationalen vorläufigen Prüfung beauftragten Behörde
    R 66.4   Zusätzliche Möglichkeit zur Einreichung von Änderungen oder Gegenvorstellungen
    R 66.4^{bis} Berücksichtigung von Änderungen, Gegenvorstellungen und Berichtigungen offensichtlicher Fehler
    R 66.5   Änderungen
    R 66.8   Form der Änderungen (bei Nichtbeachtung: R 70.2 c^{bis})
R 70   IPRP II durch IPEA
    R 70.2   Erstellung Bericht auf Grundlage der Änderungen
R 70.11   Hinweis im internationalen vorläufigen Prüfungsbericht auf Änderungen

Änderung im nationalen Verfahren im Anschluss an Kapitel II: *Änderung vor*
Art 41   Änderungen der **Ansprüche, der Beschreibung und der Zeichnungen** vor *ausgewähltem*
dem ausgewählten Amt *Amt*
R 13ter.2 und 1 b) Nachträgliche Einreichung eines Sequenzprotokolls
R 78   Änderung der Ansprüche, der Beschreibung und der Zeichnungen vor den **ausgewählten Ämtern**
    R 78.1   Frist für die Einreichung von Änderungen. Diese beträgt grundsätzlich 1 Monat ab Einleitung der nationalen Phase.
    R 78.3   entsprechendes für Gebrauchsmuster
R 159 (1) b) EPÜ: Einreichen neuer Änderungen oder Angabe der Aufrechterhaltung von vorgenommenen Änderungen beim Eintritt in die regionale Phase, Verwendung Formblatt 1200 wird empfohlen (Merkblatt zum Formblatt EPA 1200, Euro-PCT-Leitfaden E.I Rn 424)
R 161 EPÜ EPÜ Erneute Änderungsmöglichkeit während Euro-PCT-Phase innerhalb Frist von 6 Monaten seit Mitteilung unter Beachtung von R 137 (4) EPÜ (Merkblatt zum Formblatt 1200, ABl. 2011, 354, ABl. 2010, 406 mit weiteren Details, EPÜ-RiLi E-VIII 3.).
R 137 (5) EPÜ: Änderungen nach Erhalt des ergänzenden europäischen Recherchenberichts, EPÜ-RiLi E- VIII 4.2.

Übermittlungen

Anmeldung	Art 12	Übermittlung der internationalen Patentanmeldung (durch das Anmeldeamt) an das IB und die ISA nach AusfO (R 22)
	R 22.1	Übermittlung des Aktenexemplars (der internationalen Patentanmeldung) durch das Anmeldeamt an das IB, inklusive etwaigem PCT-Direkt-Schreiben (s. Anmerkung zu R 43bis.1 c)
	R 22.3	Frist gemäß Art 12 (3): 17 Monate ab Priorität
	R 23	Übermittlung des Recherchenexemplars durch Anmeldeamt an ISA, inklusive etwaigem PCT-Direkt-Schreiben (s. Anmerkung zu R 43bis.1 c)
	Art 13	Übermittlung eines Exemplars der internationalen Patentanmeldungen an die BA (vor Art 20!) (durch Anmelder oder auf Aufforderung der BA oder des Anmelders durch das IB)
	Art 20 (1)	Übermittlung der internationalen Anmeldung an BA nach Maßgabe AusfO (R 47)
	R 47.1	Übermittlung der internationalen Anmeldung durch IB an BA
	R 47.4	Übermittlung (der internationalen Patentanmeldung, Recherchenbericht, Übersetzung, Änderungen nach Art 19) auf ausdrücklichen Antrag (des Anmelders) nach Art 23 (2) zur Behandlung vor Übermittlung nach Art 20 (durch IB R 47.1) an die BA, auch vor der Veröffentlichung.
	Art 22	Übermittlung (durch Anmelder, falls nicht schon nach Art 20 durch IB erfolgt) eines Exemplars und einer Übersetzung der Anmeldung sowie Gebührenzahlung an die BA
	R 49	Details
	R 49.4	Die Verwendung eines nationalen Formblatts kann nicht verlangt werden
	R 14.1	Übermittlungsgebühr
	R 19.4	Übermittlung (der internationalen Patentanmeldung durch das Anmeldeamt) an das IB als Anmeldeamt (bei unzuständigem Anmeldeamt)
	R 21.2	Kopien der internationalen Anmeldung durch Anmeldeamt an Anmelder auf Antrag
	R 95	Angaben zum Eintritt in die nationale Phase und Vorlage von Übersetzungen der internationalen Patentanmeldung an das IB durch das BA oder das ausgewählte Amt
frühere Recherche	R 12bis	Übermittlung einer Kopie der Ergebnisse einer früheren Recherche an ISA
	R 23bis	Übermittlung von Unterlagen zu früherer Recherche durch Anmeldeamt an ISA
Prioritätsbeleg	R 17	Übermittlung des Prioritätsbelegs.
	R 17.1	Übermittlung an IB durch Anmeldeamt bei Antragstellung statt Einreichung durch Anmelder
	R 17.2	Das EPA als BA erhält eine Kopie des Prioritätsbelegs. Es ist daher in der Regel nicht notwendig, dass der Anmelder dem EPA einen weiteren Prioritätsbeleg übermittelt.
internationaler Recherchenbericht	Art 18 (2)	Übermittlung IR-Bericht durch ISA an Anmelder und IB
	R 44.1	Übermittlung IR-Bericht durch ISA an Anmelder und IB
	Art 20 (1)	Übermittlung des IR-Berichts, Übersetzung, Änderungen nach Art 19 nach Maßgabe der AusfO (R 47) an die BA (Einschränkung durch R 93bis)
	R 47.1	Übermittlung des IR-Berichts durch IB an BA
	R 47.4	Übermittlung (der internationalen Patentanmeldung, Recherchenbericht, Übersetzung, Änderungen nach Art 19) auf ausdrücklichen Antrag (des An-

Übermittlungen

	melders) nach Art 23 (2) zur Behandlung vor Übermittlung nach Art 20 (durch IB R 47.1) an die BA, auch vor der Veröffentlichung.	
R 44.1	Übermittlung des schriftlichen Bescheids (durch ISA an IB und Anmelder)	*schriftlicher Bescheid*
R 44bis.2	Übersendung Kopie des schriftlichen Bescheids nach R 43bis.1 durch IB an BA auf Antrag Anmelder	
R 62	Kopie des schriftlichen Bescheids der ISA durch das IB an IPEA mit Kopie der Änderungen nach Art 19	
R 62bis.1	Übersetzung des schriftlichen Bescheids der ISA für die IPEA durch das IB und Kopie an Anmelder; Stellungnahme des Anmelders an IPEA und an das IB	
R 72.2^{bis}	Übersetzung des nach Regel 43bis.1 erstellten schriftlichen Bescheids der ISA. Übermittlung Kopie davon an ausgewähltes Amt und Anmelder durch IB.	
R 73.2 b) ii)	Übersendung des schriftlichen Bescheids i.S.d. R 43bis.1 an ausgewähltes Amt durch IB falls internationaler vorläufiger Prüfungsbericht noch nicht übersandt wurde.	
R 44bis.1 c)	Übermittlung einer Abschrift des internationalen vorläufigen Berichts zur Patentfähigkeit (IPRP I) durch das IB an den Anmelder	*IPRP I*
R 44bis.2	Übermittlung des IPRP I durch das IB an BA	
R 44bis.3	Übermittlung einer Kopie der Übersetzung des IPRP I durch das IB an BA und Anmelder und Übermittlung der Kopie der Übersetzung des schriftlichen Bescheids	
R 44bis.4	Übermittlung der Stellungnahme des Anmelders zur Übersetzung des IPRP I an BA und IB	
R 44.3	Kopien von Unterlagen auf Antrag nach Art 20 (3) durch ISA an Anmelder oder BA, d.h. veröffentlichte PCTa	
R 45bis.1	Antrag auf ergänzende Recherche durch Anmelder an IB	*ergänzende Recherche*
R 45bis.4 e)	Antrag auf ergänzende Recherche nebst Unterlagen durch IB an SISA	
R 45bis.4 f)	Kopien der Übersetzung des schriftlichen Bescheids nach R 43bis.1 durch IB an SISA und Anmelder	
R 45bis.8 a)	Kopie des ergänzenden internationalen Recherchenberichts oder der Erklärung (durch SISA an Internationales Büro und Anmelder)	
R 45bis.8 b)	Übermittlung des ergänzenden internationalen Recherchenberichts wie internationaler Recherchenbericht, d.h. nach Art 20 (1), R 47 durch SISA an BA	
R 45bis.6 e)	Übermittlung Überprüfungsantrag und -entscheidung (Mangelnde Einheitlichkeit der ergänzenden Recherche) durch Anmelder an BA entsprechend R 45bis.8 b)	
R 45bis.6 e)	Einreichen der Übersetzung des ergänzenden internationalen Recherchenberichts zusammen mit Übersetzung der internationalen Anmeldung durch Anmelder beim BA.	
VV 420 b)	Wenn IPEA nicht zur gleichen Behörde wie SISA gehört übersendet IB unverzüglich Kopie des ergänzenden internationalen Recherchenbericht bzw. Erklärung über Nichterstellung an IPEA	
Art 31	Antrag des Anmelders auf internationale vorläufige Prüfung ans Anmeldeamt	*internationale vorläufige Prüfung*
R 59.3	Übermittlung des Antrags (auf internationale vorläufige Prüfung) durch unzuständige Behörde Art 31 (6) a) an die zuständige mit der internationalen vorläufigen Prüfung beauftragte Behörde	
Art 34 (2) c)	Schriftlicher Bescheid der IPEA an Anmelder	
R 66.2	Schriftlicher Bescheid der IPEA an Anmelder	
Art 34 (2) d)	Stellungnahme des Anmelders zum schriftlichen Bescheid	
R 66.3	Förmliche Stellungnahme des Anmelders zum schriftlichen Bescheid an IPEA	

Übersichten

Art 36 (1) Übermittlung des IPRP II an Anmelder und IB
R 71.1 Übermittlung Kopie des IPRP II durch IPEA an IB und Anmelder
Art 36 (3) a) Übermittlung Kopie des IPRP II durch IB an ausgewählte Ämter
R 73.2 a) Übersendung IPRP II durch IB an ausgewähltes Amt
        Details   Frist für die Übermittlung: unverzüglich, jedoch nicht vor Ablauf von 30 Monaten ab Prioritätsdatum
Art 39 Übermittlung eines Exemplars und einer Übersetzung der Anmeldung (und Anlagen zum IPRP II) (falls nicht schon nach Art 20 geschehen) sowie Gebührenzahlung (durch Anmelder) an das ausgewählte Amt
Art 36 (3) b) Übermittlung übersetzter Anlagen des IPRP II durch Anmelder an ausgewähltes Amt
R 74 Übersetzung der Anlagen des IPRP II und ihre Übermittlung (durch Anmelder an ausgewähltes Amt)
R 74.1 Frist = Frist nach Art 39 (1) = 30/31 Monate

Allgemein R 87.1 Ein Exemplar der Veröffentlichung der internationalen Anmeldung und jede andere Veröffentlichung von allgemeinem Interesse durch das IB an IPEA sowie an ISA und nationale Ämter (Einschränkung durch R 93bis)
R 89bis Einreichung, Bearbeitung und Übermittlung internationaler Anmeldungen und anderer Schriftstücke in elektronischer Form oder mit elektronischen Mitteln
R 89bis.1 Internationale Anmeldungen
R 89bis.2 Andere Schriftstücke
R 89bis.3 Übermittlung zwischen Ämtern
R 95 Angaben zum Eintritt in die nationale Phase und Vorlage von Übersetzungen der internationalen Patentanmeldung an das Internationale Büro durch Bestimmungsamt oder ausgewähltes Amt

Auf der folgenden Seite findet sich eine Grafik, die die Übermittlungswege veranschaulicht und das Auffinden von Übermittlungen erleichtert.

Übermittlungen

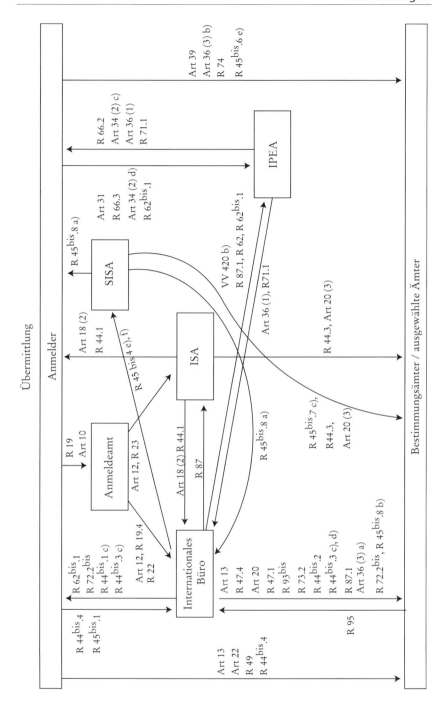

Akteneinsicht durch Dritte/Veröffentlichungen

Der PCT strukturiert die Akteneinsicht in R 94 nach der Frage, bei welcher Behörde Dritte Akteneinsicht begehren. Ergänzend hierzu findet sich nachfolgend eine Übersicht, die sich am Stadium des Verfahrens und der Art der Information orientiert und darüber Auskunft gibt, wann Dritte Informationen erhalten können.

Informationen über:	Auf der Grundlage folgender Norm beim genannten Amt:
Ab dem Zeitpunkt der Antragstellung der internationale Anmeldung (PCTa):	
Anmeldeamt, Anmelder, Anmeldedatum, Aktenzeichen, Bezeichnung der Erfindung	Art 30 (2) b) beim nationalen Amt, i.S.d. Art 2. Dies ist eine Kann-Bestimmung, die von kaum einem Amt umgesetzt wird.
Ab internationaler Veröffentlichung durch IB nach Art 21, d.h. 18 Monate nach Prioritätsdatum:	
Einsicht in Akte beim IB, vorbehaltlich Art 38, d.h. sofern nicht mit Bezug auf Dokumente, die im Verfahren nach Kapitel II erstellt wurden z.B. IPRP I und II und mit Ausnahme sensibler persönlicher Informationen (Vergleichbare Regelungen für alle Behörden und Ämter).	IB: R 94.1 b), Ausnahme d)–g), ab diesem Zeitpunkt sind die genannten Dokumente auch unter Patentscope zugänglich
Für PCTa mit Anmeldedatum ab 01.07.2014 ist Einsicht möglich in den schriftlichen Bescheid R 43bis.1 (WO-ISA), Übersetzung R 44bis.3, Stellungnahme zur Übersetzung R 44bis.4	(www.wipo.int/pct/de/texts/ppt/rule_changes_archive.html, 2014 S. 2) R 44ter und Hinweis im Applicant's Guide int. P. Nr. 9.026 wurden gestrichen. Bei ISA R 94.1^{ter}
– Informelle Stellungnahme zum Bescheid R 43bis.1 (Applicant's Guide int. P. Nr. 7.030)	ISA: R 94.1^{ter} Hinweis im Formular PCT/ISA/220.
Vorläufige Stellungnahme des EPA zur Patentierbarkeit als Anhang zum Ergebnis der Teilrecherche bei Uneinheitlichkeit	Online Akteneinsicht beim EPA als ISA gemäß ABl. 2017, A20 seit 01.04.2017, R 94.1^{ter}
Einwendungen Dritter beim IB zum Stand der Technik mit Ausnahme der Unterlagen zum Stand der Technik, die aber den entsprechenden Ämtern zur Verfügung gestellt werden	VV 803, 801 b) über Patentscope beim IB
PCT-Direkt-Schreiben des Anmelders an das EPA mit Argumenten zur Patentierbarkeit bei Beanspruchung Priorität einer vom EPA recherchierten früheren Anmeldung	Beim IB über Patentscope aufgrund EPA Mitteilung ABl. 2017, A21
Einsicht in PCTa	Art 30 (3) beim Anmeldeamt Art 30 (2) a) i) beim nationalen Amt Art 30 (1) a) beim IB oder ISA
Inhalt der Veröffentlichung der PCTa:	Art 21 (1), R 48 Veröffentlichung durch IB

Akteneinsicht durch Dritte / Veröffentlichungen

Informationen über:	Auf der Grundlage folgender Norm beim genannten Amt:
Titelseite, Beschreibung, Ansprüche, Zeichnungen	R 48.2 a) i), ii), iii), iv)
Recherchenbericht, wenn er dann schon vorliegt, ansonsten getrennte Veröffentlichung alternativ zum ISR: Erklärung Art 17 (2) a)	R 48.2 a) v), c), g)
Dem Recherchenbericht vorangestelltes Informationsblatt zu Details der Recherche	beim IB über Patentscope (ABl. 2017, A106)
Im Rahmen des Pilotprojektes von anderen ISAs als der Haupt-ISA erstellte Beiträge	beim IB über Patentscope, ABl. 2018, A47 S. 4
Änderung nach Art 19 und Erklärung dazu	R 48.2 vi), f), h)
Bewilligter Berichtigungsantrag des ausgewählten Amtes, der ISA oder IB, nicht der IPEA nach R 91 (offensichtl. Fehler in PCTa oder anderen Schriftstücken)	Bei Eingang vor Abschluss der technischen Vorbereitung (Art 21) gemäß R 48.2 a) vii), danach gemäß R 48.2 i)
Abgelehnter Berichtigungsantrag, Begründung, Stellungnahme nach R 91.3 d), wenn beantragt vom Anmelder	R 91.3 d), 48.2 a) vii) bei Eingang vor Abschluss technischer Vorbereitungen, danach gemäß R 48.2 k)
Angaben über biol. Material R 13bis	R 48.2 a viii)
Berichtigter/Hinzugefügter Prioritätsanspruch R 26bis	R 48.2 a ix)
Angaben betreffend Wiederherstellung Prioritätsrecht R 26bis.3	R 48.2a xi)
Erfinderangaben nach R 4.17 und Berichtigung nach R 26ter	R 48.2 a x)
Mitteilung über fingierte Rücknahme der PCTa nach R 29.1 ii), Rücknahme von Bestimmung R 90bis.2 oder von Prioritätsansprüchen R 90bis.3 nach Abschluss	R 48.6 a) Veröffentlichung, wenn erst nach der internationalen Veröffentlichung eingeht, sonst R 29.1 v) R 48.6 c) Veröffentlichung, wenn erst nach Abschluss der technischen Vorbereitungen eingeht, sonst R 90bis.2 e, 90bis.3 e)
Prioritätsbeleg R 17.2	IB übermittelt auf Antrag Dritter Kopien gemäß R 17.2 b), c); R 94.1
Ergänzender internationaler Recherchenbericht R 45bis.7	Art 20 (3), R 44.3 analog gemäß R 45bis.7 c), Übersendung durch SISA an BA auf Verlangen, keine Veröffentlichung (Euro-PCT-Leitfaden Rn 581), aber Akteneinsicht beim IB über R 94.1 b), unter Patentscope (Applicant's Guide int. P. Nr. 8.053), bei SISA R 94.1^{ter} d), sobald er vorliegt
Ab Eingang PCTa nach Art 20 oder 22 (Übermittlung an BA):	
Einsicht in PCTa	Art 30 (2) a) ii), iii) beim nationalen Amt (Art 2); beim BA R 94.2^{bis}; z.B. EPÜ-RiLi E-VIII 2.10

Übersichten

Informationen über:	Auf der Grundlage folgender Norm beim genannten Amt:
Sobald Prüfungsantrag gestellt wurde, jedoch nicht vor der internationalen Veröffentlichung:	
Angaben über Stellung des Prüfungsantrags	Veröffentlichung durch IB gemäß R 61.4, VV 431
Sobald IPRP II vorliegt:	
Einsicht in alle Dokumente zu Kapitel II (u.U. sind bei nationalen Ämtern mehr Dokumente als beim IB vorhanden, die zu diesem Zeitpunkt nach PCT Regeln auch schon einsehbar sind.)	Ausgewähltes Amt: Art 38 (1), R 94.3 siehe auch die Anmerkungen dort; Art 128 (4) EPÜ, EPÜ-RiLi E-VIII 2.10 Euro-PCT-Leitfaden C.II. Rn 239, D.II. Rn 408 ff., Applicant's Guide 10.003, 10.080, 10.081, 11.074. IB: R 94.1 c) sofern ausgewählte Ämter das IB beauftragt haben (z.B. EPA), stellt IB unter Patentscope die Informationen zur Verfügung. Bei IPEA: R 94.2: nicht jeder
Ohne Prüfungsantrag und nach Ablauf von 30 Monaten ab Prioritätsdatum:	
In Bezug auf PCTa, die bis zum 30.06.2014 eingereicht wurden: Schriftlicher Bescheid R 43bis.1 (WO/ISA), Übersetzung R 44bis.3, Stellungnahme zu Übersetzung R 44bis.4	R 44ter.1 a) i), Einsicht beim IB über R 94.1; bei ISA: R 94.1^{ter}
In Bezug auf PCTa, die bis zum 30.06.2014 eingereicht wurden: Informelle Stellungnahme zum Bescheid R 43bis.1, Applicant's Guide int. P. Nr. 7.030	Einsicht beim IB über Patentscope (Applicant's Guide int. P. Nr. 9.026, Hinweis im Formular 2010 PCT/ISA/220)
IPRP I (wird erst nach 30 Monaten durch IB erstellt und entspricht inhaltlich dem WO/ISA) R 44bis.1, Übersetzung R 44bis.3, Stellungnahme zu Übersetzung R 44bis.4	R 44ter.1 a) ii), Einsicht beim IB über R 94.1; in den inhaltsgleichen WO/ISA bei ISA: R R 94.1^{ter}
Nach Ablauf von 30 Monaten nach Prioritätsdatum und Stellung des Prüfungsantrags (unabhängig von Einleitung nationaler/regionaler Phase):	
IPRP II, R 70	Veröffentlichung durch IB im Auftrag über Art 38 (1) letzter HS., R 94.1 c) unter patentscope.wipo.int/search/en/search.jsf Beim ausgewählten Amt nach Art 38 (1) letzter HS., R 94.3. IB übermittelt Bericht und Anlagen nach Art 36 (1), 36 (3) a), R 71.1, 73.2, R 93bis auf Anforderung an das ausgewählte Amt; bei IPEA R 94.2 nicht jeder
sonstige Dokumente mit Bezug auf IVP	Veröffentlichung durch IB im Auftrag über Art 38 (1) letzter HS., R 94.1 c) Beim ausgewählten Amt nach Art 38 (1) letzter HS., R 94.3; bei IPEA R 94.2 nicht jeder
Ab Eingang PCTa nach Art 39 (Übermittlung an ausgewähltes Amt):	
in die komplette Akte mit Ausnahme der Teile, die vorher nach internationalem Recht ausgeschlossen wurden	beim ausgewählten Amt nach nationalem Recht; R 94.3 siehe Anmerkungen dazu

Akteneinsicht durch Dritte / Veröffentlichungen

Informationen über:	Auf der Grundlage folgender Norm beim genannten Amt:
Eintritt in die nationale Phase	
Daten bezüglich nationaler Phase	beim IB (von BA und ausgewähltem Amt weitergeleitet nach R 95, R 86.1 iv) über Patentscope

Sachregister

Um dem Nutzer einen möglichst schnellen Zugang zur Information zu verschaffen, wurde das alphabetische Sachregister in der aus dem Applicant's Guide für Anmelder bekannten Struktur aufgebaut, jedoch direkt mit Angabe der Normen versehen und zum Teil ergänzt.
»Art« und »R« beziehen sich auf die Artikel und Regeln des PCT.

Abänderung(en)
siehe Beschwerde, Eingabe
– der internationalen Anmeldung, die keine Berichtigung
   offensichtlicher Fehler darstellen, gelten als Änderung .... Art 34 (2) a) und d), R 66.5,
   R 91

siehe Änderung(en)

Abbildung(en)
– werden in PCT Gazette veröffentlicht............. R 86.1 i), R 86.2 a), VV 407 b)
   siehe PCT Gazette, veröffentlichte PCTa
– der Zeichnungen sind der Zusammenfassung beizufügen .. R 3.3 a) iii), R 8.2, VV 201
Anordnung von – in Zeichnungen................. R 11.10 d), R 11.13 i) und j),
   R 11.7, VV 207 b)
Maßstab der – in Zeichnungen .... R 11.13 c) und g)
Nummerierung von – in Zeichnungsblättern
   siehe Nummerierung, Zeichnung(en)

Abfassung
– der Ansprüche .... Art 6, Art 11 (1) iii) e), R 6
– der Beschreibung .... Art 5, Art 11 (1) iii) d), R 5,
   R 13ter.1, VV 204, VV 208,
   VV 513
– der Zusammenfassung...................... Art 3 (3), Art 14 (1) a) iv), R 8

Abhängige Ansprüche
siehe Anspruch

Abkürzung
– des Namens des Anmelders (juristische Person) .... R 20.1 b)

Abschrift
siehe Kopie

Absendedatum
siehe Frist(en)

Abtretung/Übertragung
– surkunden müssen nicht mit der internationalen Anmeldung eingereicht werden .... Art 27 (2), R 51bis.1, VV 209
– surkunden können vom Bestimmungsamt in der nationalen Phase angefordert werden .... Art 27 (2), R 51bis.1, R 92bis,
   VV 209, VV 422
Ausfertigung der –surkunde kann bei Antrag auf Änderung
   in der Person des Anmelders erforderlich sein .... R 90.3, R 92bis, VV 422

Sachregister

Afrikanische Organisation für geistiges Eigentum (OAPI)
– Übereinkommen ist regionaler Patentvertrag nach
  dem PCT .... Art 2 iv)
Bestimmung zum Erwerb eines
– Patents .... Art 11, Art 4 (1) ii), Art 45,
                                                R 4.9, VV 203 b)
Wirkung der Bestimmung für ein
– Patent .... Art 4 (1), Art 45, R 4.9,
                                                VV 203 b)
siehe Zwischenstaatliche Organisationen, regional

Afrikanische regionale Organisation für gewerblichen Rechtsschutz (ARIPO)
– Amt als Anmeldeamt
  Personen mit Sitz oder Wohnsitz in Vertragsstaaten des PCT
  und des ARIPO-Protokolls von Harare und deren Staats-
  angehörige können im Allgemeinen die internationale An-
  meldung beim Amt als Anmeldeamt einreichen .... Art 10, R 19.1 a), R 19.2
Angaben zu - -Prioritätsanspruch .... Art 8 (1), R 4.1 b) i), R 4.10,
                                                VV 408 b)
– Protokoll von Harare ist regionaler Patentvertrag nach
  dem PCT .... Art 2 iv)
Bestimmung zum Erwerb eines - -Patents .... Art 11, Art 4 (1) ii), Art 45,
                                                R 4.1 a) iv), R 4.9, VV 203 b)

Akteneinsicht
siehe Einsicht/Akten-

Aktenexemplar der PCTa (record copy)
allgemein .... Art 12, Art 22 (1), Art 24 (1) ii)
                                                und iii), R 12, R 20.2 c),
                                                R 21.1, R 22.1, R 22.3,
                                                R 23.1 a), VV 305
– Exemplar, das dem IB übermittelt wird .... Art 12 (1)
– gilt als maßgebendes Exemplar der internationalen Anmeldung .... Art 12 (2) und (3), Art 22 (1),
                                                Art 24 (1) ii) und iii), R 22.1,
                                                R 22.3
Berechtigung des Anmeldeamts, das – aus Gründen der
nationalen Sicherheit nicht an das Internationale Büro
zu übermitteln .... Art 27 (8), R 22.1, VV 330
siehe Nationale Sicherheit
Berichtigung bestimmter Mängel bei PCT-Safe-Einreichun-
gen vor Übermittlung des – .... Art 11, Art 12, Art 14, R 3.1,
                                                R 11.3, R 89ter, VV Part 7
Eingang des – beim Internationalen Büro .... Art 12 (2) und (3), Art 22 (1),
                                                Art 24 (1) ii) und iii), R 20.2 c),
                                                R 22.1, R 22.3, R 24.2,
                                                R 47.1 a^{bis})
Eingangsüberwachung des – durch das Internationale Büro .. R 20.2 c), R 22.1 e)
Mitteilung des Eingangs des – an den Anmelder, Interna-
tionale Recherchenbehörde, Anmeldeamt und Bestim-
mungsamt .... R 4.2, R 47.1 a^{bis})
Mitteilung des Internationalen Büros über den Eingang des –
an den Anmelder .... R 24.2 a)
– muss innerhalb vorgeschriebener Frist beim Internationalen
  Büro eingehen .... Art 12 (2) und (3), Art 22 (1),
                                                Art 24 (1) ii) und iii), R 22.1,
                                                R 22.3

Rückerstattung der internationalen Gebühr, wenn die internationale Anmeldung vor der Übermittlung des – zurückgenommen wird .... R 15.4, R 16.2

Aktenzeichen
- der Anmeldung, bei der eine frühere Recherche durchgeführt wurde .... R 4.1 b) ii), R 4.12, R 12bis, R 41.1
- auf Antragsformblatt .... VV 109
- auf Blättern der Beschreibung .... R 11, VV 109
- auf früherer Anmeldung (Prioritätsanmeldung) .... Art 8 (1), R 4.1 b) i), R 4.10, R 26bis.1 a), VV 408 b)
- der internationalen Anmeldung .... R 20.2 c), R 20.4 i), R 22.1, R 29.1 ii), R 53.6
- im Schriftverkehr .... VV 109
- auf Zeichnungsblättern .... R 11

Allgemeine Vollmacht
siehe Vollmacht

Aminosäuresequenzen
siehe Sequenzprotokoll

Amtliche
- Bezeichnung der juristischen Person .... R 4.4 b)

Andere Schutzrechtsarten
–, die nicht unter den Begriff Erfindung fallen, können nicht Gegenstand der internationalen Anmeldung sein .... Art 2 i) und ii), Art 3 (1)
siehe Schutz

Änderung(en)
siehe auch Abänderung(en)
allgemein .... Art 19, Art 34 (2) b), R 43.6^{bis}, R 43bis.1 b), R 46.3, R 55.3, R 66.2 a) iv), R 70.2, R 70.16, R 43bis c)

- nach Art 19 (nur von Ansprüchen):
  allgemein .... Art 19, Art 34 (2) b), R 6.1, R 46, R 48.2 a) vi) und f), R 53.9 a) i), R 55.3, R 62.1, R 62.2, R 66.1 b), R 66.2 a) iv), VV 205

  (…) beigefügte Erklärung .... Art 19 (1), R 46.4, R 48.2 a) vi)
  (…) ist Begleitschreiben beizufügen .... Art 19, Art 34 (2) b), R 6.1, R 11.14, R 46.5, R 55.3, R 66.8, R 66.9, R 70.2 c^{bis}), R 92.2 d), VV 205

  Einreichung der (…) mit Antrag auf internationale vorläufige Prüfung .... R 6.4 a), R 13ter, Art 17 (2) a) i) und b), R 39.1, VV 208
  Form der (…) .... R 6.1, R 46.5, VV 205
  Mögliche Gründe für (…) .... Art 34 (2) b), R 48.2 f), l), R 66.1 b)
  Sprache der (…) .... Art 19 (1), R 46

Sachregister

– nach Art 34 (von Ansprüchen, Beschreibung, Zeichnungen):
allgemein . . . . Art 19, Art 34 (2) a), b) und d),
R 11.14, R 53.2 a) iv), R 53.9,
R 55.3, R 66, R 69.1 b^{bis}) – e),
R 70.2 c)

Einreichung von (…) mit Antrag . . . . Art 34 (2) b), R 53.2 a) iv),
R 53.9, R 55.2, R 55.3,
R 60.1 e), R 66.1 b) und d),
R 69.1 b^{bis}) – e)

Einsicht in (…) durch Dritte . . . . Art 36 (3) a), Art 38, R 17.2,
R 48, R 94

Form der (…) . . . . R 11.14, R 55.3, R 66.8,
R 66.9

Hinweis auf (…) im internationalen vorläufigen Prüfungsbericht . . . . R 70.16

Sprache der (…) . . . . R 11.14, R 53.9, R 55,
R 60.1 e), R 66.8, R 66.9

Übersetzung der (…) siehe Anlagen
– der Beschreibung während der internationalen Phase . . . . . Art 28, Art 34 (2) b), Art 41
(1), R 52, R 78

– von Gebühren:
nach dem Tag der Einreichung, aber vor dem der Zahlung . R 15.3

– des Namens oder der Person des Anmelders für die Angabe
im Antrag auf internationale vorläufige Prüfung . . . . R 92bis.1

– der Person, des Namens oder der Anschrift des Anmelders,
Erfinders, Anwalts oder gemeinsamen Vertreters . . . . R 90.3, R 92bis, VV 422

– des Prioritätsdatums durch Zurücknahme des Prioritäts-
anspruchs . . . . R 90bis.3 d) und e)

– der Zeichnungen während der internationalen Phase . . . . . Art 28, Art 34 (2) b), Art 41 (1)

Wechsel der Schutzrechtsart . . . . R 49bis.2 b

Einbeziehung von neuem Material in –
siehe Neues Material, Berichtigung
siehe Berichtigung, Abänderung(en)

Angabe(n)
–, die im Antrag auf internationale vorläufige Prüfung erforderlich sind
siehe Antrag auf internationale vorläufige Prüfung
–, die im Antrag auf internationale Anmeldung erforderlich sind
siehe Formblatt für Antrag auf internationale Anmeldung
–, die für die internationale Anmeldung erforderlich sind
siehe Internationale Anmeldung
– der Merkmale, für die Schutz begehrt wird, in den Ansprü-
chen . . . . Art 6, Art 11 (1) iii) e), R 6
– hinsichtlich des biologischen Materials
siehe Biologisches Material
– des Stands der Technik in den Ansprüchen . . . . Art 6, Art 11 (1) iii) e), R 6
– der wesentlichen Unterlagen:
im internationalen Recherchenbericht und Bescheid . . . . . R 43, R 43bis
im internationalen vorläufigen Prüfungsbericht . . . . Art 35 a) und (2), R 70,
VV 604
– in Zeichnungen . . . . R 11.10, R 11.11, R 11.13

Anlagen
– zum internationalen vorläufigen Prüfungsbericht
Definition . . . . R 70.16
Nach Art 34 überholte Änderungen nicht als – . . . . R 70.16

Sachregister

Übersetzung von – .... R 70.17, R 72, R 74
siehe Internationaler vorläufiger Prüfungsbericht

Anmeldeamt
Definition/Erläuterungen .... Art 10, R 19.1 a), R 19.2
Ablehnung des –, die internationale Anmeldung aus Gründen
 der nationalen Sicherheit als solche zu behandeln .... Art 27 (8), R 22.1, VV 330
– bestimmt Zuständigkeit der internationalen Recherche-
 behörde .... Art 16, R 35
Bearbeitung der internationalen Anmeldung durch – ...... Art 3 (4) i), Art 10, Art 11 (1) –
 (4), Art 12, Art 14 (1) – (4),
 Art 22 (1), Art 24 (1) ii) und
 iii), Art 25, Art 27, Art 30,
 Art 48 (2), R 2.3, R 3.1, R 4,
 R 8, R 11 R 12, R 19 – R 30,
 R 48.3, R 51, R 82ter.1, R 89ter,
 R 92, VV Part 7, VV 330,
 VV 312, VV 329, VV 321 e)
 und f)
Fristverlängerung durch – .... R 20.3 a), R 26.2
Einreichung bei nicht zuständigem – .... R 19.4 a) ii), b) und c)
Internationales Büro als –
 siehe Internationales Büro als Anmeldeamt
– nimmt Anträge im PCT-Safe-Format nicht entgegen ..... Art 11 (1), Art 14 (1), R 19.4 a)
 iii), R 20, R 89ter
Registrierung des Anmelders beim – .... R 4.5
Registrierung des Anwalts beim – .... Art 4 (1), R 4.1 a) iii), R 4.7,
 R 90.3
Verfahrensschritte beim – .... Art 10, Art 11, Art 12, Art 14
 (1) a) und b), R 3.1, R 11,
 R 19, R 20, R 22, R 23, R 26.1,
 R 89ter
Vertrauliche Behandlung der internationalen Anmeldung
 durch – .... Art 30
Vertretung vor dem – .... Art 4 (1) iii), Art 27 (7), Art 49,
 R 2.2, R 4.1 a) iii), R 4.7,
 R 83.1^{bis}, R 90, VV 106
Wahl des – .... Art 31 (2) a), R 18.1, R 54
Zuständigkeit des – .... Art 10, R 19.1 a), R 19.2

Anmeldeamtsexemplar der PCTa (home copy)
allgemein .... Art 12, R 12 (3), R 21.1,
 R 22.1 a), R 23.1 a), VV 305
– Exemplar, das beim Anmeldeamt bleibt .... Art 12 (1)

Anmeldedatum
siehe Internationales Anmeldedatum, Verlust

Anmelder
Angaben im Antrag auf internationale Anmeldung betreffend
 den – .... Art 4 (1) und (4), Art 9 (1) und
 (3), Art 27 (3), R 4, R 18, R 19,
 VV 115, VV 203 b)
– als juristische Person,
 die im Antrag auf internationale Anmeldung bezeichnet ist . R 4.5
 die den Antrag auf internationale Anmeldung unterzeichnen R 4.15
– steht zur Unterzeichnung der internationalen Anmeldung
 nicht zur Verfügung .... Art 14 (1) a) i) und b), R 26.2,
 VV 316

367

Sachregister

auswärtiger – .... Art 20
Berechtigung des – zur Einreichung des Antrags auf internationale Anmeldung .... Art 9 (1) und (3), Art 10, Art 31 (2) a), R 18, R 19, R 54
Berechtigung des – zur Einreichung des Antrags auf internationale vorläufige Prüfung .... Art 31 (2) a), R 18.1, R 54
Bezeichnung des – im Antrag auf internationale Anmeldung (Feld Nr. II und III PCT/RO/101) .... R 4.5
Eintragung von Änderungen, den – betreffend .... R 90.3, R 92bis, VV 422
mehrere – .... R 26.2^{bis}
Sitz/Wohnsitz und Staatsangehörigkeit des – .... Art 9 (1), Art 10, R 18, R 19
Tod des –
 siehe Tod
Verschiedene – für verschiedene Bestimmungsstaaten ...... Art 9 (3), R 18.4 c), VV 203 b)
siehe Anmelder-Erfinder

Anmelder-Erfinder
– ist für die USA nicht erreichbar oder bereit, Schriftstücke zu unterzeichnen .... Art 14 (1) b), R 4.15 b), R 26.2, R 53.8 b), R 90bis.5
Bezeichnung des – im Antrag auf internationale Anmeldung (Feld Nr. II, III PCT/RO/101) .... Art 4 (1) v) und (4), R 4.1 a) iv), R 4.6

siehe Anmelder, Bestimmungen, Erfinder, Unterschrift/Unterzeichnung

Anmeldung
siehe Internationale Anmeldung (PCTa), nationale Anmeldung, regional, Hauptanmeldung

Anordnung
Vom Gericht erlassene – auf Akteneinsicht .... Art 30, Art 38, R 94.1 a)

Anschrift
Angabe der – des Anmelders im Antrag .... R 4.4 c) und d)
Angabe der– des Anmelders im Antrag auf IVP .... R 4, R 53, R 54, R 60 a^{bis}
– des Erfinders .... Art 4 (4), R 4.1 c) i), R 4.4
Eintrag der Änderung der –
Von den PCT-Behörden für den Schriftwechsel mit dem Anmelder verwendete – .... R 92bis, VV 422, VV 108 b), c), und d)
Spezielle Zustell– für Schriftwechsel .... R 4.4 d), VV 108

Anspruch
allgemein .... Art 2 x), Art 3 (4) iii), Art 6, Art 11 (1) iii) e), Art 19, Art 27 (1), Art 28, Art 34 (2) b), Art 41 (1), R 6, R 11, R 13, R 91, VV 206
Abhängiger –, mehrfach abhängiger – .... Art 17 (2) a) i) und b), R 6.4 a), R 66.2
Änderung von – während der internationalen Phase ...... Art 19, Art 28, Art 34 (2) b), Art 41 (1), R 46.3, R 55.3, R 66.2 a) iv), R 66.5, R 66.8 c), R 70.2 c)
Bestimmungen über die äußere Form von – .... R 11
Nicht recherchierbarer – .... Art 17 (2) a) i) und b), R 6.4 a)

Sachregister

Antrag
auf Berichtigung offensichtlicher Fehler . . . . R 91.2, 91.1 h)
auf Ausschluss von Informationen von der Veröffentlichung . . R 48.2 ll), R 94.1 d)

Antrag auf ergänzende internationale Recherche
Frist, Form, Gebühren, Zuständige Behörden, ... R 45bis.1–4.
Zurücknahme . . . . R 90bis.3

Antrag auf internationale Anmeldung
siehe Internationale Anmeldung (PCTa)

Antrag auf internationale vorläufige Prüfung
Änderungen nach Art 19 sollten mit dem – eingereicht werden R 53.9 a) i), R 55.3, R 62.1, R 62.2
Angabe der Sprache des – . . . . R 53.2 a) iv), R 53.9 ii)
Auswahlerklärung . . . . R 24.2, R 47.1, R 53.7, R 90bis.2, R 93bis.1 und ^{bis}.2
Bearbeitung des – . . . . Art 31 (2) a), (3) und (7), Art 39 (1) a), R 53, R 55.1, R 57.3, R 58.1 b), R 58bis, R 60.1, R 61, VV 614
Benennung von Staaten im – . . . . Art 31 (3) und (4), Art 64 (1), R 53, R 55.1, VV 102 b), i) und j)
Einreichung des –
    Voraussetzungen . . . . Art 31 (2) a), R 18.1, R 54
    Wann kann der – eingereicht werden? . . . . Art 39 (1), R 54bis, (R 69 regelt Prüfungsbeginn)
    Wer kann den – einreichen? . . . . Art 31, R 4, R 53.4, R 54.1, R 54.2, R 92bis.1
    Wo kann der – eingereicht werden? . . . . Art 31 (3) und (6) a), Art 32 (2), R 59
Einreichung des – bei der mit der internationalen vorläufigen Prüfung beauftragten Behörde, die nicht zuständig ist, oder bei anderer Behörde R 59.3
Erklärung betreffend Änderungen des – . . . . R 53.2 a) iv), R 53.9, R 69.1 b^{bis}) – e)
Form des – . . . . Art 31 (3), R 53, VV 102 a), i) und Part 2
Frist des – und Folge der Versäumnis . . . . R 54bis.1 und R 54.6 ii)
Gebühren im Zusammenhang mit der Einreichung des – . . . Art 31 (5), R 54.4, R 57, R 58.1 a), b) und c), R 58.3
Inhalt des – . . . . Art 31 (3), R 53, R 55.1, VV Part 2
Mängel im – . . . . Art 31 (2) a) und (3), Art 39 (1) a), R 53, R 55.1, R 57.3, R 58.1 b), R 58bis, R 60, R 61.1 b), VV 614
Sprache des – . . . . R 53, R 55.1
siehe Kapitel II (PCT), Formblatt für Antrag auf internationale vorläufige Prüfung (AIVP-Formblatt)

Antwort
– auf Aufforderung, ein Sequenzprotokoll einzureichen . . . . R 13ter.1 a) bis d)
– auf einen schriftlichen Bescheid . . . . Art 34 (2) a) und d), R 66
    siehe Schriftlicher Bescheid

Sachregister

Anwalt

allgemein . . . . Art 4 (1) iii), Art 9, Art 27 (7),
Art 49, R 2.2, R 4.1 a) iii),
R 4.7, R 83.1^{bis}, R 90, VV 106,
VV 425

An den gemeinsamen – gerichteter Schriftwechsel . . . . VV 108 c)
Bestellung eines – . . . . Art 9, Art 27 (7), Art 49,
R 2.2^{bis}, R 4.7, R 83.1^{bis}, R 90,
VV106, VV 425

    siehe Vollmacht

Eintragung von Änderungen den – betreffend . . . . R 90.3, R 92bis, VV 422
Empfehlung zur Bestellung eines – . . . . Art 27 (7), Art 49, R 2.2,
R 90.1

Rechtliche Stellung des – . . . . R 90.3
Unterbevollmächtigter . . . . R 90.1 d)
Unterschrift des – auf internationaler Anmeldung . . . . R 2.1, R 4.1 d), R 4.15, R 90.3
Vertretung durch einen –
    vor internationalen Behörden . . . . Art 27 (7), Art 49, R 2.2,
R 83.1^{bis}, R 90.1, VV 106
    vor Anmeldeamt . . . . R 90.1
    vor Internationalem Büro . . . . Art 27 (7), Art 49, R 2.2,
R 83.1^{bis}, R 90.1, VV 106
    vor Internationaler Recherchenbehörde . . . . Art 49, R 83.1^{bis}, R 90.1
    vor der mit der internationalen vorläufigen Prüfung beauf-
    tragten Behörde . . . . Art 49, R 2.2, R 53.2 a) ii),
R 53.5, R 83.1^{bis}, R 90
Verzicht des – auf Bestellung . . . . R 90.6 d) und e), VV 425
Widerruf der Bestellung des – . . . . R 90.5, R 90.6 a), b) und c)
siehe Gemeinsamer Vertreter, Patentanwalt, Vertretung

Anzahl

Erforderliche – an Exemplaren bei Einreichung der interna-
tionalen Anmeldung . . . . Art 12, R 11.1 a) und b), R 12,
R 21, R 22.1 a), R 23.1 a),
VV 305

ARIPO

siehe Afrikanische regionale Organisation für gewerblichen
Rechtsschutz (ARIPO)

Aufforderung

– durch das AA:
    – nach Art 11 gilt als – nach Art 14 . . . . Art 11 (1) i), Art 14 (1) a) ii),
R 4.5, VV 329
    –, Berichtigung einzureichen . . . . Art 11 (2) a), Art 14 (1) b),
R 20., R 26.1
    – zur Einreichung der erforderlichen Übersetzung . . . . . R 12.3, R 12.4
    – zur Einreichung der Zusammenfassung, falls diese fehlt
    oder fehlerhaft ist . . . . Art 14 (1) a) iv) und b), R 26,
R 38.2
    – zur Entrichtung der Gebühr für die verspätete Einrei-
    chung der Übersetzung . . . . R 12.3 c) ii), R 12.4 e)
    – zur Gebührenzahlung nach dem Verfahren nach R 16bis . . Art 14 (3), R 16bis.1, R 16bis.2,
R 27.1, R 29.1, R 90bis.2,
VV 321
    – zur Gebührenzahlung mit Zuschlag bei ergänzender
    Recherche . . . . R 45bis.4 b), c)

Sachregister

–, Mängel nach Art 11 zu berichtigen	Art 11, Art 14 (2), R 4.10, R 19.4, R 20.3 a), R 29.4
–, Mängel nach Art 14 zu berichtigen	Art 3 (4) i), Art 11 (1), Art 12, Art 14, R 2.3, R 4, R 8, R 11, R 12.1, R 20, R 26, R 29.1, R 89ter, VV 102 i), VV 316, VV 329
– Mängel nach R 45bis.1 im Antrag auf ergänzende Recherche zu berichtigen	R 45bis.4 a)
Eingang weiterer Blätter nach –	R 20.3
– durch die internationale Recherchebehörde:	R 5.2, R 13ter, VV 208, VV 513 a)
–, Sequenzprotokolle einzureichen	R 13ter.1
–, zusätzliche Gebühren zu entrichten, falls das Erfordernis der Einheitlichkeit der Erfindung nicht erfüllt wird	Art 17 (3) a), R 13, R 40.1, R 40.2
– durch die mit der internationalen vorläufigen Prüfung beauftragten Behörde:	
–, im Antrag auf internationale vorläufige Prüfung angegebene Änderungen einzureichen	R 53.9 c), R 55 (2) und (3), R 60.1 e)
–, im Antrag auf internationale vorläufige Prüfung Mängel zu beheben, Gebühren zu zahlen	Art 31 (3), R 53, R 55.1, R 57.3, R 58.1, R 58bis, R 60.1, R 61.1
– bei fehlender Einheitlichkeit der Erfindung	R 68, R 70.13
–, Sequenzprotokoll einzureichen	R 5.2, R 13ter, VV 208, VV 513 a)
–, Stellungnahme zum schriftlichen Bescheid einzureichen .	R 66.2, R 66.4 a)
–, Übersetzung des Prioritätenbelegs einzureichen	R 66.7

Aufschub/Verzögerung

Der Antrag auf internationale vorläufige Prüfung muss zum – der nationalen Phase vor Ablauf von 19 Monaten nach dem Prioritätsdatum eingereicht werden	Art 39 (1), Art 40 (1), Art 64 (2) a) i), ii), R 69.2
– der Abgabe von Proben von biologischem Material, nach nationalem Recht erforderlich	R 13bis.6 b)
– der Entrichtung der Recherchengebühr führt zu – der Erstellung des Internationalen Recherchenberichts	Art 12 (1), R 12.1 c), R 23.1, R 25.1
– der internationalen vorläufigen Prüfung kann vom Anmelder in Erklärung betreffend Änderungen im Antrag auf internationale vorläufige Prüfung beantragt werden	R 53.9 a) ii) und b), R 69.1 d)
– der internationalen vorläufigen Prüfung durch Mängel im Antrag auf internationale vorläufige Prüfung (z. B. Nichtzahlung von Gebühren)	Art 31 (3), R 55.1, R 53, R 57.3, R 58.1 b), R 58bis, R 60.1 b), R 61.1 b)
– durch ungenaues unvollständiges Ausfüllen der Erklärung betreffend Änderungen in Feld Nr. IV PCT/IPEA/401 des Antrags auf internationale vorläufige Prüfung	R 53.2 a) iv), R 53.9 i)
– bei Störung im Postdienst oder im Fall höherer Gewalt . . .	Art 48 (1), R 82, R 82^{quater}.1
– der Veröffentlichung der internationalen Anmeldung	R 90bis.1 c)
Die mit der internationalen vorläufigen Prüfung beauftragte Behörde wartet auf die Übermittlung der Änderungen nach Art 19 durch das Internationale Büro	R 53.9 a) i), R 55.3, R 62, R 69.1 c)

Sachregister

»Teleskop-Verfahren« nicht möglich, wenn Anmelder – der
internationalen vorläufigen Prüfung beantragt hat ...... R 69.1 b)

Ausdrücke
In der internationalen Anmeldung nicht zu verwendende – ... Art 21 (6), R 9

Ausgewählte Staaten
Begriffsbestimmung .... Art 31 (4) a)
Welche Staaten können – sein? .... Art 31 (4), Art 64 (1), R 53.7
Zurücknahme der Auswahlerklärung nach Eintritt in die
nationale Phase wird im – als Zurücknahme der inter-
nationalen Anmeldung für diesen Staat behandelt .... Art 37 (4)
Zurücknahme der Bestimmung des – führt automatisch zur
Zurücknahme der Auswahlerklärung .... R 90bis.2, R 90bis.5

Ausgewähltes Amt
Begriff: nach Kapitel II ausgewähltes Amt .... Art 2 xiv)
– kann englische Übersetzung des internationalen vorläufigen
Prüfungsberichts, des schriftlichen Bescheids und der
Anlagen verlangen .... Art 36, R 70.17, R 72, R 73,
R 74
– erhält internationalen vorläufigen Prüfungsberichts vom
Internationalen Büro .... Art 30, Art 36, Art 38, R 71.1,
R 72, R 73, R 94
Internationaler vorläufiger Prüfungsbericht nicht verbindlich
für – .... Art 33 (1)
Übermittlung der Übersetzung des internationalen vorläufig-
en Prüfungsberichts und des schriftlichen Bescheids der
Internationalen Recherchenbehörde an – .... R 70.17, R 72, R 74

Unterrichtung des – von Benennung .... Art 31 (7), R 61.1 a), R 61.2,
R 61.3, R 61.4
Unterrichtung des – von Einreichung des Antrags .... Art 36, R 72, R 73

Auslassung
– eines Blattes der internationalen Anmeldung .... R 91.1 g)
– ganzer Bestandteile (Antrag, Beschreibung, Ansprüche,
Zeichnung, Zusammenfassung) .... R 91.1 g)
– eines Prioritätsanspruchs .... R 91.1 g)
– gilt als Änderung der internationalen Anmeldung, wenn
nicht offensichtlicher Fehler .... Art 34 (2) a) und d), R 66.5

Äußerung(en)
Internationale Anmeldung darf keine herabsetzenden –
enthalten............................. Art 21 (6), R 9

Auswahl
– im AIVP .... R 53.7
– für alle auswählbaren Staaten .... Art 31 (4), Art 64 (1), R 53.7
Zurücknahme der –
siehe Zurücknahme

Bearbeitung
– des Antrags auf internationale vorläufige Prüfung .... Art 31, Art 39 (1) a), R 53,
R 55.1, R 57.3, R 58, R 60,
R 61, VV 614

Sachregister

– der internationalen Anmeldung im Anmeldeamt	Art 3 (4) i), Art 10, Art 11, Art 12, Art 14, Art 22 (1), Art 24, Art 25, Art 27 (8), Art 30, Art 48 (2), R 2.3, R 4, R 8, R 11, R 12.1, R 12.3, R 15.5, R 19.4, R 20, R 22, R 23, R 24.2 a), R 25.1, R 26, R 27, R 28, R 29, R 30.1, R 48.3, R 51, R 82bis, R 82ter.1, R 92.1, R 92.4, VV 312, VV 321 e) und f), VV 329
– der internationalen Anmeldung durch das Internationale Büro	Art 13, Art 19, Art 20, Art 21, Art 22 (1), Art 23 (2), Art 29, Art 34 (2) b), Art 36, Art 40 (2), Art 64 (3), R 4.10 b), R 6.1, R 17.2 c), R 22.1, R 24.2, R 31, R 45.1, R 46, R 47, R 48, R 53.9 a) i), R 55.3, R 61.2 d) R 62.1, R 62.2, R 66.1 b), R 66.2 a) iv), R 72, R 73, R 86.1 i), R 86.2 a), R 86.4, R 94, VV 205, VV 113, VV 404, VV 407
– der internationalen Anmeldung durch die Internationale Recherchebehörde	Art 15, Art 16, Art 17, Art 18, Art 20 (3), R 5.2, R 6.4 a), R 13, R 33, R 34.1, R 35, R 37, R 38, R 39.1, R 40, R 42, R 43, R 43bis, R 44, VV 208, VV 513 a)

Bearbeitungsgebühr
siehe Gebühr(en)

Befugnis zum Auftreten

Anmelder kann sich während der internationalen vorläufigen Prüfung von einem Anwalt vertreten lassen, der eine – vor dem Anmeldeamt oder der mit der internationalen vorläufigen Prüfung beauftragten Behörde hat	Art 49, R 2.2, R 90.1 a) und c)
Anwalt kann für die internationale Phase bestellt werden, wenn er	
– vor dem Anmeldeamt hat	Art 49, R 83.1^{bis}, R 90.1
Anwalt kann sich für das Verfahren der ergänzenden Recherche vertreten lassen von einem Anwalt, der – vor dem Anmeldeamt oder der für die ergänzende internationale Recherche bestimmten Behörde hat.	Art 49, R 90.1 a), b^{bis})
Anwalt kann für die Verfahren vor der Internationalen Recherchebehörde/mit der internationalen vorläufigen Prüfung beauftragten Behörde als Vertreter bestellt werden, wenn er	
– vor diesen Behörden hat.	Art 49, R 83.1^{bis}, R 90.1
– bestimmt sich nach dem vom betreffenden Amt/Organisation anzuwendenden Recht	Art 49, R 83.1^{bis}, R 90.1
– vor dem Internationalen Büro als Anmeldeamt	R 83.1^{bis}
für Unterbevollmächtigte gelten dieselben Zulassungsvoraussetzungen für die –	R 90.1 d)

Sachregister

Beglaubigte Kopie
- einer früheren Anmeldung .... R 17
- der internationalen Anmeldung, allgemein .... R 21.2
Vom Anmelder übermittelte – der internationalen Anmeldung an das Internationale Büro anstelle des Aktenexemplars .... R 20.2 c), R 22.1 e)

Begleitschreiben
- allgemein .... R 46.5 b), R 66.8, R 70.16, R 49.5, R 53.9, R 55.3, R 62.1 ii), R 70.2 c^{bis}), R 74.1, R 76.4, R 12.2, R 92.2
- als Anlage .... R 70.16
- Änderungen .... R 46.5, R 53.9, R 66.8, R 70.16
- Erfordernis und Unterschrift .... Art 14 (1), R 92.1
- fehlendes .... R 70.2 c^{bis}
- Kopie für IPEA .... R 62
- Sprache .... R 55.3

Begründung
Dem Widerspruch zur Einheitlichkeit der Erfindung ist eine
- beizufügen .... R 40.2 c) und d)

Behörde
siehe Anmeldeamt (AA), Internationale Recherchenbehörde (IRB), mit der internationalen vorläufigen Prüfung beauftragte Behörde (IPEA)

Beleg
siehe Prioritätsbeleg

Berechtigung/Recht
Anmeldeamt hat –, die internationale Anmeldung aus Gründen der nationalen Sicherheit nicht als solche zu behandeln ... Art 27 (8), R 22.1, VV 330
Anmelder hat nach Art 34 –, (unabhängig von Art 19) Änderungen bei der mit der internationalen vorläufigen Prüfung beauftragten Behörde einzureichen .... Art 34 (2) b), R 48.2 f), R 66.1 b) und d)
Anmelder hat –, mit der mit der internationalen vorläufigen Prüfung beauftragten Behörde in Verbindung zu treten ... Art 34 (2) a) und d), R 66
–, eine Erklärung gegen das – »Wegnehmen« des internationalen Anmeldedatums abzugeben .... Art 14 (4), R 29.1, R 29.4, R 30.1, R 82ter.1, VV 312

Berechtigung/Recht zur Einreichung eines Antrags auf internationale vorläufige Prüfung
Hat der Anmelder keine –, so gilt der Antrag als nicht gestellt .. Art 31 (2) a), R 18.1, R 54
Nicht jeder Anmelder, der berechtigt ist eine internationale Anmeldung einzureichen, hat – .... Art 31 (1) und (4) a), Art 32 (1), Art 33 (1)
Berichtigung der Angaben zu Sitz/Wohnsitz/Staatsangehörigkeit begründen kein – .... Art 31 (2) a), R 61.1 b), VV 614
Rückerstattung der Bearbeitungsgebühr, wenn Anmelder keine – hat .... R 54.4, R 57.4, R 58.3
siehe Recht

Sachregister

Berechtigung/Recht zur Einreichung einer PCTa
Bestimmungsamt kann während der nationalen Bearbeitung
   ein Schriftstück in Bezug auf das – verlangen .... R 92bis, VV 422
– Hängt von Sitz/Wohnsitz/Staatsangehörigkeit ab .... Art 9, R 18.1
Berichtigung der Angaben zu Sitz/Wohnsitz/Staatsangehörig-
   keit begründen kein – .... Art 11 (1) i), Art 14 (1) a) ii),
                                                    R 4.5, VV 329
Als gemeinsamer Vertreter wird der an erster Stelle genannte
   Anmelder »angesehen«, der – hat, beim Anmeldeamt einzu-
   reichen .... R 2.2^{bis}, R 90.2 b), R 90bis.5
Voraussetzung für die Zuerkennung eines internationalen Anmeldedatums ist, dass der Anmelder nicht offensichtlich aus
   Gründen des/der Sitzes/Wohnsitzes/Staatsangehörigkeit
   keine – beim Anmeldeamt hat .... R 20.1 b), Art 11 (1) i)
siehe Recht

Bericht
siehe Internationaler vorläufiger Prüfungsbericht (IVP-Bericht), Internationaler Recherchenbericht (IR-Bericht)

Berichtigung
Abfassung der – .... R 26.4, R 91, R 92.1
– von Mängeln im Antrag auf internationale Anmeldung ... Art 3 (4) i), Art 11, Art 14 (1),
                                                        Art 24 (2), Art 25, Art 48 (2),
                                                        R 2.3, R 4, R 8, R 9, R 11,
                                                        R 12.1, R 19.4, R 20, R 26,
                                                        R 28, R 29.1, R 29.3, R 51,
                                                        R 82bis, R 92.1, VV 217,
                                                        VV 325, VV 329, VV 413
– von Mängeln im Antrag auf internationale vorläufige Prü-
   fung .... Art 31 (3), Art 39 (1) a), R 53,
                                                       R 55.1, R 57.3, R 58.1 b),
                                                       R 58bis, R 60.1 b), c), R 61.1 b)
– offensichtlicher Fehler in der internationalen Anmeldung,
   allgemein .... R 91, R 48.2, VV 113 b),
                                                       R 70.16, R 91.1 b) iii),
                                                       R 70.2 e), VV 413
– offensichtlicher Fehler in Recherchenbericht und Bescheid . R 43.6^{bis}, R 43bis.1 b), R 48.2
Antrag auf – offensichtlicher Fehler und Frist .... R 48.2, R 91.2, 91,1 h)
Mängel in PCT-Safe-Anmeldungen
   siehe PCT-Safe
Verlängerung der Frist für die – von Mängeln .... R 20.3 a), R 26.2
Veröffentlichung der Entscheidung der IPEA bezüglich der –
   offensichtlicher Fehler erfolgt nicht .... R 48.2 i), Art 38
Wohin sind Anträge auf – zu übersenden? .... R 91.2
Zustimmung zur – .... R 91.1 b)
   Ablehnung der (...) .... R 91.3, VV 325 b)
   (...) durch den Anmelder .... R 91
   siehe Änderungen, Mängel, offensichtliche(r) Fehler

Beschränkung(en)
Sprach– wirkt sich auf Auswahl der internationalen Recherchebehörde aus .... Art 16, R 35
   siehe Sprache

375

Sachregister

Beschreibung

allgemein . . . . Art 5, Art 11 (1) iii) d), Art 28, Art 34 (2) b), Art 41 (1), R 5, R 11, R 13ter.1, R 52, R 78, R 91.1, VV 109, VV 204, VV 207, VV 208, VV 513

Bei der Abfassung der – sollte die nationale Praxis berücksichtigt werden

Änderung der – . . . . Art 28, Art 34 (2) b), Art 41 (1), R 52, R 78

Berichtigung offensichtlicher Fehler in der – . . . . R 91.1

Erfordernisse hinsichtlich der äußeren Form der – . . . . . . R 11, VV 109. VV 207

Überschriften in der – . . . . Art 5, Art 11 (1) iii) d), R 5, VV 204

Zusammenstellung der in den Zeichnungen verwendeten Bezugszeichen kann – beigefügt werden . . . . R 11.13 n)

Beschwerde

– gegen ungünstige Entscheidung des Anmeldeamts
  beim Anmeldeamt: in internationaler Phase nicht vorgesehen   Applicant's Guide int. P. Nr. 6054, 6055
  beim Bestimmungsamt . . . . Art 25, R 29.1, R 51

Besondere

– Anschrift für Zustellung des Schriftwechsels . . . . VV 108 b) und c)
– Bestimmungen für Störungen im Postdienst oder bei höherer Gewalt . . . . Art 48 (1), R 82, R 82^{quater}.1
– Erfordernisse bei der internationalen Recherche . . . . R 5.2, R 13ter.1, VV 208, VV 513 a)
– Erfordernisse bei der internationalen vorläufigen Prüfung . . R 13ter.2
– Erfordernisse gelten für Sequenzprotokolle . . . . R 5.2, R 13ter, VV 208, VV 513
  siehe Sequenzprotokoll
– Gebühr
  siehe Gebühr(en), vorzeitig, internationale Veröffentlichung
– technische Merkmale . . . . R 13.2, R 13.3, VV 206
– Übermittlung der internationalen Anmeldung an das Bestimmungsamt auf Wunsch des Anmelders . . . . Art 13, Art 23 (2), Art 40 (2), R 31, R 47.4, R 61.2 d)

Bestandteil(e)

– der internationalen Anmeldung (Liste) . . . . Art 3 (2)

Fehlen von – der internationalen Anmeldung . . . . R 4.18, R 91.1 d) – g), R 20.6 c), R 29.4

(...) ist Mangel mit Auswirkungen auf das internationale Anmeldedatum . . . . Art 11 (1), Art 14 (2), R 4.10, R 19.4, R 20.3 – R 20.7

Mindest– der internationalen Anmeldung für internationales Anmeldedatum . . . . Art 11 (1), R 20.1

Sprache der – in der internationalen Anmeldung . . . . Art 3 (4) i), Art 11 (1) ii) und iii), Art 14 (1) a) und b), R 2.3, R 4, R 8, R 11, R 12.1, R 12.1^{bis} und ^{ter}, R 19.4 a) ii), b) und c), R 20.1 c) und d), R 26, R 29.1

siehe Strukturelement

Bestätigung

– der Übermittlung von Schriftstücken mittels Telegraf, Fernschreiber oder Telefax . . . . R 92.4

Sachregister

Bestellung
(von Anwalt, Behörde, gemeinsamen Vertreter)
– eines Anwalts:
   allgemein . . . . Art 49, R 83.1^{bis}, R 90.1,
                                                 R 90.4 a), R 90.5
   im Antrag auf internationale Anmeldung
   im Antrag auf internationale vorläufige Prüfung . . . . Art 49, R 2.2, R 53.2 a) ii),
                                                 R 53.5, R 90
   Verzicht . . . . R 90.6 d) und e), VV 425
   durch Vollmacht . . . . R 90, R 92bis.1
   Widerruf . . . . R 90.6 a), b) und c)
– eines gemeinsamen Vertreters
   siehe Gemeinsamer Vertreter
– von internationaler Recherchebehörde durch die PCT-Versammlung
   siehe Internationale Recherchenbehörde (IRB)
– von der mit der internationalen Prüfung beauftragten Behörde durch die PCT-Versammlung
   siehe mit der internationalen vorläufigen Prüfung beauftragte Behörde (IPEA)
– von Unterbevollmächtigten . . . . R 90.1 d), R 90.6 a)

Bester Weg
(zur Ausführung der Erfindung)
allgemein . . . . R 5.1 a) v)

Bestimmung(en)
Ausnahmen von gewissen – . . . . R 4.9 b)
– von Staaten, Definition . . . . Art 2 xiii), Art 4 (1) ii), Art 4 (3)
(…) im Antrag auf internationale Anmeldung . . . . Art 4 (1) ii), Art 43, Art 44
– der Vereinigten Staaten von Amerika: der Anmelder muss der Erfinder sein, aber seit 16.09.2012 nicht in Bezug auf die PCTa sondern nur national . . . . R 18.4 c), R 4.5 d)
der gesetzliche Vertreter oder Erbe des verstorbenen Anmelders und Erfinders ist als neuer Anmelder zu nennen . . . . . Art 27 (3), R 18.4 c), R 92bis.1 a)
siehe Tod
Internationale Anmeldung kann weiterbetrieben werden, wenn der Anmelder-Erfinder die Unterzeichnung der internationalen Anmeldung verweigert oder nicht erreichbar ist . . Art 14 (1) b), R 4.15 b),
                                                 R 26.2, R 53.8 b), R 90bis.5
Internationale Anmeldung wird nicht veröffentlicht, wenn zum Zeitpunkt der Veröffentlichung der einzige Bestimmungsstaat eine Erklärung nach Art 64 (3) abgegeben hat, es sei denn Absatz c) . . . . Art 64 (3)
Zurücknahme der – . . . . R 90bis.2, R 90bis.5
siehe Zurücknahme

Bestimmungsamt (BA)
Begriff: nach Kapitel I bestimmtes Amt . . . . Art 2 xiii)
– kann im Falle von nach Regel 4.17 v) eingereichten Erklärungen weitere Unterlagen oder Nachweise verlangen . . . . R 4.17, R 51bis.1, R 51bis. 2
– Erfordernisse für Sequenzprotokolle . . . . VV Annex C
Kein – darf normalerweise die internationale Anmeldung vor Ablauf von 20 Monaten nach dem Prioritätsdatum bearbeiten oder prüfen . . . . Art 23 (1)

Sachregister

Übermittlung des Aktenexemplars der internationalen Anmeldung an–	Art 13, Art 20 (1) a), Art 22 (1), Art 23 (2), Art 40 (2), R 31, R 47.1, R 47.2, R 47.4, R 61.2 d)
Überprüfung von Entscheidungen des Anmeldeamts durch –	Art 24 (2), Art 25, Art 48 (2), R 51, R 82bis
Bindungswirkung für – von Entscheidungen des Anmeldeamtes bezgl. Wiederherstellung Prioritätsanspruch	R 49ter
Bindungswirkung für – von Entscheidungen über Berichtigung offensichtlicher Fehler	R 91.3 e) und f)
Unterrichtung des – durch das Internationale Büro vom Eingang des Aktenexemplars	R 24.2, R 47.1 a^{bis}), R 93bis.1

siehe Bestimmungsstaaten, Bestimmung(en)

Bestimmungsgebühr
siehe Gebühr(en)

Bestimmungsstaat

Angabe des Namens des –	Art 4 (1) ii)
nationales Recht eines – kann vorschreiben, dass der Anmelder der Erfinder sein muss	R 18.4 c), R 4.5 d)

siehe Bestimmung(en), Bestimmungsamt (BA)

Beweis

Mitteilung der Übermittlung nach Art 20 ist schlüssiger – für Bestimmungsamt, dass Übermittlung am angegebenen Datum erfolgt ist beziehungsweise, dass Vertragsstaat keine Übermittlung eines Exemplars der Anmeldung verlangt	Art 20 (1) a), Art 22 (1), R 47.1 a),c^{bis}) und c)

Bezeichnung(en)

Antrag auf internationale Anmeldung muss – der Erfindung enthalten	Art 4 (1), Art 43–45, R 3, 4.1, 4.9, 4.10, 4.11, 4.14^{bis}, 4.15
Die Beschreibung hat die – der Erfindung zu enthalten (Feld Nr. I PCT/RO/101 des Antrags auf internationale Anmeldung)	Art 5, Art 11 (1) iii) d), R 5, VV 204
– des Anmelders im Antrag auf internationale Anmeldung (siehe Anmelder)	
– des Erfinders im Antrag auf internationale Anmeldung (siehe Erfinder)	
– der Erfindung	R 4.1 a) ii)
– und Zusammenfassung	R 37, R 38, R 44.2
Im Sinne von Definition	R 2
Fehlende –	R 37, R 38, R 44.2
Erfordernisse hinsichtlich der – der Erfindung	R 4.3, R 5.1 a)
In der PCT Gazette veröffentlichte –	R 86.1 i), R 86.2 a), VV 407
Die internationale Anmeldung enthält keine –, so wirkt sich dies nicht auf das internationale Anmeldedatum aus	Art 14 (1) a) iii), R 4.3
Internationale Anmeldung -Kennzeichnung durch Aktenzeichen, Anmeldedatum und – im Antrag auf internationale vorläufige Prüfung	R 53.6
Internationales Büro fertigt englische Übersetzung der – der Erfindung an	Art 21 (4), R 45.1, R 48.3
Von internationaler Recherchebehörde erstellte –	R 37, R 38, R 44.2

Sachregister

Länge der –, wenn in englischer Sprache abgefasst oder in die
   englische Sprache übersetzt .... R 4.3, R 5.1 a)
Mangelhafte – .... R 37, R 38, R 44.2

Bezugnahme
– auf biologisches Material oder Hinterlegung
   siehe Biologisches Material
– auf frühere Anmeldung
   siehe Einbeziehung

Biologisches Material
allgemein .... R 13bis, R 48.2 a) viii)
Abgabe einer Probe des –s
   an Dritte .... R 13bis.6 b)
   an die mit der internationalen vorläufigen Prüfung beauftragten Behörde/Internationale Recherchebehörde ..... R 13bis.6 a)
Angaben hinsichtlich des – selbst .... R 13bis.3 a) iv), R 13bis.7 a)
Angaben zur Hinterlegung eines –s, wenn (…) später als
   Beschreibung eingereicht werden .... VV 209
(…) in Bezugnahme auf Hinterlegung erforderlich ...... R 12.1^{ter}, R 13bis.3, Annex L
   auf Formblatt PCT/RO/134 .... VV 209
Sprache der eingereichten Angaben bzgl. – .... R 12.1^{ter}
Zeitpunkt der Einreichung der (…) .... R 13bis.3, R 13bis.4, R 13bis.7 a) ii), R 48.2 a) viii)
Bezugnahmen auf hinterlegtes –
   Definition .... R 13bis.1, R 48.2 a) viii)
   Wirkung .... R 13bis.2
   Wenn (…) gesondert von der Beschreibung eingereicht
      werden, werden sie in die veröffentlichte PCTa aufgenommen .... R 13bis.1, R 48.2 a) viii)
   Bezugnahme auf – kann für einige Bestimmungsstaaten
      erfolgen .... R 13bis.5
   Eingangsnummer der Hinterlegungsstelle für – .... R 13bis.3 iii)
   Hinterlegungsstelle für – .... R 13bis.5 c), R 13bis.7 b)
   Vorgeschriebener Inhalt der Bezugnahme hinsichtlich eines
      – in der internationalen Anmeldung .... R 13bis.3, R 13bis.7 a)

Blatt/Blätter
-format .... R 11
– für die Gebührenberechnung
   siehe Blatt für die Gebührenberechnung
-nummerierung
   siehe Nummerierung
– der internationalen Anmeldung, die nicht alle am gleichen
   Tag eingehen .... R 20.2, R 20.3
Änderungen der Ansprüche (Art 19) auf Ersatz– einzureichen . R 6.1, R 46.5, VV 205
Angaben zur Hinterlegung von biologischem Material auf
   gesondertem – .... VV 209
Anordnung von Zeichnungen auf – .... R 11.10 d), R 11.13 j)
Ansprüche müssen auf neuem – beginnen .... R 11, R 11.4 a)
Auslassen eines –es .... R 91.1
Berichtigungen sollten auf einem Ersatz– eingereicht werden . R 26.4, R 92.1
Bekanntmachung Verwaltungsvorschriften im –
   siehe PCT Gazette
Darstellung von Zeichnungen auf gesondertem – .... R 11.10, R 11.11, R 11.13
Fehlen von – .... R 91.1 g)
Fehlen ganzer – kann berichtigt werden .... Art 11 (2), R 4.18, 20, 20.5 e), 20.6, 20.7, 82ter.1b), 91

379

Sachregister

Form–
  siehe Formblatt, Aktenzeichen
Fortsetzungs–
  siehe Formblatt für Antrag auf internationale Anmeldung
  (Antrag auf internationale
  Anmeldung-Formblatt)
Internationale Anmeldegebühr ist abhängig von Anzahl der –
  der internationalen Anmeldung .... R 15.1, R 96
Dem internationalen vorläufigen Prüfungsbericht beigefügtes
  Ersatz– .... R 70.16
Physische Anforderungen .... R 11.9
Seitenränder für –
  siehe Ränder
Zusammenfassung ist auf gesondertem – vorzulegen ...... VV 207

Blatt für die Gebührenberechnung
Wahl der Internationalen Recherchenbehörde auf – angegeben Art 16, R 14.1 b), R 15.2,
                                                             R 16.1 a), R 35

Buchstaben
– aus denen das Aktenzeichen besteht .... VV 109
in Familiennamen verwendete Groß– im AIA .... R 4.4 a), 4.19 a)
Höhe der – im Text der internationalen Anmeldung ...... R 11.7, R 11.8, VV 207
Mindesthöhe der Groß– .... R 11.7, R 11.8, VV 207
Übersetzung oder Transkription von Namen und Anschriften
  in anderen – als denen des lateinischen Alphabets .... R 4.16
Zwei–codes
  siehe Zweibuchstabencodes

CD-ROM
PCT Gazette auf – erhältlich .... R 86.1 i), R 86.4
veröffentlichte internationale Anmeldung auf – erhältlich ... R 86.1 i), R 86.4

Chemisch
–e Formel in der Zusammenfassung, die die Erfindung am
  besten kennzeichnet .... Art 3(3), Art 14 (1) a) iv), R 8
Darstellung –er Formeln .... R 11
siehe Einheitlichkeit der Erfindung
siehe Zwischen- und Endprodukte
»Markush-Praxis« zur Formulierung –er Erfindungen
siehe Markush-Praxis, Einheitlichkeit der Erfindung

Computerlesbare Form
seit 2005 elektronische Form, siehe dort

CS&E
Zusammenarbeit bei Recherche und Prüfung .... R 35.2

DAS (Digital Access Service)
siehe Digitale Bibliothek .... R 17.1 b^{bis}), VV 715, 716

Datum
Anmelde–
  siehe Internationales Anmeldedatum
Art der Angabe des –s .... VV 110
– der internationalen Veröffentlichung
  siehe Internationale Veröffentlichung
Fälligkeits–- der Gebühren .... R 14, R 15.3, R 16.1 f)

Sachregister

Prioritäts—
  siehe Prioritätsdatum

Diagramm(e)
– und Fluss– gelten als Zeichnungen . . . . R 7.1
  siehe auch Zeichnung(en)

Digitale Bibliothek
Verfügbarkeit, Antrag auf Abrufung . . . . R 17.1 b^{bis}), VV 715 a)

Diskette
siehe elektronische Form, Sequenzprotokoll, PCT-Safe

Druckfehler
siehe Veröffentlichte PCTa

Druckschrift
früher Begriff für die veröffentlichte PCTa, ... VV 406
siehe Internationale Veröffentlichung PCT

Eid
eidesstattliche Versicherung oder Erfindererklärung kann
  vom US Patent- und Markenamt weiterhin in der nationa-
  len Phase verlangt werden . . . . R 4.17, R 51bis.1a iv)

Einbeziehung
Einbeziehung von Bestandteilen durch Verweis . . . . R 4.18, R 20.3, 20.6, R 20.7,
                                                                 R 29.4
fehlerhafte (...) . . . . R 20.6 c), R 20.5 e)
Wirkung der Einbeziehung durch Verweis in der internatio-
  nalen Phase . . . . R 82ter.1 b)
Veröffentlichung der – . . . . R 48.2 b) v)

Eingabe
– gegen ungünstige Entscheidung des Anmeldeamts . . . . . Art 24 (2), Art 25, Art 48 (2),
                                                                 R 51, R 82bis

Eingang
Datum des – der internationalen Anmeldung zum Zweck der
  Gebührenzahlung, wenn die internationale Anmeldung
  nach Regel 19.4 übermittelt wurde . . . . R 19.4 a) ii), b) und c)
– des Antrags auf internationale vorläufige Prüfung . . . . . R 60.1 a), R 61.1
– des Aktenexemplars . . . . R 20.2, R 22.1 e), R 24.2,
                                                                 R 47.1 a^{bis}), R 93bis.1, 53.7,
                                                                 R 90bis.2
– der Berichtigung der internationalen Anmeldung . . . . . . R 20.3, R 29.4
– von Blättern der internationalen Anmeldung an verschiede-
  nen Tagen . . . . R 20.3
– des Recherchenexemplars . . . . Art 12 (1), R 12.1 c), R 23.1,
                                                                 R 25.1
Übermittlung der Übersetzung des schriftlichen Bescheids
  innerhalb von 2 Monaten nach –sdatum des Übersetzungs-
  antrags . . . . R 44bis.3 d)
– der Zusammenfassung . . . . R 20.2 Sonderregelung gestri-
                                                                 chen

Einheitlichkeit der Erfindung
Definition . . . . Art 3 (4) iii), R 13

381

Sachregister

allgemein . . . . Art 2 x), Art 3 (4) iii), Art 17 (3) a) und b), Art 27 (1), R 13, R 40, VV 206

Bemerkungen zur Frage der – im internationalen vorläufigen
   Prüfungsbericht . . . . Art 35 a) und (2), R 70, VV 604

PCTa, die die – erfüllt, ist von den Bestimmungsämtern und
   den ausgewählten Ämtern zu akzeptieren . . . . Art 2 x), Art 27 (1), R 13
– und »Markush-Praxis« . . . . R 13.2, R 13.3, VV 206 und Anlage B Teil 2 III
– bei Zwischen- und Endprodukten . . . . R 13.2, R 13.3, VV 206
   siehe Zwischen- und Endprodukte
Kriterien der – . . . . R 13.2, R 13.3, VV 206
Verfahren bezüglich der – bei der für die ergänzende interna-
   tionalen Recherche bestimmte Behörde . . . . R 45bis.1 d), 5 b), 6
Verfahren bezüglich der – bei der internationalen Recherchen-
   behörde . . . . Art 17 (3) a) und b), R 13, R 40
Verfahren bezüglich der – bei der mit der internationalen vor-
   läufigen Prüfung beauftragten Behörde . . . . Art 34 (3), R 68, R 70.13
»Verwirklichung einer allgemein erfinderischen Idee« . . . . . Art 3 (4) iii), Art 17 (3) a), R 13, VV 206
Zahlungsaufforderung für zusätzliche Gebühren bei
   fehlender – . . . . Art 17 (3) a) und b), R 13, R 40
Widerspruch gegen (…) . . . . R 40.1 iii) und 40.2 c) bis e)
   siehe Gebühr(en)

Einreichung
– des Antrags in PCT-Safe-Format zusammen mit einer PCT-
   Safe-Diskette
   siehe PCT-Safe
– des Antrags auf ergänzende Recherche beim IB . . . . R 45bis.1 a)
– der PCTa, allgemein . . . . Art 4, Art 5, Art 6, Art 7, Art 10, R 92.4
– der internationalen Anmeldung beim AA . . . . R 92.4
– von Schriftstücken mittels Telegraf, Fernschreiber oder
   Telefax . . . . R 92.4
Irrtümliche – bei einem nicht zuständigen Anmeldeamt (Ver-
   fahren) . . . . R 19.4 a) ii), b) und c)
Regeln für die – von Schreiben, Schriftstücken und Unterla-
   gen . . . . R 12.1, R 55.2, R 92, VV 104, VV 109

Einschränkung(en)
Die mit der internationalen vorläufigen Prüfung beauftragten Behörde kann dazu auffordern, – der Ansprüche vorzu-
   nehmen . . . . Art 34 (3), R 68, R 70.13
siehe Anspruch

Einsicht/Akten-
allgemeine Übersicht . . . . siehe im Anhang
– beim Anmeldeamt . . . . R 94.1^{bis}
– beim ausgewählten Amt . . . . R 94.3
– beim Bestimmungsamt . . . . R 94.2^{bis}
– beim Internationalen Büro . . . . R 94.1
– bei der internationalen Recherchenbehörde . . . . R 94.1^{ter}

Sachregister

– bei der mit der ergänzenden internationalen Recherche
bestimmten Behörde . . . . R 94.1^{ter} d)
– in den internationalen vorläufigen Prüfungsbericht/die
internationalen vorläufigen Prüfungsakten (nach Erstellung) Art 36 (3) a), Art 38, R 94
– in die Akten beim IB . . . . R 17.2, R 48, R 61.4, R 94.1
– in die Akten der internationalen vorläufigen Prüfung . . . . . Art 36 (3) a), Art 38, R 94
– in den internationalen vorläufigen Prüfungsbericht . . . . . . Art 36 (3) a), Art 38, R 94
– in den schriftlichen Bescheid der Recherchenbehörde, in
den internationalen vorläufigen Bericht zur Patentfähigkeit
des IB, Übersetzungen oder Stellungnahmen . . . . R 94
– von Dritten in die PCTa
vor der Veröffentlichung . . . . Art 30, Art 38, R 94.1 a)
nach der Veröffentlichung . . . . R 17.2, R 48, R 94.1 b)
Gerichtliche Anordnung auf – in die Akte der PCTa . . . . . . Art 30, Art 38, R 94.1 a)
siehe Zustimmung/Einwilligung, Gericht

Eintrag der Änderungen
(hinsichtlich des Anmelders, Erfinders, Anwalts, gemeinsamen Vertreters)
allgemein . . . . R 90.3, R 92bis, VV 422
Angabe des Anmelders im Antrag auf internationale vorläufige Prüfung nach der – . . . . R 92bis.1
– im Falle des Todes des Anmelders oder Erfinders . . . . Art 9, Art 27 (2) und (3),
R 18.1, R 18.4 c), R 92bis.1

Einwendungen Dritter
zum Stand der Technik, zur erfinderischen Idee . . . . VV 801–805, Art 21, 33,
R 34, 48, 64.1
siehe Einheitlichkeit der Erfindung

Einwilligung
siehe Zustimmung/Einwilligung

Einzige
Eine – erfinderische Idee . . . . Art 3 (4) iii), Art 17 (3) a),
R 13, VV 206
siehe Einheitlichkeit der Erfindung

Elektronische(r) Form (früher computerlesbare Form)
– der PCT Gazette . . . . Art 21 (4), R 45.1, R 48.3,
R 86, VV 407
– des Antrags PCTa und für Kapitel II . . . . R 89bis
siehe auch PCT-Safe
– die für Sequenzprotokolle akzeptiert wird . . . . R 5.2, R 13ter.1 a) und b),
VV 204, 208, 513 a), 702, Anlage C, Anlage C VV, Anlage F
Gebühren bei Einreichung von Sequenzprotokollen . . . . . . R 13ter.1, VV 707, Anlage C,
Gebührenverzeichnis
Bestimmungsamt kann Sequenzprotokolle in – verlangen . . . R 13ter.2, R 13ter.3
Internationale Recherchebehörde kann Sequenzprotokolle in
– verlangen . . . . R 13ter, VV 208
Internationale Recherchebehörde ist nicht verpflichtet, eine
Recherche der internationalen Anmeldung durchzuführen,
wenn nicht Sequenzprotokolle in – eingereicht wurde . . . . Art 17 (2) a) i) und b),
R 13ter.1 c), R 39.1, R 13ter.1 d)
IPEA kann Sequenzprotokolle in – vom Anmelder verlangen . R 13ter.2
siehe Sequenzprotokoll(e)

383

Sachregister

Entscheidung
Beschwerde gegen – des AA . . . . Art 25, R 51
– über Widerspruch gegen Zahlung zusätzlicher Gebühren . . R 40.2 c), d) und e)

Entschuldigung
– von Fristüberschreitungen vor Anmeldeamt . . . . Art 24 (2), Art 48 (2), R 82bis
– von Nichtunterzeichnung der internationalen Anmeldung
  und anderer Schriftstücke . . . . Art 14 (1) a) i) und b), R 4.15,
  R 26.2, R 53.8, R 90bis.5,
  VV 316
– wegen Störungen im Postdienst oder höherer Gewalt . . . . . Art 48 (1), R 82, R 82^{quater}.1,
  VV 111
siehe Frist(en), Fristüberschreitung(en)

ePCT
elektronische Akte der WIPO . . . . R 94.1
elektronische Einreichung . . . . R 89bis
Sprache . . . . R 92.2, VV 104

Erfinder
Änderungen in der Person des –
  siehe Änderung(en)
Angabe des Namens und der Anschrift des – im Antrag auf
  internationale Anmeldung empfohlen . . . . Art 4 (1) v)
Angabe zu Sitz/Wohnsitz/Staatsangehörigkeit des – ist nur
  erforderlich, wenn er gleichzeitig Anmelder ist . . . . R 4.4, R 4.5, R 4.6
Bezeichnung des – . . . . Art 4 (1) v)
Bei Bestimmung der USA muss der Anmelder für die PCTa
  seit dem 16.09.2012 nicht mehr – sein . . . . R 18 (4)
– der nicht Anmelder ist, wird im Antrag auf internationale
  vorläufige Prüfung nicht angegeben . . . . Art 31, R 4, R 53.4, R 54.1,
  R 54.2
– können in verschiedenen Bestimmungsstaaten verschieden
  sein . . . . R 4.5 d)
Körperschaft oder juristische Person kann nicht – sein . . . . . R 4.5
Tod des –
  siehe Tod
siehe Anmelder/Erfinder

Erfinderische Tätigkeit
Definition der – (für Zwecke der internationalen vorläufigen
  Prüfung) . . . . Art 33 (3), R 65
– ist eines der Kriterien der internationalen vorläufigen Prü-
  fung und Inhalt des Bescheids der Internationalen Recher-
  chenbehörde . . . . Art 31 (1) und (4) a), Art 32
  (1), Art 33 (1), R 53.7,
  R 43bis.1
Einschlägiger Stand der Technik bedeutsam für Feststellung,
  ob beanspruchte Erfindung auf – beruht . . . . Art 15 (4), R 33
  siehe Neuheit, gewerbliche Anwendbarkeit
Fehlen der – ist Gegenstand der Stellungnahme in einem
  schriftlichen Bescheid . . . . Art 34 a) ii), ii), iii), R 66.2
IVP-B. enthält eine Feststellung in Bezug auf – . . . . Art 35 a) und (2), R 70,
  VV 604

Erfinderschein
allgemein . . . . Art 2, Art 3 (1)
Zusatz– . . . . Art 4, Art 43, Art 44, R 4.1,
  R 4.11, R 49bis.1

Sachregister

Erfindung(en)

in der Beschreibung ist die – deutlich und vollständig zu
   offenbaren . . . . Art 5, Art 11 (1) iii) d), R 5,
                                                         VV 204

Bezeichnung der –
   siehe Bezeichnung(en)

Einheitlichkeit der –
   siehe Einheitlichkeit der Erfindung

PCTa muss Zeichnungen enthalten, wenn sie zum Verständ-
   nis der – notwendig sind . . . . Art 3 (2), Art 7, Art 28, Art 34
                                                         (2) b), Art 41 (1), R 7.1,
                                                         R 10.1 d) und e), R 11,
                                                         R 49.5 f), R 91.1, VV 207 b)

Internationaler Recherchenbericht enthält die Klassifikation
   des Gegenstands der – . . . . R 43

Internationaler vorläufiger Prüfungsbericht bringt keine Auffassung über die Patentfähigkeit der – zum Ausdruck . . . . . Art 35 (2)

Mikrobiologische –
   siehe Biologisches Material

Nachweis des Rechts an der – von dem Bestimmungsamt
   verlangt . . . . Art 27 (2), R 13bis, R 51bis.1,
                                                         VV 209

Schutz einer – muss Gegenstand einer IA sein . . . . Art 2, Art 3

Erfindungspatent

allgemein . . . . Art 2 i), ii), Art 3

Erfordernisse

– des Anmeldeamts bezüglich Anwaltszwang entspricht der
   Praxis bei nationalen Anmeldungen . . . . Art 27 (7)

– die von Anmeldeämtern zu prüfen sind . . . . Art 11 (2) a), Art 14 (1) b),
                                                         R 20.3 a), R 26.1, R 29.4

– für den Antrag auf internationale vorläufige Prüfung . . . . . Art 31 (3), R 53, R 55.1,
                                                         VV 102 a)

– für die Anschrift . . . . R 4.4 (c)

– für die Ansprüche . . . . Art 2 x), Art 3 (4) iii), Art 6,
                                                         Art 11 (1) iii) e), Art 19, Art 27
                                                         (1), Art 28, Art 34 (2) b),
                                                         Art 41 (1), R 6, R 11, R 13,
                                                         R 91.1, VV 206

– für Art und Reihenfolge der Beschreibung . . . . Art 5, Art 11 (1) iii) d), R 5,
                                                         R 13ter.1, VV 204, VV 208,
                                                         VV 513

– für Begleitschreiben zu Ersatzblättern . . . . R 6.1, R 26.4, R 46.5, R 92.1,
                                                         VV 205

– für die Bezeichnung der Erfindung . . . . R 4.3, R 5.1 a)

– für die Einheitlichkeit der Erfindung . . . . Art 2 x), Art 3 (4) iii), Art 17
                                                         (3) a) und b), Art 27 (1), Art 34
                                                         (3), R 13, R 40, R 45bis.5 e),
                                                         R ^{bis}.6, R 68, R 70.13, VV 206

– für die Einreichung der internationalen Anmeldung und
   anderer Schriftstücke mittels Telefax . . . . R 92.4

– für Erklärungen zu Änderungen . . . . Art 19 (1), R 46.4, R 48.2 a) vi)

– der Form für PCTa
   siehe Förmlich

Sachregister

– der Form und des Inhalts des Antrags auf internationale
vorläufige Prüfung wird von der mit der internationalen
vorläufigen Prüfung beauftragten Behörde geprüft ...... R 60.1 a), R 61.1
siehe Erfordernisse hinsichtlich der äußeren Form
– für die Hinterlegung von biologischem Material .... R 13bis, R 48.2 a) vii) und viii)
– die vom IB zu prüfen sind bei ergänzender Recherche .... R 45bis.4
–, die von der mit der internationalen vorläufigen Prüfung
beauftragte Behörde zu prüfen sind .... Art 31 (3), R 53, R 55.1 i),
R 60.1 a), R 61.1
– für die Kennzeichnung der internationalen Anmeldung im
Antrag auf internationale vorläufige Prüfung .... R 53.6
– für Prioritätsbelege .... Art 11 (1) i), Art 14 (1) a) ii),
R 4.5, R 19.4 a) ii), b) und c),
R 20.3 a), R 26.2, R 26bis.1 a),
R 26bis.2, VV 329
– für Sequenzprotokolle .... R 5.2, R 13ter, R 89bis, R 19.4 a)
iii), b), c) VV 204, 208, 702,
707, 513, Anlage C, Anlage D,
Anlage F
– für Sprache der PCTa .... Art 11 (1) ii) und iii), Art 14
(1) a) v), R 11, R 12.1, R 19.4,
R 20.1 c) und d), R 26.3 v)
– für Übermittlung der internationalen Anmeldung an BA .. Art 20 (1) a), Art 22 (1),
R 47.1 a) und c), R 47.2
– für Vollmachten .... R 90.4
– für Zeichen und technische Terminologie .... R 10
– für die Zusammenfassung .... Art 3(3), Art 14 (1) a) iv) und
b), R 8, R 26, R 38.2, VV 207

Erfordernisse hinsichtlich der äußeren Form
– für die Ansprüche .... R 11
– für die Beschreibung .... R 11, VV 109
– für die PCTa .... Art 3 (4) ii), Art 11 (1), Art 14
(1), R 11, R 20, R 26.3 v),
R 28, R 29.3, R 89ter
– für die Zeichnungen .... R 11.2 a), R 11.10, R 11.11,
R 11.13
– für die Zusammenfassung .... Art 3(3), Art 14 (1) a) iv), R 8

Ergänzende internationale Recherche (SIS)
allgemein................................. R 45bis, Art 16 (1), (3) b),
Art 17 (2), (3) a), Art 22,
R 13ter.1, R 33, R 39, R 40.2 c),
R 43–45, R 46, 47, R 70, R 90,
R 90bis.3bis, R 90bis.6
Antragstellung: Frist bis 22 Monaten nach Prioritätsdatum .. R 45bis.1 a), e)
Beschränkung............................. R 45bis.5
Formalprüfung durch IB und Gebühren .... R 45bis.1–4
Mangelnde Einheitlichkeit der Erfindung .... R 45bis.1 d), 5 e), 6 a)
Recherchebeginn und Durchführung durch SISA spätestens
22 Monate nach Prioritätsdatum .... R 45bis.5
Sprache und Übersetzung .... R 45bis.1 b) iii), c) i),
R 45bis.4 f), R 45bis.6 e)
Zurücknahme............................. R 90bis.3bis, R 90bis.6

Ergänzender internationaler Recherchenbericht (SISR)
Ablehnung der Erstellung für bestimmte Ansprüche ...... Art 17.2 a), R 45bis.5
Erklärung, dass kein – erstellt wird .... R 45bis.7 a)

Erstellung durch SISA bis 28 Monate nach Prioritätsdatum	R 45bis.7
Form und Inhalt	R 45bis. 7 d), e)
Übermittlung Kopie durch SISA an IB und Anmelder	R 45bis.8 a)
Übermittlung durch SISA an BA	Art 20 (1), R 45bis. 8 b), R 47
Übermittlung Kopie durch IB an IPEA	R 45bis.8 b), c), VV 420 b)
Veröffentlichung	Art 20 (3), R 44.3, R 94.1 b)

Erklärung(en)

– des Anmeldeamts zur »Wegnahme« des internationalen Anmeldedatums	Art 14 (4), R 29.1, R 29.4, R 30.1, R 82ter.1
– zu Änderungen, Grundlage für die IVP	R 53, R 55.1
Ausfüllen der (…)	R 53.2 a) iv), R 53.9, R 69.1 d)
(…) nicht verbindlich für Anmelder oder die Durchführung der internationalen vorläufigen Prüfung	R 66.1 b), R 66.4^{bis}
(…), dass Änderungen nach Art 34 zusammen mit dem Antrag auf internationale vorläufige Prüfung -Bericht eingereicht werden	R 53.9 c), R 55 (2) und (3), R 60.1 e)
(…) dahingehend, dass die internationale vorläufige Prüfung verschoben werden soll	R 53.9 b), R 69.1 d)
(…) enthält die Angabe dahingehend, dass Änderungen nach Art 19 berücksichtigt werden sollen	R 53.9 a) i), R 62, R 69.1 c)
Zweck der (…)	R 53.2 a) iv), R 53.9
– zu Änderungen nach Art 19	Art 19 (1), R 46.4, R 48.2 a) vi),
(…) darf keine herabsetzenden Äußerungen zum Internationalen Recherchenbericht oder zu angeführten Unterlagen enthalten	Art 19 (1), R 46.4, R 48.2 a) vi)
Entspricht die (…) nicht den Anforderungen, so wird sie	
weder veröffentlicht noch übermittelt	R 46.4 a), R 48.2 a) vi)
Kennzeichnung der (…)	R 46.4 a), R 48.2 a) vi)
Länge der (…)	Art 19 (1), R 46.4, R 48.2 a) vi)
Sprache der (…)	Art 19 (1), R 12.1, R 46.4, R 48.2 a) vi), R 55.2, R 92, VV 104
Veröffentlichung der (…) zusammen mit PCTa	Art 19 (1), Art 21 (3), R 46.4, R 48, VV 404
– nach Art 64 (Vorbehalte)	Art 36 (3)
– der Internationalen Recherchenbehörde, dass kein Internationaler Recherchericht erstellt wird	Art 17, R 6.4 a), R 13ter.1 d), R 39.1
Eingang der (…) bei der mit der internationalen vorläufigen Prüfung beauftragten Behörde	R 69.1 a)
Übermittlung der (…) an Anmelder und IB	Art 18 (2), R 44.1
Veröffentlichung der (…)	Art 21, R 45.1, R 48, VV 113, VV 404
– der Schlussfolgerungen der mit der internationalen vorläufigen Prüfung beauftragten Behörde	Art 35 a) und (2), R 70, VV 604
– über Zurücknahme siehe Zurücknahme	
die internationale Anmeldung kann eine – zur Beanspruchung einer Priorität enthalten	Art 8
dem Sequenzprotokoll, das vom Anmelder eingereicht wird, ist eine – beizufügen, dass der Inhalt des Protokolls nicht über den Offenbarungsgehalt hinausgeht	R 13ter.1 a) bis d)

Sachregister

Erklärungen nach R 4.17
allgemein . . . . R 4.17, R 51bis, R 48, VV 211-215
Berichtigung oder Hinzufügung der . . . . R 26ter.1
bezüglich Erfinder . . . . R 4.17, R 51bis.1, R 51bis. 2 a), b), VV 214 a), b)

Erläuterung
Keine –en in Internationalen Recherchenberichten . . . . R 43

Ermäßigung von Gebühren
siehe Gebühr(en)

Ersatzblatt/-Blätter
Änderungen nach Art 19 haben in Form von – zu erfolgen . . R 6.1, R 46.5, R 49, R 66.8, VV 205
Änderungen nach Art 34 haben in Form von – zu erfolgen . . R 11.14, R 55.3, R 66.8, R 66.9
Den – ist ein Begleitschreiben beizufügen . . . . R 26.4, R 92.1, R 6.1, R 46.5, R 66.8, R 70.2 c^{bis}), VV 205
– als Form der Berichtigung . . . . R 26.4, R 92.1
– mit Berichtigungen als Anlage zum internationalen vorläufigen Prüfungsbericht . . . . R 70.16
Dem internationalen vorläufigen Prüfungsbericht beigefügte
– mit Änderungen . . . . R 70.16
Bei übermittelten – auf dem Wege der Telekommunikation
sollte das Original nachgereicht werden . . . . R 92.4

Erstattung von Gebühren
siehe Rückerstattung

Erstreckung von europäischen Patenten
allgemein . . . . Anmerkungen zu Art 4, Art 45, EPÜ-RiLi A.III.12

Erstreckung der Wirkungen einer internationalen Anmeldung auf Nachfolgestaat
allgemein . . . . R 32.1 a), b) und c), R 32.2
Veröffentlichung von Angaben mit erstreckender Wirkung . . R 32.1 c)
Welche Anmeldungen kommen für – in Betracht? . . . . R 32.1 b)
Wirkung der – . . . . R 32.2

Eurasisches Patent
Wirkung der Bestimmung für – . . . . R 4.9 b)

Europäisches Patent
für ein – ist nur eine Bestimmungsgebühr zu entrichten . . . . R 15.1 ii)
  Einreichung . . . . Art 4, R 19
  für bestimmte Staaten . . . . Art 4, 11, R 4.9

Exemplar
Anzahl von – . . . . R 11
Arten von – . . . . Art 12
Herstellung von – . . . . R 21
Inhalt . . . . Art 3, R 3
siehe auch Aktenexemplar (der PCTa), Anmeldeamtsexemplar (der PCTa), Recherchenexemplar (der PCTa), Kopie

Sachregister

Fach
– zeitschriften . . . . Art 15 (4), R 34.1
siehe Mindestprüfstoff

Fachmann
– zur Beurteilung der erfinderischen Tätigkeit . . . . Art 33 (3), R 65
Offenbarung in der Beschreibung . . . . Art 5, Art 11 (1) iii) d), R 5,
VV 204,
Offenbarung von biologischem Material . . . . R 13bis.1, R 48.2 a) viii)

Fax
siehe Telefax

Fehlen
– ganzer Bestandteile oder Blätter kann nicht berichtigt
werden . . . . R 91.1 g)
bezüglich anderer Themen
siehe unter dem Stichwort, das den fehlenden Gegenstand
bezeichnet

Fehlende Einheitlichkeit der Erfindung
siehe Einheitlichkeit der Erfindung

Fehler
Mögliche Stellungnahme des Anmelders
zu –n in der von der internationalen Recherchebehörde
erstellten Zusammenfassung . . . . Art 14 (1) a) iv) und b), R 26,
R 38.3
siehe Berichtigung, Offensichtliche(r) Fehler

Fernschreiber
Angabe der – -anschrift . . . . Art 31, R 4, R 53.4, R 54.1,
R 54.2
Per – eingereichte Schriftstücke . . . . R 92.4

Feststellung(en)
– zu angeblichem Wert der Erfindung in der Zusammenfas-
sung sind nicht zulässig . . . . R 8.1 c)
siehe Zusammenfassung
– bezüglich internationalem vorläufigen Prüfungsbericht
sollte – darüber enthalten, ob jeder der Ansprüche die Kri-
terien der Patentfähigkeit erfüllt . . . . Art 35 a) und (2), R 70,
VV 604
Darf keine – zur Patentfähigkeit des Gegenstandes nach
nationalem Recht enthalten . . . . Art 35 (2)

Fiktiver gemeinsamer Vertreter
siehe Vertretung

Flussdiagramme
– gelten als Zeichnungen . . . . R 7.1

Form
elektronische –
siehe Elektronische Form
Erfordernisse der – für die PCTa
siehe Erfordernisse hinsichtlich der äußeren Form
– und Inhalt
des Antrags auf internationale Anmeldung . . . . R 4

389

Sachregister

des Antrags auf internationale vorläufige Prüfung . . . . Art 31, Art 34 (2) b), Art 49,
R 2, R 4, R 53, R 54, R 55.1,
R 66, R 69.1 d), R 90,
R 92bis.1, VV 102 a) i)
der Ansprüche . . . . Art 2 x), Art 3 (4) iii), Art 6,
Art 11.(1) iii) e), Art 19, Art 27
(1), Art 28, Art 34 (2) b),
Art 41 (1), R 6, R 11, R 13,
R 91.1, VV 206
der Beschreibung . . . . Art 5, Art 11 (1) iii) d), Art 28,
Art 34 (2) b), Art 41 (1), R 5,
R 11, R 19.4, R 13ter.1, R 52,
R 78, R 89bis R 91.1, VV 109,
204, 207, 208, 513, 702, 707,
Anlage C, Anlage F
der Zeichnungen . . . . R 7
der Zusammenfassung . . . . Art 3(3), Art 14 (1) a) iv) und
b), R 3.3 a) iii), R 8, R 26,
R 38.2, VV 207

Format
– für computergenerierte Formblätter . . . . R 3.1 bis 3.4, 4, R 89ter,
VV Part 7, Anlage F
Bestimmtes – auf Diskette für Sequenzprotokolle verlangt . . . R 13ter.1 a) und b), VV 208
Bestimmtes vom Bestimmungsamt verlangtes – . . . . R 13ter.2
siehe Sequenzprotokoll
Die mit der internationalen vorläufigen Prüfung beauftragte
Behörde kann den Anmelder auffordern, Sequenzprotokolle
in annehmbarem – einzureichen . . . . R 13ter.2
siehe Elektronische Form

Formblatt
Computergeneriertes PCT–
siehe Format
Erhältliche Exemplare von PCT– bei Anmeldeamt / mit der
internationalen vorläufigen Prüfung beauftragten Behörde . Art 31 (3), R 53, VV 102

Formel
Art der Anordnung von Formeln auf den Blättern . . . . R 11.10 d), R 11.13 j)
Darstellung von chemischen oder mathematischen –n . . . . . R 11.9 b), R 11.10 b),
R 11.13 h)
Die Zusammenfassung sollte die chemische – enthalten, die
die Erfindung am besten kennzeichnet . . . . Art 3(3), Art 14 (1) a) iv), R 8

Förmlich
–e Prüfung des Widerspruchs gegen die Zahlung Widerspruchsgebühr . . . . R 40.2 e)
–e Überprüfung der internationalen Anmeldung durch das
Anmeldeamt . . . . Art 11 (2) a), Art 14 (1) b),
R 20.3 a), R 26.1, R 29.4
siehe Erfordernisse hinsichtlich der äußeren Form

Formprüfung
siehe Erfordernisse hinsichtlich der äußeren Form, Internationales Büro (IB), internationale Phase

Fortsetzung
Möglichkeit, eine Anmeldung als – oder Teil– zu behandeln . R 4.14

Sachregister

Frist(en)

Ab dem Absendedatum festgesetzte –	Art 14 (1) a) iv) und b), Art 19 (1), R 26, R 38.3, R 46
Berechnung von –	R 80
Berechnung von – aufgrund der Berichtigung des Prioritätsanspruchs	R 26bis
Berechnung von – aufgrund der Zurücknahme des Prioritätsanspruchs	R 90bis.3 d) und e)
– für die Berichtigung oder Hinzufügung eines Prioritätsanspruchs	R 26bis.1 a)
– zur Antragstellung auf ergänzende Recherche	R 45bis.1 a), e)
– zur Antragstellung auf internationale vorläufige Prüfung	R 54bis.1, R 44.1, Art 17 (2) a)
– zur Einreichung einer Stellungnahme und Änderungen im schriftlichen Bescheid bei Beantragung der internationalen vorläufigen Prüfung	R 43bis.1 c)
– zur Einreichung der Übersetzung der PCTa	R 12.4 a)
– zum Eintritt in die nationale Phase	Art 22, Art 23
– zur Erstellung des ergänzenden internationalen Recherchenberichts	R 45bis.7
– zur Erstellung des Internationalen Recherchenberichts	Art 18 (1), R 42
– zur Zahlung der internationalen vorläufigen Prüfungs-Gebühren	Art 31 (3), R 53, R 55.1, R 57.3, R 58.1 b), R 58bis, R 60.1 b)
– zur Zahlung von Gebühren	siehe Gebührenübersicht
– zur Zurücknahme der Anmeldung	R 90.4, R 90.5, R 90bis.1, R 90bis.5
– zur Zurücknahme der Antrags auf ergänzende internationale Recherche	R 90bis.3bis, R 90bis.6
– zur Zurücknahme einer Bestimmung	R 90bis.2, R 90bis.5
– zur Zurücknahme des Prioritätsanspruchs	R 90bis.3, R 90bis.5
Verlängerung von – siehe Fristverlängerung(en), Prioritätsdatum	

Fristüberschreitung(en)

Entschuldigung von –	Art 24 (2), Art 48 (2), R 82, R 82bis, R 82^{quater}

Fristverlängerung(en)

– für die Berichtigung von Mängeln nach Art 14 (1) möglich	R 20.3 a), R 26.2
– für die Berichtigung von Mängeln nach Art 11 oder Art 14 (2) nicht möglich	R 20.3 a), R 26.2
siehe Frist(en)	

Frühzeitig

–e Bearbeitung der PCTa	Art 13, Art 23 (2), Art 40 (2), R 31, R 47.4, R 61.2 d)
–e Übermittlung von Kopien der internationalen Anmeldung an Bestimmungsamt	Art 13, Art 23 (2), Art 40 (2), R 31, R 47.4, R 61.2 d)

Gebrauchs-

–muster	Art 2 ii), Art 43, R 65
–zertifikat	Art 2 ii), Art 43

Gebühr(en)

allgemein:	Anhang Gebührenübersicht

Sachregister

an das Anmeldeamt zu entrichtende –	Art 3 (4) iv), Art 14 (3), R 14, R 15, R 16, R 27.1, R 29.1, R 96, R 89bis, R 89ter, R 90bis.2, VV 304, VV 320, VV 321
an das IB zu entrichtende –	R 45bis.2 a), 3 b), 4 d)
an die mit der internationalen vorläufigen Prüfung beauftragte Behörde zu entrichtende –	Art 31 (5), R 54.4, R 57, R 58.1, R 58.3
Änderung der Beträge der – . . . . siehe Änderung(en)	R 15.2, R 15.3
Währung der –	R 14.1 b), R 15.2, R 16.1 b)–e), R 45bis.2
zusätzliche – wegen fehlender Einheitlichkeit der Erfindung .	Art 17 (3) a), R 13, R 40, R 68, R 70.13
Änderung der (…) nach Einreichung, jedoch vor Zahlung .	R 15.2, R 15.3

Bearbeitungs –

Definition der (…)	Art 31 (5), R 57.1 ii), R 58.1 a) und c)
Beträge der (…)	R 57.2 a), R 57.3, R 58.1 b)
Ermäßigung der (…)	Anhang Gebührenverzeichnis
An die mit der internationalen vorläufigen Prüfung beauftragte Behörde zu entrichtende (…)	R 57.1, R 58.1 c)
Fälligkeitsdatum der (…)	R 57.3, R 58.1 b)
Mangel bei der Zahlung der (…)	Art 31 (3), R 53, R 55.1, R 57.3, R 58.1 b), R 58bis, R 60.1 b), c), R 61.1 b)
Rückerstattung der (…)	R 54.4, R 57.4, R 58.3
Währung der (…)	R 57.2 c)–d), R 58.1 c)
Bestimmungs –	Art 4 (2)

Bearbeitungs – für ergänzende Recherche

Betrag, Währung, Frist, Erstattung	R 45bis.2
verspätete Zahlung	R 45bis.4 b)

– für Ergänzende Recherche

Definition, Frist, Erstattung	R 45bis.3
Überprüfungsgebühr.	R 45bis.6 c)
verspätete Zahlung	R 45bis.4 b)
verspätete Einreichung von Sequenzprotokollen	R 13ter.1, R 45bis.5 c)
Zusatzkomponente der (…)	R 13ter.1, VV, Gebührenverzeichnis

Internationale Anmelde–

Definition der (…)	Art 3 (4) iv), R 15.1, R 96
An das Anmeldeamt zu entrichtende (…)	R 15.1
Änderungen der Beträge für (…) . . . . siehe Änderungen	R 15.2, R 15.3
Beträge der (…)	Anhang Gebühr
Ermäßigung der (…)	R 89ter, VV 702, VV 707
bei Einreichung der IA in elektronischer Form	R 89bis, 89ter, VV 702, VV 707
PCT-Safe-Ermäßigung	R 89ter, VV 703 b) iv) und Annex F
Ermäßigung von 75 %	Anhang Gebühren
Fälligkeit der (…)	R 15.3
– für verspätete Einreichung der Übersetzung	R 12.3 c) ii), 12.4 e)
Nicht- oder Teilzahlung der (…)	Art 14 (3), R 16bis.1, R 16bis.2, R 27.1, R 29.1, VV 321
Rückerstattung der (…)	R 15.4
Währung der (…)	R 15.2
Verspätete Zahlung der (…)	R 16bis.1, R 16bis.2, Art 14 (3), R 27.1, R 29.1, VV 321

Sachregister

Recherchen–
- Definition der (…) .... Art 3 (4) iv), R 16.1
- Beträge der (…) .... R 16.1 a)
- Ermäßigung der (…) .... Anhang Gebühren
- Nicht- oder Teilzahlung der (…) .... R 16.2
- Uneinheitlichkeit, zusätzliche Gebühr.. R 40.1 ii), R 40.2 a), b)
- Rückerstattung der (…) .... R 16.2
- Übermittlung des Recherchenexemplars an Anmeldeamt, nur bei vollständiger Zahlung der (…) .... Art 12 (1), R 12.1 c), R 23.1, R 25.1
- Übermittlung der (…) an internationale Recherchebehörde . R 16.1 c)–e)
- verspätete Einreichung von Sequenzprotokollen .... R 13ter.1, R 45bis.5 c)
- Währung der (…) .... R 16.1 b)–e)
- Widerspruchsgebühr .... R 40.2 e)

Übermittlungs –
- Definition der (…) .... Art 3 (4) iv), R 14
- Beträge der (…) .... R 14
- (…) für Übermittlung der bei nicht zuständigem Anmeldeamt eingereichten internationalen Anmeldung an das Internationale Büro als AA .... R 19.4 a) ii), b) und c)
- (…) für Übermittlung der internationalen Anmeldung an Bestimmungsamt auf Antrag des Anmelders .... Art 13, Art 23 (2), Art 40 (2), R 31, R 47.4, R 61.2 d)

Verspätungsgebühr .... R 16bis, R 45bis.4 b), R 58bis.2

Vorläufige Prüfungs–, internationale
- Definition der (…) .... Art 31 (5), R 57.1 i), R 58.1 a) und c)
- Beträge der (…) .... R 57.2 a), R 57.3, R 58.1 b)
- Ermäßigung der (…) .... Anhang Gebühren
- Zu entrichtende (…) bei fehlender Einheitlichkeit der Erfindung .... R 68, R 70.13
- Fälligkeit der (…) .... R 57.3, R 58.1 b)
- An die mit der internationalen vorläufigen Prüfung beauftragte Behörde zu entrichtende (…) .... R 57.1, R 58.1 c)
- Mängel bei der Zahlung der (…) .... Art 31 (3), R 53, R 55.1, R 57.3, R 58.1 b), R 58bis, R 60.1 b), c), R 61.1 b)
- Rückerstattung der (…) .... R 54.4, R 57.4, R 58.3
- verspätete Einreichung von Sequenzprotokollen .... R 13ter.1, R 45bis.5 c)
- Währung der (…) .... R 57.2 c)–d), R 58.1 c)
- Widerspruchsgebühr .... R 68.3 e)
- – ermäßigung: .... Anhang Gebühren
- – rückerstattung
  siehe Rückerstattung
- sonstige –
  - Besondere Gebühr für Veröffentlichung des Berichtigungsantrags .... R 91.3 d), VV 113 b)
  - Besondere Gebühr in der nationalen Phase für Ansprüche, für die keine Recherche durchgeführt wurde .... Art 17 (3) b), Art 34 (3)
  - Besondere Gebühr für vorzeitige Veröffentlichung ...... Art 21 (2), R 48.2 h), R 48.4, VV 113

Gebührenermäßigung .... Anhang Gebührenermäßigung

Gebührenerstattung
siehe Rückerstattung

Sachregister

Gegenstand
- der internationalen Anmeldung (möglicher) . . . . Art 3 (1)
-, für den die internationale Recherchebehörde nicht verpflichtet ist, eine internationale Recherche durchzuführen . . Art 17 (2) a) i) und b), R 13ter.1 d), R 39.1
-, für den die mit der internationalen vorläufigen Prüfung beauftragte Behörde nicht verpflichtet ist, internationale vorläufige Prüfung durchzuführen . . . . Art 34 a) ii), Art 35 (3) a) i), R 66.2, R 67

Gegenvorstellungen
Im PCT vorgesehene förmliche Stellungnahme im Gegensatz zur informellen Stellungnahme zum Bescheid der ISA nach R 43bis.1 . . . . R 43bis.1
Eingereichte – während internationaler vorläufigen Prüfung . . R 66
Der internationale Recherchenbericht darf keine –
  (-argumente) enthalten . . . . R 43
Recht auf – nach Aberkennung des Anmeldedatums . . . . . . Art 14 (4), R 29.1, R 29.4, R 30.1, R 82ter.1, VV 312

Gemeinsamer Anwalt
siehe Anwalt

Gemeinsamer Vertreter
allgemein . . . . Art 4 (1) iii), Art 9, R 2.2^{bis}, R 4.1 a) iii), R 4.7, R 90, R 90bis.5, VV 425
Bestellter – . . . . R 90.4, R 90.5
Eintragungen von Änderungen hinsichtlich des – . . . . R 90.3, R 92bis, VV 422
Als – geltender Anmelder, allgemein . . . . R 2.2^{bis}, R 90.2 b), R 90bis.5
(…) darf Antrag oder Erklärungen über Zurücknahmen im Namen aller Anmelder nicht unterzeichnen . . . . Art 37, R 2.2^{bis}, R 90
Rechtliche Stellung des – . . . . R 90.3
Unterschrift des – . . . . Art 14 (1) a) i) und b), R 2.3, R 4.15, R 26.2, R 53.4, R 53.8, R 90.3, R 90bis.5, VV 316
Verzicht des – auf Bestellung . . . . R 90.6 d) und e), VV 425
Widerruf der Bestellung des – . . . . R 90.6 a), b) und c)

Gericht
Anordnung eines –s auf Akteneinsicht kann Einwilligung des Anmelders ersetzen . . . . Art 30, Art 38, R 94.1 a)

Gesuch
– im Antrag auf internationale vorläufige Prüfung, dass für die internationale Anmeldung eine internationale vorläufige Prüfung durchgeführt werden soll . . . . R 53, R 55.1
– in der PCTa, die internationale Anmeldung nach Maßgabe des PCT zu bearbeiten . . . . Art 4 (1) i)

Gewerbeniederlassung
siehe Niederlassung

Gewerbliche Anwendbarkeit
Definition (für die Zwecke der internationalen vorläufigen Prüfung) . . . . Art 33 (4)
Feststellung und Bemerkungen im internationalen vorläufigen Prüfungsbericht bzgl. – . . . . Art 35 a) und (2), R 70, VV 604

Sachregister

Fehlen der – ist Gegenstand einer Stellungnahme im schriftlichen Bescheid . . . . R 66.2, Art 34 a)
siehe Schriftlicher Bescheid
– ist ein Kriterium der internationalen vorläufigen Prüfung . . Art 31 (1) und (4) a), Art 32 (1), Art 33 (1)
Überschrift in der Beschreibung lautet »–« . . . . Art 5, Art 11 (1) iii) d), R 5, VV 204

Gilt als nicht gestellt/-erfolgt/-übermittelt
Antrag auf ergänzende Recherche –, bei Fristüberschreitung, Unzuständigkeit, bestimmten Gegenständen . . . . R 45bis.1 e), 4 d), 5 g)
Antrag auf internationale vorläufige Prüfung –, da Anmelder nicht zur Einreichung berechtigt ist . . . . Art 31 (2) a), R 54.4, R 57.4, R 58.3, R 61.1 b), VV 614
Antrag auf internationale vorläufige Prüfung ohne Unterschrift – nach Fristablauf . . . . R 60.1 c), R 61.1 b)
Eingereichte Schriftstücke mittels Telegraf, Fernschreiber oder Telefax, die nicht innerhalb von 14 Tagen bestätigt werden, können – . . . . R 92.4
Prioritätsanspruch . . . . R 26bis.2 b), c)
Prioritätsbeleg wird nicht übermittelt, wenn der Prioritätsanspruch – . . . . R 17.2 c)
Rückerstattung der Bearbeitungsgebühr, wenn Antrag auf internationale vorläufige Prüfung mangels Berechtigung zur Einreichung oder nach Fristablauf – . . . . R 54.4, R 57.4, R 58.3
Wirkung des Antrags auf internationale vorläufige Prüfung oder der nachträglichen Auswahlerklärung geht verloren, wenn Antrag auf internationale vorläufige Prüfung – . . . . . Art 39 (1) a)

Gilt als zurückgenommen
siehe Zurückgenommen

Grundgebühr
siehe Gebühr(en)

Gültigkeit
Fehlen des internationalen Recherchenberichts ist ohne Bedeutung für die – der PCTa . . . . Art 17 (2) a) i), b) und (3) b), R 13ter.1 d), R 39.1, R 6.4 a),
– eines Prioritätsanspruchs . . . . Art 8 (1) Art 8 (2) (a), Art 11 (3), Art 11 (4), R 4.10

Gute Sitten und öffentliche Ordnung
PCTa darf keine Angaben enthalten, die gegen – verstoßen . . Art 21 (6), R 9

Handelsniederlassung
siehe Niederlassung

Hauptanmeldung
– für Zusatztitel . . . . Art 4, Art 43, Art 44, R 4.1 b) ii), R 4.11, R 49bis.1

Haupterfindung
– für Recherchenzwecke . . . . Art 17 (3) a), Art 34 (3), R 13, R 68, R 70.13
siehe Einheitlichkeit der Erfindung

Sachregister

Herabsetzende Äußerungen
Die Erklärung zu Änderungen nach Art 19 darf keine –
 enthalten . . . . Art 19 (1), R 46.4, R 48.2 a) vi)
Die internationale Anmeldung darf keine – enthalten . . . . . Art 21 (6), R 9

Hinterlegung von biologischem Material
siehe Biologisches Material

Hinterlegungsstelle
– bei welcher biologisches Material hinterlegt wird . . . . R 13bis.5 c), R 13bis.7 b)
siehe Biologisches Material

Höhere Gewalt
Entschuldigung von Fristüberschreitung bei Krieg, Revolu-
 tion, öffentlichen Unruhen, Streik, Naturkatastrophen, etc . R 82^{quater}, VV 111

Inanspruchnahme der Priorität
siehe Prioritätsanspruch

Informelle Stellungnahme
Im PCT nicht vorgesehene Möglichkeit der Stellungnahme
 zum schriftlichen Bescheid der ISA im Gegensatz zur Ge-
 genvorstellung . . . . R 43bis.1, Übersicht: Aktenein-
 sicht/Veröffentlichung

siehe Gegenvorstellung

Inhalt
– des Antrags auf internationale Anmeldung . . . . Art 4
– des Antrags auf internationale vorläufige Prüfung . . . . Art 31 (3), R 53, R 55.1,
 VV Part 2
– der Beschreibung . . . . Art 5, Art 11 (1) iii) d), R 5,
 VV 204
– der Bezugnahme auf hinterlegtes biologisches Material . . . . R 13bis.1, R 13bis.3, R 13bis.7 a),
 R 48.2 a) viii)
– der veröffentlichten PCTa . . . . Art 21 (3), R 48.1, R 48.2,
 VV 404
– der PCTa . . . . Art 3, R 4, R 9
– des internationalen Recherchenberichts und Bescheids . . . . R 43, R 43bis
– des internationalen vorläufigen Prüfungsberichts . . . . Art 35 a) und (2), R 70,
 VV 604

Internationale Anmeldung (PCTa)
Definition . . . . Art 2 vii), Art 3 (1)
Änderungen der –
 siehe Änderung(en)
Beglaubigte Kopien der –
 siehe Beglaubigte Kopie
Bestandteile der –
 siehe Bestandteil(e)
Eingang von Blättern der – an verschiedenen Tagen . . . . R 20.3
Einreichung der –
 siehe Einreichung
Gebühren für –
 siehe Gebühr(en)
Gegenstand der – . . . . Art 3 (1)
– kann Bestimmungen für regionale Patente enthalten
 siehe Regional

– enthält Bezugnahme auf biologisches Material oder dessen
  Hinterlegung
    siehe Biologisches Material
– erhältlich nach der internationalen Veröffentlichung ..... Art 36 (3) a), Art 38, R 17.2,
    R 48, R 94.1 b), R 94.2, R 94.3
  siehe Einsicht/Akten-
– als Grundlage für Prioritätsanspruch .... Art 11 (4)
– von Internationalem Büro veröffentlicht
    siehe Internationale Veröffentlichung
–, deren Wirkungen auf einen Nachfolgestaat erstreckt werden
  können
    siehe Erstreckung der Wirkungen einer internationalen An-
    meldung auf Nachfolgestaat
Nucleotid- und/oder Aminosäuresequenzen, die in – offen-
  bart werden .... R 5.2, R 13ter
    siehe Sequenzprotokoll
Nummerierung der Blätter der –
    siehe Nummerierung
Sprache der –
    siehe Sprache
Übermittlung der – an das Bestimmungsamt .... Art 13, Art 20 (1) a), Art 22
    (1), Art 23 (2), Art 40 (2),
    R 31, R 47, R 61.2 d)
Übersetzung der –
    siehe Übersetzung
Unterschrift der –
    siehe Unterschrift/Unterzeichnung
Veröffentlichungssprache der –
    siehe Sprache
Vertraulicher Charakter der –
    siehe Einsicht/Akten-, Vertraulichkeit
Wirkungen der – .... Art 11
Zurücknahme der –
    siehe Zurücknahme
Wahl bestimmter Schutzrechtsarten .... R 49bis

Internationale Behörde
siehe Internationales Büro (IB), Internationale Recherchenbehörde (IRB), mit der internationalen vorläufigen Prüfung beauftragte Behörde (IPEA), Anmeldeamt (AA), Internationale Recherchenbehörde, die für die ergänzende Recherche bestimmt
wird (SiSA)

Internationale Gebühr(en)
siehe Gebühr(en)

Internationale Patentklassifikation (IPC)
Verwendung der – im internationalen Recherchebericht .... R 43

Internationale Phase
allgemeiner Überblick .... siehe Einleitung
Änderung der internationalen Anmeldung während der –
    siehe Änderung(en)
Feststellung von Mängeln in der internationalen Anmeldung
  während – .... R 28, R 29.3
    siehe Nationale Phase
Tod des Anmelders während der – .... Art 27 (2) und (3), R 18.4 c),
    R 92bis.1

397

Sachregister

Tod des Erfinders während der –
  siehe Tod
Unzulässigkeit neuen Materials während –
  siehe Neues Material

Internationale Recherche

Ablehnung der Durchführung der –	Art 17 (2) a) i) und b), R 13ter.1 d), R 39.1
Berichtigung offensichtlicher Fehler in den Ansprüchen (nur empfohlen, wenn Fehler die – beeinträchtigen könnten.)	R 91.1, R 43.6^{bis}
Beschränkungen der –	Art 17 (2) a) i) und b), R 6.4 a), R 13ter.1 d), R 39.1
Feststellung der Einheitlichkeit der Erfindung während der –	Art 2 x), Art 3 (4) iii), Art 17 (3) a) und b), Art 27 (1), R 13, R 40, VV 206
Grundlage für –	Art 15 (4), R 33
Unterlagen, die (…) bilden	Art 15 (4), R 34.1
– ngebühr siehe Gebühr(en)	
– für Sequenzprotokolle für Nucleotid- und/oder Aminosäuren	R 5.2, R 13ter.1, R 13ter.2, VV 208, 513 a), Anlage C, Anlage F
Im internationalen Recherchenbericht aufgeführte Ergebnisse der –	R 43
Sinnvolle –	R 6.4 a)
»Teleskop-Verfahren« (Überschneidung von – und internationaler vorläufiger Prüfung)	R 69.1 b)
Zusätzliche Recherche	R 66.1^{ter}
Zweck der –	Art 15 (4), R 33

siehe Internationaler Recherchenbericht (IR-Bericht), Internationale Recherchenbehörde (IRB)

Internationale Recherchenbehörde (IRB)

allgemein	Art 16, 20 (3), R 44.3, R 44bis
Ablehnung der –, eine Recherche durchzuführen	
für bestimmte Gegenstände	Art 17 (2) a) i) und b), R 13ter.1 d), R 39.1
für PCTa, wenn diese unklar ist oder Mängel aufweist	Art 17 (2) a) i) und b), R 6.4 a)
Das Aktenzeichen, das von der – beim Schriftwechsel mit dem Anmelder verwendet wird	VV 109
Ausschuss der – (Überprüfungsgremium) überprüft Widerspruch gegen zusätzliche Gebühren	R 40.2 c) und d)
Berichtigung offensichtlicher Fehler	
Berücksichtigung einer Berichtigung	R 43.6^{bis}
Zustimmung der –	R 91.1 b) ii), R 91.3
unverzügliche Entscheidung über Zustimmung durch –	R 91.3
Beschränkung der Zuständigkeit der –	Art 16, R 4.14^{bis} R 35
Bezeichnung der Erfindung kann vom – erstellt werden	R 37, R 38, R 44.2
Formulierung der Ansprüche wirkt sich darauf aus, ob – eine sinnvolle Recherche durchführen kann	R 6.4 a)
Frühere Recherchen durchgeführt von –	R 4.1 b) ii), R 4.12, R 12bis, R 16.3, R 41
– kann Dokumente aus früherer Recherche vom Anmelder verlangen	R 12bis.2
– kann Anmeldeamt auf in der internationalen Anmeldung entdeckte Mängel aufmerksam machen	R 28, R 29.3
– kann Probe des biologischen Materials erhalten	R 13bis.6 a)

Sachregister

– überprüft Einheitlichkeit der Erfindung	Art 3 (4) iii), R 13, Art 17 (3), R 40
– unterrichtet IB, Anmelder und Anmeldeamt vom Eingang des Recherchenexemplars	Art 12 (1), R 12.1 c), R 23.1, R 25.1
– wird vom Eingang des Aktenexemplars unterrichtet	R 24.2, R 47.1 a^{bis}, R 93bis.1
Kopien der im internationalen Recherchenbericht angegebenen Unterlagen sind bei der – erhältlich	Art 20 (3), R 44.3
Recherchenexemplar wird vom Anmeldeamt an die – übermittelt	Art 12 (1), R 12.1 c), R 23.1, R 25.1
Recherchierter Prüfstoff von –	Art 15 (4), R 34.1
Sequenzprotokoll	
kann von – verlangt werden	R 5.2, R 11, R 13ter, R 19.4, VV 109, VV 208, VV 513 a), 333
kann in elektronischer Form verlangt werden oder von der – übertragen werden	R 13ter.1 a), b), VV 208
Sprachen, von der – für die internationalen Recherche zugelassen	R 12.1, R 12bis.2, R 48.3, R 19.4 a) ii), b) und c)
Übersetzung der internationalen Anmeldung kann von der – bei Anmeldeamt verlangt werden	Art 3 (4) i), R 12.1, R 19.4 a) ii), R 48.3
Übermittlung von Exemplaren der internationalen Anmeldung und anderer Schriftstücke an –	Art 12, R 12.1 c), R 12bis, R 22, R 23, R 25.1
Vertretung vor der –	79, 80, 81, Art 49, R 83.1^{bis}, R 90, VV 108 d)
Wahl der – im Antrag auf internationale Anmeldung angegeben	R 4.1 b) iv), R 4.14^{bis}, Art 16, R 14.1 b), R 15.2, R 16.1 a), R 35
Zusammenfassung kann von der – erstellt werden	Art 14 (1) a) iv) und b), R 26, R 37, R 38.2, R 44.2
Zuständigkeit der –	R 4.1 b) iv), R 4.14^{bis}, Art 16, R 35
siehe Internationale Recherche (IR), Internationaler Recherchenbericht (IR-Bericht)	

Internationale Recherchenbehörde, die für die ergänzende Recherche bestimmt wird (SISA)

allgemein	Art 16, R 45bis
Bestellung eines Vertreters vor der SISA	R 90.1
Durchführung, Recherche	R 45bis.5
Zuständigkeit	R 45bis.5
Siehe ergänzende internationale Recherche	

Internationaler Recherchenbericht (IR-Bericht)

allgemein	Art 16, Art 18 (1) und (2), Art 20 (3), R 42, R 43, R 44.1, R 44.3
Antrag auf internationale vorläufige Prüfung sollte möglichst bald nach Beurteilung des – eingereicht werden	Art 39 (1), R 69.2
Änderung der Ansprüche (Art 19)	
ist nach Eingang des – zulässig	Art 19, Art 28, Art 34 (2) b), Art 41 (1), R 46

Sachregister

ist nicht zulässig, wenn Internationale Recherchebehörde erklärt hat, dass kein – erstellt wird	Art 19 (1), R 46
Die den Änderungen beigefügte Erklärung darf keine herabsetzenden Äußerungen zum – enthalten	Art 19 (1), R 46.4, R 48.2 a) vi)
Beginn der internationalen vorläufigen Prüfung normalerweise nicht bevor – zur Verfügung steht.	Art 39 (1), R 69.1 a), R 69.2
Bezug von Kopien der im – angegebenen Unterlagen	Art 20 (3), R 44.3
Englische Übersetzung (oder Erklärung) des – wird grundsätzlich vom Internationalen Büro angefertigt, falls internationale Anmeldung in einer anderen Sprache als Englisch veröffentlicht wurde	Art 21 (4), R 45.1, R 48.3, R 12.3
Ergebnisse der teilweise durchgeführten Recherche (wegen mangelnder Einheitlichkeit) sind im – enthalten	R 43.7
Erklärung, dass kein – erstellt wird	Art 17 (2) a) i) und b), Art 18 (2), Art 21 (2), (3) und (4), R 6.4 a), R 13ter.1 d), R 39.1, R 44.1, R 45.1, R 48, R 69.1 a), VV 113, VV 404
Erstellung des –, Datum	R 43.2
nach Erstellung des – durch IPEA ermittelte Unterlagen . . .	R 66.1^{ter}
Fehlen des – /unvollständiger – ist ohne Bedeutung für die Gültigkeit der PCTa	Art 17, R 6.4 a), R 13, R 39.1, R 40
Frist für Erstellung des–	Art 18 (1), R 42
Inhalt des –	R 43
Internationale Veröffentlichung der internationalen Anmeldung bevor – zur Verfügung steht	Art 21 (2), R 48.2 g), R 48.4, VV 113
Nach internationaler Veröffentlichung ist – frei erhältlich . . .	R 17.2, R 48, R 94.1 b)
– wird für Teile der internationalen Anmeldung erstellt, die sich auf die Haupterfindung beziehen; erfindungsbezogene Teile	Art 17 (3) a), R 13
– darf keine Meinungsäußerungen, Begründungen, Argumente oder Erläuterungen enthalten	R 43
– wird zusammen mit PCTa veröffentlicht	Art 18 (2), Art 21 (3), R 44.1, R 48.1, R 48.2 a), g) und h), VV 404
Übermittlung des – durch Internationales Büro an das Bestimmungsamt	Art 18 (2), Art 20, R 44.1, R 43bis.3, R 47,
Wortlaut des Widerspruchs und Entscheidung können dem Bestimmungsamt zusammen mit – mitgeteilt werden	R 40.2 c)
siehe Internationale Recherche (IR), Internationale Recherchenbehörde (IRB)	
Internationale Veröffentlichung	
allgemein.	Art 19, Art 20, Art 21, Art 29, Art 36, Art 64 (3), R 4.10 b), R 17.2 c), R 20.4, R 22.1, R 24.2, R 44ter.1b), R 45.1, R 46, R 47, R 48, R 72, R 73, R 86, R 94, VV 113, VV 404, VV 407
Antrag auf Ausschluss sensibler persönlicher Informationen . .	R 48.2 l), R 94.1 d)
Aufschiebung/Verhinderung der –	R 90bis.1 c)
Ausnahmen bei der –	Art 21 (5), Art 64 (3), R 20.4
Ausnahmen für sensible Daten	R 48.2 l)–n), R 94.1 d), g)

Sachregister

Beachtung der Formerfordernisse wird nur in dem Maße überprüft, wie das für eine weitgehend einheitliche – erforderlich ist	Art 14 (1) a) v), R 11, R 26.3
Form und Inhalt der –	Art 21 (3), R 48, VV 404, R 86.1 i) und 86.2, R 86.4
– des abgelehnten Berichtigungsantrags	R 91.3 d), VV 113 b)
– snummer	Art 21 (3), Art 21 (4), R 45.1, R 48, R 86, VV 404, VV 407
Kopien des Prioritätsbelegs erhältlich nach der –	R 4.10 b), R 17.2 c)
Rechtliche Wirkungen der –	Art 29
Sprache der –	Art 21 (4), R 45.1, R 48.3, R 86.2 a)
Technische Vorbereitungen für –	
Abschluss der –	Art 21 (5)
Änderungen (Art 19) durch Internationales Büro sind bis Abschluss der (…) zulässig	Art 19 (1), R 46
Zurücknahme muss beim Internationalen Büro vor Abschluss der (…) eingehen	Art 21 (5), R 29.1 v), R 90bis.1 c), R 90bis.2 e), R 90bis.3 d) und e)
Vertraulicher Charakter der internationalen Anmeldung bis zur –	Art 30, Art 38, R 94.1 a), R 17.2, R 48, R 94.1 b)
Vorzeitige –	Art 21 (2), R 13bis.4, R 13bis.7 a) ii), R 48.2 h), R 48.4, VV 113
Zeitpunkt der –	Art 21 (2), R 48.4
siehe Veröffentlichte PCTa, PCT Gazette	

Internationaler vorläufiger Bericht zur Patentfähigkeit
IPRP II

siehe Internationaler vorläufiger Prüfungsbericht	R 70.1, R 70.15
IPRP I	R 44bis
Kopien des – von IB an BA übermittelt	Art 20, R 47, R 43bis, R 44
IB gibt – heraus, wenn kein IPRP II erstellt wurde	R 44bis

Internationale vorläufige Prüfung (IVP)

Definition	Art 31 (1) und (4) a), Art 32 (1), Art 33 (1)
allgemein	Art 31 (1), Art 31 (4) a), Art 32 (1), Art 33 (1)
Änderungen der internationalen Anmeldung während der –	Art 19, Art 28, Art 34 (2) a), b) und d), Art 41 (1), R 11.14, R 48.2 f), R 52, R 53.2 a) iv), R 53.9, R 55.3, R 66, R 69.1 b^{bis}) – e), R 78
Ansprüche, für die keine Recherche durchgeführt wurde, dürfen nicht Gegenstand der – sein	R 66.2 a) vi)
Antrag auf –	
siehe Antrag auf internationale vorläufige Prüfung (AIVP)	
Anwälte während der –	Art 49, R 2.2, R 53.2 a) ii), R 53.5, R 90
siehe Anwalt	
Aufgaben des Internationalen Büros während der –	R 44bis
Beginn der –	R 60.1 e), R 62, R 69.1, R 53.9 a) i), b) und c), R 55 (2) und (3)
Beginn der – aufschieben	R 53.9 b), R 69.1 d)

401

Sachregister

Besondere Erfordernisse während der – bezüglich Nucleotid-
und/oder Aminosäuresequenzprotokolle .... R 13ter.2

Einsicht in die Akten der –
siehe Einsicht/Akten-
Fehlende Einheitlichkeit der Erfindung während –
siehe Einheitlichkeit der Erfindung
Formalprüfung .... R 60
Gebühren für –
siehe Gebühr(en)
gemeinsamer Vertreter während der - .... R 2.2^{bis}, R 90.2, R 90,4
– aufgeschoben .... R 53.2 a) iv), R 53.9
– beginnt normalerweise nicht bevor internationaler Recherchenbericht zur Verfügung steht .... Art 39 (1), R 69.2, R 69.1 a)
– s-Bericht
siehe Internationaler vorläufiger Prüfungsbericht
– verschiebt nationale Phase .... Art 39 (1)
Kriterien der – .... Art 31 (1) und (4) a), Art 32
(1), Art 33, R 64, R 65
Möglichkeiten, während der – mit der mit der internationalen vorläufigen Prüfung beauftragten Behörde in Verbindung zu treten .... Art 34 (2) a) und d), R 66
Prioritätsbeleg (und Übersetzung) von der mit der internatio-
nalen vorläufigen Prüfung beauftragten Behörde während
– angefordert .... R 66.7
Schriftliche Bescheide während –
siehe Schriftlicher Bescheid
Für – zugelassene Sprachen .... Art 31 (3), R 53, R 55.1,
R 55.2, VV 103 b), VV 104
»Teleskop-Verfahren« (Überschneidung von internationaler
Recherche und –) .... R 69.1 b)
Unterlagen, die Grundlage der – bilden .... R 66.1, R 66.4^{bis}
Vertraulichkeit des – s-Verfahrens .... Art 38, R 94
siehe Einsicht/Akten-
Voraussetzungen für – .... Art 31 (2) a), R 18.1, R 54
Wirkungen der – .... Art 38, Art 39 (1), Art 40 (1),
Art 64 (2) a) i), ii), R 94
Die Zeit, die für – zur Verfügung steht, richtet sich nach der
frühestmöglichen Einreichung des Antrags auf internatio-
nale vorläufige Prüfung nach Fertigstellung des internationalen Recherchenberichts .... Art 39 (1), R 69.2
Zweck der – .... Art 33 (1), (2), (3) und (4),
R 64, R 65, R 66.1^{ter}
siehe Internationaler vorläufiger Prüfungsbericht (IVP-Bericht),
mit der internationalen vorläufigen Prüfung beauftragten Behörde (IPEA)

Internationaler vorläufiger Prüfungsbericht (IPRP II)
allgemein................................ Art 33, 35 (1) und (2), Art 36
(1) und (4), Art 38 (1) und (2),
R 64, 65, 67, 69.2, R 70,
R 71.1, R 71.2, R 72, R 74,
R 94, VV 604
Änderungen und Berichtigung offensichtlicher Fehler, auf die
im – hingewiesen wird...................... R 70.16
(...), ohne Begleitschreiben .... R 70.2 c^{bis}), R 70.16 b) ii)

(...), die über den ursprünglichen Offenbarungsgehalt hinausgehen	Art 19 (2) und (3), Art 34 (2) b), R 66.2 a) iv), R 70.2 c), R 70.16 b) i)
Anführung maßgeblicher Unterlagen im –	Art 35 a) und (2), R 70, VV 604
Anlagen zum – siehe Anlagen	
Ansprüche, die sich auf Erfindungen beziehen, für die kein internationaler Rechercheberich erstellt worden ist, sind im – angegeben	R 66.2 a) vi)
Berichtigungen offensichtlicher Fehler, auf die im – hingewiesen wird	R 70.2 e)
Berichtigung offensichtlicher Fehler, Zustimmung der mit der internationalen vorläufigen Prüfung beauftragten Behörde (muss vor Erstellung des – erteilt werden	R 91.1, 91.3
Bezeichnung	R 70.1, 70.15
Fehlt »Einheitlichkeit der Erfindung«, so wird dies im – angegeben	Art 35 a) und (2), R 68, R 70, VV 604
Einsicht/Zugang zu – für Personen, die nicht Anmelder sind siehe Einsicht/Akten-, Vertraulichkeit	Art 36 (3) a), Art 38, R 94
Form und Inhalt des –	Art 35 a) und (2), R 70, VV 604
Frist für die Berücksichtigung von Änderungen/Gegenvorstellungen/Berichtigungen offensichtlicher Fehler im –	Art 34 (2) b), R 66.1, R 66.4^{bis}
Frist für Erstellung des –	Art 35 (1), Art 39 (1), R 69.2
– für ausgewählte Ämter nicht verbindlich	Art 33 (1)
– darf keine Auffassung zur Patentfähigkeit zum Ausdruck bringen	Art 35 (2)
Kopien der im – genannten Unterlagen, die nicht im internationalen Recherchebericht genannt sind, sind bei der mit der internationalen vorläufigen Prüfung beauftragten Behörde erhältlich	Art 36 (4), R 71.2
Nutzen des – in der nationalen Phase	Art 33(1)
Nichterstellung des – und internationaler vorläufiger Bericht zur Patentfähigkeit	R 44bis
Prioritätsbeleg und –	R 66.7
Sprache des –	R 70.17, R 72, R 74
Übermittlung des –	
an Internationales Büro, ausgewähltes Amt und Anmelder	Art 36 (1), R 71.1, R 72.3
durch Internationales Büro	Art 19, Art 20, Art 21, Art 36, Art 38, R 22.1, R 24.2, R 46, R 47, R 48, R 71.1, R 72, R 73, R 94, R 93bis
Übersetzung des – ins Englische durch IB	R 44bis, R 70.17, R 72, R 74
Stellungnahme des Anmelders zur (...)	Art 36 (1), R 71.1, R 72.3
Wirkungen des – in der nationalen Phase	Art 33 (1)

Internationales Anmeldedatum

allgemein	Art 11 (1), (2) b), (3), (4), Art 14 (3), (4), Art 27 (8), R 12.1, R 20, R 22.1, R 27, R 29.1, R 29.4, R 30.1, R 82ter.1, VV 330
Aberkennung eines bereits zuerkannten –	Art 14 (4), R 29.1, R 29.4, R 30.1, R 82ter.1, VV 312

Sachregister

Ablehnung einer Zuerkennung eines – durch das Anmeldeamt
    Prioritätsfrist abgelaufen, Wiederherstellung Prioritätsrecht . R 26bis.3, R 49ter
    Rückerstattung von Gebühren . . . . R 15.4, R 16.2
    Überprüfung durch das Bestimmungsamt . . . . Art 25, R 51
Auswirkung der Berichtigung von Angaben zu Sitz/Wohnsitz/
    Staatsangehörigkeit auf – . . . . Art 11 (1) i), Art 14 (1) a) ii),
    R 4.5, VV 329
Auswirkung auf –, wenn Blätter der internationalen Anmeldung an verschiedenen Tagen eingehen . . . . R 20.3
PCTa wird nicht veröffentlicht, wenn kein – zuerkannt wird . Art 21 (5), Art 64 (3) i), R 20.4
Mängel, die sich auf – auswirken . . . . Art 11, Art 12, Art 14 (2),
    R 3.1, R 4.10, R 11.3, R 19.4,
    R 20, R 89ter, VV 704
Mängel, die sich nicht auf – auswirken . . . . Art 11 (1), Art 14 (1), R 20,
    R 89ter, VV 704
Mitteilung an den Anmelder über Zuerkennung eines – . . . . R 20.2 c), R 20.4 i), R 22.1,
    R 29.1 ii)
Mitteilung an das Internationale Büro über Zuerkennung
    eines – . . . . R 20.2 c), R 22.1 e)
Nichtzahlung, unvollständige oder verspätete Zahlung hat
    keinen Einfluss auf – . . . . Art 11 (3) und (4), Art 14 (3),
    R 27
Stand der Technik ist einschlägig, wenn er vor dem – öffentlich zugänglich ist . . . . Art 15 (4), R 33
Überprüfung der Zuerkennungsentscheidung (Einbeziehung
    durch Verweis) durch nationale Ämter . . . . R 82ter.1 b) – d)
Voraussetzungen für Zuerkennung des – . . . . Art 11 (1), R 12.1, R 20.1
Zuerkennung des – aufgrund Einbeziehung durch Verweis . . R 4.18, R 20.6, R 20.7

Internationales Büro (IB)
Berechtigung, vor dem – aufzutreten . . . . Art 49, R 83.1^{bis}, R 90.1
Eingang des Aktenexemplars beim – . . . . Art 12 (2) und (3), Art 22 (1),
    Art 24 (1) ii) und iii), R 20.2 c),
    R 22.1, R 22.3, R 24.2,
    R 47.1 a^{bis})
– als Anmeldeamt
    siehe Internationales Büro (IB) als Anmeldeamt (AA)
– bereitet Übersetzung der internationalen Anmeldung vor,
    wenn nötig . . . . Art 21 (4), R 45.1, R 48.3
– übermittelt Exemplare der internationalen Anmeldung an
    das Bestimmungsamt . . . . Art 13, Art 20 (1) a), Art 22
    (1), Art 23 (2), Art 40 (2),
    R 31, R 47, R 61.2 d)
– übermittelt internationalen vorläufigen Prüfungsbericht an
    das ausgewählte Amt . . . . Art 19, Art 20, Art 21, Art 36,
    Art 38, R 22.1, R 24.2, R 46,
    R 47, R 48, R 71.1, R 72, R 73,
    R 94
– veröffentlicht internationale Anmeldung und internationalen Recherchenbericht
    siehe Internationale Veröffentlichung
Verfahrensschritte im – . . . . Art 36, R 72, R 73, R 45bis.4
Vertretung vor dem – . . . . Art 49

Internationales Büro (IB) als Anmeldeamt
– bestimmt nicht eine oder mehrere zuständige internationale Recherchebehörden . . . . Art 16, R 35

Sachregister

– bestimmt nicht eine oder mehrere zuständige mit der internationalen vorläufigen Prüfung beauftragte Behörden .... Art 31 (3) und (6) a), Art 32 (2), R 59

Berechtigter Anwalt, zum Auftreten vor dem – .... Art 49, R 83.1^{bis}, R 90.1

Fragen zu Sitz/Wohnsitz und Staatsangehörigkeit bzgl. beim
– eingereichter PCTa........................ Art 31, R 4, R 53.4, R 54.1, R 54.2

PCTa kann direkt beim – eingereicht werden .... R 19.1 a) iii)

PCTa, die versehentlich beim nicht zuständigen Anmeldeamt eingereicht wurde, gilt für das – als eingereicht (R 19.4) R 19.4 a) ii), b) und c)

Nationale Sicherheitsbestimmungen werden nicht vom – überprüft .... Art 27 (8), R 22.1, VV 330

Sprachen, zulässig für eingereichte internationale Anmeldung beim –...................... R 19.4 a) ii), b) und c)

IPER
siehe Abkürzungsverzeichnis, Internationaler vorläufiger Prüfungsbericht (IPRP II) sowie Internationaler vorläufiger Bericht zur Patentfähigkeit .... R 70.15

IPRP
siehe Abkürzungsverzeichnis, Internationaler vorläufiger Prüfungsbericht (IPRP II) sowie Internationaler vorläufiger Bericht zur Patentfähigkeit .... R 70.15

Jahr
Angabe des –es in Daten..................... VV 110
Internationale Veröffentlichungsnummer enthält Angabe des –es .... Art 21 (3), R 48.1, R 48.2, VV 404
siehe Datum, Priorität, Prioritätsdatum

Juristische Person
siehe Anmelder
die nach den nationalen Rechtsvorschriften eines Vertragsstaates gegründet wurde, wird als Staatsangehörige dieses Staates angesehen........................ R 18.1
siehe Staatsangehörigkeit
Bei – ist die vollständige amtliche Bezeichnung anzugeben .. R 4.4 b)
Unterzeichnung für eine –
siehe Unterschrift/Unterzeichnung

Kapitel II (PCT)
IVP kann nur nach – beantragt werden .... Art 31 (1) und (4) a), Art 32 (1), Art 33 (1)
An (nicht an) – gebundene Vertragsstaaten .... Art 64 (1) a)
Nur an – gebundene Vertragsstaaten können im Antrag auf internationale vorläufige Prüfung ausgewählt werden..... Art 31 (4), Art 64 (1), R 53.7
siehe Antrag auf internationale vorläufige Prüfung (AIVP)

Kennzeichnung
– der Anmeldung im Antrag auf internationale vorläufige Prüfung .... R 53.6
– der Bestimmungsstaaten bei mehreren Anmeldern ...... R 4.5 d)

Klassifikation
Bezugnahme auf die Internationale Patent –
(IPC) im internationalen Recherchenbericht .... R 43
siehe Internationale Patentklassifikation (IPC)

405

Sachregister

Kontrollliste

Angabe der Abbildung zur Veröffentlichung mit der Zusammenfassung in der – .... R 3.3 a) iii), R 8.2, VV 201
– im Antrag auf internationale Anmeldung -Formblatt (Feld Nr. IX PCT/RO/101) .... Art 27 (2), R 3.3, R 8.2, R 13bis, R 51bis.1, VV 201, VV 209, VV 313

Kopie

Dem Antrag auf internationale Anmeldung, Antrag auf internationale vorläufige Prüfung oder der gesonderten Mitteilung beigefügte – der allgemeinen Vollmacht .... R 90.5
Bezug von –
der PCTa .... Art 30, Art 38, R 17.2, R 48, R 86.1 i), R 86.4, R 94.1 a) und b)

des ergänzenden Recherchenberichts oder Erklärung der Nichterstellung .... R 45bis.8 a)
der im internationalen Recherchebericht genannten Unterlagen .... Art 20 (3), R 44.3, R 45bis.7 c)
der im internationalen vorläufigen Prüfungsbericht genannten Unterlagen .... Art 36 (4), R 71.2
des schriftlichen Bescheids der Internationalen Recherchenbehörde .... R 43bis.1 a), R 44.1, R 44bis, R 44ter, R 66.1^{bis}

– der Änderungen nach Art 19 sollte mit dem Antrag auf internationale vorläufige Prüfung eingereicht werden ..... R 53.9 a) i), b) und c), R 55.3, R 55 (2) und (3), R 60.1 c) und e), R 61.1 b), R 62, R 69.1 c) und d)

– der internationalen Anmeldung beim Anmeldeamt
siehe Anmeldeamtsexemplar (der PCTa)
– der internationalen Anmeldung beim IB
siehe Aktenexemplar (der PCTa)
– der internationalen Anmeldung bei der internationalen Recherchebehörde
siehe Recherchenexemplar (der PCTa)
– der internationalen Anmeldung vom Internationalen Büro an die Bestimmungsämter übermittelt .... Art 13, Art 20 (1) a), Art 22 (1), Art 23 (2), Art 40 (2), R 31, R 47, R 61.2 d)
– des internationalen vorläufigen Berichts zur Patentfähigkeit . R 44bis
– des internationalen vorläufigen Prüfungsberichts .... Art 38, R 94
– des Prioritätsbelegs .... Art 30, Art 38, R 4.10 b), R 17.2, R 48, R 94.1 a) und b)
– der Übertragungsurkunde oder eines anderen urkundlichen Nachweises .... Art 27 (2), R 13bis, R 51bis.1, R 90.3, R 92bis, VV 209, VV 422

Kosten

Die mit der internationalen vorläufigen Prüfung beauftragte Behörde gibt dem Anmelder die Möglichkeit der Abschätzung seiner Aussichten auf Patentierung bei dem ausgewählten Amt vor Anfall von – für die nationale Phase..... Art 39 (1), Art 40 (1), Art 64 (2) a) i), ii)

– für Übermittlung von Kopien der in der Akte der internationalen Anmeldung enthaltenen Unterlagen .... R 17.2, R 48, R 94

Sachregister

Kostenerstattung
Dritte erhalten auf Antrag und gegen – an das Internationale Büro Kopien der Prioritätsbelege nach Veröffentlichung der PCTa .... R 4.10 b), R 17.2 c)
siehe Rückerstattung

Linien
– in Zeichnungen .... R 11.13

Lizenzbereitschaft
Erklärung der – .... Art 21, R 4.1, R 48.2

Luftpost
siehe Post/-zustellung

Mängel
Berichtigung von – n in der internationalen Anmeldung –
   allgemein .... Art 24 (2), Art 48 (2), R 4.18, R 82bis
Berichtigung von – n in PCT-Safe-Anmeldungen
   siehe PCT-Safe
Feststellung von – n durch andere Behörden als das AA .... R 28, R 29.3
Feststellung von – n in Form und Inhalt der internationalen
   Anmeldung durch die mit der internationalen vorläufigen
   Prüfung beauftragte Behörde .... Art 34 (4) a) i) und ii), Art 35 (3) a), R 66.2, R 67
– im Antrag auf ergänzende Recherche .... R 45bis.4
– im Antrag auf internationale vorläufige Prüfung .... Art 31 (3), Art 39 (1) a), R 53, R 55.1, R 57.3, R 58.1 b), R 58bis, R 60, R 61.1 b)
   siehe Antrag auf internationale vorläufige Prüfung (AIVP)
– mit Auswirkungen auf das internationale Anmeldedatum .. Art 11, Art 12, Art 14 (2), R 3.1, R 4.10, R 11.3, R 19.4, R 20, R 89ter, VV 704
– ohne Auswirkungen auf das internationale Anmeldedatum .. Art 11 (1), Art 14 (1), R 20, R 9ter, VV 704
– im Prioritätsanspruch .... Art 11 (1) i), Art 14 (1) a) ii), R 4.5, R 19.4, R 20.3 a), R 26, VV 329
– in der Zusammenfassung .... Art 14 (1), R 26, R 37, R 38, R 44.2

Markush-Praxis
allgemein .... R 13.2, R 13.3, VV 206
siehe Einheitlichkeit der Erfindung

Maschinengeschrieben/ Maschinenschrift
Die Beschreibung muss – oder gedruckt sein .... R 11.7, R 11.8, R 11.9, VV 207
Die internationale Anmeldung sollte im Allgemeinen – sein .. Art 3 (4) ii), Art 14 (1) a) v), R 11
Länge der Zusammenfassung, wenn in – .... Art 3(3), Art 14 (1) a) iv), R 8

Material
siehe Biologisches Material, Neues Material

Sachregister

Mehrere
Gleichlautende Angaben zu –n Ansprüchen können zusammengefasst werden . . . . VV 205
siehe Anspruch
– Anmelder
Vertretung von (…) . . . . R 90.2
Welcher von (…) sollte an erster Stelle genannt werden? . . . R 90.2 b)
– zuständige internationale Recherchebehörden . . . . Art 16, R 35
– zuständige mit der internationalen vorläufigen Prüfung beauftragte Behörde . . . . Art 31 (3) und (6) a), Art 32 (2), R 59

Meinungsäußerung
Internationaler Recherchenbericht darf keine – enthalten . . . R 43
siehe Internationale vorläufige Prüfung (IVP), schriftlicher Bescheid

Mehrfach abhängige Ansprüche
siehe Anspruch

Metrisches System
Verwendung des – in internationalen Anmeldung erforderlich R 10

Mikroorganismus
siehe Biologisches Material

Mindestprüfstoff
allgemein . . . . Art 15 (4), R 34.1

Mit der internationalen vorläufigen Prüfung beauftragte Behörde (IPEA)
Ämter, die als IPEA handeln . . . . Art 32
allgemein . . . . Art 31, Art 32 (1) und (2), Art 33 (1), R 59
Antrag auf internationale vorläufige Prüfung, bei – eingereicht Art 31 (3) und (6) a), Art 32 (2), R 59, R 43^{bis}1.c)
Das Aktenzeichen, das beim Schriftwechsel mit dem Anmelder von der – verwendet wird . . . . VV 109
Änderungen, bei der – eingereichte
allgemein . . . . Art 36 (3) a), Art 38, R 11.14, R 55.3, R 66.8, R 70.2, R 94.2, R 94.3
nach Art 19 . . . . R 53.9 a) i), R 55.3, R 62.1, R 62.2, R 48.2 f)
nach Art 34 . . . . Art 34 (2) b), R 66.1 b)
Erklärung betreffend (…) . . . . R 53.2 a) iv), R 53.9, R 55 (2) und (3), R 60.1 e), R 62, R 66.1 b), R 66.4^{bis}, R 69.1 c) und d), b^{bis}) und e)
Art und Weise, auf die der Anmelder während der internationalen vorläufigen Prüfung mit – in Verbindung tritt . . . . . Art 34 (2) a) und d), R 66
Berücksichtigung der Berichtigung offensichtlicher Fehler durch – bei Zustimmung . . . . R 91, R 66.1 d)^{bis}, R 66.4^{bis}
Berichtigung offensichtlicher Fehler bedarf Zustimmung der – . . . . R 91.1 b), R 91.3
Beschränkung der Zuständigkeit der - . . . . Art 31 (3), Art 31 (6) a), Art 32 (2), R 59
Durchführung der zusätzlichen Recherche . . . . R 66.1^{ter}
Einheitlichkeit der Erfindung von – überprüft . . . . Art 3 (4) iii), R 13, R 68, R 70.13

Sachregister

Fragen zu Sitz/Wohnsitz/Staatsangehörigkeit vor der –	Art 31, R 4, R 53.4, R 54.1, R 54.2
unverzügliche Entscheidung über Berichtigung offensichtlicher Fehler durch die –	R 91.3
Gebühren (vorläufige Prüfung und Bearbeitung) sind an – zu zahlen	R 57.1, R 58.1 c)
Internationaler vorläufiger Prüfungsbericht von – erstellt	Art 31 (1) und (4) a), Art 32 (1), Art 33 (1)
Kopien der genannten Unterlagen sind bei – erhältlich	Art 36 (4), R 71.2
– kann Prioritätsbeleg und Übersetzung verlangen	R 66.7
– kann Probe von biologischem Material verlangen	R 13bis.6 a)
Schriftlicher Bescheid, von – erstellt	R 66.2, R 66.1^{bis}, R 66.4 a), R 43^{bis}1
Sequenzprotokolle und –	Art 17 (3) b), R 66, R 13ter
Übermittlung des Antrags auf internationale vorläufige Prüfung an Internationales Büro durch –	Art 31 (7), R 61
Übermittlung des internationalen vorläufigen Prüfungsberichts durch –	Art 36 (1), R 71.1, R 72.3
Umstände, die Gegenstand einer Stellungnahme durch die – sind	Art 34 (4) a) i) und ii), Art 35 (3) a), R 66.2, R 67
Vertretung vor der –	Art 49, R 2.2, R 53.2 a) ii), R 53.5, R 83.1^{bis}, R 90, VV 108 d)
Wahl der – im Antrag auf internationale vorläufige Prüfung angeben	R 53, R 55.1
Zurücknahme vor der –	R 90bis.1, R 90bis.3
Zuständigkeit der –	Art 31 (3) und (6) a), Art 32 (2), R 59
siehe Internationale vorläufige Prüfung (IVP)	

Mitnahmeeffekt . . . . Art 4, Art 45

Mitteilung(en)

Berechnung der Fristen ab dem Datum der –	R 80
– an Anmelder, der zuerst genannt ist, falls kein gemeinsamer Anwalt oder Vertreter benannt worden ist	R 90.2 b)
– an Anmelder zur Einreichung Stellungnahme und Änderungen innerhalb Frist nach R 54bis.1Absatz im schriftlichen Bescheid bei Beantragung einer internationalen vorläufigen Prüfung	R 43^{bis}1. c)
– des IB	
(…), dass Aktenexemplar eingegangen ist	R 93bis, R 24.2, R 47.1 a^{bis}, R 53.7, R 90bis.2
(…), dass Aktenexemplar nicht eingegangen ist	R 20.2 c), R 22.1 e)
(…), welche BA Übermittlung der internationalen Anmeldung und des internationalen Recherchenberichts verlangt haben	R 47.1 c)
(…), dass Prioritätsbeleg eingegangen ist	R 17.1 b)
– an das IB, dass Behörde eine Probe des biologischen Materials benötigen könnte	R 13bis.6 a)
– über die Zustimmung zu der Berichtigung von Fehlern	R 91.3
Verzicht auf Bestellung durch unterzeichnete –	R 90.6 d) und e), VV 425

Monat(e)
siehe Frist(en)

409

Sachregister

Mündliche Kontaktaufnahme
Recht des Anmelders auf – mit der mit der internationalen
vorläufigen Prüfung beauftragte Behörde während der in-
ternationalen vorläufigen Prüfung . . . . Art 34 (2) a) und d), R 66

Nachfolger
Rechts–. . . . . Art 27 (2), R 90.6 a), R 92bis.1
–staat
 siehe Erstreckung der Wirkungen einer internationalen Anmeldung auf Nachfolgestaat

Nachweis
BA kann im Falle von nach R 4.17 v) eingereichten Erklä-
rungen weitere Unterlagen oder – verlangen . . . . R 4.17, R 51bis
– des Rechts zur Antragstellung bei mit der internationalen
 vorläufigen Prüfung beauftragte Behörde erforderlich zur
 Berichtigung von fehlerhaften Angabenbezüglich Sitz/
 Wohnsitz/Staatsangehörigkeit . . . . Art 31 (2) a), R 61.1 b),
VV 614
– des Rechts zur Einreichung der internationalen Anmeldung bei Anmeldeamt erforderlich zur Berichtigung von
 fehlerhaften Angaben bezüglich Sitz/Wohnsitz/Staatsan-
 gehörigkeit . . . . Art 11 (1) i), Art 14 (1) a) ii),
R 4.5, VV 329
– erforderlich zur Entschuldigung bei Störungen im Post-
 dienst oder höherer Gewalt . . . . Art 48 (1), R 82, R 82^{quater}
Urkundlicher – erforderlich bei vom neuen Anmelder bean-
tragten Änderungen in der Person des Anmelders . . . . R 92bis.1, R 90.3
urkundlicher – des Rechts auf die Anmeldung beim Tod des
 Anmelders in der internationale Phase nicht erforderlich . . . Art 27 (2), R 92bis.1

Name(n)
Änderung im – des Anmelders . . . . R 92bis.1, R 92bis, VV 422
Anmelder, dessen – im Antrag auf internationale Anmeldung
 zuerst genannt wird . . . . R 2.2^{bis}, R 90.2 b), R 90bis.5
– des Anmeldeamts im Antrag auf internationale vorläufige
 Prüfung zu kennzeichnen, falls Aktenzeichen der internationalen Anmeldung unbekannt . . . . R 53.6
– des Anmelders
 (…) im Antrag auf internationale Anmeldung . . . . R 4.5
 (…) im Antrag auf internationale vorläufige Prüfung . . . . . Art 31, R 4, R 53.4, R 54.1,
R 54.2
 (…) ist eine der Voraussetzungen, die für die Zuerkennung
  eines internationalen Anmeldedatums erfüllt sein müssen . Art 11 (1), R 20.1 b)
 siehe Internationales Anmeldedatum
– des Anwalts im Antrag auf internationale Anmeldung oder
 Vollmacht . . . . R 4.7
– des Bestimmungsstaates, der nicht ausgewählt wurde, wird
 in der PCT Gazette veröffentlicht . . . . Art 38, R 94
– in anderen Buchstaben als denen des lateinischen Alphabets . R 4.16
– des Erfinders . . . . R 4.6
– der Hinterlegungsstelle ist in der Bezugnahme auf Hinter-
 legung von biologischem Material erforderlich . . . . R 13bis.3 i)
– der juristischen Person . . . . R 20.1 b)
– der Staaten, Angabe für Sitz/Wohnsitz/Staatsangehörigkeit . R 4.5 b), R 4.6 b)

Nationale Anmeldung
PCTa hat Wirkung einer – . . . . Art 11 (4)

Sachregister

Nationale Bearbeitung
Anmelder erhält den internationalen vorläufigen Prüfungsbericht spätestens 2 Monate vor Beginn der – bei dem ausgewähltem Amt . . . . Art 35 (1), R 69.2
Beginn der – . . . . Art 22, Art 23
Frühzeitiger Beginn der – . . . . Art 13, Art 23 (2), Art 40 (2), R 31, R 47.4, R 61.2 d)
siehe Nationale Phase
Übertragungsurkunden können von Bestimmungsämtern verlangt werden, sobald – begonnen hat . . . . R 92bis, VV 422

Nationales Patent
Einige europäische Staaten können für ein europäisches Patent und ein – bestimmt werden . . . . Art 45 (1)
Um – und Gebrauchsmuster nachgesucht . . . . Art 43, Art 44
Für bestimmte Staaten kann kein – erworben werden . . . . . A 45 (1)
Zurücknahme der Bestimmung für ein – . . . . R 90bis.2 b)

Nationales (Patent-)Amt
Begriff
siehe auch Ausgewähltes Amt . . . . Art 2 xiv)
siehe auch Bestimmungsamt (falls AIVP Kap II gestellt) . . . . Art 2 xii)
Anwälte für internationale Phase werden von – nicht zwangsläufig als Anwälte für die nationale Phase angesehen . . . . . R 90.1
Das ausgewählte Amt kann englische Übersetzung des internationalen vorläufigen Prüfungsberichts verlangen, wenn er nicht in Amtssprache des – erstellt wurde . . . . R 70.17, R 72, R 74
Bestimmungsamt kann Teile der PCTa, für die keine Recherche durchgeführt wurde, als zurückgenommen betrachten, wenn die besonderen Gebühren nicht an – entrichtet wurden . . . . Art 17 (3) b)
Einreichung von Schriftstücken per Telegraf, Fernschreiber, Telefax, wenn – dies zulässt . . . . R 92.4
Entschuldigungsvorschriften bei Verzögerung/Verlust, die von einigen – bei Übermittlungsdiensten angewendet werden . . . . R 82.1 d) und e)
Die frühzeitige Übermittlung der PCTa hat bisher kein – beantragt . . . . Art 13, Art 23 (2), Art 40 (2), R 31, R 47.4, R 61.2 d)
Falls internationale Anmeldung beim Internationalen Büro als Anmeldeamt eingereicht worden ist, trifft – Entscheidung bei Fragen bezüglich Sitz/Wohnsitz/Staatsangehörigkeit . . . . Art 31, R 4, R 53.4, R 54.1, R 54.2

Nationale Phase
allgemeiner Überblick . . . . siehe Einleitung
Änderung der Ansprüche während der – . . . . Art 19, Art 28, Art 34 (2) b), Art 41 (1)
Frist zum Eintritt in die – . . . . Art 22, Art 39

Nationale Sicherheit
allgemein . . . . Art 27 (8), R 19.4, R 20.2 c), R 20.4 i), R 22.1, R 29.1 ii), VV 330
Einhaltung der – – Vorschriften wird vom Internationalen Büro als Anmeldeamt nicht überprüft . . . . Art 10, R 19.1 a), R 19.2

Sachregister

Erstattung von Gebühren, wenn die internationale Anmeldung wegen Vorschriften hinsichtlich der – nicht als solche behandelt wird .... R 15.4, R 16.2

Neues Material
Erklärung über – ist ein Sequenzprotokoll beizufügen ..... R 13ter.1 a) bis d)
– in Änderungen während der internationalen Phase .... Art 19 (2) und (3), Art 34 (2) b), R 66.2 a) iv), R 70.2 c)
– kann Gegenstand einer Stellungnahme in schriftlichem Bescheid sein .... R 66.2 iv)
– darf nicht in geänderten Ansprüchen enthalten sein ..... Art 19 (2) und (3), R 66.2 a) iv)
siehe Änderung(en), Offenbarung

Neuheit
Definition (für die Zwecke der internationalen vorläufigen Prüfung) .... Art 33 (2), R 64
Einschlägiger Stand der Technik trägt dazu bei, festzustellen, ob beanspruchte Erfindung – aufweist (neu ist) .... Art 15 (4), R 33
Fehlende – ist Gegenstand einer Stellungnahme im schriftlichen Bescheid .... Art 34 (4) a), R 66.2
Feststellung und Bemerkungen im internationalen vorläufigen Prüfungsbericht in Bezug auf – .... Art 35 a) und (2), R 70, VV 604
siehe Gewerbliche Anwendbarkeit, Erfinderische Tätigkeit
– als Kriterium der internationalen vorläufigen Prüfung .... Art 31 (1) und (4) a), Art 32 (1), Art 33 (1)

Nicht naheliegend
siehe Erfinderische Tätigkeit

Niederlassung
Gewerbe– oder Handels– gilt als Sitz im Vertragsstaat ..... R 18.1 b) i)
siehe Sitz/Wohnsitz

Nucleotid-Sequenzprotokoll
siehe Sequenzprotokoll

Nummerierung
Erfordernisse hinsichtlich der – der Ansprüche .... Art 6, Art 11 (1) iii) e), R 6
– der Blätter der PCTa .... R 11.7, R 11.8, VV 207
elektronischer Datenträger (Sequenzprotokolle) .... R 11.7 a), VV 207 b)
– geänderter Ansprüche .... R 6.1, R 46.5, VV 205
– der Zeichnungen in der PCTa .... R 11.13 (k), R 11.7, R 49.5 f), VV 207 b)
Seiten– .... R 11.7, R 11.8, VV 207
Zeilen– .... R 11.7, R 11.8, VV 207

Nummer
Eingangs– der Hinterlegungsstelle von biologischem Material . R 13bis.3 iii)
Telefax – .... Art 31, R 4, R 53.4, R 54.1, R 54.2
Haus– in Anschrift .... R 4.4 c)
Internationale Veröffentlichungs- .... Art 21 (3), R 48.1, R 48.2 a), g) und h), R 86.1 i), R 86.4, VV 404
– der in der Zusammenfassung zu veröffentlichten Abbildung .... R 3.3 a) iii), R 8.2, VV 201
Telefon– .... Art 31, R 4, R 53.4, R 54.1, R 54.2

Sachregister

Zeilen–
   siehe Zeilen, Nummerierung

OAPI
siehe Afrikanische Organisation für geistiges Eigentum

Öffentliche Ordnung
siehe Gute Sitten und öffentliche Ordnung

Offenbarung
Änderungen dürfen nicht über den –sgehalt der internationalen Anmeldung hinausgehen . . . . Art 19 (2) und (3), Art 34 (2) b), R 66.2 a) iv), R 70.2 c), R 70.16 b) i)
   siehe Änderung(en), Neues Material
Erklärung nach Regel 4.17 v) hinsichtlich unschädlicher – . . . R 4.17, R 51 ^{bis}, R 48.2
Die Zusammenfassung muss aus einer Kurzfassung der in der Beschreibung, den Ansprüchen und der Zeichnung enthaltenen – bestehen . . . . Art 3(3), Art 14 (1) a) iv), R 8
   siehe Zusammenfassung

Offensichtliche(r) Fehler
allgemein. . . . . R 91, VV 113 b)
Berichtigung –
Ablehnung der (…) . . . . R 91, VV 113 b)
(…) gilt nicht als Änderung. . . . . Art 34 (2) a) und d), R 66.5
Berücksichtigung der (…) durch Behörden . . . . R 43.6^{bis}, R 66.1d)^{bis}, R 70.2 e)
Fristen für Antrag auf (…) . . . . R 91.2
Zustimmung zur (…) . . . . R 91.1 b), R 91.3
berichtigungsfähiger – . . . . R 91.1 b)
berichtigungsunfähiger – . . . . R 91.1 g)

Offensichtlichkeit
siehe Erfinderische Tätigkeit

Ordnung
Öffentliche – . . . . Art 21 (6), R 9
   siehe Gute Sitten und öffentliche Ordnung

Organisation
siehe Afrikanische Organisation für geistiges Eigentum (OAPI), afrikanische regionale Organisation für gewerblichen Rechtsschutz (ARIPO), Zwischen-Staatliche Organisation(en)

Papier
Erfordernisse hinsichtlich des –s für PCTa . . . . Art 3 (4) ii), Art 14 (1) a) v), R 11
–exemplar des Antrags bleibt die rechtlich verbindliche Fassung für PCT-Safe-Einreichungen . . . . Art 11 (1), R 3.1, R 11.3, R 20, R 89ter, VV Part 7
–format . . . . R 11, VV 109
Versäumnis, ein –exemplar des Antrags im PCT-Safe-Format einzureichen. . . . . Art 11, Art 12, R 3.1, R 11.3, R 89ter, VV Part 7

Pariser Verbandsübereinkunft zum Schutz des gewerblichen Eigentums (PVÜ)
allgemein . . . . siehe Einleitung
nach der – beanspruchte Priorität . . . . Art 11 (3) und (4), Art 14 (3), R 27

Sachregister

Patent
siehe Nationales Patent, regional, Zusatzpatent

Patentanwalt
Partner der –skanzlei können als gemeinsamer Vertreter
  bestellt werden .... R 90.1 d)
Vertretung durch – .... Art 49, R 2.2^{bis}, R 83.1^{bis}, R 90,
  VV 425

siehe Anwalt

Patentfähigkeit
internationaler vorläufiger Bericht der internationalen
  Recherchenbehörde zur –, Kapitel I PCT .... R 44bis
internationaler vorläufiger Bericht zur – seitens der mit der
  internationalen vorläufigen Prüfung beauftragten Behörde
  (Internationaler vorläufiger Prüfungsbericht), Kapitel II
  PCT .... R 70
Merkmale der – .... Art 33 (1), (2), (3) und (4),
  R 64, R 65

Patent Prosecution Highway (PPH)
Antrag zur beschleunigten Prüfung im Rahmen des – ..... Art 16

PCT (Vertrag über die internationale Zusammenarbeit auf dem Gebiet des Patentwesens)
Definition

PCT-Direkt
–Verfahren beim EPA zur Berücksichtigung einer informellen
  Stellungnahme des Anmelders bei beanspruchter Priorität
  einer vom EPA recherchierten früheren Anmeldung ..... R 22, 23, 43bis

PCT-Easy (beendet seit 01.07.2015; seit 2003 PCT-Safe)
Bedingungen für – Gebührenermäßigung .... R 89ter, VV Part 7
Mängel bei – Einreichungen .... Art 11, Art 12, Art 14, R 3.1,
  R 11.3, R 20, R 89ter, VV Part 7
Verfahrensschritte beim Anmeldeamt, wenn der Antrag im –
  Format eingereicht wurde .... R 3.1, R 11, R 19, R 89ter
Antrag im – Format mit – Diskette, allgemeine Erläuterun-
  gen .... Art 11 (1), Art 14 (1), R 3.1,
  R 11, R 19, R 20, R 89ter,
  VV Part 7

PCT Gazette
allgemein...................................... Art 55 (4), R 86
Englische und französische Ausgabe der – .... R 86.2 a)
Form der Veröffentlichung der – .... R 86.2, VV 407
IB erstellt Übersetzung bestimmter Bestandteile zur Aufnahme in .... Art 21 (4), R 45.1, R 48.3
Internationale Recherchebehörde / die mit der internationa-
  len vorläufigen Prüfung beauftragte Behörde kann Probe
  von biologischem Material nur nach Mitteilung an das In-
  ternationale Büro und Veröffentlichung der Mitteilung in
  der – anfordern .... R 13bis.6 a)
In – veröffentlicht:
  Informationen über Hinterlegungsstellen für biologisches
    Material .... R 13bis.7 b), R 13bis.5 c)
  Bestimmungsstaaten, die nicht ausgewählt wurden ...... Art 38, R 94
  Übersicht über arbeitsfreie Tage des IB .... R 80, PCT Newsletter, PCT
    Gazette

Angaben über den Antrag auf internationale vorläufige
    Prüfung . . . . R 61.4
  Verwaltungsvorschriften . . . . R 89
  siehe Internationale Veröffentlichung

PCT-Safe
allgemein . . . . R 89bis
siehe auch PCT-Easy

Post/-zustellung
Beförderung durch eingeschriebene normale oder Luft–, um
  Bestimmungen der R 82 in Anspruch zu nehmen . . . . Art 48 (1), R 82
Unterbrechungen/Störungen im –dienst . . . . Art 48 (1), R 82, R 82^{quater}
Verzögerung oder Verlust bei der – kann entschuldigt werden . Art 48 (1), R 82, R 82^{quater}
    R 92.4
Zustellung an den Anmelder bzw. den Anwalt . . . . VV 108
siehe Übermittlung

PPH
Antrag zur beschleunigten Prüfung im Rahmen des – . . . . . Art 16

Priorität
allgemein und Inanspruchnahme der – . . . . Art 8 (1), Art 11, R 4.1 b) i),
    R 4.10, VV 41, 110
innere – . . . . Art 8 (2) b), R 4.9 b)
-srecht, Wiederherstellung . . . . R 4.1, R 49ter.1, R 26bis
siehe Wiederherstellung

Prioritätsanmeldung
Angaben zur – . . . . R 4.10
PCTa, die als zurückgenommen gilt, kann als – in Anspruch
  genommen werden . . . . Art 11 (3) und (4), Art 14 (3),
    R 27

Prioritätsanspruch
Angabe des Datums im – . . . . R 4.10 a) i)
Auf der Grundlage einer früheren Anmeldung in einem Mit-
  glied der Welthandelsorganisation (WTO) . . . . Art 8 (1)
Aufforderung zur Berichtigung des – . . . . R 26bis.2
Berichtigung oder Hinzufügung eines – . . . . Art 24 (2), Art 48 (2), R 26bis,
    R 82bis
Bezugnahme auf frühere Anmeldung bei fehlenden Bestand-
  teilen . . . . R 4.18
PCTa/regionale Anmeldung kann als Grundlage für – dienen . Art 11 (3)
– gilt als nicht gestellt . . . . Art 11 (1), Art 14 (2), R 4.10,
    R 19.4, R 20.4 i), R 20.3 a)
– wird berücksichtigt . . . . Art 17(1) c), d)
Fehler in einem – . . . . R 91.1 g)
Prioritätsfrist in Bezug auf – . . . . R 2.4, R 26bis.3
Wiederherstellung des Prioritätsrechts, Veröffentlichung,
  Wirkung . . . . R 26bis.3, R 48.2, R 49ter
Zurücknahme eines – . . . . R 90bis.3

Prioritätsbeleg
allgemein . . . . R 17
Beglaubigte Kopie der internationalen Anmeldung kann als
  – verwendet werden . . . . R 21.2
IPEA kann – und eine Übersetzung anfordern . . . . R 66.7

Sachregister

Kopien von – sind beim Internationalen Büro nach der internationalen Veröffentlichung erhältlich . . . . R 4.10 b), R 17.2 c), R 44 ^{ter}, R 48, R 94.1 b)

Nachreichen des – in der nationalen Phase . . . . R 17.1 c)

Wann und an wen wird – übermittelt? . . . . R 4.1 c) ii), R 17.1, R 17.2, VV 41

Veröffentlichung . . . . R 17.2 b), c)

Prioritätsdatum
Definition . . . . Art 2 xi)
– durch Prioritätsanspruch festgelegt . . . . Art 2 xi)
– als Beginn von Fristen:
9 Monate(n) seit dem –
  Internationaler Recherchebericht muss innerhalb von
  3 Monaten seit dem Eingang des Recherchenexemplars
  durch internationale Recherchebehörde oder (…) erstellt
  werden, je nachdem, welche Frist später abläuft . . . . Art 18 (1), R 42
12 Monate(n) seit dem –
  Die besondere Übermittlung eines Exemplars der internationalen Anmeldung an das Bestimmungsamt durch das
  Internationale Büro darf nicht vor Ablauf von (…) erfolgen . . . . Art 13, Art 23 (2), Art 40 (2), R 31, R 47.4, R 61.2 d)
13 Monate(n) seit dem –
  Das Anmeldeamt hat das Internationale Büro vor Ablauf
  von (…) zu benachrichtigen, wenn nationale Sicherheitsbestimmungen der Übermittlung des Aktenexemplars
  entgegenstehen . . . . Art 27 (8), R 22.1, VV 330
  Aktenexemplar sollte beim Internationalen Büro vor Ablauf von (…) eingehen . . . . R 20.2 c), R 22.1 e), R 24.2, R 47.1 a^{bis})
16 Monate(n) seit dem –
  Änderungen nach Art 19 können bis zum Ende von (…)
  oder 2 Monate nach Übermittlung des internationalen
  Rechercheberichts vorgenommen werden . . . . Art 19 (1), R 46.1
  Änderungen, die beim IB innerhalb von (…) oder 2 Monaten nach Übermittlung des internationalen Rechenberichts eingegangen sind, teilt es den BA unverzüglich mit . R 47.1 b)
  Angaben über biologisches Material (in der internationalen Anmeldung nicht enthalten) können innerhalb von
  (…) beim Internationalen Büro eingereicht werden . . . . . R 13bis.4, R 13bis.7 a) ii)
  Prioritätsbeleg ist vor Ablauf von (…) beim Internationalen Büro oder Anmeldeamt einzureichen, Fiktion bei
  Eingang vor internationaler Veröffentlichung/18 Monate . R 17.1 a), Art 21
  Antrag auf Ausstellung Prioritätsbeleg beim Anmeldeamt
  vor Ablauf von (…) . . . . R 17.1 b)
  Feld Nr. IV (3) des Antrags auf internationale vorläufige
  Prüfung PCT/IPEA/401 schiebt die internationale vorläufige Prüfung bis zum Ablauf der maßgeblichen Frist
  nach R 69.1 d), d.h. von (…) auf, sofern die mit der internationalen vorläufigen Prüfung beauftragte Behörde
  nicht eine Kopie der Änderungen nach Art 19 oder eine
  Erklärung, dass keine Änderungen vorgenommen werden, erhält. In jedem Fall beginnt die Prüfung aber nach
  Ablauf der Frist nach R 54bis.1 a) . . . . R 53.9 a) ii), R 69.1 d), R 46.1
  Berichtigung oder Hinzufügung eines Prioritätsanspruchs
  innerhalb von (…) . . . . R 26bis.1 a)

Sachregister

17 Monate(n) seit dem –
  Das Anmeldeamt hat das Internationale Büro spätestens vor Ablauf von (…) zu benachrichtigen, wenn nationale Sicherheitsbestimmungen der Übermittlung des Aktenexemplars entgegenstehen . . . . Art 27 (8), R 22.1, VV 330

18 Monate(n) seit dem –
  Internationale Veröffentlichung erfolgt nach Ablauf von (…) . . . . Art 21, R 48, VV 113
  Vorläufiger Schutz kann von Einreichung einer Übersetzung nach Ablauf von (…) abhängig gemacht werden . . . Art 29
  Frist für Eingang des Prioritätsbelegs, Fiktion bei Eingang vor Internationaler Veröffentlichung . . . . R 17.1, Art 21
  Frist für Antrag des digitalen Abrufs des Prioritätsbelegs beim IB: vor dem Datum der Internationalen Veröffentlichung . . . . R 17.1 b^{bis}), Art 21
  Verhinderung der Veröffentlichung durch Zurücknahme der PCTa vor Abschluss der technischen Vorbereitungen für die internationale Veröffentlichung . . . . R 90bis.1, R 90bis.3

19 Monate(n) seit dem –
  Antrag auf internationale vorläufige Prüfung muss vor Ablauf von (…) eingereicht werden (für Aufschub der nationalen Phase bis zu 30 Monaten bei einigen BAs) . . . Art 39 (1), R 69.2

20 Monate(n) seit dem –
  Frist bei Erklärung der Unvereinbarkeit mit 30-Monatsfrist für bestimmte Länder . . . . Art 22

22 Monate ab dem –
  Antrag auf ergänzende internationale Recherche kann jederzeit vor Ablauf von (…) beantragt werden . . . . R 45bis.1 a)
  Frist für Antragstellung für internationale vorläufige Prüfung, falls diese Frist später abläuft . . . . R 54bis.1
  Frist für Angabe der zuständigen Behörde, falls diese Frist später abläuft . . . . R 59.3 c) ii), R 54bis.1 a)
  Frist für Recherchebeginn bei ergänzender internationaler Recherche, spätestens . . . . R 45bis.5 a)
  Zahlungsfrist der Bearbeitungsgebühr, falls diese Frist später abläuft . . . . R 57.3

26 Monate(n) seit dem –
  Antrag auf Berichtigung offensichtlicher Fehler . . . . R 91.2

28 Monate(n) seit dem –
  Erstellung des ergänzenden internationalen Recherchenberichts . . . . R 45bis.7 a)
  Internationaler vorläufiger Prüfungsbericht muss vor Ablauf von (…) erstellt werden . . . . Art 39 (1), R 69.2, Art 35 (1), R 69.2
  IB teilt Anmelder unverzüglich nach Ablauf von (…) mit, welche BA Übermittlung der internationalen Anmeldung und des internationalen Recherchenberichts verlangt haben . . . . R 47.1 c), R 93bis.1, Art 20
  –Nichtverlangen einer Übermittlung nach Art 20 durch BA vor Ablauf von (…)fingiert Nichtverlangen für Vertragsstaat . . . . R 47.1 e)

30 Monate(n) seit dem –
  Antrag auf Änderung von bestimmten Angaben wird angenommen, wenn er innerhalb von (…) eingeht . . . . . R 92^{bis}1, VV 422 a) iii)
  IVP verschiebt Frist für Eintritt in die nationale Phase bis (…) . . . . Art 39 (1), Art 40 (1), Art 64 (2) a) i), ii)

Sachregister

Übermittlungen des IB an ausgewählte Ämter nicht vor
Ablauf von (...) .... Art 36, R 73
Übermittlung des internationalen vorläufigen Berichts zur
Patentfähigkeit nicht vor Ablauf von (...) .... R 44bis.2a), R 44bis.3 c)
Zurücknahme des Antrags auf internationale vorläufige
Prüfung vor Ablauf von (...) zulässig .... Art 37, R 90bis.4
Zurücknahme von der Auswahlerklärung vor Ablauf von
(...) zulässig .... Art 37, R 90bis.4
Zurücknahme der Bestimmung eines ausgewählten Staates
bis Ablauf von (...) .... R 90bis.2
Zurücknahme des Prioritätsanspruchs muss (beim Internationalen Büro oder Anmeldeamt) vor Ablauf von (...)
eingehen .... R 90bis.3
siehe Frist(en)

Prioritätsfrist
Begriff .... R 2.4
– und maßgeblicher Zeitpunkt für Stand der Technik ..... R 64 b)
Wiederherstellung Prioritätsrecht bei Ablauf der – .... R 26bis.3, R 49ter

Prüfstoff
Mindest– für die Recherche durch internationale Recherchebehörde .... Art 15 (4), R 34.1

Prüfung
Bestimmungsamt / ausgewähltes Amt darf internationale
Anmeldung nicht vor Ablauf von 30 Monaten nach dem
Prioritätsdatum prüfen .... Art 23, Art 40
siehe Internationale vorläufige Prüfung (IVP), mit der internationalen vorläufigen Prüfung beauftragte Behörde (IPEA)

Ränder
Mindest– für PCTa-Unterlagen .... R 11, VV 109

Ratifikation
siehe Beitritt/Ratifikation

Recherche
allgemein .... Art 12, Art 18 (1), Art 27 (8),
 R 11.1 a) und b), R 12, R 15.4,
 R 16.2, R 16.3, R 21, R 22.1,
 R 23.1, R 25.1, R 41, R 42,
 VV 305, VV 330
Anmeldeamt ist berechtigt, – aus Gründen der nationalen
Sicherheit nicht zu übermitteln ergänzende internationale –
siehe Ergänzende internationale Recherche (SIS) .... Art 27 (8), R 22.1, VV 330
Frühere – .... R 4.1 b) ii), R 4.12, R 12bis,
 R 16.3, R 41
 siehe Internationale Recherche (IR)
–nbericht
 siehe Internationaler Recherchenbericht (IR-Bericht)
– bei bestimmten Gegenständen nicht erforderlich .... Art 17 (2) a) i) und b),
 R 13ter.1 d), R 39.1

Recherchenexemplar der PCTa (search copy)
Übermittlung des – .... Art 12 (1), R 12.1 c), R 15.4,
 R 16.2, R 21, R 23.1, R 25.1

Sachregister

Recherchengebühr
siehe Gebühr(en)

Recherchenbehörde
siehe Internationale Recherchenbehörde (IRB)

Recht
Prioritäts –
  siehe Priorität
Nachweis des –s an der Erfindung kann vom Bestimmungsamt verlangt werden . . . . Art 27 (2), R 13bis, R 51bis.1, VV 209
Der –nachfolger des Anmelders sollte in der internationalen Anmeldung als neuer Anmelder angegeben werden . . . . . . Art 9, Art 27 (2), R 18.1, R 92bis.1
siehe Nachfolge(r)
– zur Einreichung
  siehe Berechtigung/Recht zur Einreichung eines Antrags auf vorläufige Prüfung, Berechtigung/Recht zur Einreichung einer PCTa

Rechtsnachfolger
siehe Nachfolge(r)

Regel(n) . . . . siehe Ausführungsordnung (zum PCT) nach den Artikeln

Regional
–es Patent . . . . Art 4, 43, 44, 45, R 3, 4, R 90bis.2 b)
–es Patentamt . . . . Art 33(1)
–e Patentanmeldung . . . . R 4.11, R 16.3, R 41
–e Patentanmeldung kann als Grundlage eines Prioritätsanspruchs dienen . . . . Art 8
–er Patentvertrag bzw. –es Übereinkommen . . . . Art 35 (2), R 53.7,

Regionale Phase
siehe Nationale Phase, regional

Registrierung
- des Anmelders beim Anmeldeamt . . . . R 4.5
- des Anwalts beim Anmeldeamt . . . . Art 4 (1) iii), R 4.1, R 4.7, R 90.3

Reihenfolge
Abbildungen sollten in der – ihres Erscheinens nummeriert werden . . . . R 11.13 (k), R 49.5 f)
– der Bestandteile der Beschreibung . . . . Art 5, Art 11 (1) iii) d), R 5, VV 204
– der Bestandteile des Datums . . . . VV 110
– der Bestandteile der Internationalen Anmeldung . . . . . . VV 207 a

Rückerstattung (von Gebühren)
allgemein . . . . R 4.12, , R 12bis, R 15.4, R 16.2, R 16.3, R 41.1, R 54.4, R 57.4, R 58.3
– der Bearbeitungsgebühr für ergänzende Recherche bei Zurücknahme . . . . R 45bis.2 d)

Sachregister

– der internationalen Gebühr, wenn internationale Anmeldung zurückgenommen wird oder als zurückgenommen gilt, bevor Recherchenexemplar übermittelt wurde ...... R 15.4, R 16.2
– der internationalen vorläufigen Prüfungs-Gebühren (Bearbeitungsgebühr und Gebühr für vorläufige Prüfung) ..... R 54.4, R 57.4, R 58.3
– der Recherchengebühr, wenn internationale Anmeldung zurückgenommen wird oder als zurückgenommen gilt, bevor Recherchenexemplar übermittelt wurde .... R 15.4, R 16.2
– der Recherchengebühr im Falle einer früheren Recherche .. R 4.1 b) ii), R 4.12, R 12bis, R 16.3, R 41.1
– bei Übermittlung einer bei einem »nicht zuständigem« Anmeldeamt eingereichter PCTa .... R 19.4 a) ii), b) und c)
–, wenn die internationale Anmeldung wegen Vorschriften über die nationale Sicherheit nicht als solche behandelt wird R 15.4, R 16.2
– zusätzlicher Gebühren und Widerspruchsgebühr bei Feststellung des begründeten Widerspruchs gegen fehlende Einheitlichkeit der Erfindung durch Internationale Recherchenbehörde.......................... R 40.2 c) und e)

Rücknahmefiktion
und innere Priorität .... R 4.9 b)

Schreiben
Begleit– bei Berichtigung von Mängeln .... R 26.4, R 92.1
Begleit– zu Ersatzblättern, die Änderungen enthalten ...... R 6.1, R 11.14, R 46.4 a), R 46.5, R 48.2 a) vi), R 55.3, R 66.8, R 70.2 c^{bis}), R 70.16, VV 205
Begleit- ist dem wahlweisen Blatt (Angaben zu biologischem Material) beizufügen, wenn es später beim IB eingereicht wird .... VV 209, Anlage L
Regeln für die Einreichung von –, Schriftstücken und Unterlagen.. Art 48 (1), R 12.1, R 55.2, R 82, R 82^{quater}, R 92, VV 104, VV 109

Schriftlicher Bescheid
Definition .... R 66.2, R 66.1^{bis}, R 66.4 a), R 43^{bis}1
Änderungen/Gegenvorstellungen/berichtigte offensichtliche Fehler, die in – berücksichtigt werden .... R 66.1, R 66.4^{bis}, R 43bis.1 b)
Antwort des Anmelders auf – .... Art 34 (2) a) und d), R 66
Mehrere – .... Art 34 (2) a) und d), R 66
Mitteilungen/Hinweise der mit der internationalen vorläufigen Prüfung beauftragte Behörde an den Anmelder im/in – . Art 19 (2) und (3), Art 34, Art 35 (3) a), R 66.2, R 67, R 70.2 c), R 43^{bis}1.c)
– enthält Feststellung darüber, dass die Ansprüche keiner internationalen Recherche unterzogen worden sind .... R 66.2 a) vi)
– wird nicht erstellt, wenn die mit der internationalen vorläufigen Prüfung beauftragte Behörde nichts anzumerken hat .. R 66.2, R 66.4 a)
Übermittlung des – an das internationale Büro und den Anmelder .... R 44.1
Übermittlung des – nach R 43bis.1 durch das IB an ausgewähltes Amt................................ R 73.2 b) ii)
Übersetzung des nach R 43bis.1 erstellten – .... R 72.2^{bis}
siehe Internationale vorläufige Prüfung (IVP)

Sachregister

Schriftliche Offenbarung
– als Hinweis auf den Stand der Technik . . . . Art 15 (4), R 33

Schriftstücke
Berichtigung der internationalen Anmeldung oder anderer – . R 91
Einreichung von –n, allgemein . . . . R 66.2 a) iii)
Einreichung von –n mittels Telegraf, Fernschreiber, Telefax
  usw . . . . R 92.4
Lieferung von bei den Akten befindlichen –n durch das IB . . Art 30, Art 38, R 94.1 a)

Schriftwechsel/-verkehr
Besondere Anschrift für die Zustellung des – im Antrag auf
  internationale Anmeldung (Feld Nr. IV PCT/RO/101) . . . VV 108 b) und c)
– der PCT-Behörden mit dem Anmelder/Anwalt . . . . VV 108 b), c) und d)
Verwendung des Aktenzeichens des Anmelders durch Behör-
  den beim – . . . . VV 109

Schutz
verschiedene Anmelder dürfen nicht für verschiedene –rechts-
  arten angegeben werden . . . . Art 9 (3), R 18.4 c), VV 203 b
–rechtsarten außer Patenten . . . . Art 2 ii)
Vorläufiger –
  siehe Vorläufiger Schutz
Wahl bestimmter –rechtsarten und Wechsel . . . . R 49bis

Seite
Angabe der –nzahl der für den internationalen Recherchenbericht wesentlichen Unterlagen . . . . R 43
–nnummerierung der PCTa . . . . R 11.7, R 11.8, VV 207
Auf – der internationalen Anmeldung kann Aktenzeichen
  angegeben werden . . . . VV 109

Sequenzprotokoll
allgemein . . . . R 3.3, R 5.2, R 11.7 a), R 13ter,
  R 89bis, VV 204, 207, 208, 313,
  513, 702, 707, Anlage C, Anla-
  ge F
Die Beschreibung muss ein – enthalten, das dem in Anlage C
  VV entspricht . . . . R 3.3, R 5.2, R 13ter.1, R 13ter.2,
  R 89bis, VV 204, 208, 313, 513,
  702, 707, Anlage C, Anlage F,
Elektronische Form von – . . . . R 5.2, R 13ter.1 a) und b),
  VV 204, 208, 513 a), 702, An-
  lage C, Anlage C VV, Anlage F
  siehe Elektronische Form
Einreichung des – nach Aufforderung bei der Internationa-
  len Recherchenbehörde . . . . R 13ter.1 a) und c)
Einreichung des –s nach Aufforderung bei der mit der inter-
  nationalen vorläufigen Prüfung beauftragte Behörde . . . . R 13ter.1 e)
Erfordernisse für –
  Besondere . . . . R 5.2, R 13ter.1, VV 208,
    VV 513
  des Bestimmungsamts in der nationalen Phase . . . . R 13ter.1 e), R 13ter.2
  bei in internationaler Anmeldung offenbarten Nucleotid
    und/oder Aminosäuresequenzen . . . . R 13ter
Erfordernisse für – während internationaler vorläufiger Prü-
  fung . . . . R 13ter.1 e)
Freier Text im – . . . . R 5.2, R 13ter.1, VV 208,
  VV 513

Sachregister

Nummerierung des – 53
Schriftlicher Bescheid bei Auffassung, dass kein – in vorgeschriebener Form zur Verfügung steht .... R 66.2 vii)
– kein Bestandteil der PCTa, wenn bei der internationalen Recherchebehörde eingereicht .... R 13ter.1 f)
siehe Internationale Anmeldung (PCTa)
Übersetzung des – nicht erforderlich .... R 12.3

Siegel
Verwendung des – anstelle einer Unterschrift auf der bei bestimmten Anmeldeamt eingereichten PCTa .... R 2.3
auf bei bestimmten mit der internationalen vorläufigen
    Prüfung beauftragte Behörde eingereichten Schriftstücken . R 2.3
siehe Zeichen, Unterschrift/Unterzeichnung

Sitz/Wohnsitz
Angabe im Antrag auf internationale Anmeldung zu – des
    Anmelders .... R 4.5 c)
Angaben zu – begründen kein Recht auf Einreichung ..... Art 31 (2) a), R 61.1 b), VV 614
Berichtigung von Angaben zu – und zur Staatsangehörigkeit . Art 11 (1) i), Art 14 (1) a) ii), R 4.5, VV 329
Bestimmung des – .... Art 9 (3), R 18.1
Für die Einreichung des Antrags auf internationale vorläufige Prüfung muss Anmelder einen – in oder die Staatsangehörigkeit eines durch Kapitel II des PCT gebundenen Vertragsstaates haben.......................... Art 31, R 4, R 18.1, R 53.4, R 54
siehe Kapitel II (PCT)
Für die Einreichung der internationalen Anmeldung muss
    Anmelder einen – in oder die Staatsangehörigkeit eines
    Vertragsstaates haben........................ R 19. b) i)
Gemeinsamer Vertreter muss einen – in oder die Staatsangehörigkeit eines Vertragsstaates haben .... Art 9, R 2.2^{bis}, R 90.2 a)
Voraussetzung hinsichtlich – für die Zuerkennung eines internationalen Anmeldedatums .... Art 11 (1) i), R 20.1 b)
Wahl des Anmeldeamt aufgrund des – des Anmelders ..... R 19.1 b)
siehe Berechtigung/Recht zur Einreichung eines Antrags auf internationale vorläufige Prüfung, Berechtigung/Recht zur Einreichung einer PCTa, Staatsangehörigkeit, Vertragsstaaten

SISA
siehe Internationale Recherchenbehörde, die für die ergänzende
    Recherche bestimmt wird

Späterer Eingang
– von Blättern der PCTa...................... R 20.3
siehe Mängel

Sprache
Angabe der – der Einreichung im
    Antrag auf internationale Anmeldung............. R 3.3 a) iii), R 8.2, VV 201
AIVP .... R 53.2 a) iv), R 53.9
Auswirkung, wenn internationale Anmeldung in einer anderen – als einer Veröffentlichungssprache eingereicht wird .. R 48.3 b)
Auswirkungen der – auf Zuständigkeit
    der internationalen Recherchebehörde .... Art 16, R 35
    der mit der internationalen vorläufigen Prüfung beauftragten Behörde .... Art 31 (3) und (6) a), Art 32 (2), R 59

Sachregister

Nichtbeachtung von –erfordernissen bei Antrag auf internationale vorläufige Prüfung . . . . Art 31 (3), Art 39 (1) a), R 53, R 55.1, R 57.3, R 58.1 b), R 58bis, R 60, R 61.1 b)

– des Antrags auf internationale vorläufige Prüfung . . . . R 53, R 55.1
– der Änderungen
  nach Art 19 . . . . Art 19 (1), R 46
  nach Art 34 . . . . R 11.14, R 55.3, R 66.8, R 66.9
– von eingereichten Schreiben, Schriftstücken und Unterlagen während des internationalen Verfahrens . . . . R 12.1, R 55.2, R 92, VV 104
– der Erklärung zu einer Änderung . . . . Art 19 (1), R 46.4, R 48.2 a) vi)
– der Erfordernisse für bestimmte Bestandteile der PCTa . . . Art 11 (1) ii) und iii), R 12.1 bis R 12.2, R 20.1
– des internationaler vorläufigen Prüfungsberichts . . . . R 70.17, R 72, R 74
– des Prioritätsbelegs . . . . R 66.7
– der Übermittlung an BA . . . . Art 20 (1) a), Art 22 (1), R 47.1, R 47.2
– der Veröffentlichung der PCTa . . . . Art 21 (4), R 45.1, R 48.3
  der PCT Gazette . . . . R 86.2 a)
– der Veröffentlichung . . . . R 48.3
Übersetzung des internationalen vorläufigen Berichts zur Patentfähigkeit . . . . R 44bis.3, R 44bis.4
Übersetzung des schriftlichen Bescheids der Internationalen Recherchenbehörde für die mit der internationalen vorläufigen Prüfung beauftragte Behörde . . . . R 62bis
Vorgeschriebene – ist Voraussetzung für Anmeldedatum der PCTa . . . . Art 3 (4) i), Art 11 (1), R 12.1, R 20.1, R 26.3^{ter} a)

Zugelassene –
bei Einreichung der internationalen Anmeldung beim Anmeldeamt . . . . R 12.1, R 12.1^{bis} und ^{ter}, R 12.3, R 26.3^{ter} c), R 48.3, R 19.4 a) ii), b) und c)
  bei ergänzender internationaler Recherche . . . . R 45bis.1 b) iii), c) i)
  bei Prüfung durch die mit der internationalen vorläufigen Prüfung beauftragte Behörde . . . . R 55.2
  bei Recherche durch internationale Recherchebehörde . . . . R 12.3

Staaten
siehe Ausgewählte Staaten, Bestimmungsstaaten, Vertragsstaaten

Staatsangehörigkeit
Angabe der – des Anmelders
  im Antrag auf internationale Anmeldung erforderlich . . . . R 4.5 b)
  im Antrag auf internationale vorläufige Prüfung erforderlich Art 31, R 4, R 53.4, R 54.1, R 54.2

Angabe der – des gesetzlichen Vertreters bei Tod des Anmelders oder Erfinders . . . . Art 9, Art 27 (3), R 18.1, R 18.4 c), R 92bis.1 a)
  siehe Tod
Berichtigung der Angaben zur – . . . . Art 11 (1) i), Art 14 (1) a) ii), R 4.5, VV 329

für Einreichung eines Antrags auf internationale vorläufige Prüfung muss ein Anmelder Sitz/Wohnsitz in oder die – eines Vertragsstaates haben, für den Kapitel II verbindlich ist. . . . . Art 31, R 4, R 18.1, R 53.4, R 54

Sachregister

Fehlerhafte Angabe zur –
    im Antrag auf internationale vorläufige Prüfung . . . . Art 31 (2) a), R 61.1 b), VV 614
    wirkt sich nicht auf internationales Anmeldedatum aus . . . Art 14 (1) a) ii), R 4.4, R 4.5 ii)
    bei Fragen bezüglich – des Anmelders, wenn internationale Anmeldung beim Internationalen Büro als Anmeldeamt eingereicht wurde
        vor dem IB . . . . R 18.1 c)
        vor der mit der internationalen vorläufigen Prüfung beauftragten Behörde . . . . Art 31, R 4, R 53.4, R 54.1, R 54.2
Gemeinsamer Vertreter muss Sitz/Wohnsitz oder – eines Vertragsstaates haben . . . . Art 9, R 2.2^{bis}, R 90.2 a)
– als Voraussetzung für Zuerkennung eines internationalen Anmeldedatums . . . . R 20.1 b)
Unberechtigte Einreichung aufgrund der – wirkt sich auf Anmeldedatum aus . . . . Art 11 (1) i)
Wahl des Anmeldeamts aufgrund der – des Anmelders . . . . . R 19.1 a) ii)
    siehe Berechtigung/Recht zur Einreichung eines Antrags auf internationale vorläufige Prüfung, Berechtigung/Recht zur Einreichung einer PCTa, Sitz/Wohnsitz

Standard
– für Sequenzprotokolle in Anlage C VV . . . . R 5.2, R 12.3, R 13ter, VV 204, 208, 513, 702, Anlage D, Anlage F

Stand der Technik
allgemein . . . . Art 15 (4), Art 33, R 33, R 34.1
Ansprüche müssen Angaben zum – enthalten . . . . Art 6, Art 11,(1) iii) e), R 6
– für internationale vorläufige Prüfung . . . . Art 33 (2) und (3), R 64, R 65
Einwendungen Dritter zum – und zum erfinderischen Schritt . VV 801–805, Art 21, Art 15, Art 33, R 34, R 48, R 64
Zusätzliche Recherche . . . . R 66.1^{ter}

Stellungnahme
Möglichkeit, eine – zu Sitz/Wohnsitz oder Staatsangehörigkeit vorzulegen . . . . R 18.1
Möglichkeit, einer – zur Aufforderung zur Berichtigung von Mängeln . . . . R 26.1

Störungen
– im Postdienst oder bei höherer Gewalt . . . . Art 48 (1), R 82, R 82^{quater}.1

Strukturelement
Markush-Gruppe gilt bei gemeinsamen wesentlichen –en als von ähnlicher Beschaffenheit . . . . R 13.2, R 13.3
siehe Markush-Praxis

Tabellen
Darstellung von – . . . . R 11.10 c), d)
siehe Elektronische Form

Tag
Sonn- oder Feier– . . . . R 80

Technisch
»Besondere –e Merkmale« . . . . R 13.2, R 13.3, VV 206
siehe Besondere, Einheitlichkeit der Erfindung . . . . R 10

Sachregister

–e Terminologie . . . . R 10
–e Vorbereitungen für die internationale Veröffentlichung
siehe Internationale Veröffentlichung
–er Zusammenhang
siehe Einheitlichkeit der Erfindung

Teilweise
– Rückerstattung der Recherchengebühr . . . . R 16.3, R 41.1
Übermittlung der Ergebnisse der –n internationalen Recherche an den Anmelder . . . . R 43.7

Telefax
Angabe der –nummer im Antrag . . . . Art 31, R 4, R 53.4, R 54.1, R 54.2
Einreichung der internationalen Anmeldung mittels – . . . . . R 92.4
Einreichung von Schriftstücken mittels – . . . . R 92.4
–nummern der Anmeldeämter und Ba
Ende der Akzeptanz durch das IB . . . . Art 92.4

Telefon
Angabe der –nummer . . . . Art 31, R 4, R 53.4, R 54.1, R 54.2
Kommunikation per – . . . . Art 34 (2) a) und d), R 66

Telegraf
Mittels – eingereichte Schriftstücke . . . . R 92.4
siehe Telegramm

Telegramm
–anschrift . . . . R 92.4
siehe Telegraf

Teleskop
–verfahren (Überschneidung der internationalen Recherche und der internationalen vorläufigen Prüfung) . . . . R 69.1 b)
siehe Internationale vorläufige Prüfung (IVP), internationale Recherche (IR)

Terminologie
Erfordernisse hinsichtlich der in der internationalen Anmeldung verwendeten – . . . . R 10

Titel
Akademische – sind bei Namen wegzulassen . . . . R 4.4 a)

Tod
– des Anmelders während der internationalen Phase . . . . . Art 27 (2), R 92bis.1
– des Anmelders/Erfinders während der internationalen Phase Art 27 (3), R 18.4 c), R 92bis.1 a)
– des Erfinders vor Einreichung der PCTa . . . . Art 9, R 18.1
– des Erfinders während der internationalen Phase . . . . . . Art 9, Art 27 (3), R 18.1, R 18.4 c), R 92bis.1 a)

Top-up Search
siehe Zusätzliche Recherche

Übermittlung
Art der (…) von Unterlagen vom IB an BA oder ausgewähltes Amt . . . . R 93bis.1
– des Antrags auf ergänzende Recherche durch IB an SISA . . R 45bis.4 e)

425

Sachregister

– des Antrags auf internationale vorläufige Prüfung an zuständige mit der internationalen vorläufigen Prüfung beauftragte Behörde	R 59.3
– von Angaben zur Schutzrechtsart	R 49bis
– des Aktenexemplars an das IB	Art 12 (2) und (3), Art 22 (1), Art 24 (1) ii) und iii), R 20.2 c), R 22.1, R 22.3
– des ergänzenden internationalen Recherchenberichts	R 45bis.8 a), b), VV 420 b), R 90bis.3bis a)
– von Ergebnissen einer früheren Recherche in Kopie	R 12bis
– von Exemplaren der internationalen Anmeldung an die BA	Art 13, Art 20 (1) a), Art 22 (1), Art 23 (2), Art 40 (2), R 31, R 47, R 61.2 d), R 93bis
– der internationalen Anmeldung durch Anmeldeamt an IB (…) da nicht zuständiges Anmeldeamt	Art 11 (1), Art 14 (2), R 4.10, R 19.4
(…) da Sprache nicht von Anmeldeamt zugelassen	Art 11 (1), Art 14 (2), R 4.10, R 19.4
(…) da Anmeldeamt nicht bereit ist, Anträge im PCT-Safe-Format entgegenzunehmen	R 19.4 a) iii)
– der internationalen Anmeldung mittels Telefax, Fernschreiber, Telegraf usw.	R 12.1, R 55.2, R 92, VV 104
– des internationalen vorläufigen Berichts zur Patentfähigkeit und von Übersetzungen	R 44bis
– des internationalen vorläufigen Prüfungsberichts oder des schriftlichen Bescheids nach R 43bis.1 durch IB an ausgewähltes Amt	R 73
– des Prioritätsbelegs durch das Anmeldeamt an das IB	R 4.1 (c) ii), R 17.1 b), R 17.1b^{bis})
– des Prioritätsbelegs in Kopie durch das Internationale Büro an die Bestimmungsämter	R 17.2
– des Recherchenexemplars an die internationale Recherchebehörde	Art 12, R 12.1 c), R 22, R 23.1, R 25.1
– der Übersetzung der internationalen Anmeldung an das Internationale Büro oder die internationale Recherchebehörde	Art 12, R 12, R 21.1, R 22, R 23.1 a), VV 305bis
Verhinderung der – der internationalen Anmeldung an das Internationale Büro aufgrund nationaler Sicherheitsinteressen	Art 27 (8), R 20.2 c), R 20.4 i), R 22.1, R 29.1 ii), VV 330
siehe Rückerstattung	
– von Veröffentlichungen	R 87
Verzögerung oder Verlust können nationale Ämter/zwischenstaatliche Organisationen entschuldigen, wenn ein –sdienst für den Versand von Schriftstücken benutzt wurde	R 82.1 d) und e)

Übermittlungsgebühr
siehe Gebühr(en)

Überprüfung

– der Entscheidung des Anmeldeamts durch das Bestimmungsamt	Art 24 (2), Art 25, Art 48 (2), R 51, R 82bis
– der Entscheidung der SISA bezüglich Einheitlichkeit	R 45bis.6 c)

Überschriften

– für Erklärung zu Änderungen nach Art 19	Art 19 (1), R 46.4, R 48.2 a) vi)

Sachregister

– zur Verwendung in Beschreibung	Art 5, Art 11 (1) iii) d), R 5.1 c), VV 204

Übersetzung

allgemein	R 12.1, R 12.1^{bis} und ^{ter} R 12.3, R 12.4, R 26.3^{ter} c), R 48.3
Das ausgewählte Amt kann – der Anlagen des internationalen vorläufigen Prüfungsberichts vom Anmelder verlangen	R 70.17, R 72, R 74
– als Grundlage für die frühere Recherche verwendet, ist in Feld Nr. VII der Antrag auf internationale Anmeldung PCT/RO/101 anzugeben	R 4.1 b) ii), R 4.12, R 12bis, R 16.3, R 41.1
– der Anlagen des internationalen vorläufigen Prüfungsberichts	R 70.17, R 72, R 74
– durch Anmelder, für Recherche und Veröffentlichung	R 12.3, R 12.4, R 48.3 b)
– in englischer Sprache: das ausgewählte Amt kann (…) des internationalen vorläufigen Prüfungsberichts vom Internationalen Büro verlangen, wenn nicht in Amtssprache abgefasst	R 70.17, R 72, R 74
Länge der Bezeichnung, falls Abfassung oder (…)	R 4.3
Länge der Erklärung zu einer Anmeldung falls Abfassung oder (…)	Art 19 (1), R 46.4, R 48.2 a) vi)
Länge der Zusammenfassung bei (…)	Art 3(3), Art 14 (1) a) iv), R 8
bei Namen oder Anschriften, die in anderen als lateinischen Buchstaben abgefasst sind, ist (…) oder Transkription erforderlich	R 4.16
– des internationalen vorläufigen Berichts zur Patentfähigkeit	R 44bis
– der internationalen Anmeldung für die ergänzende Recherche	R 45bis b) iii), c) i)
– der internationalen Anmeldung für internationale vorläufige Prüfung erforderlich	VV 420, R 55.2
– der internationalen Anmeldung für die internationale Recherche erforderlich	Art 11 (1) ii) und iii), R 12, R 20.1, R 21.1, R 22.1 a), R 23.1 a), VV 305
– der internationalen Anmeldung für Veröffentlichung erforderlich	R 12.4, R 21.1, R 22.1, VV 305bis, R 48.3
– der PCTa-Bestandteile Vom Anmelder eingereichte Schriftstücke sind in derselben Sprache wie die (…) abzufassen	R 12.1, R 55.2, R 92, VV 104
Für den Eintritt in die nationale Phase erforderliche (…)	Art 22 (1), Art 39 (1)
(…) durch das Internationale Büro für die Veröffentlichung (falls benötigt)	Art 21 (4), R 45.1
Vorlage einer (…) beim Bestimmungsamt kann vorläufigen Schutz bewirken	Art 29
– des internationalen vorläufigen Prüfungsberichts	Art 36, R 70.17, R 72, R 71.1, R 73, R 74
– des Prioritätsbelegs für internationale vorläufige Prüfung	R 66.7
– des Sequenzprotokolls nicht erforderlich	R 12.3
– des schriftlichen Bescheids der Internationalen Recherchenbehörde	R 72.2^{bis}, R 73.2b) ii), R 43bis.1

Übertragung
siehe Abtretung/Übertragung

Sachregister

Unterbevollmächtigter
Bestellung eines – . . . . R 90.1 d), R 90.4
Widerruf der Bestellung eines – . . . . R 90.6 a)
siehe Anwalt

Unterbrechung des Postdienstes
– infolge von Krieg, Revolution, öffentlichen Unruhen,
   Streik, Naturkatastrophen, etc . . . . R 82, R 82^{quater}.1
siehe Übermittlung, Störungen, Post/-zustellung

Unterlagen
Angabe der maßgeblichen –
   im internationalen Recherchebericht . . . . R 43
   im internationalen vorläufigen Prüfungsbericht . . . . Art 35 a) und (2), R 70,
                                            VV 604
Einreichung von – allgemein . . . . R 12.1, R 55.2, R 92, VV 104
Von der Internationalen Recherchenbehörde recherchierte – . Art 15 (4), R 34.1
Lieferung von im internationalen Recherchenbericht ange-
   gebenen – . . . . Art 20 (3), R 44.3
Von der IPEA recherchierte – . . . . R 66ter
Lieferung von im internationalen vorläufigen Prüfungsbericht
   angegebenen – . . . . Art 36 (4), R 71.2
– als Grundlagen der internationalen vorläufigen Prüfung . . . R 66.1, R 66.4^{bis}

Unterschrift/Unterzeichnung
Für die allgemeine Vollmacht (unterzeichnete Kopie) wird
   keine gesonderte – benötigt . . . . R 90.5
   siehe Vollmacht
Briefe erfordern – . . . . R 12.1, R 55.2, R 92, VV 104
in der Erfindererklärung . . . . R 4.17, VV 211–215, 419,
                                            R 26ter.1
Fehlende – hat keine Auswirkung auf das internationale
   Anmeldedatum . . . . Art 14 (1) a) i), b), R 2.3,
                                            R 4.1 d), R 4.15, R 26
   siehe Internationales Anmeldedatum
Bei fehlender – kann nationales Recht Bestätigung vom
   Anmelder verlangen . . . . R 51bis.1 vi)
Der als gemeinsamer Vertreter geltende Anmelder ist nicht
   zur – bestimmter Zurücknahmeerklärungen im Namen
   der anderen Anmelder berechtigt . . . . R 90.3
   siehe Gemeinsamer Vertreter
nachträgliche Auswahlerklärungen erfordern – . . . . Art 31 (4) a) und (6) b),
die Regeln für die – einer Vollmacht gelten entsprechend
   für den Verzicht . . . . R 90.6 d) und e), VV 425
Schriftstück mit Widerruf muss die – der Person, die die
   Bestellung vorgenommen hat, oder ihrem Rechtsnachfolger
   aufweisen . . . . R 90.6 a)
Siegel wird anstelle der – verwendet . . . . R 2.3
   siehe Siegel
– im Antrag auf internationale Anmeldung
   allgemein . . . . Art 14 (1) a) i), R 2, R 4.1 d),
                                            R 4.15, R 90.3
   durch Anmelder . . . . Art 14 (1) a) i), R 4.1 d),
                                            R 4.15, R 90.3
   durch Anwalt . . . . Art 14 (1) a) i), R 2.1, R 4.1 d),
                                            R 4.15, R 90.3

Sachregister

Fehlende – gilt als Mangel	Art 14 (1) a) i) und (1) b), R 2.3, R 4.1 d), R 4.15, R 26.2, VV 316
Feld Nr. X: PCT/RO/101: – durch Anmelder oder Anwalt	Art 14 (1) a) i), R 2.1, R 2.3, R 4.1 d), R 4.15, R 90.3
– im Antrag auf internationale vorläufige Prüfung allgemein	R 2.2^{bis}, R 53.4, R 53.8, R 90.2 b), R 90.3, R 90bis.5
Durch Anmelder	R 53.4, R 53.8, R 90.3
Durch Anwalt oder gemeinsamen Vertreter	R 53.2 a) ii), R 53.4, R 53.5, R 53.8, R 90
Fehlende – gilt als Mangel siehe Mängel	R 60.1 c), R 61.1 b)
Feld Nr. VII PCT/IPEA/401: – durch Anmelder, Anwalt oder gemeinsamen Vertreter	R 2.3, R 53.4, R 53.8, R 60.1 a)^{ter}, R 90.3, R 90.5
– der Zurücknahmen (AIVP, Auswahlerklärung, Bestimmung, PCTa, Prioritätsanspruch, Antrag auf ergänzende internationale Recherche) siehe Zurücknahme	Art 37, R 90bis.1, R 90bis.2, R 90bis.3, R 90bis.4, R 90bis.5

Vereinbarung

WIPO mit IPEA	Art 32
WIPO mit ISA	Art 16
WIPO mit SISA	R 45bis.9

Verfahren

»Teleskop-–« (teilweise Überschneidung der internationalen Recherche und der internationalen vorläufigen Prüfung)	R 69.1 b)
– vor dem Anmeldeamt	Art 10, Art 11, Art 12, Art 14, R 20, R 22, R 23, R 26.1
– vor dem IB	Art 19, Art 20, Art 21, Art 36, R 22.1, R 24.2, R 46, R 47, R 48, R 72, R 73
– vor der internationalen Recherchebehörde	Art 15, Art 18, R 43, R 43bis
– vor der mit der internationalen vorläufigen Prüfung beauftragten Behörde	Art 31 (1) und (4) a), Art 32 (1), Art 33 (1)

Verhinderung

– der internationalen Veröffentlichung	R 90bis.1 c), R 48.2 l), R 94.1 d)
– der Übermittlung eines Aktenexemplars aus Gründen der nationalen Sicherheit	Art 27 (8), R 20.2 c), R 20.4 i), R 22.1, R 29.1 ii), VV 330

Verlust

– des Anmeldedatums	Art 14 (4), R 29.1, R 29.4, R 30.1, R 82ter.1, VV 312
– von Schriftstücken bei der Postzustellung	Art 48 (1), R 82.1
– von Schriftstücken durch Übermittlungsdienst	R 82.1 d) und e)

Veröffentlichte PCTa

Angaben, dass Erklärungen abgegeben wurden, im Kopfbogen der –	R 4.17, R 48.2 b) iv)
Angaben der ersten Seite der –	R 86.2 a)
Bezug von Exemplaren der –	R 86.1 i), R 86.4

Sachregister

Bezugnahme auf biologisches Material oder Hinterlegung, das gesondert eingereicht wurde, wird in – aufgenommen	R 13bis.3, R 48.2 a) viii)
Daten der Einreichung von Bezugnahmen auf biologisches Material in – angegeben	R 13bis.3, R 13bis.4, R 48.2 a) viii)
englische Übersetzung der Bezeichnung, Zusammenfassung und des IR-Berichts in – enthalten	Art 21 (4) R 45.1, R 48.3
Internationale Veröffentlichung erfolgt in Form einer –	Art 21 (3), R 48.1, R 48, VV 404
IR-Bericht wird zusammen mit – veröffentlicht	Art 18 (2) R 44.1
Übermittlung an BA erfolgt durch Übersendung einer Kopie der –	Art 20 (1) a), Art 22 (1), R 47.1 a), c), R 47.2
Veröffentlichung von Erklärungen nach R 4.17 v) als Teil der –	R 48.2 a), b), R 26ter.1, VV 419
Zugriff auf	R 86.1, R 86.4

Veröffentlichung
siehe Internationale Veröffentlichung

Verspäteter Eingang

– eines Schreibens	Art 48 (1), R 82, R 82^{quater}.1

Verspätete Zahlung

Gebühr für –	Art 14 (3), R 16bis.1, R 16bis.2, R 27.1, R 29.1, VV 321
– von Gebühren	Art 11 (3), Art 11 (4), Art 14 (3), Art 31 (3), R 27, R 53, R 55.1, R 57.3, R 58.1 b), R 58bis, R 60.1 b)

Vertrag über die internationale Zusammenarbeit auf dem Gebiet des Patentwesens
siehe PCT

Vertragsstaat(en)

Ausgewählte Staaten müssen an Kapitel II gebundene – sein ..	Art 31 (4), Art 64 (1), R 53.7
Entschuldigung von Fristüberschreitungen durch –	Art 24 (2), Art 48 (2), R 82, R 82bis, R 82^{quater}
Für das internationale Anmeldedatum erforderliche Bestimmung von mindestens einem –	R 20.1, Art 11 (1)
Namen und Zweibuchstabencodes von –	
– steht es frei, nationale Sicherheitsbestimmungen anzuwenden	Art 27 (8), R 22.1, VV 330
Zweimal bestimmte – (für regionale und nationale Patente) ..	Art 3 (4) iv), R 15.1, R 96

Vertraulichkeit

– der PCTa	Art 30, Art 38, R 17.2, R 48, R 94.1 a) und b)
– der internationalen vorläufigen Prüfung	Art 36 (3) a), Art 38, R 94

siehe Einsicht/Akten-

Vertreter
siehe Vertretung

Vertretung

allgemein	Art 9, Art 49, R 2.2, R 2.2^{bis}, R 83.1^{bis}, R 90, VV 425
– durch bestellte Anwälte und gemeinsame Vertreter bzw. Anwälte:	R 90.1, R 90.2 a)

vor dem Anmeldeamt, IB, ISA, SISA, IPEA .... Art 49, R 2.2, R 53.2 a) ii),
R 53.5, R 83, R 90
– durch fiktiven gemeinsamen Vertreter .... R 90.2 b)

Verwaltungsvorschriften
allgemein.................................... R 89

Verzicht
Vorgehensweise bei – eines Anwalts/gemeinsamen Vertreters
auf Bestellung............................. R 90.6 d) und e), VV 425

Verzögerung
siehe Aufschub/Verzögerung

Vollmacht
Allgemeine –
allgemein .... R 90.5
Bestellung eines Anwalts oder gemeinsamen Vertreters im
Antrag auf internationale Anmeldung, Antrag auf interna-
tionale vorläufige Prüfung oder in gesonderter – .... R 90.4 a)
Erfolgt Bestellung des Anwalts oder gemeinsamen Vertreters
nicht im Antrag auf internationale Anmeldung, so ist –
erforderlich .... R 90.4 a)
Erfordernisse hinsichtlich – .... R 90.4
Das Fehlen der – ist ein Mangel, der berichtigt werden kann . Art 14 (1) a) i) und b), R 26.2,
VV 316

Gesonderte –:
Bestellung eines Anwalts oder gemeinsamen Vertreters
kann in (…) erfolgen .... R 2.1, R 4.1 d), R 4.15,
R 53.2 a) ii), R 53.5, R 90
Erfordernisse bei Einreichung einer (…) .... R 90.4
(…) ist beim Anmeldeamt, Internationalen Büro oder bei
betreffender Behörde einzureichen .... R 90.4
– erforderlich, wenn Anwalt internationale Anmeldung unterzeichnet .... R 2.1, R 4.1 d), R 4.15, R 90.3
– erforderlich, wenn der neue Anwalt die Änderung in der
Person des Anmelders beantragt .... R 90.3, R 92bis.1
– und internationalen vorläufigen Prüfung .... R 53.2 a) ii), R 53.5, R 90

Voraussetzungen
siehe Erfordernisse

Vorläufige Prüfung
siehe Internationale vorläufige Prüfung (IVP)

Vorläufige Prüfungsgebühr
siehe Gebühr(en)

Vorläufiger Schutz
allgemein.................................... Art 29, Art 34 (2) b),
R 13bis.6 b), R 48.2 f), R 66.1 b)
Gewährung des – .... R 13bis.6 b)

Vorläufige Stellungnahme
– des EPA als Anhang zum Ergebnis der Teilrecherche bei
Uneinheitlichkeit .... Art 17 (3) a)

Vorschriftsmäßig
PCTa entspricht einer –en nationalen Hinterlegung/Anmel-
dung .... Art 11 (3)

Sachregister

Vorzeitig
–e Veröffentlichung der PCTa . . . . Art 21 (2), R 48.2 h), R 48.4,
VV 113
siehe Internationale Veröffentlichung

Währung
–, in der die Gebühren an das Anmeldeamt zu zahlen sind . . R 14.1 b), R 15.2, R 16.1 b)–e)
–, in der die Gebühren an die mit der internationalen vor-
läufigen Prüfung beauftragten Behörde zu zahlen sind, ... R 57.2 c)–d), R 58.1 c)
wenn nicht in vorgeschriebener – an Anmeldeamt gezahlt
wurde . . . . Art 14 (3), R 16bis.1 c), R 27.1,
R 29.1, VV 321

wenn nicht in vorgeschriebener – an die mit der internationalen vorläufigen Prüfung beauftragte Behörde gezahlt
wurde . . . . Art 31 (3), R 53, R 55.1,
R 57.3, R 58.1 b) ii) und iii)

siehe Gebühr(en)

Wahl
– des Anmeldeamtes
siehe Anmeldeamt (AA), Sprache, Sitz/Wohnsitz, Staatsangehörigkeit
– der internationalen Recherchebehörde
siehe Internationale Recherchenbehörde (IRB), Sprache
– der Schutzrechtsart
siehe Schutz

Welthandelsorganisation (WTO)
In der internationalen Anmeldung wird die Priorität früherer
Anmeldung(en) beansprucht, die in einem oder für ein –
Mitglied eingereicht wurde(n), das kein Mitglied der
Pariser Verbandsübereinkunft ist . . . . Art 8 (1)

Widerruf
– einer Bestellung, allgemein . . . . R 90.6 a), b) und c)

Widerspruch
– gegen die Zahlung zusätzlicher Gebühren, wegen Nichterfüllung des Erfordernisses der Einheitlichkeit der Erfindung:
bei der internationalen Recherchebehörde . . . . R 40.1 iii), 40.2 c), d) und e)
bei der mit der internationalen vorläufigen Prüfung beauf-
tragte Behörde . . . . R 68, R 70.13
–sgebühr bei mangelnder Einheitlichkeit der Erfindung . . . . R 40.1 iii), 40.2 c),d) und d)
siehe Einheitlichkeit der Erfindung

Wiedereinsetzung
– in den vorigen Stand und andere Vorschriften . . . . Art 48 (2), R 82bis
– nach Versäumung der Vornahme der Handlungen nach
Art 22, Art 25, Art 39 . . . . Art 22, 25 (1) c), 48 (2),
R 49.6, 82bis.2

– im Widerspruchsverfahren, Frist für die Zahlung zusätzli-
cher Gebühren . . . . Art 17 (3) b), R 40.1 ii)

Wiederherstellung
–skriterium . . . . R 26bis.3 a), 26bis.3 h) ii),
48.2 a) xi), 49ter.2 a)

– des Postdienstes/der Umstände nach einem Fall höherer
 Gewalt . . . . R 82, R 82^{quater}.1
– Prioritätsrecht . . . . R 26bis.3, 49ter

Wirkung
Rechtliche –en der internationalen Veröffentlichung . . . . . . Art 29
– einer Bezugnahme auf biologisches Material oder seine
 Hinterlegung . . . . R 13bis.2
– der PCTa . . . . Art 11 (3)
– der internationalen Anmeldung kann vom Bestimmungs-
 amt aufrechterhalten werden . . . . Art 24 (2), Art 48 (2), R 82bis
– der internationalen vorläufigen Prüfung . . . . Art 38, Art 39 (1), Art 40 (1),
  Art 64 (2) a) i), ii), R 94
– der Entscheidung über Zustimmung zu Berichtigung
 offensichtlicher Fehler . . . . R 91.3

Wohnsitz
siehe Sitz/Wohnsitz

Zahlung
siehe Gebühr(en)

Zeichen
Erfordernisse hinsichtlich der technischen Terminologie und
 der –, die in internationaler Anmeldung verwendet werden . R 10

Zeichnung(en)
allgemein . . . . Art 3 (2), Art 7, Art 28, Art 34
  (2) b), Art 41 (1), R 7.1,
  R 10.1 d) und e), R 11,
  R 49.5 f), R 91, VV 207 b)
Änderung der – während der internationalen Phase . . . . Art 19, Art 28, Art 34 (2) b),
  Art 41 (1), R 46.3, R 55.3,
  R 66, R 70.2 c)
Anordnung der Abbildungen in den – . . . . R 11.10 d), R 11.13 j)
siehe Änderung(en)
Auslassen ganzer Blätter der – . . . . Art 11 (1), Art 14 (2), R 4.10,
  R 19.4, R 20.5R 20.3 a),
  R 91.1 g)
Berichtigung offensichtlicher Fehler in – . . . . R 91.1
Chemische oder mathematische Formeln können als – ein-
 gereicht werden . . . . R 11.10
Darstellung der – . . . . R 11.2 a), b) und e), R 11
Einreichung einer Photographie anstelle von –
Flussdiagramme gelten als – . . . . R 7.1
Linien in – . . . . R 11.10, R 11.11, R 11.13
Nummerierung der – in PCTa
 siehe Nummerierung
Ränder bei – . . . . R 11
Stand der Technik umfasst – . . . . Art 15 (4), R 33
 siehe Stand der Technik
Textbestandteile in –:
 Sprache der (…) . . . . R 12.1, R 12.3, R 19.4 a) ii), b)
  und c), R 26.3^{ter} c), R 48.3
 (…) nur wenn unentbehrlich . . . . R 11.10, R 11.11, R 11.13
Wann sind – erforderlich? . . . . Art 3 (2), Art 7, R 7.1

Sachregister

mit der Zusammenfassung zu veröffentlichende Abbildung
der – (Angabe in Feld Nr. IX PCT/RO/101) . . . . R 3.3 a) iii), R 8.2, VV 201,
R 8.2
siehe Zusammenfassung

Zeilen
Nummerierung der Zeilen . . . . R 11.7, R 11.8, VV 207
–abstand . . . . R 11.7, R 11.8, VV 207
–nummer der Unterlagen, auf die Bezug genommen wird,
sind im internationalen Recherchebericht anzugeben . . . . . R 43

Zeitschrift(en)
Fach– gehören zum Mindestprüfstoff . . . . Art 15 (4), R 34.1
siehe Mindestprüfstoff

Zurückgenommen
als –
Anmeldeamt unterrichtet Anmelder unverzüglich, falls
internationale Anmeldung (…) gilt . . . . R 20.2 c), R 20.4 i), R 22.1,
R 29.1 ii)
Bestimmungsämter können Entscheidungen des Anmeldeamts überprüfen, in denen internationale Anmeldungen
(…) gelten . . . . Art 25, R 51
Bestimmungsämter können die Wirkung einer internatio-
nalen Anmeldung aufrechterhalten, die das Anmeldeamt
(…) ansieht . . . . Art 24 (2), Art 48 (2), R 82bis
PCTa gilt (…) bis zum 15.09.2012, wenn im Antrag auf
internationale Anmeldung die Unterschrift des Anmel-
der-Erfinders für die Vereinigten Staaten von Amerika
(ohne entschuldigende Erklärung) fehlt . . . . R 4.15, Art 14 (1) a) i) und b)
PCTa gilt (…), wenn das Aktenexemplar nicht innerhalb
der vorgeschriebenen Frist beim Internationalen Büro
eingeht . . . . Art 12 (2) und (3), Art 22 (1),
Art 24 (1) ii) und iii), R 22.1,
R 22.3
siehe Aktenexemplar
PCTa gilt (…), wenn ihr ein internationales Anmelde-
datum nicht zuerkannt hätte werden dürfen . . . . Art 14 (4), R 29.1, R 29.4,
R 30.1, R 82ter.1, VV 312
PCTa gilt (…), wenn in der internationalen Phase anfallen-
de Gebühren nicht in der vorgeschriebenen Währung in-
nerhalb der vorgeschriebenen Fristen entrichtet werden . . Art 11 (3) und (4), Art 14 (3),
R 16bis.1 c), R 27, R 29.1,
VV 321
PCTa gilt (…), wenn innerhalb einer Frist keine Überset-
zung beim Anmeldeamt eingereicht wird und Gebühr
für verspätete Einreichung nicht entrichtet wird . . . . . . R 12.3 d), R 12.4 d)
PCTa gilt (…), wenn keine Zusammenfassung innerhalb
der Frist beim Anmeldeamt vorgelegt wird . . . . Art 14 (1) a) iv) und b), R 26,
R 38.2
PCTa gilt nicht (…), wenn die Formerfordernisse in dem
für eine weitgehend einheitliche internationale Veröffent-
lichung erforderlichen Maß erfüllt werden . . . . Art 14 (1) a) v), R 11, R 26.3 v)
Das nationale Recht kann vorschreiben, dass Teile der
PCTa, für die keine Recherche durchgeführt wurde, (…)
gelten . . . . Art 17 (3) b)

Sachregister

PCTa wird nicht veröffentlicht, falls sie vor Abschluss der technischen Vorbereitungen für die Veröffentlichung – worden ist .... Art 21 (5)
Kopien von Prioritätsbelegen werden nicht vom Internationalen Büro übermittelt, wenn internationale Anmeldung oder Prioritätsanspruch vor der internationalen Veröffentlichung – wurde .... R 4.10 b), R 17.2 c)
siehe Gilt als nicht gestellt/-erfolgt/-übermittelt

Zurücknahme
allgemein .... Art 37, R 90bis
Anmelder, der als gemeinsamer Vertreter gilt, und die – .... R 2.2^{bis}, R 90bis.1, R 90.2 b), R 90.3, R 90bis.5
Frist für die – .... R 90bis.1
Unterzeichnung der –erklärung .... R 90bis.1, R 90bis.2, R 90bis.5
– des Antrags auf ergänzende internationale Recherche ..... R 90bis.3bis, R 90bis.6
– des Antrags auf internationale vorläufige Prüfung .... Art 37, R 90bis.4, R 90bis.5
– von Auswahlerklärungen .... Art 37, R 90bis.4, R 90bis.5
– von Bestimmungen .... R 90bis.2, R 90bis.5
– der PCTa .... R 90bis.1, R 90bis.5
(…) unter bestimmten Bedingungen .... R 90bis.1 c)
– der internationalen Anmeldung zur Verhinderung der internationalen Veröffentlichung .... R 29.1 v), R 90bis.1 c)
– eines Prioritätsanspruchs .... R 90bis.3, R 90bis.5

Zusammenarbeit bei Recherche und Prüfung
CS&E .... R 35.2

Zusammenfassung
– als Bestandteil der PCTa
   allgemein .... Art 3(3), Art 14 (1) a) iv) und b), R 3.3 a) iii), R 8, R 26, R 38, VV 207
Abbildung, die mit der (…) zu veröffentlichen ist .... R 3.3 a) iii), R 8.2, VV 201
siehe Zeichnungen, Abbildung(en)
Abfassung der (…) .... Art 3(3), Art 14 (1) a) iv), R 8
Äußere Formerfordernisse für die (…) .... Art 3(3), Art 14 (1) a) iv), R 8
Englische Übersetzung der (…) .... Art 21 (4), R 45.1, R 48.3
Erstellung der (…) durch Internationale Recherchenbehörde   Art 14 (1) a) iv) und b), R 26, R 37, R 38, R 44.2
Fehlende (…) .... Art 14 (1) a) iv) und b), R 26, R 37, R 38, R 44.2
Fehlerhafte (…) .... Art 14 (1) a) iv) und b), R 26, R 37, R 38, R 44.2
Inhalt der (…) .... Art 3(3), Art 14 (1) a) iv), R 8
Länge der (…) .... Art 3(3), Art 14 (1) a) iv), R 8
Platzierung der (…) .... VV 207
– in elektronischer Form (auf PCT-Safe-Diskette)
   siehe PCT-Safe
– von Patentschriften im Mindestprüfstoff
   siehe Mindestprüfstoff

Zusatzerfinderschein
Angaben des Anmelders .... R 49bis

Zusatzgebrauchszertifikat
Angaben des Anmelders .... R 49bis

Sachregister

Zusatzgebühren
siehe Gebühr(en), Einheitlichkeit der Erfindung

Zusätzliche Recherche
durchgeführt durch IPEA .... Art 34, R 66.1^{ter}
Angabe im IPRP II .... R 70.2 f)

Zusatzmaterial
siehe Neues Material

Zusatzpatent
Schutz durch – .... Art 2 ii)
Angaben des Anmelders .... R 49bis

Zusatzzertifikat
Erwerb eines – über den PCT .... Art 2 ii)
Angaben des Anmelders .... R 49bis

Zuständig
Antrag auf Berichtigung ist an die –e Behörde zu übersenden . R 91.2
Einreichung der internationalen Anmeldung bei einem nicht
 –en Anmeldeamt .... R 19.4
–es Anmeldeamt .... R 19.1
–e Internationale Recherchenbehörde .... Art 16, R 35
–e mit der internationalen vorläufigen Prüfung beauftragte
 Behörde .... Art 31 (3) und (6) a), Art 32
                                          (2), R 59
Stellung eines Antrags auf internationale vorläufige Prüfung
 bei einem nicht –en Amt/Behörde .... R 59.3

Zustellanschrift
Übersendung von Mitteilung an die – .... R 4.4 d)

Zustellung
siehe Post

Zustimmung/Einwilligung
Von einem Gericht erlassene Anordnung als Ersatz für – des
 Anmelders .... Art 30, Art 38, R 94.1 a)
– des Anmelders erforderlich für Einsicht in PCTa-Akten vor
 Veröffentlichung .... Art 30, Art 38, R 17.2, R 48,
                                          94.1 a) und b)
in internationalen vorläufigen Prüfungs-Akten .... Art 36 (3) a), Art 38, R 94.2,
                                          R 94.3
– erforderlich für die Berichtigung offensichtlicher Fehler ... R 91.1, R 91.3, R 43.6^{bis},
                                          VV 113 b)

Zuweisung von Gebühren
siehe Gebühr(en)

Zweck(e)
– der Angabe der Grundlage der internationalen vorläufigen
 Prüfung .... R 53.2 a) iv), R 53.9
– der Bestellung eines Anwalts .... R 90.1
– der Erfordernisse der Einheitlichkeit der Erfindung ...... Art 17 (3) a), R 13
– der IR .... Art 15 (4), R 33
– der internationalen vorläufigen Prüfung .... Art 33(1)

Sachregister

– der Kontrollliste im Antrag auf internationale Anmeldung . Art 27 (2), R 3.3, R 8.2, R 13bis, R 51bis.1, VV 201, VV 209, VV 313

Zwischen- und Endprodukte
Ansprüche für – .... R 13.2, R 13.3, VV 206
 siehe Anspruch
Einheitlichkeit der Erfindung bei –n .... R 13.2, R 13.3, VV 206
 siehe Einheitlichkeit der Erfindung